사고력 교육

– 이론과 실제

김 영 채

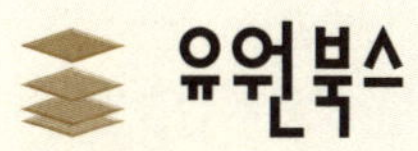

머리말

새로운 도전은 불가피하게 새로운 접근과 새로운 반응을 요구한다. 그래서 많은 사람들은 사고력, 창의력을 이야기하고 그리고 '생각할 줄 아는 사람'을 기대하고 있다. 그러나 우리가 가지는 중요한 관심사는 우리가 사고(생각)하느냐, 하지 않느냐가 아니라 우리가 하고 있는 사고의 질(質)에 있다. 질적 수준이 높은 사고를 대개는 고차적 사고, 또는 '비판적 사고와 문제해결'이라 부르고 있다. 이들은 열정을 가지고 변화를 읽고, 이슈와 문제를 발견해 내며, 나아가 비판적인 사고와 창의적인 혁신으로 문제해결할 줄 아는 사람들일 것이다. 본서는 이러한 질 높은 사고의 이론과 이를 계획적으로 개발하고 수업하는 요령을 비교적 자세히 다루고 있다.

우리의 사회는 지식가치 시대, 두뇌 중심의 지식경제로 급속하게 전환되고 있다. 이러한 무한도전이 초래할 도전을 제대로 의식하고 대비할 줄 아는 것은 개인, 기업 또는 국가차원의 누구에게도 매우 중요해 보인다. 그러나 필요성은 말하면서도 생각과 말과 행동은 제각각일 수 있다. 우리는 다시 또 다시 같은 식으로, 반작용으로 행동할 때가 많고 구호와 행동은 별개일 때도 적지 않다. 그래서 '심리 경화증'이란 말도 할 수 있게 된다. 교과내용을 열심히 가르치면 사고력은 자동적으로 개발된다고 믿는 사람도 있고, 그것은 천재나 영재에게나 해당되지 보통의 사람에게는 가르칠 수 있는 것이 아니라 강변하는 사람도 있고, 또는 가르칠 내용이 너무 많거나 '다른 잡일' 때문에 '생각하는 습관'을 챙기는 것은 사치쯤으로 보는 선생님들도 우리들 주변에는 적지 않게 있다.

그러나 다행히 우리는 적어도 두 가지를 알게 되었다. 하나는 사고하는 능력, 사고하는 방법은 배우고 가르칠 수 있다는 것이다. 누구라도 얼마만큼의 노력만 하면 자신의 사고의 기능과 태도를 어느 정도는 개발할 수 있다. 마치 조금만 노력하면 자동차의 운전은 누구나 배울 수 있듯이. 갑자기 천재를 만들 수는 없지만 그래도 각자의 잠재된 능력을 최대화할 수는 있다. 다른 하나는 사고력은 교과내용과 함께 마치 자전거의 두 바퀴처럼 하나의 전체 속에서 통합적으로 배우고 가르칠 수 있다는 것이다. 학교에서 다루는 교과내용이란 바로 우리가 배워야 하는 '지식'이다. 그리고 지식은 사고를 하면서 우리가 사용해야 하는 '도구'이다. 기능적인 깊은 지식과 관련의 융합적인 정보/지식을 습득하고, 그리고 나아가, 이들을 효과적으로 활용하여 사고(생각)할 줄 아는 사람, 그런 사람을 우리는 '생각할 줄 아는 사람' 또는 '비판적이고 창의적인 전문가'라 부를 수 있다. 적절한 '지식'을 가지지 않고 사고할 수는 없지만, 가지고 있어도 사용할 줄 모르는 지식 또한 가치가 없다.

본서는 세 가지의 주요한 특징을 가지고 있다. 첫째는 왜 사고력이며 그것이 무엇인지를 시대발전과 심리학적인 이론의 측면에서 분석해 보았다. 더불어 학교교육과 인력개발에 대한 반성도 같이 음미해 보았다. 둘째는 고차적 사고력의 핵심인 비판적 사고와 문제해결의 발달과 구체적인 과정들을 비교적 자세히 다루고 있다. 필수적인 독서법과 독서이해의 요령도 같이 다룬다. 그리고 마지막은 사고력의 통합적 수업의 실제를 강조하여 다루고 있다. 그것은 교과내용의 수업과 사고기능의 수업을 하나의 과정 속에서 통합적으로 전개할 수 있는 수업전개의 방법을 말한다. 그리고 각 장의 끝 부분에는 핵심적인 토픽에 대한 보다 자세한 내용들을 별도로 제시하고 있다.

본서는 계획했던 것보다 분량이 다소간 늘어났다. 시대발전과 사고력의 요청 및 고차적 사고력의 이론들을 확대하고 그리고 실제적인 교육/개발의 요령들을 보다 더 자세하게 다루었기 때문일 것이다. 기초가

PREFACE

된 선행의 저술과 본서의 원고 작성의 전 과정을 도와준 '창의력 한국 FPSP'의 스탭에게 감사를 전한다. 마지막으로 새롭게 출판사를 열어 이 원고를 맡아 정성을 다해 준 '유원북스 이구만 대표'에게 격려와 고마움을 함께 전하고 싶다.

2013. 4. 25.

차 례

CONTENTS

C O N T E N T S • • •

CONTENTS...

C O N T E N T S

10장 창의적 사고(Ⅰ)

C O N T E N T S • • •

C O N T E N T S

그림, 표, Box 차례

CONTENTS

CONTENTS

CONTENTS

1장

시대발전과 사고력

Ⅰ. 왜 필요한가?

Ⅱ. 전통적인 교육의 한계는 무엇인가?

Ⅲ. 사고력 교육은 어려운가?

Ⅳ. 사고력 교육에 대한 오해

Ⅴ. 시대발전, 지식 그리고 사고력

Ⅵ. 지식가치 사회와 사고력

이 장에서는 먼저 사고력 교육이 왜 필요하며 그리고 전통적인 교육의 한계는 무엇인지를 다룬다. 그런 다음 사고력 교육에 대한 오해와 사고력 교육이 제대로 이루어지지 못하고 있는 이유들을 진단해 본다. 그리고 사회발전과 지식과 사고력의 가치를 이해하는 한 가지 방법으로 역사의 발전과정에서 현재 우리가 어떠한 위치에 있는지를 Toffler와 Sakaiya의 두 가지의 이론에 따라 좀 자세하게 다루고 있다. 마지막으로 현대 사회가 요구하는 사고기능과 태도를 Reich의 기본적인 노동기능, Wagner의 새로운 생존기능, Dyer 등의 혁신적인 기업가 기능, Brown의 디자인 사고자의 기능 및 FPSP의 21세기 학습기능 등에 따라 음미해 보고, 이를 바탕으로 시대발전과 미래 인재의 사고기능을 몇 가지로 나누어 정리해 본다. 이들은 사고력 교육이 다루는 '사고와 문제해결'의 범위와 접근에 대한 개요적인 시사를 제시해 줄 수 있을 것으로 기대할 수 있다.

Ⅰ. 왜 필요한가?

오늘의 사회를 개념화하고 있는 단어에는 예컨대, 지식사회, 지식가치 사회, 지식경제, 지식기반 사회, 첨단 지식기반 경제, 정보사회, 또는 후기 정보화 사회 등이 있다. 그리고 이들은 '변화', '지식' 그리고 '경쟁' 등의 특징을 공통적으로 가지고 있다는 생각을 가진다. 과학기술과 지식생산은 우리가 따라가기 어려운 속도로 빠르게 변화하고 있고, 그리고 생활의 모든 면에서 광범위한 영향을 미치고 있다. 여러 선진국들이 두뇌 중심의 지식경제로 급속하게 전환되고 있음은 우리 모두가 이미 알고 있다.

하지만 이러한 변화가 초래할 영향에 대해서는 개인, 학교 또는 국가차원의 어느 누구도 아직 제대로 체감하지 못하고 있다. 그럼에도 불구하고 개인이나 사회의 성공과 부의 창출에 있어서 지식과 이를 경영하는 인간 역량의 중요성은 한층 더 높은 단계로 확대되어 영역을 넓혀가게 될 것이다. 한국의 경제성장에 지식과 기술혁신이 미친 영향은 1970년부터 2000년대까지 10년 단위로 볼 때 각기 17.6%, 39.9%, 34. 8% 및 45.1%로 증가한다. 반면에 노동이 미친 영향은 각기의 연대에서 35.3%, 23.3%, 18.6%와 23.2%로 감소했다고 한다(과학기술정책연구원, 2007). Toffler & Toffler(2006)는 사회변화에 뒤처지고 있는 현재의 공장식 교육체제에서 이루어지고 있는 전통적인 교육에 적지 아니한 문제가 있음을 지적하고 있다. 그리고 이러한 속도 경쟁을 설명하기 위하여 사회의 주요기관들의 변화속도를 도로에 있는 9대의 자동차에 비유하여 설명하고 있다. 시속 100마일로 가장 빠르게 변화하는 기관은 사업체이며 이들이 사회 다른 부문의 변혁을 주도한다. 다음으로 시속 100마일의 시민단체 NGO, 시속 60마일의 가족제도, 시속 30마일의 노동조합, 시속 25마일의 정부관료 조직과 규제기관, 시속 5마일의 UN 등 세계적인 관리기구, 시속 3마일의 정치조직 그리고 시속 1마일의 느림보는 법원과 변호사협회 등을 포괄하는 '법'이다. 학교교육체제는 시속 10마일로 타이어는 펑크가 나고 엔진은 연기를 뿜어내며 느림보로 달리고 있다. 그는 이런 공장식 교육체제가 어떻게 시속 100마일로 달리는 기업에 취업하려는 학생들을 준비시킬 수 있느냐고 반문한다.

이것은 전통적인 학교교육과 인력개발에 대한 불만이며 심각한 반성이다. 그 사이 교육의 연구나 실험뿐 아니라 행정적·재정적 개선이나 교사 교육 등을 위하여 적지 아니한 투자가 이루어져 왔음에도 불구하고 현재의 교육실제는 사회변화에 따른 요구를 제대로 반영하지 못하고 있다. '주입'에 몰두하는 교사와 교수, '기계적인 암기'에 바쁜 학생, '명령'에 이골이 난 경영자 등 소위 각계의 지도자, 그리고 '시키는 대로 만' 맹종하고 안주하는 근로자와 국민이 교육계나 기업계 등 사회 일반을 지배하고 있는 한 우리에게는 별로 희망이 없다. 국민 개개인의 질적 수준이 개인의 성공뿐 아니라 기업과 국가의 내일을 크게 결정할 것이기 때문이다.

새로운 도전은 불가피하게 새로운 접근과 준비를 요구한다. 그래서 많은 사람들은 사고력, 창의력(창의성, 상상력)을 이야기한다. 사회의 다양한 변화를 리드할 수 있는 인재의 개발/교육에 주목하고 있다. 싱가포르에서처럼 거국적으로 '학습하는 국민, 사고하는 학교'를 슬로건으로 내세우는 나라도 있다. 변화를 읽고, 이슈와 문제를 발견해 내고 그리고 독창적인 해결책을 계획해 낼 줄 아는 창의적인 기능과 행동의 사람을 우리는 기대한다. 이러한 사람은 현상과 문제의 본질을 파악하는 전체적인 사고능력과 새로운 발상 그리고 전략적인 실천력을 갖춘 글로벌 리더일 것으로 우리는 생각한다.

이러한 주제를 포괄하고 있는 것이 '사고력'이다. 그것은 고차적 사고력을 의미하며, 보다 직설적으로는 '비판적 사고와 문제해결력'이라 부르기도 한다. 사고력을 연구하고, 나아가 사고력을 개발/교육코자 하는 데는 대개 보아 다음과 같은 목적들이 포함되어 있다.

(i) 우리의 행동이 충동적이거나 부적절한 정보에 좌우되지 아니하며, 그리하여 겸손하고, 질서 있고, 그리고 자기 규제적으로 사고할 줄 아는 사람을 기른다.

(ii) 유의미한 지식을 습득하고 경영하며, 그리고 이들은 통합적으로 활용하여 효과적이고 창의적으로 사고할 줄 아는 능력을 개발한다.

(iii) 융통성 있고 열린 마음으로 생각하는 비판적 사고능력을 개발한다.

(iv) 문제를 확인/발견하고 개인적으로뿐 아니라 남들과 팀워크로 협력하여 창의적으로 해결할 줄 아는 혁신적인 문제해결 능력을 개발한다.

(v) 일상 및 전문적인 직무수행에서 요구되는 기본적인 직무기능을 개발한다.

이들을 요약하면 지적으로 겸손하고 열려 있으며, 융통성이 있어 통합적으로 사고하고, 열린 마음으로 비판적으로 그리고 창의적으로 사고하며, 그리고 남들과 더불어 효과적으로 팀워크할 줄 아는 유능한 인재라 말할 수 있다.

Ⅱ. 전통적인 교육의 한계는 무엇인가?

오늘의 사회는 혁명적인 변화의 와중에 있다. 엄청난 크기의 디지털 태풍이 빛의 속도로 강타하여 부딪히는 모든 것을 바꾸고 있다. 근육의 힘에서 지성으로, 그리고 굴뚝에서 소프트웨어(software)로의 사상 유례 없는 전환은 단지 기술만의 문제가 아니다. 사실 그러한 변화는 인간 삶의 모든 면들을 포괄하고 있다. 그럼에도 불구하고 현재의 학교교육은 공장식 교육체제를 계속하고 있다. 그래서 현재의 학교는 학생들에게 내일이 아니라 어제를 준비시키고 있다고 Toffler & Toffler(2006)는 말한다.

실제로, 우리의 교육기관, 특히 중고등학교와 대학은 매우 보수적이다. 이들 교육기관은 기본적으로 보아 지식이라는 '자본'을 보존하고 다음 세대에 전수하는 보수적인 과제를 열심히 수행하고 있다. 그러한 지식은 물론이지만 교육받은 시민으로 문화생활을 하는 데 필수적이며 또한 개인적인 만족과 행복에도 엄청난 자원이 될 수 있다. 변화와 혁신적인 창의를 이룩하는 데도 지식은 기본적이다. 그럼에도 불구하고 현재의 공장식 교육체제가 계속하여 이루어지고 있고, 전통적인 교육방법이 그대로 유지된다면 어떻게 될까? 소위 신교육이 도입된 이래 오랜 세월 동안 계속되고 있는 전통적인 교육방식에서는 반복적인 암기식 교육과 단조로운 강의식 수업이 많은 경우 전형을 이루고 있다. 크게 보아 다음과 같은 두 가지를 상상해 보기란 어려워 보이지 않는다.

(1) 첫째로 학생들은 학교생활에 적응하기 어렵고 여러 형태의 비행 행동을 범할 가능성이 높아질 것이다. 현재의 교육의 거의 전부는 경쟁적인 각종 시험에, 그리고 궁극적으로는 대학입시를 지향하고 있다. 학교가 자신에게 내일을 준비시키는 것이 아니라 어제를 외우게 한다면 학교생활이 재미있고 보람되기가 어렵다. 그리고 스마트폰과 인터넷에서는 자유롭게 재미를 찾아갈 수 있는 세상에서 학교 교사가 대중매체의 폭력성이라는 전염병에 대항하는 데는 매우 무기력하다. 이렇게 되면 학생들은 학교생활을 적극적으로 즐기고 적응하기가 쉽지 않다.

기존의 공장 같은 학교체제에 대한 학생들의 반항과 도전을 두 가지의 형태로 제시할 수 있다. 하나는 외적 형태이고 다른 하나는 내적 형태이다. 외적 형태의 반

Ⅲ. 사고력 교육은 어려운가?

1. 몇 가지의 이유

학교는 사회의 요구를 반영해야 하지만, 다른 한편으로는 이에서 더 나아가 사회를 리드할 수 있기를 우리는 기대한다. 학교교육은 사회의 요구와 기대에 부응하여 조화를 이루어야 한다. 우리의 학교가 지식경제가 요구하는 가속도에 동시화되지 못해서 기능장애를 일으켜서는 안 된다. 학교교육과 일상 및 직무 사이에 미스매칭(miss-matching)이 생길수록 기능장애의 가능성은 커진다. 적지 아니한 실험과 화려한 구호에도 불구하고 학교가 혁신되는 일은 결코 쉽게 일어날 것 같지가 않다. 왜 그럴까? 다음과 같은 3개의 예시적인 시나리오를 생각해 볼 수 있다.

- 시나리오 #1: 상사가 고함을 치고 있다. 중요한 고객에게 시간 지켜 배달해 주겠다는 약속을 지키지 못했기 때문이다. 사실 그것은 그의 잘못이 아니었다. 당신 팀의 담당자가 주문 배달을 잊어버려 생긴 일이기 때문이다. 이것은 동기문제일까? 커뮤니케이션 문제일까? 아니면 어떤 이유로 이런 일이 생겨났을까?
- 시나리오 #2: 판매고는 계속 떨어지고 있다. 그러나 경쟁회사에서는 더 낮은 가격과 더 빠른 서비스로 신상품을 쏟아내고 있다. 당신은 무엇을 하고 있는가? 현재의 가격도 마지노선이다. 가격을 올리고 그래서 고객을 쫓아버려? 서비스 수준을 올려? 당신은 무엇을 해야 할까?
- 시나리오 #3: 회사에서는 제품이나 서비스 마케팅을 위한 새로운 아이디어를 요구하고 있다. 수입이 25% 이상 올라가기를 바라고 있다. “어떻게 해서?” 당신은 황당해 한다. “아이디어가 없어. 나는 창의적이지 못해”라고 당신은 비명을 지른다.

이러한 가상적인 장면은 일상이나 직업세계에서 부지기수로 많이 있을 것이다.

학교에서는 이러한 문제장면을 다루는 데 필요한 지식과 사고기능을 가르치고 있는가? 학교에서는 왜 '사고', 생각하는 기능, 사고력을 가르치지 않는가? 다음과 같은 몇 가지의 이유들을 생각해 볼 수는 있다.

(1) 전통: 지금까지 학교에서는 '사고'를 드러내서 외현적으로 가르친 적이 별로 없다. 이러한 전통이 오늘날도 계속되고 있다. 교육이 전통에 볼모로 잡혀 과거에 했던 경험과 가치에서 벗어나지 못하고 있다. 그럼에도 불구하고 세상은 변화하고 있다.

(2) 지식으로 충분하다는 신념: 변화가 매우 느린 안정된 세계에서는 일정한 지식/정보를 가르쳐 주는 것으로 충분하였다. 그렇게 배운 지식으로 평생을 살아갈 수 있었기 때문이다. 그래서 의식적 · 계획적으로 생각하는 것은 별로 필요하지 아니하였다. 그러나 많은 지식은 쉽게 낡아 쓸모 없는 것이 되고, 새로운 지식들이 계속하여 생성되고 있음을 우리는 주목해야 한다. 창의적이고, 건설적이고 그리고 지식을 습득하여 사용하고 실행할 줄 아는 사고의 능력은 지식 자체 못지 않게 중요하다.

(3) 사고를 충분히 가르치고 있다는 신념: 국어나 수학이나 과학 등과 같은 교과목을 통하여 분석, 정보수집과 종합 및 논증 등과 같은 일부의 '사고기능'들을 가르칠 수는 있다. 그러나 이러한 사고기능은 비즈니스 세계에서 필요한 사고능력의 전체 스펙트럼의 작은 한 부분에 지나지 아니한다. 그리고 사고력을 내용 수업에 잠입하여 부수적으로 가르치는 것만으로는 결코 충분하지 아니하다.

(4) 사고는 가르칠 수 없다는 신념: 사고는 직접적으로 그리고 외현적으로 가르칠 수 없다고 믿는 사람들도 적지 않다. 그냥 내용과 떨어진 '사고'라고 하는 그런 것은 없고 '수학에서의 사고', '과학에서의 사고' 또는 '사회과에서의 사고' 등만 있을 뿐이라 말한다. 각 교과목에는 각기 나름대로의 모형과 구조와 명제들을 가지고 있다. 그리고 사고의 기능은 이러한 어떤 '내용'을 가지고, 그리고 '내용'을 통하여서만 가르칠 수 있는 것은 사실이다. 사고는 진공 속에서 이루어지는 것이 아니기 때문이다. 그럼에도 불구하고 사고의 기능과 태도를 교과내용 속에서만 가르치려 하거나, 심지어는 가르치지 않으면서도 가르치고 있다고 착각하는 것은 위험하다.

(5) 사고력을 수업하는 것은 필요하지만 그것을 실천하는 것은 현실적으로 불가능하다는 신념: 창의적인 사고의 필요성을 부인하는 사람은 오히려 찾아보기가 어렵다. 그렇다고 창의적인 수업을 계획하고 노력하는 교사/교수를 쉽게 찾아볼 수 있는 것도 아니다. 필요성은 인정해도 현실적으로는 어렵다는 것이다. 대학입시나

내신등급을 매기는 학교 시험을 이유로 말하기도 하고 학생지도와 공문서 처리 같은 것들을 이유로 들 수도 있다. 옳은 주장일 것이다. 그래서 학교교육에 대한 거시적인 시야의 개혁이 필요할 것이다. 그리고 개혁에 따른 저항이나 추가적인 부담을 감당하고 싶지 않는 것도 내면의 이유로 한 몫을 할지도 모르겠다.

그럼에도 불구하고 우리가 반드시 주목해 두어야 하는 것은 어떠한 제한이나 구속 속에서도 창의적인 변화를 위하여 노력할 수 있는 공간은 있다는 것이다. 창의란 제한을 전제한 것이지 결코 무한이나 완벽을 전제한 것이 아니다. 현실적 한계가 적지 않더라도 현장 교사와 행정가가 교육을 더 낫게 할 수 있는 여분의 공간은 결코 적지가 않다.

2. 하나의 유추

사고력 교육은 왜 제대로 안 되는 것일까? 문제의 지점은 어디에 있을까? 여기에서 하나의 유추를 생각해 볼 수 있다. 잔디나 과수원에 물을 대는 데 사용하는 물호스를 비유해 생각해 볼 수 있다. 과수원에 물을 댈려면 우리는 먼저 흐르는 지하수를 저장하는 우물을 파고, 호스가 연결되어 있는 펌프로 우물물을 퍼 올리면, 물은 호스를 타고 멀리까지 가며, 호스의 끝에는 노즐이 붙어 있고, 이제 이 노즐을 통하여 물은 적절한 곳에 적절한 양으로 뿌려져야 한다.

그러나 우물물이 말라 있거나, 펌프 작동이 신통치 않거나, 호스에 구멍이 여기저기에 나 있거나, 또는 노즐이 고장나 작동이 안 되거나 제대로 움직이지 아니한다면, 그 어느 하나의 경우만으로도 우리는 물을 제대로 댈 수가 없을 것이다. 사고력 교육이 제대로 안 되는 이유를 호스에 유추해 보면 다음과 같다.

(i) 우물물이 말라 있는 경우: 지하수가 고갈되어 우물에 물이 없을 수도 있고 지하수는 넉넉해도 우물을 잘못 파서 바닥이 말라 있을 수도 있을 것이다. 우리가 사고력을 가르치고 있는 것처럼 잘못 생각할지 몰라도 실제로는 가르치지 않고 있는 경우이다.

좋은 의도가 좋은 결과를 대신할 수는 없다. 교사 자신이 사고의 과정과 수업을 이해하지 못하기 때문일 수도 있다. 또한 보다 근본적으로는 지하수가 아예 말라 있듯이 교사를 둘러싸고 있는 문화(풍토, 분위기)가 사고하기를 가치롭게 여기는 것과는 거리가 먼 것이기 때문일 수도 있을 것이다. 사실로 우리들 주변에는 창의적인 사고를 질식시킬 수 있는 사람들이 너무 많이 있다. 부모, 교사, 상사, 심지어는 CEO까지 다양하게 있을 것이다.

(ii) 펌프가 신통치 않은 경우: 펌프의 작동이 시원치 않고 수압이 낮으면 물은 제대로 올라오지 아니한다. 교사가 사고력을 가르치기는 해도 충분하지 못할 수도 있다. 사고를 가르치는 사람은 사고의 과정을 먼저 자세히 이해하고 열성이 있어야 한다.

(iii) 구멍투성이 호스의 경우: 교사는 사고력을 제대로 가르치고 학생은 열심히 배우려고 하는데, 개발은 제대로 안 될 수도 있다. 성적을 매기는 시험은 단편적 사실의 기억을 요구하는 것이 아닌가, 공장처럼 조밀하여 자유로운 토의란 불가능한 교실은 아닌가, 조용하기를 강조하는 교육행정가나 또는 사실 중심으로 가득차 있는 교과서와 참고서 등 물이 새어 나갈 구멍은 결코 적지 아니하다.

(iv) 신통치 않은 노즐의 경우: 호스의 끝에 붙어 있어 물을 적절한 곳에 적절한 양으로 뿌려지게 하는 것이 노즐이다. 고장난 노즐은 흘러온 물을 효과적으로 사용하지를 못한다.

학생은 사고기능을 제대로 배웠는 데도 필요할 때 그것을 적절하게 사용하지 못할 수도 있다. 다시 말하면 학교나 연수과정에서 배운 것이 현실 세계에 전이되어 써먹지 못하는 경우도 많이 있을 것이다. 수업에서 사용하고 있는 문제가 실제 세계의 일상적인 문제와 별로 유사하지 아니할 수도 있다(〈Box 1-1 참고〉).

그리고 학생의 사고력 개발이 제대로 안 되고 있는 데는 우물물이 말라 있는 경우, 펌프가 신통치 않은 경우, 구멍투성이 호스의 경우 및 신통치 않은 노즐의 경우가 모두 조금씩은 이유가 될 것 같이 보이기도 한다.

Ⅳ. 사고력 교육에 대한 오해

사고력 교육과 관련하여 적지 아니한 사람들이 가지고 있는 잘못된 신념 같은 것도 적지 않게 있다.

(1) 우리는 흔히 '사고(생각)하는 방법'이나 '공부 방법'이라 하면 누구나 다 잘 알고 있다고 생각하며 그래서 개발을 이야기하면 그것을 새삼스럽게 여기는 오류이다: 이러한 오해는 매우 전통적이고 강력하지만 분명히 잘못된 신념이다. 그리고 이러한 신념은 능력이란 생득적이고 고정 불변적인 것이라는 인식과도 관계가 있는 것처럼 생각된다.

그것이 오류란 사실은 누구나 걸을 줄 안다고 육상선수가 될 수 있는 것이 아니며 강가에서 허우적거리며 배운 개구리 헤엄으로 수영선수가 될 수 없음에 비유해 볼 수 있다. 아이디어의 조그마한 차이, 조그만 하지만 그것이 결정적으로 큰 시대에 우리는 살고 있다. IT 분야를 비롯한 어떠한 분야에서든 간에 혁신적인 아이디어가 미치는 충격이 얼마나 큰지는 쉽게 상상하기 어렵다. 예컨대 삼성과 애플(Apple)의 세기적인 특허전쟁을 떠 올려 보면 이해가 쉽게 된다. 특허는 지식이고, 그리고 지식은 돈이고 권력임을 쉽게 알 수 있다. 지식은 부를 생성해 내는 기본적인 도구이다.

(2) 사고력은 가르칠 수 없다고 생각하는 것은 오류이다: '노력'과 '열성'은 성공하고 성취하는 데 필요하기는 하지만 결코 충분한 것이 아니다. 우리는 '공부하라'거나 '머리 좀 써라'는 식으로 학습이나 사고를 강요하거나 지시하는 데 익숙해져 있다. 그리고 흔히 열성을 가지고 부지런하기만 하면 모든 것이 잘 될 것이라 가정하고 있다. 그럼에도 불구하고 이제 우리는 학습과 사고의 '어떻게'를 가르쳐야 하며, 그러한 '어떻게'가 '왜' 효과적인지도 학생이나 자식에게 가르칠 수도 있어야 한다. 사고의 방법이란 바꾸어 말하면 사고의 기능이다. 어떠한 기능(skills)도 기능은 어떠한 것이라도 더 잘할 수 있게 가르칠 수 있다. 그리고 가르쳐야 더 잘할 수 있다. 마치 운전하는 기능이나 심지어는 호흡하는 방법도 바른 방법을 바른 방식으로 배우고 가르쳐야 하듯이, 사고력 교육은 학교교육의 중요한 한 가지의 목표가 되어야 한다.

(3) 마지막은 교과내용을 잘 가르치면 사고력은 저절로, 자동적으로, 부수적으로 개발된다고 믿는 오류이다: 사고력은 교과내용을 공부하다 보면 거기에 부수하여 저절로 충분하게 개발되는 그러한 것이 아니다. 개발될 수도 있지만 대부분의 경우 그것은 충분한 것이 아니다. 특히 처음 학습을 시작할 때는 방법/기능의 자세한 과정/절차를 드러내 놓고 직접적으로 가르치는 것이 효과적이다. 다시 말하면 사고의 기능과 전략은 외현적(外顯的)으로 드러내서 직접적으로 가르치고 배워야 한다.

그리고 사고력 개발 자체는 목적이면서, 동시에 더 큰 궁극적인 목적에 기여하는 수단적인 방법이 되어야 한다. 더 큰 궁극적인 목적이란 교과내용을 더 잘 이해·습득하고, 합리적이고 건설적이고 창의적인 행동을 하며, 그리하여 세계 시민으로 의미 있게 기여하는 것 등이다.

V. 시대발전, 지식 그리고 사고력

지식과 사고력의 의미와 가치를 이해하는 한 가지 방법은 인간 역사의 과정에서 이들이 어떠한 위치를 감당하고 있는지를 고찰해 보는 것이다. 그렇게 하면 우리가 두뇌 파워(power)라는 가공할 폭탄을 좀더 진지하게 고민해 보는 데 도움될 것이다. 여기서는 Toffler의 이론과 Sakaiya의 이론 두 가지만 간략하게 음미해 본다.

1. Toffler의 정보시대

대부분의 미래학자들은 역사의 발전을 특징지우고 있는 어떤 통합적인 주제에 따라 역사의 시대를 나누어 보기를 좋아하는데, 가장 일반적인 것은 경제발전이다. Toffler는 역사를 경제단위에 따라 농경시대(agricultural age), 산업시대(industrial age) 및 정보시대(information age)로 나누고 있다. Toffler는 미래 쇼크(1970), 제3물결(1980) 및 권력이동(1990) 등 10년 간격의 연작을 통하여 역사적인 사회발전과 지식의 역할을 기술하고 있다. 그는 '물결'(waves)이라는 개념을 사용하여 경제발전의 3가지 유형의 사회를 설명하고 있다. 이때 물결이란 개념은 하나의 물결은 이전의 사회와 문화를 옆으로 밀어 낸다는 의미로 사용되고 있다.

제1의 물결은 '농경사회'인데, 이것은 수렵문화와 신석기 시대 혁명을 거쳐서 나타난다. 제2의 물결은 '산업사회'이다. 이 물결은 서구의 산업혁명에서 시작하여 전 세계로 퍼져나갔다. 산업사회의 핵심은 핵가족, 공장식 교육과 회사이다. 산업사회는 대량 생산, 대량 분배, 대량 교육, 대량 미디어, 대량 오락, 대량 레크리에이션 및 대량의 파괴 무기에 기초하고 있다. 그리고 이들이 표준화, 집중화, 중앙화 및 동시화(synchronization)되면서 관료제도라는 것이 만들어진다.

제3의 물결은 정보사회, 즉 후기 산업사회(post-industrial society)인데, 대부분의 나라에서는 1950년대 후반부터 시작하였다. 이 물결의 사회를 기술하는 단어들이 여럿 있지만 '정보시대'(information age)란 말이 가장 자주 사용된다. 정보사회를 특징지우는 몇 가지 측면들이 있지만 가장 중요해 보이는 것은 다음과 같은 두 가지이다: 하나는 권력의 일차적 결정인이 금전적인 부에서 '지식과 정보'로 기울어지고 있는 것이고, 그리고 다른 하나는 일차적인 경제활동이 상품의 생산에서 지식생산과 정보처리로 진행되고 있다는 것이다. 그리고 IT 기술, 생명 복제, 글로벌 커뮤니케이션 네트워크 및 나노 기술 등등의 여러 가지의 높은 수준의 기술발달이 이루어지고 있으며, 이들은 인간활동의 여러 면에 깊은 영향을 미치고 있다.

2. Sakaiya의 지식가치 시대

Sakaiya(1991)도 경제의 발전에 따라 역사의 발전과정을 세 가지 시대로 나누고 있다. 그는 역사발전을 길드 시대(guilds 시대, 중세시대), 산업시대 및 현재의 지식가치 시대(knowledge-value era)로 나누고 그러면서 각 시대를 특징지우는 경제발전의 '도구'들을 강조하여 다루고 있다.

(1) 길드 시대의 노동자는 각자 자신의 도구를 소유하며 몇 년이고 걸려서 선생인 마스터에 따라 훈련하면서 기술을 배운다. 거기에는 개인적인 표현을 할 공간은 거의 없고 일을 완성하는 데는 자신이 가지고 있는 도구와 힘들여 익힌 기능이 전부이다.

(2) 산업시대에서는 자본가가 도구를 소유하고 있었다. 노동은 탈맥락적인 덩어리(decontralized chunks)로 나뉘어졌고 그리하여 노동자는 교체가능한 단위로 전락하였다. 필요한 기능은 몇 년이 걸려 도제로 배우는 것이 아니라 몇 시간 안에 배울 수 있었다. 이들 노동자는 완성해 낸 제품에 대하여 성취감이나 자부심을 가질 수 없었다. 그러나 자동화에 따라 일관 작업의 하급 기술자에 대한 수요가 감소하면서 산업시대는 점차 지식가치 시대로 나아가게 되었다.

(3) 지식가치 시대의 노동자는 자기 자신이 생산의 수단이다. 이들의 창의적인

과정에서는 물리적인 '도구'는 흔히 이차적인 것이다. 대신에 노동자 자신이 가지고 있는 지성(intellect)과 아이디어의 적용이 현재의 경제를 주도하고 있다. 현재의 노동자의 도구는 주로 정보적인 것이다. 정보는 도처에 널려 있어 네트워킹만 하면 수많은 정보에 손쉽게 접근할 수 있다.

'정보의 바다'란 말은 이미 아주 익숙해지고 있다. 그러므로 노동자가 가지는 진짜의 가치는 자신이 가지고 있는 '지식'과 '창의'이다. 그리고 개인이나 회사가 가지는 가장 경쟁력 있는 자원은 지식의 역동성(dynamics)이다. 다시 말하면 현재 시대에서 가치 있는 것은 단순한 정적인 지식이 아니라 지식의 역동성 – 지식이 가지고 있는 변화주도적 성질이란 말이다. 그리고 지식가치 시대에서는 개인 노동자의 손으로 파워(power)가 이동되고 있다. 진짜의 가치는 노동자의 지식과 창의에 달려 있기 때문이다. 지식가치 시대에서는 제품의 가치는 재료가 아니라 지식의 내용에 의하여 주로 결정된다. 예컨대, 1달러짜리 실크를 몇십 배 가격의 스카프로 파는데, 그것은 사용한 재료의 가치가 아니라 지식가치, 즉 디자인 자체의 가치 때문이다. 컴퓨터 소프트웨어는 물질적인 요소는 거의 없고, 그리고 물질적인 매체의 변화 없이 전달되는데, 그것의 가치는 전적으로 그것을 만드는 데 들어간 '지식'과 '창의'에 의하여 결정된다. 정범모(2011)는 이러한 차이는 제품에 투입된 기술 · 과학 · 지력이 낳은 차이라 설명하면서 이렇게 부연한다: "이렇게 따지고 보면 결국 지력과 도덕력과 심미력이 상품의 경제적 부와 가치를 창출하는 셈이다. 말을 바꾸면, 진 · 선 · 미를 고루 넓게 그리고 높게 '전체적으로'(holistic) 추구하는 사회문화가 경제발전의 원동력이라는 말이 된다. 그리고 그 힘은 경제발전에만 머물지 않는다"(p. 37).

개인은 물론이고 기업도 사회 일반도 이러한 역사의 발전을 심각하게 파악하고 따라 갈 수 있어야 한다. 대부분의 노동은 이미 이 사람에서 저 사람으로 쉽게 옮겨 가거나 바꿀 수 있는 것이 아니다. 그리고 노동자는 일관 작업 속에 포함되어 있는 한 사람이나 기계의 톱니바퀴의 하나처럼 다룰 수 있는 것이 아니다. 요약하면 혁신적인 부나 개인의 성공에 가장 핵심적인 것은 '지식'과 '창의력'이란 말이다. 이들은 무엇인가? 그리고 이들은 어떻게 하면 효과적으로 개발/교육할 수 있을까?

Ⅵ. 지식가치 사회와 사고력

그러면 점차 심화되고 있는 지식가치 사회에서 요구되는 인재가 가져갈 능력은 어떠한 것일까? 이에 대한 대답은 '사고와 문제해결'에 대한 논의를 보다 구체화하는 데도 도움될 것이다. 다음에서는 Reich의 기본적인 노동기능, Wagner의 새로운 생존기능, Dyer 등의 혁신적인 기업가 기능, Brown의 디자인 사고자의 자질 및 FPSP에서 말하는 21세기 학습기능의 다섯 가지를 분석해 보고 내용들을 재정리해 본다.

1. 몇 가지의 이론

(1) Reich의 기본적인 노동기능

Rohert Reich는 *The Work of Nations*(1992)에서 미래의 양질의 직업은 '기호분석자'(symbolic analysts)에 속할 것이라 주장한다. 이들 기호분석자는 이미지(image)를 조작함으로써 문제를 해결하고, 확인하고, 그리고 중재한다. 이들은 현실을 추상적인 이미지로 단순화시켜 재배열하고, 이렇게 저렇게 요술을 부리듯이 다루고, 실험하고, 그리고 다른 전문가에게 그것을 커뮤니케이션한다. 그런 다음 결국은 그것을 다시 현실로 변환시킨다. 분석도구들을 사용하여 조작하고 숙련된 경험으로 즐기듯이 다룬다. 거기에는 수학적 알고리즘(algorithm), 논리적 논증, 과학적 원리 그리고 설득하거나 오락을 즐기게 하는 심리학적 원리 등이 포함된다.

어떻든 현대의 노동자를 기호분석자라 부르든 또는 지식가치 노동자라 부르든 간에, 이들은 공통적인 몇 가지의 특징들을 가지고 있다. Reich는 이러한 새로운 노동자에게서 요구되는 기본적인 노동기능들을 다음과 같은 네 가지로 나누고 있다.

(i) 추상화 기능: 추상화(abstraction)는 무질서해 보이는 현상 속에서도 요약하여 어떤 형태(patterns)와 의미를 발견해 내는 능력이며, 이것은 기호분석에서 핵심을 이룬다. 우리들 주변에 널려 있는 수많은 자료들을 의미 있는 것으로 사용할 수 있으려면 이들을 요약하여 일반화, 추상화할 줄 알아야 한다. 이러한 사고기능

은 단편적인 사실들을 암기하기를 강조하는 전통적인 학교교육에서는 기대하기 어렵다.

(ii) 시스템적 사고: 시스템적 사고(system thinking)는 체제적인 사고이며 논리적으로 보면 추상화에서 따라오는 능력이다. 이것은 대부분의 문제들을 어떤 완전한 체제라는 맥락 속에서 사고할 줄 아는 능력이다. 체제란 여러 요소들이 연결되어 하나의 전체를 이룬다. 달리 말하면, 이것은 '큰 그림'에 따라 생각할 줄 아는 능력이며, 이러한 능력은 학교와 비즈니스에서 필수적인 것들이다.

(iii) 실험적 사고: 이것은 무엇을 시도해 보고, 얻은 결과에 주목하고, 그리고 바라는 결과를 얻을 때까지 수정을 계속해 가는 능력을 말한다. 복합적인 시스템의 행동은 정확하게 예측하기가 어려울 수 있기 때문에 실험적 사고의 자세는 매우 중요하다. 이 기능은 또한 창의적 사고와 개방성을 요구한다. "이렇게 한번 해 보자. 그리고 무엇이 일어나는지를 보자"라는 생각이 완전히 새로운 기회와 발견을 가져올 때가 많이 있다. Edison이나 Bell뿐만 아니라 기타의 많은 발명가들은 모두가 실험적 사고에서 개가를 올렸다.

(iv) 팀워크: 협력(collaboration), 팀워크가 중요한 이유에는 두 가지가 있다. 하나는 우리가 직면하고 있는 많은 문제들은 광범위한 여러 분야에 걸쳐 있기 때문이다. 이러한 문제는 팀워크로 다룰 수밖에 없다. 둘째는 다른 사람들과 상호작용하는 가운데서 흔히 문제에 대한 새로운 접근을 발견할 수 있기 때문이다. 언제나 외로운 늑대로 남아 있으면 새로운 것을 발견해 내기 어려운 것이 세상에는 너무 많다.

(2) Wagner의 새로운 생존 기능

Wagner는 *The Global Achievement Gap*(2008)에서 점차로 수평적으로 되어 가는 글로벌 세계에서 일상의 시민으로서 그리고 창의적인 직업인으로서 살아가는 데 필요한 새로운 기능들을 다음과 같은 7가지로 정리하고 있다.

(i) 비판적 사고와 문제해결

(ii) 네트워크를 통하여 협동하고 영향력 있게 리드할 줄 아는 것

(iii) 민첩성과 적응력

(iv) 진취성과 기업가 정신

(v) 정보에의 접근과 분석

(vi) 효과적인 구두(口頭) 및 필기 커뮤니케이션

(vii) 호기심과 상상력

그러나 그는 이후 몇 년 사이에 일어난 엄청난 변화를 체험하면서 이들이 필요하기는 하지만 충분하지 않음을 발견한다. 그리고 수많은 혁신적인 기업가들을 면접하고 분석하여 이를 수정하고 있다. 이러한 연구결과들을 종합하여 Wagner(2012)는 성공적인 혁신자가 가지고 있는 가장 기본적인 자질들을 다음과 같은 4가지로 수정하여 제시하고 있다.

(i) 호기심: 이것은 훌륭한 질문을 하는 습관이며, 또한 더욱 깊게 이해하려는 열망이다.

(ii) 협동: 이것은 당신 자신과는 매우 다른 의견이나 시각, 또는 전문지식을 가지고 있는 타인에게 귀기울려 경청하고 새롭게 배우려는 자세에서 시작한다.

(iii) 결합적 또는 통합적인 사고: 이것은 바로 창의적 사고능력이다.

(iv) 행위하고 실험하려는 자세: 이것은 실험적 사고와 모험감수의 자세를 요구한다.

그는 이러한 자질들을 쉽게 보여주는 예시로 Google의 Gudy Gilbert에게 Google에서 직원을 채용할 때 참고하는 가장 중요한 기능이 무엇이냐고 질문하고, 거기에서 얻은 대답을 아래와 같이 보고하고 있다.

> "물론이지만 스마트한 사람을 채용하지요. 그러나 지적 호기심이 더 중요합니다. 자기 일을 잘할 수 있는 사람을 뽑지만 — 코드를 쓰거나 재무 등 —. 그러나 우리는 모든 사람이 리더가 될 수 있기를 기대합니다. 누군가 리드해 주기를 기다리기보다는 스스로 장면을 통제할 수 있는 사람 말입니다. Google에서 성공하는 사람은 행위하려는 적극적인 자세를 가지고 있어서, 어떤 것이 부러져 있는 것을 보면 그것을 수리합니다. 스마트하게 문제를 발견합니다. 그러나 끙끙대면서 누가 와서 고쳐 주기를 기다리지 않습니다. '어떻게 하면 내가 일을 더 낫게 할 수 있을까?' 라고 질문합니다. 그리고 우리가 하는 일에는 협동이 필수적입니다. 우리들은 주변에 있는 사람들을 인정하고 그들로부터 배우는 것을 자랑스럽게 생각합니다. 이들은 서로 매우 다른 종류의 전문지식들을 가지고 있습니다"(Wagner, 2012, p. 15).

(3) Dyer 등의 혁신적인 기업가 기능

Dyer, Gregersen & Christensen(2009)은 6년간에 걸쳐 혁신적인 기업이 언제 그리고 어떻게 해서 창의적인 비즈니스 전략을 발견하게 되는지를 연구하였다. 이를 위하여 이들은 27명의 혁신적인 기업가들이 가지고 있는 기능과 습관을 분석하였다. 그리고 혁신적인 회사를 설립하거나 새로운 제품을 발견해 낸 3,500명 이상의 개인 기업가들에게 설문을 실시하여 혁신적인 기업가의 특징들을 분석해 보았다.

이러한 연구결과를 토대로 이들은 혁신적인 사람과 그렇지 못한 사람을 변별할 수 있는 5가지의 기능을 발견하고 있다. 이들은 결합하기, 질문하기, 관찰하기, 실험하기 및 네트워킹하기(networking) 등이다. 그리고 이들은 이러한 기능들을 '행위하기'(doing)와 '사고하기'(thinking)의 두 가지의 범주로 다시 묶음하고 있다.

(i) 행위하기: 여기에는 질문하기, 관찰하기, 실험정신 및 네트워킹하기 등이 포함된다. 질문하기(questioning)는 현재의 상태를 깨트리고 그래서 새로운 가능성을 고려해 보게 한다. 관찰하기(observing)를 통하여 소비자, 공급자 및 기타의 사람들 속에서, 새로운 방식의 행위를 시사해 줄 수 있는 세부적인 행동 내용들을 조그마한 것까지도 탐지해 낸다. 실험정신을 통하여 혁신적인 사람들은 쉼 없이 새로운 경험을 시도하고 세상을 탐색한다. 그리고 다양한 배경의 사람들과 네트워킹하여 아주 색다른 시각을 생성해 내게 된다.

(ii) 사고하기: 앞서 알아본 네 가지의 행동 형태들이 모두 또는 몇 가지가 같이 합류하여 결합하고(association), 조합하여(combination) 새로운 통찰을 계발할 수 있게 해 줄 수 있다.

(4) Brown의 디자인 사고자의 자질

Brown(2008)은 자신이 '디자인 사고자'(design thinkers)라 부르는 사람이 가지고 있는 특징들 5가지를 설명하고 있다. '디자인 사고'는 세상을 이해하는 새로운 방식이며, 혁신의 과정에서는 기본적인 개념이라고 그는 말한다.

(i) 감정이입(empathy): 이것은 세상을 다양한 시각에서 볼 줄 아는 능력과 사람을 우선적으로 다루는 태도를 말한다. 하이 테크(high-tech)만으로는 부족하고 하이 컨셉트(high-concept)와 하이 터치(high-touch)가 가미되어야 한다는 말이다.

(ii) 통합적 사고(integrative thinking): 문제와 그에 대한 가능한 해결책들을 다

양한 측면에서 볼 줄 아는 것이다.

(iii) 낙천주의(optimision): 디자인 사고는 어떤 문제가 아무리 도전적인 것이라 하더라도, 결국에 가서는 해답은 찾을 수 있다고 가정한다. 이러한 자세에서 시작하기 때문에 낙천적인 태도가 필수적으로 따라온다.

(iv) 실험정신(experimentalism): 이것은 문제와 가능한 해결을 새롭고 창의적인 방식으로 탐색해 가는 시행착오의 과정이다. 창의적인 해결책은 실험주의적 태도에서만 성취해 낼 수 있다.

(v) 협력자(collaborators): 디자인 사고자는 무엇보다도 협력자이다. "제품, 서비스 및 경험이 점차로 복합적이게 됨에 따라 고독한 창의적 천재의 자리는 열정적인 다학문적 협동자라는 현실로 대체되고 있다. 최선의 디자인 사고자는 단순히 다른 학문영역과 더불어 함께 작업하는 것이 아니다. 이들 중 많은 사람들은 한 영역 이상에서 상당한 경험을 가지고 있다. 글로벌 디자인 회사인 IDEO에서는 엔지니어와 마케팅 전문가, 인류학자와 산업디자이너, 건축자와 심리학자들도 고용하고 있다"(Brown, 2008, p. 3).

(5) FPSP가 목표하는 21세기 학습기능

FPSP(Future Problem Solving Program)은 E. Paul Torrance가 Osborn-Parnes의 CPS(Creative Problem Solving)라는 창의적 문제해결 모형을 영재 교육에 적합하게 수정하여 만든 영재 창의력 교육프로그램이다. 창의력 교육프로그램으로는 현재 전 세계적으로 가장 많이 보급되어 있는 것처럼 보인다(www.fpspi.org 한국본부 www.fpsp.or.kr). 학생들은 일련의 미래적이고 글로벌한 이슈들을 창의적 문제해결의 과정을 통하여 공부함으로써 오늘날의 세계뿐 아니라 미래에 일어날 수 있는 것에 대하여 준비하고 미래지향적 사고를 기를 수 있다. 교과내용과는 독립적으로 수업하지만 공부하는 창의적 사고기능과 태도는 어떠한 교과목의 수업에도 쉽게 적용하여 통합할 수 있다. FPSP가 목표하는 21세기 학습기능은 다음과 같다.

(i) 학습과 혁신의 사고기능－창의와 혁신: 학생들은 문제를 다양한 시각에서 이해하고 접근하는 것을 학습한다. 창의력은 문제 장면에 내포되어 있는 도전적인 문제를 발견해 내고 해결을 위한 다양한 아이디어를 생성해 내는 데 필수적이다.

- 비판적 사고와 문제해결: 학생들은 복합적인 장면이나 이슈를 분석할 줄 알며, 창의와 비판의 두 개의 보완적인 과정을 통하여 창의적인 문제해결의 능력을 기른다.
- 커뮤니케이션과 협동: 창의하고 분석하여 의사결정한 아이디어를 구두나 서면으로 커뮤니케이션하는 능력을 기를 뿐 아니라, 몇 사람이 팀워크하여 협동하는 기능과 태도도 통합하여 기른다.

(ii) 정보, 미디어 및 기술기능: 학생들은 도전적인 장면과 이슈를 공부하면서 다양한 소스에서 정보를 수집하고 분석하는 능력을 기른다.

(iii) 생활과 직업기능: 현재와 미래의 도전적인 상황을 분석하고 준비하는 기능과 함께 평생 학습자로서 중요한 도구가 될 수 있는 내용과 기능을 개발한다. 이러한 기능은 대학에서의 성공, 개인적 의사결정 및 직업세계에서의 성공과 직결되어 있다.

2. 미래 리더의 사고기능과 평생 학습자

Reich는 양질의 노동기능에 관한 것인 반면에, 다른 네 가지의 리스트는 모두가 혁신적인 사람, 혁신적인 기업가에 초점을 두고 있다는 점에서 다소간에 차이는 있다. 그리고 이들 리스트에서 사용하고 있는 용어에도 서로 차이가 없지 않다. 그럼에도 불구하고 이들은 내용상 서로 연결되어 있을 뿐 아니라 큰 줄기에서 공통적인 주제를 많이 포함하고 있다. 예컨대 감정이입은 경청하고 관찰하는 기능을 연습하지 않고는 가질 수 없는 능력이다. 통합적 사고는 훌륭한 질문을 하고 결합하고 통합할 줄 아는 능력에서 시작한다. 아이디어를 생성하려면 호기심과 상상력이 필요하며, 그러려면 정보에의 접근과 분석능력은 필수적이다. 그리고 이들 리스트에서 공통적으로 '실험정신'과 '협동'의 중요성이 강조되고 있음도 알 수가 있다. 더 나아가 이들 저자들은 이러한 사고기능 리스트들은 마음의 기능이고 습관이며, 따라서 이들은 우리가 양육하고, 가르치고, 그리고 멘토링(mentoring)할 수 있다는 것을 강조하고 있다. 환언하면 대부분의 사람들은 환경과 기회가 바르게만 주어지면 보다 더 창의적이고 혁신적인 사람이 될 수 있다는 것을 이들은 강조하여 설명하고 있다.

아래에서 저자는 이들 리스트에서 공통적으로 강조되고 있다고 생각되는 미래 리더의 능력들을 4가지로 나누어 정리해 본다.

(1) 지식: 깊고 광범위한 정보/지식을 습득, 접근, 분석하여 기능적이고 그리고 자기 내적인 자원을 준비하는 것이다. 거기에는 일반적 지식과 전문적 지식, 그리고 외현적 지식과 암묵적 지식 등이 모두 포함된다. 지식이라는 내적 자원에 기반하지 아니한 혁신적 사고는 전혀 가능하지 아니하다. 추상화하기, 질문하기, 관찰하기, 정보에의 접근과 분석 및 통합적 사고 등의 용어가 모두 이 범주에 포함될 것이다.

(2) 창의적 문제해결 능력: 지식을 기반으로 상상력을 발휘하여 새롭고 혁신적인 아이디어, 제품 또는 서비스를 발견해 내는 것이다. 남들이 보지 못하거나 간과하고 있는 곳에서 기회를 찾아낼 수 있어야 한다. 실험적 사고, 실험주의, 실험정신, 결합과 조합하기, 진취성과 기업가 정신, 민첩성과 적응력, 호기심과 상상력 및 비판적 사고와 문제해결 등의 항목이 모두 여기에 포괄된다.

(3) 네트워킹하기(networking)와 커뮤니케이션 능력: 숙련된 디지털 기능으로 자유자재로 웹(web)에 접근하여 그것을 사용할 수 있어야 한다. 또한 오프라인(off-line)에서도 구두로 또는 서면으로 커뮤니케이션할 줄 아는 능력을 개발해야 한다. 그리하여 적절한 정보를 발견할 뿐 아니라 자신의 아이디어를 남들에게 효과적으로 커뮤니케이션하고 서포트를 끄집어 낼 수 있어야 한다. 여기에는 정보와 미디어의 활용능력과 디지털 기술 기능 등이 필수적이다.

(4) 팀워크(team work) 능력: 협동하여 집단 사고를 효과적으로 할 줄 알며 더불어 과제를 처리·해결할 줄 아는 능력을 말한다. 4개의 리스트 모두에서 이 능력이 포함되어 있음을 다시 주목해 본다. 그러나 다음에서 저자는 이들에 한 가지를 더 추가하는 것이 필요하다고 보는데, 그것은 바로 '평생 학습의 기능과 자세'이다.

(5) 평생 학습자의 기능과 열정(life-long learner): 사실 '평생 학습'이란 용어는 이미 진부하게 들리기도 한다. 우리는 대부분의 대학이나 사회기관에 부설되어 있는 '평생 교육원'을 쉽게 연상할 수 있는 정도이고, 평생토록 하는 생애 학습의 의미와 중요성을 별로 심각하게 받아들이는 것 같지는 않다.

정보사회, 지식가치 사회에서 성공하려면 평생 학습이 필수적이다. 거기에는 적어도 두 가지의 이유가 있다. 하나는 기존의 대부분의 정보가 유효수명이 짧다는 것이고, 다른 하나는 새로운 정보가 기하급수적으로 발전하고 있기 때문이다. 기술

발달이 매우 빨라서 우리가 알고 있는 것들은 빠르게 쓸모 없는 낡은 지식이 된다. 때문에 우리의 지식을 계속하여 업데이트할 필요가 있다. 예컨대 컴퓨터에 새로운 버전을 심을 때마다 그것이 가지고 있는 새로운 측면과 명령어들을 시간 내어 배워야 한다. 어떤 사람은 이전의 구버전을 가능한 대로 오래 버텨 이러한 도전을 회피하려고 할 것이다. 그러나 이러한 접근은 어느 지점까지만 성공할 수 있다. 언젠가 어떤 사람이 새 프로그램으로만 열 수 있는 파일을 보내 온다면, 당신은 어쩔 수 없이 낑낑거리며 새로운 프로그램을 업그레이드할 수밖에 없다. 우리가 어떤 과제에 대하여 알고 있는 것의 절반 정도는 조만간 구식의 낡은 것이 되고, 그래서 새로운 것을 좇아 끊임없이 달려가야 할 것이다.

그리고 새로운 과학적 발전은 쉼 없이 이루어지고 있다. 이들 가운데는 삶에 대한 우리의 선입견, 심지어는 우주 자체에 대한 생각을 바꾸게 하는 것들도 있다. 2001년 여름에 접한 '인간 게놈'지도(human genome)를 그리는 것이 한 가지 사건이라면, 이러한 단어에 익숙해지기도 전에 또 다른 토픽이 계속하여 나타나곤 한다. 정보의 유효수명이 짧아서 눈뜬 장님이 되지 않는 유일한 방법은 '평생 학습'하는 것밖에 없다. 평생토록 계속하여 새로운 지식을 업데이팅, 업그레이딩해야 한다. 학자에 따라 추산이 다르기는 하지만, 여러 사람들은 정보의 양은 매 2~3년마다 두배로 증가한다고 말한다. 이것을 예시해 보면, 예컨대 유치원에 입학할 때의 세상의 모든 지식을 지름 1cm의 원으로 표시한다면, 이를 2배씩 계산해 보면, 대학에 입학할 때는 지름 64cm의 커다란 원이 된다.

그러므로 학교가, 특히 중고등학교와 대학은 있는 모든 정보를 전달하는 데 집중하지 말아야 한다. 지식이 계속하여 발전하고 있는 시대에 그러한 시도는 가당치 아니한 비즈니스이다. 오히려 학교는 학생들에게 핵심적인 개념적 지식과 함께 지식을 습득하고 경영할 줄 아는 사고기능을 교육하는 데 초점을 두어야 한다. 이것이 바로 '사고력 교육'이다. 적어도 '배움에 대한 열망'이 식어 버리게 좌절시키지는 않아야 한다. 그리하여 지긋지긋한 학교에서 벗어나 '공부'를 집어치우고 싶은 학생이 줄어들게 해야 한다.

학교는 학생이란 고객에게 평생 학습을 위한 기회를 제대로 제공해 주지 못하고 있다. 그래서 오늘날 성공하고 있는 사람들은 자신의 발로 뛰면서 현장을 냄새 맡거나 인적 연결고리를 바쁘게 활용하고 있을 것이다. 거기에는 다양한 토픽을 커버하는 무수한 뉴스 그룹이 있고, 그리고 인터넷에는 전문적인 자료들이 가득하다.

숙련되게, 그리고 적합한 정보리터러시(literacy)와 비판적인 사고로 사려 깊게만 사용한다면 한 번의 클릭으로 원하는 정보의 세계에 언제나 쉽게 접할 수 있다. 이러한 상황은 오늘과 미래의 세계에서 성공하고 적응하려면 효과적인 평생 학습자일 것을 요구하고 있다. 요약하면 평생 학습자는 변화에 따라 업데이팅하고 나아가 변화를 적극적으로 리드해 갈 수 있는 열성과 기능과 전략을 가지고 있는 사람일 것이다.

Box 1-1 수업에서 사용하는 문제와 실제세계의 문제

비판적이고 창의적인 사고기능을 아무리 열심히 배운다 하더라도 실제에서 그것을 사용할 수 없으면 소용이 없다. 이러한 지식을 우리는 '쓸모 없는', '비활성적인'(inert) 또는 전략도 물론이지만 '지식'의 한 부분이다(보다 구체적으로는 '절차적 지식'이라 부른다).

이러한 지식은 열심히 배워 안다고 생각하지만 실제로는 문제에 적절한 것을 자연스럽게 끄집어 내어(활성화하여) 사용하지 못하는 경우이다. 왜 이런 일이 가능한 것일까? 몇 가지 이유들 가운데 가장 중요해 보이는 한 가지는 학습할 때 사용하는 문제(재료)와 실제 현실의 세계에서 접하게 되는 것이 관련이 없고 비슷하지 않기 때문이다. 이런 경우는 소위 학습의 전이(transfer)가 일어나기 어렵다. Sternberg(1985)는 사고력 수업을 위하여 사용하는 문제가 실세계의 것과 어떻게 유사하지 아니한지를 10가지로 정리하고 있다.

(i) 일상의 세계에서는 문제해결의 첫째 단계이면서 또한 많은 경우 가장 어려운 단계는 문제가 존재한다는 것을 아는 것이다. 그러나 학교에서는 학생에게 문제를 제시하고 그것을 해결할 것을 요구하는 일은 거의 없다. 일상장면에서는 해결해야 할 문제가 있을 때 그것이 있다는 것을 헤아려 발견해 내는 것이 중요하며, 이것은 대개의 경우 어렵다. 문제를 발견하지 아니하면(이를 문제의 발견 또는 문제의 확인이라 부른다) 해결을 위한 노력이 이루어질 수 없다.

(ii) 일상의 문제해결에서는 문제가 무엇인지를 발견하는 것이 그것을 어떻게 해결할 것인지를 발견하는 것보다 더 어렵다. 문제가 무엇인지를 어림하는 것을 '문제의 정의'라 한다. 문제의 정의는 해결에 선행하며, 문제를 어떻게 이해하느냐에 따라 해결은 얼마든지 달라질 수 있다.

(iii) 일상의 문제는 정의가 제대로 안 된 것이 많다. 그러나 학교에서 다루는 문제는 대개가 '정의가 잘된 문제'(well-defined)이며, 그리고 거기서는 해결의 단계가 외현적으로 그리고 분명하게 제시되어 있다. 그러나 '정의가 제대로 안 된 문제'(ill-defined)는 그러한 단계들이 구체화되어 있지 아니하다. 정의가 잘된 문제에 적용되던 기능이 그렇지 아니한 문제에 마찬가지로 쉽게 적용된다고 보는 것은 착각이다.

(iv) 일상의 문제에서는 주어진 문제를 해결하는 데 어떠한 정보가 필요하며 그러한 정보들을 어디서 발견할 수 있는지가 분명하지 않을 때가 많다. 그러나 학교에서 다루는 문제는 해결에 필요한 정보가 교재나 시험문제 자체에 충분히 주어져 있다.

(v) 일상의 문제해결은 그 문제가 제시된 맥락에 의존하며 맥락과 상호작용한다. 일상의 문제는 흔히 서로 관련되어 있으며

따라서 제시된 맥락에 따라 해결이 쉽게 달라질 수 있다. 그러나 학교에서 다루는 대부분의 문제들은 구체적인 맥락이 없는 탈맥락적인 것이다.

(ⅵ) 일상의 문제는 대개가 하나의 맞는 해답을 가지고 있지 않으며 또한 최선의 해답이 어떤 것인지를 판단해 볼 수 있는 준거도 불분명하다. 대개의 일상의 문제에는 '더 나은' 해답이 있을 뿐이며, 또한 어떤 것이 더 나은 것인지를 판단해 볼 수 있는 준거도 대개가 애매하다. 그러나 학교의 시험문제에는 대개가 맞는 답 또는 틀린 답이 있다.

(ⅶ) 일상의 문제의 해결은 형식적 지식 못지 아니하게 비형식적 또는 암묵적인 지식에 달려 있다. 그러나 학교에서 다루는 지식의 거의 전부는 '형식적 지식'이다. 뿐만 아니라 현실세계에서 성공하기 위하여 정말로 중요하게 알 필요가 있는 것은 아무도 드러내 놓고 외현적으로 가르쳐 주지 아니한다. 그리고 이들은 대개 언어로 표현되지 아니한 지식이며, 이러한 지식을 우리는 '현실적 지식' 또는 '암묵적 지식'(tacit)이라 부른다.

(ⅷ) 많은 일상의 문제는 그것의 해결을 어떻게 하느냐에 따라 벌어지는 결과(효과)는 매우 크다. 그러나 학교에서 사용하는 문제는 해결을 맞게 하든 틀리게 하든 간에 그에 따른 결말은 대개가 심각하지 아니하며 기껏해야 성적에 영향을 미칠 정도일 것이다. 그래서 많은 학생들은 학교에서 배우는 많은 것이 일상의 생활에는 부적절한 것으로 지각하고 있다. 이러한 조건에서는 전이는 제대로 이루어지지 아니한다. 실세계에서의 문제를 어떻게 해결하느냐는 생사에 관련될 만큼 결정적인 결말을 가져올 때도 적지 않다.

(ⅸ) 일상의 문제해결은 흔히 집단에서 이루어진다. 그러나 학교에서 학생이 해결하는 대부분의 문제는 개인적으로 하는 것이다. 개인적인 문제해결 능력이 집단 장면에 항시 전이되는 것은 아니다. 개인적 문제해결 능력이 우수한 대학 교수들이 교수 회의를 통한 문제해결은 대개가 매우 실망스러운 것도 한 가지 보기가 될 수 있을 것이다. 만약에 많은 문제해결이 집단 속에서 이루어진다면 우리는 학생들에게 집단 문제해결 기능을 가르쳐야 할 것이다.

(ⅹ) 일상의 문제들은 복잡하고, 너저분하고, 그리고 끈질기게 지속적인 경우가 많다. 그러나 학교에서 다루는 문제는 대개가 별개로 떨어져 있으며, 또한 한번 다루고 나면 그것으로 끝이다. 현실의 문제는 시작과 끝이 분명하지 아니하며 여러 갈래로 엉켜 있음을 본다. 오늘의 문제를 해결하고 나면 그에 따라 내일에는 해결해야 할 또 다른 새로운 문제가 다시 이어져 간다.

항은 학생이 학업을 포기하는 것이다. 일단 학교를 떠나면 이들은 부랑자, 범죄자, 고용 부적격자 등으로 이루어진 극빈계층에 합류할 가능성이 많다. 그리고 내적인 형태는 반항과 폭력이다. 그들은 어떤 규율에 대해서나 반항할 수 있다. 반항 가운데도 소극적인 것은 공부에 관심이 없고 교실 수업에 대하여 저항하는 것이다. 여기에는 대중매체의 영향도 클 것이다. 단조롭고 재미없는 교실에 감금되고 있는 동안에도 그들의 마음은 그곳을 탈출해 사이버 세계를 기웃거리고 있기 쉽다. 게임기와 휴대 전화를 만지작거리거나 문자 메시지가 오갈 수도 있다. IT의 세계에서는 자유인이며 잘못된 것까지도 스스로 배운다. 그러나 반항 가운데도 심각한 것은 폭력이다. 폭력에는 신체적인 것뿐 아니라 언어적인 것도 포함된다. 자기 자신에 대한 폭력은 자해나 자살과 같은 형태로 나타나게 될 수도 있을 것이다.

(2) 다른 한 가지는 글로벌 시대에 필요한 기능들을 가르치는 데 부족하다는 것이다. 반복적인 암기 위주로 지식을 전수하면 학생들은 자기주도적으로 탐구하고, 질문하고, 발견해 내는 기능을 개발하지 못한다. 그렇게 하면 지적인 호기심은 질식되고, 그리고 암기한 지식은 비활성적인 것이므로 사용하기가 어렵다. 여러 연구들은 심지어는 유명대학에서도 자기 전공분야의 내용에 대한 '개념적 이해'를 제대로 하지 못하는 졸업생들이 적지 않음을 보여주고 있다.

그리고 누구나 알고 있듯이 오늘날에는 정보/지식이 기하급수적으로 증가하고 있다. 누구라도 어떤 분야의 학문적 내용을 모두 커버하는 것은 불가능에 가깝다. 그럼에도 불구하고 모든 내용을 다루려 한다면 교사/교수는 간단한 개요의 설명식으로 수업을 강행할 수밖에 없다. 이렇게 교육하면 학생들은 지식을 경영하고 창의적으로 문제해결하는 능력의 기회와 경험을 가질 수 없다. 21세기에서는 무엇을 어떻게 아느냐에 못지 않게 자신이 알고 있는 것을 가지고 무엇을 할 수 있느냐가 중요하다. 적극적인 흥미를 가지고 새로운 문제를 해결하기 위하여, 새로운 지식을 경영하고 창의할 줄 아는 능력, 이것은 오늘과 내일의 학생들이 마스터해야 할 가장 중요한 기능이다. 이러한 기능을 우리는 고차적 문제해결력, 보다 간단히는 '사고력'이라 부르지만, 전통적인 교육은 이러한 면에서 커다란 한계가 있는 것 같이 보인다.

2장

사고의 성질, 요소와 생리적 기초

Ⅰ. 사고의 성질
Ⅱ. 고차적 사고－사고와 문제해결
Ⅲ. 사고의 요소
Ⅳ. 사고와 문화
Ⅴ. 사고의 생리적 기초
Ⅵ. 대뇌의 신경회로와 발달

이 장에서는 '사고'가 가지고 있는 특징적인 속성들을 살펴보는 데서 시작한다. 그러면서 소위 '사고와 문제해결'이라 부르는 고차적 사고의 특징들을 자세하게 음미해 볼 것이다. 다음으로 사고에 작용하는 요소들을 다루면서, 특히 동기의 유형과 내재적 동기의 속성을 진화론적이고 발달적인 시각에서 살펴본다. 그리고 사고와 문화를 사고와 디지털 문화, 부모의 역할 및 협력학습의 의미 등으로 나누어 논의해 볼 것이다. 마지막으로 사고의 생리적 기초를 다룬다. 여기에는 소뇌, 중뇌 및 대뇌의 기능, 대뇌반구의 상호작용 및 신경회로의 특징과 '지식의 나무'로서의 대뇌의 발달을 같이 살펴볼 것이다.

Ⅰ. 사고의 성질

우리가 관심을 가지는 '사고'(思考)는 대개가 의식적이고 계획적인 것이며, 이들은 비판적인 판단과 창의적인 문제해결을 목적으로 하는 목표지향적인 것이다. 그리고 그를 통하여 생태학적인 적응을 이루어 낼 수 있을 것으로 기대한다. 그리고 흔히 사고를 '인지'(cognition)나 지식과 동의어로 사용하기도 한다. 비록 인지란 말은 생활에서는 자주 쓰이지 않지만 학문적으로는 매우 인기 있는 용어이다(예컨대, '인지'심리학이란 용어에서처럼). Oxford Dictionary에서는 '인지'를 '아는 행위, 또는 아는 능력, 지식, 의식, 이러한 능력의 산물'이라 정의한다. 바꾸어 말하면 '아는 것, 그리고 의식적으로 자각하는 것'을 '인지'라 부르며, 보다 쉽게는 이를 '사고'라 부른다.

사고도 '행동'이지만 볼펜을 가지고 글을 쓰거나, 양치질을 하는 것과 같은 행동은 아니다. 예컨대 볼펜을 가지고 글을 쓰는 행동은 '볼펜'이라는 우리가 눈으로 볼 수 있는 구체적인 물건을 가지고 수행되며 또한 그러한 행동은 우리가 관찰해 볼 수 있는 '외현적'인 것이다. 그러나 사고는 외부에서 관찰할 수 없는 '내현적'인 것이며, 또한 모든 사고가 의식적이고 자각할 수 있는 것도 아니다. 바로 말이나 행동으로 표현할 수 있는 사고도 있고, 우리가 자각하지 못하는 '무의식적인' 것도 있을 것이다. 다시 말하면 사고행위는 다른 외현적인 행동과는 다른 두 가지의 특징적인 속성을 가지고 있다. 즉 사고는 (ⅰ) 표상(기호, 상징, 지식)을 다루고 그것을 조작(작동)하는 활동이며, 그리고 (ⅱ) 그러한 과정을 통하여 '의미를 만들어' 가며(의미 부여 의미의 탐색), 판단을 내리고 그리고 문제해결하는 행동이다.

또한 '사고'란 단어는 여러 가지의 맥락에서 사용되며, 그리고 사용되는 맥락에 따라 그러한 단어가 의미하는 구체적인 내용도 상당히 다르다. 환언하면 '사고'란 우산은 매우 넓어서 그 속에 보다 특수적이고 구체적인 내용들이 다양하게 포괄되어 있다. 예컨대 '이런 생각, 저런 생각이 떠 오른다'에서는 백일몽, 환상 또는 '잡생각'을, '그 사람의 이름이 생각나지 아니한다'에서는 '기억'을, '이 책을 구입하기로 생각했다'에서는 의사결정을, '사고력은 가르칠 수 있다고 생각한다'에서는 '신념'(믿음)을, '자나 깨나 불조심을 생각해야지'에서는 '주의'(주의집중)를, '오늘 올 것 같이 생각된다'에서는 '기대'(예상)를, 또는 '생각 없이 생활한다'라거나 '회사 경영하는 생각이 모자란다'에서는 아마도 각기 '사려 깊은 의지'나 '아이디어'를 의미할 것이다.

이것은 사고력의 동의어나 유사어가 대단히 많다는 말이 된다. 이것을 다시 바꾸어 보면 사고에는 여러 가지의 측면이 있고, 따라서 사고는 여러 가지의 기능을 수행하고 있음을 보여주는 셈이 된다. 이제 앞에서 제시한 사고행동의 두 가지의 특징적인 특성들을 좀더 자세히 음미해 보기로 한다(〈Box 2-1〉 '사고를 사용하는 맥락' 참고).

1. 표상조작으로서의 사고

'사고'란 쉽게 말하면 학습, 기억, 이해, 의사결정 등과 같은 정신적 활동(또는 精神的 過程)이다. 머리 속에서 '표상'(representation)을 만들고, 그러한 표상을 조작하는 활동이다. 그러나 표상이란 말은 우리의 일상생활에서 낯익게 쓰이고 있는 단어가 아니다. 우리가 어떤 물건이나 사건을 경험하면(즉 보거나, 만지거나, 읽거나, 들으면) 그 내용은 우리의 머리 속에서 어떠한 형태로든 '흔적'으로 남아 표현될 것인데, 우리는 이것을 표상(기호, 상징)이라 부른다. 그러나 이러한 기억의 '흔적'을 부호(code), 기호(symbol) 또는 신경충격 등으로 표현하기도 한다. 표상은 물론이지만, 신경수준과 같은 '표면구조'에서뿐 아니라 보다 추상적인 수준에서 말할 수도 있다.

정보/지식의 표상은 대개는 어문적으로(verbal) 또는 심상적인(이미지, image) 것으로 표현된다. 어문적인 것이란 단어, 기호, 숫자나 아이디어 등과 같은 것을 말한다. 그리고 심상적인 것이란 그림과 같은 시각적인(visual) 것이 주가 되지만 시각 이외의 다른 감각기관을 통한 것들도 포함된다. 예컨대 겨울 길거리에서 만나는 붕어빵의 모습을 떠올려 볼 수 있을 뿐 아니라 난로가의 '따끈한' 느낌이나, 된장찌개의 구수한 냄새나 군침나는 입맛 같은 것 등은 모두가 '이미지'적인 것이다. 어떻든 이러한 표상은 머리 속에 있는 정신적인 것이므로 보이는 것이 아니다. '어떻게 표상하는가'라는 말은 어떻게 '받아들이는가' 또는 어떻게 '이해하는가'라는 말과 같은 의미가 된다. 이처럼 우리가 보고, 듣고, 느끼고, 또는 읽거나 들은 내용을 머리 속에서 나타내는 것을 내적 표상(內的表象)이라 부른다. 그리고 노트나 메모와 같은 외부적인 것으로 표현하는 것을 외적 표상(外的表象)이라 부른다.

어떻든 사고는 이러한 내적 표상을 만들고, 그리고 이들 표상을 이렇게 저렇게 다루고 조작해 가는 활동이다. 여기서 '조작'(operation)이란 '작용', '처리' 또는 '계산' 등의 말로 바꾸어 부를 수도 있다. 예컨대 '42+39'를 암산하거나 쇼핑을 계획하는 것과 같다. 거기에는 42, 39 또는 쇼핑 항목 등 우리가 기억하고 있는 표상(정보, 지식)이 있고, 그리고 여기에다 가감승제하거나 관계지우는 등과 같은 조작을 계획하고 실행하여 바라는 결과를 얻게 된다.

그런데 여기서 매우 중요한 것은 정보(경험)를 어떻게 표상하고 어떠한 조작을 수행하느냐는 것은 '선택적'이란 사실이다. 예컨대 같은 수학 문제를 보고도 이해(해석)하는 것이 다를 수 있으며, 또한 문제를 해결해 가는 과정도 사람에 따라 다를 수 있다. 사람에 따라 다를 수 있다는 말은 '선택적'이라는 것과 같은 말이다. 심지어는 방금 표상과 조작은 '선택적'이라 한 말이 무슨 뜻이며 그리고 이들 가운데 어떠한 선택이 효과적인 것이라 보는지도 독자에 따라 다를 수 있다. 부언하면 사고란 외부의 현실 세계를 있는 그대로 복사하는 것이 아니라 각자가 배경지식을 활용하여 나름대로 해석하고 결론지어 구성해 가는 과정이다. 이러한 과정은 다소간 선택적인 것이기 때문에 사고가 얼마나 효과적이고 성공적인 것인지도 개인에 따라 달라질 수 있다.

2. 해석과 의미추구로서의 사고

사고란 의미를 만들어 가는 과정으로 경험을 이해하고, 결론(해답)에 이르기 위한 목표지향적 활동이다. 그런데 '의미'란 경험이나 정보 속에 어떤 객관적인 모습으로 내재해 있는 것이 아니다. 정보는 스스로 나서서 자기가 무엇이며 무슨 의미라고 말을 하는 것이 아니다. 그러므로 우리가 할 수 있는 것은 그러한 정보(자료)에서 포함될 수 있는 의미를 적극적으로 찾아내며 '해석'해 볼 수 있을 뿐이다. 정보(자료, 지식, 대상, 사건 등)는 거기에 있거나 없을 뿐이며, 그래서 그러한 정보가 가지는 '의미'는 사고하는 사람이 '구성'(construction)해야 하고, 찾거나 '부여'해야 하는 어떤 것이다.

그런데 이러한 '해석과 의미 추구로서의 사고'는 다소간에 목표지향적(goal-directed)이다. 이미 주목해 본 바와 같이 사고의 기능은 다양하고 '사고'란 용어는 여러 가지의 맥락에서 사용되고 있다. 그래서 여러 가지의 사고는 특히 얼마나 목표 지향적인가 그리고 어떠한 목표를 지향하고 있느냐에 따라 서로 다를 수 있다. '백일몽'의 사고처럼 비교적 비목표지향적인 것에서 사고 개발을 공부하는 현재의 우리처럼 매우 구체적인 목표를 지향하는 경우도 있다. 이런 의미에서 여러 가지의 사고들은 어떤 연속선상의 어떤 것으로 생각해 볼 수도 있다. 그리고 추구하는 목표의 구체적인 내용은 경우에 따라 매우 다를 수 있다. 요약하면 사고란 경험을 해석하고 의미를 만들어 가면서 문제해결이라는 목표를 지향하는 과정이라 말할 수 있다.

3. 효과적인 사고와 비효과적인 사고

사고가 효과적인지를 결정하는 첫 번째 요인은 사고의 '선택성' 때문에 생긴다. 중요한 것을 중요하게 다루어 처리하는 사람이 물론이지만 효과적이고 성공하는 사람이다. 사고는 선택적이고, 자기 조절적이며, 그리고 전략적이다. 효과적인 사고는 적어도 두 가지 점에서 차이가 나는데, 하나는 사고의 선택성이고, 다른 하나는 사고의 자기조절 능력이다. 우리가 어떤 정보에 어떻게 주의집중하며, 그것을 어떻게 표상하며, 그리고 거기에다 어떠한 조작을 가하느냐는 것은 선택적이다. 사람에 따라 다를 수 있다는 말이다. 또한 해석과 의미추구의 과정도 마찬가지로 선택적이다. 여기서 '선택적'이라 함은 결정할 수 있는 몇 가지의 선택이 있을 수 있으며 그 중에서 어떤 것을 선택하여 사고하느냐는 사람에 따라 다를 수 있음을 말한다.

사고가 효과적인지를 결정하는 두 번째 요인은 사고의 '자기 조절적'(self-regulation)인 성질 때문이다. 우리는 자기 자신이 하고 있는 사고를 자각하고, 조절하고, 그리고 통제할 수 있다. 이러한 사고를 '초인지'(상위인지, metacognition)라 부르며 여러 연구들은 이것이 사고와 학습의 효과와 성공을 결정하는 매우 핵심적인 것임을 발견하고 있다(Flavell, 1977; Campione, Brown & Ferrara, 1982). 비효과적인 사람일수록 자신이 과제 수행에서 사용하고 있는 기법이나 방법을 제대로 자각하지 못하며 그래서 말로 잘 표현하지 못한다. 이들은 자신의 사고과정을 되돌아 반성해 보는 것을 게을리하며, 그리고 무엇보다도 과제 수행에서 미리 '계획'을 세우려는 의도가 별로 없다. 이들은 '자발적으로' 그리고 자율적으로 계획수립하는 일을 잘하지 못한다. Brown(1978)은 이와 같이 조절하는 사고를 '계획적 사고'(planfulness)라 부르고 있다.

Ⅱ. 고차적 사고-사고와 문제해결

사고(생각)의 종류는 다양하다. 보다 높은 수준의 것을 '고차적 사고'(higher-order)라 하며, 이를 보다 구체적으로 '사고와 문제해결'이라 부르기도 한다. '사고와 문제해결'은 사고/인지 가운데도 '보다 높은 쪽', 고차적 또는 거시구조적인 것을 말한다. 그것의 핵심은 비판적 사고와 창의적 문제해결에 있으며, 그리고 이러한 사고과정에서 바탕이 될 수 있는 '독서이해'를 여기에다 추가할 수 있다. 본서는 주로 고차적 사고를 다룬다.

(1) 고차적 수준의 사고의 반대편은 '보다 낮은 쪽'의 것이고 따라서 '저차적'이라 말할 수 있겠다. 그럼에도 불구하고 '저차적 사고'란 말을 잘 듣지 못하는 것은 거기에 담겨질 수 있는 낮고, 못하고, 저속하다는 등의 내포의 의미 때문일 것이다. 어떻든 낮은 수준의 사고로 쉽게 예시할 수 있는 것은 '기계적인 암기'이다. 그것은 의미를 생각하지 아니하는 단순반복적이고 시행착오적인 반복에 주로 의존하는 사고이다.

고차적 사고, 즉 '사고와 문제해결'에 대한 논의와 요구는 흔히 교육의 목표성취와 관련하여 이루어지고 있다. Bloom 등(1956)의 교육목표 분류학은 지난 30여 년 동안 빈번하게 이용되었고 여기서는 교육의 성취목표를 지식, 이해, 적용, 분석, 종합 및 평가의 6단계로 나눈다. 이들의 6단계 분류를 더욱 줄여서 말하면 '지식'과 '이해'를 합하여 '지식'(또는 '이해')으로 그리고 '적용', '분석', '종합' 및 '평가'를 합하여 '문제해결'이라 부르기도 한다. 우리는 이때의 '지식'을 '저차적 사고'로, 그리고 '문제해결'을 고차적 사고로 범주화해 볼 수 있다. 그리고 이러한 고차적 사고능력은 바로 학교나 기업체의 창의적 사고력 교육에서 특히 강조하고 있는 능력이다.

(2) '사고와 문제해결'은 사고(인지) 중 '보다 높은 쪽', 고차적, 또는 거시구조적인 것을 지칭한다. 이미 표상에서 잠시 언급해 두었지만 지식의 표상수준에는 신

경생리적인 것에서(표면수준) 기저의 내용 원리에 기초한 심층구조적인 것까지의 몇 가지 수준에 걸친다고 본다. 따라서 표상은 신경생리적 변화와 반드시 일대일의 대응관계를 이룰 필요는 없다. 예컨대, 텍스트에 대한 이해라는 것도 추상화 수준이라는 차원에서 보면 자료 중심적이고, 국부적인 미시적 수준에서 시작하여 보다 총체적인 거시적 수준에 이르는 여러 수준에 따라 다를 수 있다. 명제를 국부적으로 연결하는 것만으로는 충분하지 아니하고 전체를 포섭해야 하며 그리하여 전체가 의미 있기 위하여서는 전체적인 구속이 필요하다는 것이 Kintsch & Van Dijk의 주장이다(Kintsch & Van Dijk, 1978; Van Dijk, 1980). 마찬가지로 인지과제도 추상화의 수준이 비교적 높은 거시구조적인 것에서 국부적인 수준의 처리를 요구하는 것으로 나누어 볼 수 있다. 후자의 보기가 지각과제(知覺課題) 같은 것이라면, 전자의 보기는 비판적 및 창의력 과제 같은 것이다.

(3) '사고와 문제해결'은 보다 거시구조적이며 복합적인 인지과제를 다룬다. 이를 달리 말하면, 덜 환원주의적(還元主義的, reducible)이며 그리고 보다 응용적인 인지과제를 다루고 있다. 덜 미시적인 것일수록 실제 장면의 인지에 가깝고 그에 대한 연구는 더 실용적이다. 실제에서의 유용성을 강조하는 것을 생태학적 타당성이라 부른다.

당연해 보이지만 사고는 하위과정들에 의지하며 그것의 일부이기도 하다. 그래서 많은 심리학자들은 고차적 사고과정을 연구하려고 하기 전에 보다 낮고 단순한 인지과정부터 이해해야 한다고 말하기도 한다. 전통적으로 보면, 기본과학, 즉 순수과학은 '보다 강하고', 응용과학은 '보다 부드럽다'. '보다 부드러운' 과학은 '보다 강한' 과학에서 벗어나지 않으려 애를 쓰며, '보다 강한' 형님은 '보다 부드러운' 동생이 허용 가능한 범위를 벗어나지 아니하기를 눈을 부라려 보는 모습 같이 보이기도 한다.

(4) 사고과제에서 사용하는 지식의 양과 성질 또한 크게 다를 수 있다. 예컨대, 8+7과 같은 더하기 문제에서 요구되는 지식은 경계가 분명하다. 이런 경우는 0에서 9까지의 숫자들을 어떻게 더하기하는지를 알고, 그리고 합이 10 이상이면 다음의 열로 한 자리 올린다는 규칙만 알면 된다. 그러나 광범위한 지식이 요구되는 전문적인 영역도 많이 있다. 대학에는 다양한 학문영역의 학과들이 설치되어 있으며 그리고 이들이 다루고 있는 여러 가지 문제들은 해당 분야의 전문지식을 많이 요구할 것이다. 현대사회는 전문지식이 요구되는 전문가 시대이다. 전문가도 한 가지 분

야의 전문가에서 융합·복합적인 전문가로 요구가 진화하고 있다. 보다 전문기술적인 용어로 말하면, 전문적인 지식이 별로 요구되지 아니하는 장면을 우리는 '지식 비집중적' 또는 '지식 비요구적'(knowledge-poor, knowledge-lean)이라 부르고, 반면에 많은 지식이 요구되는 문제장면을 '지식 집중적' 또는 '지식 요구적'(knowledge-intensive, knowledge-rich)인 것이라 부른다. 지식 집중적인 영역은 요구되는 지식의 양이 많고 또한 이들을 적용하는 방법도 다양하다. 현실장면의 중요한 과제/문제들은 대부분 이 범주에 속한다. 그러나 대부분의 사고력 관련의 연구나 사고력 교육의 초기 단계에서는 '지식 비요구적인' 과제를 다루고 있다.

Ⅲ. 사고의 요소

1. 사고에 작용하는 요소

우리는 사고의 과정(過程)을 멈추어 정지시킬 수가 없다. 살아 있고, 잠깨어 있는 한 우리는 언제나 생각하기를 계속한다. 사실 수면을 하는 동안에도 뇌는 낮시간 동안 임시로 받아 놓은 정보들을 구조적인 형태로 변화시키는 작용을 계속한다고 본다. 그러나 문제는 당신이 사고하느냐, 사고하지 않느냐가 아니라 우리가 관심가져야 할 문제는 바로 사고의 질(質)이다.

우리는 좋든 나쁘든 간에 주변에 있는 사람이나 사건에 조건화되어(conditioning) 있는 경우가 많다. 그래서 사고에 '융통성'이 부족하기 쉽다. 우리는 다시 또다시 같은 식으로 행동하기 쉽다. 이것을 우리는 반작용(re-acting)이라 부를 수 있다. 이렇게 하면 사고는 경직된다. 이러한 현상을 '심리 경화증'(psychosclerosis)이라 부르기도 한다. 이것은 나이가 들면서 동맥이 딱딱해지는 동맥 경화증(arteriosclerosis)을 정신적인 것에 유추한 말이다. 그러나 한 가지 놀라운 것은 동맥 경화증은 노년이 되면서 일어나지만, 심리 경화증은 어떤 나이에서도 일어날 수 있다는 것이다.

사고의 과정에는 여러 요소/변수들이 작용할 것이며, 사고의 작용이나 기능도 매우 다양할 것이다. 그러나 우리가 사고를 신비한 것으로 또는 요술방망이 같은 것으로 생각할 필요는 없다. 여러 연구들은 우리의 '마음'이 어떻게 작용하며, 어떻게 의미를 구성하고 문제해결해 가는지에 대하여 많은 시사를 해 주고 있다.

Amabile(1998)은 창의력을 격려하기도 하고, 반대로 좌절시키기도 하는 비즈니스 세계와 경영실제에서의 창의력을 이해하기 위한 하나의 이론적 모형을 제시하고 있다. 이 모형에서는 창의적인 능력은 전문지식, 창의적 사고기능 그리고 동기라는 세 가지 요소들이 상호작용한 결과라 본다. 여기에서 '창의적인 능력'을 '창의적인 사고능력' 또는 '(고차적) 사고력'으로 바꾸어 그림으로 보여주고 있는 것이 [그림 2-1]이다. 이러한 세 가지 요소들은 모두가 개인에 따라 다를 수 있다는 의미에서 개인 내적인 요소들이다. 여기에다 이들 요소들을 둘러싸고 있으면서 직접적 또는 간접적으로 영향을 미치는 풍토(환경, 문화, 분위기)까지를 포함시키면 사고의 요소들은 네 가지로 정리해 볼 수도 있겠다.

(1) 전문 지식: 아무것도 없는 데서 생산적인 어떤 것을 사고해 낼 수는 없다. 비판적 · 창의적인 사고에는 전문지식(expertise)이 많이 필요하다. 그러나 어떤 과제를 수행하는 데 얼마만큼의 지식이 필요하며, 언제, 어떻게 필요하며, 그리고 그러한 지식을 어떻게 가장 잘 습득할 수 있는지는 우리가 주목해 보아야 할 매우 중요한 질문이다(이에 대한 보다 상세한 논의는 3장과 4장에서 다룬다).

(2) 창의적 사고기능: '현대 사회가 요구하는 사고능력'이 뛰어날수록 효과적이고 창의적인 문제해결을 할 수 있을 것이다. 1장에서 언급해 본 바와 같이 거기에는 지식/정보를 습득 · 수집 · 분석하고, 결합하고 조합하는 통합적인 창의적 문제해결력, 네트워킹하기, 팀워크하기 및 평생 학습의 열성과 기능 등이 포함되어 있다. Reich 등의 필수적인 노동기능에는 추상화 기능, 시스템 사고, 실험적 사고 및 팀워크할 줄 아는 사고기능 등이 포함되어 있었다. 성공적으로 사고하려면 바른 질문을 하고, 다양하게 종합을 하고, 협동하고 그리고 시행착오적인 실험을 할 수 있어야 한다. 본서의 초점은 이러한 사고기능의 개발에 있다.

이러한 사고기능을 '인지기능'(認知技能) 또는 '인지조작'(cognitive operation)이라 부르기도 한다. 그런데 여러 가지의 사고기능(인지기능)들은 비교적 단순하고 비연속적인 것에서부터 보다 복합적이고 연속적인 것들이 다양하게 있는데, 전자를 사고(인지)기능(skill)이라 하고, 후자를 사고전략(strategies)이라 부르고 있다. 그리고 사고기능과 전략은 학자에 따라 여러 가지로 분류되고 있고, 일반적으로 수용하는 사고 분류학 같은 것은 아직은 없다. 그럼에도 불구하고, 본서에서는 사고조작을 인지적 사고와 초인지적 사고로 크게 나눈다. 그리고 '인지적 사고'는 다시 덜 복잡하고 그리고 다소간에 비연속적인 기본적 사고와 발달적 사고로 나눈다. 그리고 복합적인 발달적 사고는 문제해결, 의사결정, 비판적 사고 등과 같은 '복합적인 사고전략'으로 위계화하여 다룬다.

(3) 동기: 앞에서 언급해 본 '지식'과 '창의적 사고기능'이라는 두 가지의 사고요소는 사고의 원재료, 즉 개인 내적인 '자원'이라 말할 수 있다. 그러나 '원재료'를 활용하여 개인이 행위하도록 결정하는 것은 '동기'(motivation)이다. 사실 여기서 말하는 '동기'는 개인으로 하여금 어떠한 방향으로, 어떻게 밀고 당기느냐를 말하기 때문에 여러 비지적 요소(非知的)들이 같이 작용한다고 보아야 한다(여러 비지적 요소들을 지칭하는 개념에는 성격(인성), 태도, 기질, 가치, 스타일(styles) 등이 있다). 예컨대 사고의 동기와 방식(스타일, style)을 사고의 '태도' 등으로 부르고 있다. Ennis (1962)는 사고의 태도를 개인이 어떤 방식으로 행동하려는 습관적 경향성이라 부르고 있다. 예를 들면 자동차의 구조와 기능에 대하여 알고 그리고 운전의 기술(기능)을 익히는 것만으로 효과적인 운전이 보증되지는 아니한다. 왜냐하면 효과적인 운전의 또 다른 중요한 한 구성요소는 운전을 어떤 식으로 하느냐는 것이기 때문이다. 사고의 태도는 사고의 동기와 방식으로서 사고의 과정과 사고의 결과에 결정적인 역할을 미칠 수가 있다.

(4) 풍토: 풍토(climate)는 환경, 여건, 분위기, 문화 등의 용어로 표현할 수도 있다. '분위기'(climate)란 개념은 사회적 환경의 질적 내용을 서술하기 위하여 일기예보와 관련된 기상학에서 가져온 비유이다. 어떤 지역의 기상조건과 조직 속의 생활에서 경험하는 사회적 분위기 사이에는 상당히 비슷한 측면이 있다. 기상조건이 따뜻하거나 춥듯이, 바람 불거나 조용하듯이, 비가 오거나 햇빛이 쨍하듯이, 또는 맑거나 안개 끼는 것과 같이 여러 가지로 다른 것처럼 사회적 맥락, 분위기도 기상조건에 비유해 볼 수 있을 만큼 여러 가지로 다를 수 있다. 사회과학자들은 이러한 '기상조건 비유'를 조직의 과정과 이들이 미치는 효과를 이해하고, 설명하고 그리고 서술하는 데 사용하고 있다.

'분위기'는 산출에 강력한 영향을 미친다. 그러나 분위기가 미치는 효과는 다시 자원과 과정과 새로운 분위기에 영향을 미친다. 이들 간에는 인과적인 순환관계를 이루고 있다고 말할 수 있을 것이다. 조직이 '자원'(resources)을 가지고 있으면 이것을 운영하는 '과정'(process)을 통하여 '산출'(products, results)을 얻게 된다. 그런데 조직 분위기(사회적 분위기)란 매개 변수로서 운영과정에 영향을 미치고 그리고 결과적으로 산출에 영향을 미친다. 조직의 과정에는 문제해결, 의사결정, 커뮤니케이션, 조정, 통제 등이, 그리고 심리적 과정으로는 학습, 창의, 동기부여 및 헌신 등이 포함된다. 조직이 가지고 있는 자원에는 사람, 재료, 기계, 돈 등등이 있으며 경영자는 조직을 운영하는 과정에서 이들을 활용한다. 조직의 운영으로 얻게 되는 산출에는 제품, 서비스, 시스템, 구조, 정책 등등 다양한 종류일 뿐만 아니라 이들의 수준도 다를 수 있다. 예컨대 제품이나 서비스의 질적 수준이 낮거나 높은 것, 급진적으로 새로운 제품이거나 이전 것에서 조금 개선시킨 것, 근로자의 복지수준이 낮거나 높은 것 및 사업이 이익을 보거나 손실을 보는 것 등이다.

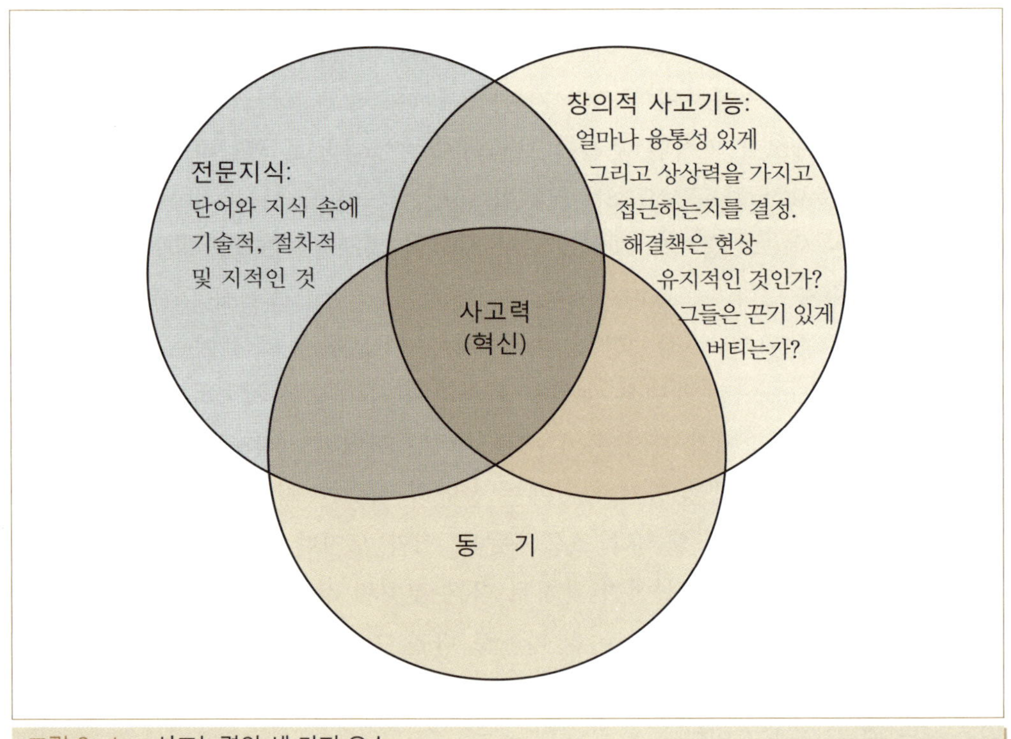

그림 2-1 ■ 사고능력의 세 가지 요소

2. 동기의 유형과 내용

효과적이고 성공적인 사고를 결정지우는 네 가지 요인 가운데 하나가 '동기'였다. 이것은 전문지식과 사고기능/능력을 원재료로 하여 실제로 행위할지 말지를 결정하고 버티어 가게 만든다. 여기서 말하는 '동기'(motive)란 용어 대신에 동기부여, 동기형성, 또는 동기화(motivation) 등을 사용하기도 한다. 어원은 라틴어 'movere'이고, 이것은 '움직이다'라는 의미라고 한다.

(1) 동기의 유형

학습과정에 관여하는 '동기'는 대개 보아 4가지의 유형으로 나눌 수 있는데, 이들은 (ⅰ) 외재적 동기(extrinsic), (ⅱ) 사회적 동기(social), (ⅲ) 성취동기(achievement) 및 (ⅳ) 내재적 동기(intrinsic) 등이다(Biggs & Moore, 1993). 물질적 보상이나 칭찬 같은 것을 얻기 위하여 어떤 과제를 수행하거나, 반대로 처벌을 회피하기 위하여 과제를 수행할 때 우리는 그 사람은 외재적으로 동기형성되어 있다고 말한다. 이 유형의 동기는 과제를 성취해 가는 과정보다는 최종적인 결과/산출에 초점을 두고 있다. 이러한 외재적인 인센티브는 Skinner(1974)의 조작적 조건화(operant conditioning)에서 많이 다룬다. 사회적 동기는 부모나 교사와 같은 중요한 타인들을 즐겁게 하거나 인정을 받기 위한 것이다. 성취동기는 남들과 경쟁하여 이기고 자신의 자아(ego)를 높이기 위한 것이다. 이러한 세 가지 유형의 동기는 모두가 주로 외재적 인센티브에 의존하고 있다. 그러나 마지막의 내재적 동기에서는 사람들은 과제 또는 활동 자체가 재미(흥미)있기 때문에 공부를 하거나 과제를 수행한다. 내재적으로 동기형성되어 있는 사람은 활동 그 자체를 위하여 활동을 수행하며, 재미와 즐거움은 활동 그 자체에 내재해 있다. 여기에서는 학습의 결과/산출보다는 학습의 과정(過程) 자체가 보다 더 중요하다.

(2) 내재적 동기

Amabile(1998)은 동기를 외재적 동기(extrinsic)와 내재적 동기(intrinsic)로 나눈다. 그리고 창의적 과제 수행에서 '내재적 동기'의 중요성을 강조하여 다루고 있다.

그러면 내재적 동기를 이루고 있는 속성은 무엇인가? 거기에는 어떤 요인들이 작용하고 있을까? 아래에서는 이러한 질문을 염두에 두고 내재적 동기에 대하여 좀더 음미해 본다. Amabile은 이들 두 가지의 동기들을 다음과 같이 설명한다.

> "모든 동기(형성)가 창의에 동일한 영향을 미치는 것은 아니다. 사실로, 동기에는 외재적인 것과 내재적인 것의 두 가지가 있다. … 외재적 동기는 당근이나 채찍처럼 사람의 외부에서 온다. 만약에 어떤 과학자의 보스가 과학자에게 경제적으로 보상해 줄 것을 약속한다면 그의 혈괴 연구 프로젝트가 성공할 수 있을까, 또는 만약에 실패한다면 해고하겠다고 위협할 경우 프로젝트의 해답을 찾으려는 과학자의 동기가 분명하게 솟아날까? 금전이 우리가 창의적이게 되는 것을 반드시 정지시키는 것은 아니다. 그러나 많은 경우 그것이 도움되는 것도 아니다. 당사자들이 뇌물을 받았거나 통제를 당하고 있다는 감정이 들 때는 특히 그러하다. 보다 더 중요한 것은 금전 그 자체는 근로자들이 자신들의 직무에 열정적이게 만들지 못한다는 것이다. 그러나 열정과 흥미—무엇인가를 해 보겠다는 내적인 욕구—그것은 내재적 동기의 모든 것이다. 예컨대, 만약에 어떤 과학자가 혈우병에 대한 관심 때문에 혈괴 약품 개발 프로젝트에 강력하게 동기형성이 되었다면, 그는 개인적인 도전감 또는 그 문제를 밝히고 싶은 욕구 같은 것을 가질 것이다. … 사람들은 작업 자체에 대한 흥미, 만족 및 도전 때문에 주로 동기부여를 느끼는 것이지 외적인 압력 때문에 그렇게 되는 것이 아니다"(p. 79).

그러면 내재적 동기란 과연 무엇인가? 그리고 그것을 어떻게 개발할 수 있는가? 내재적 동기란 사람들을 성취하게 하고 끈기를 가지고 인내할 수 있게 해 주는 기질이고, 자세이고, 그리고 밀고 당기는 힘이다. 그러나 내재적 동기는 Amabile이 말하듯이 단순히 '열정'(passion)과 '흥미'(interest)뿐인 것일까? Wagner(2012)는 내재적 동기에는 다음과 같은 상호관련적인 세 가지의 요소가 있다고 말한다. 이들은 놀이 같은 장난스러움, 열정 및 목표의식 등이다. 그리고 이들은 차례대로 점차 진화해 가는 것 같이 보인다.

(1) 놀이(play): 아동들은 특히 호기심이 많고 놀이(play)하기를 좋아한다. 그리고 놀이는 아동의 '직업'이라 말할 수 있고 그들은 많은 것을 놀이를 통하여 배운다. 그러나 '놀이'는 어린 아동에 제한되지 않는다. '장난스러움'과 '놀이의 끼'는 어느 연령의 사람에게나 마찬가지로 있으며, 이러한 놀이는 외적뿐 아니라 머리 속

'내적'으로 일어날 수도 있다. 『구유 속의 과학자, 철학적인 애기』(*Scientist in the crib, the philosophical baby*)의 저자 Alison Gopnik(2009)는 이렇게 적고 있다.

> "전통적인 지혜는 지식과 상상, 과학과 공상(팬터지, fantasy)들은 서로 완전히 뿌리가 다르다고 말한다. 심지어는 서로 반대되는 것처럼 이야기하고 있다. 그러나 새로운 아이디어에서는 … 아동들이 세상에 대하여 배울 수 있게 해 주었던 놀이라는 바로 그 능력이 세상을 바꾸게 한다. 그러한 능력이 새로운 세계가 존재토록 하며, 그리고 존재해 본 적이 없는 대안적 세계를 상상해 보게 한다. 아동의 두뇌는 나름대로 세상에 대한 인과관계적인 이론을 만들며, 세상이 어떻게 작동하고 있는지에 대하여 그림 그리며 생각해 보게 한다. 이들은 새로운 가능성을 그림 그려 보게 하며 그리고 지금과는 다른 세계를 가상하고 상상해 볼 수 있게 한다"(p. 26).

창의적인 사람은 장난끼가 있다. 현실의 경계를 멋대로 벗어나 가정하고, 상상하고 그리고 실험해 보기를 좋아한다. 이들은 어떤 것을 행위하는 그 자체가 재미있어 행위하는데, 이것을 우리는 '놀이' 또는 '유희'라 부를 수 있다. 장난스러운 놀이는 인간 본성의 한 부분이며, 그리고 내재적 동기의 핵심적인 한 부분이라고 말할 수 있다.

(2) 열정(passion): 두 번째 요소는 '열정'이다. '열정'이 없으면 어떤 일을 하고 탐구해 가기가 어렵다. 특히 오랜 시간 동안 인내하고 자제력과 지구력을 발휘하면서 끈기 있게 무엇을 추구해 가기가 어렵다. 예컨대, 어떤 것을 탐구하고, 어떤 새로운 것을 배우고, 어떤 것을 훨씬 더 깊게 이해하려는 열정 또는 어려운 어떤 것을 마스터하려는 열정 등을 말한다. Amabile이 말하는 '전문지식'과 같이, 어떤 분야를 깊이 있게 마스터할 수 있으려면 오랜 시간 동안의 '열정'이 필요하다. 인지 심리학에서는 어떤 분야를 마스터하려면 10년 이상이 걸린다고 말하며 이를 '10년설'이라 부른다. 또는 10,000시간을 말하기도 한다. 그것은 학문분야뿐 아니라 바둑이나 예술 등의 기타의 분야에서도 마찬가지라 말한다. 미친 것 같은 열정이 없으면 의미있는 혁신적인 성취를 이루어 내기는 어렵다. 성공하는 사람과 성공하지 못하는 사람을 차별지우는 가장 큰 특징은 버티면서 일에 집착할 수 있는 열정적인 끈기일 것이다.

(3) 목표의식(purposefulness): 그러나 '열정'만으로는 어려운 일을 견디면

서 끈기 있게 추진해 갈 수 있는 '동기'를 지탱해 가는 데 충분하지 아니하다. 열정이란 단어는 주로 어떤 것이 어떤 '정서', '감정'에 따라 움직여 가는 것을 의미하기 때문이다. 사실 내재적 동기는 장난끼 있는 '놀이'에서 '열정'으로 그리고 다시 '목표'로 진화하면서 발달해 가는 것 같이 보인다. 창의적인 아동은 다른 아이들보다 놀이가 '덜 구조적'이며, 그리고 탐구하고 실험하며 시행착오를 통하여—때로는 모험하고 실패하면서—새로운 것을 발견하는 그러한 기회를 더 많이 가지는 것 같이 보인다. 어렸을 때 했던 이러한 '놀이'는 청소년이 되면서 무엇을 학습하거나 행위하려는 '열정'으로 발달하게 될 것이다. 그리고 이러한 열정을 추구해 가다 보면 관심가는 분야가 달라지고 그리하여 새로운 열정을 발견하게 될지도 모른다. 새롭게 학습을 하고 그리고 어떤 것에 대하여 더 깊게, 더욱 지속적으로 그리고 보다 믿을 수 있는 것으로 탐구해 가다 보면 이제 열정은 '목표'(purpose) 내지 목표의식으로 진화해 가게 될 것이다. 이러한 진화의 과정을 통하여 창의적인 사람은 보다 깊고 성숙한 목표의식을 가지게 될 것이다. 그럼에도 불구하고 이러한 열정으로 무장한 목표의식은 여전히 '놀이'의 속성을 그대로 지니고 있을 것이다. 다만 그것은 '어린이'의 놀이가 아닌 성숙한 '성인'의 놀이라는 점에서 차이는 있을 것이다.

놀이에서 열정으로 다시 목표의식으로 진화해 가는 이러한 여정을 통하여, 창의적인 사람은 Amabile이 말하는 전문지식을 습득하고, 그리고 창의적인 사고기능도 배우게 될 것이다. 그리고 이러한 여정에서 내재적 동기를 더욱 자극하고 격려하면서 더욱 발달해 가는 방식으로 이어질 것이다. 그러면서 얼마만큼은 모험과 위험부담을 할 줄도 알고 그리고 끝장을 볼 때까지 끈질기게 집착하여 밀고 나가는 열정의 중요성도 더욱 배우게 될 것이다. Kong(2006)은 내재적 요인에 기여하는 요인으로 내재적 욕구, 호기심 및 과제 집착(persistence) 등을 제시하고 있다.

- 내재적 욕구: 환경을 다루는 능력을 최대화하려는 욕구는 학습하고 알려는 욕구를 생성시킨다.
- 호기심: 도전적이고 어려운 과제를 학습하는 것은 내재적으로 동기형성적이다.
- 과제를 마스터하려는 욕구와 집착: 과제를 마스터하는 것은 '정상 경험'(peak experience)을 가져 보게 하며 그리하여 보다 더 강한 집착력을 가지게 한다.

마지막으로 언급해 둘 것은 내재적 동기와 외재적 동기의 관계이다. 창의적이고 성취지향적인 사람일수록 내재적 동기가 매우 강력한 추진체 같은 힘이 되고 있음은 부인하기 어려운 사실이다. 그러나 그러한 사람이라고 하여 물질, 수상, 명예, 인센티브와 같은 외재적 동기가 전혀 작용하지 않는다고 보는 것은 무리일 것이다. 예컨대 명예로운 지위에 오르거나 노벨상을 받는 것은 확실하게 외재적 동기부여적인 것이다. 다만 이러한 사람은 외재적 동기보다는 주로 내재적 동기에 의하여 노력한다고 말하는 것이 옳을 것이다. 창의적이고 성취지향적인 사람도 '인내는 쓰고 열매는 달다'란 생각을 주문처럼 외우면서 지구력과 강인함을 다듬어 가는 것은 아닐까? 이들 창의적 성취의 사람은 즉시적인 외재적 인센티브(성과/성취)보다 '만족의 지연'을 통하여 더 멀리 있는 그래서 더 큰 것일 수 있는 외재적인 것에 더 동기형성된 사람이라 말할 수 있다. 그러나 '만족의 지연'을 가능케 하는 것은 역시 주로 내재적인 동기에 의하여 가능해지는 것처럼 보인다.

Ⅳ. 사고와 문화

1. 사고와 디지털 문화

디지털 태풍이란 말이 저절로 실감이 난다. IT기술은 급속도로 우리를 강타하고 있고, 닥치는 모든 것들을 뒤엎고 있다. 그것은 많은 정보에 자유롭게 접근할 수 있게 해 주며, 또한 교육, 직업, 생활방식 및 우리들의 일상과 전문적인 활동의 모든 면에 영향을 미치고 있다. 물론 개인의 프라이버시(privacy) 보호나 악성 또는 오류의 정보가 우리의 판단을 오도하는 등의 도전도 함께 지니고 있다. 어떻든 이러한 발달은 '닷-콤'(dot-com; ….com)이라는 붐을 일으키며 검은 재도 동시에 수반하고 있다. 예컨대 톨게이트에서 서행할 필요도 없이 '하이패스'하고 그리고 GPS의 여성 목소리가 길을 똑똑하게 안내한다. 현금에 터치하지 않고도 입출금할 수 있을 뿐 아니라 거래는 스마트폰에서도 이루어진다. 세상이 바로 우리의 손 끝에 있으며 '클릭'(click) 하나로 세상의 사건 · 사고를 안방의 일처럼 가까이서 볼 수 있다. 비즈니스에서도 글로벌리제이션(globalization)으로 전 세계의 거의 모든 곳에 연결하여 거의 모든 것들을 사고 팔 수 있게 되었다. 거기에는 보이는 상품뿐 아니라 보이지 않는 지적 재산이 더 큰 비중을 차지하게 될 것이다.

이러한 IT기술의 발달은 학생들에게도 변화와 도전을 불가피하게 직면케 할 것이다. 오늘날 학생들의 대부분은 쉽게 인터넷(internet)이나 스마트폰에 접근하여 많은 시간을 보내고 있다. 심지어는 유치원생이나 그 보다 더 어린 아동들도 빈번하게 인터넷에 접근하여 게임을 하거나 이것 저것을 뒤적인다. 그래서 이들을 '디지털 원주민'(digital natives), 디지털 세대, 또는 혁신 세대(innovation generation)라 부르기도 한다.

평균적으로 보면 학생들은 교실에서 보다는 전자기기 앞에서 더 많은 시간을 보내고 있다. 교실에서 보내는 시간 동안에도 적지 아니한 시간을 핸드폰 등을 만지작 거리며 보내는 학생도 있을 것이다. 그리고 단조로운 수업보다는 인터넷이 훨씬 더 강력한 선생님이 되는 학생들도 없지 아니할 것이다. 인터넷에서는 자신의 호기심에 따라 행동할 수 있기 때문에 교실 수업은 그것과 비교가 안 되는 경우도 있을 것이다. 재미로 구글(Google)에 있는 재료를 찾아보고, 마음 내키는 대로 하이퍼링크(hyperlink)를 따라 옮겨다니기를 좋아한다. 페이스북(Facebook), 트위터(Twitter) 소셜네트워크(SNS), 유튜브(YouTube) 등의 인터넷에서 무엇을 만들거나, 연결하거나 또는 협동하여 같이 하는 것을 배운다. 그리고 컴퓨터 게임을 즐길 줄도 안다. 적지 아니한 학생들은 인터넷에서 사진이나 비디오나 음악을 업로딩(uploading)하거나 다운로딩(down loading)하며, 또는 블로그(blogging)를 만든다. 인터넷과 TV가 발달한 결과로 이들은 역사상 어느 세대보다도 세상에서 일어나고 있는 사건·사고에 대하여 보다 빨리, 그리고 보다 생생하게 노출되어 있다.

이러한 IT기술의 발달에 따른 변화와 도전은—세상 대부분의 일이 그러하듯이—부정적인 결과를 가져올 수도 있고, 이와는 반대로 새로운 기회와 발전의 모멘텀이 될 수도 있을 것이다.

부정적인 측면부터 보면, 디지털 세대가 TV나 인터넷 등을 오용하거나 거기에 지나치게 수동적으로 의존하거나, 또는 컴퓨터 중독과 같은 병리 현상을 초래할 가능성은 매우 현실적이다. 그리고 인터넷에 있는 모든 정보들을 무비판적으로 수용하고, 거기에 맹목적으로 의존하고 매몰될 수 있는 가능성도 크다. 물론이지만 게임 중독 등과 같은 사회문제가 생겨날 수도 있다. 이에 따라 가정에서 자녀들이 TV나 기타의 디지털 기기에 접하는 소위 '스크린 시간'(screen time)을 부모가 지혜롭게 관리하는 일이 중요해진다. 학생들은 광범위한 대중 미디어의 바람과 물결 속에서 제대로 대항하기란 불가능하게 무방비 상태에 놓여 있다.

그렇다고 디지털 기기와 이에 따른 디지털 문화가 가능케 해 주는 긍정적인 측면을 간과하거나 부정하는 것은 가능하지도 않고, 또한 그것이 가능해서도 안 된다. IT기술의 발달은 각자의 잠재력의 극대화라는 교육의 가능성을 확대시켜 주고 있다. 학생들은 웹에서 수많은 자료에 접근할 수 있고 교과수업의 내용도 확대해 줄 수 있다. 하나의 교과서가 아니라 하나의 주제나 토픽에 대하여 다양한 장르(genre)의 자료에 접근할 수 있다. 그리고 이러한 자료/정보들을 분석하고 통합적으로 조합·종합해 보는 학습경험도 가질 수 있다. 이러한 IT기기를 즐겨 사용함에 따라 소위 '디지털 리터러시'(digital literacy)라 부르는 기능도 익히고 거기에 친숙해질 수 있을 것이다. 디지털 리터러시란 디지털 기기를 이해하고 조작할 줄 아는 기능을 말한다. 다시 말하면, 디지털 기술기능(technology skills)을 말한다.

어떻든 학생들은 디지털 미디어를 통하여 참으로 자유롭게(부모나 선생님의 간섭, 통제 없이) 가상의 세계를 넘나들 수 있고, 그리고 세계 도처에서 일어나는 사건·사고를 실시간 가깝게 접할 수 있다. 거기에서는 거의 모든 것이 가능하며 호기심이 또 다른 호기심을 자극할 것이다. 그래서 디지털 세대는 기성 세대와는 매우 다른 포부, 희망, 세계관 같은 것을 가지게 될지도 모르겠다. 특히 창의적인 사람일수록 이러한 가능성은 매우 높아 보인다. 예컨대 Wagner(2012)는 인터넷 세대는 "지구의 미래를 더 깊게 걱정하며, 보다 더 건강한 라이프 스타일을 추구하며, 그리고 돈을 벌기보다는 무엇을 해서 세상에 어떤 변화, 어떤 흔적을 남기기를 원한다"(p. 19)라고 말한다. 그리고 그는 디지털 세대는 기성 세대와는 동기부여가 다르다는 내용도 언급하고 있다: "첫째, 이들은 훨씬 더 융통성이 있다. 이들은 대답을 그냥 받아 가만히 입 다물고 있지 않고 거기에 대한 질문을 적극적으로 한다. 그들이 중요하게 생각하는 것은 무엇에 대하여 알고 있느냐가 아니다. 오히려 이들은 누구를 알고 있으며, 그리고 어떤 것이 궁금할 때 거기에 대한 대답을 찾기 위하여 어떤 연결(connections)을 어떻게 할 줄 아는지를 더 중요하게 여긴다. 그들은 범세계적인 것에 관심이 많고 나라 밖의 여러 가지에 노출되어 있다. 다음으로, 이들은 공동 협력, 팀워크에 대하여서도 훨씬 더 편안해 한다"(p. 20). 이러한 내용은 디지털 세대가 갖고 있는 밝은 미래이고 동시에 잠재력이란 생각을 가진다.

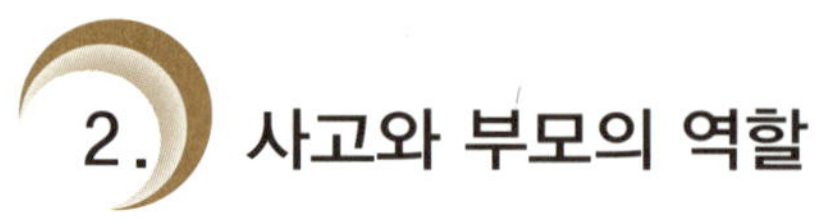

2. 사고와 부모의 역할

인간 발달의 여러 면에서 '가정환경'이 끼치는 영향이 크다는 것은 짐작하기가 어렵지 않다. 물론이지만 인지 발달, 사고력 발달에서는 그러한 영향이 다른 영역에서 보다 더 심각하지 않을까 싶다. '사고력'에 미치는 네 가지 요인 중 가장 광범위한 영역이 바로 '가정환경'이고 '가정교육'일 것이다. 사고력 교육과 '부모'의 관계를 몇 가지의 영역에서만 간단히 살펴본다.

물론이지만 교육은 학교에서만 이루어지는 것이 아니다. 교육을 하는 데는 아동이 어릴수록 가정에서의 부모의 역할이 크다. 부모가 아동과 함께 시간을 보내고 대화할 수 있는 여유가 없거나 부족한 가정도 적지 않게 있을 것이다. 그러나 그렇게 시간을 보낼 수 있는 여건이 되고 또한 그것을 소중하게 생각하더라도 부모들은 여전히 아동들을 교육할 때 어려워하는 일들이 적지 않게 있기 마련이다. 가지고 놀 수 있는 장난감, 다닐 학교, 자유롭게 놓아두고 실패가 허용될 수 있는 공간, 그리고 안전과 건강 등 마음 쓰이는 곳이 많다. 그러나 아래에서는 특히 사고력, 창의력의 개발을 위하여 가정에서 부모들이 할 수 있는 몇 가지 항목들을 정리해 본다.

(1) 글 읽기는? 사고하는 것을 소중하게 생각하는 가정에서는 대개 독서하는 습관을 가치롭게 생각한다. 이런 가정에서 생각하는 독서는 학교에서 공부를 잘하기 위한 '수단'일 때가 많다. 그러나 진정한 독서 지도는 독서하는 그 자체가 목적이고 즐거움이어야 하며, 새로운 세계를 발견해 가는 놀이의 한 가지 형태여야 한다. 책을 사랑하고 책 속의 이야기를 사랑하게 만드는 것이다. 무리하게 책 읽기를 강요하면 책을 증오하고 독서하기를 싫어하게 된다. 학교교육의 사전 준비로 한글을 깨우치기 위하여 글 읽기를 할 수는 있지만 그 자체가 공부하는 것의 목적이면 독서는 즐거움의 대상이 되기 어렵다.

그리고 부모는 아동에게 자주 책을 읽어 주면 좋다. 상상력을 격려하는 책뿐 아니라 아동이 세상을 이해하는 데 도움되는 책들도 중요하다. 일찍부터 시작하여 일주일에 4~5회 정도 자주 읽어 준다. 그리고 가능하면 같이 읽는다.

아동이 나이가 들면 자기 스스로 책을 읽게 하는 것이 아주 중요하다. 특히 학교공부와는 관계없는 재료들을 자유롭게 읽는 시간은 더욱 가치로운 것이다. 독서라는 절제된 습관은 자기 주도적인 학습의 습관뿐 아니라 집중력을 신장시키는 데도 도움이 된다. 교실 안에 여러 가지의 읽을거리가 있고 그리고 교사나 부모가 아동에게 책을 자주 읽어 주는 것은 매우 효과적이다. 어린이들은 읽었던 내용을 연출할 수도 있다. 그러면 책이란 아동에게는 놀이의 또 다른 한 가지 표현이 될 것이다.

(2) 놀이는? 어린이들은 놀이하면서 자란다. 그러므로 어린이들이 보내는 시간을 지나치게 규제하고 프로그램화하지 않는 것이 중요하다. 그리하여 놀고 무언가를 발견해 볼 수 있는 '구조화되지 아니한' 시간을 충분히 가지게 해야 한다. 부모들은 아이들과 함께 시간을 보내고 활동은 하지만 안전이 지켜지는 범위 내에서는 자유분방하게 나름대로의 모험을 즐겨 보게 하고, 실수를 허용하는 것이 바람직하다. 모든 것을 지시하고, 감시하는 소위 '헬리콥터 부모'(helicopter parents)가 되지 않는 것이 중요하다.

(3) 장남감은? 장난감의 숫자는 적지만, 상상과 발명을 격려할 수 있는 것들을 가지는 것이 중요하다. 갑자기 많은 돈을 벌게 된 졸부들 가운데 아이들이 장난감에 파묻히게 하는 경우가 많다. 장난감이 너무 많으면 아동들은 껍데기를 만지고 감각적이고 피상적인 놀이 수준을 벗어나기 어렵다. 장난감보다는 상상력을 사용하는 시간을 더 많이 가지는 것이 중요하다. 좋은 장난감은 예컨대 LEGO 블록 같은 것이다. 이런 유형의 장난감은 어린이들이 그것을 가지고 자신이 상상하는 무엇이라도 만들 수 있고 그리고 놀이할 때마다 다르게 할 수 있기 때문에 창의와 상상을 격려할 수 있다. 그것은 자기 주도적이고 자기 선택적이다. 부모나 교사는 그들이 자신의 아이디어를 발견하고 구성해 가는 과정을 가이드하고 코치해 줄 수 있어야 한다.

(4) 스크린 타임은? '더 적은 것이 더 많은 것'이란 철학은 아동에게 전자식 장난감을 사 주는 것이나 TV나 컴퓨터에 보내는 시간, 소위 '스크린 타임'(screen time)을 제한하는 것에도 마찬가지로 적용된다. 그리고 상당히 나이가 들 때까지는 아이들 방에 컴퓨터를 두지 않는 것이 좋다. 그렇게 하면 자연스럽게 스크린 타임을 제한할 수 있다. 그리고 아이들이 제기하는 질문에 따라서는 컴퓨터에서 직접 찾아보게 한다. 그리고 TV 프로그램이나 영화를 가족이 함께 감상함으로써 그것이 가족 간의 사교적인 이벤트가 되게 하는 것도 바람직할 것이다. 아동의 스크린 타임을 조정할 수 있는 것은 컴퓨터 중독을 예방할 수 있을 뿐 아니라 자기관리와 자제력을 길러가는 좋은 방법이 될 수도 있다. 또한 웹이나 인터넷 등 컴퓨터 관련의 기능에 익숙해지고 그리하여 컴퓨터 리터러시(computer literacy)를 개발하는 기초가 될 수도 있을 것이다.

(5) 신뢰감은? 부모는 자기가 하는 일에 대하여 자신감과 용기를 가져야 하며, 그리고 자기 자식들을 신뢰할 수 있어야 한다. 부모는 자신이 내리는 직관, 의사결정 및 가치판단에 대하여 자신감과 확신을 가질 수 있어야 한다. 부모는 자녀가 가지고 있는 독특한 흥미와 재능에, 배우고 창의하려는 목마름에, 그리고 자신의 잠재능력을 실현해 보고 싶어 하는 타고난 욕구를 믿고 신뢰할 수 있어야 한다. 또한 부모는 세상의 누구보다 자신이 더 많이 알고, 자기가 하는 일은 옳다고 믿는 낡은 권위가 아니라, 훌륭한 가치를 모범 보이고, 개인으로 하여금 자신의 재능을 보다 충분히 실현토록 도와주려는 자세와 능력에서 나오는 권위를 가질 수 있어야 한다. "어떨 때 '아니오'라 말하고, 어떨 때 아동이 결정하게 하고, 언제 보호하고, 언제 계속하게 하며, 언제 학교 숙제를 하도록 요구하고, 언제 학교 밖의 공부를 하도록 격려하며, 언제 아동의 지혜를 신뢰하고, 그리고 언제 부모로서 당신의 더 나은 판단을 신뢰할 것인지 – 이러한 결정은 부모들이 매일 고민해야 할 것들이다"(Wagner, 2012, p. 227). 어떻게 보면 창의적인 자녀 교육과 혁신의 미래는 이 같은 부모의 역할을 더 깊게 이해하는 데 적지 않게 달려 있을 것이다.

3. 사고와 협력학습

협력학습(cooperative learning)은 1960년대와 1970년대에서는 흔히 '소집단 학습', '소집단 수업', '분단학습' 및 '집단활동' 등의 용어들이 대신 사용되었다. 그러나 1980년대부터는 조직적이고 구조화된 소집단 활동(절차)을 나타내는 말로 '협력학습'이나 '팀워크' 등의 용어가 주로 사용되고 있다.

전통적으로 교육이나 비즈니스에서는 개인간의 '경쟁'을 강조하여 왔다. 사실로, 사고는 각자가 하는 개인적인 정신적 과정이다. 그래서 '사고학습'과 '협력학습'은 먼 관계의 것 같이 보이기 쉽다. 그럼에도 불구하고 사고력 개발 운동과 협력학습은 매우 자연스럽게 공생관계를 가지며 양자 모두가 상호관계적으로 강조되고 있다. 다시 말하면 협력적인 학습환경 속에서 고차적 사고기능의 개발을 목표하는 새로운 패러다임의 교육이 강조되고 있음을 본다. 얼른 보면 쉽게 납득이 안 갈 수도 있는 이러한 현상은 주로 '대화'의 중요성 때문이다.

구소련의 심리학자 Vygotsky(1978)는 1934년에 『사고와 언어』란 저서를 출판하였지만, 그러나 그것은 Pavlov적인 구소련의 심리학 연구와는 거리가 너무 멀다는 이유로 발행이 금지되고 1960년대에 비로소 영어로 출판되었다. 그는 아동은 문제를 해결할 때 눈과 손을 사용하지만 '말'(會話)의 도움도 받아야 한다고 말한다. 사고나 양심의 발달에는 사회적 교환(social exchange), 즉 다른 사람들과 더불어 사회적으로 유의미한 활동을 가지는 것이 결정적으로 중요하다고 말한다. 그는 교사와 학생 사이의 '대화'(dialogue)의 중요성을 특히 강조한다. 이러한 전통에 따라 협력학습에서는 학생들 간의 '언어적인 교환'을 포함하는 논의, 협의 등의 활동을 강조하여 사용한다. 한 마디로 말하면 지식을 습득함에 있어서 팀(team, 집단) 경험을 강조한다. 학습자들 간의 협력과 '나눔'을 강조하는 팀워크/협력학습의 이점은 다음과 같이 세 가지로 정리해 볼 수 있다.

(i) 초인지적 사고를 경험하게 한다. 협력학습을 하려면 공부할 정보(문제해결을 위한 정보)를 집단 처리해야 하고 각자가 자기의 생각을 말로 표현해 보고 그래서 서로의 아이디어(생각)를 교환하고 공유해야 한다. 자기는 어떻게 하여 어떤 결론(해답)에 도달했는지를 설명할 수 있어야 한다. 그럴려면 먼저 자기 자신의 사고를 음미해 볼 필요가 있으며 자신이 생각했던 것을 반성해 보아야 한다. 그리고 남의 아이디어를 경청하여 이해하고 그에 대하여 비판적인 사고를 할 줄 알아야 한다.

자기 자신의 사고를 반성하는 것은 초인지적 사고를 경험하는 것이다. 성공적인 사고자는 '자신에게 말하기'(self-talk)를 자주하며, 무조건하고 달달 외우고 암기하는 전략보다는 전체를 관통하여 흐르고 있는 핵심과 일반적인 '법칙' 같은 것을 발견하려고 더 많이 노력한다.

(ii) 다른 사람의 사고발달을 매개할 수 있다. 협력학습에서는 서로의 생각을 대화를 통하여 교환해야 하고, 이러한 과정을 통하여 다른 사람들로 하여금 스스로의 사고를 보다 더 의식하고 자각해 보게 한다.

(iii) '좋은 질문하기'와 '유의한 문제를 제기'할 줄 아는 사회적 기능을 개발하는 데 도움된다. 협력학습에서는 적절한 과제와 재료를 가지고 필요한 관련의 정보를 새롭게 찾아내고, 그러한 정보가 가지는 유의성 또는 잠재적 의미(가치, 필요성)를 고려해 보고, 그리고 그와 관련하여 유의미하고 창의적인 질문이나 문제를 제기하고, 그리고 집단적으로 문제해결해 가는 경험을 가지게 할 수 있다.

결국 사람들은 예측하고, 질문하고, 요약하고, 그리고 명료화하는 집단 학습기능을 배우며 이를 통하여 이전에 알고 있던 지식에 새로운 정보를 통합시키고 그래서 창의적으로 문제해결해 가는 경험을 가질 수 있게 된다. 이러한 팀워크 기능은 정보사회의 시민으로서 매우 필요하다.

V. 사고의 생리적 기초

생각(사고)은 물론이지만 '마음' 속에서, 구체적으로는 '뇌'에서 이루어진다. 여기서는 사고의 생리적 기초를 몇 가지로 나누어 알아본다. 먼저 인간의 뇌를 이루고 있는 소뇌, 중뇌 및 대뇌를 살펴본 다음 대뇌반구의 기능과 상호작용을 다룬다. 그런 다음 '지식의 나무'라 부를 수 있는 대뇌의 신경회로를 알아보고, 마지막으로 대뇌의 발달적 특징들을 음미해 본다.

1. 뇌: 소뇌, 중뇌 그리고 대뇌

인간의 뇌(brain)는 소뇌, 중뇌 및 대뇌로 구성되어 있다. 이들은 인간이 진화해 가면서 먼저 소뇌, 그 위에 중뇌, 그리고 다시 그 위에 대뇌가 발달하여 쌓여져 있는 구조이다. 아랫 부분에 있는 소뇌는 대개 보아 신체의 생리작용과 운동을 담당하고, 가운데에 있는 중뇌는 정서 · 감정작용을 관장한다. 그리고 제일 윗부분에 있는 대뇌(대뇌피질부)는 인지 · 사고 작용을 관리한다. 이들을 좀더 자세히 살펴보면 다음과 같다.

(1) 소뇌: 이것은 '파충류 뇌'(reptilion brain)라 부르기도 하며 척추 바로 위, 두개골의 밑변에 있다. 소뇌는 마치 통제소와 같아서 호흡, 심장박동 및 싸우거나 도망치는 본능들과 같은 여러 기본적인 생리기능들을 관장하고 있다(그러므로 이 부위에 손상이 생기면 무서운 적을 만나도 무서워하지 않을 것이다). 파충류 뇌란 이름은 악어, 뱀 및 도마뱀과 같은 하등동물에서도 마찬가지의 기능이 있기 때문에 부쳐진 이름이다.

(2) 중뇌: 뇌의 가운데에 있으며 '포유류 뇌'(mammalian brain) 또는 뇌변연계

(limbic system)라 부른다. 여기에는 특히 중요한 것으로 시상하부(hypothalamus)와 편도류(amygdala)가 있다. 중뇌는 정서 통제소와 같아서 감정작용을 통제한다. 이것은 또한 신체의 동질정체(homeostasis)를 유지하여 신체 내의 환경을 안정시킨다. 또한 이것은 호르몬, 갈증, 배고픔, 성(性), 쾌중추, 신진대사, 면역기능 등을 통제하며, 그리고 장기기억에도 중요한 역할을 한다. 또한 시상하부와 편도류는 우리들의 정서적 행동과 목표추구의 행동을 통제한다. 그리하여 우리는 합리적인 논증보다는 정서적 호소가 우리의 행동에 더 큰 영향을 미친다는 중요한 사실을 발견하게 되었다. 이러한 사실은 또한 우리가 기억하려는 어떤 것이 강한 정서와 연결되면 그것을 더 오래도록 기억하게 된다는 것도 설명해 줄 수 있다. 예컨대 처음 데이트할 때 매우 찡한 감정을 느꼈다면 당신은 오래도록 그것을 아주 잘 기억할 것이다. 그것은 두 번째 또는 그 이후의 데이트와는 크게 다르게 기억될 것이다. 이러한 발견이 가지는 함의는 무엇일까? 그것은 공부가 즐겁고 재미있으면, 학습은 훨씬 더 효과적이라는 것이다.

(3) 대뇌: 제3의 뇌인 대뇌는 '사고 뇌'(thinking brain) 또는 신피질부(neocortex)라 부르기도 한다. 두께는 약 4mm 정도이고 구불 구불 접혀져 있어 펼치면 신문지 한 페이지 정도가 된다. 피질부가 이렇게 주름들로 접혀져 있는 것은 아마도 머리가 너무 크면 출산에 문제가 생길 수 있기 때문일 것이다. 대뇌는 출산 후에도 계속하여 발달하여 커진다. 대뇌는 좌뇌와 우뇌의 두 개의 반구로 나누어져 있으며, 여기에 인간에서만 독특한 지적 능력이 자리한다.

신피질부는 보기, 듣기, 만지기, 사고하기, 말하기 및 기타 모든 고차적인 지능들을 다룬다. 의사결정을 하고, 경험을 조직화하고 저장하며, 회화를 생성하고 이해하며, 그림을 그리고 감상하며, 그리고 음악을 듣고 즐긴다. 인지·사고의 모든 기능을 여기에서 감당한다.

그런데 신피질부는 몇 개의 전문적인 '엽'(葉, lobe)으로 나누어져 있다. 여기에는 회화엽, 청각엽, 시각엽 및 촉각엽 등이 있는데, 이것은 우리들의 감각기억이 저장되는 장소가 다르다는 것을 의미한다. 그러므로 어떤 정보를 강력하게 기억하려면 더 많은 감각들을 사용해야 한다. 예컨대, 읽으면서 동시에 말하고 쓰면서 공부하면 보다 더 효과적이다(그리고 우리의 고차적 사고는 주로 전부 전두엽(前部前頭葉, prefrontal lobes)에서 관장한다.

그러나 피질부는 변연계와 밀접하게 연결되어 있다. 때문에 일상적이거나 순간적인 결정의 대부분은 추리 없이 과거의 경험에서 기억되어 있던 감정에 따라 주로 결정되고, 의식적이고 복잡한 문제에서만 이성적 추리가 주로 작용한다고 본다.

2. 대뇌반구의 기능과 상호작용

(1) 대뇌의 반구와 기능

인간의 대뇌는 우뇌(right brain)와 좌뇌(left brain)라 부르는 두 개의 반구로 나누어져 있다. 이들 두 부분은 300만 개 뉴론의 복잡한 네트워크로 이루어져 있는 뇌량(corpus callesum)으로 연결되어 서로 정보를 왔다 갔다 교환하고 있다. 그러나 이들은 일반적으로 보면 서로 다른 기능을 수행하고 있다.

좌뇌의 전문기능은 흔히 학습의 '학구적인'(academic) 국면이라 부를 수 있다. 거기에는 언어와 수학적 과정, 논리적 사고, 계열(sequence) 및 분석 등의 기능이 포함된다. 반면에 우뇌는 리듬, 음악, 시각적인 인상, 색채 및 그림 등을 이용하는 '창의적인' 활동에 주로 관여하고 있다. 이것은 유추와 형태를 찾아내는 '비유적 마음'(metaphorical mind) 같은 것이다. 또한 연구자들은 개념적 사고들 가운데서 사랑, 아름다움(미) 및 충성 등과 같은 만져볼 수 있는 것이 아닌 무형의 아이디어들을 다루는 것도 우뇌의 기능이라고 보고 있다. 좌우반구의 특징적인 기능은 다음과 같으며 이를 도시해 보면 [그림 2-2]와 같다.

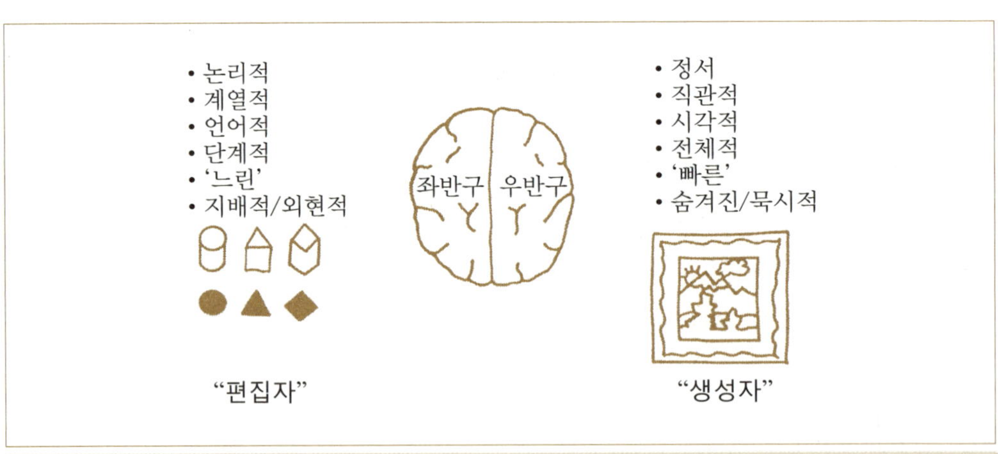

그림 2-2 ■ 좌우반구의 전문적 기능

- 좌반구: 언어, 논리, 수 및 시퀀스적(계열적) 처리, 그리고 세부적인 내용을 들여다 보며, 직선적이고, 상징적인 표상을 하며 또한 판단적이다.
- 우반구: 이미지, 리듬, 음악, 정서, 상상 및 색채 등을 처리하며, 그리고 게스탈트적(전체적)으로 들여다 보며 비판단적이다.

(2) 대뇌반구의 상호작용

대체적으로 보면, 아이디어를 생성하는 단계에서는 주로 우반구가 작용하며 우반구 기능이 가장 도움이 된다. 혹시 당신은 고민하던 문제의 해결을 위한 아이디어가 등산을 하거나 샤워를 하고 있을 때 '불쑥' 떠오른 경험이 없는가? 그것은 당신의 사고가 좌반구의 지배에서 해방되어 우반구가 활발하게 작동하게 되었기 때문이다. 우반구는 명상할 때, 달리기나 샤워할 때, 편안하게 음악을 들을 때, 유머나 농담을 할 때, 또는 공상할 때 지배적이게 되며 그때 아이디어 생성도 활발해질 수 있다. 아이디어 생산적인 우반구 기능을 특히 강조하고 있는 기법의 한 가지 보기는 마인드 맵(mind map)이다.

그러나 좌뇌와 우뇌의 차이를 너무 과장하지 않는 것이 중요하다. 우리의 뇌는 그렇게 깔끔하게 분류하기가 어렵다. 두 개의 반구는 서로 항시 커뮤니케이션하고 있다. 예컨대 우리가 대화를 나누고 있다면 우뇌를 사용하여 얼굴 표정을 보고 그 사람의 감정을 짐작한다. 좌뇌를 사용해서는 말하고 있는 내용에 집중한다. 그러나 우뇌는 이와 동시적으로 목소리의 음조를 확인하여 상대방의 감정상태를 발견해 낸다. 뿐만 아니라 좌뇌와 우뇌는 서로 시너지(synergy)작용을 하여 협력·상승할 가능성도 있다. 그리고 뇌의 '약한' 쪽을 자극하여 강한 쪽과 협력하여 작용토록 하면 전체적인 수행이 크게 향상된다는 것을 발견하였다. 그리하여 특히 주목을 받게 된 것은 Herrman(1991)의 '전체 대뇌모형'(전뇌모형, whole brain model)이다. 그러나 이것은 대뇌의 양반구가 모두 사고에 관여한다는 것을 보여주기 위한 것이지 생리적인 설명은 아니다.

그는 대뇌를 우반구(우피질부)와 좌반구(좌피질부)로 나눈 것에다 다시 변연계(limbic system)를 우변연계와 좌변연계의 두 가지로 나눈다. 좌우 대뇌반구가 뇌량으로 서로 연결되어 있듯이 변연계도 서로 연결되어 있다. 대뇌반구는 인지적 및 지적기능의 부위인 데 대하여, 변연계는 정서와 기억에 초점을 두고 있다. 이렇게 하

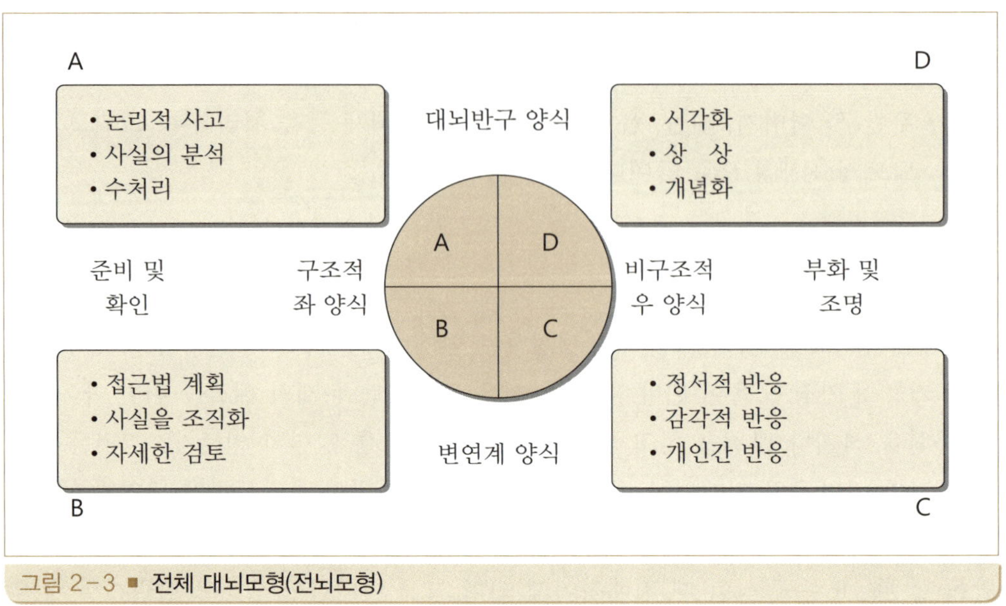

그림 2-3 ■ 전체 대뇌모형(전뇌모형)

여 얻게 되는 네 개의 사분원으로 이루어지는 전체 대뇌의 모습은 [그림 2-3]의 내용과 같다.

그러면 우뇌와 좌뇌반구 활동에서 보면 학교교육의 초점은 어디에 있어야 할까? 전통적으로 학교교육의 초점은 독서산(讀書算)의 세 가지에 있고, 이들은 모두가 좌반구 활동이다. 우리는 좌뇌와 우뇌를 모두 사용하는 전체 뇌의 사고(whole-brain thinking)의 중요성을 강조해야 한다.

Ⅵ. 대뇌의 신경회로와 발달

1. 대뇌의 신경회로와 지식의 나무

20세기의 중반까지도 우리는 뇌에 대하여 별로 알지 못했다. 그러나 지난 30여 년 동안 뇌영상 기법(brain-imaging techniques, 뇌 이미지 기법)의 발달로 연구자들은 뇌의 기능과 발달을 실시간으로 관찰할 수 있게 되었다. 이 기법은 간단히 말하면 뇌의 활동에 따라 혈액의 흐름이 다른 것을 이용한 것이다. 활동이 클수록 해당부위의 뉴론이 사용하는 산소와 포도당(glucose)을 보충하는 데 필요한 혈액의 흐름은 더 커진다. 이것은 신체의 다른 부위에서 일어나는 현상과 다르지 않다.

마찬가지로 뇌의 어느 회로를 사용하게 되면 그 부분이 보다 활성화되며 그리하여 순환계통에서 산소와 포도당을 추가적으로 공급할 것을 요구하게 된다. PET (Positron-Emirssion Tomography)와 fMRI(Functional Magnetic Resonance Imaging)는 뇌의 활성적인 부위에서의 혈액의 흐름의 변화를 탐지하고 그것을 기록하고 있다.

fMRI와 기타 뇌 이미지 기법의 발달에 힘입어 우리는 뇌는 결코 닳아서 없어지는 것이 아니며, 오히려 사용할수록 더 좋아진다는 것을 알게 되었다. 그런데 뇌는 우리가 생활해 가면서 구조와 기능이 변화한다. 이러한 가소성(可塑性, plasticity) 때문에 우리는 생활경험에 따라 자신의 뇌를 특별하게 조각해 가는 셈이다. 이렇기 때문에 어떠한 사람들의 두 개의 뇌도 정확하게 같지가 않다. 일란성 쌍생아는 유전적 소여가 동일하다 하더라도 생활경험이 꼭 같지는 않다. 그래서 뇌의 모습은 다를 수 밖에 없다. 이처럼 뇌는 사람마다 조직과 구조가 다양하기 때문에 뇌의 조직을 보면 그 사람이 무엇을 하고 있는 사람인지를 알 수 있다고 한다.

예컨대 숙련된 뇌 이미지 기술자가 fMRI를 보면 전문적인 피아니스트와 그렇지 아니한 사람을 구분할 수 있다. 그리고 피아니스트는 피아노 협주곡을 들으면 운동피질부(motor cortex)의 손가락 부위가 더 크게 활성화된다. 그러나 음악에 관심이 없거나 음악의 전문지식이 없는 사람, 그리고 심지어는 피아니스트라 하더라도 건반을 그냥 건드리고 있을 때는 이 피질부가 특별히 활성화되지 않는다. 마찬가지로 무용수가 무용을 관람하거나 택시 운전사가 운전을 할 때는 자신의 전문적인 일을 수행하게 하는 해당의 해마(hippocampus)가 확대된다. 해마란 공간적인 시각이나 운전에 관여하는 대뇌의 한 부위이다. 이와 같은 현상은 누구에게나 마찬가지로 우리는 볼 수 있다.

우리는 무엇을 보고, 무엇을 하며, 무엇을 상상하며, 그리고 무엇보다도 무엇을 학습하느냐에 따라 새로운 형태의 신경조직을 창조해 간다. 새로운 어떤 것을 학습하면 수백만의 뇌세포로 이루어져 있는 대뇌 속에서 새로운 통로가 형성된다. 보다 더 많이 배우면 이러한 신경통로는 더 많이 생겨나고 복잡해진다—마치 나무가 자라면 가지가 더 많이 생겨나듯이(Restak, 2009).

이렇게 보면 우리의 대뇌는 하나의 '지식의 나무'(tree of knowledge)라 말할 수 있다. 하나의 나무가 무성하게 자라면 큰 가지, 작은 가지 그리고 잎눈이 돋아나게 된다. 마찬가지로 우리가 더 많이 공부하고 배우면 대뇌에 있는 더 많은 뉴론들이 상호작용하여 보다 다양하고 충실한 회로들을 만들어 낸다. 그러나 배움이 중단되면 대뇌는 무성했을 때의 울창한 구조를 잃고 겨울 나무의 모습으로 되돌아 간다.

2. 대뇌의 발달적 특징

인간의 대뇌는 유아 아동에서 청년기로, 성인기로 그리고 다시 노년기의 보다 더 늙은 것으로 하나의 연속선으로 발달해 간다. 각 단계에는 특수한 면도 있지만 여러 가지의 공통적인 도전들도 많이 가지고 있다. 예컨대 자극을 주어야 하고(그러나 과잉 자극화가 아닌), 가소성을 최대화해야 하고 그리고 뉴론의 수는 점차 감소해 가는 속에서도 신경 세포회로들을 형성하고 유지하는 것 등이다.

대뇌가 성장하고 발달해 가는 데 필요한 것은 새로운 환경, 그리고 여유롭고 윤택한(enriched) 환경이다(이들은 마치 나무를 자라게 하는 비료와 같다). 우리는 이러한 사실을 신경과학자들이 우리 속에서 키운 두 집단의 쥐를 대상으로 한 여러 실험에서도 알 수가 있다. 가장 유명한 하나의 실험은 1970년대 신경과학자 Bill Greenough가 수행한 실험이다. 그는 '감금상태'와 비슷하게 혼자 지내게 한 쥐와(친구도 없고 할 것이 아무 것도 없는) 소위 화이트 칼라처럼 취급한 쥐(놀이도구 등 여유로운 환경)를 비교해 보았다. 여유로운 환경의 쥐는 고립되어 지낸 쥐보다 뉴론당 시냅스가 25%가 더 많이 생성되어 있었다. 이러한 실험이 우리에게 시사해 주는 것은 비교적 간단명료하다. 쥐를 멍청하지 않고 스마트하게 기를려면 생활이 보다 도전적이어야 한다. 그리고 감각적인 자극, 신체적인 운동 및 사교의 기회를 충분하게 가질 수 있게 해야 한다. 이러한 요인들은 대뇌로 혈액 공급을 증가시키고, 대뇌 발달을 향상시키고, 그리고 그리하여 보다 더 스마트한 쥐를 만들어 갈 것이다. 그런데 인간에게는 여유로운 환경을 제공해 주는 것 중에서도 가장 중요한 것은 형식적 및 비형식적 교육과 실천적 경험일 것이다.

또한 연구자들은 MRI 기법을 이용하여 대뇌의 여러 부위들이 어떻게 발달해 가는지도 발견할 수 있었다. 대뇌의 여러 부위들은 동시적인 것이 아니라 계열적으로 차례대로 발달해 간다는 것을 알게 되었다. 운동, 보는 것, 그리고 듣는 것과 같은 일차적 기능을 통제하는 대뇌 부위가 먼저 발달하고, 언어와 사고에 관련한 부위가 다음으로 발달한다. 제일 늦게 발달하는 것은 전부 전두엽(prefrontal lobe)과 측두엽(temporal lobe)인데, 이들 부위에서는 주의집중, 언어 및 의사결정 등을 통제하고 있다. 그리고 대뇌의 가장 앞쪽에 위치해 있는 전두엽은 대뇌 부위 가운데서도 가장 늦게 발달하며 성인이 되어서도 이 부위의 기능에 문제가 있는 사람도 적지 않게 있다고 한다. 대뇌의 전두엽은 가장 진화가 많이 된 것이며 감정, 그리고 윤리, 동정심 및 이타심 등에 관련한 행동을 통제할 뿐 아니라 예상이나 계획수립 등에서도 중요하다.

전두엽은 성인이 되어 발달하기 시작하기 때문에 아동은 그러한 기능이 결손될 수 있다. 그래서 아동은 앞으로의 일을 예측하기가 어렵고, 판단이 정확하지 못하고, 그리고 충동을 억제하기 어려울 수 있다. 성인이 되면 전두엽의 기능이 보다 균형을 보이기 시작한다. 대뇌가 성숙해 가면서 보이는 특징들은 다음과 같이 정리해 볼 수 있다.

(ⅰ) 전두엽이 변연계를 지배한다. 전두엽은 뇌의 여러 부위들 가운데 가장 느리게 성장하고 성숙해 가지만, 어떻든 전두엽이 발달하면 변연계가 관리하는 충동, 기분, 정서가 더 이상 행동을 지배하지 않게 된다. 그리하여 상황과 맥락을 고려하고 계획하고 조직화하여 행동할 줄 알게 된다.

(ⅱ) 수많은 새로운 신경회로가 생성되고 대뇌에서 전문화가 이루어진다. 이러한 전문화는 개인의 생활경험과 학습하는 내용에 따라 달라진다.

(ⅲ) 대뇌의 가소성은 연령에 따라 약화될 수는 있지만, 그러나 완전하게 사라지지는 않는다. 우리는 죽을 때까지 자신이 경험하는 도전에 따라 대뇌는 계속하여 변화해 갈 수 있다. 그리고 대뇌를 계속하여 새롭게 조각해 갈 수 있다.

(ⅳ) 이러한 대뇌의 특징적인 발달과 더불어 한 가지 더 주목해 보아야 할 것은 대뇌가 실제로 과제를 수행해 가는 모습 내지 형태이다. 대뇌의 신경 뉴론은 단독으로 활동하지 아니하고, 언제나 네트워크로 일시적으로 팀을 이루어 움직인다. 다양한 뉴론과 하부조직들이 계속해서 속도, 단계 및 주기 등을 서로에게 맞추며, 그리하여 무질서한 혼돈이 벌어지지 않게 하고 있다. 이러한 과정을 생물학적인 동조화(entrainment)라 부르는데, 서로에게 맞추지 못하면 기능장애 내지 역기능이 생길 수도 있다(Restak, 2009).

Box 2-1 사고를 사용하는 맥락

사고는 사용하는 맥락에 따라 활용/전이가 제한적일 수 있다. 이를 대개는 작용하는 장면에 따른 제한과 적용하는 지식에 따른 제한의 두 가지로 나누어 음미해 볼 수 있다.

(1) (적용하는 맥락에 따른 제한) 사고의 기능이나 전략은 어떤 장면에 적용할 수 있는 가능성이 다를 수 있다('기능'은 어떤 과제를 절차에 따라 수행할 줄 아는 능력을 말하며, 그리고 '전략'((strategy)이란 몇 가지의 기능들 가운데 선택하여 사용할 줄 아는 능력을 가리킨다). 대개의 사고기능이라도 적절하게 적용하여 사용할 수 있는 제한적이며, 언제 어디서나 사용할 수 있는 것은 별로 없다. 어떤 사고기능은 배우려면 어떤 특정한 맥락에서 그리고 어떤 특정한 도구(재료)를 사용하여 배우게 된다. 이렇게 익힌 사고기능은 배웠던 바로 그 구체적인 장면에서는 쉽게 사용할 수 있다. 반면에 만나는 장면/맥락이 생소하고 이전에 경험했던 것과는 차이 날수록 그러한 사고기능은 사용하기가 어렵거나 불가능하다.

그러면 배운 사고기능을 여러 장면에서 다양하게 적용할 수 있게 하는 방법은 무엇인가? 대답은 비교적 간단하다. 그것은 사고기능들을 한 가지의 맥락/장면이 아니라 여러 가지에서 익히고 연습하는 것이다. 학교에서 이렇게 하기 위한 방법들을 크게 나누어 보면 '내적 맥락화'(internal contexting)와 '외적 맥락화'(external contexting)로 나누어 볼 수 있다. 내적 맥락화란 배우는 어떤 내용이나 사고기능을 같은 차시의 수업내용이나 같은 단원에 있는 것뿐 아니라 다른 교과과목에 있는 관련의 내용에 연결하여 적용해 보는 것이다. 비즈니스에서는 같은 부서에 있는 다른 비슷한 장면이나 과제의 것에 연결하여 적용해 보는 것이다. 외적 맥락화란 내적인 것과는 완전히 다른 장면, 예컨대 생활이나 생소한 문제장면에 적용하여 사용하는 것이다. 학교학습은 다양하게 내적으로 맥락화되어야 한다. 그리고 이를 넘어 산업장면에 실제 생활까지 확대되어 써 먹을 수 있는 가능성이 큰 기능적 지식을 목표하는 것이어야 할 것이다.

(2) (사용하는 지식의 성질에 따른 제한) 배운 지식이나 사고기능도 어떠한 성질로 습득하고 기억하고 있느냐에 따라 적용의 가능성과 범위가 달라질 수 있다. '사고'는 '지식'이라는 도구를 사용해야 비로소 가능하며, 따라서 지식이 어떤 성질의 것인가에 따라 사고는 달라진다.

어떤 지식은 반복적으로 암기하여 습득한 것일 수 있다. 이런 지식은 누가 그것을 언급하면 '아하'하고 떠올릴 수는 있을지 몰라도 장면의 필요에 따라 자동적으로 떠올려 사용하기는 어렵다. 반면에 다양한 장면에서 다양한 장르(genre)의 자료를 사용하여, 그리고 의미뿐 아니라 이런 지식을 어떻게 써 먹을 수 있는지까지도 떠 올려 보면서 학습한 지식도 있을 수 있다. 이러한 지식은 기억이 오래 갈 뿐 아니라 적용의 가능성과 범위가 매우 클 것으로 기대해 볼 수 있다.

이러한 이유로 사고의 기능과 전략을 교과내용의 수업과는 별도로 가르칠 수 있는가, 아니면 교과내용의 수업에 부수하여, 또는 잠입하여 가르치는 것이 효과적인지를 둘러싼 논쟁은 현재까지도 계속되고 있다(McPeck, 1990; 김영채, 2009). 논쟁에 관한 저자들의 결론은 대개가 절충적인 것이다. 하나의 비유를 들면 '산악 자전거' 타기를 연습하는 것이다. 산악 사이클이나 '도로 사이클' 기능이 '사이클' 자전거 타는 데 사용된다고 하여 반드시 '사이클' 자전거로 연습해야 하는 것은 아닐 것이다. 처음일수록 넘어지지 아니하고 배우기 쉬운 자전거를 사용해야 할 것이고 그리고 어느 정도 배웠으면 이런 저런 자전거로 연습해야 할 것이다. 다시 말하면 시작 단계일수록 내용영역과는 비교적 독립적인 것으로, 그리고 전문화될수록 내용영역 속에서 배워야 한다. 그리고 초보단계일수록 적용 범위가 넓은 일반적인 사고기능에서 시작해야 하며 점차 구체적인 내용을 가지고 연습함으로써 사고기능을 맥락에 따라 전문화해 갈 수 있을 것이다.

3장

지식, 지능, 언어 그리고 사고

Ⅰ. 지식의 성질
Ⅱ. 지식의 측면과 사고
Ⅲ. 지식의 몇 가지 분류
Ⅳ. 지식의 저장과 함정
Ⅴ. 사고와 지능
Ⅵ. 사고와 언어

이 장에서는 먼저 지식의 성질을 다룬다. 거기에는 지식의 크기와 기능성 등의 특징적인 측면과 지식의 분류 및 지식의 저장과 함정 등이 포함될 것이다. 그런 다음 사고와 지능, 지능관의 변화와 성공하는 지적인 사람이 보여주는 특징적인 모습들을 비교적 자세하게 다룬다. 마지막으로 사고와 언어의 관계 그리고 사고의 문화와 사고의 언어의 중요성들을 살펴볼 것이다.

Ⅰ. 지식의 성질

지식, 정보(information), 그리고 자료(data)란 단어는 구분 없이 같이 사용되는 경우도 있다. 그러나 이들은 엄격하게 보면 다르다. '자료'는 흔히 문맥이 없이 분리된 항목으로 되어 있다. 예컨대 '주식 300주'는 하나의 데이터이다. 그러나 이 데이터가 다시 '우리는 A회사 주식 300주를 가지고 있다'는 식으로 문맥 속에 있으면 이것은 정보가 된다. 그리고 이런 정보가 더 포괄적이고 고차원적인 패턴(pattern)으로 배열되어 다른 패턴과 연결될 때 비로소 이것을 '지식'이라 부를 수 있다. 예컨대 "우리가 가지고 있는 A회사 주식 300주의 주가는 5% 올랐다. 그러나 국채의 이자율이 5%임을 고려해 보면 아직은 큰 수익이 아니다"라는 식이다. 그러나 전문성이 중요하지 아니한 곳에서는 정보와 지식은 상호교환적인 것으로 사용할 수 있다. 지식은 자신이 머리 속에서 저장/기억하고 있는 '배경지식'의 한 부분이 되어 '도식'(schema)을 이루고 있다.

Toffler & Toffler(2006)는 지식이 어떻게 부(wealth)의 창출로 이어질 수 있는지를 설명하기 위하여 지식의 특징적인 성질을 다음과 같은 10가지로 정리하고 있다.

(1) 지식은 원래 비경쟁적이다. 지식은 여러 사람이 같이 사용할 수 있으며 수백만 명이 같이 사용해도 줄지 않는다. 사실 많은 사람이 사용할수록 더 많은 지식이 생성될 가능성은 커진다. 그러나 지식이 비경쟁적이란 사실은 저작권 등으로 사용의 대가를 지불하는 것과는 별개이다.

(2) 지식은 형태가 없다. 그래서 만져 볼 수가 없다. 그러나 지식은 조정하고 조작할 수는 있고, 그리고 이것과 저것을 함께 새롭게 조합하여 새로운 지식을 만들 수 있다.

(3) 지식은 직선적인 것이 아니다. 작은 통찰이라도 엄청난 산출을 낳을 수 있다. 자신들이 좋아하는 웹사이트를 유형화하여 야후(yahoo)를 만들듯이 지식은 얼마든지 어떠한 방향으로도 전개될 수 있다.

(4) 지식은 관계적이다. 지식은 맥락과 형태가 주어져야 의미를 갖는다. 조직적인 지식이라야 접근성과 연결성을 가질 수 있다. 그래야 활용하기가 쉬워지고 기능적이게 된다.

(5) 지식은 다른 지식과 연결되어 어우러진다. 지식은 다른 지식과 조합/종합하여 무수하고 다양한 새로운 지식을 생성해 낼 수 있다. 이것이 창의이다.

(6) 지식은 이동이 편리하다. 컴퓨터의 발달은 지식의 이동을 거의 공짜로 순식간에 전달될 수 있게 만들고 있다.

(7) 지식은 상징(기호)이나 추상적인 개념으로 압축할 수 있다. 우리가 이미 보고 있는 바와 같이 컴퓨터 칩은 점차 작아지면서 용량은 크게 늘어나고 있다.

(8) 지식은 외현적 · 명시적일 수도(explicit) 있고, 내현적 · 암묵적일 수도(implicit) 있다. 다시 말하면 지식은 밖으로 표현될 수도 있고 마음 속에서만 저장될 수도 있다. 그러나 암암리에 타인과 공유할 수도 있고 자기 마음 속에 간직할 수도 있다. 그러나 지식이 아닌 다른 유형의 물건들은 마음 속에 간직할 수 없다.

(9) 지식은 폐쇄하여 가두어 두기가 어렵다. 지식은 쉽게 이동하여 퍼져나가기 때문이다.

Ⅱ. 지식의 측면과 사고

사고는 진공 속에서 이루어지는 것이 아니다. 사고의 도구는 지식이다. 유용한 도구가 많이 저장되어 있고 그러한 도구들을 손쉽게 사용할 수 있으면 우리가 문제해결하는 일(과제)을 훨씬 더 쉽게, 효과적으로 그리고 재미있게 수행해 갈 수 있다. "창의적 행동이란 지식, 상상(imagination) 및 평가의 함수이다. 지식이 없으면 생산적인 창의력은 있을 수 없다. 만화경에 유추해 생각해 보면 도움이 된다. 만화경에 있는 드럼(drum)에 조각들이 더 많이 있을수록 가능한 형태를 더 많이 생성해 낼 수 있다. 이와 마찬가지로, 가지고 있는 지식이 더 많을수록 우리는 더 많은 형태나 조합, 즉 아이디어들을 더 많이 생성해 낼 수 있다"(Parnes, 1967, pp. 6-7). 여기서 Parnes는 창의적 행동에서 '지식'의 역할을 강조하고 있다.

그리고 지식은 '얼마나'(量)도 중요하지만 '어떤 것'인지도 그에 못지 않게 중요하다. 머리에 떠오르지 아니하고 기능적이지 못해서 써 먹을 수 없는 지식은 많아도 별로 소용이 없다. 지식은 기능적인 것이어야 하는데, 그럴려면 깊게 이해하여 내용들이 서로 연결되어 광범위하게 짜여진 그물 같은 구조를 이루어야 한다. 암기식 학습과 주입식 수업을 비난하는 이유도 주로 여기에 있다.

Simonton(2004)은 과학적인 창의를 설명하기 위하여 창의적인 과학자가 가지고 있는 지식의 몇 가지 측면들을 알기 쉽게 분석하고 있다. 그의 설명은 자연과학자에 대한 것이지만, 그럼에도 불구하고 그의 이론은 다른 학문이나 다른 어떠한 지식영역에서도 일반적으로 사용될 수 있다. 어떤 개인이 가지고 있는 지식은 '크기'라는 점에서 그리고 그것이 얼마나 '기능적인' 것인가에 따라 서로 다를 수 있다.

1. 지식의 크기

개인들은 형식 교육이나 전문적인 훈련을 받으면서 넓은 '학문영역'이라는 지식의 텃밭에서 자신의 지식을 습득한다. 통계학적인 용어로 말하면 학문영역을 이루는 큰 아이디어의 집합이라는 모집단에서 자신의 표본(sample)을 습득한다. 다시 말하면 학문영역을 이루는 모집단 전체 가운데서 자기 나름의 독특한 지식집합을 습득한다. 따라서 개인에 따라 습득하고 이해하는 개념 표본이 다르며, 달리 말하면 개인마다 전문지식의 배경과 준비가 다르다. 환언하면 개인에 따라 지식의 크기가 다를 수 있다. 어떤 사람은 가용한 지식이 광범위한 반면에 다른 어떤 사람은 비교적 적은 수의 아이디어(지식)를 소유하기 때문에 지식의 크기가 좁고 제한적일 수 있다. [그림 3-1]에서는 이러한 '지식의 크기'의 개인차를 원의 크기로 나타내고 있다.

[그림 3-1] A 및 B라는 두 개의 학문분야를 각기 학문영역과 필드(field)로 나누어 벤 다이어그램(Venn diagram)으로 나타내고 있다. 학문영역(지식영역)이란 제한적인 현상, 사실, 개념, 변수, 상수, 기법, 이론, 법칙, 질문, 목표 및 준거들의 집합으로 이루어져 있는 전문적인 지식영역이다. 그리고 '분야'(필드)는 이들 영역의 지식을 습득하고 활용하는 '개인'들로 이루어져 있다. 그림에 있는 각기의 '원'은 개별 과학자를 나타낸다. 그리고 원의 크기(직경)가 서로 다른 것은 개별 학자들이 자신의 학문분야에서 공부하여 알고 있는 지식(개념, 아이디어)의 양이 다르다는 것을 보여주고 있다.

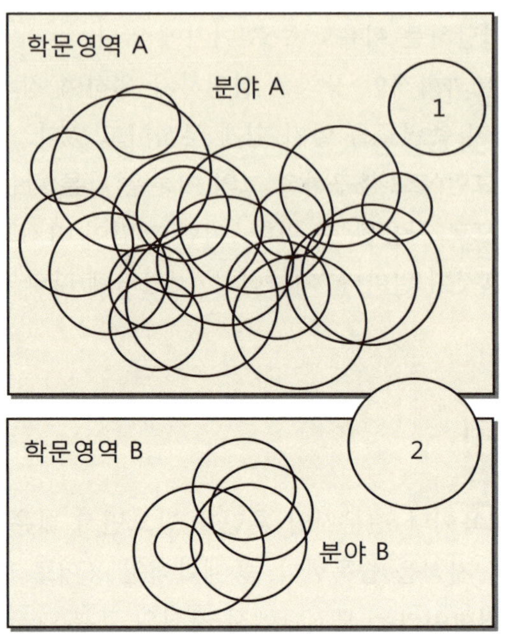

그림 3-1 ■ **학문의 영역과 분야**

두 개의 학문분야(A와 B)를 각기 '학문영역'(domain)과 '분야'(field)로 표시하고 있다. 각기의 원은 개별학자를, 그리고 원의 크기는 그 사람의 '지식의 크기'를 나타낸다. 원이 교차하여 중복하고 있는 것은 두 학자의 전문 지식이 공유되고 있음을 의미한다.

2. 지식의 기능성

독창적인 창의를 하려면 우선은 지식표본이 광범위하고 양이 풍부해야 한다. 그러나 효과적인 사고에는 지식의 크기만으로 충분한 것은 아니다. 왜냐하면 '새로운' 아이디어를 창의한다는 것은 이전의 지식(아이디어)을 새롭게 조합해야 하기 때문이다. 다시 말하면 선행지식이 없으면 창의란 불가능하지만, 단순히 선행지식을 암기하여 재생산하는 것도 창의적인 것은 아니다.

기억의 내용들이 단편적이거나 경직되어 있을수록 거기에서 창의적인 아이디어가 생성되기가 어렵다. 독창적인 문제해결을 하고 발견을 해 내려면 개인의 기억 속에 있는 개념들이(아이디어, 지식) 자유롭게, 비교적 구속 없이 또는 거의 무선에 가깝게 조합, 재조합되어야 한다. 다시 말하면 기억(지식)의 내용이 다양하고, 풍부하게 결합(연합, connection)될 수 있어야 한다. 이와 관련하여 내재적 동기의 한 가지 속성으로 '놀이 같은 장난스러움'을 언급했던 것을 상기해 볼 수 있다. Einstein은 이것을 '조합하기 놀이'(combinatorial play)라 부르면서 "생산적 사고에서 가장 중요한 측면"이라 생각하였다. 그러나 조합이 무선적으로, 우연히 이루어질수록 어떤 것이 정말로 유용한 것인지를 평가하기는 더욱더 어렵다.

아이디어(지식)의 결합을 잘 설명해 주고 있는 것은 결합주의적 설명(associative)이다. 특히 Mednick(1962)의 결합주의적인 창의력 이론은 크게 도움 된다. 이 이론에 의하면 창의를 하는 데는 서로 별로 관련없이 떨어져 있는 별개의 아이디어들을 '먼 결합'(remote association)시키는 능력이 필요하다. Simonton(2004)은 이 이론을 바탕하여 선행의 '지식의 결합'이 어떻게 풍부할 수 있거나 그렇지 않을 수 있는지를 [그림 3-2]와 같이 예시하여 설명하고 있다.

Simonton은 지식들 사이의 결합을 크게 보아 '평평한' 위계의 결합과 '가파른' 것으로 구분하고 있다. '가파른' 결합위계를 가진 사람은 아이디어들이 매우 강한(확률이 높은) 몇 개의 결합으로 이루어져 있다. 이것은 아이디어들이 밀접하게 관련되어 있는 한두 개의 다른 아이디어와 결합되어 있다는 의미이다. 이러한 결과로 지식의 망상 속에 있는 많은 아이디어들은 다른 아이디어들과는 고립되어 단편적인

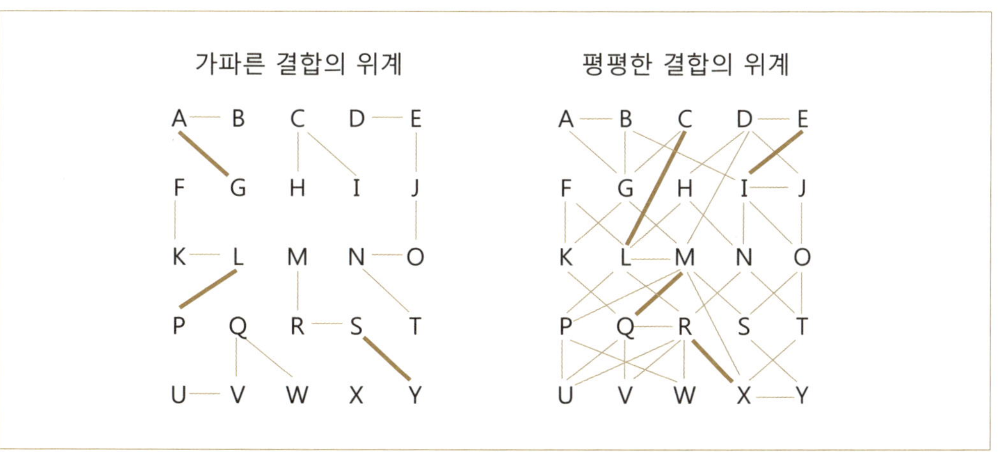

그림 3-2 ■ 지식의 결합의 위계

A-Y의 철자는 학문영역의 아이디어를, 그리고 직선은 이들 아이디어들을 연결하고 있는 결합을 나타낸다. 직선이 진한 것일수록 결합의 강도가 강하다.

것이기 때문에 아이디어들 사이에 여러 가지의 조합이 만들어지기가 어렵다. 예컨대 [그림 3-2]에서 FKLP 결집을 만들고 있는 아이디어들은 UVQW 결집을 이루고 있는 아이디어들과는 연결이 되어 있지 않다. 극단적인 것은 다른 모든 것과도 고립되어 있는 아이디어 X이다.

정보를 이처럼 단편적인 것으로 구획지우는 것은 '평평한' 결합 위계에서 기대할 수 있는 망상과는 아주 다르다. [그림 3-2]에서 보듯이 평평한 결합 위계의 망상에서는 결합들이 일반적으로 보아 약하지만 결합의 수는 훨씬 더 많다. 모든 아이디어들은 직접적 또는 간접적으로 거의 모든 다른 아이디어와 연결되어 있다. 가파른 결합위계의 기억 망상과는 달리 여기서는 대부분의 아이디어들이 여러 가지의 통로를 통하여 다른 아이디어들과 결합적으로 연결되어 있다. 아이디어들이 다중 통로로 연결되어 있다는 것은 다양한 아이디어들을 조합할 수 있는 능력이 더 우수하다는 것을 의미한다. 결합이 더 많이 가용할수록 가능한 조합은 더 많아진다.

정리하면 지식은 습득한 양(量)뿐만 아니라 이들이 어떻게 망상구조를 이루어 기능적으로 사용할 수 있는 지식인가가 중요하다.

Ⅲ. 지식의 몇 가지 분류

지식은 몇 가지의 기준에 따라 분류해 볼 수 있다. 여기서는 명제적－발견적 지식, 영역 일반적－영역 특수적 지식, 학구적 지식－실제적·암묵적 지식, 그리고 유효한 지식－진부한 지식 등으로 나누는 것이다.

1. 명제적 지식과 발견적 지식

어떤 것의 '성질'을 아는 것을 명제적 지식(propositional)이라 부른다. 이를 흔히 '내용', '지식' 또는 '사실'의 지식이라 부르는 것이다. 이러한 지식에는 지식이란 선택적이고 해석적임을 아는 것이나, 지식은 새롭게 발달하고 변화하며, 그리고 이

전에는 수용되던 지식이 기각되고 새로운 지식으로 대치될 수 있음을 아는 것도 포함된다. 그리고 명제적 지식과는 다른 것이 절차적 지식(procedural)이다. 이것은 과제를 수행해 가는 데 필요한 '절차', '과정'을 아는 것을 말한다. 이러한 지식은 다른 말로 '기능'(skills) 또는 '기술'(techniques)이라 부른다. 예컨대, 우리가 '사고력'이라 말하고 있는 것은 '사고의 과정/절차'를 아는 것, 즉 '사고기능'을 의미한다. 이러한 절차적 지식들을 어떤 경우 '언제' 사용할지를 아는 것을 조건적 지식(conditional)이라 부른다. 그런데 절차적 지식이 조건적 지식을 포함하는 것으로 보는 사람도 있다. 또한 서로를 독립적인 것으로 하여 사용의 '조건'과 '의미'를 강조하는 것을 조건적 지식이라 별도로 부르는 사람도 있다(Paris, Lipson & Witson, 1983).

어떻든 우리는 습득한 경험 · 지식을 기초로 하여 여러 가지의 사고를 수행해 가는 원리나 법칙을 터득해 가는데, 이러한 절차적-조건적 지식을 합쳐서, '발견적 지식'(발견법, heuristics)이라 부르기도 한다. 발견적 지식은 앨고리즘(algorithm)과는 달리 반드시 바라는 결과를 얻을 수 있는 것은 아니다. 발견적 지식은 사고의 기능과 전략에 못지 않게 사고를 어떻게 수행해 갈 것인지를 결정하는 역할을 한다(〈Box 3-1〉 참조).

2. 영역 일반적 지식과 영역 구체적 지식

다분히 일상적이고 광범위한 분야에서 사용될 수 있는 지식을 영역 보편적 지식(domain-general)이라 하고, 어떤 주제분야, 전문(전공)분야의 지식을 영역 구체적 지식(영역 특수적 지식, domain-specific)이라 부른다. 예컨대, 심리학 영역(구체적) 지식, 더 내려와서 '사고'영역(구체적) 지식 또는 '지식 분류' 영역의 지식을 말하는 것과 같다.

영역 구체적인 것일수록 건전한 일상생활을 통하여 습득하는 세상지식을 훨씬 넘어선다. 따라서 전문가일수록 그 분야에서 보다 해박하게 알며 그런 지식이 유의미하게 잘 조직화되어 있다. 이러한 영역 구체적 지식을 다시 '내용 수준'의 지식과 '고차적 수준'의 지식으로 나누기도 한다. 전자는 사실, 개념이나 원리 등을 알 뿐만 아니라 이들의 서로의 관계를 아는 것을 말한다. 후자는 어떤 분야에 진정으로 깊게 빠져 들었을 때 가질 수 있는 지식이다. 그러한 지식은 그 분야에 대한 '센스'라 말할 수 있으며 매우 전략적인 지식이다. 어떤 것이 중요하고 이슈가 되며, 연구는 어떤 식으로 접근되고 있으며, 그리고 그동안에 지식이 어떻게 축적해 왔는지를 아는 것 등이 포함된다(Perkins & Simmons, 1988; Tishman Perkins & Jay, 1995).

3. 학구적 지식과 실제적 · 암묵적 지식

지식은 두 가지의 유형으로 나눌 수 있는데, 그것은 마치 지능을 학구적 지능(academic)과 실제적 지능(practical)으로 나누는 것과 같은 선상의 것이다. 학구적으로 지적인 사람은 형식적, 학구적 지식(formal academic knowledge)을 쉽게 습득하여 사용한다. 이런 종류의 지식은 흔히 전통적인 지능검사에서 사용하고 있는 것들이다. 반면에 실제적으로 지적인 사람은 암묵적 지식을 많이 습득하여 사용한다.

암묵적 지식(tacit)이란 행위 관련의 지식이며, 이러한 지식은 대개가 타인의 직접적인 도움 없이 습득한다. 그리고 이러한 지식은 개인적으로 가치롭게 생각하는 목표를 성취할 수 있게 하는 데 중요하다. 이러한 지식을 습득하여 사용할 줄 아는 것은 실제 세계의 일을 유능하게 수행하는 데는 매우 중요한 것 같이 보인다. 이러한 지식을 '암묵적'이라 부르는 것은 이러한 지식은 대개가 사람의 행위나 언어에서 추론해 볼 수밖에 없기 때문이다. 잠재적인 것을 공개할 수도 있지만 자세히 말하기가 쉽지 않을 수도 있고 또한 그렇게 공개하는 것이 마음에 내키지 않을 수도 있다. 예컨대 선생님이 나를 사랑한다고 말하는 것과 선생님이 실제로 나를 어떻게 생각하는지를 내가 알고 있는 것 사이에는 큰 차이가 있을 수 있다.

Sternberg(1996)는 암묵적 지식에는 다음과 같은 세 가지의 특징이 있다고 말한다: 첫째, 암묵적 지식은 '어떻게'에 대한 것이다. 행위의 방법을 아는 것이다. 둘째, 이것은 사람들이 가치롭게 생각하는 목표를 획득하는 데 적절한 것이고, 실제적 가치가 없는 학구적인 종류의 지식이 아니다(흔히 교사들이 학생들의 머리 속에 집어 넣으려고 노력하고 있는). 그리고 마지막으로 암묵적 지식은 다른 사람들의 도움을 거의 받지 않고 스스로 습득하는 지식이다.

Toffler & Toffler(2006)는 지식이 혁명적 부의 한 가지 심층 기반 요소로서 사회경제적 환경을 빠르게 바꾸고 있다는 사실을 지적하면서, 그러한 지식에는 명시적 · 외현적인 것 이외에 암묵적인 지식이 중요함을 역설하고 있다. "부를 창출하기 위해서 우리가 사용하는 지식은 우리의 머리 속에 저장된, 측정하기 어려운 암묵적인 지식 혹은 잠재하는 지식도 포함한다. 예를 들어 우리는 매일 매일 주위에 있는 사람들을 이해함으로써 지식을 습득한다. 믿을 만한 사람이 누구인지, 안 좋은 소식을 전달할 때 상사의 반응이 어떨지, 한 팀으로서 어떻게 작업을 하게 되는지 알게 된다. 단순히 다른 사람들을 지켜보면서 알게 되는 직업적 기술과 행동도 포함된다. 자신의 몸과 두뇌를 알고, 그것이 작동하는 방식과 언제 최상의 효율성을 발휘하는지를 아는 것도 지식에 포함된다. 이런 암묵적인 지식에는 사소한 것도 있고, 일상생활과 직장에서 생산성을 높이는 데 중요한 역할을 차지하는 지식도 있다. 이것은 우리 모두가 의존하는 지식이며, 자신도 의식하지 못하지만 마음 저편의 잠재의식에 존재하는 지식이다"(p. 161).

대개의 암묵적 지식은 '만약에 …라면, 그러면 …이다'(if-then)의 조건절로 구성되어 있다.

- 만약에 그 사람의 기분을 좋게 하려면, 그러면 …
- 만약에 친구가 어색해 보이면, 그러면 …

이러한 보기에서 알 수 있듯이 암묵적 지식은 언제나 특정한 장면에서의 특정한 용도에 관한 것이다. 그것은 실제장면에 관련한 보다 구체적이고 은밀한 것들이다.

4. 유효한 지식과 진부한 지식

지식은 계속하여 진화하고 있다. 그리하여 끊임없이 새로운 지식이 생성되는가 하면 다른 한편으로는 기존에 있던 지식이 도태되어 더 이상 '쓸모 없어지거나' 또는 '틀린' 것이 되어 간다. 전자를 유효한 지식(effective)이라 하고, 후자를 시대에 뒤처진－그래서 무용하고 '진부한' 지식(obsolete)이라 부를 수 있다. 진부한 지식은 필요 없는 물건으로 가득차 있는 골방과 같다. 사실이나 아이디어, 이론, 이미지, 통찰은 변화에 의해 뒤처지거나 나중에 더 정확한 진실이라 여겨지는 것으로 대체되기 마련이다. 변화가 더욱 빨라지면서 무용지식으로 바뀌는 속도 역시 빨라지고 있다. 끊임없이 지식을 갱신하지 않는 한 학교나 직장생활을 통해 쌓은 경력의 가치도 줄어들고 만다. 디지털 데이터 베이스건, 두뇌 속이건, 지식이 저장된 곳은 어디나 낡은 지식으로 가득찰 수 있다. 뒤처진 무용지식은 모든 사람, 기업, 조직, 사회의 지식 토대에 큰 부분을 차지하고 큰 부담이 될 수 있다. 우리가 할 수 있는 것은 지식의 발전에 뒤처지지 않도록 계속하여 업데이팅(up-dating)하는 것이다.

노인은? 나이가 들고 노인이 되면 지식의 업데이팅이 어려워지고 따라서 지식의 저장고가 '진부한 지식'으로 채워질 가능성이 커진다. 특히 이러한 지식이 '가치관련'의 것이고 노인이 이것을 고집하여 사용하면 '꼴통'이 되기 쉽다. 그리고 가지고 있는 유효한 지식이라도 세상의 일이 계속하여 변화해서 그것을 적절하게 유추하여 적용할 수 있는 비슷한 장면이 점차 작아지고 있다. 그래서 오늘날의 노인들은 별로 현명해 보이지도, 존경스러워 보이지도 않아질 가능성이 커지고 있을 것이다. 늙어서 권위를 가지기란 더더욱 어려워 보인다.

Ⅳ. 지식의 저장과 함정

1. 지식 저장의 방식

근본적으로 보면 지식을 저장하는 방식에는 두 가지가 있다. 하나의 방식은 인간의 머리 속에 저장하는 것이다. 우리들 각자는 정보/지식으로 가득차 있는 지식 창고를 가지고 있는 셈이다. 물론 이것은 물리적 창고와는 다르다. 우리의 뇌 속의 전기화학적인 물질은 끊임없이 움직이고 새로운 신경연결이 만들어지면서, 더하고 빼기하면서 기호, 단어, 숫자, 이미지 등이 생성되고 재배열되고 있다. 머리 속의 생각들은 쉴새없이 지나쳐가면서 우리가 살아 있고, 깨어 있는 한 생각(사고)은 계속되고 있다.

이 지식 창고와 작업실의 내부에는 많은 사실과 개념들이 쌓여 있을 것이다. 깔끔하게 정리되어 있는 것도 있고, 뒤죽박죽 엉켜 있는 개념들도 있을 것이다. 학교에서 배운 이론이나 언어나 문법뿐 아니라 세상살이에 대한 나름의 가설과 해석도 포함되어 있을 것이다. 더러는 이미 소용 없는 낡은 지식도 있고 자주 사용하는 기능적인 것도 숨어 있을 것이다. 지식 창고 속에는 어떤 지식들이 저장되어 있으며, 그리고 이들을 필요에 따라 쉽게 사용할 수 있는 것인지가 중요할 것이다.

지식을 저장하는 두 번째 방식은 인간의 머리 바깥에 저장하는 것이다. 오늘날은 강력한 컴퓨터와 웹사이트, 그리고 다양한 대중매체의 발달로 우리가 상상하기 어려운 속도로 지식을 생성하고 축적하고 있다. 우리는 인간 두뇌의 외부에 엄청난 용량의 메가브레인(megabrain)을 가지고 있는 셈이다. 고대로부터 인류는 지식을 생성하고 한 세대에서 다음 세대로 전하여 왔다. 구전이나 동굴벽화에서 시작하여 최신의 하드 드라이브나, DVD 등으로 인간의 머리 외부에 지식을 생성하여 저장하고 전송해 오고 있다. 이러한 능력이 발달하지 않았다면 인류의 발달은 크게 지체되었을 것이다.

2. 지식의 함정

학교와 비즈니스에서는 지식은 성공의 열쇠라는 잘못된 믿음을 적지 않게 가지고 있다. 새로운 '지식기반'의 경제(knowledge-based economy)를 말하는 사람도 있다. 지식이 성공에 중요한 것은 분명하다. 그러나 이렇게 일반화하는 데는 세 가지의 단서 같은 경고가 있어야 한다.

첫째, 지식이 비활성적(inert)일 수 있다(Sternberg, 1996). 사람들은 많은 양의 지식을 가지고 있더라도 그것을 사용할 줄을 모를 수 있다. 비활성적인 지식이란 비기능적인 지식을 말한다.

둘째, 지식은 창의를 방해할 수도 있다. 지식기반의 전문지식이 증가하면 융통성이 줄어들고 점차로 사고가 더 엄격해지고, 그래서 이전에 하던 방식에 매몰되는 사람들도 적지 않게 있다.

셋째, 지식을 소유한다고 하여 그것을 지혜롭게 사용하는 것을 보증하지는 않는다. 지식의 양은 많은데, 그것을 잘못 어리석게 사용할 수도 있다. 이런 식으로 자신이 지니고 있는 지식을 남용하는 사람도 역사와 현실에서 적지 않게 볼 수 있다(Sternberg & Zhang, 2005, p. 10).

지식은 훌륭한 창의적 사고에 기본적으로 필요하지만 그것으로 충분하지는 않다. 지식은 소화되어야 하고, 결국에 가서는 신선하고 새로운 조합과 새로운 관계의 형태로 새롭게 태어날 수 있어야 한다. Einstein은 이것을 통찰이라 부르며, 그는 통찰이야말로 새로운 직관으로 나아가는 유일한 통로라 생각하고 있다.

V. 사고와 지능

1. 고전적인 지능검사

고전적인 지능검사는 1905년에 출판된 Binet-Simon 검사에서 시작한다. 이 검사는 정신 장애아를 확인해 내기 위한 '언어'검사이다. 스탠포드 대학의 Lewis Terman은 이것을 수정하여 Stanford-Binet 지능검사를 제작하였고, 이것은 가장 인기 있는 검사가 되었다. 그 이후 L.L. Thurstone은 7개의 무관한 요인들을 가지고 있는(언어 이해, 단어 유창성, 수리력, 공간 시각, 연상적 기억, 지각 속도, 추론, 귀납) 지능 모형을 만들었다. R. Cattell(1963)은 Spearman의 일반지능이란 개념을 수정하여 두 가지 유형의 인지능력을 제안하였다. 하나는 '유동적 지능'(Gf, fluid intelligence)이고 다른 하나는 '결정적 지능'(結晶的, Gc, crystallized intelligence)이다. Gf는 추리를 사용하여 새로운 문제를 해결하는 능력이고, Gc는 교육과 지식정보와 경험에 의존하는 지식 기초적인 능력이므로 이것은 나이가 들어도 별로 쇠퇴하지 않는다. J.P. Guilford는 3개의 차원이 있고 이들을 조합하면 전체 120 유형의 지능이 있는 '지능의 구조(SOI, Structure of Intellect)를 제시하였지만 1980년대 이후부터는 실제적 · 이론적인 비판을 받으면서 사라지고 있다. 이들 이외에도 적지 아니한 IQ 검사와 이론들이 제시되어 왔다.

이들 고전적 지능검사에서 가장 중요해 보이는 개념은 IQ(Intelligence-quotient)와 'g 요인'이다. IQ는 원래는 정신연령/역연령으로 계산하였지만, 현재의 검사에서는 이를 통계적으로 산출한다. 여기서는 원점수의 평균치를 IQ=100으로 하고 표준편차 15 또는 16을 가지는 정규분포곡선에 따라 IQ 점수를 매긴다.

IQ 검사의 핵심은 '일반적 요인', 즉 'g 요인'(g factor)이라 말할 수 있다. 1904

년 C. Spearman은 여러 가지 IQ 검사들 사이의 상관관계를 요인분석하여 모든 다른 것들과 상관계수가 가장 높은 능력의 것을 'g 요인'이라 부르고 있다. 그리하여 Spearman과 기타의 연구자들은 g 요인이 지능에서 진짜 핵심적인 것이라 본다. 다시 말하면 g 요인은 인간의 모든 과제의 수행에서 보편적인 기본 능력이다. IQ는 지능을 연구할 때 가장 많이 사용되고 있고 그것은 g 요인을 나타내는 것으로 실제 장면에서 가장 광범위하게 활용되고 있다. 그러나 IQ는 지능을 '학구적인' 것에 제한하지만 넓은 의미에서 정의하면 지능의 정확한 척도가 되기 어렵다. 사실 g 요인을 사용하는 IQ 검사 점수는 창의력이나 정서적 지능과 같은 정신능력의 기타의 여러 중요한 측면들을 무시하고 있다.

2. 지능관의 변화

고전적인 IQ 검사의 g 요인과는 다른 새로운 지능이론을 제시하고 있는 대표적인 학자는 Howard Gardner와 Robert Sternberg이다.

(1) Gardner의 다중지능이론

Gardner는 그의 저서 『마음의 구조』(*Frames of mind: The theory of multiple intelligences*, 1983)에서 다중지능이론(multiple intelligence)을 정리하고 있다. 이 이론에서는 인간은 학습하고 정보를 처리하는 데 몇 가지의 상이한 방법을 가지고 있을 뿐만 아니라, 이들 방법은 영역에 따라 서로가 비교적 독립적이라 주장한다. Gardner는 처음에는 7개의 지능을 제시했다가 1999년에는 하나를 더 추가하였다(언어적, 논리적-수학적, 음악적, 공간적, 신체/운동적, 개인내적, 개인간적 및 자연적). 현재 고려하고 있는 지능은 '실존적 지능'(existential intelligence)이지만 이것을 공식적으로 추가하지는 않고 있다. 요약하면 지능에는 일반능력인 'g 요인'이 있는 것이 아니라 영역(domain)에 따라 비교적 독립적인 지능이 있다는 것이다(지능의 영역 보편성이 아니라 영역 특수적인). 그러므로 사람에 따라 뛰어나거나 떨어지는 지능영역이 다양하게 다를 수 있다고 설명한다(〈Box 3-2〉 참조).

(2) Sternberg의 삼원지능이론

기존의 지능검사들은 어휘, 이해, 기억과 문제해결 등과 같은 측정 가능한 정신 능력에 초점을 두고 있다. 한 마디로 말하면 이들은 학구적인(academic) 능력을 측정하고 있다. Sternberg는 이러한 검사가 측정하고 있는 것은 '너무 좁다'고 믿고 있다. 이렇게 측정하는 지능은 지능의 한 부분일 뿐이며 '학교 똑똑이'(school smart) 또는 '책 똑똑이'(book smart)의 사람에서 볼 수 있는 것에 제한되어 있다고 말한다. 예컨대 지능검사의 점수는 낮아도 창의적이거나, 인간관계가 뛰어나거나, 사업 수완이 남다른 사람도 적지 않게 있다(이들을 그는 '거리 똑똑이'(street smart)라 부른다). 영재도 다른 부분의 지능을 포함시켜 더 넓게 정의해야 한다고 그는 주장한다. 그는 지능의 삼원이론(triarchic theory of intelligence)에서 지능을 세 가지로 세분하고 있다.

(i) 분석적 지능(analytical): 학구적 · 문제해결적 과제를 완성해 내는 능력으로 이들은 전통적인 지능검사에서 사용하고 있는 것들이다. 이러한 유형의 과제는 대개가 '잘 정의된' 문제이며, 단 하나의 정답을 가지고 있다.

(ii) 창의적 또는 종합적 지능(creative or synthetic): 기존의 지식과 기능을 기초하여 새롭고 색다른 장면을 성공적으로 다루는 능력. 창의적 지능이 높은 사람은 사물을 상이한 시각에서 보기 때문에 '틀린' 대답을 할 수도 있다.

(iii) 실제적 지능(practical): 기존의 지식과 기능을 기초하여 일상 생활에 적응하는 능력. 실제적 지능은 구체적인 상황에서 무엇을 해야 할 필요가 있는지를 이해하고 그것을 행위하게 해 준다. 암묵적 지식을 잘 사용할 줄 안다.

그는 지능에서 경험과 맥락의 역할과 중요성을 강조한다. 그가 개발한 'Sternberg 삼원능력 검사'(Sternberg Triarchic Abilities Test)는 전통적인 지능검사에 포함되어 있는 능력들뿐 아니라 분석적, 종합적, 자동화 및 실제적 능력도 같이 측정하고 있다.

그런데 Gardner와 Sternberg의 지능이론은 초점과 접근이 서로 다름을 알 수 있다. Gardner의 다중지능이론은 지능(인간의 능력)은 'g 요인'과 같은 보편적인 것이 아니라 영역(domain, 학문-사업영역)에 따라 비교적 독립적이라 주장한다. 따라서 사람은 누구나 잘하는 영역과 못하는 지능영역이 있을 수 있다. 반면에 Sternberg의 삼원지능이론은 지능이 작동해 가는 '인지적인 과정'에 초점을 두고 있다. 그는 거기에는 분석적, 창의적(종합적) 및 실제적 지능의 세 가지가 있고 이들의 통합적 수행을 강조하고 있다. 이들 두 이론은 서로 대립적인 것이 아니고 오히려 보완적인 것이라 볼 수 있다(〈Box 3-3〉 참조).

3. 새로운 지능관의 특징

새로운 지능이론의 발전에서 확인해 볼 수 있는 몇 가지의 특징들은 다음과 같다.

(i) 지능의 정의를 '학구적인'(아카데믹한) 것에 제한하지 아니하고 보다 광범위하게 정의하고 있다. 다시 말하면 학교공부나 이와 비슷하게 공부를 이해하고 기억하는 능력만을 다루지 않고, 창의나 인간관계나 사업수완 등을 포괄하는 개념으로 확대하고 있다. 인간은 다른 방면으로 서로 다를 수 있으며 그리하여 인간의 능력은 다양한 방면으로 개발할 수 있다.

(ii) 특히 Sternberg처럼 지능의 '인지적 과정'에서 보면 '지능'이란 바로 본서에서 다루고 있는 '사고력' 또는 '사고와 문제해결'이라 말할 수 있다. 이렇게 보면 '지능'이란 달리 말하면 '사고기능', 또는 '학습과 사고의 기능'이라 말할 수도 있다(Sternberg, 1988).

(iii) 개인의 잠재력은 유전적으로 물려 받은 '유전적 소여'이며 이를 원형(유전자형, genetype)이라 부른다. 이러한 원형은 환경이 제공해 주는 기회와 경험을 통하여 수정되고 발달되며 이를 현형(표현형, phenotype)이라 부른다. 지능은 가소성이 있으며 역동적이다.

Flynn(1987)은 산업화된 국가에서 과거 몇백 년 동안에 IQ가 5~25점 향상되었다는 것을 발견하고, 이것을 Flynn 효과(Flynn effect)라 부르고 있다. 그는 유전인자가 IQ 변산에 미치는 효과는 36%이고, 나머지 64%는 환경적 차이 때문이라 말한다. Flynn은 유전적인 소질이 대단히 비슷하다 하더라도 공부를 더 많이 하고, 학교성적이 더 좋고, 또는 보다 평판이 좋은 경쟁적인 대학에 입학하는 사람은 이러한 과정을 통하여 IQ 수준이 크게 증가함을 보여주고 있다. 어떤 유전적 소질이 보다 완전하게 표현될 수 있는지를 주로 결정하는 것은 언제나 '환경'임을 그는 강조하고 있다. 이것은 IQ뿐 아니라 기억이나 정신적 민첩성과 같은 기타의 인지과정에 대하여서도 마찬가지이다. 보다 실제적인 용어로 표현하면 우리의 인지능력은 우리들 자신의 의도적인 노력을 통하여 향상시킬 수 있다는 말이 된다.

(iv) 지능은 사고·학습기능이란 말은, 지능은 어느 정도는 배우고 가르칠 수 있다고 믿고 있기 때문에 이제 지능연구의 중심은 개발할 수 있느냐가 아니라, 어떻게 그리고 얼마만큼 향상시킬 수 있느냐로 이동해 가고 있다.

4. 성공할 수 있는 지적인 사람

'지능수준이 높은 사람'을 간단히 말하면 '지적인'(intellectual) 사람이라 부를 수 있다. 그러면 어떤 사람이 지능수준이 높고(속되게는 '머리가 좋고') 지적일까? 기준되는 준거는 무엇인가? 지능을 학교공부뿐 아니라 다양한 영역까지를 포괄하여 정의하면, 지적인 사람은 자신이 하는 '일을 잘하는' 사람일 것이다. 공부든, 연구든, 사업이든, 정치든 … 자신의 과제를 얼마나 잘 성취하느냐가 지능의 잣대일 수 있다. 이 말은 지능이란 자신의 과제 수행에 어떻게 '성공'하느냐를 의미한다. 물론 이지만 '성공'이란 누구나 다 인정하는 객관적인 것도 있고 자신만이 느끼는 주관적인 것도 있다. 마치 '미'(美)라는 개념이 그런 것처럼 성공이란 것도 상대적인 개념일 것이다.

그럼에도 불구하고 어떤 의미에서든 간에 '성공'하는 사람을 우리는 '지적인' 사람이라 부를 수 있다. 그런데 매우 흥미로운 것은 '성공할 줄' 아는 지적인 사람들은 여러 가지의 공통적인 특성들을 가지고 있다는 것이다. 다시 말하면 성공하는 사람은 사고하고 문제해결해 가는 데서 무언가 다른 점이 있다는 것이다.

Sternberg(1996)도 성공할 수 있는 지적인 사람들의 특징을 다음과 같은 20가지로 제시하고 있다. 그가 제시하고 있는 내용은 본서의 시각에서 보면 '어떻게 사고하고 문제해결하는 사람이 성공하는가?'란 질문으로 바꿀 수 있다. 좀 장황해 보이지만 요점을 정리해 본다.

(1) 성공할 수 있는 지적인 사람은 스스로를 동기부여한다.

대부분의 경우 성공을 하려면 지적 기능 못지 않게 동기부여(motivation)가 되어 있어야 한다. 동기는 외적인 데서 올 수도 있고(외재적 동기)—부모나 친구들의 칭찬, 인정을 받으려는 욕망과 금전적인 보상 등—이와는 달리 내적인(내재적 동기) 것일 수도 있다. 내재적 동기는 일을 잘 수행하는 데 따른 만족감에서 온다. 대부분의 사람들은 비율은 차이가 나겠지만 내재적으로뿐 아니라 외재적으로 동기가 형성되어 있다. 동기의 소스가 어느 것이든 그것은 '지능'을 표현하고 있는 '성공'에 결정적이다. 당신이 성공하려면 성공하기를 '원해야' 한다. 환경은 동기부여적일 수도 있고 그렇지 않을 수도 있다. 그럼에도 불구하고 어떻든 자기 자신을 동기부여할 수 있는 방법을 찾아야 한다.

부모는 자식들을 너무 압박/강박해서는 안 된다. 부모가 자식을 진정으로 이해하고 '인정'하는 것이 중요하다. 그리고 부모의 압력은 너무 지나치지 않아야 한다. 그러나 부모는 자식이 내재적으로 동기형성되어 있을 때(공부를 재미있어 공부할 때) 외재적인 보상도 적절히 할 수 있는 방법도 찾아 보아야 한다.

(2) 성공할 수 있는 지적인 사람은 자신의 '충동'을 통제하는 것을 배운다. 충동적인 행동이 반드시 나쁜 것도 아니고 그리고 그것이 불가피한 경우도 있을 수 있다. 그러나 충동적인 행동을 습관적으로 하면 자신의 지적 능력을 창의적으로 문제를 처리하는 데 집중시킬 수가 없다. 훌륭한 사고에는 삼사일언(三思一言)의 격언처럼 '반성적 사고'가 수반되어야 하고 그런 다음에 행동할 수 있어야 한다. 머리에 떠오르는 생각대로 행동하는 것을 충동적 행동이라 부른다. 그렇다고 끊임없이 반성하고 회개하는 것도 바람직하지 않다. 그러면 Hamlet형의 인간이 될 것이다.

(3) 성공할 수 있는 지적인 사람은 언제 참으며 언제 계속할 것인지를 안다. 매우 지적인 사람조차도 너무 쉽게 일을 포기해 버리는 경우가 있다. 그러나 성공하는 사람의 공통적인 특징은 끈질기게 집착하며 버틸 줄 아는 것이다. 성공을 위한 '10년설'을 기억해야 한다. 그러나 별로 중요하지 않거나 성공의 희망이 없는 데도 고집하는 사람도 있다. 직업이든 생활의 여기 저기든 간에 가망이 없음이 분명해 보일 때 떠날 줄 아는 것도 지적인 용기이다.

(4) 성공할 수 있는 지적인 사람은 자신의 능력을 어떻게 가장 효과적으로 활용할 수 있는지를 안다. 누구나 모든 것을 잘할 수 있는 것은 아니다. 그리고 어떤 일이나 흥미로운 것도 아니다. 사람에 따라 각양각색일 것이다. 그러므로 성공할 수 있는 지적인 사람은 어떤 것이든 한 가지에 '바로' 빠져들지 않는다. 이것 저것의 가능한 여러 가지의 대안들을 들여다 보고, 거기에다 얼마만큼 발을 담궈 보고 탐색해 본다. 그런 다음 자신의 능력과 적성에 가장 적합해 보이는 것을 추구한다.

(5) 성공할 수 있는 지적인 사람은 '생각'을 '행위'로 번역한다. 문제에 대한 해결 대안은 빠르게 생각해 내어도 그러한 생각을 쉽게 행위로 번역하지 못하는 사람도 있다. 이들은 '생각에 파묻혀' 아무 일도 행하지 못할 때가 있다. 그러나 지적이며 성공하는 사람은 아이디어가 좋을 뿐 아니라 그러한 아이디어를 행동으로 옮길 능력을 가지고 있다. 의사결정에서도 마찬가지이다. IQ와 리더십 관계에 대한 연구들을 보면 IQ 점수가 높은 사람은 비교적 조용하고 여유 있는 의사결정을 할 때 효

과적이다. 그러나 스트레스 상황에서는 높은 IQ의 사람이 오히려 더 비교화적임을 발견하고 있다.

(6) 성공할 수 있는 지적인 사람은 '산출 지향적인' 오리엔테이션을 가지고 있다. 사람들 가운데는 얻게 되는 '산출'보다는 '과정'에 관심이 더 많은 사람도 있다. 그러나 실세계의 우리들은 주로 무엇을 '성취'해 내었느냐에 따라 판단을 받는다. 성공적인 사람은 일을 해 가는 '과정'에도 관심을 가지고 있지만, 궁극적인 초점은 '산출'에 두고 있다.

(7) 성공할 수 있는 지적인 사람은 과제를 완성하고 그리고 그것을 계속하여 점검한다. 이들은 가고 싶은 곳을 가고 만약에 목표가 어떤 문제를 해결하거나 의사결정하는 것이라면, 그것을 계속하여 관리해 간다. Zeno 역설이란 것이 있다. 어떤 지점에 도달하고 싶은 사람이 처음에 전체 거리의 반을 가고, 다음에 나머지 거리의 반을 가고, 그리하여 계속하여 나머지 거리의 반을 가면 아무리 세월이 흘러도 목표 지점에는 도착하지 못한다.

(8) 성공할 수 있는 지적인 사람은 선제적으로 일을 시작하는 선도적인 사람이다. 어떠한 프로젝트든 간에 남들에 앞서서 시작하기란 쉽지 않다. 많은 사람들은 과제에 깊이 빠져들어 헌신하는 것을 두려워한다. 이들이 과제에 대하여 가지는 관계는 단기적이고 피상적이다. Sternberg는 '사랑'에 대한 삼각형 이론(triangular theory of love)에서 '헌신'(commitment), 친교(intimacy) 그리고 '열정'(passion)의 세 가지를 들고 있다.

(9) 성공할 수 있는 지적인 사람은 실패를 두려워하지 않는다. 실패를 두려워하는 것은 동기수준이 낮은 것과도 관계가 있다. 실패에 따라왔던 경험도 중요하다. 그러나 '실수'(mistakes)를 범하는 것은 실패와 같은 것이 아니다. 실수를 저지른다는 것은 깊게 생각하지 않고 서둘러 결정했기 때문일 때가 많다. 그러므로 실수를 하면 다음에는 배울 것이 오히려 많아진다.

(10) 성공할 수 있는 지적인 사람은 일을 뒤로 미루지 아니한다. 일을 뒤로 미루어 지연하는 일은(proscrastination) 살면서 흔히 일어날 수 있는 일이다. 이것은 마지막 순간까지 일을 미루다 서둘러야 하는 경우이다. 그러나 그러한 것이 습관적인 버릇이 되면 문제는 심각해진다. 지적이고 성공하는 사람은 일을 계획하여 여유 있게 하지 않고 미루었을 때 당할 수 있는 '페널티'(penalty)를 너무나 잘 알고 있다.

(11) 성공할 수 있는 지적인 사람은 '공평한 비판'은 수용한다. 사람들 가운데

는 항상 자기는 잘못이 없다고 생각하고 남의 잘못만 살피는 사람이 있다. 이의 반대편 사람은 자기는 책임이 없는 일도 언제나 자기 자신을 나무란다. 비난의 원인을 어디에 두느냐를 귀인(attribution)이라 한다. 귀인을 잘못하면 공부에서나 직장에서 심각한 결과를 가져온다. 지적인 사람은 과오가 자신이 범한 것이면 그것을 기꺼이 수용하여 받아들인다. 거기에 대하여 변명을 하거나 다른 사람을 비난하지 않는다.

(12) 성공할 수 있는 지적인 사람은 자기 연민을 거부한다. 일이 바르게 풀리지 않으면 자책감을 느끼지 않을 수 없다. 그러나 끊임없이 자책하고 자기 연민하는 것은 적응에 문제를 일으킨다.

(13) 성공할 수 있는 지적인 사람은 독립적이다. 대부분의 과제에서 우리는 어느 정도 자신이 독립심을 가지고 행동해야 한다. 나이에 맞게 독립적으로 행동할 수 없으면 심각한 결과가 생긴다. 학교를 넘어 직장에서 일하면 사람들은 우리가 독립적으로 일하고 자율적으로 사고할 수 있기를 기대한다.

(14) 성공할 수 있는 지적인 사람은 개인적인 어려움을 극복하려고 노력한다. 우리는 즐거울 때도 있고, 때로는 우울하거나 매우 슬픈 일을 경험할 수도 있다. 그러나 기쁨도 슬픔도 균형감각을 갖고 넓은 시야로 들여다 보려고 애써야 한다. 어떤 경우든 간에 거기에 몽땅 휩싸여 그것이 당신을 삼켜 버리게 해서는 안 된다.

(15) 성공할 수 있는 지적인 사람은 목표한 것을 성취하기 위하여 목표에다 초점을 두고 집중한다. 능력이 많이 있으면서도 어떤 것에도 오래토록 집중하지 못하는 사람도 있어 보인다. 이들은 쉽게 주의가 산만해지며, 주의집중의 범위가 좁다. 그러나 성공하는 사람은 주의산만을 최소화하게 환경을 통제하거나 또는 그러한 환경을 스스로 만들 수 있어야 한다.

(16) 성공할 수 있는 지적인 사람은 스스로를 너무 얇게 또는 너무 두껍게 펼치지 않는다. 스스로를 너무 얇게 펼치는 사람은 흔히 이루어내는 중요한 것이 별로 없다. 열심히 일을 한다 하더라도 여러 프로젝트에서 조그마한 성취를 이루기 때문이다. 반대로 자기 자신을 너무 두껍게 펼쳐서 한꺼번에 한두 가지 이상을 할 수 없는 사람도 있다. 이들은 하나에 몰두하느라 다른 가능한 기회를 놓칠 수 있고, 그래서 능력만큼 성취해 내지 못할 수 있다.

(17) 성공할 수 있는 지적인 사람은 만족을 지연시킬 수 있는 능력이 있다. 만족을 지연시킬 줄 모르면 보다 더 중요하고 장기적인 목표에서 성취할 수 있는 '더 큰 보상'을 얻기 어렵다. 성공은 하룻밤 사이에 이루어지지 않는다. 성공은 때로는

장시간 동안 만족을 지연시킬 것을 요구할 것이다.

(18) 성공할 수 있는 지적인 사람은 '나무'도 보고 '숲'도 보는 능력을 가지고 있다. 너무 세부적인 것에 강박되어 자신이 하고 있는 과제/프로젝트를 보다 넓은 그림 속에서 들여다 보지 못하거나, 또는 들여다 보고 싶은 것만 들여다 보려고 하는 사람도 있다. 이들은 거시구조적인 것에 별로 신경을 쓰지 않는다. 물론 세세한 것이 중요한 장소도, 경우도, 시간도 있다. 그러나 우리가 직면하는 여러 과제들은 '더 큰 그림', '더 큰 숲'에 집중할 것을 요구한다. 의식적으로 시간을 내어 두 가지의 질문을 해 본다. '내가 왜 이것을 하지?', 그리고 '내가 무엇을 성취하고 싶어 하지?' 성공하는 사람은 중요한 것과 덜 중요한 것을 변별할 줄 알며, 거기에 따라 노력을 배분할 줄 안다.

(19) 성공할 수 있는 지적인 사람은 자신의 목표를 성취할 수 있다는 '신념'과 상당 수준의 자신감을 가지고 있다. 자신감이 없으면 일을 하는 능력을 떨어뜨린다. 왜냐하면 자기 자신을 의심하는 것은 자기예언적인(self-prophecy) 결과를 가져오기 때문이다. 할 수 없다고 생각하면 결국에는 할 수 없게 된다.

(20) 성공할 수 있는 지적인 사람은 분석적, 창의적 및 실제적인 사고의 균형을 유지한다. 분석적, 창의적 및 실제적인 능력을 가지는 것도 중요하지만 그러한 각기의 능력을 '언제' 사용할 것인지를 아는 것도 마찬가지로 중요하다. 성공하는 사람은 여러 가지의 상이한 장면에서 어떠한 종류의 사고가 필요한지를 배우고, 그리고 거기에 적절한 지적 기능을 자동적으로 사용할 줄 안다. 그리고 문제해결과 의사결정에서는 이들 세 가지의 사고기능들을 연속적인 것으로 사용할 줄 안다. 이들은 문제의 장면을 분석하고, 그리고 창의적이며, 또한 실제적으로 적용할 수 있는 해결대안이나 의사결정에 이르게 된다.

지금까지 알아본 스무 가지의 특성들은 지적이고 그러면서 성공하는 사람들이 가진 특징적인 행동들이다. 이들은 전통적인 '지능검사'로는 측정할 수 있는 것이 아니다. 세상에서 정말로 중요한 것은 '비활성적인', 비기능적인 지식과 지능이 아니라 '성공적인' 지식이고 지능이다. 성공적인 지능은 분석적, 창의적 및 실제적인 '사고기능'들이 균형 있게 조합하여 작동한다. 그리고 그것은 우연히 일어나는 것이 아니라 양육되고 개발해야 하는 것이다.

Ⅵ. 사고와 언어

언어는 인간관계에는 물론이고 사회적 지각이나 문화 전달에도 중요한 역할을 한다. 언어와 인간의 지성, 언어와 인간의 사고와 추리에 대한 관심은 Aristotle 이래 끊임없이 계속되고 있다. 특히 다음의 질문이 관심의 대상이다. 언어 없는 사고가 가능한가? 언어가 다르면 사고의 방식도 다른가? 더 나아가, 언어가 다르면 사고의 방식을 다르게 만드는가?

'인간만이 언어를 사용할 수 있다'라는 단정적인 주장을 하기란 조심스럽지만 그럼에도 불구하고 어떠한 하위 동물도 인간들이 사용하고 있는 언어만큼 정교한 수준에 이르지는 못하고 있다. 그리고 사고란 외현적으로 소리내어 말하는 회화(會話, speech) 바로 그것인지 아니면 그 이상의 내현적인 것까지를 포함하는 것인지에 대하여서는 학문적인 논쟁이 없지 아니하다.

그럼에도 불구하고, 언어와 사고를 분리하기란 거의 불가능하다. 문제해결을 할 때는 해결의 가설을 대부분 언어로 생성시키며, 그리고 열심히 생각할 때도 말하면서 생각한다(독백, 조용한 자기와의 이야기). 그러나 언어는 사고의 유일한 수단은 아니다. 사고는 제스처나 동작으로 표현될 수도 있고, 음악이나 기타 예술활동으로 표현할 수도 있고, 또한 다른 이용 가능한 기타의 방법도 있을 것이다. 어떻든 사고와 언어의 관계는 중요하며 여러 논쟁들을 계속하여 야기시키고 있다.

1. 언어 상대성 가설

사람이 소리내어 말하지 않고 사고할 수 있다 하더라도, 여전히 언어는 사고에 필요할지 모른다. 그리고 사용하는 언어가 다르면 사고의 내용이나 방식이 달라질지도 모른다. 문화인류 학자이고 언어학자인 Sapir(1968)와 Whorf(1956)는 Hopi 및 Navaho 인디언 족의 언어 및 Nootka 족의 언어를 연구하였다. 이들은 사용하는 언어가 다르면 사고가 다르다고 말한다. 이를 우리는 Whorf 가설(Whorfian hypotheses), 또는 언어 상대성 가설(liguistic relativity)이라 부른다.

그런데 Whorf 가설을 직접적으로 실험하기는 어렵다. 그러나 가설을 보다 정확하게 해석해 볼 수는 있다. 다음의 세 가지는 모두 Whorf의 일반적인 이론의 입장과 일치하지만 각기에서 할 수 있는 예측의 강도는 다르다. 가장 강한 가설은 언어가 사고를 결정한다는 것이다. 이 가설은 언어의 차이는 사고의 차이를 가져오며, 따라서 언어가 다를수록 세상을 다르게 보고 다르게 개념화한다고 말한다. 약한 가설은 언어는 사고에 영향을 미친다고 보는 것이다. 언어에 따라 어떤 아이디어가 쉽게 가용할 수도 있고, 다른 언어로 번역하기 어려운 단어들을 가지고 있을 수도 있다. 세 번째 가설은, 가장 약한 것으로 언어는 기억에 영향을 미친다고 주장한다.

우선 결론부터 보면, 언어가 사고를 결정하며, 그러므로 언어가 사고의 실제의 구조를 반영한다는 강한 가설은 연구들의 지지를 제대로 받지 못하고 있다. 그러나 사상(事象)이나 장면들을 기술하고 거기에 대하여 사고하는 데 어떠한 언어를 사용하느냐에 따라 우리가 무엇에 대하여 사고하며 또한 어떤 방식으로 사고하느냐에 효과를 미친다는 데는 대개 의견을 같이 하는 것처럼 보인다.

그런데 거꾸로, 사고에 따라 언어구조가 영향을 받는가라는 질문도 해 볼 수 있다. Piaget(1967)는 사고는 주인이 아니라 봉사자라 말한다. Eysenck & Keane (1990)은 여러 연구들을 종설해 보고 다음과 같이 결론 내리고 있다: "언어는 사고를 제한하는 그러한 영향을 별로 미치지 아니한다. 오히려 사고과정이 언어구조에 더 큰 영향을 미치고 있다"(p. 364).

우리는 사고한 것을 머리 속의 '상자'에다 조직화한다. 이렇게 상자에 집어 넣을 때 사용하는 '라벨'(label)이 단어이다. 우리는 이런 라벨에 따라 사고를 해 간다. 예컨대 Eskimo인은 '얼음'을 나타내는 단어를 여러 개 가지고 있다고 한다. 왜 그럴까? 주변에는 이런 저런 종류의 얼음밖에 없기 때문일 것이다. 다음과 같은 생각을 커뮤니케이션하고 싶다고 생각해 보라. 미끄러운 얼음, 녹고 있는 얼음, 단단한 얼음, 투덜투덜한 얼음, 물기가 많은 얼음 …. 이런 내용을 간단하게 커뮤니케이션하려면 여러 가지 유형의 얼음을 의미하는 여러 가지의 '단어'를 만들어 내었을 것이다. 달리 말하면, 각기의 얼음 유형에 따라 라벨을 붙여 '사고'를 상자 속에서 조직화할 것이다.

단어란 사고이다. 명사는 '사물'을 나타내는 단어이고, 동사는 '행위'를 나타내는 단어이다. 단어는 사고를 결정하며 우리의 지각과 태도에 깊은 영향을 미친다. 명사를 '동사화'해 보면 새로운 아이디어가 가능할 수 있다.

2. 언어, 개념, 그리고 범주

단어(word) 가운데 어떤 한 가지 종류의 대상만을 가리키는 단어는 거의 없다. '화성', '수성', '지구' 등과 같은 단어는 한 개 대상만의 이름을 나타낸다. 그러나 이런 단어는 아주 드물다. 반면에 대부분의 단어들은 대상, 사건, 행위 또는 아이디어들의 전체적인 집단을 나타낸다. '물'이라 하면 강에 있는 물이나 바다에 있는 물뿐만 아니라 찻잔 속의 물까지도 가리키는 '전체적인' 것이다. 이를 우리는 개념(concept)이라 부른다. 그러므로 개념이란 구체적인 것들을 포괄하는 일반적인 의미로 '일반화'(generalization)하고 '요약'한 것이다. 따라서 어떤 개념은 다른 것과 구분되는 어떤 종류의 유사성을 나타내게 된다. 대부분의 단어들은 개념을 나타내는 개념 단어이다. 언어는 의미, 관계, 그리고 유사성을 찾아내는 데 도움이 되며, 그러므로 개념을 토대로 하여 또 다른 개념을 만들어 간다.

언어가 개념을 풍부하게 하는 것처럼, 개념도 언어를 풍부하게 만든다. 언어가 무한수의 메시지를 만들 수 있는 것은 개념 단어 때문이다. 개념이 없으면 사고는 크게 제한된다. 개념을 사용함으로써 비로소 다양하고 융통성 있는 정보처리를 할 수가 있다. 특히 많은 사고는 추리를 통하여 가능하기 때문이다. 예컨대, 브라질에는 '카리아마'라 부르는 새가 있다. "이 새는 날개가 있는가?"란 질문을 받고, 카리아마를 본 적이 없어도 당신은 쉽게 '예'라 대답할 수 있을 것이다. 그것은 당신이 이전에 학습하여 기억 속에 저장하고 있는 '새'라는 개념 속에 '새는 날개를 가지고 있다'는 것을 포함하고 있기 때문이다. 추리과정은 우리가 직접적인 경험을 가지고 있지 않은 많은 것에 대하여 사고할 수 있게 해 준다.

또한 범주(category)는 정보를 조직화하고 그것을 장기 기억에 저장하는 데 크게 도움이 된다고 하였다. 대부분의 개념들은 이러한 범주를 나타내며, 개념 단어는 범주를 기술하는 것이다. 개념과 범주 때문에 언어는 학습과 기억에 도움이 된다. 개념 단어로서 여러 가지로 집단화시키기(결집, 조직화) 때문에 복잡한 것도 우리는 손쉽게 사고할 수 있게 된다. 언어와 기억의 관계는 양방적인 것이다. '새로운 단어를 학습하면 아동은 새로운 지식영역을 정복하게 되며, 그리고 이러한 새로운 영역은 다시 새로운 단어를 학습할 수 있게 해 준다.' 이것은 어렸을 때 가정교육이 부실했던 아동은 학교공부가 떨어지고, 반면에 부모로부터 교육을 잘 받은 아동은 학교공부가 성공적인 이유를 어느 정도는 설명해 준다.

3. 사고의 문화와 언어

(1) 사고의 문화와 사고의 언어

사고를 가치롭게 여기고 사고를 격려하는 사고의 문화는 '사고의 풍토'나 '사고의 환경'(여건) 등으로 바꿔 부를 수도 있다. 그리고 이미 앞에서 문화(풍토, 여건)란 개인을 둘러싸고 있다는 의미에서 우물의 '지하수'에 비유해 보았지만 이러한 사고 문화는 사고 개발에 원천적인 변수이다.

여기서는 사고 문화, 사고 풍토, 사고 환경들을 서로 교환적인 것으로 사용하지만, 어떻든 이들 개념은 매우 포괄적이다. 그러나 환경 가운데서도 가장 결정적인 것은 언어적인 환경이다. 다시 말하면, 개인을 둘러싸고 있는 주위에서 어떤 말을 얼마나 많이, 어떻게 사용하느냐는 것이다. 사고하기를 격려하고 가치롭게 여기는 사고의 문화란 바로 개인의 주위에서 그리고 그를 향하여 사고의 언어(단어)를 어떻게 사용하고 있느냐를 말한다고 보아도 된다. 물론이지만 '주위'에는 교사가 있고, 부모가 있고, 친구들이 있으며, 그리고 살면서 접하는 기타의 여러 사람들이 포함될 것이다. 그리고 미치는 영향의 순위도 교사－부모－친구－기타 사람 정도가 아닐까 싶다. 특별히 영향이 큰 사람을 '유의한 타인들'(significant others)이라 부르기도 한다.

사고 언어, 즉 '사고에 대한 언어'란 정신적 활동의 과정을 나타내는 것이거나(분류하다, 생각하다. 추측하다, 이론화하다, …) 또는 그러한 정신적 활동의 결과(소산)를 나타내는 것이다(생각, 아이디어, 추측, 이론, 가설, …). 우리들 모두는 언제나 사고를 나타내는 단어들을 사용하고 있다.

(2) 효과적인 사고 언어

그러면 사고의 개발에 도움이 되는 '사고 언어'의 특징은 무엇인가? 이 질문은 사고의 언어와 관련하여 효과적인 사고자와 비효과적인 사고자가 어떻게 다른가라고 묻는 것과 같다. 이를 질문의 형태로 표현해 보면 다음과 같다.

(i) 사용하고 있는 사고 단어는 풍부한가?

(ii) 사용하고 있는 사고 단어는 사고의 형태를 보다 구체적으로 표현하고 있는가?

처음에 있는 (i)은 사고의 용어를 얼마나 풍부하게 사용하느냐를 말한다. 그리고 (ii)는 여러 가지 종류의 사고를 포괄할 수 있는 '넓은', 추상적인 사고 단어를 사용하는 대신 가능한 대로, 구체적인 사고의 형태를 지시하는 사고 단어를 사용하는 것을 말한다. 사고 단어를 풍부하게, 그리고 가능한 대로 구체적인 의미의 것으로 사용해야 사고하기를 격려하고 개발하는 데 도움이 된다. 구체적인 사고 단어를 사용할수록 학생들로 하여금 구체적인 사고의 과정과 형태를 경험하고 발견해 가게 할 수 있다.

(3) 사고 언어 사용의 보기

다음에는 두 가지의 보기를 들어 두었다. 〈예시 1〉에서는 사용한 사고 단어의 수가 적을 뿐 아니라 이들 사고 단어들은 구체성이 부족하다. 반면에 〈예시 2〉에서는 사고 단어를 많이 사용하고 있다. 그리고 이들 사고 단어는 대개가 구체적인 형태의 사고를 지칭하고 있다. 또한 학생들에게 보다 구체적인 사고 단어를 사용토록 격려하고 있음을 볼 수 있다.

두 가지 예시는 모두 태평양 횡단 비행중 실종된 비행사 '이어 하트'의 생애에 관한 글을 읽고 난 다음에 이루어진 교사－학생 간의 문답을 다루고 있다. 예시에서 밑줄 친 부분이 교사와 학생들이 사용한 사고 언어들이다.

예시 1

- 교사: '이어 하트'는 1937년 태평양 상공에서 사라져 버렸다. 비행기 추락에 따른 흔적은 아무 것도 발견되지 아니했다. 그래서 사람들은 어떤 일이 일어났을까에 대하여 여러 가지의 말들을 하고 있다. 여러분은 무슨 일이 일어났으리라 <u>생각</u>하는가? 왜 실종되었을까에 대하여 어떤 <u>아이디어</u>를 가진 사람 있어요?
- 학생 A: 엔진이 폭발해 버렸을지도 모르지요.
- 교사: 그것은 한 가지 <u>아이디어</u>군. 다른 <u>아이디어</u>는?
- 학생 B: 나는 엔진이 폭발했다고는 <u>생각</u>하지 않아요. 그 사람은 집에 돌아오고 싶어하지 않았으리라 <u>생각</u>합니다. 도망 갔을지도 모르지요.

• 학생 B: 지금 어떤 사막의 섬에서 살고 있을지도 모르지. 일부러 해변 모래밭에 착륙해서 ….
• 교사: 무엇 때문에 일부러 사라졌다는 생각을 하는가?
• 학생 B: 재미있잖아요. 자기가 미워하는 사람이 집에 있었을지도 모르고.
• 교사: 그러면 학반의 다른 사람들에게 물어 볼까요. '이어 하트'가 일부러 사라졌다는 것은 좋은 추측일까요?

예시 2

• 교사: '이어 하트'는 1937년 태평양 상공에서 사라져 버렸다. 비행기 추락에 따른 흔적은 아무 것도 발견되지 아니했다. 그래서 사람들은 어떤 일이 일어났을까에 대하여 여러 가지의 이론들을 가지게 되었다. 여러분의 이론은 무엇인가? 왜 '이어 하트'는 사라졌다고 가정하는가?
• 학생 A: 엔진이 폭발해 버렸을지도 모르지요.
• 교사: 그것은 한 가지 이론이군. 그 이론을 뒷받침할 만한 어떤 증거가 있는가?
• 학생 A: 글쎄요 …. 아무런 흔적도 발견되지 않았으나 아마도 바다 속으로 가라앉았겠지요.
• 교사: 아무런 흔적이 발견되지 않았다는 사실은 엔진이 폭발했다는 이론과 모순되지는 않는다. 그러나 그것을 증명할 수 있는 것인지는 잘 모르겠다. 다른 이론을 가진 사람은 없을까?
• 학생 B: 나는 엔진이 폭발했다고는 상상하지 않습니다. 그 사람은 집에 돌아오고 싶지 않았으리라 추측합니다. 도망갔을지도 모르지요.
• 교사: 그것은 학생이 제안하고 싶은 가설인가?
• 학생 B: 예, 그렇게 제시하고 싶어요. 가능성 있는 것이니까요. 지금 어떤 사막의 섬에서 살고 있을지도 모르지요. 일부러 해변 모래밭에 착륙해서 …. 그 사람은 유명했고, 여러 기자들이 그 사람을 괴롭혔으리라 짐작됩니다.
• 교사: 학생은 자기의 이론을 뒷받침하는 이유로 매우 재미있는 것을 들고 있다. 어떤 다른 증거를 말할 수 있을까? 집에 돌아오고 싶어하지 아니했다는 것을 시사해 줄 증거 같은 것 말이야.

Box 3-1 명제적, 발견적 및 영역 구체적 지식

여기서는 지식을 명제적 지식, 발견적 지식 및 영역 구체적 지식으로 나누어 각기에 대하여 알아본다.

(1) 명제적 지식

어떤 것의 성질을 아는 것을 말한다. 흔히 '내용', '지식' 또는 '사실' 지식이라 부르는 것이다. 이러한 지식에는 지식이란 선택적이고 해석적임을 아는 것이나, 지식은 새롭게 발달하고 변화하며, 그리고 이전에는 수용받던 지식이 기각되고 새로운 지식으로 대치될 수 있음을 아는 것도 포함된다.

(2) 발견적 지식

절차적 지식이 조건적 지식을 포함하는 것으로 보는 사람도 있다. 또한 서로는 독립적인 것으로 하여 사용의 '조건'과 '의미'를 강조하는 것을 조건적 지식이라 별도로 부르는 사람도 있다(Paris, Lipson & Witson, 1983).

어떻든 우리는 습득한 경험 · 지식을 기초로 하여 여러 가지의 사고를 수행해 가는 원리나 법칙을 터득해 가는데, 이러한 절차적 · 조건적 지식을 합하여 '발견적 지식'(발견법, heuristics)이라 부르기도 한다. 발견적 지식은 알고리즘(algorithm)과는 달리 반드시 바라는 결과를 얻을 수 있는 것은 아니다. 발견적 지식은 사고의 기능과 전략에 못지 않게 사고를 어떻게 수행해 갈 것인지를 결정하는 역할을 한다.

(3) 영역 구체적 지식

어떤 주제분야, 전문(전공)분야의 지식을 영역 구체적 지식(domain-specific)이라 부른다.

영역 구체적인 것일수록 건전한 일상 생활을 통하여 습득하는 세상지식을 훨씬 넘어선다. 따라서 전문가일수록 그 분야에서 보다 해박하게 알며 그런 지식은 유의미하게 잘 조직화되어 있다. 이러한 영역 구체적 지식을 다시 '내용 수준'의 지식과 '고차적 수준'의 지식으로 나누기도 한다. 전자는 사실, 개념이나 원리 등을 알 뿐만 아니라 이들의 서로의 관계를 아는 것을 말한다. 후자는 어떤 분야에 진정으로 깊게 빠져 들었을 때 가질 수 있는 지식이다. 그러한 지식은 그 분야에 대한 '센스'라 말할 수 있으며 매우 전략적인 지식이다. 어떤 것이 중요하고 이슈가 되며, 연구는 어떤 식으로 접근되고 있으며, 그리고 그 사이 지식이 어떻게 축적해 왔는지를 아는 것 등이 포함된다(Perkins & Simmons, 1988; Tishman, Perkins & Jay, 1995).

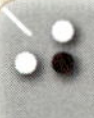

Box 3-2 Gardner의 다중지능이론과 선호 스타일

지능의 성질에 관한 Howard Gardner의 견해는 1983년에 출판된 *Frames of Mind* 에서 처음으로 나타난다. 거기에서 그는 지능에는 단 한 개만 있는 것이 아니라고 주장한다. 그는 지능에는 문화적으로 정의된 여러 개의 지능이 존재하며 그래서 우리의 두뇌는 우리가 살아가고 있는 세계를 더 잘 이해케 한다고 말한다. Gardner의 다중지능(MI, Multiple Intelligences)에는 언어적(Verbal/Linguistic), 음악적(Music/Rhythmical), 논리적(Logical/Mathematical), 개인내적(Intrapersonal), 개인간적(Interpersonal), 시각적(Visual/Spatial), 신체적(Bodily/Kinassthetic) 및 자연주의적(Nataralist)의 8가지가 있다. 이들 각기의 지능에서 좋아하는 것, 잘하는 것 그리고 학습이 잘 되는 방법 등을 정리해 보면 다음과 같다.

Gardner의 다중지능: 좋아하는 것(A), 잘하는 것(B), 그리고 학습이 잘되는 방법(C)

언어적	A-읽기, 쓰기, 이야기하기 B-이름, 장소, 날짜 등을 기억하기 C-단어를 말하고, 듣고, 그리고 보아서 학습하는 것
논리적	A-실험하기, 짐작하기, 숫자 다루기, 질문하기 B-범주화하기, 추리하기, 논리, 문제해결 C-분류, 추상적인 형태/관계를 다루어서 잘 학습
시각적	A-그림/슬라이드 보기, 영화보기, 기계 갖고 놀기 B-사물을 상상하기, 변화를 감각하기, 미로/퍼즐, 지도/차트 읽기 C-시각화, 마음의 눈을 사용하여 학습하는 것
음악적	A-노래하기/멜로디 듣기, 악기 다루기, 음악에 반응하기 B-소리 골라내기, 멜로디 기억하기, 리듬/피치 알아내기, 시간 지키기 C-리듬, 멜로디, 음악을 사용하여 학습하는 것
신체적	A-주위로 움직이는 것, 만지고 말하기, 신체 언어 사용하기 B-신체적 활동(스포츠/댄스/연출하기), 수예 C-만지기, 움직이기, 공간과 상호작용하기, 신체적 감각을 통하여 지식을 처리하는 것
개인간적	A-친구가 많음, 사람과 이야기함, 모임에 참여 B-갈등을 매개하기, 자신을 이해, 내적으로 감정/꿈에 집중, 본능에 따르기 C-혼자서 일하는 것, 개인 프로젝트, 자기보조의 학습, 자신의 공간을 가지는 것
자연주의적	A-사물을 관찰하기, 사물을 재인하기, 사물을 분류하기 B-주변의 사물에 이름붙이기, 대상들 간의 관계 발견하기, 분류학이나 위계 만들기 C-탐구하기, 관찰하기, 연결시키기, 분석하기, 실험하기

Box 3-3 대표적인 지능이론과 창의력

아래에서는 지능은 다중적(복합적)이라고 보는 대표적인 지능이론과 창의력에 대하여 음미해 본다. 여기에는 J.P. Guilford의 '지능의 구조', H. Gardner의 다중지능이론 및 R.J. Sternberg의 지능의 삼원요소이론 등이 포함된다. 이들은 모두 지능은 복합적인 것이라 보는 공통점을 가지고 있다.

1. Guilford의 지능이론

(1) 지능의 구조

J.P. Guilford(1956)는 자신이 제시한 '지능의 구조' 모형(SOI, Structure of Intellect) 및 이를 기초로 수행한 발산적 생산능력(즉 창의적 사고)에 관련한 연구를 통하여 지능은 한 가지 종류라고 보는 기존의 시각에서 탈피하는 데 큰 공헌을 하였다. Guilford는 정신능력을 세 가지 차원으로 구분하였다. 이들은 조작(operation, 사고활동), 내용(contents, 사고에서 사용하는 단어나 기호 등) 및 산출(products, 작품, 소산, 사고를 통하여 결국에 얻어지는 것) 등이다. 그는 모든 정신 활동은 어떤 종류의 '내용'을 '조작'함으로써 어떤 '산출'을 얻게 되는 것이라 말한다.

내용에는 도형, 상징, 의미 및 행동의 4가지, 산출에는 단위, 유목, 관계, 체제, 변형 및 함축의 6가지, 그리고 조작에는 평가, 수렴적 사고, 발산적 사고, 기억 및 인지의 5가지가 있다. 전체적으로 보면 지능에는 4×6×5=120개의 요소들을 가지고 있는 셈이다. 그러나 그는 1982년에는 150개로 수정하였고, 그리고 1988년에는 시각, 청각, 상징, 의미, 행동의 5개 내용 차원, 인지, 기억 부호화, 기억 파지, 발산적 사고, 수렴적 사고, 평가의 6개 조작 차원과 단위, 유목, 관계, 체계, 변환, 함축의 6개 산출 차원을 구성하는 요소들이 상호 결합된 5×6×6=180개의 정신능력으로 발전시켰다.

이 모형에서 특히 중요한 것은 지적 활동, 즉 지적 과정들을 보여주고 있는 '조작'이다. 조작은 우리가 '정보'라 부르는 원재료에 어떤 처치를 가하는 것이기 때문에 '방법', '기능' 또는 '기능과 전략' 등으로 다르게 부를 수도 있다. 아래와 같은 다섯 가지 조작이 있으며, 이들은 '내용'에 작용하여 '산출'을 만들어 내게 된다.

(i) 인지(cognition): 발견, 자각, 인식 및 이해 등이 포함된다.

(ii) 기억: 파지(저장)를 가리키며, 파지를 해야 정보가 머리 속에서 가용해진다.

(iii) 생산적 사고(productive thinking): 인지하고 기억하고 있던 것에서 어떤 것을 생산해 내는 것을 말한다. 여기에는 두 가지 유형이 있다. 발산적 생산(발산적 사고,

확산적 사고, divergent production)은 주어진 정보에서 새로운 것을 생성해 내는 것을 말한다. 여기서는 정보원이 같음에도 불구하고 산출(투출, output)이 얼마나 많이 그리고 다양하게 생산되느냐가 강조된다. 흔히 '발산적 사고'를 창의력이라 정의하고 있다. 반면에 수렴적 생성(수렴적 사고, convergent production)은 주어진 정보에서 새로운 아이디어를 생성해 내는 것이 아니라 이미 생성된 아이디어들 가운데서 최선의 것이라고 여겨지는 것을 선택하거나 이들을 조직화하거나 더욱 개발해 간다.

(iv) 평가: 다섯 번째의 정신조작은 '평가'인데 이는 어떤 준거에 따라 정보에 대하여 판단이나 결정을 내리는 것이다. 판단의 준거에는 일관성이나 목표만족 등이 있으며 이들을 기준하여 정보의 정확성, 적절성 및 바람직함 등을 판단한다. 그는 창의력을 여러 다중적인 지능의 한 가지로 다루고 있음을 우리는 알 수 있다.

그러나 Torrance(1995)는 '생산적 사고'(productive thinking)와 '창의적 사고'(창의력)를 구분하고 있다. 그는 생산적 사고는 Guilford의 수렴적 생산(수렴적 사고)과 발산적 생산(발산적 사고)을 합한 것을 가리키는 데 대하여, 창의적 사고는 다음과 같은 능력들을 가리키는 것으로 사용한다. 즉 유창성(fluency, 생성해 낸 아이디어의 수), 융통성(flexibility, 아이디어의 다양성, 아이디어들이 속하는 범주의 수), 독창성(originality, 비범하고 남들이 생성해 내지 못한 아이디어), 정교성(elaboration, 아이디어를 상세하게 잘 발달시킨 것), 결점과 문제에 대한 민감성 및 재정의하기(redefinition, 통상적이고 기존에 사용하던 방식과는 다른 방식으로 들여다 보고 지각하기)와 같은 능력을 말한다.

그리고 이러한 능력을 측정하기 위한 검사 점수를 가리켜 '측정한 창의적 사고능력'(measured creative thinking ability)이라 부른다. 우리는 협의로 정의하여 '발산적 사고'(발산적 생산)가 바로 창의력(창의적 사고)이라 보기도 한다. 그리고 Meeker(1969)는 SOI 프로파일(Structure of Intellect)을 가지고 개인의 차별적인 지능을 사정하고 있는데, 이것은 진단뿐만 아니라 프로그램이나 수업자료 개발에 중요한 의미를 가질 수 있다.

2. Gardner의 다중지능이론

정신능력에는 여러 가지 종류가 있다는 것을 다중지능이론(multiple intelligence, 다중지능, 복합지능, complex intelligence)이라 부른다. Guilford를 포함한 여러 연구자들이 지능의 종류에는 여러 가지가 있음을 발견했지만 '다중지능'(복합지능)이란 개념이 교육자뿐만 아니라 일반인들로부터 광범위한 주목을 받게 된 것은 역시 Howard Gardner의 『마음의 구조』(*Frames of mind*, 1983) 때문일 것이다.

그는 인간의 지적능력에는 적어도 다음과 같은 7가지 형태가 있다고 주장한다.

(ⅰ) 언어적 지능(시인, 작가 또는 연설자의 경우처럼)

(ⅱ) 논리-수학적 지능(과학자의 경우처럼)

(ⅲ) 음악적 지능(작곡가의 경우처럼)

(ⅳ) 공간적 지능(조각가나 비행기 파일럿의 경우처럼)

(ⅴ) 신체운동적 지능(체육인이나 무용가의 경우처럼)

(ⅵ) 개인간 지능(판매원이나 교사의 경우처럼)

(ⅶ) 개인내 지능(스스로를 정확하게 보고 있는 Freud의 경우처럼)

Gardner는 그 이후 『다중지능: 실제 속의 이론』(*multiple intelligence: The theory in practice*) 등과 같은 몇 권의 저술을 통하여 이들 개념들을 더욱더 정교화시키고 있다. 그리고 그는 7개 지능에 추가하여 자연적 지능, 영적 지능 및 실존적 지능 등을 추가하고 있다(Gardner, 1999).

그가 강조한 다중지능이란 개념은 보다 종합적이고 개별화된 교육체제를 갈구하던 교육자들에게 커다란 환영을 받았다. 그리고 적지 아니한 저자들이 이들 개념을 수업의 과정, 수업 재료 및 평가 재료로 번역하고 있다.

이러한 여러 사람들 가운데도 가장 핵심적인 기여를 한 사람은 Deaniel Lazear인 것 같이 보인다. Howard Gardner는 여러 가지 지능의 사람들을 평가하고 확인할 수 있는 방법에 대하여서는 충분한 설명을 제시하지 못하지만 Lazear는 다중지능을 확인하고 평가하는 방법을 매우 자세하게 다루고 있다.

3. Sternberg의 삼원지능이론

Robert Sternberg(1988)는 '삼원적인 마음'(The triarchic mind)이라 부르는 새로운 지능개념을 개발해 내었다. 그는 초등학교 때부터 지능검사들은 무엇인가 잘못되었다는 생각을 가졌다고 한다. 그의 지능 점수는 높지 않았을 뿐만 아니라 검사가 매우 혼돈스러웠다고 한다. 중학교 때는 과제물의 하나로 지능검사를 만들기도 하였다. 이러한 그의 관심은 대학과 대학원을 거쳐 현재까지 계속되고 있는 셈이다. 그는 대부분의 지능검사들이 가지고 있는 다음과 같은 네 가지의 기본가정을 비판한다.

(ⅰ) 빨리 하는 것이 똑똑한 것이다.

(ⅱ) 언어능력이 높은 사람은 모든 것을 조심해서 읽고 이해를 잘한다.

(ⅲ) 어떤 사람이 가지고 있는 어휘의 크기를 보면 그가 얼마나 똑똑한지를 알 수 있다.

(ⅳ) 지적인 사람과 덜 지적인 사람 간에 문제해결하는 방법의 차이가 없고 다만 전자가 더 잘할 뿐이다.

그리고 이미 언급해 둔 바와 같이 Sternberg는 지능이 표현되는 국면에는 '개인의 내부세계에 대한 관계', '자신의 경험에 대한 관계' 및 '개인의 외부세계에 대한 관계' 등이 있어 그의 지능이론을 '삼원지능이론' 또는 '삼위일체 지능이론' 등으로 번역되고 있다.

그러나 더욱 중요한 것은, R.J. Sternberg의 지능이론은 요소이론(component theory)이라는 것이다. 그것은 지능이란 일련의 정보처리요소, 즉 過程들로 이루어져 있다고 보기 때문이다. 다시 말하면 지능이란 일련의 정신적 과정 및 이들 과정들을 조합하기 위한 전략으로 나눌 수 있다고 본다. 이러한 견해는 전통적인 심리측정적 입장의 견해와는 아주 다르다. 심리측정적 견해에서는 지능이란 한 개 또는 몇 개의 고정적인 실체로 이루어져 있다고 본다(예컨대 Spearman, Guilford, Cattell 등). 이들은 이러한 고정적인 실체를 '요인'(factors)이라 부르며 이것 때문에 IQ검사 수행에서 개인간 차이를 가져온다고 주장한다. 이러한 견해에서는 지능을 변용하거나 개발하기 위하여 우리가 할 수 있는 것은 거의 없다. 그러나 만약 우리가 지능이란 일련의 정신적 과정으로 이루어져 있다고 보면 우리는 이러한 과정에 간섭할 수 있다. 그리고 어떤 과정을 언제 사용하며, 어떻게 사용하며 그리고 어떤 구체적인 과제를 해결하기 위하여 몇 가지 과정들을 어떻게 조합하여 그럴 듯한 전략을 만들 수 있는지 등을 우리는 가르칠 수 있을 것이다.

Sternberg는 세 가지의 정신적 과정(정보처리요소)을 구분하고 있다. 첫 번째 유형은 초요소(메타요소, 상위요소, metacomponents)이다. 이것은 무엇을 하려는지를 계획(planning)하고, 자기가 해 가고 있는 것을 점검(monitoring)하고, 그리고 했던 것을 평가(evaluating)하는 고차적인 실행적 과정(executive processes)이다. 만약 우리가 문제해결의 전략을 세우거나 보고서를 전체적으로 어떻게 조직할 것인지를 결정한다면 이것은 초요소가 작용하는 보기이다.

두 번째 유형의 것은, '수행 요소'(performance)이다. 초요소는 무엇을 할 것인지를 결정하는 데 대하여 수행 요소는 실제로 그것을 해 가는 과정이다(요소). 예컨대 실제로 문제를 풀어가거나 보고서를 조직하거나 또는 일상의 과제를 다루어 가는 것은 수행 요소의 보기이다.

세 번째 유형의 정신적 과정은, '지식 습득 요소'(Knowledge-acquisition)이다. 이 유형의 정신적 과정은 새로운 재료를 학습할 때 사용된다.

그는 삼원지능이론의 세 가지 정보처리 요소들을 그가 대학원 전형 때 다루었던 세 사람의 지능 프로파일을 가지고 설명하고 있다. Alice는 각종 검사 점수, 대학 성적 및 추천서의 평가 등이 모두 매우 우수하였다. 이러한 뛰어난 비판적 능력 때문에 그녀는 Yale 대학교에서의 첫 2년 동안은 학업성적이 매우 우수하였다. 그러나 첫 2년이 지나고 자기 자신의 아이디어를 내고 그것을 실험하는 방법을 생각해 내어야 하는 시점에 이르자 그녀는 더 이상 우수하지 못하였다. Alice와 대조가 되는 것이 Barbara이다. 그녀는 교과 성적은 좋았지만 적성검사 점수는 신통치 못하였다. 그러나 추천서의 내용은 최고였다. 그는 매우 창의적인 학생이며 별로 지도를 하지 않아도 창의적인 연구를 설계하고 실천할 수 있다고 기술하고 있었다. 자기소개서에도 중요한 연구에 적극적으로 관여했음이 나타나 있었다. 그러나 Celia는 Alice나 Barbara와는 달랐다. 그녀는 환경의 요구를 헤아려 보고 거기에 적응하는 데 매우 우수하였다. 일을 진행해 가기 위하여 무엇을 해야 할지를 분명하게 알고 있었다. 이 사람은 실천적 지능이 탁월함을 알 수 있다.

이러한 세 가지 종류의 지능을 측정하기 위하여 그는 *Sternberg Multidimensional Abilities*라는 지능검사를 개발하여 현재 Psychological Corporation에서 출판하였다. 이 검사에서는 다음과 같은 세 가지 내용의 각기에 대하여 점수를 계산한다. 즉 언어 점수(단어를 사용한 문제), 양적 점수(숫자를 사용한 문제) 및 도형 점수(형태를 사용한 문제) 등이다. 그리고 이들에 따라 삼원이론을 이루고 있는 세 가지, 즉 '지능의 구성요소', '새로운 것에 대한 대처와 자동화' 및 '실천적 지능'별 점수도 계산한다. 이 검사는 선택형의 지필 검사이며 집단 실시하는 데도 적당하다고 한다.

4장

사고와 내용지식

이 장에서는 먼저 교재 등에 나타나 있는 내용지식과 사고의 관계를 다루면서 '지식 = 사고'임을 강조할 것이다. 기본적으로 보면 '지식이란 마음 속에서만 존재'한다는 시각에서 시작하여 이러한 전제가 교과 수업과 학습에 대하여 가지는 함의도 같이 다루어 본다. 다음으로 지식과 사고의 기능적 관계를 다루면서 지식은 사고의 도구이며, 그래서 지식의 양(量)에 못지 않게 지식의 기능적인 구조와 조직의 중요성에 대하여 음미해 볼 것이다. 마지막으로 지식내용이 존재하는 형식에 따라 사실, 개념 및 일반적 법칙으로 나누어 이들을 보다 자세히 논의해 볼 것이다.

Ⅰ. 사고로서의 지식

우리는 흔히 '지식'은 '사고'(思考)와 별개인 것처럼 이야기한다. 지식이란 여러 개의 문장들이 그리고 여러 개의 단락들이 집합되어 있는 어떤 형태로 보고, 그렇기 때문에 그것은 어떤 사람이 수집하고 기억하여 다른 사람에게 바로 전해 줄 수 있는 그런 것이라 생각한다. ―마치 보따리 짐을 다른 사람에게 넘겨주듯이. 이렇게 이야기하면 지식이란 성질상 '사고'에 의존하고 있다는 사실을 간과하거나 오해하는 것이다.

지식이란 '사고'하는 것을 통하여 생성되며, 사고에 의하여 이해되고, 조직화되고, 분석되고, 유지되고 그리고 사고라는 조작을 통하여 변형되거나 새롭게 조합/종합되어 새로운 지식을 생성(구성)해 낸다. 보다 엄격하게 말하면 지식이란 사고를 통하여 생성되고, 이해되고 그리고 증명되며, 그리고 정당화 내지 타당화된다. 그래서 원초적으로 보면 지식이란 '마음 속에서만' 존재한다. 이때 사용하는 '사고'란 이해, 비판 및 창의를 포함하는 보다 광의로 정의하는 '비판적 사고'를 의미한다.

지식을 어떤 신념(belief) 또는 이것을 문자로 표현한 것과 혼돈하지 말아야 한다. 신문에 있는 글이라 해서 또는 인터넷을 클릭해서 찾아보게 되는 모든 것이 반드시 참된 지식은 아니다. 그것이 비판적 사고의 과정을 통할 때 그것은 참된 지식이거나 이와는 달리 유용한 지식이 아니란 것을 알게 된다. 우리들은 어떤 것이 정말로 그렇다는 것을 '알지' 못하면서, 오류의 어떤 것을 마치 '사실'인 것처럼 믿기 쉽다. 우리의 '마음'이 상대방의 대화나 책에 있는 것을 주의깊게 이해하고, 그리고 그것을 비판적으로 음미하는 사고의 과정을 통할 때 우리는 비로소 '지식'이란 것을 얻을 수 있다.

그런데 앞에서 '지식이란 마음 속에서만 존재한다'고 한 말을 좀더 부연 설명해 볼 필요가 있을 것 같다. 이미 앞에서는 지식을 저장하는 데는 두 가지의 방식이 있다고 하였다. 이들 가운데 하나는 인간의 머리 속에 저장하는 것이다. 그러나 모든 지식/정보를 머리 속에서만 저장한다면 과잉부하될 뿐 아니라, 기억에서 망각될 수도 있고 또는 왜곡될 수도 있다. 사실 이런 식으로만 지식을 저장한다면 인간의 문명 발달은 심각하게 지체되었을 것이다. 지식 저장의 두 번째 방식은 인간의 머리 바깥에 저장하는 것으로, 예컨대 책, 컴퓨터 및 기타의 대중매체를 이용하는 것이다.

그럼에도 불구하고 기본적인 의미에서 보면 "지식이란 마음 속에서만 존재"한다. 책은 지식을 담고 있는 것이 아니며, 책 속에 지식이 있다는 말도 성립하지 아니한다. 다만 책 같은 것들은 '정보'를 저장하고 있다고 말할 수는 있다. 보다 엄격히 말하면 '지식을 인간의 머리 밖에서 저장'한다는 말은 우리가 책(및 기타의 외부의 저장 장소)에 있는 정보를 통하여 마음 속에서 어떤 것을 '알 수 있게' 된다는 파생적인 의미에서만 가능하다. 원래는 지식은 머리 속에서 생성되고 조작되지만 다만 그것이 외부에 보조적으로 존재할 수는 있다. 왜냐하면 우리가 가지게 되는 지식이란 우리의 '마음'이 책에 있는 것을 주의깊게 읽고, 이해하고 그리고 비판적으로 사고하는 과정을 통할 때 비로소 얻을 수 있기 때문이다. 모든 지식은 사고의 과정 속에서만 생성되고 기능할 수 있다.

1. 지식내용과 사고의 관계

여기서는 지식, 지식내용, 영역내용 또는 교과내용 등의 용어를 상호 교환적인 것으로 사용한다. 예컨대 학생들이 배우고 있는 교과서의 '지식내용'에 대한 이해에는 세 가지의 다른 접근들이 있을 수 있다. [그림 4-1]은 이러한 지식내용에 대한 이해/접근의 유형을 세 가지로 나누어 정리하고 있다. 그리고 이러한 유형에 따라 수업의 형태는 어떻게 결정될 수 있는지를 함께 보여주고 있다.

첫 번째 유형은 '지식내용'은 바로 '정보'라는 것이다('내용=정보'). 다시 말하면 교과서의 내용이란 여러 정보들로(또는 자료) 이루어져 있다고 본다. 가르치려는 교과내용이 여러 가지 정보들의 꾸러미라고 보면 교사는 가능한 대로 많은 것들을 학생들에게 '전달'해야 한다. 그렇게 하려면 교사는 주로 '강의'에 의존해야 하고 교

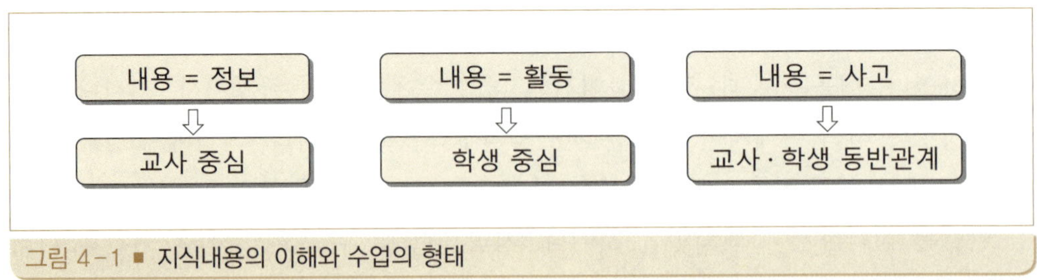

그림 4-1 ■ 지식내용의 이해와 수업의 형태

사 중심의 수업이 이루어지게 된다. 여러 정보들을 할 수 있는 대로 많이 전달하여 알려 주어야 하기 때문이다. 그리고 학생은 교과서에 있고 또는 교사가 수업해 주는 '정보'들을 있는 대로 많이 받아들여야 한다. 이를 위해서는 주로 암기와 반복 연습의 방법을 사용할 것이다.

두 번째 유형은 '지식내용'은 바로 '활동'이란 것이다('내용=활동'). 다시 말하면 교과서의 내용이란 인간의 다양한 활동들을 기록하고 있는 것이라고 본다. 활동들로 이루어져 있는 내용을 학습하려면 학생들이 가능한 대로 '직접' 체험하는 것이 가장 효과적이다. 수업은 당연히 학생 중심이 되고, 그리고 행위하고 '경험'하는 것을 강조하게 된다. 여기서 우리는 John Dewey의 진보적 교육 철학에서 말하는 '행위함으로써 학습'(learning by doing)한다는 것을 쉽게 떠 올려 볼 수 있다. 그러나 Dewey도 '반성적 사고'를 수반하는 '행위하기'를 말하는 것이지 사고가 없는 맹목적인 경험을 이야기하지는 않는다. 그는 교육의 기본 원리는 아이들의 흥미에 바탕을 두고 시작되어야 하고 아이들이 교실 안에서 여러 가지 경험을 하는 가운데 사유(思惟)와 행위의 상호작용이 일어나도록 해야 한다고 말한다. 그리고 학교는 '축소된 공동체'로 조직되어야 한다. 교육의 목표는 아이들이 전인적으로 성장하도록 하는 것이며, 이를 위하여 교사는 틀에 박힌 수업을 반복하는 감독관이기보다는 안내자이자 학생의 동료가 되어야 한다.

마지막의 세 번째 유형은 '지식내용'은 바로 '사고'라는 것이다('내용=사고'). 즉 교과서의 내용이란 인간들이 사고한 '내용'과 사고해 간 '절차'들을 담고 있다고 본다. 이를 다시 말하면, '교과내용'에 있는 '지식'은 바로 '사고'이며, 사고의 한 가지 양식(樣式)이라 본다. 지식=사고이지만 실제로 지식이 존재하는 양식은 머리 속일 수도 있고, 교과서나 하드디스크일 수도 있다.

지식내용에 대한 이러한 이해/접근은 모든 지식이란 기본적으로 보면 사고 '속에서'(또는 넓은 의미의 '비판적 사고' 속에서) 그리고 그러한 사고를 '통하여' 존재한다는 것을 의미한다.

학문영역(domain)은 국어, 수학, 물리, 역사 등의 어떠한 것이든 간에 사고의 한 가지의 양식(표현 양식, mode)으로 존재한다. 그러므로 예컨대 '수학'을 안다는 것은 '수학적인 사고'를 할 수 있는 만큼 아는 것이지 수학공식을 외울 수 있는 정도만큼 아는 것이 아니다. 과학 교과서에 있는 사실과 법칙을 기억해 낼 수 있는 만큼 과학을 아는 것이 아니라 과학적인 사고를 할 수 있는 정도만큼 과학을 안다. 심리학적인 사고를 할 수 있는 정도만큼 심리학을 이해하며, 철학적 사고를 할 수 있는 정도만큼 철학의 지식을 습득하는 것이다. 이러한 논리는 어떠한 지식영역(학문)에서도 마찬가지이다.

우리가 각 교과목에서 학생들을 수업할 때, 그러한 교과목 내용을 이루고 있는 지식 속으로 학생들 스스로가 사고해 가도록(그리하여 '지식' 발견의 과정을 거쳐 가게) 하지 아니한다면, 학생은 아무런 지식도 얻지 못하고 수업을 마치는 셈이 된다. 수업에서 다룰 내용이 많아서 사고하는 것을 희생한다면, 진짜의 기능적인 지식이 희생될 것이다. 그러한 수업은 용어, 개념, 원리들을(즉 지식을) 서로 관계없는 단편적인 것으로 암기하기를 채근하기 쉽다. 이러한 수업에서 얻는 학습은 내용을 깊게 이해하지 못하고, 전체를 서로 연결시키지 못하며(즉, 부분들 간의 '논리'를 발견하지 못하며), 그리고 필요할 때 쉽게 머리 속에서 끄집어 내어 적용하기 어려울 가능성이 크다. 저자가 교과서나 참고서를 집필하면서 '했던' 그러한 사고를 할 수 있어야 교과내용을 진정으로 이해하는 것이다. 저자의 사고내용을 복원하고 그와 동일시할 수 있어야 그가 말하는 내용을 이해하는 것이다. 그러므로 사고의 과정을 강조하지 아니하는 수업은 이러한 진정한 이해를 격려하지 못한다.

2. 교과수업과 학습에 대한 시사

'지식'의 성질을 어떻게 이해/접근하느냐는 것은 특히 교과수업과 학습의 방법을 어떻게 해야 하는지에 대하여 매우 결정적인 함의를 가진다.

(1) 교과수업에 대한 시사

사고과정과 교과내용의 관계를 어떻게 보느냐에 따라 교과수업의 형식과 내용은 완전히 달라진다. '내용＝정보(사실)'라 본다면 교사 중심의 주입식 수업이 된다. '내용＝활동'이라 본다면 학생 중심의 수업이 이루어지며 이때는 '활동함으로써 학습'해야 한다. 그러나 통합적 사고력 수업에서는 '내용＝사고'라 보며 여기에서는 교사와 학생은 서로가 촉진적이고 조력적이며 상호작용적인 동반관계를 유지하는 그러한 수업이 이루어질 것이다.

'사고력 중심의 통합적 수업', 즉 '통합적 사고력 수업'이란 문자 그대로 교과목의 교과내용을 수업하는 것과 사고력(사고의 기능과 전략)의 개발을 통합하여 함께 수업하는 것이다. 다시 말하면, 적절한 교과내용을 사용하여 사고의 기능과 전략을 수업하고, 동시에 그러한 사고의 과정을 통하여 유의미하고 기능적인 지식을 습득토록 수업한다. 통합적 사고력 수업에서 전제하는 지식내용과 사고의 관계는 다음과 같은 슬로건으로 말할 수도 있다(통합적 사고력 수업에 대하여서는 14장에서 다시 논의할 것이나).

- 모든 내용은 사고의 형태로 '살아' 있어야 한다.
- 내용을 통하여 '사고'할 수 있는 사람만이 그 내용을 진짜로 자기 것으로 습득할 수 있다.

(2) 학습에 대한 시사

지식, 즉 교과내용을 어떤 것으로 보느냐에 따라 '공부'를 어떻게 해야 효과적인 것인지도 당연히 달라질 것이다. '내용=사고'란 말은 바꾸어 말하면 교과 재료에 나타나 있는 내용(지식)을 외워야 하는 또 하나의 골치 덩어리로 간주해서는 안 된다는 것이 된다.

'지식'이란(누군가의 또는 여러 사람들의) 사고의 과정을 통하여 얻은 결과(소산)를 문자나 언어로 정리해 둔 것이거나 또는 그러한 사고의 과정, 즉 절차 자체를 정리해 놓은 것이다. 그러므로 '내용'이란 사고의(어떤 것에 대한) 한 가지 양식(mode)이며, 또는 무엇을 이해하거나 해석해 가는 한 가지 방식이다.

따라서 내용은 '사고의 대상'이며 사고를 통하여 '살아 있게' 해야 한다. 또한 생각하는 과정을 통하여 '더욱 살아 있게'(깊게, 의미가 통하게, 유의미한 것으로) 재구성할 수 있어야 한다. 단순히 반복하고 암기하는 것은 적절한 학습의 방법이 아니다. 공부를 효과적으로 하려면 자신의 사고(사고과정)를 학습의 도구로 적극적으로 사용해야 한다. 다시 말하면 어떤 교과목의 어떠한 내용도 '사고를 통하여', '사고하는 행위' 속에서 학습해야 한다. 이때 비로소 유의미하고 사려 깊은 지식의 습득이 가능해지며 내용 습득과 사고력 개발이 함께 성취될 수 있을 것이다.

Ⅱ. '사고-지식'의 기능적 관계

앞에서 우리는 '지식=사고'라 강조하였다. 그러나 지식과 사고는 존재의 양식이 다소간 다르다. 사고는 정신적인 과정으로 존재하지만, 지식은 사고의 과정을 통한 어떤 결과(소산, 작품)로 존재한다. 그리고 책이나 기타의 미디어들은 이러한 결과들을 문자나 언어로 저장하는 양식으로 존재한다.

우리가 참된 지식이라고 받아들이는 어떤 지식은 대개의 경우 많은 사람들의 다양한 사고를 통하여 얻어진 것이다. 우리는 '무엇'에 대하여 사고하며 또한 어떤 사고과정을 거치면 대개 어떤 결과를 얻는다. 이러한 결과들을 우리는 '지식' 또는 '내용'이라 부른다. 때로는 오류의 사고 또는 일관성 없는 사고도 하겠지만 그럼에도 불구하고 우리들은 얻은 결과들을 체계화하면서 지식의 덩어리(지식체, body of knowledge)를 만들어 간다. 그래서 사고와 지식은 독특한 기능적 관계를 가질 것이다.

(1) 지식은 조직화되어야 한다. 조직이 없는 지식은 접근성과 연결성/조직성을 가지지 못한다. 따라서 쉽게 접근하여 사용할 수 없으며, 서로 간의 관계를 알기 어렵다. 그러나 학자들은 지식을 여러 부분으로 구분해 왔다. 자연과학, 사회과학, … 등의 큰 범주가 있고 그 밑에 다시 수학, 물리학, 화학 등의 세부적인 전공영역들이 나누어진다. 그러나 이러한 영역의 구분은 애매할 뿐 아니라 변화하고 있다. 융합학문이 강조되면서 그러한 경향은 더욱 심화되고 있다. 지식기반 사회가 되고 여러 분야에 걸친 직장이 늘어나면서 환경 기술자, 뇌 인류학자, 천문 생물학자 등 두 단어 또는 세 단어의 조합으로 된 직업군들이 증가하면서 지식은 새롭게 전문화되기도 한다. 지식의 지도는 계속하여 진화하고 있다. 지식의 지도가 다르면 사고의 지도도 달라진다.

(2) 지식(교과내용)과 사고는 기본적으로 보아 서로는 분리 불가능하며 역동적으로 상호작용한다. 이들의 상호작용은 동시적인 것이면서도 통시적(通時的)으로 발전한다. 사고과정을 통하여 개념적 지식(깊게 이해하는 지식)을 습득하고 그리고 이러한 과정을 통하여 사고기능을 더욱 개발하게 된다. 이러한 사고기능을 통하여 새로운 개념적 지식을 풍부하게 습득하고, 그러는 과정 속에서 사고기능 자체를 개

발하게 된다는 의미에서 이들은 통시적으로 상호작용한다. 이러한 통시적 관계는 마치 구두끈을 양쪽에서 차례대로 매어가는 것과 같다고 하여 '구두끈 매기 가설'이라 부르기도 한다.

(3) 지식은 사고의 도구이다. 그것은 사고는 진공 속에서 이루어지지 않기 때문이다. 유용한 도구가 많이 저장되어 있고 또한 그러한 도구들이 손쉽게 사용할 수 있게 준비되어 있다면 우리는 문제해결하는 일(과제)을 훨씬 더 쉽게, 효과적으로, 그리고 재미있게 수행해 갈 수 있을 것이다(여기서 "道具"의 중요성을 주목코자 한다). 유용한 도구(지식, 정보)를 많이 학습하여 쓰기 쉬운 모습으로 머리 속에 저장하고 있다면, 도전적인 문제를 해결하기 위한 우리의 사고는 보다 더 성공적이게 될 것이다.

(4) 지식이라는 적절한 도구가 필요한 것은 사고기능 자체를 개발하는 데도 마찬가지로 필요하다. 사고의 개발은 적절하고 조직적인 재료(지식, 정보)를 사용함으로써만 가능하다. 마치 연장을 다룰 줄 아는 솜씨는 과제에 맞는 올바른 연장을 충분히 자주 사용해 보아야 제대로 개발될 수 있는 것과 같다. 내용지식을 사용하지 아니하고 사고 개발을 도모하는 것은 전혀 가능하지 아니하다. 이는 (교과)내용과 사고의 과정은 서로의 거래 관계를 통하여 함께, 또는 독립적으로 발달한다는 앞서의 지적에서 쉽게 추리해 볼 수도 있다.

(5) 내용지식은 "얼마나"(量) 많은 것인가에 못지 아니하게 "어떤" 지식(지식의 성질, 구조)이냐가 중요하다. 유용한 내용지식이라면 지식은 많을수록 문제해결의 사고에 도움이 된다. 그러나 내용지식이 유용하려면 그들은 과제에 적절해야 하며 또한 구조적이고 기능적이어야 한다(3장에서 알아본 '지식의 함정' 참조).

다시 말하면 지식은 단편적이고 떨어진 지식이 아니라 전체가 개념적 형태로 그물처럼 연결되어 있어야 한다. 그리하여 자동적으로 언제든지 가용하며 그리고 쉽게 접근하여 사용할 수 있어야 한다. 이러한 지식은 암기식 또는 주입식으로 배운 지식과는 아주 다르다. 주입식 교육이나 암기학습에서 습득하는 지식은 무력한, 생동력 없는, 비기능적인, 수동적인, 또는 활력이 없는 지식이 되기 쉽다. 왜냐하면 그러한 방법으로 학습한 지식은 재료 내적뿐만 아니라 다른 재료와 외적으로 연결되어 습득한 구조적인 것이 아니기 때문이다. 그래서 이들은 단편적이며 캡슐화된 지식일 가능성이 크다. 쓸모 있는 지식은 개념과 아이디어들이 서로 연결되어 통합적이어야 하며 그리고 깊게 이해한 지식이어야 한다. 이제 우리는 외우고, 시험지에

답하고, 그리고 다시 더 기억할 필요도 없이 잊어 버리는 교과수업의 문제점을 크게 반성해 보게 된다.

간단히 말하면, 사고의 과정을 통하여 유용한 지식을 습득하고 그리고 유용한 지식을 통하여 "생각할 줄 아는" 사람을 교육하는 것이 바로 사고력 학습의 과제라 요약해 볼 수 있다. 사실 사고력 학습은 교과내용을 "주입식"으로 가르치는 것과, '기계적인 반복이나 암기식 학습'을 비판하는 데서 시작한다고 볼 수도 있다.

(6) 공부/학습은 적극적이어야 한다. 소극적인 지식은 공부를 단순히 기계적인 반복이나 암기식으로 할 때 습득하는 것이며 이러한 지식은 별로 쓸모가 없다. 반면에 적극적인 공부는 학습자 자신이 재료를 적극적으로 해석, 종합, 이해하며(적극적 학습자) 재료의 내용들을 내적으로 연결시킬 뿐 아니라 다른 재료나 이전의 경험과 외적으로 연결시켜 의미화해 가는 것을 말한다. 그러한 학습은 자기 주도적이고 자기 규제적이다.

학습과 사고의 전략은 어떻게 하면 우리가 개념적인 그리고 쓸모 있는 지식을 학습하며 그리고 사고하는 기능을 개발시킬 수 있는지에 관심을 가진다. 적극적인 지식의 습득은 대화식 질문-대답 그리고 변증법적 사고와 연결되어야 한다. 그래서 학생들이 복잡하고 애매한 것에 대하여서도 불편해 하지 아니하며 변화하는 세계에서 적응할 수 있는 학습을 할 수 있도록 도와 주어야 한다.

Ⅲ. 지식내용의 형식

우리는 앞장에서 지식을 몇 가지의 기준에 따라 분류해 보았다. 거기에는 명제적-발견적 지식, 영역 일반적-영역 특수적 지식, 학구적-실제적·암묵적 지식 및 유효한 지식-진부한 지식 등이 포함되어 있었다. 그런데 전공지식(영역 특수적 지식)은 '내용지식'을 지칭한다. 반면에 '고차적 지식'은 어떤 분야에 대한 '센스'(sense) 같은 것이며, 어떤 영역을 꿰뚫어 볼 수 있는 물리(세상의 이치) 같은 것이 트일 때 가지는 지식이다. 그것은 어떤 것이 중요하고 이슈가 되며, 그것이 어떻게 발전해 왔으며, 그리고 어떤 식으로 연구할 수 있는지 등을 아는 지식이다(이러한 고차적 지식에 대하여서는 "〈Box 4-1〉 고차적 지식"을 참조할 수 있다).

우리는 '무엇에 대하여' 사고한다. 그리고 그러한 사고의 과정을 거쳐서 얻는 결과를 '내용지식'(내용, 교과내용)이라 부른다. 그런데 내용지식은 세 가지의 기본적인 형식에 따라 기술할 수 있는데 이들은 사실, 개념 및 일반적 법칙 등이다. 그러나 여기서는 먼저 내용지식의 형식은 각기 특별한 사고양식(기능)의 결과라는 점과 그러한 사고양식에 의하여 내용지식의 '논리'가 만들어진다는 점을 주목해야 한다. 여기서 '논리'란 말은 '관계' 또는 '조직'이란 말로 바꾸어 이해할 수 있다.

1. 사 실

사실(fact)은 모든 지식의 기본 구성단위이며 관찰(observation)에서 얻는 것이다. 그것은 개별적인 관찰에서 얻는 것이기 때문에 몇 번의 관찰들을 일반화(추상화)하여 만든 '형태'(pattern)와는 다르다. 한 번 관찰하여 얻게 되는 어떤 사실은 미래의 것을 예측할 수 있는 힘이 없다. 그러나 몇 번의 관찰에서 얻게 되는 몇 개의 사실들을 일반화하여(요약하여) 만드는 '형태'는 어떤 것을 예측하거나 설명하는 힘을 가진다. 이러한 '형태'는 다음에서 설명하는 '개념'이라 부르는 것이다.

그리고 관찰은 자기가 '직접' 하는 것도 있고, 독서를 하거나 남의 이야기를 듣는 것과 같이 '간접적'으로 할 수도 있다. 그리고 '사실'은 단순 반복을 통하여 기계적으로 기억할 수도 있는데, 이러한 학습을 우리는 '자극-반응 학습'이라 부를 수 있다. 이러한 자극-반응의 습관적인 학습은 '추상화'를 통한 학습이 아니며 따라서 대개의 경우 그들은 유의미한 학습이 아니다.

2. 개 념

(1) 특징적인 속성

일련의 관찰을 하면 이를 기초로 하여 이들이 가지고 있는 공통적인 특징들을 추출하여 어떤 '형태'(pattern)를 만들어 내는데, 이것이 바로 '개념'(concept)이다.

'개념'에는 어떠한 명칭도 붙일 수 있지만 특별하지 아니하면 관례로 정해져 있는 일반 단어(word)들을 사용한다. 이러한 명칭되는 단어를 '개념 단어'라 부르며, 대개의 경우 '개념 단어'는 우리가 보통 말하는 '단어'이다. '대개의 경우'라 했는데, 포함하고 있는 보기가 하나뿐인 단어는 '개념'이 아니니다.

다시 말하면 개념이란 공통적인 특징을 가지고 있는 대상, 사건 또는 아이디어들을 어떤 유목(class)으로 요약하여 추상화한 어떤 정신적 구인(精神的 構因, mental construct)이다. 그리고 그러한 구인에다 이름을 붙인 것이 '개념 단어' 또는 그냥 '단어'라 부르는 것이다. 개념들이 가지고 있는 몇 가지의 속성들을 정리해 보자.

(i) 어떤 개념이 학습하기 쉬운지는 그 개념에 속하는 사례(성원)들이 공통적으로 가지고 있는 '특징'에 달려 있다. 공통적인 특징의 수가 많거나 보다 추상적인 것일수록 그 개념은 학습하기가 어렵다. 그러므로 개념을 가르칠 때는 본질적인 특징이 되는 것과 그렇지 아니한 것을 구분할 수 있도록 의도적으로 도와 주어야 한다.

(ii) 관찰한 것들을 기초로 추상화한 정신적 구인이 개념이기 때문에 '명칭'(라벨, label) 자체는 개념이 아니고 개념 이름(개념 단어)이다. 그러므로 한 개 성원(사례, 보기) 이상을 지칭하는 모든 단어(개념 이름)는 개념 단어라고 말할 수 있다('지구'나 '태양' 등은 하나의 대상만을 지칭하기 때문에 개념이 아니다).

그리고 개념은 관찰한 것에 포함되어 있는 공통적인 측면들을 요약하고 일반화하여 습득한 것이다. 그러므로 이러한 관찰을 할 수 있는 기회는 그 개념을 나타내는 보기와 비보기를 접하는 데서 생긴다. 다시 말하면, 개념은 특징을 예시해 주는 '보기'를 통하여 배우기 때문에 개념을 학습하는 데는 좋은 보기의 역할이 중요하다. '이것은 개념의 보기가 되느냐?'라고 묻거나 보기를 들어 보게 한다. '비보기'는 어떤 개념을 다른 개념과 구분하는 변별에 중요하므로 개념 학습의 후반에 도입하는 것이 보다 적절하다.

(iii) 가르치려는 개념의 보기가 취할 수 있는 '형식'들을 살펴본다. 어떤 개념의 보기가 되는 '실제의 대상'이 있다면 그것이 가장 좋은 보기가 된다. 또한 '운동'을 설명하기 위하여 몸을 실제로 움직여 보이는 것과 같은 실연(實演, demonstration)도 보기의 한 가지 형식이 된다. 사진이나 슬라이드, 스케치 등도 '보기'가 될 수 있다. 그리고 실제의 대상을 관찰하는 것이 불가능하고 그림도 가용하지 아니하면 '모형'(model)을 보기로 쓸 수도 있다. '모형'이란 직접적으로 관찰할 수 없는 어떤 것을 시각화해 볼 수 있게 하기 위하여 사용하는 설명이나 유추(analogy)이다.

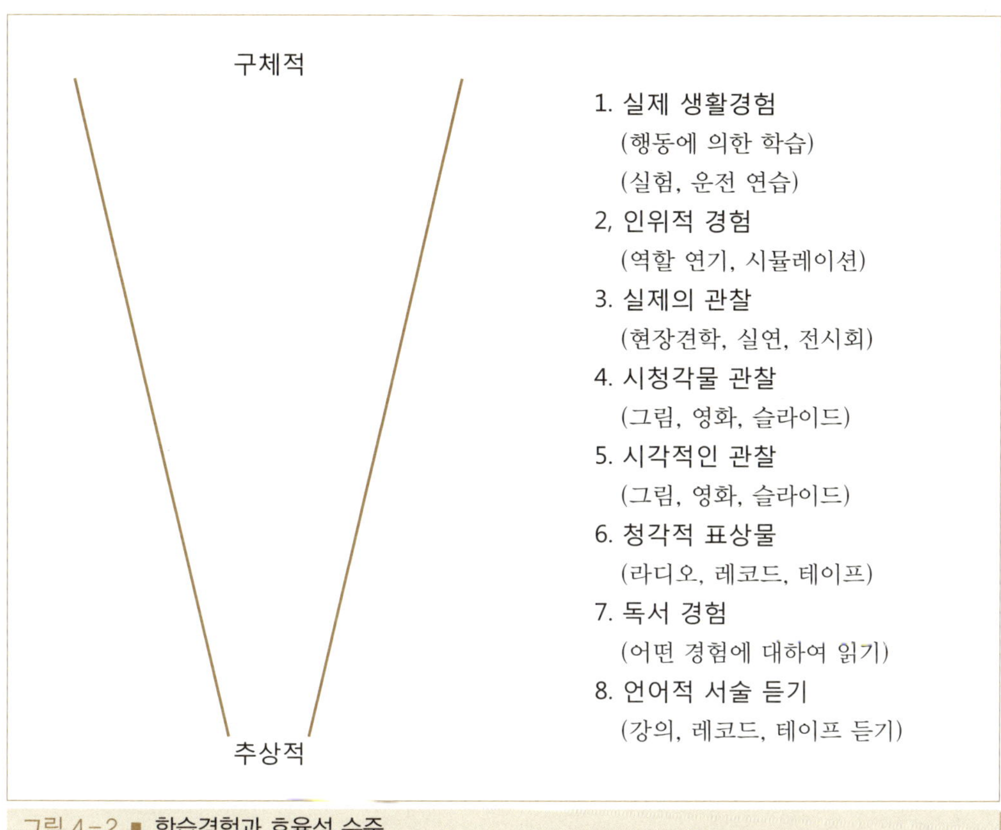

그림 4-2 ■ 학습경험과 효율성 수준

유추란 익히 아는 어떤 것에 비유하여 모르는 어떤 것을 설명하고 이해하려는 것으로, 특히 과학에서 많이 사용된다. 예컨대 원자구조를 태양계에 비유하거나 성본능을 수돗물 통에 비유하는 것과 같다. 또한 사례, 역할 연기 및 시뮬레이션 등도 보기로 사용할 수 있다. 그러므로 '개념'을 효과적으로 가르치거나 개발하는 일은 얼마만큼 매력적인 보기를 들 수 있느냐에 크게 달려 있다. [그림 4-2]는 학습경험의 추상성 수준과 이들의 학습 효율성 척도를 보여주고 있다(김영채, 2010).

(ⅳ) 개념은 개별적인 경험에서 습득하는 것이기 때문에 경험이 다르면 개념의 성질이 다를 수 있다. 또한 잘못된 개념이나 타당하지 아니한 개념을 갖게 될 수도 있다. 우리가 어떤 개념에 대하여 부여하고 있는 특징들이 다른 사람들이 일반적으로 수용하고 있는 것과 일치하는 정도만큼 그 개념은 타당하다. 그리고 대부분의 개념들은 학습을 해 감에 따라 더욱 정교하게 다듬어져 간다.

예컨대, 우리가 '아버지'라는 단어를 쉽게 사용하고 커뮤니케이션하고 있지만,

'아버지'가 의미하는 자세한 내용은 사람에 따라 다를 수 있다. 또한 살아가면서 우리에게 '아버지'가 의미하는 내용은 얼마든지 달라질 수 있다. '아버지'에는 친부모의 아버지뿐 아니라 '하느님 아버지'까지 다양하게 포함될 수 있다. 그리고 이들 각기가 가지는 의미도 약간씩 달라질 수 있다. 또한 같은 책의 같은 내용인 데도 새로 읽을 때 이해되는 내용은 이전에 읽을 때와는 깊이와 차원이 다름을 느끼는 경우도 적지 않게 있을 것이다.

(2) 개념 위계와 개념도

(i) 각기의 개념들은 서로 떨어져 있는 것이 아니고 다른 개념들과의 관계 속에서 만들어지고 존재한다. 다른 개념들과의 관계가 풍부해야 기능적인 지식으로 유용하게 사용할 수 있다. 따라서 단편적이고 고립적인 지식이란 쓸모가 없을 뿐 아니라 그러한 지식은 '지식의 논리'로 보아도 맞지 않고 바람직한 것이 아니다. 어떤 새로운 개념이 형성된다는 것은 이전의 보다 광범위한 범주를 더 작은 것들로 세분하여 나누는 것을 말한다. 그리고 전문가일수록 보다 많은 그리고 자세한 개념들을 가지고 있으며 이를 우리는 전문지식(expertise)이라 부른다.

(ii) 몇 가지 개념들이 가지는 서로의 관계를 보여줄 수 있는 것이 개념도(concept map)이며, 개념도는 두 가지로 나누어 볼 수 있다. 첫 번째 방법은 개념들을 상위개념, 등위개념 및 하위개념(그리고 다시 하위개념의 하위개념) 식으로 위계화(hierarchy)해 보는 것이다. 다른 한 가지 방법은 마인드 맵(mind-map)에서처럼 '중심개념'을 기초로 개념들의 관계를 그래프 형태로 시각적으로 나타내는 것이다. 이에 대하여서는 "〈Box 4-2〉 마인드 맵"을 참조할 수 있다.

[그림 4-3]에서 보면 '물고기'가 가장 높은 상위개념이고 '금붕어'나 '참붕어'는 가장 낮은 하위 개념들이다. 그리고 '붕어'와 '미꾸라지' 등은 서로 수준이 같은 등위개념들이다. 그러나 위계적인 개념도는 단순한 사실들의 관계를 나타내고자 하는 경우에 한하여 사용되는 것은 아니다.

(iii) 어떤 개념에 대한 이해를 바르게 하는 효과적인 한 가지의 방법은 시각적인 다이어그램(diagram)으로 표현해 보는 것이다. 텍스트나 수학문제나 기타의 내용을 깊게 이해하려고 할 때 다이어그램은 매우 효과적인데, 이러한 다이어그램은 개념도의 한 가지 형태이다. [그림 4-4]는 문단 이해를 위한 다이어그램, 즉 개념도의 사용을 예시해 보기 위한 것이다.

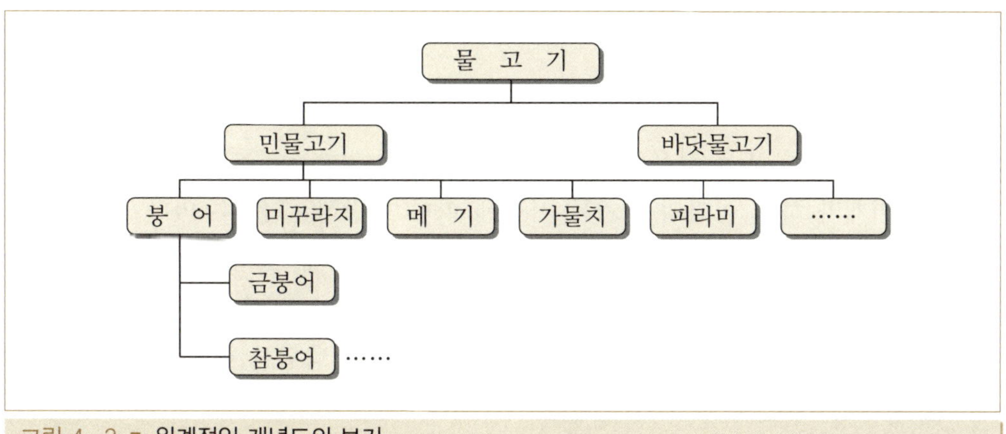

그림 4-3 ■ 위계적인 개념도의 보기

"과학의 한 가지 목적은 법칙과 이론을 생성해 내는 것이다. 법칙이란 자연현상에 대한 규칙이다. 과학적 법칙은 행동을 기술하며 관찰에 기초를 두고 있다. 그리고 이론은 법칙보다 더 포괄적이다. 이론은 관련되어 있는 사상(事象)들을 관찰하고 합리적으로 설명하는 것이다." 이 개념을 시각적으로 나타내는 '개념도'의 예시는 다음과 같다.

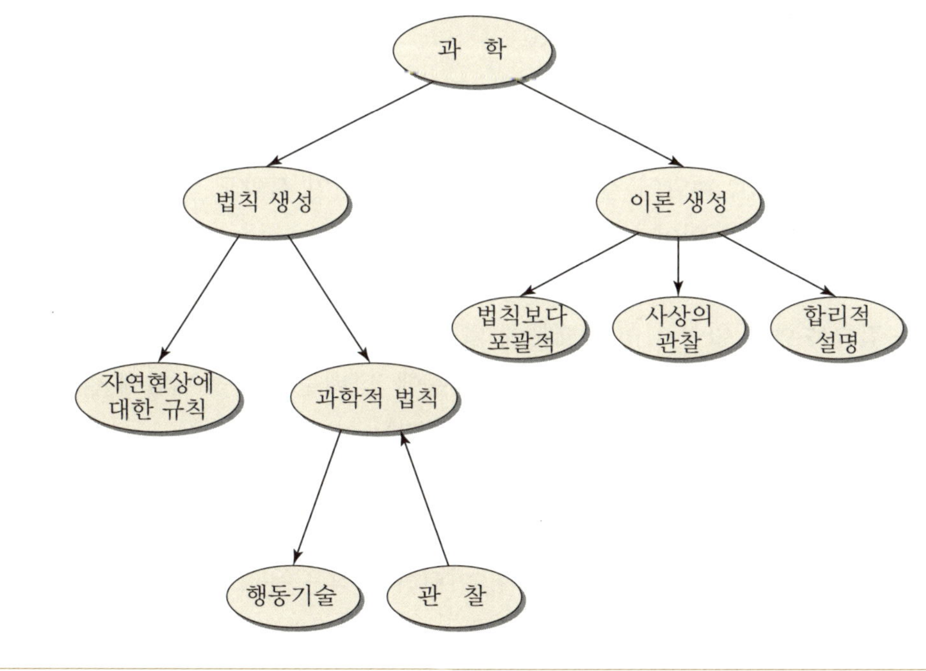

그림 4-4 ■ 다이어그램의 보기

3. 일반적 법칙

개념들은 상하 또는 좌우로 그물처럼 서로 연결(결합, association)되어 있다. 이를 개념 위계라 하며 이것의 크기는 사람에 따라 상당히 다를 수 있다. 그런데 몇 개의 개념들은 다시 각기의 개념들의 범위보다 더 큰 '형태'(pattern)를 이룰 수도 있다. 이러한 보다 광범위한 형태는 여러 개념들이 가지고 있는 공통적인 속성들을 추상화(일반화, 요약)함으로써 가능하다. 이와 같이 보다 광범위한 형태를 이루고 있는 지식을 우리는 '일반적 법칙'이라 부른다. 그러나 일반적 법칙이란 말 대신에 통칙, 보편적 법칙(지식), 개괄 등으로 부를 수도 있다.

일반적 법칙은 두 개 이상의 개념들이 가지고 있는 관계라 정의할 수 있다. 그리고 이러한 관계들은 '원인－결과'의 용어로 기술할 수 있는 것이거나, 어떤 '형태'들을 나타내는 것이거나, 또는 어떤 현상을 설명하거나 예측하고 있는 것이다. 예컨대 '담배를 피우면 폐암에 걸린다'거나 '성적이 나쁘면 취직이 어렵다'라고 말하는 것과 같다.

일반적 법칙은 사실에 기초를 두고 있지만, 거기에서 더 나아가 아직껏 경험해 본 적이 없는 장면에 일반화할 수도 있다. 따라서 일반적 법칙은 대개는 참이지만 그렇지 못한 예외가 있을 수도 있다. 예컨대 '담배를 피우면 폐암에 걸린다'는 일반적으로는 사실이지만, 폐암에 걸리지 아니하는 예외적인 사람도 있음을 우리는 알고 있다. 그런데 예외가 없이 참인 일반적 법칙도 있는데, 우리는 이를 원리(principle) 또는 법칙(law)이라 부른다. "자석의 같은 극은 서로 배척하고 다른 극은 서로 당긴다"라는 진술은 예외 없이 참이기 때문에 법칙이라 말할 수 있다. 그러나 담배를 피워도 폐암에 걸리지 아니하는 사람도 있기 때문에 '담배를 피우면 폐암에 걸린다'라는 말은 일반적 법칙이기는 하지만 법칙이나 원리는 아니다.

이처럼 일반적 법칙 중에는 '단순한 일반적 법칙'이 있고, '원리'(법칙)가 있는가 하면 또한 규칙(rule)이라 부를 수 있는 것도 있다. 예컨대 "문장이 끝나면 마침표를 찍어야 한다"와 같은 것은 규칙이다. 이러한 규칙은 우리가 기억을 해 두었다가 해당되는 장면이 있으면 그것을 머리에서 바로 끄집어 내어 적용할 수 있어야 한다.

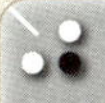

Box 4-1 내용지식과 고차적 지식

한 영역의 전공지식을 영역 구체적 지식(domain-specific)이라 부른다. 그런데 이러한 영역 구체적인 지식은 다시 '내용' 지식과 '고차적' 지식으로 나누어 볼 수 있다. 내용수준의 지식에는 사실, 개념, 원리, 절차 또는 원리 등이 포함되며, 이들의 '의미'나 서로의 관계를 아는 것 등을 말한다. 예컨대 역사 교과서에서 무엇이, 언제 그리고 왜 일어났는지를 서술하고 있는 것과 같다. 대부분의 수업에서는 내용수준의 지식을 다루고 있다. 주입식 수업은 사실과 기능들로 가득찬 덩어리만을 다루기 쉽다.

고차적 지식은 내용수준 이상의 것이며 단순한 사실적인 것 이상의 것이다. 그것은 어떤 분야를 진정으로 이해하고 거기에 빠져들 수 있을 때 가질 수 있는 지식이며, 그렇기 때문에 매우 전략적인 지식이다. 그것은 그 분야에 대한 '센스'(sense)라 말할 수도 있고, '물리(이치)가 트인' 지식이라 이야기할 수도 있겠다. 여기에는 관련의 지식이 어떻게 축적되어 왔으며, 어떤 것이 중요하고 이슈가 되며, 그리고 어떻게 연구와 탐구를 접근해 가고 있는지에 대하여 아는 것 등이 포함된다. 고차적 지식은 다시 다음과 같은 세 가지 수준의 것으로 나누어 볼 수 있다(Perkins & Simmons, 1988).

(1) 문제해결 수준

어떤 분야에서 흔히 일어나는 전형적인 문제나 과제에 관한 지식 그리고 그것을 다루어 가는 방법(요령)에 관하여 아는 것을 말한다. 예컨대 역사 문제에 대하여 적절한 논제나 이슈를 찾거나, 조직화하거나 또는 어떤 전략을 써서 문제를 다루어 가야 할지를 아는 것과 같다.

(2) 증거 수준

어떤 분야에 있는 어떤 문제나 과제에 대하여 설명하고 증거를 제시하는 것에 대한 지식 또는 구체적인 방법에 관하여 아는 것을 말한다. 어떤 전문분야에서든 이론이나 설명을 정당화하고 설명하는 방법이 있고, 이들은 영역에 따라 다를 수 있다.

예컨대 수학이나 과학 또는 문학에서 각기 사용하는 증거나 증거 제시의 방법은 상당히 다르다. 수학에서는 논리적인 연역의 방법으로 어떤 주장을 증명한다. 그러나 과학에서는 어떤 현상을 설명하기 위한 이론(모형)을 만들고 그 이론에 따른 예측을 경험적으로 검증하여 그 이론의 타당성을 검증한다. 문학에서는 어떤 해석이나 일반화를 타당화하기 위하여 텍스트 속에 나타나 있는 내용이나 저자가 그것을 표현하고 있는 방법 등을 들어서 증거로 이용한다.

(3) 탐구 수준

어떤 분야에서 탐구와 연구가 어떠한 방법으로 이루어지고 있는지에 대한 지식과 거기에 관련된 방법(know-how)에 대하여 아는 것을 말한다. 예컨대, 역사를 공부·연구한다는 것은 어떤 것이며, 어떻게 연구를 해 가며, 또는 어떤 것이 좋은 질문 또는 좋은 이슈인지를 아는 것과 같다.

'역사' 과목에서는 사건들을 재구성하고 원인과 경향을 해석하는 것을 강조한다. 문학의 탐구에서는 작품에 대하여 민감하게 반응하며 담고 있는 의미를 탐색해 가는 것이 중요하다. 과학에서는 재미있을 것 같이 보이는 현상을 발견하고, 그럴 듯한 가설을 생성하며, 그리고 이론을 구성하여 경험적으로 검증해 간다. 어떻든 탐구 수준은 증거 수준에서처럼 단순히 정당화하거나 설명하는 데 그치지 아니하고 그 이상으로 나아가 문제를 찾거나 또는 주제나 이론을 새롭게 구성해 가는 것이 포함된다.

Box 4-2 마인드 맵

마인드 맵(mind map, mind mapping)이란 방법은 영국의 Tony Buzan(1995)이 동생 Barry Buzan의 도움을 받아 개발한 것이다.

마인드 맵의 방법, 즉 마인드 맵핑은 다음과 같이 정의해 볼 수 있다. "마인드 맵은 방사적 사고(radiant thinking, 달리 말하면 창의적 사고)를 표현하는 것이며 그러므로 인간 마음이 자연스럽게 작용하게 하는 기법이다. 이는 그래픽(graphic)을 이용한 기법으로서 두뇌의 잠재력이 자물쇠를 열고 자연스럽게 풀려 나오게 하는 보편적인 열쇠를 제시해 주고 있다."

다시 말하면, 마인드 맵은 개념(아이디어)들을 간단하게 노트하여 이들을 시각적인 형태나 그림으로 나타낸다. 어떤 것에 대하여 자유스런 사고를 하거나 수업 · 강연 등을 들을 때 만약 체계적인 노트정리에 신경을 쓴다면 아이디어 · 정보 자체에 집중하기가 어렵게 된다. 마인드 맵핑은 아이디어들을 자연스러운 흐름에 따라 융통성 있게 표현할 수 있다. 얼른 보면 전혀 조직이 없는 것 같지만 좀더 자세히 보면 관련된 아이디어들이 무더기를 이루면서 매우 잘 조직되어 있음을 알게 된다.

마인드 맵핑은 어떤 중심 개념에 관련된 여러 가지 아이디어들을 자유스럽게 노트하여 시각적인 형태나 그림으로 나타내는 것이다. 그러므로 이 기법은 학습과 사고를 분명하게 그리고 창의적으로 하는 데 효과적인 것 같이 보이며 여러 가지 장면에서 사용되고 있다. 어떤 주제에 대하여 글을 쓰기 위하여 아이디어들을 생각해 낼 때 사용하는 것은 한 가지 보기일 것이다. 이때의 과정은 다음과 같다.

(i) 먼저 백지의 한 가운데 동그라미 비슷한 것을 그린 다음 거기에다 제재(subject, topic)를 나타내는 중심 개념을 적어 넣는다. 중심 개념은 단어로 표현할 수도 있고 그림으로 나타낼 수도 있다.

(ii) 중심 개념에서 여러 방향으로 나뭇가지처럼 수지상으로 뻗어가는 '가지'를 만든다. 그리고 거기에다 브레인스토밍 방법에서처럼 자유스럽게 떠오르는 관련의 아이디어, 개념 또는 세부내용들을 적어 넣는다.

(iii) 중심 개념에서 나온 가지는 다시 하위 가지들을 가질 수 있으며 그리하여 전체는 서로 연결되어 구조를 이룬다. 여기서 '가지'는 개념을 나타내며 그래서 그 개념의 이름을 가지 위에다 적는다. '가지'는 서로가 후크(hook)로 연결되어 있는데, 이때 후크란 '연상'(결합, association)을 나타낸다.

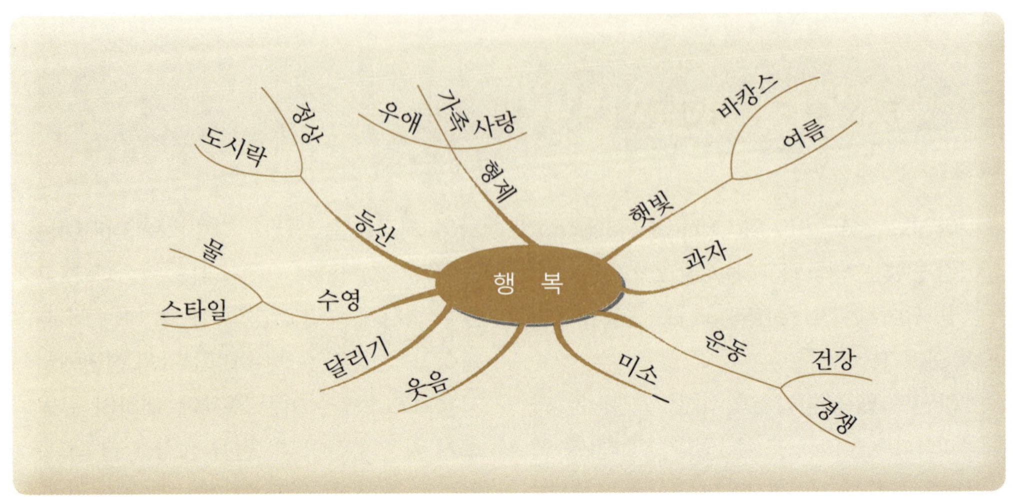
행 복
등산
정상
도시락
가족
우애
사랑
형제
햇빛
바캉스
여름
과자
물
수영
스타일
달리기
웃음
미소
운동
건강
경쟁

5장

사고과정의 내용과 발달

Ⅰ. 사고과정의 용어와 분류
Ⅱ. 기초적 사고기능
Ⅲ. 발달적 사고기능
Ⅳ. 복합적 사고전략
Ⅴ. 초인지 사고
Ⅵ. 사고의 나선형적 발달

이 장에서는 먼저 사고의 과정을 전체적으로 음미해 보면서 이들 각기의 사고과정들을 표현하고 있는 사고의 용어들을 살펴보는데서 시작한다. 그리고 '사고'라는 포괄적인 범위의 것들을 보다 구체적이고 미시적인 것에서 복합적인 연속선적인 것에 따라 기초적 사고기능, 발달적 사고기능 및 복합적 사고전략의 세 가지로 나누어 각기의 내용을 자세하게 알아볼 것이다. 다음으로 이러한 인지과정(사고과정)들을 마치 '사고에 대한 사고', 즉 오케스트라의 지휘자와 같이 전체적으로 계획하고 점검하고 반성해 보는 초인지(상위인지)의 내용, 적용과 개발에 대하여 논의해 볼 것이다. 마지막으로 우리의 사고가 성숙해 가고 경험이 더해짐에 따라 사고가 어떻게 발달해 가는지를 나선형적 모형에 따라 음미해 본다.

Ⅰ. 사고과정의 용어와 분류

1. 사고과정의 용어

'사고'란 우리의 마음 속에서 일어나는 내적인 과정(process)의 정신적 활동이다. 이러한 사고과정은 매우 다양한 형태의 것이기 때문에 이들을 표현하기 위하여 사용하는 '개념'들도 상이한 몇 가지가 있을 수 있다. 우선 사고과정에 관련한 몇 가지의 특징들을 간추려 보면 다음과 같다.

(1) 사고는 전체적인 정신적 과정이다. 그런데 사고과정에는 적어도 세 가지의 구성요소들이 작용하고 있는데, 이들은 인지조작(cognitive operation), 내용지식 및 사고태도 등이다. '사고'(인지)라는 정신적 활동은 이러한 세 가지 요소들이 상호작용적으로 관여하여 수행된다. 사고는 감각기관에서 받아들인 감각정보나 기억 저장고에 있는 재료를 활성화해 낸 것을 가지고 거기에다 정신적 조작을 수행해 가는 전체적 조작과정(holistic process)이다. 이러한 과정에는 인지조작, 지식과 사고의 태도가 관여함은 물론이고 지각(知覺), 도식(schema, 쉐마, 이전지식), 연산 또는 직관 등이 다양하게 작용할 것이다. 사고는 이러한 전체적인 과정을 통하여 '의미를 부여하거나 구성해' 간다.

(2) 인지조작(정신적 조작, 사고조작)은 사고를 이루는 세 가지 구성요소 가운데 하나이다. 이러한 인지/사고조작은 다시 '인지조작'과 '초인지'조작이라는 두 가지의 일반적인 유형으로 나누어 볼 수 있다. 이들 각기를 줄여서 '인지'(cognition)와 '초인지'(상위인지, metacognition)라 부르기도 한다. 그리고 '인지'는 그냥 '사고'와 동의어로 사용된다.

'인지'는 사고과정에서 의미를 구성하거나 부여하기 위해 사용되는 정신적 활동들을 망라하여 지칭한다. 반면에 초인지는 이러한 '인지활동'(사고활동)들을 전체적으로 지시하고 점검하고 통제하는 조작들로 이루어져 있다. 그래서 초인지를 '사고에 대한 사고'(thinking about thinking)라 부르기도 한다. 인지와 초인지는 각기 수행하는 수준에서, 조작을 가하는 대상에서, 그리고 구성하고 있는 절차에서 차이가 있다.

(3) 인지조작은 '경험'에서 의미를 추구해 가는 정신적 활동이라 하였다. 그런데 이러한 인지조작은 다시 적지 아니한 수의 '사고기능'들로 이루어져 있음을 연구자들은 지적해 내고 있다. 이러한 인지조작들 중에서도 분류나 추론과 같이 보다 개별적이고, 덜 복합적인 것을 '사고(인지)기능'(thinking skills)이라 부른다. 그리고 의사결정이나 문제해결과 같이 여러 가지 개별의 사고기능들이 작용하고, 그리고 경우에 따라 적절한 사고기능을 골라 사용해야 하는 복합적인 사고를 '사고전략'(thinking strategies)이라 부른다. 사고기능은 보다 구체적이고 개별적인 데 대하여 사고전략은 이러한 사고기능들을 선택적으로 사용하는 보다 복합적이고 통합적이며 계획적인 것이다. 사고전략은 전체적인 계획을 세우고 거기에 따라 여러 개의 구체적인 기능들을 통합시켜 기능을 수행함으로써 성공적인 사고의 결과를 성취코자 한다. 예컨대 문제를 만족스럽게 해결하는 것과 같다.

(4) 사고에는 여러 가지의 기능들이 있다. 마치 테니스가 많은 구체적인 기능들로 이루어져 있듯이(서브, 드라이브, 로빙, 발리 등), 사고도 여러 가지의 구체적인 기능들로 이루어져 있다. 그러므로 각기의 개별적인 기능들을 마스터해야 전체의 사고과정을 효과적으로 수행해 갈 수 있다. 우리의 사고는 어떤 주어진 장면에서 목적에 맞게 전체적인 전략을 세우고 구체적인 기능들을 통합해 가야 효과적인 수행을 할 수가 있다. 테니스가 어떤 주어진 장면에서 목적을 세우고 그에 맞게 전체적인 전략을 만들어 개별의 구체적인 기능들을 통합해야 하는 것과 같다. 사고의 기능을 통하여 사고의 전략이 수행되지만 또한 사고전략에 따라 적절한 사고기능들을 선택적으로 사용할 수도 있어야 한다.

그러나 사람들은 '인지조작'보다는 '사고기능과 전략'이란 말을 더 선호하여 사용하는 것 같이 보인다. 그것은 사고의 개발 가능성을 더 잘 시사해 줄 수 있다는 이유 때문이기도 하고, 또한 기능과 전략을 구분하는 것이 어렵거나 또는 굳이 구분하는 것이 별로 의미가 없기 때문일 것이다.

2. 사고과정의 분류

사고과정을 나열하거나 위계적으로 분류해 보려는 노력은 적지 않게 이루어지고 있다. 그러나 이들 가운데 가장 많이 알려져 이용되고 있는 것은 Bloom 등

표 5-1 ■ 사고과정의 분류

Ⅰ. 초인지적 조작(초인지, 상위인지)
Ⅱ. 인지조작(사고의 기능과 전략)
  1. 복합적 사고전략
    (1) 문제해결
    (2) 의사결정
    (3) 비판적 사고
    (4) 창의적 사고
  2. 발달적 사고기능
    (1) 개념 형성
    (2) 설　명
    (3) 예　측
    (4) 가설형성 등
  3. 기초적 사고기능
    (1) 관　찰
    (2) 추　론
    (3) 미시적 사고기능

(1956)의 '교육목표 분류학'일 것이다. 그러나 여기에서는 주로 Beyer(1988) 등을 참고하여 사고의 과정을 〈표 5-1〉과 같이 분류해 보고 이들에 대한 보다 자세한 설명을 추가해 보기로 한다.

그러나 〈표 5-1〉에 있는 것과 같은 사고과정의 위계적인 분류는 일반적인 것이며 따라서 어떤 구체적인 맥락 속에서의 사고는 아니다(탈맥락적 사고).

사고가 사용되는 맥락(context), 즉 사용되는 '경우'는 과제나 상황에 따라 매우 다양할 것이고 학교에서는 '교과목'이 중요한 맥락이 된다. 그래서 예컨대 국어과 학습에서 주로 사용되는 사고기능은 과학과 학습에서 주로 사용되는 사고기능과 상당히 다를 수 있다. 물론 같은 국어과라도 초등학교와 고등학교에서 요구되는 사고과정은 또한 다를 수 있을 것이다.

아래에서는 현직 교사들이 만들어 본 사고과정의 위계적 모형 가운데서 '국어과', '수학과' 및 '사회과'(고등학교)(대구광역시 교육청, 1986), 그리고 미국 캘리포니아 교육청의 사회과 교육과정의 것을 인용해 본다. 제시된 위계적 모형들은 정교하게 만들어진 것 같이 보이지는 않는다. 그러나 이러한 위계적 모형은 사고력 교육을 이해하고 실천하는 데 참고가 될 수 있을 것이다.

표 5-2 ■ 국어과 사고기능의 위계적 모형

복합적 사고기능

- 글의 구조분석
- 추리, 상상하기
- 전제와 추론하기
- 상치 사항 바로잡기
- 논증의 전반적 평가

비판적 사고기능

- 사실 · 의견 구분
- 주장 · 근거 구분
- 주장의 의미 명확히 하기
- 적절한 정보 · 부적절한 정보
- 정보원의 신뢰성 평가하기
- 다양한 관점(논리적 타당성) 따져보기
- 함의 및 귀결 탐색

기초적 사고기능

- 관찰, 목표 선정, 문제 정의, 비교, 대조, 분류
- 질문 만들기, 회상하기(재생), 해석, 변환, 순서 정하기

Ⅱ. 기초적 사고기능

기초적 사고기능(basic thinking skills)은 '부호화'(약호화, encoding)를 가능케 하는 '사고기능'(enabling skills)이라 부를 수도 있다. 간단히 말하면 우리가 보고, 듣

표 5-3 ■ 수학과 사고기능의 위계적 모형

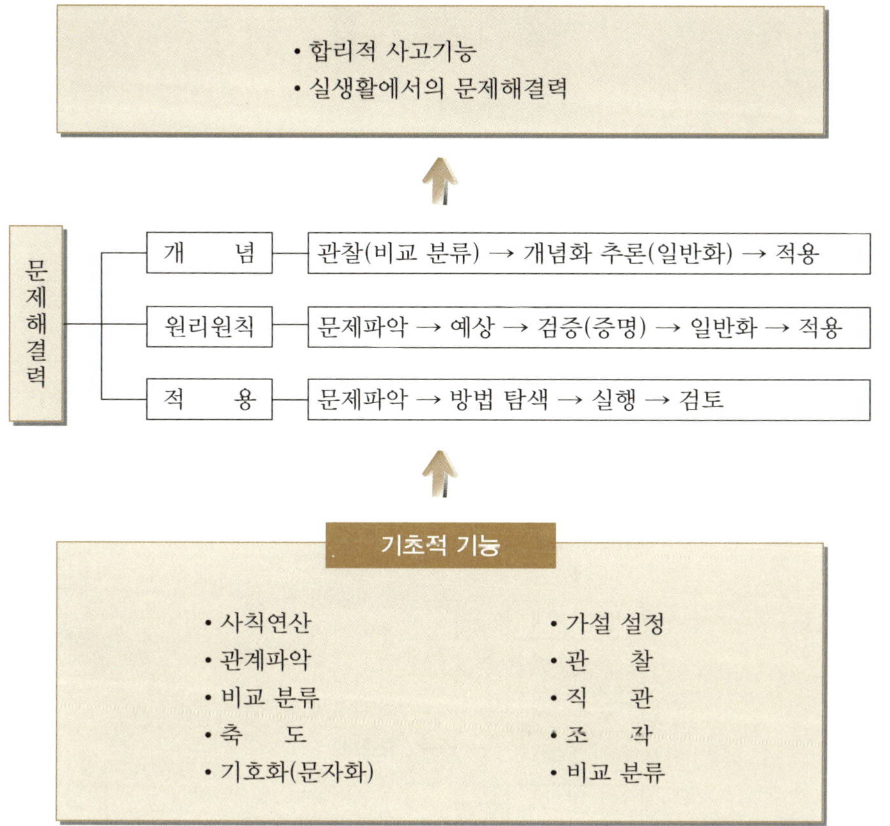

고, 읽는 등의 환경적 자극, 즉 입력 정보들을 선택하여 거기에다 의미를 부여해 가는 사고기능이다. 이러한 과정에는 재인(인식, 확인), 이해, 의미 구분, 해석, 정교화 등 여러 가지의 사고기능들이 관여할 것이다. 그러나 아래에서는 관찰, 추론 및 미시 사고적 기능의 세 가지로 나누어 이들을 살펴본다.

1. 관 찰

감각을 통하여 정보를 수집하는 것을 관찰(observation)이라 부른다. 이것은 기본적인 사고기능으로서 모든 다른 사고기능의 기초가 된다. 관찰은 직접적일 수도

표 5-4 ■ 고등학교 사회과 사고기능의 위계적 모형

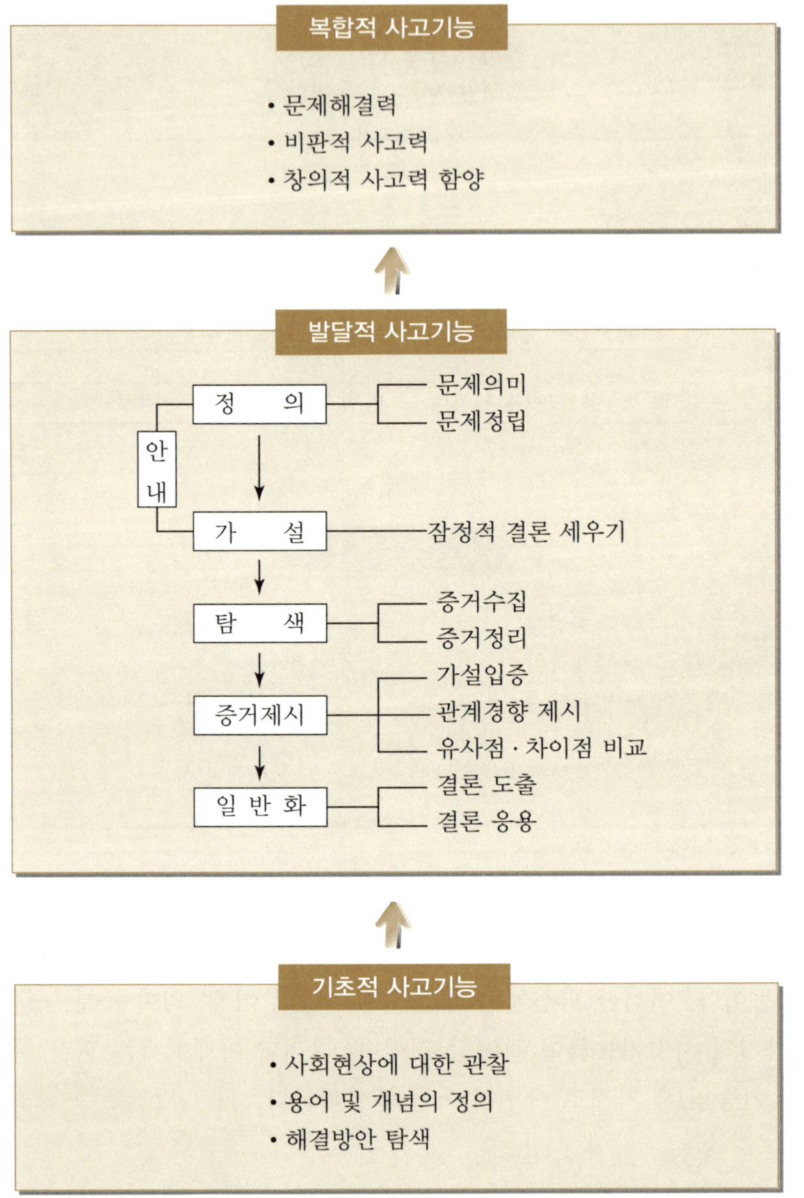

있고 또는 간접적일 수도 있다. 간접적 관찰이란, 직접적으로 경험했던 사람의 관찰을 통하여 간접적으로 관찰하는 것이며, 예컨대 역사적 사건을 간접적으로 경험하는 것과 같다. 독서를 통한 경험은 모두가 간접적인 것이며 다른 사람의 관찰에서

표 5-5 ■ 미국 캘리포니아 교육청의 사회과 교육과정

과 정

- 문제해결
- 효과적인 시민정신
- 참 여
- 가치를 변호하고 정당화하기
- 논증의 제시와 비판

비판적 사고기능

Ⅰ. 문제를 정의하고 명료화하기
  A. 핵심적인 이슈와 문제의 확인
  B. 유사점과 차이점 비교
  C. 어떤 정보가 적절한지 결정
  D. 석낭한 질문 만들기
  E. 문제를 명료화하기, 간결하게 표현
Ⅱ. 문제에 관련된 정보를 판단
  A. 사실, 의견 및 판단의 구분
  B. 일관성을 체크
  C. 진술되지 아니한 가정의 확인
  D. 관행적이고 상투적 표현을 인식
  E. 편견, 정서적 요인, 선전 및 언어적 의곡을 인식
  F. 가치 오리엔테이션과 이데올로기 인식
Ⅲ. 문제를 해결 · 결론 도출
  A. 자료의 적합성 인식
  B. 합리적 대안들을 확인
  C. 결론이나 가설을 검증
  D. 그럴 듯한 결말을 예측

기본적 기능

- 지도와 기타 기호들을 해석
- 정보를 찾아내고 선택
- 정보를 범주화하기
- 관련의 단어를 이해하기

배우는 것이다.

관찰력(관찰기능)은 자연스럽게 일어나는 면도 있지만, 이것도 완전한 잠재력에 도달할 수 있으려면 의도적으로 개발해야 한다. 예컨대 초등학교 1학년생이 창가에 둔 꽃이 자라는 것을 관찰할 때의 관찰은 비교적 단순하며 또한 일반적인 단어를 사용하여 설명해도 된다. 그러나 예컨대 과학자가 산성비가 미치는 효과를 관찰한다면, 그것은 보다 세부적이고 포괄적인 것이어야 한다. 결국 관찰은 최대로 예민하고, 전체적이고, 정확하고, 적절하며 그리고 구조적인 것이 되게 하는 것이 중요하다.

남들이 흔히 지나쳐 버리는 것에서 중요한 것을 관찰해 볼 수 있거나 남들이 미처 보지 못하는 것을 볼 수 있는 능력은 성공하는 사람의 두드러진 능력의 하나일 것이다. 이러한 관찰능력은 창의적인 사람의 특징이기도 하다. 그리고 이러한 능력은 물론이지만 관련의 지식이나 사고의 태도와 결코 무관할 수 없다.

2. 추 리

(1) 추리와 추론

추리(reasoning)란 '주어진 정보' 이상으로 나아가 논리적으로 가능할 수 있는 다른 새로운 의미를 만드는 것을 말한다. 다시 말하면 '관찰'한 것들을 기초로 그것을 논리적으로 확대/연장시켜 어떤 결론에 이르는 것이다.

'추리'보다 더 포괄적인 개념에 추론(inference)이 있다. 추론은 외현적으로 주어져 있는(진술되어 있는) 것과 관련하여 떠오르는(시사해 주는, 함의해 주는) 모든 것을 포괄하여 말하는 것이다. 그런데 '추리'란 사실 '논리적인 추론'이라 말할 수 있다. 추리는 이유들 사이의(reasons, 전제 premises) 관계를 규칙에 따라 '추론'하고 거기에서 새로운 결론에 이르기 위한 것이 특징이다(이에 대하여는 〈Box 5-1〉 '추론과 추리'를 참고할 수 있다). 여기서 말하는 '논리'란 '관계'이다. 따라서 하나의 진술만 있으면 '논리'란 것이 성립하지 않는다. 논리는 반드시 두 개 또는 그 이상의 진술로 이루어져야 한다.

그러므로 논리적 추리에는 강력한 방향이 있으며, 그리하여 우리는 어떤 필연적인 '결론'에 이르게 된다. 추리는 두 가지의 방향 중 어느 하나로 진행되는데, 이들은 귀납적(inductive)인 것과 연역적(deductive)인 것이다.

[그림 5-1]에서 보듯이 귀납적 추리는 개별적인 관찰에서 시작한다. 관찰을 몇 번 계속하다 보면 그들 속에서 어떤 일반적인 '형태' 같은 것을 발견할 수도 있다. 이러한 과정을 일반화(추상화)라 부르지만, 어떻든 이러한 과정을 통하여 우리는 형태를 말하는 어떤 결론에 이르게 된다. '일반화'란 달리 말하면 핵심적인 것을 찾아내는 '요약'이다. 그림에서는 '저 사람은 하나의 머리를 가지고 있다'에서 시작한다. 그리고 '몇 사람들을 보니까 모두 하나의 머리를 가지고 있다'라고 요약하여 일반화하는 결론에 이르고 있다.

반면에 연역적 추리는 귀납적 사고에서 얻은 일반적인 결론(즉, 이전의 지식)에서 시작한다. [그림 5-1]에서는 '모든 사람은 하나의 머리를 가지고 있다'에서 시작한다. 그리고 이러한 지식을 토대로 어떤 구체적인 사람이 머리가 몇 개인지에 대하여 결론을 내리게 된다. 그래서 '이전에 한 번도 만나 본 적이 없지만 '지언'이도 하나의 머리를 가지고 있다'라는 결론에 이르게 되는 것이다(귀납적 추리와 연역적 추리에 대한 설명은 〈Box 5-2〉를 참고할 수 있다).

추론은 매우 광범위하게 일어난다. 우리는 외현적으로 주어져 있는 것만을 가지고 어떤 정보를 충분히 이해하거나 문제해결하기란 사실상 불가능하기 때문이다. 이러한 추론 가운데서도 대표적인 것이 '일반화' 추론(generalizaion)이다. 우리는

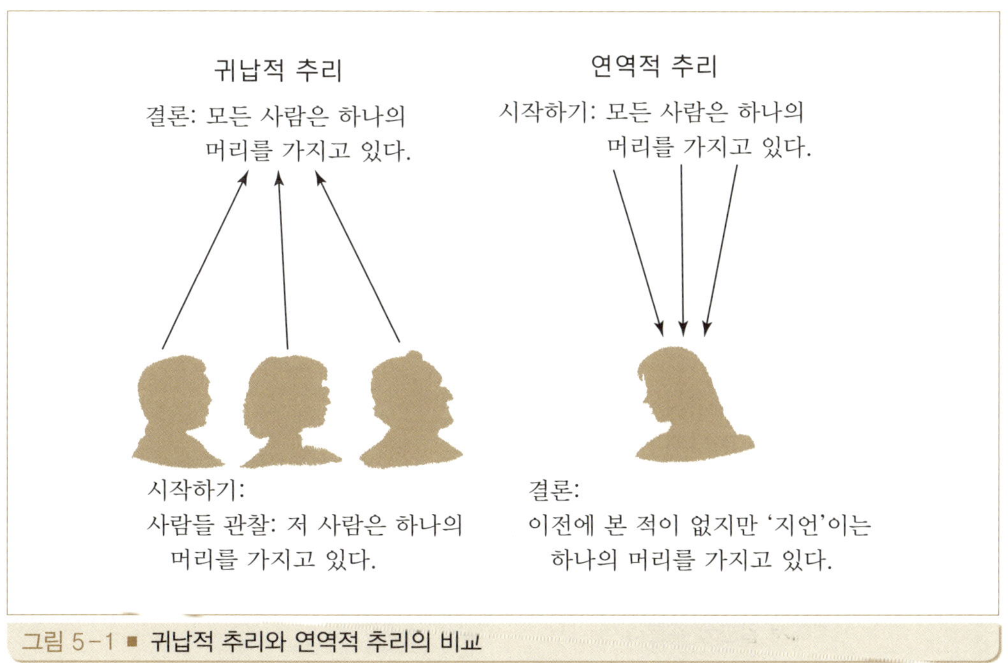

그림 5-1 ■ 귀납적 추리와 연역적 추리의 비교

'일반화'를 통하여 개념 형성을 할 수 있으며 또한 새로운 어떤 것을 설명하거나 예측해 볼 수 있다. 그리하여 새로운 지식을 생성해 내는 것이 가능해지게 된다.

(2) 일 반 화

(i) 추론 가운데서도 가장 대표적인 것이 일반화(generalization)이다(또는 추상화(abstraction)라 부르기도 한다). [그림 5-2]는 관찰을 기초로 하여 일반화 추론을 해 가는 과정을 보여주고 있다.

일련의 관찰들을 요약하여 어떤 형태(pattern, 패턴, 정형, 질서)를 나타내 주는 그러한 결론을 내리는 것을 '일반화'(generalizing)라 부른다. 그리고 이렇게 얻은 결론에서 다른 어떤 현상을 설명하거나 예측하는 일도 가능해진다. 예컨대 어린이가 몇 번에 걸쳐 꼬리를 흔들며 걸어 다니는 개를 보고 '모든 개는 꼬리를 흔들며 걸어 다닌다'라고 일반화할 수도 있다. 또는 머리가 하나인 사람들을 보면서 '모든 사람은 하나의 머리를 가지고 있다'라고 결론을 내릴 수도 있을 것이다. 이러한 일반화는 관찰한 것들에 대하여 어떤 의미를 만들고 '형태'를 부여할 수 있게 된다.

예컨대 [그림 5-3]에서는 "가나다"가 무엇인지를 추측해 보게 한다. 첫 번째 그림부터 하나씩 보여준 다음 그것이 "가나다"의 보기인지 아닌지를 짐작하여 말해 보게 한다. 그리고는 사실 내용에 따라(미리 정해 둔) "예" 또는 "아니오"를 말해 준다. 그리고 똑 같은 절차를 나머지 세 그림에도 적용한다. 거기에는 "예"의 그림이 두 개, "아니오"의 그림이 두 개 있다. 그런 다음 나머지 그림 각기에 대하여 그것이 "가나다"인지 아닌지를 물어 보면 대개는 정확한 대답을 할 수 있다. 다시 말하면 관찰한 보기들을 토대로 "가나다"가 가지고 있는 어떤 공통적인 속성들을 일반화하

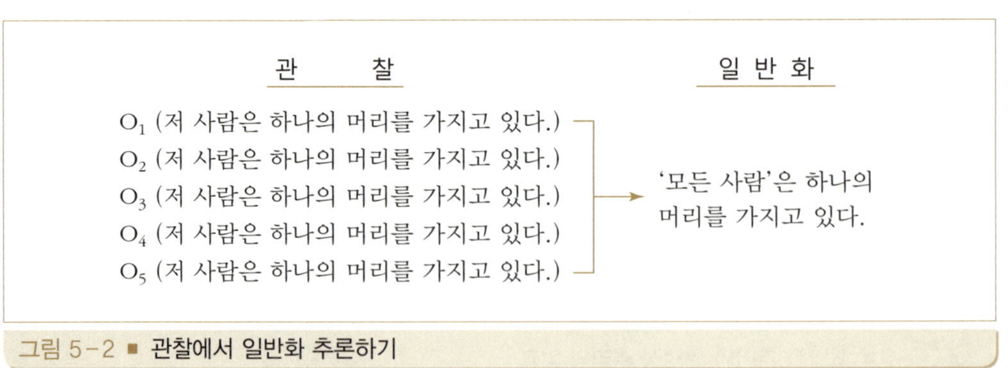

그림 5-2 ■ 관찰에서 일반화 추론하기

그림 5-3 ■ 관찰에서 형태 만들기

고 있음을 볼 수 있을 것이다.

[그림 5-3]의 보기는 우리는 어떤 것들을 관찰하면 그냥 거기에 머물지 아니하고 어떻게 하든 관찰한 것들을 조직화하여 어떤 일반적인 형태(페턴)를 만든다는 것을 보여주기 위한 것이다. 일반화(추론)에 대하여 얼마만큼 자신을 가지게 되는지는 그것을 지지해 주는 관찰을 몇 번 했는가, 그리고 관찰한 것들이 일관성을 가지고 있는지 등에 달려 있다. 지지적인 관찰의 횟수가 증가할수록 일반화에 대한 신뢰도는 증가한다.

(ii) 일반화(일반화하는 추론의 형성)는 공부뿐만 아니라 일상 생활에서 거의 항시 작용하고 있는 매우 기본적인 사고기능이다. 우리는 빈약한 관찰을 가지고서도 질서, 구조를 만들어 다른 어떤 것을 예측할 수 있는 '형태' 같은 것을 만들기를 원한다. 다시 말하면 우리의 사고는 최선을 다하여(비록 무의식적일지라도) 어떤 일반적인 정형, 질서, 형태를 만들려는 경향성을 가지고 있다. 지식의 기본 형태인 개념을

표 5-6 ■ 미시적 사고기능의 요약

수 준	정 의	핵심 단어	Bloom 등의 분류학과의 관계
재 생	사실, 정의, 개념, 법칙 및 원리를 기억하기를 요구하며 축어적으로 반복하거나 의역하기를 요구한다. 정보를 재생하려면 그것을 시연/연습하고, 다른 관련 개념에 관계시킬 필요가 있다.	정의하다. 반복하다. 확인하다. 명명하다. 나열하다. 이름붙이다.	지식 이해
분 석	전체를 요소 부분으로 나누는 인지조작이다. 부분-전체의 관계 및 원인-결과(효과)의 관계를 아는 것이며, 이러한 지식은 복합적인 과제를 수행하는 데 기본요소이다. 요소 부분이란 대상, 아이디어 또는 행위절차가 가지고 있는 특유한 특징들을 말한다.	세분하다. 범주화하다. 분할하다. 분류하다. 분리하다.	분석
비 교	이 과제는 유사점과 차이점을 재인하거나 설명할 것을 요구한다. 매우 분명한 속성이나 요소과정에 주목하면 되는 것도 있지만 여러 가지의 속성이나 요소 과정들을 확인하고 변별해야 하는 것도 있다. 전체를 부분들로 나눌 수 있어야 할 뿐 아니라 차이점과 유사점도 비교할 수 있어야 한다.	비교하다. 변별하다. 대비하다. 구분하다.	분석
추 론	연역적 및 귀납적 추리가 여기에 속한다. 연역적 추리에서는 학생들에게 일반법칙(일반적인 결론)을 제시하고 그것에 관련된 증거들을 찾아내거나 설명하도록 요구한다. 어떤 규칙이나 또는 "만약 A이면, B이다"란 관계를 적용하려면 추리가 요구된다. 귀납적 과제에서는 증거나 세부 내용을 제시하고 거기에서 어떤 일반 법칙(일반적인 결론)을 끄집어 낼 수 있기를 요구한다. 연역적 및 귀납적 추리는 Bloom 분류학의 '적용과 종합'에 해당된다. 규칙의 적용은 연역적 추리의 한 종류이다. 종합은 부분들을 일반 법칙으로 맞추어 넣는 것인데, 이것은 연역적 추리와 귀납적 추리 모두에서 일어난다.	연역하다. 예상하다. 예측하다. 만약 …이라면, 추론하다. 적용하다. 음미하다. 결론 내리다.	적용 종합
평 가	이들 과제는 어떤 것의 질적 수준, 신뢰성, 가치 또는 실용성 등을 판단토록 요구한다. 일반적으로는 어떤 기준을 적용하여 그것이 충족되었는지를 말하게 한다. 기준/준거는 어떤 규칙, 논리 또는 인정하고 있는 가치 등으로 이루어진다. 평가를 하기 위해서는 증거와 이유들을 수집하여 이들의 관계를 설명하고 그리하여 결론을 뒷받침할 수 있는지를 따져 보아야 한다. 평가적 추리에서는 준거를 사용하여 거기에서 어떤 결론에 이르는 것이다.	평가하다. 논증하다. 판단하다. 토론하다. 사정하다. 평정하다. 비판하다. 변호하다.	종합 평가

형성하는 것도 이러한 일반화 과정을 통해서만 가능하다.

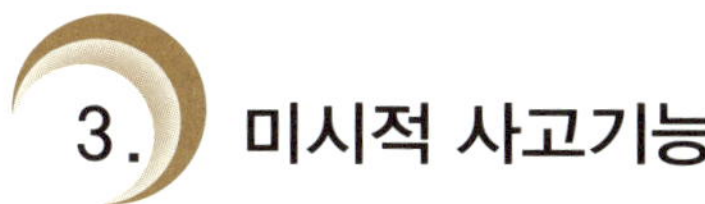

3. 미시적 사고기능

여기에서 미시적 사고기능(micro-thinking skills)이라 함은 Bloom 등(1956)이 제시한 여섯 가지 인지기능 같은 것들을 포함하는 것이다. 이들의 여섯 가지의 인지조작에는 지식, 이해, 적용, 분석, 종합 및 평가 등이 포함된다.

최근에 Stiggins, Rubel & Quellmalz(1988)은 정보처리론적으로 접근하면서 문제해결과 비판적 사고기능에 포함되어 있는 기본적인 인지기능(기본적인 정보처리 기능)들을 5가지로 요약하고 있다. 여기에는 재생(recall), 분석, 비교, 추론 및 평가 등이 포함된다. 이들 인지기능들은 우리가 문제나 이슈를 확인해 내고, 적절한 정보를 수집하고 체크하며, 정보들을 서로 관계시키며, 그리고 해답이나 결론을 평가하는 것과 같은 것으로서 문제해결과 같은 복합적 사고과정의 여러 지점에서 사용될 수 있다.

Stiggins 등의 5가지의 기본적인 인지기능을 Bloom 등의 교육목표 분류학과 관계시키고, 그리고 해당되는 핵심적인 사고 단어들을 같이 제시하고 있는 것이 〈표 5-6〉 "미시적 사고기능의 요약"이다.

Ⅲ. 발달적 사고기능

발달적 사고기능은 몇 개의 기초적 사고기능들로 이루어지며, 그러면서 동시에 다음 수준인 복합적 사고의 하나의 요소 내지 선행 조건이 된다. 여기서는 개념형성, 설명, 예측 그리고 가설형성의 네 가지의 발달적 사고기능들만을 살펴보기로 한다.

1. 개념형성

개념형성(concept formation)은 개념생성 또는 개념획득 등으로 불리워지기도 한다. 이미 알아본 바와 같이 개념이나 일반적 법칙(법칙, 원리 등)은 '일반화'라는 추리과정(추리기능)을 통하여 얻게 된다. 일련의 관찰들을 요약하여 어떤 '형태'(정형, 패턴)를 만들게 되는 것을('형태'라는 어떤 결론에 이르는 것) 일반화 추리라 하였다.

우리는 일련의 관찰을 기초로 이들이 공통적인 속성을 가지고 있는 어떤 '형태'를 마음 속에서 만들어 낸다. 다시 말하면 공통적인 속성을 가지고 있는 대상, 사건 또는 아이디어들의 유목을 기초로 어떤 정신적 구인(精神的 構因)을 가지게 되는데 이를 '개념'이라 부른다. 이러한 정신적 구인에다 이름을 붙인 것이(명명하기, 라벨, labelling) 바로 개념 단어이며, 이를 우리는 흔히 그냥 '단어'라 부른다. 이처럼 개념은 하나 하나 관찰해 본 '사실'들을 조직화시켜 줄 수 있는 것이기 때문에 그 개념에 속하는 것(보기)과 속하지 아니하는 것(비보기)을 변별할 수 있게 해 준다. 또한 어떤 개념의 유목을 다른 개념의 유목과 관계시키는 것도 가능해진다.

개념은 우리가 세상을 이해하기 쉽게 만든다. 우리는 '만나는 것'마다 새로운 어떤 것으로 힘들여 이해하지 아니하고, 그것을 어떤 개념의 한 가지 '보기'로 이해하며 그리고 그 개념이 가지고 있는 속성에 따라 지금의 '사례'를 해석한다. 또한 개념은 우리가 관찰하고 경험하는 것을 의미 있게 조직화할 수 있게 해 준다.

이와 같이 개념들은 서로 연결되어 '개념 위계'를 이룰 수도 있다. 또는 더 나아가 두 가지 이상의 개념들이 가지고 있는 공통적인 속성들을 추상화하여 더 큰 '형태'를 이룰 수도 있다. 개념들이 서로 예외 없이 질서정연한 관계를 가지고 있는 '일반적 지식'(일반화한 지식)을 우리는 '원리'라 부른다(개념에 대한 보다 자세한 설명은 이미 4장에서 제시한 바 있으므로 그것을 참조할 수 있다).

2. 설　명

설명(explanation)은 어떤 문제나 대상을 이해하기 위하여 우리가 만들어 보는 추측이요 이유이다. 관찰한 것이 어떤 것이며, 왜 그런지 등을 설명하는 것을 우리는 설명적 추론(explanatory)이라 부른다. 설명은 관찰을 기초로 하여 형성한 '형태'에 기초를 두고 있다. 다시 말하면, '설명'이란 이미 만들어 놓은 어떤 '형태'를 기초로 새롭게 관찰하게 되는 다른 어떤 현상에 대하여 내리는 결론이다. 예컨대 수업을 하고 있는데, 어떤 학생이 멍하니 바깥만 내다보고 있다면 당신은 그는 '공부가 싫어서' 그렇다고 설명할지도 모른다. '공부를 싫어하는 학생은 멍하니 밖을 내다 본다'란 일반화('형태')를 이전에 습득했다면 이러한 설명은 얼마든지 가능할 것이다. 그러나 어떤 현상에 대한 가설적 설명은 반드시 한 가지만 있을 수 있는 것이 아니라 그것 이외의 다른 몇 가지의 설명도 가능할 수 있다. 그러므로 어떻게 하면 가장 타당한 설명을 할 수 있느냐가 중요하다.

'설명'은 세상사를 경험(관찰)하고 그것이 '왜' 그렇게 되는지를 말하는 것이다. 핑계 없는 무덤이 없다고 하거나, 처녀가 애 낳아도 할 말이 있다는 속담은 그것이 어떠한 것이든 간에 이유를 대고 설명하는 것이 매우 자연스럽고 보편적임을 말해 주는 것 같이 보인다. 설명은 수업뿐 아니라 생활 일반에서 매우 중요한 것이다. 어떻든 설명적 추론을 할 수 있고 그러한 추론의 타당성을 사정하는 능력은 매우 중요한 사고능력이다.

어떠한 현상이든지 그 이면에는 이유(원인)가 있을 것이다. 이것은 모든 과학이 가지고 있는 기본적인 전제이다. 그러므로 우리는 학생들로 하여금 그러한 현상을 설명해 보게 하고, 그리고 어떠한 설명(결론)이 가장 타당할 것 같은지를 질문하고 사정해 보게 하며 그리하여 학생의 탐구적 과정을 격려해야 할 것이다.

3. 예 측

예측(prediction, 예측적 추론)은 미래의 관찰이 어떨 것이라고 말해 주는 결론이다. 예컨대, 멍하니 창 밖만 내다 보는 학생을 가리키며, '저 녀석은 아마 낙제할거야'란 예측을 할 수 있으려면 이전에 멍하니 창 밖을 내다 보는 것과 같은 학생들의 행동을 관찰해 본 경험이 있어야 한다. 또한 그러한 경험을 기초로 하여 '주의 집중하지 아니하는 학생은 공부를 잘 못한다'라는 형태('결론')도 이전에 가지고 있어야 한다.

4. 가설형성

관찰, 일반화, 설명 및 예측(예측적 추론)은 사고기능의 기본이라 말할 수 있다. 이러한 기능에서 도출되는 기타의 사고기능으로 비교/분류와 가설형성 또는 개별적인 비판적 사고기능 등을 들 수가 있다.

가설형성(hypothesizing, hypothesis formation)이란 가설적 추리(hypothetical reasoning)를 말한다. 가설적 추리는 '만약 A가 …이라면, B는 어떻게 될까? (what if …)'라는 질문에 대답하는 형태가 된다. 가설형성은 일반화 과정을 확장시키는 것이며, 그리하여 우리의 사고를 새로운 수준에까지 확대시킬 수 있다. 예컨대, 설탕, 유리 컵, 종이, 옷, 벽돌의 다섯 물건이 있는데, 각 물건에다 선풍기 바람을 틀어보게 하고 그것을 하나씩 관찰해 보고 기록하게 한다. 그리고 다음과 같은 질문을 한다. 이제 '종이 컵'에다 선풍기를 틀면 어떻게 될까요? 그리고 왜 그렇게 된다고 생각하는지를 설명해 보게 할 수도 있다. 만약 종이 컵에 선풍기를 틀면 어떻게 될 것이란 추리가 '가설형성'이다. 그리고 이러한 가설적 추리를 하려면 이전에 관찰해 본 경험에서 어떤 '형태'를 만들어 가지고 있어야 하고 그리고 이것을 '종이 컵'이라

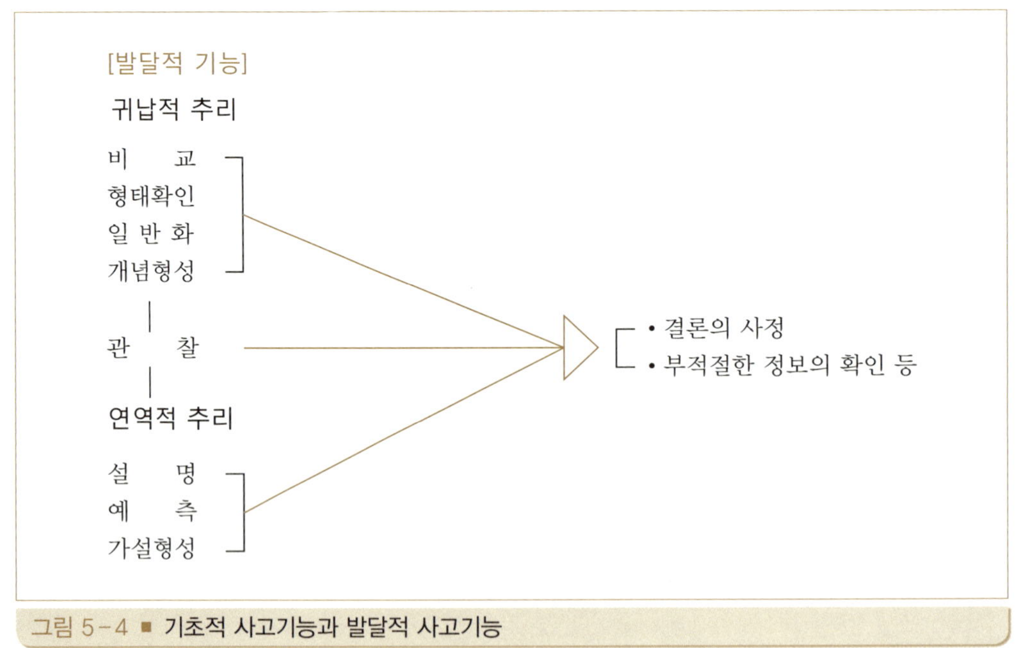

그림 5-4 ■ 기초적 사고기능과 발달적 사고기능

는 새로운 장면에다 적용할 수 있어야 한다.

지금까지는 기초적 사고기능으로 관찰, 추리 및 미시적 사고기능을, 그리고 발달적 사고기능으로 개념형성, 설명, 예측 및 가설형성 등을 알아 보았다. 그러나 기초적 사고기능과 발달적 사고기능을 구분하기는 어렵고 후자가 좀더 복합적이라는 차이가 있는 정도이다. 지금까지 다루었던 기능들을 Eggen & Kauchak(1988)을 참고하여 하나의 그림으로 정리해 본 것이 [그림 5-4]이다.

Ⅳ. 복합적 사고전략

복합적 사고전략(complex thinking strategies)에는 문제해결, 의사결정, 비판적 사고 및 창의적 사고 등이 포함된다. 이들 복합적 사고전략의 특징들은 다음과 같이 정리해 볼 수 있다.

(i) 몇 개의 발달적 사고기능들을 상황과 과제의 요구에 따라 선택적으로 조합하여 사용하며,

(ii) 목표지향적 사고의 수행에 수반되는 것이며,

(iii) 한 개 또는 몇 개의 다른 복합적 사고전략을 필요로 하며, 그리고

(iv) 실제의 생활문제를 해결하는 데 또는 창의적인 과제수행에 없어서는 안 되는 사고들이다.

예컨대 '문제해결'이라는 복합적 사고전략은 여러 가지의 기초적 및 발달적 사고기능들을 골라 조합하여 사용함으로써 가능하며, 부분적으로는 의사결정 등과 같은 다른 복합적 사고전략을 사용하며, 그리고 실제의 생활문제를 해결하거나 창의적 업무수행을 목표지향적 사고에 수반하는 것이다. 이들 네 가지의 복합적 사고전략들은 별도로 다시 다루게 되므로 다음에서는 간단하게만 논의해 본다.

1. 문제해결

우리가 관심을 가지는 대부분의 사고는 문제를 해결하기 위한 목표지향적인 것이다. 추리가 도달하려고 하는 '결론'도 사실은 대개의 경우 문제의 '해결'(해결책)이라 말할 수 있다. 사실 우리가 다루어 해결해야 하는 '문제'란 다양할 수밖에 없다.

문제해결에 대한 이론들은 많이 있지만 대부분의 사람들은 문제해결은 상당히 분명한 단계를 거친다는 데 동의하고 있다. 문제해결의 첫 번째 단계는 문제가 있음을 확인하거나 발견하는 것이다. 분명하게 주어져 있는 문제도 있지만 찾아 발견해야 비로소 보이는 문제도 많이 있다. 좋은 질문을 제기할 줄 아는 것은 효과적이고 창의적인 문제해결의 선행 조건이다.

Dillon(1982; Siu, 2002)은 문제(problem)의 수준을 세 가지로 구분하고 있다. 이들은 이미 존재하고 있는 문제(existent), 새롭게 드러나고 있는 문제(emerging) 및 잠재적인 문제(potential) 등이다. '이미 존재하는 문제'는 문자 그대로 이미 드러나 있다. 즉 문제장면이 이미 존재하고 있으며, 그래서 적절한 행동을 취하여 그것을 인식하고 해결하면 된다. 그러나 이제 새롭게 드러나고 있는 문제는 암묵적이다. 그것은 해결하기 전에 그것이 무엇인지 발견해야만 해결을 위한 노력이 이루어질 수 있다. 잠재적 문제는 아직도 하나의 문제로 존재하지 아니한다. 다만 잠재적 문제의 요소들이 존재하고 있다. 그래서 성공적인 발견자에게만 눈에 보이는 문제, 재미있는 장면 또는 아이디어를 정교화해 볼 만한 가치 있는 것으로 눈에 띌 수 있을지는 모른다. 그리고 요소들을 어떤 식으로 조합함으로써 관찰자는 이전에는 문제가 존재하지 아니했던 곳에서 가치 있는 새로운 문제를 창의하거나 발명할 수 있을 것이다. 그러나 학교에서 다루는 대부분의 문제는 '이미 존재하고 있는 문제'이다. 학생들에게는(교사, 교과서 또는 시험문제 등으로) 사전에 결정된 문제를 제시하고 학생들은 그것을 풀면 된다. "또한 대부분의 경우, 적어도 교사에게는 해결의 방법과 결론이 이미 알려져 있다. 이렇게 하면 '창의적인 문제를 새롭게 의식하고 발견하는 행동을 개발할 수가 없다. 주어진 문제를 해결하는 것 못지않게 중요한 것은 혁신적인 잠재적 문제를 발견하는 것이다. 문제를 발견할 수 있으면, 이미 문제를 반 이상 해결한 것이다.

두 번째 단계는 그러한 문제를 어떻게 이해하느냐는 것이다. 이 단계에서는 우리는 문제를 이해한다, 정의한다, 또는 표상한다(representation) 등의 말을 사용한다. 문제가 존재하는 것을 확인하거나 잠재적인 문제를 창의적으로 발견해 내는 것만으로는 충분하지 아니하다. 그러므로 두 번째 단계에서는 그것이 정확하게 '어떤 문제'인지를 '정의'(definition)할 수 있어야 한다. 또는 문제의 정의를 새롭게 '재정의'(redefinition)할 수도 있다. 이때 비로소 세 번째의 문제해결 단계를 시작할 수 있다.

세 번째 단계는 발견한 문제를 해결할 수 있는 해결책을 생성해 내는 것이다. 해결책은 해결 대안 또는 해결 아이디어 등으로 부를 수도 있다. 문제/과제에 따라서는 이미 경험했던 기억에 따라 쉽게 해결할 수 있는 통상적인 것도 있지만, 창의적이고 혁신적인 사고가 특히 필요한 것도 있을 것이다. 대부분의 전통적인 창의력 교육에서는 '창의적인 해결 대안'을 창의해 내는 것을 주로 다루고 있다.

네 번째 단계에서는 생성해 낸 해결 대안들 가운데 문제해결에 가장 적절한 것을 선택한다. 그러기 위해서는 우선 판단을 위한 준거/기준들을 생성하여 중요한 것들을 선정해야 하고, 그런 다음 이러한 준거에 따라 최선의 해결 대안을 선택해야 한다. 이 단계에서는 '의사결정'이라는 복합적 사고기능이 크게 요구된다.

다섯 번째 단계에서는 선택해 낸 해결 대안을 실제의 문제장면에 적용하여 해결해 갈 수 있는 '행위계획을 개발'하는 것이다. 이것은 문제해결의 실천을 위한 '청사진'을 개발하는 것과 같다. 실천계획에는 현실 장면에서 생길 수 있는 장애와 저항요인들뿐 아니라 수행에 도움될 수 있는 사람이나 장소나 시간 같은 것들을 고려해야 한다. 그리고 마지막 단계에서는 이러한 행위계획을 실제로 실천하면서 결과가 어떤지를 사정하는 것이다. 그리고 이러한 문제해결의 과정은 반복하여 순환한다. 왜냐하면 하나의 문제해결은 그 자체는 목적일 수 있지만 실제로는 또 다른 문제로 이어지기 때문이다. 문제분류의 문제해결의 단계에 대해서는 〈Box 5-3〉을 참고할 수 있다.

2. 의사결정

의사결정(decision-making)은 앞에서 살펴본 '문제해결'과 매우 비슷한 측면들을 가지고 있다. 그래서 이들 두 가지는 같은 것이라 말하는 사람도 있다. 예컨대 의사결정에서도 문제의 발견, 문제의 정의, 대안의 생성, 대안의 분석과 선택 등의 단계가 마찬가지로 포함된다.

그러나 대부분의 경우는 의사결정과 문제해결을 구분하여 사용하고 있다. 이들 두 가지는 모두가 '문제의 해결'에 관한 것이고 그래서 포함되어 있는 요소나 단계들은 비슷하거나 동일하다. 그러나 의사결정과 문제해결은 '강조'하여 다루는 것이 다르다. 대개 보아 '문제해결'에서는 해결 아이디어를 생성하는 데 초점이 있다. 반면에 의사결정은 몇 가지의 대안들 중에서 최선의 대안을 선택하는 과정을 주로 다룬다. 다시 말하면 의사결정은 '대안의 우선순위 매기기와 최선의 대안을 선택'하는 과정과 방법을 특히 강조하고 있다.

어떠한 문제를 해결코자 하더라도 그럴 듯한 문제들을 생산해 내고 그리고 이들 가운데 최선의 것을 선택하는 것은 필수적이다. 다만 이들 가운데 어디에 초점이 있느냐에 따라 의사결정과 문제해결을 구분지워 보게 된다.

3. 비판적 사고

비판적 사고(critical thinking)는 특히 '합리적인'(논리적인, 이성적인, reasonabile, rational) 사고과정과 더 나은 '판단'을 강조한다. 물론이지만 문제해결과 의사결정에서도 이러한 측면을 포함하고 있지만 비판적 사고는 이러한 측면을 강조하여 다룬다. 그래서 사람들은 비판적 사고를 흔히 '논리적인 판단' 또는 '추리해서 내리는 판단'(reasoned judgment)이라 부르고 있다. 비판적 사고는 우리가 편견이나 혼돈에 빠지지 않고 합리적이고 설득력 있는 사고를 수행해 가게 한다.

4. 창의적 사고

창의적 사고(creative thinking)는 창의력(창의성) 또는 '창의적 문제해결'의 사고라 부르는 것이 더 정확해 보인다. 문제해결에는 통상적이고 심지어는 습관적인 것도 적지 않다. 그러나 어떤 문제해결이 '창의적'이려면 앞서 살펴본 문제해결의 각 단계가 창의적이어야 한다. 확인/발견한 문제가 새롭고 가치가 있고, 해결 대안이 새롭고 혁신적이며, 실천계획이 새롭고 눈이 번쩍 뜨이는 것이어야 하고 그리고 실천의 과정 또한 창의적이어야 할 것이다. 그러나 '문제해결'과 '창의적 문제해결'을 구분할 수도 있다. 왜냐하면 모든 문제해결이 '창의적인' 것은 아니기 때문이다.

그리고 창의적 문제해결의 어떠한 단계에서든 간에 먼저 '새로운' 것을 많이 생성해 낼 줄 알아야 한다. 이것을 우리는 발산적(확산적) 사고라 부른다. 그런 다음 생성해 낸 것들 가운데 적절한 기준을 적용하여 최선의 것을 선택해야 한다. 이것을 수렴적 사고(논리적 · 비판적 사고)라 부른다. 이렇게 보면 문제 해결과정은 창의적 사고전략과 비판적 사고전략이 교대를 이루면서 상보적 기능을 수행해 가는 과정이라 말할 수도 있겠다. 화가가 그림 그리는 과정을 예를 들어 본다. 그림을 그리겠다는 의식을 가지는 데서 시작하여 최종의 그림을 완성해 가는 것이 문제해결의 과정이다. 이 과정 중에서 붓을 가지고 실제로 그림을 그려 가는 과정에는 창의적 사고가 주로 관여할 것이다. 그러나 얼마의 그림을 그린 다음 몇 발자국 물러나 그렸던 부분을 살펴보고, 따져보고, 검토해 보는 것은 비판적 사고의 몫일 것이다.

V. 초인지 사고

1. 성 질

사고에는 인지조작(사고기능)과 초인지조작(초인지 사고)이 포함된다. 초인지 사고는 '상위인지'라고도 하며 흔히 '사고에 대한 사고'라 정의하고 오케스트라의 지휘자에 비유한다. 다시 말하면 여러 가지의 인지조작, 즉 사고기능과 전략들의 수행을 점검하고 지시하고 통제하는 사고이다. 초인지는 구체적인 사고기능과 전략을 사용하여 의미를 만들거나 문제를 해결해 가는 인지조작들과는 달리 전체적이고 일반적인 전략이나 계획을 세우고 점검하는 것이라 말할 수 있다.

Brown, Bransford, Ferrara & Campione(1983)은 초인지 활동으로 계획(planning), 점검(monitoring)과 사정(assessing, 자기관리)의 세 가지 일반적인 과정들을 설명하고

있다. 초인지의 핵심적인 조작내용들을 정리해 보면 〈표 5-7〉과 같다.

'계획'이란 독서를 예로 들어 보면, 교과서를 읽기 시작하기 전에 공부의 목표를 세우고, 전체를 훑어 보고, 질문을 해 보며 그리고 다루어야 하는 문제를 과제분석해 보는 것이다. 이렇게 하면 적절한 이전의 지식(배경지식, 쉐마, 도식, schema)을 활성화시켜 이용할 수 있을 뿐 아니라 보다 적절한 사고의 전략과 처리를 선택하여 계획할 수 있다. 점검(monitoring)이란 과제를 수행해 가면서 거기에 대한 주의집중을 조정하고 자기 자신을 체크하는 것을 말한다. 그리고 '사정'은 자기 조절(self-regulation)이라 부를 수도 있는데, 이것도 점검과 관련되어 있다. 예컨대 독서를 하면서 이해에 따라 속도를 조절하거나, 다시 읽거나, 복습하거나 또는 가볍게 건너뛰는 것 등과 같다. 이러한 의미에서 자기 조절은 반성적인 측면을 많이 가지고 있다.

훌륭한 사고는 달리기와 별로 다르지 아니하다. 사고를 논리적으로 또는 창의적으로 잘한다는 것도 달리기를 하거나, 사업을 하거나 또는 요리를 하는 것과 같은 일종의 수행(performance)이다. 마라톤 경주처럼 훌륭한 사고는 정신적 준비, 점검

표 5-7 ▪ 초인지의 핵심적인 조작 내용

1. 계　　획
   - 목표 진술하기
   - 수행할 조작을 선택
   - 조작들을 시퀀스화하기
   - 잠재적 장애나 오류의 확인
   - 장애나 오류로부터 벗어나는 방법의 확인
   - 바라거나 예상하는 결과를 예측
2. 점　　검
   - 목표를 마음에 간직하기
   - 시퀀스 가운데서 현재의 위치를 체크하기
   - 하위목표가 달성한 것을 확인하기
   - 언제 다음의 조작으로 넘어갈 것인지를 아는 것
   - 장애나 오류를 찾아내기
   - 장애나 오류로부터 벗어나는 방법 확인
3. 반성적 사정(자기관리)
   - 목표성취 여부나 성취 정도를 사정
   - 결과의 정확성과 적절성 판단
   - 사용했던 절차가 적당한지 평가
   - 장애나 오류를 제대로 다루었는지를 사정
   - 계획과 실제 수행의 효율성 판단

그리고 반성적 조절을 통하여 향상시킬 수 있다.

어떤 일을 성공적으로 잘하려면 물론 동기나 의지나 '결심'이란 것도 중요하다. 강한 지향적 태도로서 어려움을 잘 견디며 상당 시간 동안 신체적 및 정신적으로 버티고 지속하며 그리하여 일을 단계적으로 진척시켜 나가야 한다. 인간이 해결해야 하는 대부분의 과제는 거의 전부가 상당 시간에 걸친 노력을 투자하는 것이 필요하다.

그러나 '결심'만으로 충분한 것은 아니다. 결심만으로 해결해야 하는 과제가 제대로 해결되거나 바라는 목표가 성취되는 일은 거의 없다. 강한 과제 지향적 태도를 가지는 것은 과제를 성공적으로 수행하는 데 필요한 조건이긴 하지만 그래도 그것만으로는 충분하진 않다. 사실 대부분의 과제들은 그것이 제대로 수행되기 위해서는, 복잡하고 시간이 걸리는 사고 과제일수록 더욱 그러하지만, 적어도 다음과 같은 세 가지의 조건이 요구되는 것 같이 보인다.

첫째는 강한 과제 지향적 사고 태도이고, 둘째는 수행해 가는 방법을 아는 것, 즉 학습·사고의 기능을 습득하여 사용할 줄 아는 것이고, 그리고 세 번째는 과제를 수행해 가는 사고기능의 적용을 활성화하고, 체크하여 사정하고, 그리고 점검하는 것이다. 이러한 세 번째의 요소가 바로 초인지 사고이다.

2. 초인지 사고의 수준

초인지란 개념은 아주 분명한 것이 아니며 연구자에 따라 뉘앙스를 좀 다르게 사용할 수도 있다. 그렇지만 대개는 (i) 자신의 사고(인지)에 대하여 자각(의식)하고 아는 것 및 (ii) 인지(사고)를 조정하고 통제하는 것 등의 두 가지 측면들은 공통적으로 포함하고 있다.

그러나 대부분의 문헌에서 이야기하는 '초인지'는 초인지의 이상적인 형태라 말할 수 있다. 왜냐하면 실제의 우리는 자신의 사고과정을 자각하고, 조절하고 그리고 통제하는 수준이 서로가 다를 수 있으며, 또한 많은 경우 미흡하고 불충분하기 때문이다. 우리 주변에는 별 고민 없이 먼저 떠오르는 생각에 따라 쉽게 행동하는 사람도 있고, 반면에 매우 숙고적이고 사려 깊게 생각하고 행동하는 사람도 있다. 이러한 맥락에서 인지 스타일을 '충동성－숙고성'으로 나누기도 한다.

실제로 Swartz(1988)는 초인지의 자각수준을 네 개의 위계로 나타내고 있다. 이들 위계에는 자신의 초인지를 암묵적으로 사용하는 수준(tacit use), 자각하여 사용하는 수준(aware use), 전략적으로 사용하는 수준(strategic use) 및 반성적으로 사용하는 수준(reflective use) 등이 포함된다. 이러한 초인지의 수준 이론은 우리들 자신의 사고를 보다 더 자각하게 하고 그리고 학교에서는 교실을 넘어 실제 세계로 사고를 전이해 갈 수 있도록 촉진하는 데도 도움이 된다.

이제 이들 네 가지의 초인지 수준을 컴퓨터를 사려고 하는 장면에 적용해서 예시해 보자. 내가 하고 있는 것을 별로 자각하지 아니하고 어떤 생각을 가질 수도 있다. 나는 컴퓨터를 사고 싶어 한다. 여러 가지 모델과 가격을 비교해 보기 시작한다. 그러나 어떻게 결정을 내릴 것인지에 대하여서는 생각하지 아니한다. 나의 관심은 여러 모델에 대한 정보를 수집하고 자신의 주머니 사정만 얼른 생각해 본다. 이런 경우 나는 암묵적인 초인지를 하고 있는 것이다(암묵적 사용 수준). 물론 이 수준은 가장 낮은 초인지 수준이다. 두 번째 수준인 자각적인 초인지 수준에서는 우리가 하고 있는 사고에 대하여 최소한의 자각을 하고 의식한다. 어떤 컴퓨터를 살 것인지에 대하여 생각하면서 살까 말까 결정을 내릴려고 한다는 것을 자각한다. 그리고 전략적 초인지 수준에서는 사고기능의 요소들을 자각한다. 다시 말하면, 결정을 내릴려면 우선 여러 가지의 대안들을 고려해 보아야 하며, 장점과 단점을 살펴보아야 하며, 그리고 이들 대안들의 범위를 좁히고 어떤 하나를 선택해야 한다는 것 등을 자각한다. 그리고 나는 의사결정의 단계 과정을 외현적 및 의도적으로 따른다. 마지막으로 반성적 초인지 수준에서는 몇 가지의 사고전략들을 생각하여 평가해 보고 이들 중 어떤 전략이 효과적인 것인지를 결정한다. 예컨대 컴퓨터를 구입할 때 사용할 수 있는 몇 가지의 결정 방법들의 효율성을 고려해 보고, 여러 가지 대안들을 탐색해 보고, 이들의 장·단점을 분석해 보고, 그래서 최종적으로 가장 합리적인 결정을 내릴 것이라 생각한다.

3. 초인지 사고의 적용 요령

문제해결을 수행해 가는 사고의 과제에서는 초인지는 언제 어디서나 적용이 된다. 그것은 우리가 사고를 최대로 효과적으로 수행하기 위해서는 실제로 과제를 수행하기 전(前), 중(中) 및 후(後)의 인지를 계획하고 점검하는 것이 필수적이기 때문이다.

다음에서는 어떤 사고 과제를 시작 전, 진행 중 또는 종료 후 등의 과정 단계에서 사고과정들을 전체적으로 내려다 볼 줄 알려면 초인지의 사고전략이 구체적으로 어떻게 이루어져야 하는지를 살펴본다.

초인지 사고전략의 요령에는 과제를 시작하기 전에 정신적으로 준비를 하는 것, 과제를 조심스럽고 철저하게 수행해 가게 하는 것, 그리고 수행을 끝낸 다음 전체의 진행과정을 사정하고, 그리고 다음의 기회에 반성적으로 전이하는 것 등이 포함될 것이다. 다시 말하면 초인지 사고전략의 요령은 단계 1: 정신적 준비, 단계 2: 효과적인 수행의 준거, 단계 3: 전이, 그리고 단계 4: 반성의 네 가지 단계로 이루어진다고 볼 수 있다.

(1) 단계 1 : 정신적 준비

이 단계에서는 자기의 생각을 집중하고, 처리해야 할 과제에 대하여 정신적 이미지(image)를 형성하며, 그리고 과제에서 특히 주목할 필요가 있는 핵심적인 사항이나 국면을 떠올려 주목한다. 이들은 과제를 실제로 시작하기 전에 효과적인 정신상태를 준비하고 워밍업(warm-up)시키는 데 그 목적이 있다. 그것은 마라톤 경주 때 사전에 잠시 시간을 내어 적절한 마음의 준비를 갖추는 것과 같다. 적절한 심적인 자세/구조의 상태를 유발시키는 데는 다음과 같은 하위 단계들이 포함될 것이다.

(i) 잠시 조용한 시간을 가진다. 이것은 아마도 사고하는 사람이 과제를 시작하기 전에 가져야 할 가장 중요한 단계일 것이다. 그렇게 하면 마음을 혼잡스럽지 않게 비울 수 있으며 그래서 현재의 과제에 집중할 수 있게 된다. 이것을 효과적으로 하면 훌륭한 사고에 장애가 되는 두 가지의 일반적인 사항, 즉 조급하게 서두르는 것(그리하여 '대충'하여 일을 끝내 버리려는 것)과 주의가 집중되지 못하는 것 등을 제거할 수 있다.

(ii) 물리적/환경적 분위기를 활용한다. 물리적 환경은 그것이 어떤 성질의 것인가에 따라 사고에 긍정적 또는 부정적 영향을 미칠 수 있다. 따라서 훌륭하게 생각하는 사람은 환경적 여건을 적절하게 배열함으로써 또는 사고에 방해되는 것을 최소화함으로써 지지적인 분위기를 만들어 도움을 받는다.

전형적인 방해 요소로는 지나친 소음, 간단 없는 참견이나 끼어들기, 빈약한 조명이나 시설 또는 로지스틱스 비품(logistics) 등을 들 수 있다. 지지적인 환경적 분위기에는 조용한 방, 불필요하게 자극적인 물건들이 없는 것, 훌륭한 여건, 충분한 학용품이 갖추어져 있는 것 등이 포함될 것이다.

(iii) 지금 다루려는 논제나 과제 수행의 과정(過程)을 마음 속으로 시각화한다. 생각하는 사람은 시각화를 통하여 마음 속으로 자기 생각의 초점을 뚜렷하게 한다.

첫째, 논의하려는 논제에 대하여 정신적인 이미지(image)를 생생하게 떠올린다. 지금 처리해야 하는 과제가 어떤 것 같이 보이며, 언제 그리고 어디서 일어나며, 어떤 사람들이 관여하고 있으며, 그리고 기타 세부내용들은 어떠한 것인지 등을 마치 그림을 그리듯이 마음 속에서 떠올려 봄으로써 논제를 '내게 와 닿아 살아 있는 것'으로 만든다.

둘째, 전체의 과정을 마음 속으로 시각화한다. 즉 과제를 완성하기 위하여 자기가 감당해 가야 할 과정들 속에서 자기 스스로의 모습을 떠올려 본다. 그리고 이에 더하여 과제를 성공적으로 끝마치고 흐뭇해 하는 자기 모습도 떠올려 본다.

(iv) 이전에 했던 수행을 재검토한다. 사람들은 같은 실수를 되풀이하거나, 같은 약점을 몇 번씩 반복하기 쉽다. 이전에 했던 수행을 재검토해 봄으로써 현재의 과제와 유사한 것을 기억해 보고 바람직한 수행의 방법을 재확인해 볼 수 있다.

(2) 단계 2: 효과적인 수행의 준거

이 단계의 초인지는 사고과제를 수행해 갈 때 효과적인 수행의 준거를 사용하며 그리고 수행 중 일어날 수 있는 문제나 약점 등을 주목하여 조절해 간다. 이 단계의 초인지는 과제의 각 단계를 그냥 '대충', '얼른 얼른' 끝내 버리는 것이 아니라 '사려 깊고, 철저하게, 그리고 잘' 수행해 가도록 도와 주는 데 목적이 있다.

효과적인 수행의 준거는 다루는 과제마다 다를 수 있음은 물론이다. 그러나 일반적으로 말하면 효과적인 수행의 일반적 준거뿐 아니라 현재의 과제에 적절한 구체적인 수행준거를 되새겨 분명하게 자각해 볼 수 있어야 한다.

(i) 상당히 객관적인 수준에서 과제의 목적을 진술해 본다. 준거를 선정하려면 과제의 목적을 어느 정도까지는 상세하게 확인해 볼 필요가 있다. 예컨대 해야 할 일이 '책 읽기'라는 것임을 아는 것만으로는 불충분하고 책 읽기에서 사실의 기

억, 이해 또는 비판적 사고 또는 글쓰기 위한 자료 수집 등의 어느 것이 주로 요구되는가 정도는 알 필요가 있다. 마찬가지로 '작문'을 해야 함을 아는 것만으로는 안되고 분명하고 논리적인 작문이 요구되는가, 흥미 본위의 픽션 같은 작문이 요구되는가 정도는 알아야 한다. 어느 정도 객관적인 수준에서 처리해야 할 과제의 목적을 외현적으로 진술할 수 있어야 효과적인 수행이 어떤 것인지를 판단할 수 있는 준거의 설정이 가능해진다.

(ii) 준거를 분명히 한다. 여기에서 '준거'라 함은 과제를 효과적으로 수행할 수 있게 하는 기본을 말한다. 어떤 내용의 과제든 간에 우리가 그것을 가리칠 때는 수행의 기준이 되는 준거(기준)도 직접적으로 같이 가르치는 것이 보통이다. 예컨대 흔히 교사/교수들은 레포트(report)를 쓸 때는 너무 넓거나 너무 좁은 제목을 택하지 말고 길이와 논리의 설득력에 유의해서 쓰라고 이야기해 준다. 이런 것들이 바로 레포트 작성의 수행준거가 된다. 결국 이 단계에서는 과제를 잘 수행해 내는 방법에 대하여 이미 알고 있는 것들을 다시 의식 속에 활성화시키는 것이 필요하다.

(iii) 수행을 점검한다. 그러나 효과적인 전략적 준거를 활성화시켜 자각하고 확인해 보는 것만으로는 부족하다. 학습자는 이제 과제를 시작할 것이고 그리고 과제를 수행해 가다 핵심 포인트에서는 언제나 그의 의식에 머물고 있는 준거에 따라 의식적으로 자기의 진행을 제크하고, 자기가 하고 있는 바를 체계적으로 조절해야 한다. 그리하여 준거를 제대로 따르고 있는지, 재조정해야 할 것은 없는지, 그리하여 사고의 목적은 제대로 이루어지고 있는지를 사정, 교정, 점검한다.

(3) 단계 3: 전이

이 단계의 초인지는 사고과제를 완성하고 난 다음에 진행하는 수행이다. 이 단계에서는 과제를 수행함으로써 얻을 수 있었던 경험이 버려지지 아니하고 비슷한 다른 것에 적용될 수 있도록 의도적인 노력을 기울인다. 보다 구체적으로 보면 과제 수행을 끝마치고 나면 다음과 같은 두 가지 종류의 전이(transfer)를 의식적으로 도모해야 한다.

(i) 과제 수행 때 활용했던 진행과정의 잠재적 활용을 생각해 본다. 즉 방금 끝마친 종류의 사고를 활용할 수 있는 다른 맥락들을 생각해 본다. 이런 방법을 다른 어디에서 다시 활용할 수는 없는가, 이것은 어떤 교과의 어떤 내용 영역에 보다

더 적합할까, 그리고 어떤 때 어떤 장면에서, 또는 어떤 사람들에게 이 방법을 더 유용하게 활용할 수 있을까? 등과 같은 질문들을 해 볼 수 있다.

(ii) 지금까지 익힌 내용지식과 통찰을 전이해 본다. 이 단계에서는 방금 수행했던 논제나 사고의 과정을 이미 알고 있는 다른 것들과 연결시킨다. 보다 구체적으로 보면 다음과 같은 질문을 할 수 있다. 이 문제를 대할 때마다 생각나는 것은 무엇인가, 다른 어떤 것과 어떻게 관계되는가, 그리고 일반화는 어떻게 가능한가?

(4) 단계 4: 반성

앞서의 세 단계를 적절히 실천하면 사고는 효과적이고 보다 생산적인 것으로 크게 개선될 것이다. 그러나 현재의 수행을 반성적으로 사정해 보고 앞으로 비슷한 과제에서의 수행을 향상시키기 위하여 계획을 추가로 만들어 본다면 앞으로 사고 수행이 개선될 여지는 더 남아 있을 것이다. 다음과 같은 반성단계의 요령은 대개의 경우 언제나 활용될 수 있는 일반적인 것이다.

(i) 진행한 사고의 과정을 평가한다. 어느 곳이 잘 되었나? 어느 부분이 비교적으로 용이하였나? 쩔쩔매면서 헤맨 부분은 어디며 그 때의 장애요인은 무엇이었는가? 이러한 질문들을 함으로써 생각할 줄 아는 사고자는 자기의 강점과 약점을 확인해 볼 수 있다.

(ii) 개선방법을 만든다. 마지막으로 앞으로의 사고활동을 향상시킬 수 있는 스스로의 개선방법을 계획해 본다. 나의 방법을 앞으로 어떻게 더욱 향상시킬 수 있는가? 보다 주목해야 할 부분은 어떤 것인가? 잘 안 되던 부분에 대한 전략의 내용은 내가 잘 알고 있는가? 이것을 더 익혀야 하는가? 그리고 누가 나를 도와 줄 수 있을까? 이런 식으로 질문을 해 보면 우리의 사고과정은 효과적으로 더욱 발달해 갈 수 있을 것이다.

4. 초인지 사고의 개발 요령

효과적이고 성공적인 사람이 보여줄 수 있는 특징적인 측면의 하나는 아마도 스스로의 사고를 계획하고, 점검하고 자기조절하는 초인지 사고일 것이다. 이러한 사람은 매우 사려 깊고, 계획적이며 그리고 반성할 줄 안다.

(1) 초인지에 관련한 단어들을 자주 사용한다. 초인지 단어(언어)란 자신의 사고과정을 '내려다 볼 수' 있게 해 주는 용어들이다. 반드시 어려운 단어를(예컨대 '초인지'라는 단어처럼) 사용할 필요는 없고 자신의 생각의 전체를 그림을 그리듯이 내려다 보고, 조절할 수 있게 주목토록 하는 내용의 단어이면 어떤 것이라도 좋다.

보다 구체적으로 보면 예컨대 학생이 수업에서 어떠한 사고의 과정을 사용하였는가, 어떻게 준비하였는가, 목적은 분명했는가, 효과적인가, 무엇이 잘 되었는가, 그리고 다음은 어떻게 할 것인가 등을 자각하고 자기 점검할 수 있게 하는 단어를 자주 사용한다. 또한 그러한 용어를 사용하는 것을 격려해야 할 것이다. 앞에서 제시한 '초인지 사고의 적용요령'이나 〈표 5-8〉을 참고하면 도움이 될 것이다.

(2) 자신이 수행했던 사고과정에 주목하게 한다. 일반적인 일의 수행에서는 시작하기 전, 수행하는 중 및 종료 후 각기에서 해야 하는 초인지 사고의 요령을 떠올릴 수 있게 주의를 환기시킨다. 다시 말하면 초인지 전략의 요령을 계속 연습함으로써 자동성 수준에 도달하여 '별 다른 생각'이나 '의식적인 노력 없이도' 과제의 요구에 따라 '알고 있는' 전략을 '저절로' 사용할 수 있게 되어야 한다.

그리고 초인지 사고의 4가지 단계는 가능한 대로 순환적이고 온전하게 모두를 사용하는 것이 좋다. 그래야 사고의 전체의 사이클이 자동적 수준에 이를 수 있기 때문이다.

그러나 현장의 제한 조건 때문에 네 가지 단계 모두를 사용하는 것이 비현실적이거나 다소간 부담스러울 때는 단계들을 각기 떼어서 독립적으로 사용해도 된다. 예컨대, 수업을 하기 전에 '단계 1: 정신적 준비'를 사용하거나 또는 핵심 아이디어를 찾아내면서, '단계 2: 효과적인 수행의 준거'를 가르칠 수 있다. 또는 '논증분석'을 가르친다면, 전제의 확인, 모호한 언어 찾기, 증거수집 등등을 '준거'라는 이름 밑에 묶음할 수도 있을 것이다. 그렇게 하면 학생들이 자신의 생각을 주목해 볼 수 있게 될 뿐 아니라 수업에서 배우는 내용지식도 더욱 의식하고 반추하여 더 깊게 이해하는 데 도움이 될 것이다.

특히 과제를 종료한 다음의 반성적인 자기 사정(自己査定)을 강조한다. 예컨대 학교에서 수업시간을 끝마칠 때는 시간을 내어(그러나 실제의 시간은 많이 걸리지 아니한다) 〈표 5-8〉에 있는 것과 같은 초인지 질문을 해 본다. 이들은 지금의 수업을 하는 동안 무슨 생각을 어떤 식으로 하였으며, 그러한 사고는 어떻게 평가해 볼 수 있

표 5-8 ■ 초인지 사고를 위한 질문

수행했던 사고의 종류를 기술할 수 있다.
- 이 수업에서 당신은 어떠한 사고를 하였는가?
- 이 수업에서 한 사고는 무엇이라 부를 수 있을까?

사고를 어떻게 수행했는지 기술할 수 있다.
- 이 사고를 어떻게 진행했는가?
- 이 사고를 수행하는 데 어떠한 단계를 거쳤는가?
- 이러한 종류의 사고를 하기 위하여 어떠한 질문이나 전략을 사용하였는가?
- 이러한 종류의 사고를 할 때 처음은 어디에 초점을 두었는가? 다음은?

자신이 수행했던 사고를 평가할 수 있다.
- 이러한 사고를 하는 것은 좋은 것인가?
- 이러한 사고는 어떠한 장면에 더 잘 적용될까?
- 이러한 사고는 당신 자신이 일상적으로 하던 것과 비교하면 어떤가? 어느 것을 더 선호하는가? 왜?
- 이러한 사고를 하는 데 어려웠던 점이 있는가? 어떻게 하면 더 쉽게 할 수 있을까?
- 이러한 사고를 하는 방법을 어떻게 하면 더 향상시킬 수 있을까?
- 이러한 사고를 할 때 특히 중요한 것은?

자신의 사고를 계속하여 사용하기 위하여 계획할 수 있다.
- 이러한 사고는 앞으로 어떤 장면에서 더 잘 사용할 수 있을까?
- 다음 기회에 이러한 사고를 다시 한다면 어떻게 할 것인가?

으며, 그리고 그 다음에는 어떻게 더 잘할 수 있는지 등을 떠올려 보게 하는 질문들이다. 이들 질문은 자신의 '사고에 대한 사고'를 요구하는 질문임을 알 수 있다. 그것이 초인지이다.

(3) 학습자의 자율과 책임을 격려한다. 초인지 사고 요령의 목적은 학습자로 하여금 자신의 사고과정을 점검, 평가, 가이드해 가도록 가르치는 데 있다. 그러므로 자신의 생각과 행위에 대하여 책임을 지게 하는 것이 대단히 중요하다. 보다 구체적으로 보면 어떻게 하면 정신적인 준비가 가장 잘 되며, 현재의 과제에 적절한 준거는 무엇이며, 그리고 전이와 반성은 어떻게 해야 할 것인지에 대하여 가능한 대로

자신의 아이디어를 실습해 보는 것이 가치롭다. 예컨대, 실험에 대한 관찰보고 또는 실험 수행 등과 같은 활동이 끝났을 때 자신의 사고과정을 앞서의 네 가지 단계에 따라 서술해 보게 하는 것은 효과적일 것이다.

Ⅵ. 사고의 나선형적 발달

1. 내용과 특징

이미 우리는 사고과정들을 초인지조작과 인지(사고)조작으로 그리고 인지조작을 다시 복합적 사고전략, 발달적 사고기능 및 기초적 사고기능 등으로 나누어 본 바 있다. 기초적 사고기능으로는 관찰, 추론과 미시적 사고기능들을 살펴보았는데, 이들 기능은 보다 단순하고 개별적인 성질이 강하다. 몇 개의 기초적 사고기능들을 조합하여 소위 발달적 사고기능을 수행한다. 그리고 인지조작 중 제일 위에 있는 것이 복합적 사고전략이다. 이것은 발달적 사고기능들을 과제의 요구에 맞게 수정/조정하여 적용함으로써 이루어진다.

이러한 사고과정들은 물론이지만 어린 아이들을 포함하여 학생이나 어른 등 누구나 하고 있고 또한 할 수 있는 것이다. 그러나 발달 수준이 낮으면 내용이 보다 단순하고 구체적인 반면, 높을수록 보다 복합적이고 추상적이다. 다시 말하면, 사고과정들은 다루는 과제에 따라, 그리고 사고자가 가지고 있는 지식수준과 인지조작의 수준에 따라 상이한 수준에서 수행될 수 있다.

개인이 성장해 가고 경험을 쌓아 가는 것을 우리는 발달이라 부른다. 나선형 모형(spiral model)은 Bruner(1960)가 사고의 발달적 성질과 사고가 일어나는 수준을 설명하기 위하여 처음으로 사용한 개념이다. 발달은 구체적인 것에서 추상적인 것으로, 그리고 단순한 것에서 복합적인 것으로 이루어진다. 그러나 이러한 발달은 용수철(스프링) 모양과 비슷하지만 점차 더 복잡하게 진행된다. 사고도 나선형적으로 발달한다. 나선형적 발달의 특징을 정리해 보면 다음과 같다.

(1) 사고의 발달은 구체적 수준에서의 단순한 사고(조작)에서부터 추상적 수준에서의 복합적인 사고(전략)로 나선형 모형으로 발달한다. 발달은 성숙과 경험을 통하여 일어난다.

모든 인지조작(사고)은 누구나 수행한다. 그러나 수행의 내용은 사고자의 성숙과 경험수준에 따라 상당히 다를 수 있다. 예컨대 아주 어린 아이도 블록을 분류할 줄 알며, 분류를 기초로 문제를 해결하고 의사결정할 줄 안다. 대학생은 수집한 자료들을 분류하여 레포트를 완성한다. 경제 전문가는 불경기의 원인들을 분류하여 경기회복을 위한 처방을 내린다. 이들은 어느 것이나 문제를 해결하기 위한 것이며, 발달적 사고기능을 적용하고 있다. 그리고 이들이 사용하고 있는 발달적 사고기능은 모두 '분류'라는 기초적 사고기능에 주로 의존하고 있다. 그러나 어린이, 대학생, 그리고 경제 전문가의 문제해결적 사고는 구체적인 것인가 아니면 보다 추상적인 것인가라는 점에서 또는 단순한 것인가 아니면 보다 복합적인 것인가에 따라 적지 아니한 차이가 난다. 그것이 바로 사고의 발달적 차이이다.

(2) 새로운 발달수준은 이전까지 습득한 사고를 보다 정교화시키고, 점차로 추상적인 내용을 처리할 줄 아는 능력을 개발시키면서 더욱 발전해 간다.

발달은 나선형적이기 때문에 학생들은 같은 개념을 반복하여 접하게 되고, 그리고 같은 개념들을 반복하여 사용하게 된다. 그러나 다시 사용할 때마다 지금까지 가지고 있던 개념적 내용을 바탕으로 사용하지만 그것을 수정하고 확대해 간다. 발달의 과정은 성숙과 경험을 통하여 계속적으로 다듬어지고 확대된다. 예컨대 아주 어린 아이도 얼음 같은 것을 만져보고 '차갑다'는 개념을 배운다. 반복적인 경험을 통하여 여러 개념들이 '차갑다'라는 의미를 가지고 있다는 것도 알게 되며 또한 일기나 계절과의 관계도 알게 된다. 그리고 '차갑다'란 단어가 여러 가지 맥락에서 여러 가지의 의미로 사용됨도 알게 된다. 심지어는 '차갑다'를 추상화시킬 줄도 알게 되며, 그리하여 '차가운' 사람이나 '냉전'과 같은 용어도 만들거나 이해하게 될 것이다.

(3) Schiever(1991)는 사고과정 분류에 대한 선행 연구들을 종설해 본 다음 '사고에 대한 나선형적 모형'을 제시하고 있다. 이 모형을 우리들의 사고과정 분류에 맞게 수정해 본 것이 [그림 5-5]이다. 그림에서 다소간 생소하게 보일 수 있는 개념은 '적용'과 '변형'이다. 변형(transformation)이란 새로운 과제에 맞도록 현재 가지고 있는 기능과 지식을 새롭게 다시 맞추고 조절하는 과정이다. 예컨대 재해석, 정교화, 확장, 또는 다른 시각에서 이해해 보는 것 등이다. 이러한 새로운 이해는 우리가

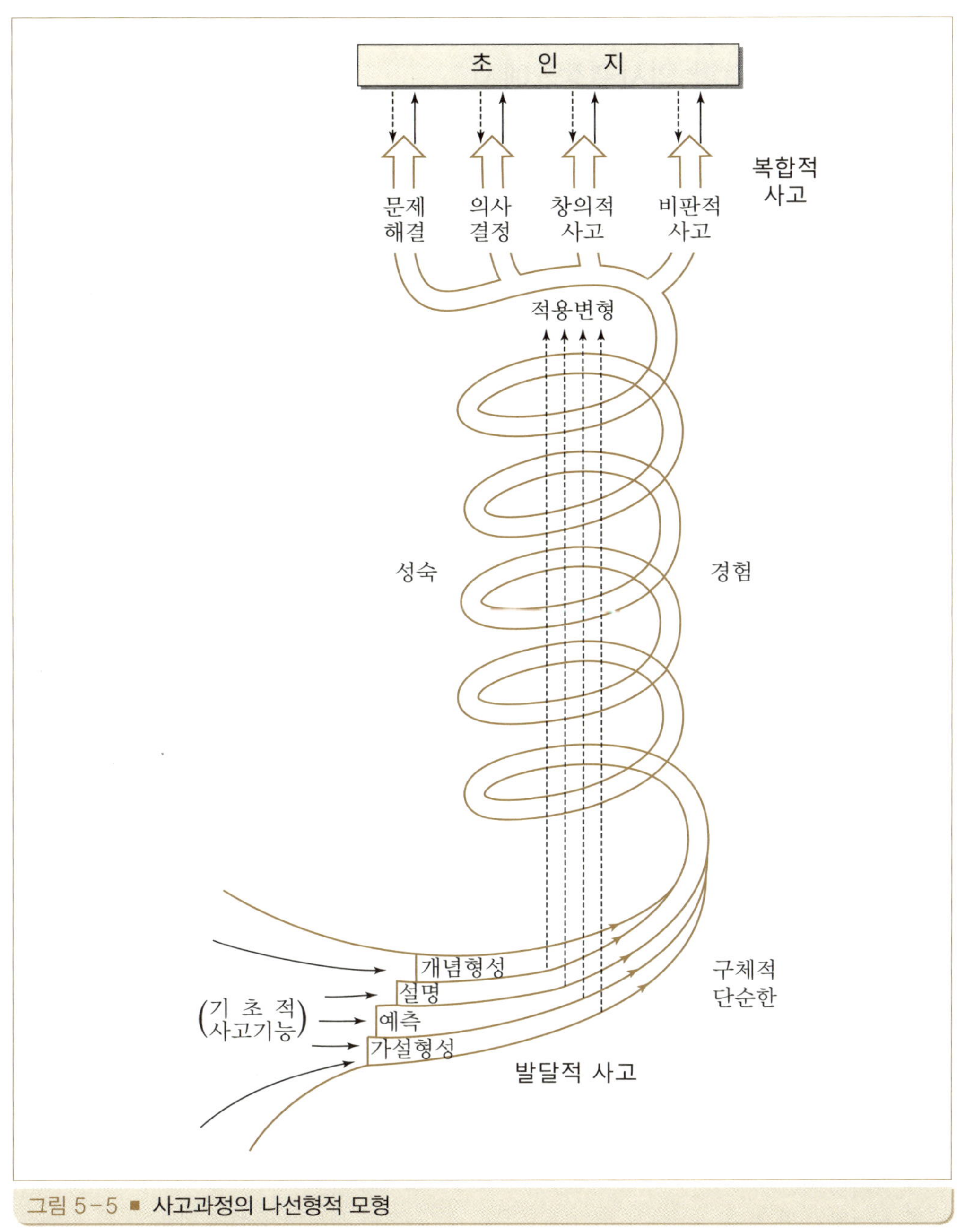

그림 5-5 ■ 사고과정의 나선형적 모형

이미 가지고 있던 발달적 사고를 변형·발전시킨다. 그리고 그러한 발달적 사고기능을 사용하여 수행하는 보다 상위의 복합적 사고전략들도 그와 더불어 발달하게 될 것이다.

2. 문제해결과 의사결정-예시

사고전략이 발달 시퀀스에 따라 나선형적(또는 시퀀스적)으로 발달한다면 발달이나 학습의 초기일수록 보다 구체적인 재료를 사용하여 보다 기초적인 사고기능을 가르쳐야 한다. 그리고 점차 사고조작을 정교화해야 하고, 또한 교육을 위하여 사용하는 재료도 보다 추상적인 것이어야 한다.

〈표 5-9〉는 '문제해결 전략'의 발달적 시퀀스를 보여주고 있다. 도입수준인 수

표 5-9 ■ 문제해결 전략의 나선형적 발달

〈 I 〉	〈 II 〉
* 문제의 확인/발견 • 문제의 진술을 확인 • 자신의 말로 진술 – 목　표 – 현재조건 – 현재상태와 목표상태 간의 간격 • 장　애 • 용어의 정의	* 문제의 확인/발견 • 문제의 진술을 확인 • 자신의 말로 진술 – 목　표 – 현재상태 – 간격의 조건
	* 자료의 조직화 • 핵심 용어 찾아내기 • 용어, 자료의 명료화 • 적절한 것과 부적절한 것 변별 • 필요한 자료 확인
* 문제의 표상 • 그　림	* 문제의 표상 • 그　림 • 다이어그램
* 해결 계획의 선택 • 달성하려는 목표의 진술 • 해결방법 결정 – 시행착오 – 어떤 절차 선택 – 하위 문제로 나눔	* 해결 계획의 선택 • 달성하려는 목표진술 • 해결방법 결정 – 시행착오 – 어떤 절차나 공식을 선택 – 행렬 사용 – 하위 문제로 나눔
* 계획의 실행	* 계획의 실행과 관리 * 점검하고 체크하기

준 (i)에서는 기본적인 5단계 과정만 제시하고 각 과정의 하위 과정(하위 절차)들은 별로 제시하지 아니하고 있다. 수준 (ii)에서는 기본적인 과정 밑에 하위의 과정

표 5-10 ■ 의사결정 전략의 발달

〈Ⅰ〉	〈Ⅱ〉	〈Ⅲ〉
* 목표의 확인 • 목　　표 • 현재조건 • 현　　재 －목표 상태 사이의 간격 · 장애	* 목표의 확인 • 목　　표 －즉시적 · 장기적 • 현재조건 • 간격 · 장애 • 장애의 원인	* 목표의 확인 • 목　　표 －즉시적 · 장기적 • 현재조건 • 간격/장애 • 원인의 확인
* 대　　안 • 브레인스토밍 • 목　　표 • 결　　말 • 경　　비 • 가용한 자원	* 대　　안 • 브레인스토밍 • 브레인스토밍 • 결부법	* 대　　안 • 브레인스토밍 • 브레인스토밍 • 결부법
	* 대안분석: • 목　　표 • 결　　말 －장기적 · 단기적 • 비　　용 －실제 비용 －기회 비용 • 자　　원 • 제약조건	* 대안분석: • 목　　표 • 결　　말 －장기적 · 단기적 －예상되는 －예상되지 않는 －결말의 결말 • 비　　용 －실제 비용 －기회 비용 • 자　　원 －가용한 자원 －대체 자원 • 제약조건
* 대안을 순서 매기기 • 위의 기준에 따라 순서 매김	* 대안을 순서 매기기 • 위의 기준에 따라 순서 매김	* 대안을 순서 매기기 • 위의 기준에 따라 순서 매김
* 선　　택 • 최종 결정	* 선　　택 • 위험률 결정 • 최종 결정	* 선　　택 • 상위 대안에서 선택 • 위험률 결정 • 최종 선정 • 계획(선택적)

들이 추가되어 정교화되고 있다.

〈표 5-10〉은 '의사결정 전략'이 발달에 따라 정교화되어 가는 것을 보여주고 있다. 여기서도 전략의 기본적인 단계는 마찬가지로 남아 있지만 발달에 따라 점차 정교화되고 있으며 추가의 하위 단계들이 늘어나고 있음을 볼 수 있다. 특히 '대안을 분석'하는 단계에서 하위 과정들이 많이 추가되고 있다. 그것은 넓은 범위의 준거를 사용하여 대안을 분석해야 하며, 각 대안들을 다르게 무게를 주어(가중치를 주어) 결정을 해야 하기 때문이다.

Box 5-1 추론과 추리

여기서는 추론(inference)과 추리(reasoning)를 관련지어 살펴보기로 한다. 전체적으로 보면, 추론보다 더 넓은 개념에 '인지과정'(認知過程) 및 '사고'(思考)가 있고, 추론 속에 추리가 포섭된다. 그리고 추리란 개념은 밑에 더 좁은 개념인 '귀납적 추리'나 '연역적 추리'가 포함된다. 추론 중에서도 논리적인 것, 즉 논리적인 추론을 우리는 '추리'라 부르며 그래서 추리는 우리의 사고를 리드해 가는 어떤 방향을 가진다. 그리고 흔히 '추리'와 '사고'를 상호 교환적인 것으로 사용하고 있다.

'추론'은 외현적으로 진술된(주어진) 것과 관련하여 그 이상으로 나아가 진술되지 아니한 어떤 것을 생각해 내는 것이다. 논리학적인 용어로 말하면 우리들 앞에 주어져 있는 명제가 다른 어떤 새로운 명제를 시사(함의, imply, implicature)한다고 결론을 내리는 행위이다. 그러나 보다 일반적인 말로 설명하면 어떤 진술에 대하여 진술되지 아니한 다른 어떤 진술(아이디어)을 떠올리는 것이다. 따라서 이해나 문제해결 등에 추론은 필수적이다.

(ⅰ) 추론은 하나의 진술에 대하여 일어날 수도 있고 여러 개의 진술에 대하여 일어날 수도 있다.

(ⅱ) 추론은 자발적인(spontaneous) 것도 있고 의도적·계획적인 것도 있다. 자발적이란 우리가 의식하여 노력하지 않아도 저절로 일어나는 것을 말한다.

(ⅲ) 추론은 특별한 방향으로만 진행되는 것이 아니다. 그러나 '추리'는 일정한 방향으로 나아간다.

예컨대 교통순경이 지나가는 자동차를 정지시키는 것을 보거나 아내가 남편의 와이셔츠에 묻어 있는 빨간 립스틱을 본다면 별 생각 없이도 어떤 추론은 일어날 것이다. 소설을 읽는다면 우리는 주인공의 성격뿐 아니라 저자가 의도하는 것이 무엇인지도 쉽게 추론해 볼 수 있나.

'추리'는 논리적인 추론이라 하였다. 따라서 마음 속에 떠오르는 생각을 그대로 말하는 것은 추리가 아니다. 추리한다는 것은 어떤 규칙에 따라서 무엇을 생각해 내는 것을 말한다. 추리란 전제에서 결론을 도출해 가는 단계들을 말하기도 하고, 또는 도출해 낸 결론 자체를 의미하는 것으로 쓰이기도 한다. 한 생각과 다른 생각과의 관계를 논리적인 관계로(한 명제와 다른 한 명제의 논리적 관계로) 파악해서 생각해 내는 것이 추리이다. 따라서 논리학의 관심은 추리와 추리력에 있다고 말할 수 있다. 다시 특징들을 정리해 보면,

(ⅰ) 추리는 한 사실(진술)과 관련시켜 다른 어떤 사실들을 생각하는 것이므로 적어도 두 개 이상의 진술이 있어야 한다.

(ⅱ) 보편성과 규칙성을 가진다. 즉 추리는 옳고 그름을 말할 수 있는 추리의 규칙

또는 법칙이 개입되는 현상이다. 예컨대, A가 일어나면 언제나 B가 일어난다는 식의 규칙성이 있을 때 우리는 A가 일어났었다는 사실에서 B가 일어나리라고 추리해 낼 수 있다.

(iii) 추리는 조직적인 방향을 가진다. 다시 말하면 참된 사실에서 출발하여 정당한 추리를 통하여 타당한 결론에 이르고자 한다. 그러한 방향에 따라 사고해 갈수록 타당한 사고를 하게 된다.

Box 5-2 귀납과 추리 그리고 연역적 추리

외현적으로 진술되어 있는 것 이상의 생각을 가지는 것을 추론이라 하였고, 이들 중 논리적인 추론을 특별히 추리(reasoning)라 하였다. 이러한 추리는 두 가지 방향 중 어느 하나로 진행된다('추론'이 아이디어에서 아이디어로 방향을 취할 때 우리는 '추리'를 이야기한다). 두 가지 중 하나는 일련의 관찰들을 요약하여 어떤 형태를 만드는 것인데, 우리는 이를 귀납적 추리(inductive)라 부른다. 다른 하나는 어떤 '형태'나 명제를 사용하여 어떤 사건(현상)을 설명하거나 예측하는 것인데, 이를 연역적 추리(deductive)라 부른다.

귀납적 추리는 일련의 구체적인 사건에서 보다 일반적인 결론으로 진행되는 데 대하여(구체적인 것에서 일반적인 것으로), 연역적 추리는 이와는 반대로 일반적인 '형태'에서 시작하여 어떤 구체적인 것에 대한 결론에 이른다. 그리고 귀납적 추리의 타당성은 확률적인 데 대하여, 연역적 추리는 논리적인 규칙을 따르기만 하면 얻는 결론은 언제나 타당하다. 그러나 결론의 '타당성'과 그 내용이 사실적(事實的)으로 옳은 것인지를 말하는 '건전성'(soundness)은 반드시 같은 것이 아닌 별개의 문제이다.

귀납적 추리의 타당성이 확률적이라 함은 일련의 구체적인 관찰을 아무리 많이 하여 일반적인 결론을 내린다 하더라도 그것이 100% 맞다고 자신할 수는 없음을 말한다. 귀납법에 의한 결론은 확실한 진리가 될 수는 없고 그 결론을 뒷받침해 주는 증거들에 따라 확실할 수도 덜 확실할 수도 있다. 따라서 귀납법에서는 뒷받침하고 있는 증거(이유)들이 그 결론을 얼마나 강하게 뒷받침해 주느냐 하는 것이 문제가 된다. 귀납법은 여러 개의 기둥들이 하나의 누각을 떠받치고 있는 것에 비유할 수 있다.

반면에 연역법에서는 결론이 전제에서 정당하게 추리하여 얻은 것이라면 그것은 확실하고 필연적인 것이다. 연역법에 의한 추리는 여러 층으로 된 석탑에 비유해 볼 수 있다. 어느 한 층이 무너져도 석탑 전체가 무너지는 것은 아니다.

귀납법은 연역법에 비교해 보아 불확실한 방법이라 생각되기도 하지만 새로운 사실(지식)을 발견해 내는 데는 대개의 경우 귀납법이 적용된다. 연역법의 결론은 그것을 이끌어 내는 전제에 이미 포함되어 있는 사실이기 때문에 새로운 지식을 가지게 해 주지는 못하나 이미 알고 있는 사실을 재확인해 주는 역할을 한다. 따라서 새로운 지식을 배울 때는 귀납법에 의존하게 된다.

Box 5-3 문제의 분류와 문제해결의 단계

1. 문제의 분류

우리가 다루는 문제는 다양하지만 그래도 문제의 성질에 따라 몇 가지로 분류해 볼 수는 있다.

(ⅰ) 정의가 잘된 문제(well-defined)와 정의가 제대로 안 된 문제(illdefined problem): 수학 문제와 같이 학교에서 다루는 대부분의 문제들은 전자에 속하지만 생활의 많은 문제들은 오히려 후자에 속한다. 정의가 잘된 문제는 구조화가 잘되어 있는 문제이다. 이런 문제에서는 문제를 해결하는 데 필요한 정보가 거의 모두 주어져 있다. 다시 말하면 문제의 시초의 상태, 목표 상태, 방법(조작자, operator) 및 방법의 한계에 관한 정보들을 모두 제공한 다음 문제해결을 요구한다. 반면에 정의가 제대로 안 된 문제는 문제해결에 필요한 정보가 적게 주어져 있거나 또는 아예 주어져 있지 않다. 예컨대 '20×30=7'과 같은 문제는 전자에 속하지만, 반면에 취직시험에 어떻게 합격할 것인가의 문제는 후자에 속한다(Newell & Simon, 1972). 보기는 다음의 그림에 있는 'Hanoi 탑' 문제이다.

(ⅱ) Greene(1987)은 문제를 구조를 찾아내는 문제, 변형하는 문제 및 배열하는 문제의 세 가지 유형으로 분류한다.

(ⅲ) 지식이 덜 요구되는 문제(knowledge-lean)와 지식이 많이 요구되는 문제(knowledge-rich problem)로 나눌 수도 있다. 전자와 같은 것일수록 세상 지식으로 충분하고 후자의 문제는 전문적 지식이 요구되는 문제이다. 다른 하나는 평가를 요구하는 문제와 계획을 요구하는 문제로 나누는 것이다.

2. 문제 해결의 단계

많은 연구자들은 문제해결에는 단계가 있다는 데 동의하고 있다. 형태주의 심리학자들은 단계분석을 특히 좋아한 듯하다. 그리고 창의적 문제해결의 단계 이론도 여러 가지 있지만 이에 대하여서는 별도로 다룬다.

(ⅰ) Wallas(1926)는 『사고의 예술』에서 준비, 부화, 해결(illumination) 및 확인의 네 단계를 제시하였다.

(ⅱ) Polya(1957)는 『그것을 어떻게 해결할 것인가?』에서 문제의 이해, 계획의 궁리, 계획의 실행 및 되돌아보는 것의 네 가지 단계로 나누고 있다.

(ⅲ) Wessels(1982)는 문제의 정의, 전략의 궁리, 전략의 수행 및 목표를 향한 진도의 평가 등으로 나누고 있다.

(ⅳ) Bransford & Stein(1984)은 'IDEAL'을 제시하였다. 그것은 문제의 확인, 문제의 정의, 대안의 탐색, 계획의 실행 및 효과의 확인 등이다.

보기 Hanoi탑 문제

한 번에 한 개의 고리만을 옮겨야 하고, 큰 고리가 작은 고리 위에 놓여져서는 안 되는 조건에서 막대 1에 걸려 있는 고리 3개를 모두 막대 3으로 옮겨라.

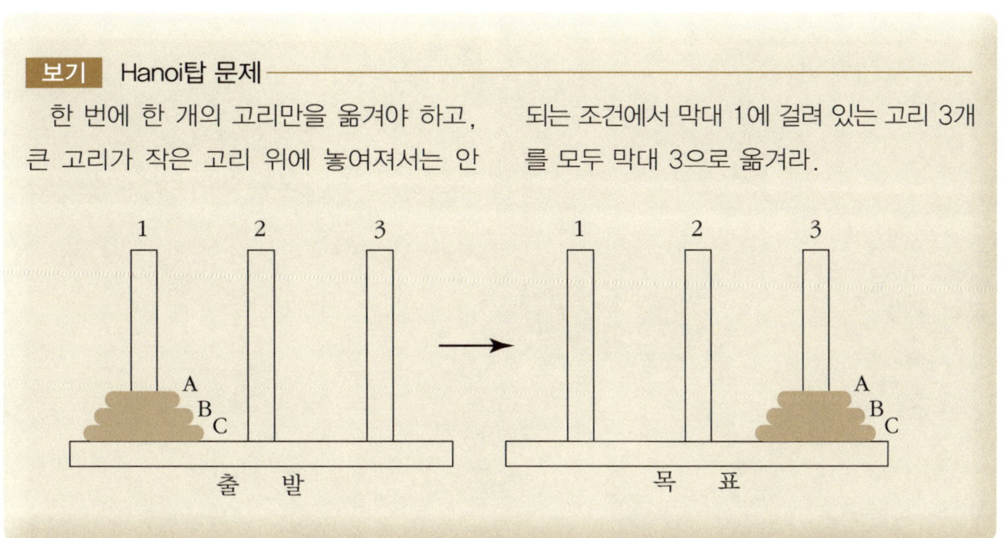

6장

사고기능의 개발

이 장에서는 사고기능을 개발하기 위하여 어떻게 학습자의 세계에 매개(중재)할 수 있는지를 먼저 다룬다. 이를 위하여 매개적인 학습경험을 제공할 수 있는 몇 가지의 조건들을 살펴볼 것이다. 다음으로 기본적인 사고기능들 가운데 특히 중요해 보이는 몇 가지를 골라 구체적인 내용들을 훈련 재료의 예시와 함께 살펴볼 것이다. 거기에는 관찰, 비교와 분류, 순서 정하기, 조직화, 추리 및 유추 등이 포함되어 있다.

Ⅰ. 매개와 개발의 조건

우리는 사고력, 사고의 기능과 전략은 배우고 가르칠 수 있으며 그리하여 보다 효과적인 것으로 개발시킬 수 있다고 믿는다. '개발' 대신에 훈련이나 교육이란 용어를 사용할 수도 있다. 그런데 사고력을 개발한다는 것의 의미를 좀더 깊게 음미해 볼 필요가 있다. 사고력을 개발한다는 말은 우리가 새로운 사고의 방법, 즉 사고의 기능과 전략을 습득하여 사용함으로써 우리의 사고가 변화되는 것을 말한다. 학생에게 사고력을 가르친다는 말은 학생들을 있는 대로 아무렇게나 내버려 두는 것이 아니라 '그의 세계'에 '끼어드는' 것을 의미할 것이다. 끼어드는 것을 전문용어로는 '매개'(중재, mediation)라 하지만, 어떻든 끼어드는 데는 두 가지의 수준이 있다. 하나는 학생이 접하게 되는 '자극의 세계'에 끼어드는 것이고, 다른 하나는 그가 행동을 보이는 '반응의 세계'에 끼어드는 것이다. 물론 끼어드는 것은 좋은 의도의 것이며, 적절한 자극을 배열하고 그리고 적절한 반응(사고행동)을 가이드하고 촉진하는 등의 내용일 것이다.

그런데 우리가 어떤 사고기능·전략을 선정하여 학습자의 세계에 끼어들어 그들을 개발하려면 우리는 그러한 사고기능·전략이 어떠한 절차로 수행되며 그리고 어떨 때 유용하게 사용될 수 있는지 등을 우선 충분하게 기술할 수 있어야 한다. 그리고 적절한 자극이 되게 충분한 개발 재료를 미리 준비할 수 있어야 한다.

아래에서는 사고기능·전략의 특성의 기술, 매개 그리고 훈련 재료의 개발 등의 세 가지로 나누어 간단하게 설명해 보기로 한다.

1. 특성의 기술

사고력을 개발하는 첫 번째 단계는 어떤 사고기능·전략을 개발할 것인지를 선정하는 것이다. 선정은 교과내용을 고려하여 할 수도 있고, 그와는 별개의 필요성에 따라 할 수도 있다. 그리고 일단 가르치려는 사고기능·전략을 선정하고 나면 이제는 그것을 수행해 가는 절차(방법)와 그것을 어떤 조건에서 효과적으로 사용할 수 있는지 등을 자세하게 기술할 수 있어야 한다. 그래야 제대로 가르칠 수 있으며 또한 그렇게 배워야 바르게 사용할 수 있기 때문이다. 마치 자동차의 운전을 가르칠 때 어떤 차례로 운전을 수행하며 그리고 어떨 때는 어떻게 해야 하는지를 자세하게 설명하는 것과 같다.

사고기능(사고조작)의 특성을 기술하는 것은 단순히 '이름'(명칭)을 대거나 '정의'를 내리는 것 이상이어야 한다. 복합적인 사고기능 · 전략일수록 특성 기술의 필요성은 훨씬 더 커진다. 적어도 그 사고기능 · 전략을 수행해 가는 절차와 규칙을 포함해야 하며, 그리고 가능하다면 관련의 지식이나 다른 사고기능 · 전략과의 관계도 기술할 수 있어야 한다. 그러나 가장 핵심적인 것은 그러한 사고를 진행해 가는 과정(절차, 방법)을 자세하게 설명할 수 있는 것이다.

(1) 절차: 사고기능 · 전략을 이루고 있는 과정적인 절차 내지 단계를 말한다. 주요 단계는 다시 하위 단계로 나눌 수 있으며, 각 단계는 대개가 한 단계씩 차례대로 하나의 시퀀스(sequence)로 수행된다.

(2) 규칙: 사고기능 · 전략을 언제 적절하게 사용할 수 있는지를 지시해 주는 것

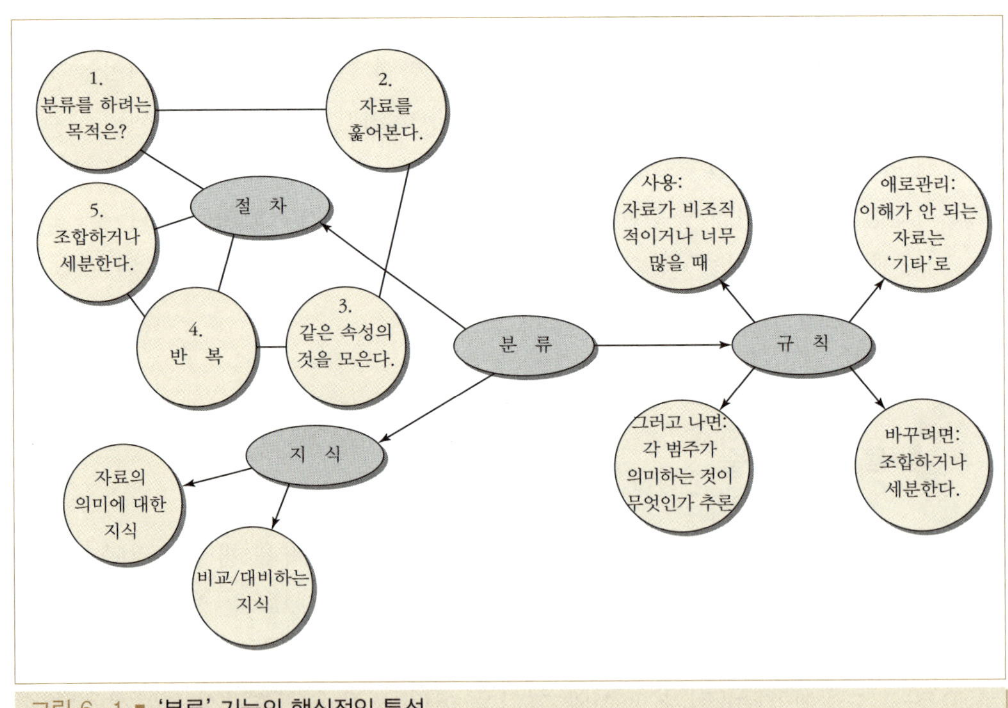

그림 6-1 ■ '분류' 기능의 핵심적인 특성

이다(이를 조건적 지식이라 부른다).

(3) 관련 지식: 사고기능·전략을 잘 사용할 수 있으려면 알아두어야 할 기준, 단서 및 관련 개념들을 말한다. 관련 지식은 전문영역에 따라 다를 수 있으며, 또한 맥락과 문제에 따라서도 다를 수 있다.

앞의 [그림 6-1]은 '분류'라는 사고기능의 절차, 규칙 및 지식을 비교적 자세하게 기술하고 있다. 그러나 실제로는 이렇게 자세하게 만드는 것은 바람직하지만 어렵거나 번거롭다. 그럼에도 불구하고 가르치려는 사고기능이 가지고 있는 특성들 가운데 핵심적인 것은 '어떤 절차로' 수행하며, 그리고 '언제' 유용하게 사용할 수 있는 것인지를 설명하는 것이다.

2. 매개적인 학습경험

모든 사람은 어느 연령 또는 어느 발달 단계에서도 더욱 발전할 수 있고 변용 가능한 개방체제라 우리는 믿는다. 인간은 가소성(plasticity)이 있고 적응력이 뛰어나다. Piaget나 Feurstein 등 많은 학자들이 '자극-유기체-반응'(S-O-R) 이론에서 강조하고 있는 것처럼 학습자는 환경에 대한 '직접적인 경험'을 통해서만 배우는 것이 아니다. 오히려 독서를 하거나 강의를 듣는 것과 같은 간접적인 경험의 비중이 더 크다고 볼 수도 있다.

사실 매개자(부모, 교사, 친구 등)가 아동과 그 아동의 '자극의 세계'에 개입하여(매개하여) 그가 경험하는 자극들을 걸러 주고, 변형시키고 또는 보충해 주는 매개된 경험을 통하여 학생들은 더 많이 학습한다. 이러한 경험/학습을 '매개적인 학습경험'(mediation learning experience)이라 부른다. 특히 Feurstein은 이러한 매개를 통하여 학습자는 떨어져 낱개로 버려질 수 있는 단편적인 경험들을—어떤 것은 결정적인 경험인 데도 불구하고—매개를 통하여, 이들이 유의미하게 연결할 수 있는 인지기능을 개발할 수 있음을 강조한다. 이것은 매개자가 자극 수준에서 끼어드는 것이다.

매개자는 자극이라는 수준뿐 아니라 반응 수준에서도 학습의 과정에 개입할 수도 있다. 다양한 경험을 할 수 있게 훈련 재료를 만드는 것은 자극이라는 수준의 것이다. 그러나 예컨대 '이렇게 하지 말고 저렇게' 또는 '지금 아니고 맨 끝에 하라'

등을 지시하는 것은 반응 수준의 개입일 것이다. 여기에서 Feurstein은 'S-O-R 모형'에다 '유의한 인간'(human)을 나타내는 'H'를 추가시켜 'S-H-O-H-R 모형'을 만들고 있다.

'H'는 아동에게 자극을 해석하며, 반응을 가이드하고 조절하며, 그리고 하고 있는 활동이 왜 중요한지 등을 설득해 주는 '사람'을 의미한다. 그러나 궁극에 가서 아동이 성숙하고 독립적인 사고를 할 수 있게 되면 자신 이외의 인간이라는 매개자는 더 이상 개입할 필요가 별로 없게 될 것이다.

Feurstein은 효과적인 매개의 측면들을 여러 가지로 구분하고 있다. 아동과의 상호작용이 효과적인 매개적 학습경험이 되기 위해서는 적어도 다음과 같은 세 가지 준거를 만족시켜야 한다. 그러나 이들 세 가지 준거는 서로 완전히 독립적인 것은 아니다.

(1) 의도성과 상호성: 매개가 효과적이려면 우선 매개자가 커뮤니케이션하고자 하는 것이 무엇인지 그 의도하는 바를 아동이 이해해야 하며, 그리고 아동이 그러한 의도에 대하여 반응하고 피드백할 수 있어야 한다. 사고력 개발은 의도적이며 외현적이어야 하고, 그리고 효과적이어야 함을 강조하고 있는 셈이다.

(2) 의미: 활동의 의미와 중요성을 이해할 수 있어야 한다. 교사의 열성이 전달되어야 할 뿐 아니라 활동의 결과는 다른 넓은 장면에서도 적용하여 사용할 수 있도록 학습자에게 적절해야 한다. 그러한 활동이 왜 중요한지도 알아야 한다. 그렇지 않으면 활동은 맹목적인 것이 되어 버릴 것이다.

(3) 전이와 초인지: 배우는 사고기능이 일반화(전이)될 수 있게 도와 준다. 또한, 자신의 사고과정을 의식적으로 자각하고 점검하며 적당한 장면에서 자발적으로 적용해 보도록 하는 초인지 사고를 강조한다. 이러한 기준은 우리가 학생의 사고력을 개발코자 하는 어떠한 장면에서도 적용할 수 있는 가치 있는 것들이다.

3. 훈련 재료의 개발

여러 가지의 사고기능들을 개발하려면 적절한 훈련 재료를 준비할 수 있어야 한다. 이러한 훈련 재료들은 사고기능의 성취도를 사정할 때도 유용하게 사용할 수 있다.

다음에서는 '사고기능'을 개발하기 위한('사고전략'은 제외하고) 훈련 재료들을 예시해 보기로 한다. 이들의 일반적인 특징은 다음과 같다.

(1) 예시해 둔 개발 재료들은 주로 시각적인 것이다. 그러나 개발 재료는 그림이나 다이어그램 등과 같은 시각적인 것뿐 아니라 단어나 문장 등의 언어적인 재료, 수치 또는 기호 등 다양한 형태의 것을 이용할 수 있다.

(2) 사고력 개발을 위한 훈련 재료는 교과내용에 보다 가까운 것과 이와는 달리 일상생활에 보다 가까운 제재(토픽)의 것으로 대별해 볼 수도 있다. 그러나 예시해 둔 개발 재료에는 이들을 특별히 구분하지 아니하였다.

(3) 개발을 위하여 사용하는 재료는 학습자의 발달수준에 따라 난이도가 조정되어야 할 것이다. 다시 말하면 학습자의 수준에 따라 적절할 수 있는 재료의 추상성이나 복합성이 다를 수 있다. 예시해 둔 내용은 다소간 초급수준의 것이며, 따라서 추상성이나 복합성의 수준이 비교적 낮다.

(4) 앞으로 우리는 사고력 개발 프로그램을 수업과는 별개로 교육하는 독립적 접근법보다는 이들을 상보적인 하나로 통합하는 통합적 사고력 수업의 가치를 더 크게 주목해 볼 것이다. 그러나 여기에 제시해 둔 개발 재료들은 주로 시각적인 것이기 때문에 그 어느 경우에서든 간에 사고기능을 처음으로 도입하여 연습할 때 유용하게 사용할 수 있다. 그리고 보다 넓게는 사고력 일반 또는 특정한 사고기능을 개발하기 위한 프로그램을 제작하는 데 참고 재료로 사용할 수 있을 것이다.

Ⅱ. 관 찰

(i) 관찰은 모든 사고활동의 기본이다. 아래에서는 시각적인 재료만 예시했지만 관찰의 중요성은 다른 감각 양식(예컨대 듣기, 만지기 등)에서도 마찬가지로 중요하다.

(ii) 관찰은 정확하고, 구조적이고 포괄적이어야 한다. 예컨대 강의를 들을 때는 핵심을 파악할 수 있어야 하며, 텍스트를 읽을 때는 저자의 메시지의 핵심을 이해할 수 있어야 할 뿐 아니라 내용이 정확하고 철저해야 한다.

(iii) 아래에서는 관찰 중에도 전체를 구조적으로 보는 확인, 차이(차별), 유사

성 및 변별 등으로 나누어 훈련 재료들을 예시하고 있다.

1. 관찰 – 확인

보기 문제

1. 다음 그림에서 무엇이 잘못 되었는가?

2. 그림에서 무엇이 잘못 되었는가?

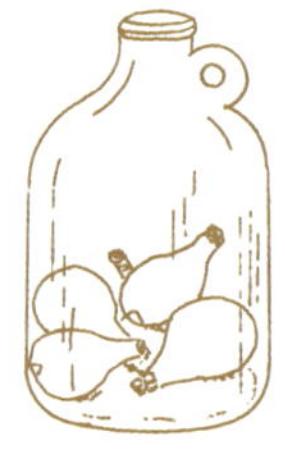

3. 그림에서 무엇이 잘못 되었는가?

2. 관찰 – 차이(변별)

보기 문제

* 아래에 제시해 둔 3개의 기준별로 (가)와 (나) 간의 차이점은 무엇인가?

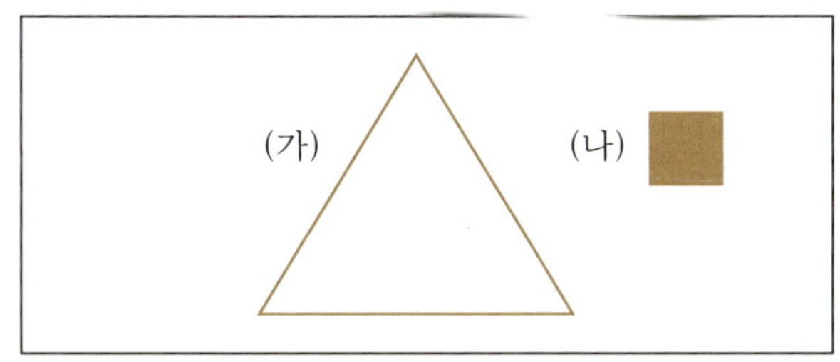

기 준	(가)의 특징	(나)의 특징
1. 형 태	1. ______________	1. ______________
2. 크 기	2. ______________	2. ______________
3. 색 깔	3. ______________	3. ______________

* 다음에는 5가지의 기준에 따라 (가)와 (나)의 특징을 비교해 보고 있다. 차이나는 특징을 '비교하는 기준' 되는 것은 무엇일까?

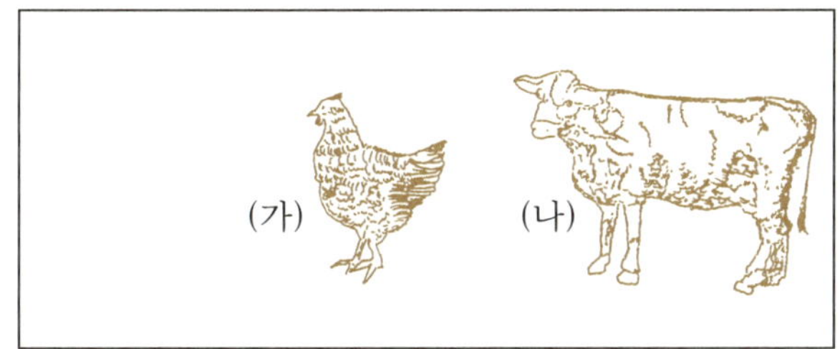

비교하는 기준	(가)의 특징	(나)의 특징
1. __________	1. 2개	1. 4개
2. __________	2. 깃 털	2. 털
3. __________	3. 새	3. 포유동물
4. __________	4. 달 걀	4. 우 유
5. __________	5. 닭 장	5. 목 장

3. 관찰 – 유사성

보기 문제

* 아래에 있는 5가지의 '기준'에서 볼 때 특징이 가장 비슷한 두 사람은 누구인가?

기 준	내 용	
1. 키	______	______
2. 옷	______	______
3. 머리 스타일	______	______
4. 기 분	______	______
5. 남 녀	______	______

* 아래에 있는 세 가지의 물건들이 가지고 있는 공통적이거나 비슷한 점을 적어 보라.

	공통적이거나 비슷한 점
1. 연필-펜-분필	______
2. 사과-복숭아-포도	______
3. 가솔린-우유-향수	______
4. 온도계-시계-자	______
5. 도서관-서점-만화 가게	______
6. 양동이-포켓-지갑	______
7. 모래-설탕-소금	______

4. 관찰 – 변별

보기 문제

＊다른 것과 특별히 다른 한 가지는?

1.　　　　　　　　　　2.

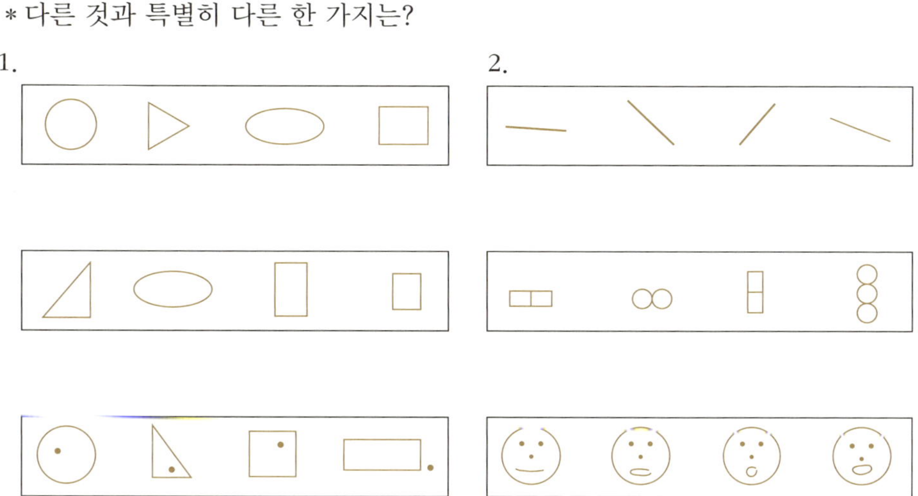

Ⅲ. 비교와 분류

1. '비교와 분류'의 과정

여러 가지의 대상이나 아이디어들이 있으면 이들을 몇 가지의 묶음(집단)으로 분류하면 이해하기가 쉽고 사용하기도 쉬워진다. 그런데 분류(묶음하기, 집단화, 범주화)를 하려면 먼저 항목들을 '비교'해 보아야 한다. 비교해 보고 어떤 기준을 사용하여 같은 것들을 같은 하나의 묶음으로 분류(범주화)한다. 따라서 비교와 분류의 과정은 다음과 같이 된다.

(ⅰ) 서로는 어떻게 유사한가?

(ⅱ) 서로는 어떻게 다른가?

(iii) 유사점과 차이점에서 어떠한 의미 있는 구조나 '형태'를 찾아볼 수 있는가?

(iv) 결론(또는 해석)-분류하기: 기준에 따라 몇 개의 집단으로 분류한다.

이러한 '비교와 분류'의 과정을 보여주고 있는 것이 [그림 6-2]이다.

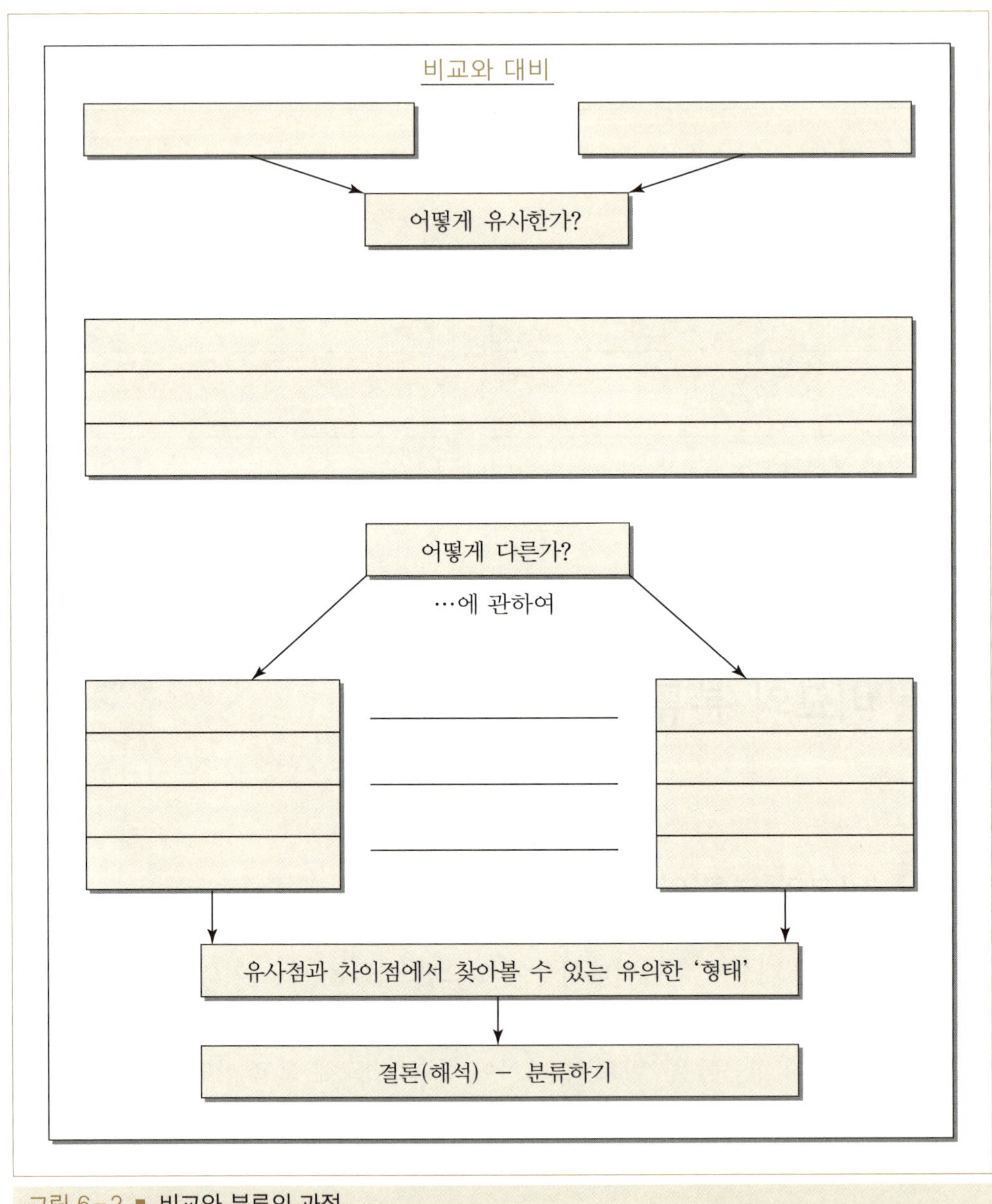

그림 6-2 ■ 비교와 분류의 과정

아래에는 '비교와 분류'를 이해하기 쉽게 다이어그램으로 표현한 다음, 이를 기초로 두 나라가 어떤 공통점과 차이점을 가지고 있는지를 요약하고 있다.

영국과 일본은 인구밀도가 높은 섬나라이다. 영국은 9만 4천 제곱마일에 5천 6백만여 명이 살고 있으며, 평균 인구밀도는 약 1제곱마일 당 600명 정도이다. 이것은 섬 어느 곳에서도 사람이 살고 있을 것이라는 것을 추정해 볼 수 있다.

일본은 14만 6천 제곱마일에 1억 2천만 명이 살고 있으며, 평균 인구밀도는 제곱마일당 830명 정도가 살고 있다. 일본 내의 오지 산맥 이외의 지역에는 사람들이 다 산다고 볼 수 있다.

두 국가는 인구밀도가 높은 대륙 인근에 위치하고 있다. 많은 국민들은 무역에 의존해서 살아가고 있으며 주로 물건을 배로 운반한다. 영국의 산업은 18세기 말 19세기 초에 산업혁명으로 시작되었고, 일본은 20세기에 산업국가가 되었으며 최근 10년 간에 자동차, 전자기기, 전자제품의 중요한 수출국이 되었다.

양국은 군주가 있으나 국가의 수상이 정부의 수반이고, 진정한 의사결정은 선출된 입법부에서 행해진다. 영국은 17세기 말 18세기 조에 의회민주 정부로 빌달되었고, 일본은 20세기의 최근 40년쯤 민주정부로 출범하였다.

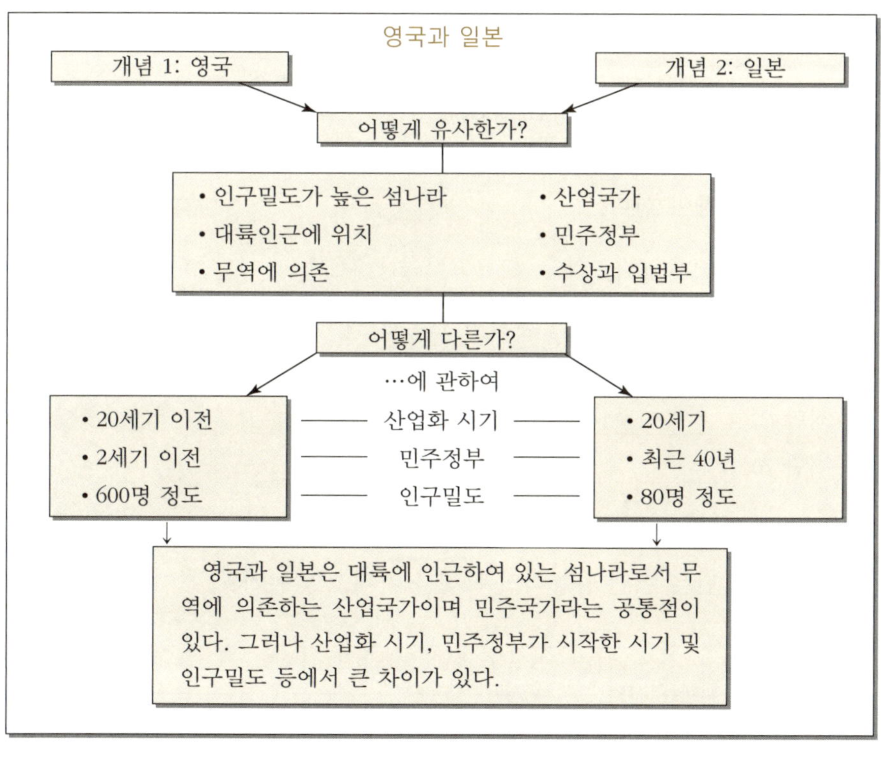

2. '비교와 분류'의 지도과정

(i) 다음의 보기에서처럼 유사점(비슷한 점)과 차이점에 따라 집단을 만들어 보게 한다.

(ii) 분류한 집단별로 각기의 특징을 설명해 보게 한다.

(iii) 분류한 기준에 따른 특징을 기초하여 각기의 집단에 '명명'(이름 붙이기)해 보게 한다.

(iv) (i)~(iii)을 기초로 왜 그렇게 분류하여 묶음했는지를 설명해 보게 한다. 또는 그러한 분류에 따라 어떤 가설을 생성해 보게 하는 등의 활동을 추가적으로 해 볼 수도 있다.

보기 문제

* 관찰하기: 아래에 있는 물건들을 살펴보라. 이들은 모두 우리가 이동할 때 사용하는 것들이다.

1. 버스　2. 비행기　3. 보트　4. 자전거　5. 헬리콥터　6. 배　7. 택시

(i) 이들을 가지고 3개의 묶음(집단)을 만들어 보라. 같은 집단에 속하는 것들은 모두 같거나 비슷한 어떤 특징을 가지고 있어야 한다. 그리고 제시되어 있는 그림들은 모두 사용해야 한다.

* 관찰한 것을 기록하기:

(ii) 각기의 집단에 속하게 된 그림의 번호를 적어본다.

집단 1: ____________________

집단 2: ____________________

집단 3: ____________________

* 설명하기:

(iii) 각기의 집단은 어떤 공통적인 특징을 가지고 있는가?

집단 1: ____________________

집단 2: ____________________

집단 3: ____________________

3. 기타의 예시적 자료

(1) 다음의 그림들을 가위로 잘라 보라. 그리고 아래에 적어 놓은 기준에 따라 그림들을 분류해 보라.

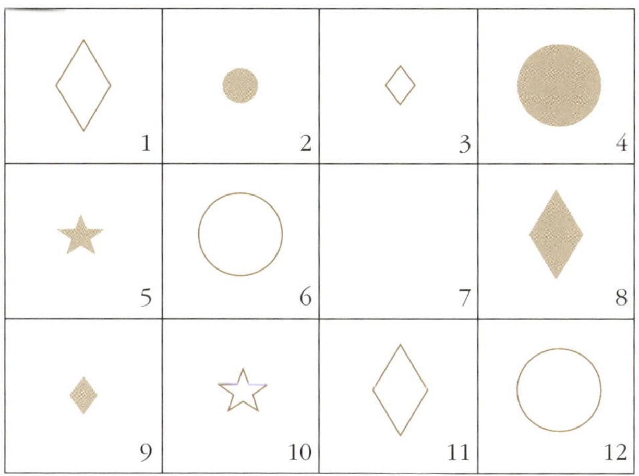

(i) 기준 ⇒ 색깔

유목 1: ____________________ 유목 2: ____________________

(ii) 기준 ⇒ 모양

유목 1: ____________________ 유목 2: ____________________

(iii) 기준 ⇒ 크기

유목 1: ____________________ 유목 2: ____________________

(2) 오른쪽에 있는 그림 가운데 왼쪽에 있는 4개의 그림과 가장 비슷한 특징을 가지고 있는 것은?

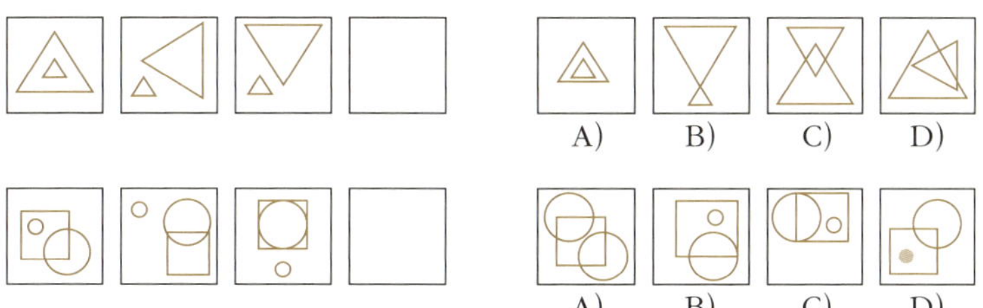

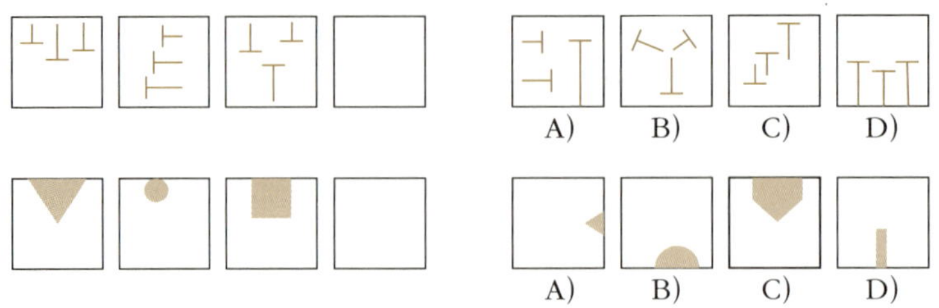

(3) 다음에 있는 그림들을 가위로 잘라 보라. 그리고 서로가 어떻게 비슷한지를 생각해 보라. 그리고 이들을 3개의 묶음(집단)으로 분류하고, 그런 다음 각 묶음에 이름을 붙여 보라.

(4) 다음에 있는 각기의 포스터에다 비슷한 성질의 그림을 하나 더 그려 넣어라. 그리고 각기의 포스터에다 서로의 특징이 나타날 수 있게 재미있는 이름을 생각해 보라.

Ⅳ. 순　　서

1. 종　　류

'순서'란 차례, 즉 순서 정하기 또는 시퀀스(sequencing)를 말한다. 순서를 정하는 목적에는 몇 가지가 있을 수 있다. 그러한 목적에 맞게 공간(장소)적인 위치를 기준으로 하는 것, 역사적 사건의 경우처럼 시간적인 순서를 기준으로 하는 것, 작업의 진행순서를 기준으로 하는 것, 인과 관계적인 것을 기준으로 하는 것 등의 순서 그림을 만들 수 있다.

따라서 순서(또는 간격) 그래프를 만들고자 할 때는 먼저 그래프를 만들려는 목적에 적합한 형태의 그래프를 신징해야 한다. 그런 다음 서로는 어떻게 같거나 비슷한지를(공통점) 찾아보고 마지막으로 서로는 어떻게 다른지를(차이점) 찾는다. 이를

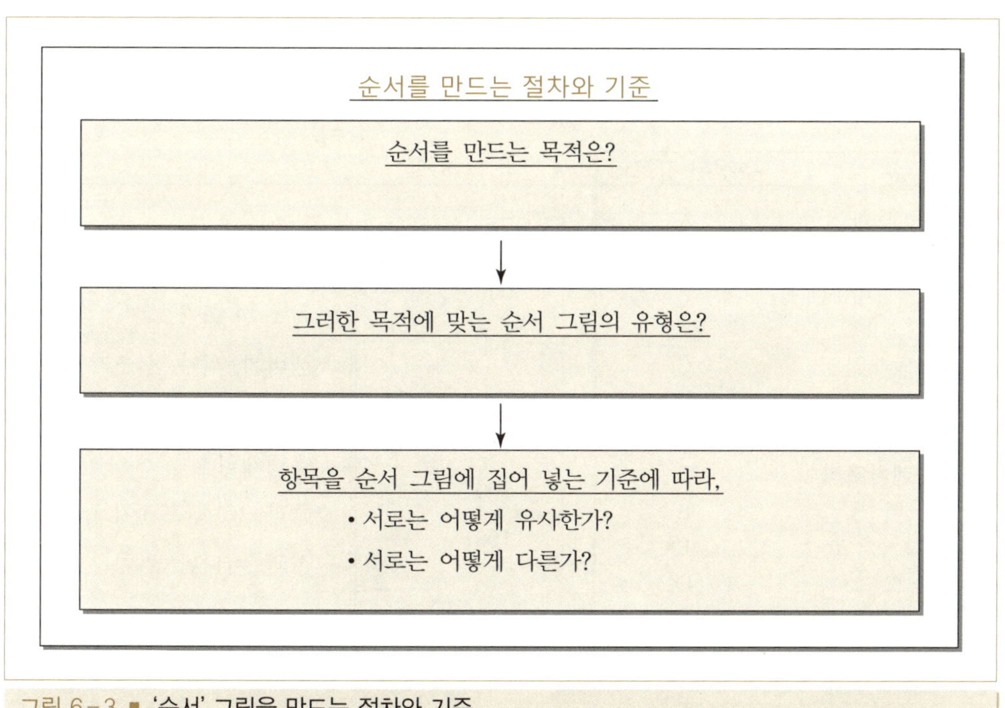

그림 6-3 ■ '순서' 그림을 만드는 절차와 기준

그림으로 설명하면 [그림 6-3]과 같이 된다. 다음에서는 간격 그래프, 진행순서 그래프 및 플로우 차트 다이어그램(flow chart diagram)만을 예시해 보기로 한다.

(i) 간격 그래프: 시퀀스나 순서를 나타낼 때 사용한다. 이것은 주로 양적 자료를 기록하는 데 사용되며, 그렇게 하면 경향, 상관 또는 동시적인 사건 등을 해석하기 쉽다.

- 연대기적 순서 기록
- 수치의 기록
- 병행적 사건 기록

보 기

우리들이 전형적으로 먹고 있는 음식에는 얼마나 많은 칼로리가 있는지를 추정해 보자. 정확히 추정을 하지 못한다면 각 음식의 칼로리 범위를 설정하여 그 중에서 선택해 볼 수도 있다. 간격 그래프로 칼로리의 범위를 설정하고 거기에다 각각의 음식을 적당한 자리에다 넣어 보라.

A = 0 – 100칼로리　　D = 300 – 400칼로리
B = 100 – 200칼로리　　E = 400 – 500칼로리
C = 200 – 300칼로리　　F = 500 – 600칼로리

음식	추정된 칼로리
사　과	A
바 나 나	A
콜　라	B
치　즈	E
스넥케일	C
팝　콘	A
도　넛	B
프렌치프라이	B
햄 버 거	E
피자 한 조각	E
핫 도 그	D
초 콜 릿	F

* 간격 그래프

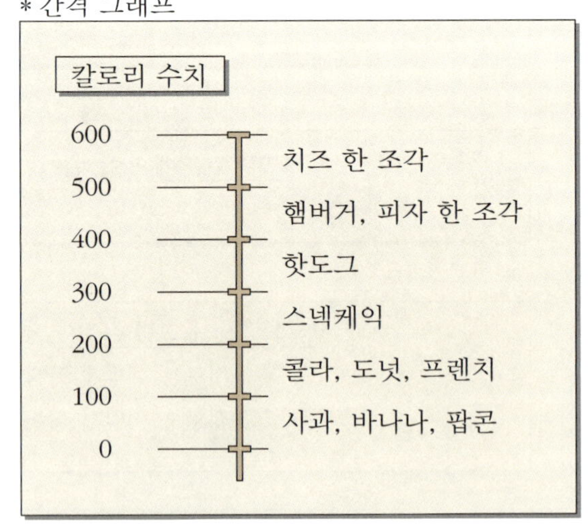

(iii) 진행순서 그래프: 어떤 사건이나 과제들이 전개되어 가는 순서를 기록한다. 그렇게 하면 항목들의 상대적 위치, 순서, 또는 부피나 양(量)의 상대적 수준 등을 쉽게 알 수가 있다.

- 어떤 사람에 관련된 진행순서(배경, 시기, 업적, 공헌 등)
- 사건의 발생순서
- 유기체나 대상에 관련된 어떤 변수의 순서(크기, 기원, 발달순서 등)

보기

돈의 발달과 구실

돈은 경제생활을 위해 오랜 옛날부터 쓰여 왔다. 처음에는 쌀, 옷감 등을 돈 대신으로 이용하였으나, 경제가 발달하면서 쓰기에 더욱 편리한 돈을 만들게 되었다. 지금은 수표가 널리 쓰이고, 신용카드도 돈의 구실을 하고 있다.

* 진행 순서 그래프

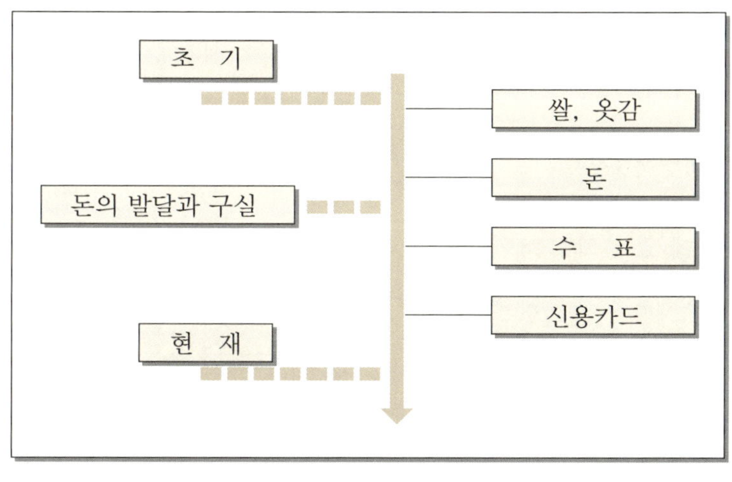

(iv) 플로우 차트 다이어그램: 어떤 사건, 행위 또는 의사결정의 차례를 나타내는 데 유용하게 쓸 수 있다.

- 계열적 사건(유기체의 발달, 행정절차, 입법절차, 역사적인 변천, 수학문제 풀이, 학교생활, 컴퓨터의 조작 단계 등)

• 과정 기술(레포트, 수필, 기말 페이퍼 작성의 절차 등)

보 기

효과적인 설득 방법

다른 사람을 효과적으로 설득하기 위해서는 다음과 같은 사항에 유의해야 한다. 흥미와 관심을 불러일으켜 듣는 이에게 절실한 문제임을 인식시킨 다음, 제기된 문제의 구체적인 해결방안을 조리 있게 말한다. 문제해결을 위해 듣는 이가 어떻게 해야 할지를 말하고, 마지막으로 말한 내용을 요약 · 정리한다.

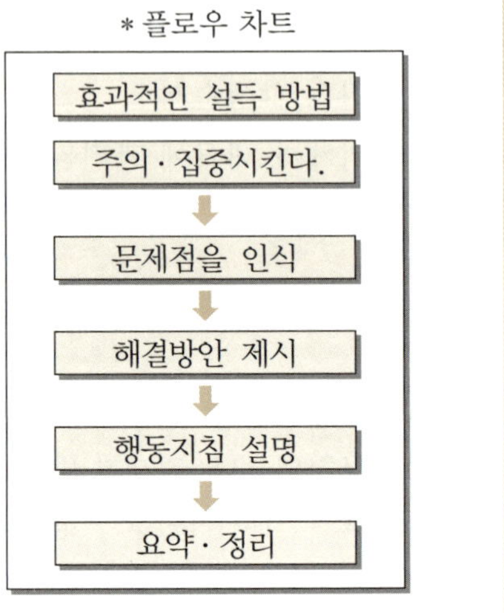

2. 예시적 자료

(1) 오른쪽에 있는 그림들 가운데 왼쪽에 있는 네 개의 그림들 다음에 올 것은? 그리고 이들이 보여주는 변화의 형태는 어떤 것인지를 적어 보라.

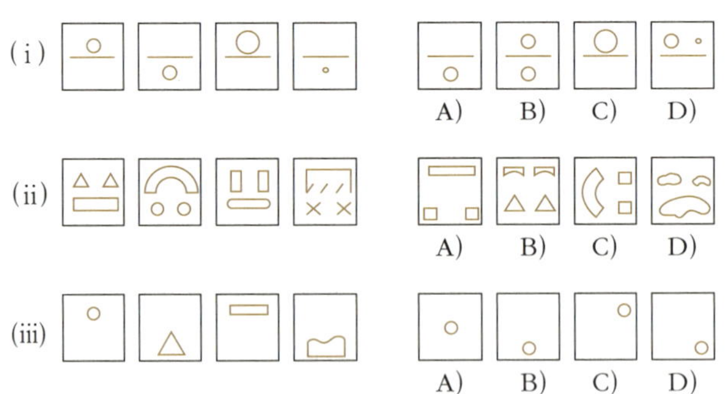

(2) 각기에서 다음에 올 것으로 가장 적당한 것은?

(i) 초, 분, 시, 주, __________, 년, 달, 세기, 시계

(ii) −4, −3, −2, −1 ________, −5, 1, 0, 2

(iii) 자, 사, 마, 다, ________, 가, 하, 나, 아

(iv) N, NE, S, SE, ________, NW, S, SW, W

(v) 전무, 극소수, 약간, 상당 수, ________, 없음, 다수, 무한 수

(3) 다음에 있는 6개의 그림은 우리가 어떤 일을 할 때 차례대로 해야 하는 것들이다. 순서가 바르게 되도록 차례대로 1-2-3 … 식으로 적어 보라.

V. 조 직 화

1. 자료의 조직화

앞에서 다룬 '분류'나 '순서' 만들기 등은 '분석력'을 요구하는 데 대하여, 여기서는 '조직화'하는 사고기능에 대하여 살펴보기로 한다. 조직화는 '종합력'을 요구한다.

'종합'(synthesis)이란 부분들을 하나의 전체로 연결하여 새로운 어떤 것을 만드는 것을 말한다. 예컨대 여러 가지의 부품들을 조립하여 자동차와 같은 완성품을 만드는 것과 같다. 다시 말하면 종합이란 바로 새로운 것을 만드는 '창의'이다. 따라서

'조직화'를 요구하는 과제들은 대단히 많이 있을 것이다.

그러나 여기서는 글(작문)을 쓰기 위하여 관련의 자료를 수집한 다음 이들을 하나의 논문이나 보고서와 같은 것으로 조직하여 '창의'하거나 또는 어떤 담화(얼굴을 대하고 또는 전화 등으로)를 응집적인 전체로 조직화하는 경우만을 다루어 본다.

수집한 자료가 '벽돌'이라면 '조직화'는 벽돌을 조직적으로 사용하여 '건물'이라는 하나의 전체를 만드는 것이다. 조직화의 기준으로는 다음의 세 가지를 들 수가 있다.

(i) 자료에 맞게 조직화: 자료를 정리해 가다 보면 거기에는 어떤 특징들이 나타나고 그래서 자연스럽게 몇 개의 방향으로 나누어지기 시작한다. 따라서 어떤 설명, 기술, 또는 형태가 자연스럽게 드러난다. 예컨대 지리(판매 영역, 공장 위치), 조직(위계적, 의무관계), 범주(유형, 크기), 형태(비행기, 배 등), 역사(사건의 연대순), 조작 사이클(엔진, 펌프) 및 시퀀스(제조, 설치) 등의 기준에 따른 것들을 들 수가 있다.

(ii) 청중에 맞게 조직화: '청중에 대한 평가'에 따라 조직하는 방식이 달라진다. 예컨대 연대순, 귀납적, 클라이맥스적 및 피라미드식 조직화 등이 있다. 모든 커뮤니케이션의 목적은 청중에 맞게 하여 제대로 설득하는 데 있다.

(iii) 과제의 성질에 따라 다른 조직화: 과제가 요구하는 바에 따라 전체를 조직할 수도 있다. 예컨대 서술적, 사건적, 과학적 또는 경과 보고식 조직화 등이 있다.

2. 조직화의 양식

작문을 하거나 간단한 담화(이야기, 발표)를 할 때는 반드시 '내용을 전개해 가는 양식'을 지켜야 한다. 다시 말하면 '서두'(한두 문장의 목적 진술), '핵심 사항'(3-4개), '세부 내용'(각 핵심사항 설명), '보기나 일화'(흥미와 이해 돕기 위한 정보), '끝맺음' 및 '다음 단계에서 할 일' 등의 전개 순서를 따른다. 내용을 전개하는 양식을 보다 자세히 살펴보면 다음과 같다.

- 서두: 이야기의 목적(한두 개의 문장으로 말할 수 있어야)
  이야기의 내용과 범위
- 핵심 사항: 3－4개의 핵심사항 진술(그래야 이해가 쉬워진다. 3－4개로 유목화하여 사실이나 세부내용을 집단화한다.)

- 세부 내용: 각 핵심사항을 좀 자세하게 설명
- 보기나 일화: 흥미를 북돋우고 이해를 분명하게 하기 위하여 관련되는 재미있는 일
- 끝맺음: 핵심사항을 재진술하는 요약을 하고, 그리고 결론을 진술(이렇게 하면 발표가 조직적이게 되며, 마무리됨)
- 다음 단계에서 할 일: 다음 단계에서 해야 할 일이 무엇인지를 진술함(이들 내용을 서론 – 본론 – 요점의 요약과 결론 등으로 표현할 수도 있다)

전개의 일반적 양식을 열차에 비유해 보면 아래의 그림과 같이 된다. 흔히 글은 서론, 본론 및 결론의 세 부분으로 이루어진다고 말한다. 이에 따르면 '서두'는 서론에, '핵심사항' · '세부사항' · '보기나 일화'는 본론에, 그리고 '끝맺음'과 '다음 단계의 할 일'은 결론에 해당된다.

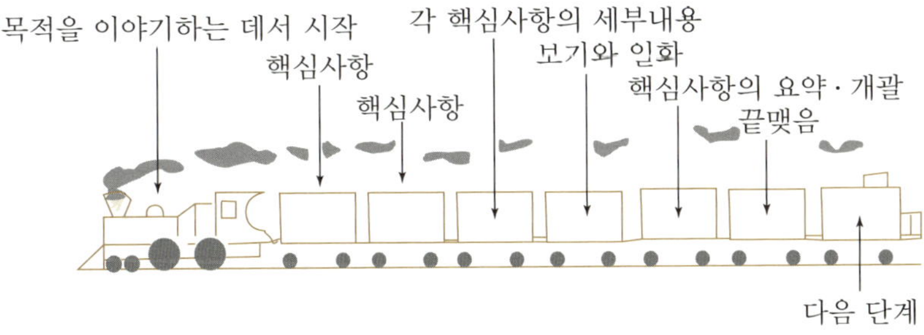

보기 문제

* 작문의 조직화 양식은 담화나 발표에서도 마찬가지로 적용된다. 아래의 보기를 살펴보자.

복도를 지나 가다가 과장을 만났는데, 그는 프로젝트의 진척에 대하여 묻는다. 아래에는 이 질문에 대하여 대답하는 즉석 이야기의 시나리오를 보기로 들고 있다. 그러나 이들은 순서를 흐트려 놓았고 단계의 이름도 빠져 있다. 전개순서를 바로잡고 빠진 이름도 완성하라.

( ) 서두: 프로젝트의 마감일에 대하여 말씀드리겠습니다.
( ) 보기나 일화: 지난주 B씨가 직원 네 사람을 데리고 와서 맛을 보도록 해 보았지요. 그런데 몇 번을 맛 본 다음은 객관성을 잃은 것 같습니다. 앞의 접시에 있던 것을 나중에 다시 맛 보게 했는 데도, 대개가 '전번 것보다 나은데요'라고 말했

습니다. 그래서 10명 정도를 추가로 선발하여 제품에 대한 좀더 정확한 반응을 받아 볼까 합니다.
( ) [ ]: 제 생각에는 두 가지의 마감일이 있다고 생각됩니다.
한 가지는 '연구 보고서 마감일'이고, 다른 한 가지는 '견본 마감일'입니다.
( ) 끝맺음: 방금 말씀드린 바와 같이 얼마 안 되어 마감일을 지킬 수 있을 것입니다.
( ) [ ]: 연구 보고서는 거의 끝나 갑니다. A씨가 대전에 가서 보충자료를 수집해 오면 보고서를 끝낼 수 있을 것입니다. 견본도 거의 다 만들었습니다. 그러나 포장을 하기 전에 10명 정도를 선발하여 제품을 시식하도록 했으면 합니다.

Ⅵ. 추 리

1. 추리의 성질

이미 앞에서 우리는 추리란 주어진 정보 이상으로 나아가 새로운 결론(의미)을 만드는 것이라 정의한 바 있다. 보다 쉽게 말하면, 추리는 reasoning＝reason＋ing이다. 이유들을 따져 보고 그를 기초로 하여 새로운 어떤 결론에 이르는 사고과정이라 말할 수 있다.

추리는 크게 보아 결합적 추리, 연역적 추리와 귀납적 추리로 나누어 볼 수가 있다. 그러나 실제의 전개 형태는 보다 다양할 수 있다. 귀납적 사고(추리)는 일련의 구체적인 사건(사례)에서 일반적인 어떤 결론으로 진행되는 데 대하여, 연역적 사고는 이와는 반대로 일반적인 형태(대전재)에서 시작하여 어떤 구체적인 것에 대한 결론에 이른다. 결합적 추리(associative reasoning)는 보다 일반적인 것으로서 단어, 아이디어 또는 개념들 사이의 관계를 지각하는 것을 말한다. 그래서 결합적 추리(연상적 추리)는 특히 창의적 사고에 필요한 기능이다. 중요한 아이디어들을 알아 보고, 그들 아이디어들을 여러 가지 시각(입장)에서 음미해 보고, 그리고 아이디어들 사이의 관계를 찾아내는 것이다.

2. 추리의 유형

(1) 결합적 추리

질문을 하고 그것에 대하여 단순히 대답을 말하게 하는 것만으로는 불충분하다. 왜 그렇게 생각하는지, 어떤 식으로 생각했는지 등과 같이 자신의 추리의 과정을 설명해 보게 해야 한다. 그리고 이들을 집단 토의의 기초로 사용하면 효과적이다.

(i) 나는 책을 많이 가지고 있다.
시험 때면 더 많은 학생들이 나를 찾는다.
나는 누구인가?

(ii) 나에게 5를 더하면 9가 된다.
다음에는 6이 온다.
한국 사람들은 싫어하는 것이지만 서양 사람들은 그렇지 않다.
나는 누구인가?

(iii) 놀이할 때는 플라스틱으로 만든 것을 사용한다.
전쟁할 때 주로 사용된다.
자주 칼과 함께 사용된다.
나는 누구인가?

(i)은 단일 범주의 문제이며 가능한 정답은 '도서관'일 수 있다. 그러나 (ii)와 (iii)은 대답이 여러 개일 수 있는 중다 범주의 문제이다. 각기의 가능한 정답은 '4'이고, '총'일 수 있다.

(2) 연역적 추리

(i) '일수', '이수', '삼수'와 '사수'라는 이름을 가지고 있는 네 사람은 각기 연령이 다르고(13세, 15세, 16세, 19세), 신장이 다르고(163㎝, 165㎝, 168㎝, 175㎝), 체중이 다르고(50kg, 52kg, 64kg, 59kg), 그리고 눈동자의 색깔이 다르다(청색, 녹색, 갈색, 보라색). 이들의 성씨는 김, 이, 박, 최이다. 아래의 단서들을 이용하여 각 사람의 이름, 성, 연령, 체중, 신장 및 눈동자의 색깔을 확인해 보라(단, 아래의 단서에서는 수치에 대한 '단위'는 모두 생략하고 있다).

(가) ‘박’과 ‘이수’의 연령의 합은 ‘이수’와 ‘삼수’의 체중의 합의 1/3이다.

(나) ‘삼수’와 ‘사수’의 체중의 합은 ‘삼수의 연령의 8배이다.

(다) ‘일수’와 ‘김’의 신장의 합은 ‘최’의 연령의 2승의 2배이다.

(라) ‘김’은 ‘박’이나 ‘사수’보다 나이가 더 많다.

(마) 녹색 눈을 가지고 있는 사람은 보라색이나 갈색 눈을 가지고 있는 사람보다 키가 더 크다.

(바) 가장 나이가 많은 사람이 가장 키가 큰 것은 아니다.

(사) ‘삼수’는 ‘사수’보다 키가 더 크다.

(아) 키가 가장 작은 사람은 청색 눈이 아니다.

(3) 귀납적 추리

(i)

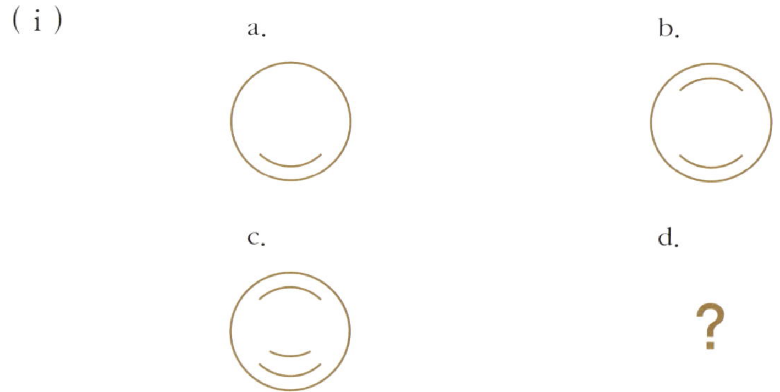

(ii) 영수는 동물원에 구경을 갔다. 동물원 안에 있는 동물들은 매우 사납다는 것을 발견하였다. 그리하여 영수는 “나도 저런 동물처럼 우리 안에 계속 갇혀 있으면 사납고 난폭해질거야!”라고 생각하였다. 그래서 영수는 만약 동물들을 우리 밖으로 내 놓으면 그렇게 사나워지지 않게 될 것이라고 사육사에게 말해 주었다. 영수가 생각하고 있는 원인-결과의 관계는? 맞는가? 무엇이 문제인가?

(iii) 영자는 천둥소리에 매우 놀랐다. 소녀는 사람들이 가까이 올 때마다 침대 밑에 숨어서 그들이 지나가기를 기다렸다. 소녀는 침대 밑에 숨는 것이 효과가 있다고 생각하였다. 왜냐하면 그렇게 숨을 때마다 조만 간에 천둥소리는 지나갈 것으로 믿었기 때문이다. 영자의 ‘추리’에서 잘못된 것은 무엇인가?

(4) 자료의 해석

(i) 다음은 철수, 영수, 민수 그리고 갑수의 신장, 몸무게, 시력 및 가슴둘레이다. 네 가지는 모두 건강에 똑같이 중요하다고 가정해 본다.

	신 장	몸무게	시 력	가슴둘레
철 수	160cm	70kg	1.0, 1.0	80cm
영 수	160cm	60kg	0.3, 0.6	90cm
민 수	160cm	50kg	1.5, 1.5	75cm
갑 수	160cm	50kg	0.8, 1.5	70cm

(가) 기록하기: 당신이 이들의 건강에 대하여 결정을 내리는 사람이라 생각하고 자료를 잘 읽어보라. 누가 가장 건강할 것 같은가?

____

____

(나) 설명하기: 왜 그렇게 판단했는가? 이유를 자세히 설명해 보라.

____

____

____

(ii) 어떤 농부가 개 24마리를 기르고 있었다. 그런데 지난 밤에 9마리만 남고 모두 죽어 버렸다. 지금 몇 마리가 살아 있는가?

(iii) 관찰과 추론

• 아래 그림은 나무가 자란 모습을 관찰하여 그린 것이다.

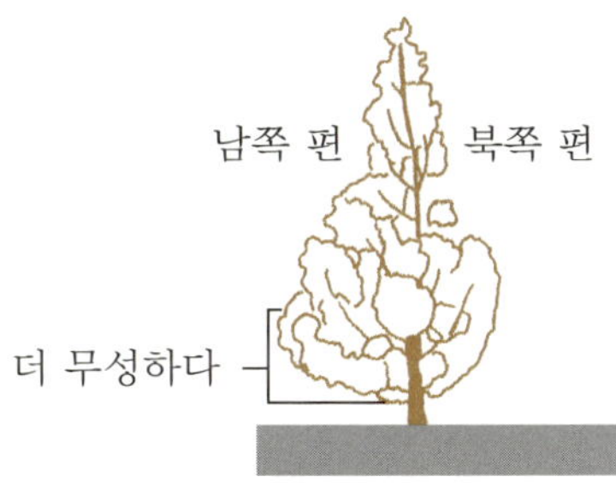

(가) 관찰한 내용을 적어 봅시다.

1. ______________________________

2. ______________________________

3. ______________________________

(나) 관찰한 내용을 설명해 봅시다. 나무는 어떻게 해서 그렇게 자랐을까요?

4. ______________________________

5. ______________________________

6. ______________________________

(ⅳ) 다음에는 '곤충'의 보기를 7가지 들어 두었다. (h), (i) 및 (j)에 있는 3가지는 곤충인가? 그러면 곤충의 특징은?

(a) 이것은 곤충이다.

(f) 이것은 곤충이 아니다.

(b) 이것은 곤충이 아니다.

(g) 이것은 곤충이다.

(c) 이것은 곤충이 아니다.

(h) 이것은 곤충일까?

(d) 이것은 곤충이다.

(i) 이것은 곤충일까?

(e) 이것은 곤충이다.

(j) 이것은 곤충일까?

기본적인 특징: 곤충은 어떤 특징들을 가지고 있는가?:

(5) 예측과 가설생성

예측(예언)은 미래의 것이 어떨 것이라는 추측이다. 그러나 추측은 마구잡이가 아니라 최대로 그럴 듯하고 현명해야 한다. 가설은 현명한 추측에 의한 최선의 설명이어야 한다.

(i) A라는 사람이 산골 어느 곳에 집을 지었다. 그런데 그 집에는 겨울에는 거의 햇빛이 들지 아니한다. 이 집의 모습과 주위를 보여주고 있는 그림으로 가장 그럴 듯한 것은?

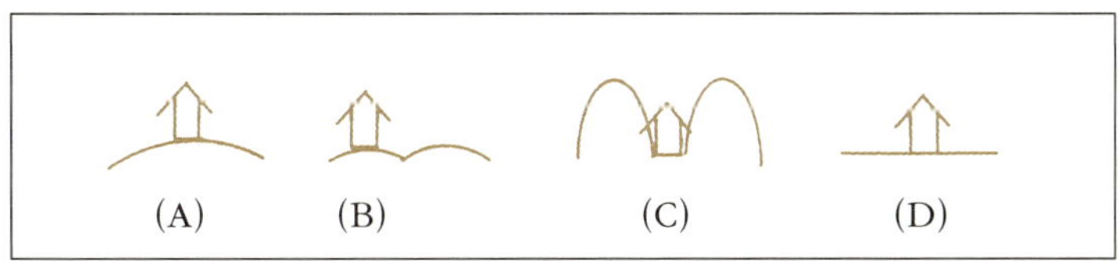

(ii) 어느 학교 선생님이 집에 일찍 돌아가려고 서둘러 수업을 마쳤다. 그는 주차장에서 자기의 차를 두리번거리며 찾아 보았다. 그런데 나중에 그의 부인이 학교로 자동차를 운전해 와서 선생님을 태워 갔다. 어떻게 된 일일까?

(iii) 다음과 같은 실험을 해 보고 물음에 대답하라.

(가) 아래에는 플라스틱, 나무조각, 페인트 칠한 마분지, 철판, 벽돌, 유리 등의 여섯 가지의 물건이 있다.

(나) 각 물건 위에다 물 한 방울씩을 떨어뜨려 보라.

- 관찰한 것을 기록하기: 물은 어떻게 되었는가? 각 물건마다에서 본 것을 적는다. 확대경을 사용하면 더 잘 볼 수 있다.

(다) (1) 플라스틱:

(2) 나무조각:

(3) 종　　이:

(4) 철　　판:

(5) 벽　　돌:

(6) 유　　리:

- 가설형성: 이제 여기 '종이'가 있다. 여기에다 물 한 방울을 떨어뜨리면 어떻게 될까?

(라) ____

- 설명하기: 왜 그렇게 될 것이라 생각하는가?

(마) ____

Ⅶ. 유　　추

1. 유추의 성질

유추(analogy)의 핵심은 관계 비교(relational comparison)에 있다. 잘 모르는 어떤 것을 이해하기 위하여 그것을 이미 우리가 친근하게 잘 알고 있는 것과 비교해 본다. 다시 말하면 잘 모르는 어떤 것을 이미 비교적 잘 알고 있는 다른 어떤 영역에서의 어떤 것과 비교하고 관계시켜 설명하는 것이다. 예컨대 설명하기 어려운 '교육'(교사와 학생의 관계)을 비교적 잘 아는 원예(관리자와 꽃·나무의 관계)에 관계시켜 설명하는 것과 같다. 혈액순환의 수도관 모형, 원자구조의 우주모형, 또는 가스의 당구공 모형 등도 유추의 또 다른 보기들이다.

유추적 사고의 힘은 표면적으로 보면 서로가 무관한 것 같이 보이는 두 개의 어떤 것들을 비교해 볼 수 있는 데 있다. 유추에서는 유사성의 기초를 '관계'에 두고 있기 때문에 가능할 것 같지 아니한 비교가 가능해진다. 그래서 많은 창의적인 발견들은 유추에 기초하고 있다. 그리고 학습한 어떤 것을 적용 또는 응용하려면 우선 그것을 적용하려는 새로운 장면과 비교해 보고 유추해 보아야 한다.

유추가 관계 비교인 데 대하여 직접 비교하는 것으로 직유(simile)와 은유(metaphor)가 있다. 예컨대 A라는 사람을 잘 모르는 사람에게 설명하기 위하여 "A는 돼지와 같은 사람 입니다"라 한다면 직유를 사용한 것이다. 직유는 "…과 같은"을 사용하여 서로를 비교한다. 그런데 이 보다 더 직접적이고 보다 강력한 비교가 '은유'로 여기서는 "…과 같은"이 생략된다. 그래서 "A는 돼지입니다"와 같은 것이 된다.

2. 예시적 자료

(1) 변형과 비교

(i) 다음의 각기는 '변형'을 보여주고 있다. 각기는 어떻게 변형되었는지를 설명

해 보라.

변　　환	설　　명

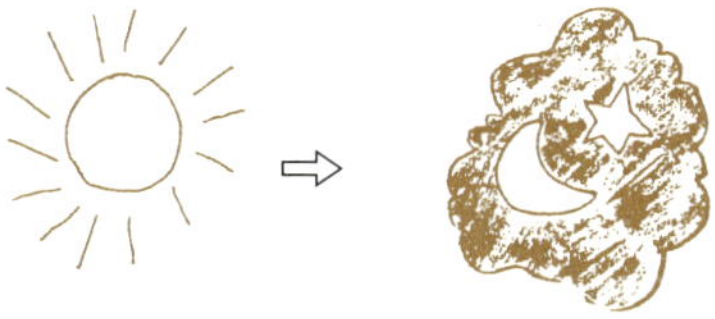	

(ii) 서로는 어떻게 비슷하고, 어떻게 다르며, 그리고 서로는 어떻게 변형되었는가?

A　　　B	비슷한 점	차이점	변형은?
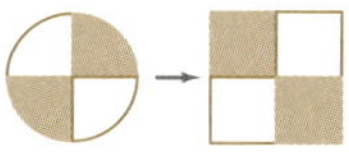			
 W → M			
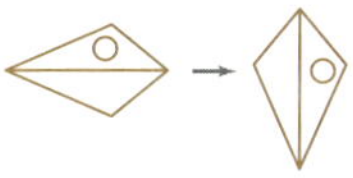			

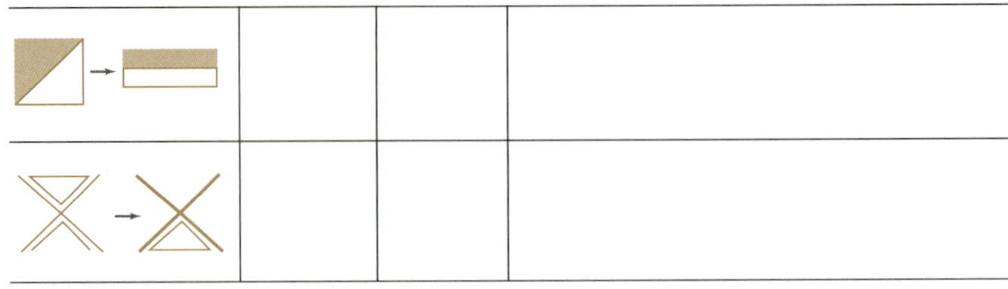

(iii) 벽돌 : 벽 :: 단어 : ?

식물 : 걸음 :: 사람 : ?

아버지 : 아들 :: 엄마 : ?

"1"이 "4"에 대한 것은 "5"가 무엇에 대한 것과 같은가?

"다"가 "가"에 대한 것은 "자"가 무엇에 대한 것과 같은가?

(iv)

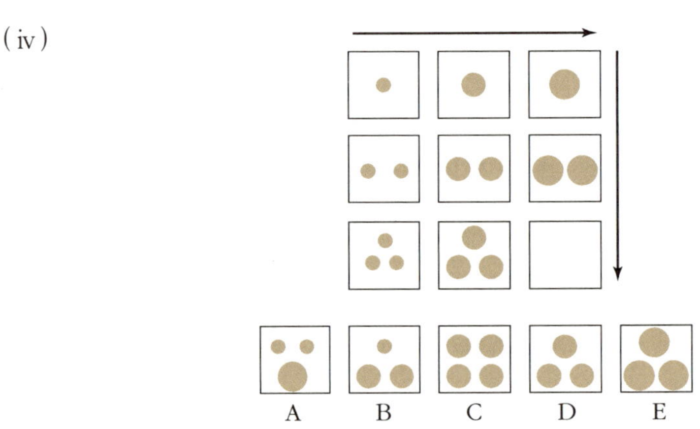

(v) 다음에서 그림을 완성하라.

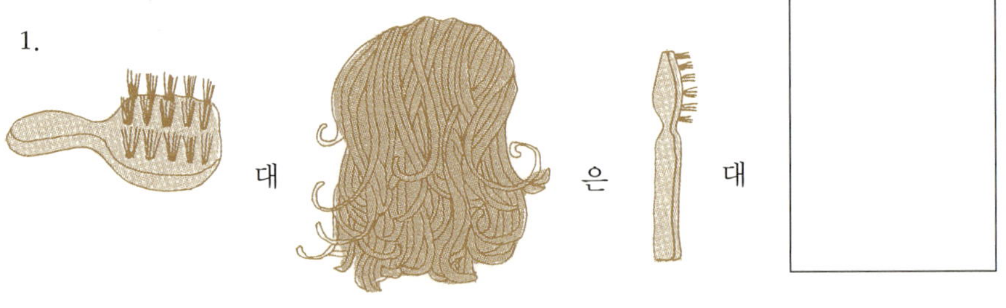

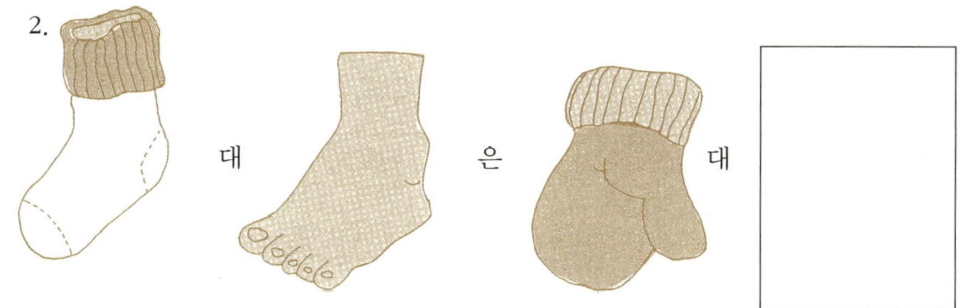

(vi) '타조'는 매우 '크다'. 여기에서 글쓴이가 '크다'고 한 말이 의미하는 것은?

a) 타조는 개미와 비교해 보아 크다.

b) 타조는 기차와 비교해 보아 크다.

c) 타조는 다른 새와 비교해 보아 크다.

(vii) 철수는 시골에서 살고 있다. 철수는 광주에 가기를 대단히 좋아하는데, 그것은 광주가 크기 때문이다. 여기서 글쓴이가 '크다'고 한 말이 의미하는 것은?

a) 광주는 집에서 기르고 있는 개와 비교해 보아 크다.

b) 광주는 철수가 가 본 적이 있는 다른 도시와 비교해 보아 크다.

c) 광주는 서울보다 크다.

(2) 관계 비교

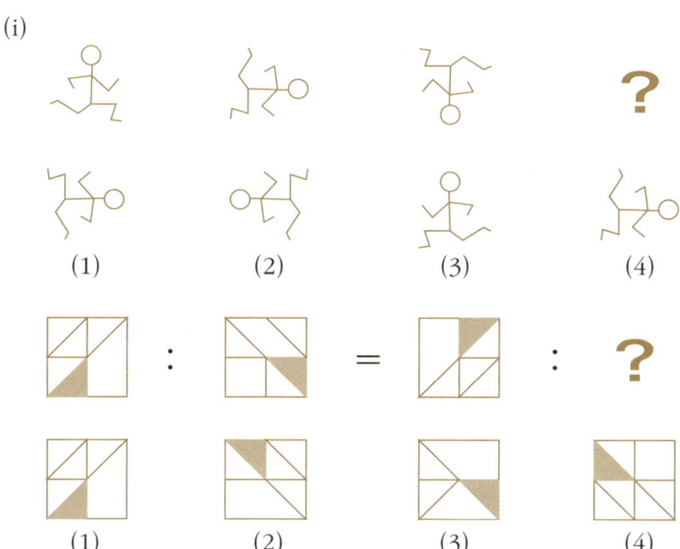

(ii)

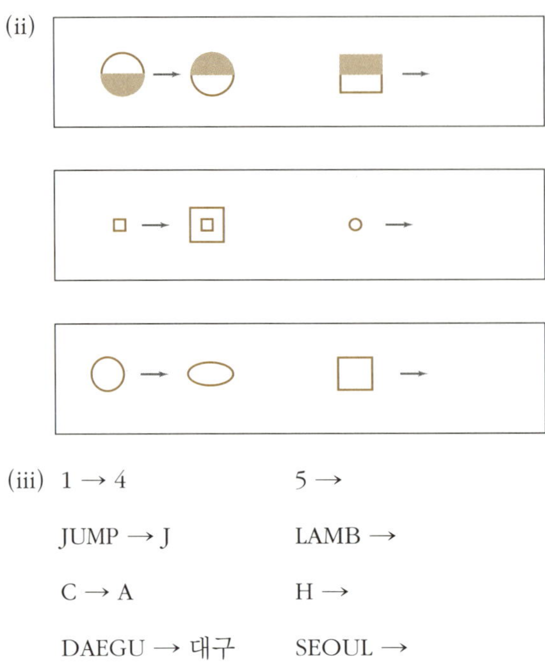

(iii) 1 → 4　　　　5 →

JUMP → J　　　　LAMB →

C → A　　　　H →

DAEGU → 대구　　　　SEOUL →

3. 유추에 의한 추리

(1) 유추의 유용성

(i) 유추는 두 가지 사이에 있을 수 있는 어떤 관계를 비교하는 것이다. 그리고 그를 통하여 새로운 '결론'에 이를 수 있다. 자신의 주장을 잘 쓰기 위해서는 글이 그럴 듯해야 한다. 다시 말하면 "논증 = 주장(결론) + 뒷받침하고 있는 이유(전제)"라는 조직을 가지고 있어야 한다. 유추는 훌륭한 '이유'로 사용할 수 있다.

(ii) 그러면 유추는 얼마나 적절한가? 즉, 어떤 유추가 결론을 뒷받침하는 이유로 얼마나 좋을 것인가? 비교하는 A와 B에서 적절한 비슷한 것이 많을수록, 그리고 차이점이 적을수록 그러한 유추는 유용하다. 그리고 적절하면서 비슷한 것이 시사해 주는 것에서 우리는 새로운 것을 배워가게 된다. 그럴수록 그것은 새로운 결론, 또는 창의적인 발견일 가능성이 커진다.

다음의 [그림 6-4]는 '유추에 의한 추리', 그리고 [그림 6-5]는 '유추를 통한 학습'의 과정을 보여주고 있다.

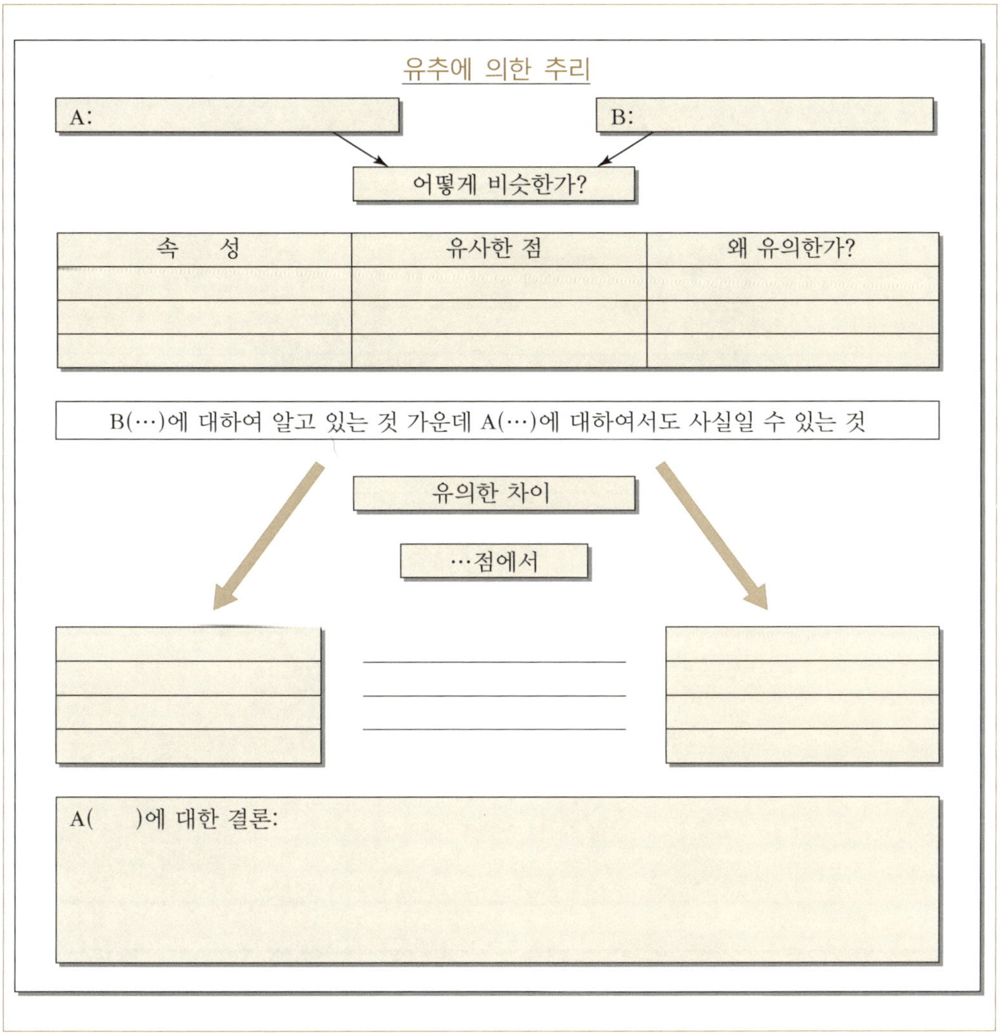

유추에 의한 추리

A:

B:

어떻게 비슷한가?

속　　성	유사한 점	왜 유의한가?

B(…)에 대하여 알고 있는 것 가운데 A(…)에 대하여서도 사실일 수 있는 것

유의한 차이

…점에서

A(　　)에 대한 결론:

그림 6-4 ■ 유추에 의한 추리

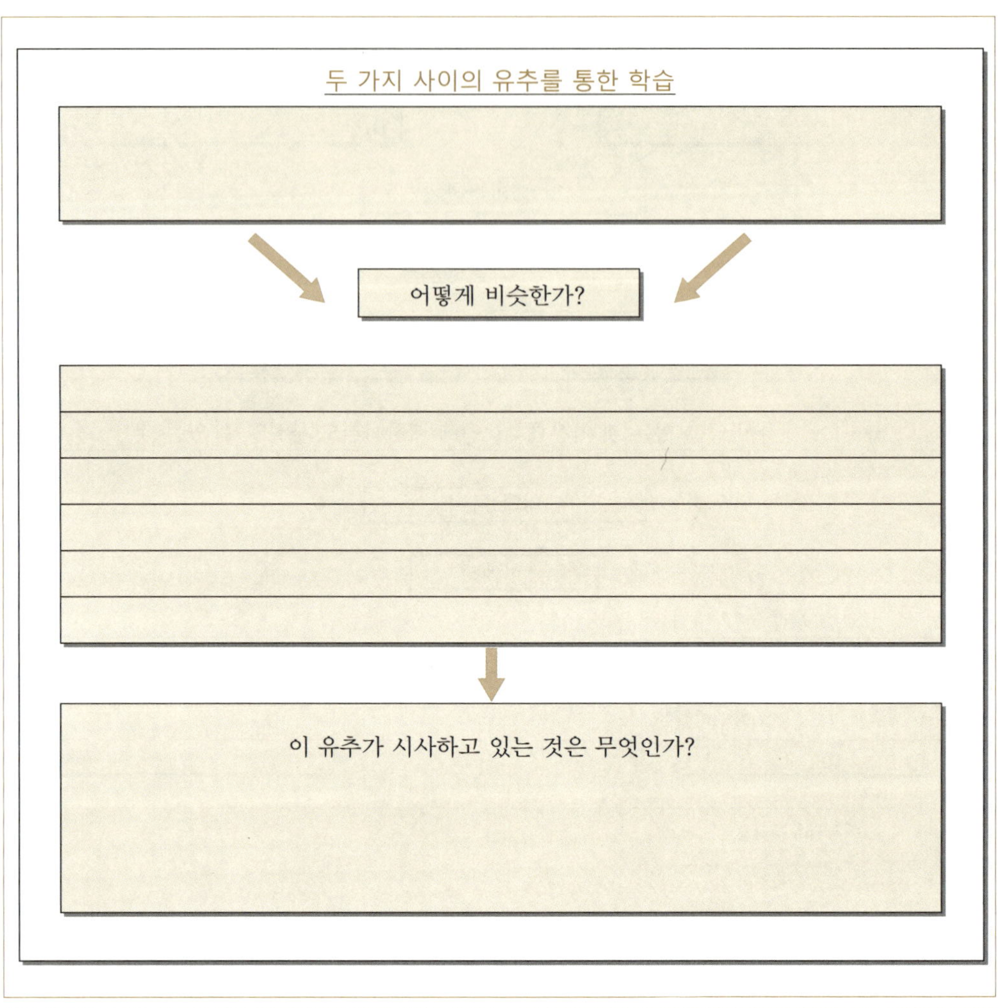

그림 6-5 ■ 유추를 통한 학습

7장

독서이해와 독서법

이 장에서는 먼저 글/텍스트의 성질과 독서이해의 내용에 대하여 살펴본다. 그리고 글을 이해하기 위한 사고과정과 수준을 몇 가지로 분류해 볼 것이다. 그런 다음 글/텍스트가 어떻게 중심내용을 중심으로 전체가 연결되어 통일적이며 응집적인 구조를 이루고 있는지, 그리고 글에서 중심내용이 놓여 있는 일반적인 위치는 어떠한지를 살펴볼 것이다. 다음으로 중심내용을 뒷받침하고 있는 세부내용 가운데 특히 중요해 보이는 보기, 이유 및 재진술에 대하여서도 예시와 함께 비교적 자세하게 알아본다. 마지막으로 새로운 하나의 독서법으로 SSTAR–M 독서법을 알아볼 것이다. 여기에는 사전개관하기(S), 전개구조와 구획섹션 나누기(S), 질문으로 바꾸고–대답하고–소리내어 암송하기(tar–TAR) 및 이해를 점검(M)하는 등의 6단계들이 포함되어 있다. '독서이해'는 전통적으로 보아 사고력 교육에서 많은 부분을 차지하지 않는다. 그러나 비판적 사고와 문제해결에는 정보의 수집과 분석능력이 필수적으로 요청되고, 여기에는 독서이해가 큰 부분을 차지하고 있기 때문에 본서에서는 이 장을 특별히 마련하기로 하였다.

Ⅰ. 글의 성질과 독서이해

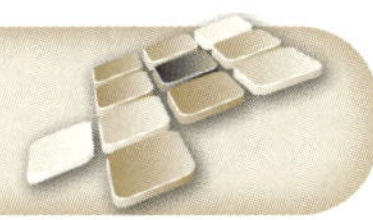

1. 글/텍스트의 성질

'글'이란 '문자'를 사용하는 필기 언어(written language)를 의미한다. 그런 의미에서 글은 '말'을 사용하는 구두 언어(口頭言語, spoken language)와 대조가 된다. 그러나 이러한 의미의 '글'이란 용어는 글이란 구조적이고 응집적인 것이라는 글의 원래의 의미가 제대로 전달되는 것 같지 않다. 그래서 여기서는 '글'과 '텍스트'(text)란 단어를 상호 교환적인 것으로 사용하며, 또한 글/텍스트, 글(텍스트), 또는 글/교재 등의 용어를 상호 교환적인 것으로 자유스럽게 사용코자 한다.

어떠한 글이든 간에 '글'에는 적어도 두 가지의 특징적인 성질이 있다. 하나는 글에는 반드시 '목적'(이유)이 있다는 것이다. 저자는 어떤 목적을 가지고 글을 쓰기 때문이다. 다른 한 가지는 글은 어떤 구조적이고 조직적인 형태를 가진다는 것이다. 왜냐하면 저자는 자신의 목적을 달성하기 위하여 메시지(내용)를 가능한 대로 효과적으로 전달하려고 애쓰기 때문이다. 저자는 글의 전개를 어떻게 하고 내용을 어떻게 조직할 것인지에 대하여 고민한다. 그래서 우선 뼈대를 만들고 거기에다 살을 붙여서 결국은 전체가 정교한 메시지가 되게 만든다.

글/텍스트란 어떤 토픽(화제, topic)에 대한 어떤 중심내용(주제, theme)을 중심으로 여러 가지 정보들이 연결되어 전체가 통일적이며(unified), 그리고 구조적이고 응집적인(coherent) 의미구조를 이루고 있다. 다시 말하면 텍스트는 '뼈대'를 중심으로 조직화된 하나의 체제(system) 또는 설계(design)를 이루고 있다.

저자는 글을 쓰는 목적(의도, 이유)이나 주제의 성격에 따라 글의 형태를 달리하고 있어, 이에 따라 글/텍스트를 몇 가지로 나누고 있다(예컨대, Singer & Donlan, 1989). 본 장에서는 글/텍스트를 논설문(정보문, informational)과 서사문(이야기 글, narratives)으로 나눈다. 논설문은 다시 논증문(주장문, argumentative)과 설명문(expository)으로 나눌 수 있지만 이들은 어느 것이나 '정보를 제공해 주는 데' 목적이 있다. 반면에 서사문(이야기 글)은 가상적 또는 실제적인 사건들을 시퀀스(sequence)로 제시하고 있으며 재미, 스릴, 또는 개인적인 감동을 주는 데 목적이 있다.

2. 글의 이해

독서이해(독해)를 한다는 것은 머리 속에서 사고(thinking)한다는 것이며, 이해를 위한 사고의 과정을 머리 속에서 거친다는 것이다. 그리고 그러한 사고과정을 통하여 어떤 산출(결말, outcome)을 생산해 낸다. 그리고 독서/작문을 하는 사고의 과정(過程) 내지 절차가 얼마나 효과적인가에 따라 생산해 내는 산출의 양과 가치가 결정될 것이다. 달리 말하면 독서/작문을 어떻게 하느냐에 따라 생산해 내는 결과(산출)가 결정된다.

독서를 어떻게 하느냐를 독서의 '방법' 또는 '요령'이라 부른다. '방법'을 안다는 것은 일을 수행하는 '어떻게'(how)를 아는 것이다. 또한 일을 수행하는 방법을 아는 것을 '기능'(skill)이라 하고, 더 나아가 여러 가지 기능들을 적절하게 골라 사용할 줄 아는 것을 '전략'(strategies)이라 부른다. 이러한 지식을 절차적 지식이라 부른다는 것은 이미 살펴본 바 있다.

'독서이해'한다는 것은 읽고 있는 텍스트를 통하여 저자의 '생각'에 접근하고 그리하여 저자와 같거나 비슷한 생각을 할 수 있게 되는 것이다('내용=사고'란 것을 다시 주목해 볼 수 있다). 다시 말하면 저자의 '사고'를 '복원'하고 거기에 '동일시'하는 것이다. 그리고 거기에서 그의 사고를 들여다 보면서 '비판'해 보거나, 한 걸음 더 나아가 그의 사고내용을 토대하여 새로운 사고를 해 보는 것이라 정의할 수도 있다.

이러한 '독서이해'를 좀더 풀어 설명해 보면 다음과 같이 될 것이다.

(1) 내용들을 서로 연결시키고 조직화하기

글을 이해다는 것은, 간단히 말하면, '연결'(connection)을 만드는 것이다. 문장의 내용을 이해하려면 문장 속에 있는 단어들을 뜻이 통하게 연결할 수 있어야 하고, 문단의 내용을 이해하려면 문단을 이루고 있는 문장들을 서로 연결시킬 수 있어야 한다. 마찬가지로, 여러 장들의 내용이 전체로 연결되지 않으면 글 내용을 이해하기 어렵다.

그리고 부분들 간의 '연결'은 전체적인 관계 속에서 이루어져야 한다. 이것을 우리는 글의 내용을 '조직화'(organization)한다고 말한다. 독서를 잘하고 이해를 잘 하는 사람은 글의 내용을 전체적 · 거시구조적으로 연결시켜 이해하고 조직화할 줄 안다. 이러한 이해를 우리는 깊은 이해, 또는 체제적(체계적) 이해라 부를 수 있다. 거기에는 보다 중요한 '뼈대'가 있고, 그 다음으로 중요한 뼈대와 살이 있어 이들은 '전체'라는 체제를 이류다.

내용을 연결시켜 조직화하는 데는 구조화와 맥락화라는 두 가지의 방법이 있다. 구조화(structuring)는 글 속에 들어 있는 여러 내용들을 조직하는 것이고, 맥락화(contexting)는 글 속의 내용을 다른 글, 다른 단원 또는 다른 교과에서 배운 내용, 또는 자신의 일상 경험의 내용과 관련시켜 조직화하는 것이다. 다시 말하면 글 속의 내용들을 이전에 배웠던 내용이나 독자 자신이 가지고 있는 경험이나 지식에 그리고 더 나아가, 이렇고 저런 세상 지식과 연결시키는 것이다. 이때 비로소 우리는 글의 내용을 단순히 아는 것이(knowing) 아니라 이해하는 것이 된다.

(2) 내용을 요약하기

독서한 내용을 '이해'한다는 말은 달리 말하면 전체 내용을 '요약'할 줄 아는 것이다. 요약한다는 것은 글에서 중심적인 내용을 찾아내고 그것을 자신의 말로 간략하게 표현하는 것이다. 요약을 할 수 있으려면 글의 '뼈대'를 찾아내고 전체 내용을 응집적이고 통일적인 구조로 조직화할 수 있어야 한다. 그리고 중요한 것과 덜 중요한 것을 구분할 수 있어야 한다. 요약을 잘할 줄 아는 독자는 글의 구조와 조직이 어떠하다는 것을 쉽게 확인할 줄 알며, 그리고 이해의 사고전략을 효과적으로 활용할 줄 안다.

(3) 내용을 자세하게, 그리고 깊게 정교화하기

요약은 덜 중요한 것은 탈락시키면서 글의 내용을 더 위로, 보다 더 일반적인 것으로 '추상화'하는 것이다. 그러나 '정교화'는 더 아래로, 더 깊고 자세하게 그리고 더 풍부하게 심화시켜 가는 것을 말한다. 조그마한 아이디어인 데도 이를 풍부하고 재미있게 설명하고 있는 좋은 글을 읽을 수 있다는 것은 독자의 행복이다.

정교화하는 사람은 자신이 가지고 있는 배경지식을 사용하여 지금 읽고 있는 독서내용을 자세하고 풍부하게 만들어 간다. 예컨대 보기를 들고, 공통점과 차이점을 찾고, 다음의 내용을 미리 예상해 보고, 중심내용에 세부내용을 관련시키고, 그리고 독서내용의 함의나 시사점을 생각해 보는 것 등이다.

Ⅱ. 독서의 사고과정과 수준

독서를 통하여 '무엇을' 하려고 하느냐에 따라 독서를 분류할 수도 있다. 독서를 통하여 얻으려 하는 것이 다르면 독서에서 '요구'하는 사고과정이 다르고, 그러면 수행해야 하는 '사고수준'이 달라질 것이다. 예컨대 글을 읽고 사실을 확인하거나 기억하는 것으로 충분할 수도 있다. 그러나 논술을 하거나, 비평을 하거나, 또는 새로운 논문이나 저술을 생산하려 한다면 요구되는 이해수준은 달라지게 되고 그리고 그것은 보다 고차적인 것이다. 독서에서 요구되는 것의 수준에 따라 독서수준도 다음과 같은 4가지 수준으로 나누어 볼 수 있다.

1. 수준 1 : 확인과 기억을 위한 독서

이 수준에서의 독서는 글/교재가 무엇에 대한 어떤 종류의 것인지를 점검한다. 그리고 찾고 있는 정보가 있는지를 확인하거나, 나아가 읽을거리에 담겨져 있는 간단한 내용을 '기억'하면 충분하다. 기억은 반복적 암기에 의한 것일 수도 있고, 또는 의미 있는 것으로 심상화하여 할 수도 있다.

2. 수준 2 : 깊은 이해를 위한 독서

글의 내용을 깊게 이해(comprehension, understanding)한다는 것은 글의 내용을 요약할 줄 아는 것이다. 다시 말하면 주제(중심내용, 결론)가 무엇이며, 그것을 뒷받침하는/설명하는 세부내용이 무엇인지를 말할 수 있으며, 그리고 내용의 관련들을 더욱 확장시킬 줄 아는 것이다. 내용의 확장이란 내적 관련을 통하여 구조화하거나, 외적 관련을 통하여 다른 교재나 일상경험과 관련시키는 것 등을 포함하여 말한다.

3. 수준 3: 비판을 위한 독서

비판을 위한 독서를 '비판적 독서'(critical reading)라 부른다. 비판적 독서에는 '분석적 독서'(analytical reading)도 내포되어 있지만 이를 별도로 구분하여 논의할 수도 있다. 비판적 독서는 보다 '완전한 이해'를 위한 독서이다. 그리하여 여기서는 분석적 독서에서 한 수준 더 올라가게 되며 논증분석을 통하여 더 나은 판단에 이르는 비판적 사고를 요구한다. 다시 말하면 깊은 이해와 분석을 바탕하여, 글의 내용이 그럴 듯한지, 그리고 그것에 동의할 수 있는지 어떤지를 판단하게 된다.

4. 수준 4: 종합/창의를 위한 독서

생산적인 종합(synthesis)의 기본은 '조합'(combination)이며, 새로운 조합은 바로 창의(창조, creativity)를 의미한다. 이 수준의 독서에서는 단순히 내용을 이해하거나, 비판적으로 판단하는 데 그치지 아니한다. 하나의 글/교재내용을 읽고 거기에서 여러 가지 아이디어들을 종합할 수도 있고 또는 몇 개 소스의 정보들을 종합하여 자기 나름의 새로운 아이디어를 생산하고 표현할 수도 있다. 이렇게 독서한 내용들을 조합하고, 또는 독서내용을 머리 속에서 생각하고 있던 것과 종합하여 새로운 내용을 만들어 보려고 고민할 수도 있다.

대개의 경우 종합을 위한 독서란 어떤 토픽을 마음에 두고 여러 소스(출처, source)의 재료들을 비교·종합하여 자기 자신의 메시지를 만들어 내기 위한 독서이다. 보다 구체적으로 보면 여러 읽을거리 재료에서 관련의 중요한 내용들을 비교하고 종합하여 독자 자신의 새로운 아이디어를 생성해 낸다. 대표적인 것은 '연구 논문'을 쓰기 위하여 여러 가지의 참고 재료들을 읽는 것이다. 그러나 이것은 간단한 소위 '잡글'을 쓰는 경우에도 기본적으로는 마찬가지이다. 이러한 독서를 우리는 비교적 독서(comparative), 종합(synthesis)을 위한 독서 또는 토픽 종합적 독서(syntopical) 등으로 부르고 있다.

'종합'이란 여러 가지 아이디어들을 조합(combination)하여 나름대로의 새로운 것을 생성해 내는 것이다. 새로운 조합을 만드는 것을 우리는 '창의'라 부르기 때문에, 종합을 위한 독서는 바로 '창의'를 위한 창의적 독서이다.

Ⅲ. 글/텍스트의 조직구조와 전개형태

1. 글의 목적

글에는 그것이 어떠한 성질의 것이든 간에, 두 가지의 특징을 가지고 있다. 하나는 글에는 반드시 '목적'(이유)이 있다는 것이고 다른 한 가지는 글은 어떤 구조적이고 조직적인 형태를 가진다는 것이였다. 그래서 글/텍스트는 조직형태, 내용과 소재 등에 따라 몇 가지로 분류해 볼 수 있다. 저자는 글을 쓰는 목적(의도, 이유)이나 주제의 성격에 따라 글의 형태를 달리한다. 그러나 학자들은 글/텍스트를 주로 목적에 따라 몇 가지로 나누고 있다. 가장 일반적인 것은 논설문(정보문)과 서사문(이야기 글)으로 나누는 것이다.

그런데 이러한 성질의 글을 분석하고 이해하기 위해서 다음과 같은 세 가지의 질문을 해야 하는 것도 마찬가지이다.

(ⅰ) 이 글은 무엇에(또는 누구에) 대한 것인가?

(ⅱ) 저자가 당신이 정말로 알기를 원하는 것은 무엇인가?

(ⅲ) 뒷받침하는 세부내용(논거)은 무엇인가?

이러한 질문에 대답하고 효과적으로 이해하려면 무엇보다도 글/텍스트의 내용이 조직되는 구조와 그러한 내용이 실제의 글로 표현되어 전개되는 형태를 파악할 수 있어야 한다.

2. 글의 조직구조

논설문(정보문)과 서사문(이야기 글)의 두 가지 가운데서 먼저 논설문의 조직형태를 알아본다. 논설문의 전체는 다음과 같은 조직을 가진다.

- 논설문 = 중심내용(주제, 결론) + 뒷받침하는/설명하는 세부내용
- 중심내용(주제, 결론)을 정점으로 하는 피라미드 모양의 형태

논설문은 중심내용을 전달하기 위한 것이다. 그리고 이를 설득력 있게 제시하기 위하여 세부내용으로 그러한 중심내용을 뒷받침하거나 설명하고 있다. '중심내용'이란 달리 말하면 주제(theme)이고 결론이다. 글 속에 있는 모든 정보들은 서로 상하와 좌우로 연결되어 있으며, 중심내용 밑에 통합되어 있다. 이러한 글의 조직형태는 [그림 7-1]에 있는 것처럼 피라미드(pyramid) 구조를 가지고 있다. 그림에서

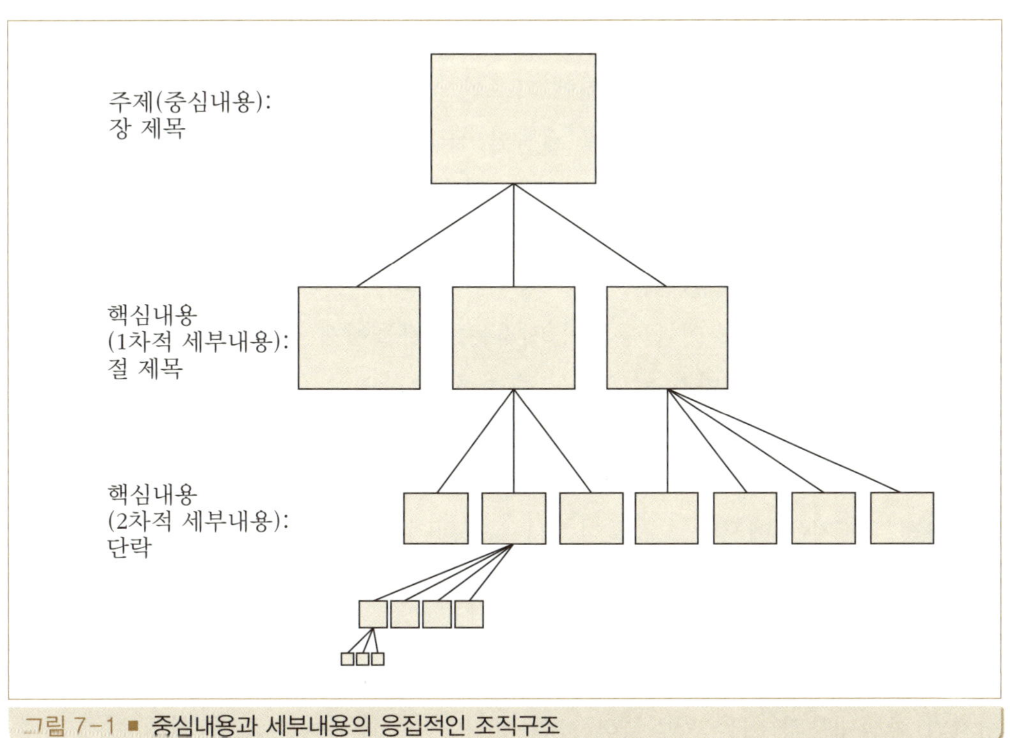

그림 7-1 ■ 중심내용과 세부내용의 응집적인 조직구조

보듯이 단락별 핵심내용들은 글 전체의 주제를 뒷받침하고 있고, 그것은 다시 2차적 세부내용에 의하여 뒷받침되고 있다.

중심내용과 세부내용을 확인하고 이들의 관계를 분석해 보면 다음의 질문에 대하여 대답할 수 있다.

- 이 글은 무엇에(누구에) 대한 것인가?
- 저자가 당신이 정말로 알기를 원하는 것은 무엇인가?(중심내용/주제는 무엇인가?)
- 주제를 뒷받침하는 세부내용(근거)은 무엇인가?
- 단락별 핵심내용은 무엇인가? 그리고 이들 각기를 뒷받침하는 2차적 세부내용은 무엇인가?

논설문(정보문)과 대비가 되는 것은 서사문인데, 이것은 이야기 글 또는 서사적 텍스트 등으로 부를 수도 있다. '이야기 글'에는 주인공이 있고 어떤 사건이 있으며, 그를 둘러싼 이야기의 줄거리가 전개된다. 이러한 글의 목적은 재미, 스릴(thrill) 또는 여흥적인 감동(entertainment)을 주는 데 있다. 이야기 글은 대부분이 픽션(fiction)이지만 연대기에서처럼 실제의 사실에 기초한 것일 수도 있다.

이야기 글(서사문)은 두 가지의 커다란 특징이 있다. 하나는 논설문과는 다른 특별한 조직구조를 가지고 있다는 것이다. 이러한 이야기 글의 조직구조를 '이야기 문법'이라 부른다. 거기에는 배경(주인공과 장면-시간과 장소), 문제(갈등, 목표), 줄거리(주요사건, 전개) 및 해결(결말, 엔딩) 등이 포함되어 있다. 그리고 이야기 글에도 '주제'(theme)가 있으며, 이를 통하여 저자는 독자들에게 '교훈'(morales)을 주려고 한다. 그리고 둘째로 이야기 글(서사문)은 독자로 하여금 상상적인 반응(감동)을 느끼게 한다. 개인적 반응이란 이야기 글에서 독자가 느끼는 개인적이고 상상적인 감동 같은 것을 말한다.

어떻든 저자는 메시지를 전달하거나 설득하기 위하여 효과적인 글을 쓰려고 노력한다. 그러나 모든 내용을 한꺼번에 제시할 수는 없고 한줄 한줄씩 글쓰기할 수밖에 없다. 그러면서도 전체를 몇 개의 구분되는 부분으로 나누어 구조적으로 제시함으로써 전체가 질서 있게 논리적인 순서로 배치되도록 노력한다. 그래야 독자가 메시지의 중심내용과 이를 뒷받침하는/설명하는 세부내용들을 보다 쉽게 이해할 수 있다.

(ⅰ) 글/논문에는 반드시 전체를 구성하는 체제가 있다. 대부분의 교재는 몇 개의 장들로 나누어져 있고, 장은 다시 몇 개의 절들로 구분되어 나누어진다. 그리고 대부분의 논문은 '서론, 본론 및 결론'이라는 전개 구조를 가지고 있다. 긴 글에서는 본론은 다시 몇 개의 섹션(sections)으로 구조가 구획으로 나누어져 있다. 다시 말하면 글/교재의 내용은 구조적으로 구분되는 몇 개의 부분, 즉 구분/구획 섹션으로 구획을 나눌 수 있다. 가장 일반적인 체제는 '서론－본론－결론' 등의 부분으로 구성하는 것이다. 연구보고서나 행정기관이나 비즈니스 관련의 문건들은 '서론－방법론－결과－논의－결론'과 같은 상당히 일반화된 구성체제를 가지고 있다.

(ⅱ) 서론 부분은 글의 도입이다. 여기에서 저자는 독자의 관심을 불러 일으키고 독자들이 익히 알고 있는 친근한 상황에서 저자 자신이 다루려는 문제 장면(이슈 장면)으로 이끌어 가려고 노력한다. 그래서 독자는 서론에서 글의 목적과 저자가 다루는 이슈가 무엇인지를 알게 된다.

본론 부분은 제기한 문제를 본격적으로 해결하거나 설명한다. 본론의 전개는 연역적 또는 귀납적인 방법을 취한다. 연역적 접근법에서는 먼저 결론을 제시하고 이어서 이것을 뒷받침하는/설명하는 세부내용을 먼저 제시하는 순서로 진행된다. 귀납적 접근법에서는, 이와는 반대로, 세부내용을 먼저 제시하고 거기에서 결론을 도출하는 차례로 내용이 전개된다. 이처럼 본론 부분을 어떻게 내용 전개하느냐에 따라 논설문은 시간 순서, 나열/기술, 비교와 대비, 원인－효과 및 문제－해결 등의 다섯 가지로 분류할 수 있다. 결론 부분은 중심내용을 요약하여 재진술하고, 그리고 그를 바탕하여, 결론이 가지고 있는 함의와 시사점을 제시한다.

Ⅳ. 글의 중심내용

글/텍스트란 어떤 토픽(화제, topic)에 대한 어떤 중심내용(주제, theme)을 중심으로 여러 가지 정보들이 연결되어 전체가 통일적이며, 그리고 구조적이고 응집적인 의미구조를 이루고 있다고 하였다. 다시 말하면 텍스트는 '뼈대'를 중심으로 조

직화된 하나의 체제(system) 또는 설계(design)를 이루고 있다.

중심내용을 주제 또는 결론이라 부르기도 한다. 그리고 중심내용을 뒷받침하거나 설명하고 있는 것들을 세부내용(details)이라 부른다. 그리고 이들은 피라미드 구조의 조직을 이루고 있음도 앞에서 이미 주목해 본 바 있다. 그러므로 글을 효과적으로 이해하려면 먼저 중심내용과 이에 따른 세부내용을 파악할 수 있어야 한다. 마치 X레이로 신체의 골격을 들여다 보듯이.

1. 중심내용의 위치

글/텍스트의 중심내용 찾기란 '이 글/교재에서 저자가 당신이 정말로 알기를 원하는 것은 무엇인가? 주제는 무엇인가? 결론은 무엇인가? 또는 포인트(핵심 아이디어, main idea, 요지)는 무엇인가 등과 같은 질문에 대답하는 것이다. 대개의 경우 글/교재의 중심내용은 단락에 있는 어느 문장 속에 진술되어 있는데, 이를 주제 문장(주제문), 또는 토픽 문장(화제 문장, topic sentence)이라 부른다.

중심내용은 마치 좀 커다란 "우산"과 같은 것으로 다른 내용들은 모두가 그 밑에 포섭되어 있다. 다시 말하면 다른 내용들은 모두가 중심내용을 뒷받침하거나 보다 자세하고 발전시켜 설명하는 세부내용들이다. 중심내용은 글 전체의 핵심이 무엇인지를 보여준다. 중심내용은 논설문(정보문)의 경우는 결론(주장)이고, 서사문(이야기 글)의 경우는 저자가 말하고 싶어하는 '교훈'(주제)이다.

글/텍스트의 중심내용(주제)은 단락 속의 문장으로 진술되어 있는 경우도 있고, 이와는 달리 직접적으로 진술되어 있지 않을 수도 있다. 그리고 직접적으로 진술되어 있는 경우도 놓여 있는 위치는 단락의 첫 문장에 있는 경우, 단락의 가운데쯤에 있는 경우 및 단락의 끝 문장에 있는 경우 등이다.

• 중심내용(주제)이 진술되어 있는 경우
  (i) 단락의 첫 문장에 있는 경우
  (ii) 단락의 가운데쯤에 있는 경우
  (iii) 단락의 끝 문장에 있는 경우
  (iv) 분리형: 중심내용이 나누어져 있고 각 부분이 용어를 달리하여 그것을 명료

화하고 있는 경우
• 중심내용(주제)이 진술되어 있지 아니한 경우
  – 이런 경우는 독자가 중심내용(주제)을 추론해야 한다.

(1) 중심내용이 진술되어 있는 경우

(i) 단락의 첫 문장에 있는 경우: 단락의 첫 번째 문장이 중심내용인 경우가 가장 많다(대개 보아 약 70–75% 정도). 그러므로 단락에 있는 다른 세부내용들은 모두가 이 첫 번째 문장을 뒷받침하거나 보다 자세하게 설명하기 위한 것이다. 예문에는 중심문장에 밑줄을 그어 두었다.

<u>지표의 변화를 일으키는 힘에는 두 종류가 있다.</u> 하나는 지표면을 높여 주는 힘인 건설적인 힘이고, 다른 하나는 지표면을 깎아내는 힘인 파괴적인 힘이다. 건설적인 힘이 나타나는 형태에는 세 종류가 있다. 지층이 어긋날 때 생기는 뒤틀리는 형태와 바위가 파괴될 때에 생기는 단층 형태와 화산 형태가 있다. 파괴적인 힘에도 여러 가지가 있다. 지표에서 흙을 운반해 가는 비와, 둑을 따라 바위를 운반하는 강물, 지표를 갉아 버리는 빙하의 흐름, 흙 · 모래 · 자갈을 운반하는 바람의 힘이다.

(ii) 단락의 가운데쯤에 있는 경우: 중심문장이 단락의 가운데 어디쯤에 있을 수도 있다. 이런 경우에는 서론적인 문장/단락, 독자의 관심을 끌기 위한 문장/단락, 또는 중심내용에 대한 배경을 제시하기 위한 문장/단락 등을 먼저 제시한다.

중심문장은 말 그대로 그 문장에서 가장 중요한 문장으로 그 문단의 기준점이 된다. 뒷받침 문장은 중심문장을 쉽게 풀이하고 또는 부각시키기 위한 문장이다. 이들 중심문장과 뒷받침하는 문장이 적절히 결합될 때, 하나의 좋은 문단이 만들어지게 된다. <u>문단은 흔히 중심문장과 이를 뒷받침하는 문장으로 구성된다.</u> 좋은 문단을 구성하기 위해서는 우선 중심문장을 적절히 쓸 수 있어야 한다. 그리고 이 중심문장을 적절히 뒷받침할 수 있는 문장을 구성할 수 있어야 한다. 그리고 이들을 적절히 연결지을 수 있어야 한다.

(iii) 단락의 끝 문장에 있는 경우: 중심문장이 단락의 끝에 있을 때는 이전의 내용들은 모두가 이 중심문장을 이끌어 내기 위한 것들이다. 그런데 중심문장이 단락의 처음에 있고 끝에 다시 나타나 있을 수도 있다. 이런 경우는 저자가 단락을 시작하면서 중심내용을 제시한 다음, 다시 단락의 끝에서 다른 말로 그것을 재진술하는 경우이다. 후자의 경우를 분리형이라 한다.

> 침엽수는 소나무나 삼나무와 같이 잎이 바늘 모양으로 긴 나무로, 대개는 탄력성이 있기 때문에 건축의 재료로 쓰인다. 활엽수는 느티나무, 오동나무, 옻나무와 같이 넓적한 나무로, 화려한 무늬가 있다. 그리고 그 무늬는 나무에 따라 고유한 특성이 있으므로, 가구의 제작과 실내장식용으로 쓰인다. 나무는 크게 침엽수와 활엽수로 나누어진다.

(2) 중심내용이 진술되어 있지 아니한 경우

어떤 글에는 중심문장이 나타나 있지 않을 수도 있다. 그러나 중심문장이 나타나 있지 않다는 말이 중심내용이 없다는 것을 의미하지는 않는다. 다만 저자는 세부내용들을 제시하고 그 속에서 중심내용이 은밀하게 저절로 드러나기를 기대한다. 이러한 경우 독자는 세부적인 내용들을 살펴보고 그 속에 내재되어 있는 중심내용을 스스로 구성해 내어야 한다. 중심내용이 진술되어 있지 아니한 글에서는 다른 문장들을 모두 포섭할 만한 '우산' 같은 문장이 없다. 이런 경우 독자는 "저자가 이러한 세부적인 내용들을 가지고 이야기하고 싶어하는 중심내용은 한마디로 말하면 무엇일까?"라고 물어 보아야 한다. 또는 글을 모두 읽고 난 다음 "…그래, 그러면?"이라는 질문을 해 보라. 그리하여 중심내용을 짐작해 보라. 중심내용을 추론해서 진술해야 할 때는 너무 좁아서 포괄하지 못하는 세부내용이 있어서도 안 되지만, 반대로 너무 광범위하게 진술해서도 안 된다.

> 책은 잡지나 추리 소설을 읽듯이 재미로 읽는 것이 있고, 요리책이나 지도책을 읽듯이 실제적인 적용을 위해서 읽는 것이 있다. 독서 과제나 신문을 읽듯이 일반적인 지식을 얻기 위해서 읽는 것이 있다. 전화번호부나 교과서의 색인을 읽듯이 부분적인 정보를 얻기 위해서 읽는 것도 있고, 사설이나 각종 의견서를 읽듯이 비평이나 평가를 하기 위해서 읽는 것도 있다.

2. 장/절에서의 중심내용

대부분의 '단락'에는 1개의 핵심내용과 이를 뒷받침하는/설명하는 세부내용이 있다(핵심내용이 없는 단락도 있고 핵심내용이 2개인 단락도 있을 수 있다). 마찬가지로 1개의 단락이 아니라 몇 개의 난락으로 이루어져 있는 긴 글, 몇 개의 '항'으로 이루어진 '절', 또는 몇 개의 절로 이루어진 '장'에서도 거기에는 1개의 중심내용과 이를 뒷받침하는 세부내용이 있을 수 있다.

이처럼 몇 개의 단락으로 이루어져 있는 글에서는 대부분의 경우 단락마다 핵심내용(핵심 아이디어)과 세부내용이 있다. 핵심내용이 없거나 핵심내용이 2개인 단락도 있고, 그리고 몇 개의 단락이 하나의 의미 덩어리를 이룰 수도 있다고 하였다. 각 단락의 핵심내용은 그 단락에서는 핵심내용이지만, 동시에 글 전체의 중심내용(주제)에 대하여서는 그것을 뒷받침하는 세부내용이 된다. 다시 말하면 단락의 핵심내용은 전체 글의 주제를 뒷받침하는 1차적인 세부내용이고, 그 단락의 핵심내용을 뒷받침하던 세부내용은 전체 주제의 2차적인 세부내용이 된다. 이러한 텍스트의 조직 형태를 시각적으로 보여주고 있는 것이 〈표 7-1〉이다. 여기서는 단락의 것을 '핵심내용', 그리고 글 전체의 것을 '중심내용'으로 표현하고 있다.

표 7-1 ■ 텍스트의 내용 조직

제 목

전체 글/텍스트의 중심내용(주제):

1. 하위 핵심내용(1) (보다 구체적인)
   - 이 단락의 '핵심내용'이면서 동시에 '중심내용'(주제)의 1차적인 세부내용이다.
   - (1) 뒷받침하는 세부내용(가장 구체적인)
     - 단락 1의 세부내용이면서 동시에 중심내용(주제)의 2차적인 세부내용이다.
   - (2) …
     - 단락 1의 세부내용이면서 동시에 중심내용(주제)의 2차적인 세부내용이다.

⋮

2. 하위 핵심내용(2)
   - 이 단락의 '핵심내용'이면서 동시에 '중심내용'(주제)의 1차적인 세부내용이다.
   - (1) …
     - 단락 2의 세부내용이면서 동시에 중심내용(주제)의 2차적인 세부내용이다.

⋮

V. 글의 세부내용

논설문은 '중심내용＋뒷받침하는 세부내용(논거)'으로 구성되어 있다. 그리고 앞에서는 주로 중심내용(주제)을 확인해 내거나, 또는 직접 진술되어 있지 않기 때문에 독자 자신이 추론하여 구성해 내는 것을 알아 보았다. 이해를 위한 세 가지 질문 가운데 마지막의 것은 '(iii) 뒷받침하는/설명하는 세부내용은 무엇인가?'이다.

설명문에 있는 세부내용은 중심내용을 보다 분명하고 자세하게 설명하고 그리하여 기억하기 쉽게 만든다. 그리고 논증문(주장문)에서는 결론(주장)을 '증명'하기 위하여 세부내용이 사용된다. 뒷받침하는 증거(세부내용, 논거)가 없으면 그것은 '주장'이 아니라 '의견'일 뿐이다. 그리고 근거가 약하고 그럴 듯하지 못하면 독자를 '설득'하고 동의받기가 어렵다.

(i) 세부내용에는 몇 가지의 상이한 종류의 것이 있지만 가장 대표적인 것은 보기, 이유 및 재진술 등이다. 이들 가운데서도 '이유'가 가장 중요할 것이다. '이유' 때문에 논거라 부르며, 그리고 '이유' 때문에 'X는 … 때문에, Y이다'라는 주장이 가능해진다.

(ii) 장이나 절에서처럼 글/텍스트가 여러 개의 단락들로 이루어진 경우는 세부내용이 1차적 세부내용, 2차적 세부내용 등으로 위계적으로 이루어질 수 있다. 각 단락에는 핵심내용이 있지만 이들 가운데 어느 한 단락의 것이 글 전체의 중심내용이 되고 다른 단락의 핵심내용들은 글 전체 중심내용의 1차적 세부내용이 된다. 그리고 각 단락의 핵심내용을 뒷받침하는 세부내용은 글 전체 중심내용의 2차적 세부내용이라 부른다는 것을 우리는 이미 알아 보았다. 이제 몇 개의 예문을 가지고 연습해 본다.

1. 보　기

다음의 글에서 중심내용(주제)과 세부내용을 확인해 보기로 한다.

예 문

대부분의 사람들은 휴식이나 수면을 취하기 위하여 준비하는 일정한 습관을 가지고 있다. 예컨대, 어떤 사람은 취침 전에 스낵을 먹는다. 다른 어떤 사람들은 우유, 따끈한 초콜릿 또는 차를 마신다. 많은 사람들은 수면을 취하려 할 때 양치하고, 손과 얼굴을 씻고, 그리고 화장실에 간다. 대부분의 사람들은 취침시간이 규칙적이다.

- 중심내용(주제): 밑줄 친 중심문장의 내용
- 세부내용:

  둘째 문장 – 보기의 습관 – 스낵 먹기

  세 번째 문장 – 보기의 습관 – 우유, 초콜릿, 또는 차 마시기

  네 번째 문장 – 보기의 습관 – 양치하고 손과 얼굴 씻기

  마지막 문장 – 보기의 습관 – 규칙적인 취침시간

2. 이 유

주제를 뒷받침하는 세부내용으로 '이유'를 제시할 수도 있다. 문장/문단 앞에다 '왜냐하면'이라는 말을 넣어 보고 말이 맞아들어 가면 그것은 주제(중심내용)에 대한 '이유'임을 알 수 있다.

예 문

중년을 흔히 전직(轉職)의 시기라 말하기도 한다. 최근의 연구결과에 의하면 중년의 많은 사람들은 현재의 직업에 불만을 가지고 있다. 행복과 직업적 만족을 추구하기 위하여 적지 아니한 근로자들은 중년이 되어 직업을 바꾸고 있다.

- 주제: 밑줄 친 중심문장의 내용
- 세부내용:

  둘째 문장 – '이유'를 말하는 세부내용

  – 많은 사람들이 현재의 직업에 불만하기 때문

셋째 문장 – '이유'를 말하는 세부내용
– 적지 아니한 근로자들이 중년에서 전직을 하고 있음

3. 재진술

사용하는 용어는 다르더라도, 중심내용을 반복하여 진술함으로써 그것을 뒷받침할 수도 있다. 그러나 두 가지 이유로 재진술은 제한적이다. 첫째, 재진술은 정보를 추가하는 것이 아니다. 둘째, 재진술은 명백하게 진술되어 있는 중심내용은 다시 진술할 수 있지만, 직접 진술되지 않고 함축되어 있는 중심내용은 재진술할 수 없다.

> 종(種)으로서의 인간은 스트레스를 찾는다. 우리들은 새로운 경험과 새로운 도전을 갈망하는 것 같이 보인다. 북극 여행, 등산, 사막 생활, 그리고 해저 탐구 등은 모두 생물학적으로 그리고 사회적으로는 보아 맞지 아니하지만 그래도 사람들은 그것을 추구하고 있다. 인간은 여러 유형의 스트레스를 추구하고 있다.

- 주제: 종으로서의 인간은 스트레스를 찾는다.
- 세부내용:

  둘째 문장: '이유'를 말하는 세부내용
  셋째 문장: '보기'를 말하는 세부내용
  마지막 문장: 주제를 재진술하고 있다.
  따라서 첫 번째 문장인 '주제문장'과 내용은 같지만 사용하고 있는 용어는 좀 다르다.

Ⅵ. SSTAR－M 독서법

여러 문헌에서는 논문이나 단행본/장과 같은 비교적 긴 읽을거리를 효과적으로 독서할 수 있는 나름대로의 독서법들을 제시하고 있다. 이들 가운데 대표적인 것은 Robinson(1946, 1961)의 SQ3R 독서법이다. 이러한 독서법에서는 효과적인 독서 이해를 위하여 두 가지 범주의 기법들을 특히 강조하고 있다. 이들은 중요한 것을 선택하고 이해하기 위한 기법과 망각을 지연시키기 위한 기법 등이다. 그래서 이들 독서법에서는 사전개관하기, 적극적인 질문하기 및 복습 등에 관한 과학적 실험의 결과를 활용하고 있다. 그래서 이들은 독서법에서는 사전개관하기, 적극적인 질문하기 및 복습 등에 관한 과학적 실험의 결과를 활용하고 있다. 그래서 이들은 독서 이해에 관한 여러 문헌에서 자주 인용되고 있다.

그럼에도 불구하고 이들 독서법에는 몇 가지의 한계 같은 것도 발견할 수 있다(김영채, 2011). (ⅰ) SQ3R 독서법 같은 것들은 효과적인 독서를 위한 원리들을 활용하고 있지만 이들 원리를 구체적이고 실제적인 기법의 수준으로 발전시키지 못하고 있다. (ⅱ) 이들은 논설문이 가지고 있는 내용의 조직구조와 내용의 전개형태의 중요성을 제대로 반영하지 못하고 있다. 대부분의 글은 일정한 형태로 서술되고 있기 때문에 전체는 몇 개의 구획(sections)으로 나눌 수 있다. 그리고 각기의 구획에는 각기의 중심내용과 세부내용이 있고 이들은 다시 전체의 피라미드를 만든다. 글의 조직구조와 전개형태의 중요성은 인지 심리학에서 특히 강조되고 있다.

여기서는 하나의 독서법 모형으로 'SS-tar/TAR-M' 독서법(약칭, SSTAR-M 독서법)을 제시해 본다. 이 독서법은 효과적인 독서의 원리/전략을 적용하여 이들을 기법(techniques)의 수준까지 자세하게 발전시키고 있어, 논설 텍스트를 깊게 이해하는 데 쉽게 사용할 수 있다. 다음에서는 성공적인 독해와 관련한 4가지의 원리들부터 먼저 알아본다.

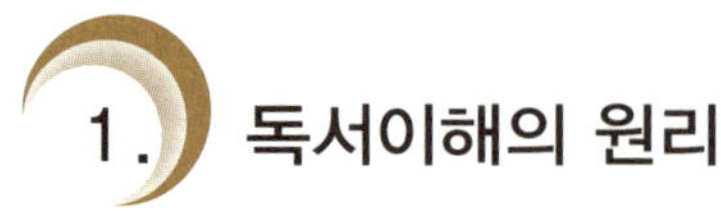

1. 독서이해의 원리

효과적인 독서법은 최선의 이론적 바탕에 기초해야 하고 그리고 실제에서 쉽게 적용할 수 있어야 한다. 글을 성공적으로 깊게 이해하는 사람은 인쇄되어 있는 단어들을 소리내는 것을 넘어 저자의 메시지를 재구성하고 복원하며, 내면화하며, 그리하여 글을 통하여 저자와 대화할 수 있게 된다. 그는 글의 내용을 기억할 수 있을 뿐 아니라 그것이 무엇이며, 왜 그러하며, 다른 것과는 어떻게 관계되며, 그리고 왜 중요하고 시사하는 것은 무엇인지 등을 설명할 수 있어야 한다.

그런데 중고등학교 또는 그 이상이 되면 접하는 독서물의 대부분이 논설문이고 서사문(이야기 글)은 거의 사라져 버린다. 그리고 이들 논설의 독서물들은 주로 단행본 장 또는 단원 또는 논문이나 비즈니스 보고서 같은 것들로 분량이 많다. 이들을 성공적으로 독서이해하고, 나아가 습득한 내용들을 기능적으로 활용할 줄 아는 것은 결코 간단한 과제가 아니다. 단행본이나 전문적인 학술논문을 독해하는 것을 생각해 보면 이해가 쉽다. 성공적인 독서이해에는 크게 보아 4가지의 원리가 있다. 이들 원리는 사전개관하기, 글의 조직 구조 및 전개형태 파악하기, 구획 섹션 나누기 및 이해의 점검 등이다. 아래에서는 '사전개관하기'와 '이해를 점검하기'만을 음미해 본다(글의 조직구조와 전개형태에 관하여서는 이미 앞에서 다룬 바 있다).

(1) 사전개관하기

성공적인 독자는 적극적으로 독서한다. 그렇다고 책을 잡자마자 돌격하듯이 바로 읽어가지는 않는다. 그는 사전개관하는 것이 중요하다는 것을 알고 있기 때문이다. 사전개관하기(survey, previewing)와 비슷한 용어에는 훑어 읽기(skim reading), 또는 개요 읽기(outline reading) 등이 있다. 사전개관하기란 자세히 정독을 하기 전에 글 전체에 대한 아이디어와 감(感)을 잡기 위하여 대충 훑어 읽는 것을 말한다.

모든 논문이나 서적을 그냥 연필을 들고 무턱대고 '정독'할 수는 없다. 우리는 글의 종류와 내용에 따라 읽기의 방식을 융통성 있게 달리할 줄 알아야 한다. 이때 필요한 것이 '훑어 읽기'이다. 훑어 읽어서 정독하기 전에 미리 전체를 개관한다면 그 이후의 읽기의 방식은 다음과 같이 달라질 수 있을 것이다. 그러나 우리가 크게 관심 가지는 것은 긴 글을 깊게 이해하기 위하여 '정독'을 하는 경우이다.

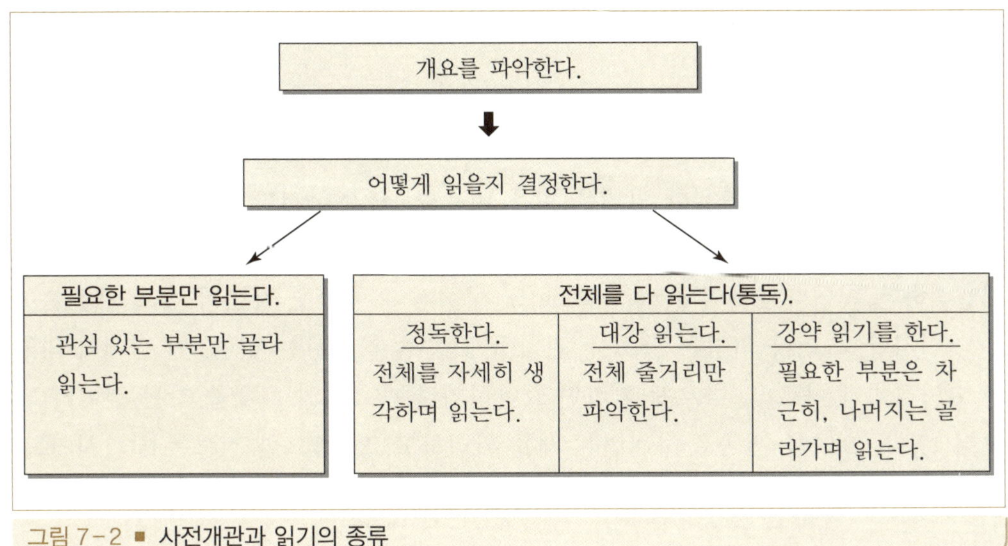

그림 7-2 ■ 사전개관과 읽기의 종류

(2) 이해의 점검

성공적인 독자는 읽기가 끝났다고 바로 책장을 덮고 그냥 끝내 버리지 않는다. 그는 독서이해를 점검하고 거기에 따라 보충하고 수리하는 등 필요한 관리를 추가적으로 할 줄 안다. 정독을 해 가는 과정에서도 우리는 가끔씩 적당한 지점에서 멈추어 이해를 확인해야 한다. 그리고 연결이 제대로 되지 않거나 이해가 불확실하면 관련의 부분으로 되돌아가서 다시 읽고 필요하면 수리해야 한다. 이런 의미에서 보면 독서란 수동적이고 직선적인 것이 아니라, 적극적이고 순환적인(recursive) 과정이다.

우선 읽기를 끝내고 나면 그냥 책장을 덮을 것이 아니라 다시 뒤적여 '리뷰'(복습, review)해 보는 것이 습관이 되어야 한다. 효과적인 독서의 한 가지 원칙은 '다중 통과의 원칙'(multiple passes)이다. 이 원칙은 읽을거리를 여러 번 통과하여 읽을수록 더 효과적이라고 말한다. 이해를 점검하고 체크하는 데는 적어도 세 가지의 방법이 있다. 이들은 개요 만들기, 요약하기 및 보기 들기 등이다.

(1) 개요 만들기

개요를 만든다는 것은(outlining) 중요한 핵심내용과 이와 관련한 세부내용들을 구조적인 관계로 체계화히는 것이다. 개요화한다는 것은 글의 내용을 통합적이고 응집적인 조직으로 나타내는 것이다.

(2) 요약하기

이해를 확인하는 확실한 방법은 읽은 내용을 '요약'하거나 '의역'해 보는 것이다. 요약하기(summarizing)란 중심적인 내용을 찾아 그것을 자신의 말로 간략하게 재진술하는 것이다. '의역'(paraphrasing)도 중심적인 내용을 자신의 말로 재진술하는 것이지만, 그러나 의역은 반드시 '간략하게' 진술할 필요는 없다. 이 점에서 의역은 요약하기와 다르다. 다르게 말하면 요약하기란 텍스트의 뼈대를 찾는 것이라 말할 수 있다. 요약을 제대로 하려면 주제를 확인하고, 덜 중요한 정보는 탈락시키고, 그리고 상위의 단어를 사용하여 하위의 내용을 일반화할 수 있어야 한다.

(3) 보기 들기

읽은 내용을 정말로 이해한다면 그것에 관련되거나, 그것을 적용할 수 있는 보기(사례)를 말할 수 있어야 한다. 보기는 실제의 것일 수도 있고 상상적인 것일 수도 있다.

2. SSTAR-M 독서법의 6단계

SSTAR-M 독서법은 다음과 같은 6단계로 이루어져 있다. 〈표 7-2〉는 이들 단계들의 전개를 다이어그램으로 보여주고 있다.

(1) 단계 1 : 사전개관하기(S)

- 전체적인 아이디어와 감각을 가지도록 훑어 읽는다.
- 글의 전체적인 전개의 구조를 몇 개의 덩어리로 구획 섹션을 나눌 수 있을 만큼 비교적 자세히 개관한다.
- 훑어 읽기하면서 관련하여 떠오르는 아이디어들을 메모한다. 이러한 과정을 통하여 독서에 대한 '워밍업'(warm-up)을 할 수가 있다.

먼저 사전개관하기 위하여 훑어 읽기한다(Survey). 글/텍스트가 다루고 있는 내용에 대한 전체적인 아이디어와 감(感)을 가질 수 있도록 비교적 자세하게 사전개관한다. 정독을 시작하기 전에 전체적인 개념과 흐름을 파악할 수 있어야 한다.

전체적인 개관을 가질 수 있기 위하여 이 단계에서 독자는 다음과 같은 5가지를 수행해야 한다.

- 제목을 읽는다.
- 서문을 읽는다.
- 전개구조(장/절 같은)의 구획별 소제목들을 읽는다.
- 소제목 밑에 있는 각 단락의 첫 번째 문장을 읽는다.
- '요약'과 '질문/연습문제'를 읽는다.

(2) 단계 2: 전개구조의 확인과 구획 섹션 나누기(S, Sectioning)

- 단계 1과 함께 하나의 세트로 거의 동시적으로 또는 사전개관에 바로 이어 수행한다.
- 텍스트의 전개구조를 확인하고 다루고 있는 내용에 따라 몇 개의 구획 섹션으로 나눈다.
- '절'과 같이 전개의 구획이 이미 제시되어 있을 때는 이를 확인한다. 서론–본론–결론의 구조적인 구분을 확인하고, 나아가 본론이 어떻게 더욱 자세하게 구획될 수 있는지를 체크한다.

모든 글은 통일적이고 응집적인 구조를 가지고 있고, 그리고 제시 양식이 상당히 정해져 있다. 대개의 연구 논문은 서론 부분–본론 부분–결론 부분으로 이루어져 있고, 본론이 긴 경우는 다시 몇 개의 덩어리로 구획지워져 있다. 이들 각 구획들은 다시 한 개 또는 몇 개의 단락으로 구성되어 있다.

이들은 '장'의 경우 '절'과 같은 것이며, 각기에는 제목이 주어져 있을 때도 있고, 없을 때도 있다. 이들 각 구획의 부분들이 가지고 있는 제목을 '소제목'이라 부른다(글 전체의 '제목'과 구분하기 위하여). 그리고 많은 글에서는 이미 전개구조적인 구분이 진설하게 나뉘어져 있다. 그러나 글의 구조적인 구분이 드러나 있지 않으면 이를 찾아 표시해야 한다.

독자는 '사전개관하기'를 통하여 글 전체의 내용 전개에 대한 상당히 구체적인 느낌을 가지게 된다. 그리고 전개구조적인 구획 섹션을 확인하고 소제목들을 읽으면 이제 글/교재의 내용의 전개가 상당히 분명해질 수 있다. 그리고 이를 통하여 떠오르는 아이디어들을 적거나 말해 보면 독서에 대한 동기형성도 된다.

(3) 단계 3: 질문으로 바꾸기(t)

- 첫 번째 구획 섹션의 소제목을 질문으로 바꾼다.
- 이 질문을 '이해를 위한 3가지 질문'으로 더욱 발전시킨다.
- 도표나 기타의 그래픽을 질문으로 바꾼다.

내용의 전개구조에 따라 몇 가지로 나누어진 구분들 가운데 첫 번째 구분의 소제목을 질문으로 바꾼다. 그러면 읽기를 하는 구체적인 목적이 뚜렷해지며 그래서 독서는 적극적이게 된다.

(i) 소제목의 앞에다 '무엇을, 어떻게, 왜, 언제 또는 어디서'를 붙여 보면 쉽게 질문으로 바꿀 수 있다.

(ii) 이제 소제목을 질문으로 바꾼 것을 더욱 발전시켜 다음과 같은 '이해를 위한 3가지 질문'으로 더욱 발전시킨다.

- 무엇에(또는 누구에) 대한 것인가?
- 핵심내용(요점)은 무엇인가?
- 세부내용은 무엇인가?

(4) 단계 4: 질문에 대답하기(a, answering)

- 제기한 소제목의 질문에 대한 대답을 발견한다. 다시 말하면 소제목별로 그것이 무엇에 대한 것이며, 핵심내용(요점)은 무엇이며, 그리고 중요한 세부내용은 무엇인지를 확인해야 한다.

단계 3에서 소제목들을 질문으로 바꾸고 나아가 '이해를 위한 3가지 질문'을 제기했으면 단계 4에서는 이에 대한 대답을 발견할 수 있도록 정독해야 한다(answering).

(5) 단계 5: 소리내어 암송하기(r)

- 소제목의 질문에 대답하기 위하여 정독하여 발견한 내용들을 소리내어 말해 보거나 글로 써 본다.
- 소제목의 질문에 대한 대답을 제대로 할 수 없으면 필요한 부분을 다시 읽어 보고 수리한다.

정독한 내용을 소리내어 암송할 수 있다는 것은(reciting aloud) 이해가 제대로 되었음을 의미한다. 이 단계에서 당신은 '단계 3'에서 소제목에서 바꾼 질문에 대하여 대답할 수 있는 것과 없는 것을 확인하고, 제대로 알지 못하는 것에 대하여서는 수리하거나 새롭게 발견해야 한다. 암송이란 되뇌어 확인하는 것이기 때문에 읽었던 부분을 덮거나 가린 다음 소제목의 질문에 대한 대답을 소리내어 말해 보아야 한다.

내용을 완전하게 마스터했다는 생각이 들지 않으면 되돌아 가서 다시 읽어야 한다. 완전하게 이해했으면 다음의 '소제목'으로 넘어간다.

* 단계 3, 단계 4 및 단계 5는 하나의 같은 세트로 수행해야 한다. 따라서 소제목마다 단계 2－3－4를 수행한다(tar). 모든 소제목에 대하여 단계 3－4－5가 수행되고 나면 글 전체에 대하여 단계 3－4－5를 수행한다(TAR).

* 세트 TAR: 단계 3－4－5(tar/TAR)의 마지막 국면은 '전체적인 TAR'이다.

지금까지는 모든 소제목에 대하여 소문자 'tar'를 적용하였다. '세트 TAR'에서는 글 전체에 대하여 단계 3－4－5를 적용하기 때문에 대문자 'TAR'로 표기한다.

(i) 글/텍스트의 전체에 대하여 '이해를 위한 3가지 질문'을 제기하고 대답한다.

- 무엇에(또는 누구에) 대한 것인가?
- 중심내용(요점)은 무엇인가?
- 중요한 세부내용들은 무엇인가?

(ii) 각 구조적인 구획 섹션별 '핵심내용'들을 다시 확인한다. 이들 가운데 가장 중요한 것이 글의 중심내용(주제)이 되고, 다른 핵심내용들은 그것을 뒷받침하

표 7-2 ■ SSTAR-M 독서법의 6단계 모형

단계 1: 사전 개관하기(S)

- 제목을 읽는다.
- 서문을 읽는다.
- 전개구조별 소제목들을 읽는다.
- 각 단락의 첫 번째 문장을 읽는다.
- 요약과 질문/연습문제를 읽는다.

단계 2: 전개구조의 확인과 구획 섹션 나누기(S)

- 글의 전체적인 전개의 구조를 확인한다.
- 장의 '절'과 같이 전개내용이 이미 구분되어 있으면 이를 확인한다.
- 대부분의 글은 서론－본론－결론 부분으로 전개의 구조가 나뉘어져 있고 본론은 더욱 자세한 몇 개의 구분으로 섹션을 이룬다.
  －내용전개의 구획 섹션들의 제목을 '소제목'이라 부른다.
  * 단계 1(S)과 단계 2(S)는 하나의 세트로 동시에 이루어져야 한다.

단계 3: 질문으로 바꾸기(t)	단계 4: 질문에 대답하기(a)	단계 5: 소리내어 암송하기(r)
• 소제목을 질문으로 바꾼다. • '이해를 위한 3가지 질문'으로 발전시킨다.	• 소제목의 질문 밑에 있는 모든 재료를 읽는다. • 토픽, 핵심내용(요점)과 중요한 세부내용들을 발견한다. • 그래픽 재료가 있으면 본문의 내용에 관련시킨다.	• 읽은 내용을 소리내어 암송해 본다. • 소제목의 질문에 대한 대답을 만족스럽게 할 수 있는지를 확인한다. • 제기한 질문에 대하여 제대로 대답할 수 있으면 다음의 소제목으로 넘어간다. 그러나 대답을 제대로 할 수 없으면 해당부분을 다시 읽고 수리한다.

세트 TAR

⇒ 글 전체에 대하여, 단계 3 → 단계 4 → 단계 5 적용

* 각기의 소제목에 대하여 단계 3, 단계 4와 단계 5의 'tar'를 모두 수행한 다음 'TAR'로 전체적으로 수행한다.
  －주제와 세부내용들의 관계를 조직화하여 전체가 응집적이고 통일적인 것이 되게 구성한다.
- 글 전체에 대하여 '이해를 위한 3가지 질문'을 하고 대답을 발견한다. 글 전체에 대하여 단계 3 → 단계 4 → 단계 5를 거친다.
  －글 전체는 무엇에 대한 것인가?
  －글 전체의 중심내용(요점)은 무엇인가?
  －중요한 세부내용은 무엇인가? 각 소제목의 핵심내용들은 서로 어떻게 연결/조직되는가?
- 중심내용(주제)을 뒷받침하는/설명하는 세부내용들은 다시 1차적, 2차적인 것 등으로 조직화할 수 있다.

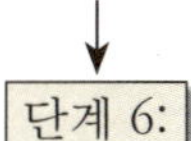

이해를 점검하기(M)
- 글 전체에 대한 이해를 확인하고 점검한다.
- 이를 위한 중요한 세 가지 방법에는 개요 만들기, 요약하기 및 보기 들기 등이 있다. 시각적 그래픽을 사용하여 이해를 정리하는 것도 효과적인 방법이다.
- 필요한 부분은 다시 읽고 내용을 보충하거나 수리한다.

는/설명하는 세부내용이 된다.

- 설명문의 경우는 중심내용을 설명하는 핵심 포인트(1차적 세부내용)와 하위 핵심 포인트(2차적 세부내용) 등으로 조직화한다.

(6) 단계 6: 이해를 점검하기(M, Monitoring)

- 모든 소제목에 대하여, 그리고 전체에 대하여 이해를 확인한다. 그리고 필요한 부분을 보충하거나 수리한다.
- 이해를 체크하기 위하여 개요 만들기, 요약하기 또는 보기 들기 등을 해 본다.

글/텍스트에 있는 모든 소제목 및 전체에 대하여 '질문하고–대답하고–암송하기'(tar/TAR)를 마치고 나면 이제 이들을 체크하여 이해를 점검해야 한다. 이때 가장자리에 적어 두었던 핵심 단어를 사용한다. 이렇게 하면 복습의 효과도 있어 망각을 방지하거나 최소화할 수 있다.

질문에 대한 대답을 만족스럽게 할 수 없으면 해당의 부분을 체크하거나 다시 읽어서 내용을 보충하거나 수리해야 한다. 이해를 확실히 하도록 체크하기 위한 가장 효과적인 방법에는 적어도 세 가지가 있다. 이들은 개요 만들기, 요약하기 및 보기 들기 등이다.

Ⅶ. 창의적인 독서

독서이해의 기본은 저자의 메시지를 발견하거나 재구성하는 것이다. 그리고 더 나아가 그러한 메시지(내용)가 사실인지, 아닌지 또는 그럴 듯한 것인지를 비판적으로 판단하는 것이다. 그러나 독서이해의 목적은 여기에 머물지 않을 수도 있다. 공부하고 배우는 것은 결국은 자신의 메시지를 창의하고 커뮤니케이션할 수 있기 위한 것이기 때문이다.

창의적인 독서를 하면 어떤 차이 나는 장점이 있을까? 독서를 창의적으로 하면 우리는 읽고 있는 내용에 대하여 그리고 또 다른 가능성에 대하여 민감해진다. 다시 말하면 제시하고 있는 지식 사이에 있는 괴리, 미해결의 문제, 빠져 있는 요소, 또는 불완전한 것이나 또는 다른 가능성들에 대하여 민감해진다. 또한 창의적 독자는 문제에 대하여 민감해지고 그래서 생겨나는 긴장을 해결하기 위하여 새로운 관계를 찾아보며, 새로운 조합을 만들며, 비교적 서로 무관해 보이는 요소들을 응집적인 전체로 종합하며, 어떤 정보 덩어리를 재정의하거나 변형하여 새로운 용도를 찾아보며, 그리고 이미 알고 있는 것을 다른 각도에서 새롭게 들여다 보기도 한다.

사실 우리는 '비판적 독자'이면서 동시에 '창의적 독자'여야 한다. 비판적 독자는 텍스트의 결론과 뒷받침하는 이유들을 찾아내며 또한 글이 가지고 있는 결점이나 편견 같은 것도 확인해 내려고 한다. 그러나 저자의 글 속에 모순이 나타나게 된 이유를 이해하고 그리고 이에서 더 나아가 '진실은 무엇일까'에 대하여 건전한 결론을 내릴 수 있는 것은 창의적 독자만이 할 수 있다.

그러면 창의적 독서이해의 요령은 무엇일까? 어떻게 하면 비판적인 독자이면서 동시에 창의적인 독자가 될 수가 있을까? 이러한 질문에 도움될 수 있는 것에는 적어도 두 개의 전략을 생각해 볼 수 있다. 하나는 '예상해 보기'이고 다른 하나는 '읽은 것을 가지고 무엇을 해 보기 전략'이다.

1. 예상해 보기

이것은 읽기를 시작하기 전에 할 수 있는 워밍업 활동(warm-up)이라 말할 수 있다. 앞으로 읽을 것의 내용을 미리 예상해 보고, 어떤 것을 기대해 보며(글에 있는 아이디어를 적용했을 때 일어날 결과를 상상), 그리고 자기 생활 속에 있는 어떤 유의미한 경험과 관련시켜 본다.

이렇게 예상/기대를 하다 보면 마음 속에 '긴장'이 생기게 된다. 예상/기대하기를 고조된 마음으로 할수록 마음 속의 긴장은 보다 더 생생해진다. 이를 위한 몇 가지의 방법들은 다음과 같다.

(1) 제목(토픽)을 제시한 다음 그 글이 무엇에 대한 것이라 생각되는지를 추측해 보게 한다.

(i) 이야기의 제목을 보니까 어떤 내용 같이 보이는가?

(ii) 주인공은 어떤 문제를 겪게 될 것 같은가?

(iii) 주인공은 어떤 성격의 사람일 것 같은가?

위와 같이 앞으로의 내용을 상상해 보게 하는 질문을 하면 텍스트에 적극적인 관심을 가지고 몰입하여 독서를 할 수 있다. 이러한 반응을 통하여 독서재료 속에 있는 사실, 아이디어 및 사건들 사이의 관계 그리고 이들 내용과 독자가 가지고 있는 배경지식 사이의 관계 등을 떠올려 연결할 수 있을 것이다. 자기에게 관련시키는 자기 관련 현상(self-referencing)은 동기부여적이다.

(2) 다음의 방법은 읽을거리를 실제로 읽기 전에 "이 다음에는 무슨 일이 일어날 것 같은가?"라고 질문하는 것이다. 그리고 읽어 가면서 몇 가지 사실들 사이의 관계를 찾아보게 하고, 그리고 어떤 논리적인 결론에 이를 수 있도록 질문을 계속할 수 있다. 또는 글의 전개에서 상당한 수의 사실들이 제시되면 그들을 이용하여 다음의 내용을 예상을 해 보게 하고 그러한 예상이 실제로 일어난다면 어떠한 일들이 생길지를 추측해 보게 할 수도 있다. 끝에 가서는 글 속의 사실과 추측한 것을 비교해 보게 하고, 어떻게 해서 예상이 빗나갔는지를 체크해 보도록 한다.

(3) 마지막은 '마치 자기가 저자인 양' 또는 '주인공인 양' 생각해 보게 하는 방법이다. 이것은 '저자(또는 주인공)와 동일시하는 감정이입(empathy)의 기능'을 개발

하는 방법이 된다.

2. 읽은 것을 가지고 무엇을 해 보기

많은 사람들은 공부해서 배운 것을 사용해 보려는 생각을 별로 하지 않는다. 심지어는 배운 내용/정보가 실제로 매우 유용할 수 있다는 생각조차 별로 하지 않는다. 예컨대 창의성에 대하여 읽은 것이 창의적인 생활에 실제로 어떻게 사용될 수 있는지를 생각해 보지 않는다. 신문사설, 연구보고서, 소설 등 어떠한 성질의 텍스트이든 간에 내용을 기억토록 요구하거나 또는 비판적으로 읽을 것을 요구할 때와 글의 내용을 사용해서 나름대로 무엇을 해 볼 것을 요구할 때 학습에서 얻는 결과는 많이 다를 것이다.

(1) 읽은 것을 상상을 통하여 재현해 보기

읽은 내용을 머리 속에서 그림을 그려 보고, 그리고 재현해 보게 한다. 특히 읽기를 마친 다음 즉시로 그리고 자주 떠올려 보게 할수록 효과적이다. 이렇게 '의미를 가지고', 그리고 '상상을 펼치면서' 독서를 하면 내용을 이해하기가 쉬워진다.

(2) 읽은 것을 정교화하기

'정교화'(elaboration)한다는 것은 내용을 보다 자세하게, 깊게, 그리고 풍부하게 심화시켜 가는 것을 말한다. 정교화하면서 읽어가는 독서는 이해를 쉽게 할 뿐 아니라 그것을 새로운 장면에서 자동적으로 떠올려 쉽게 사용할 수 있다.

한 가지 방법은 읽은 것을 예시해 보거나 적용할 수 있는 보기를 드는 것이다. 두 번째는 읽은 것을 음악, 노래, 리듬동작 및 연출을 통하여 실제로 표현해 보게 하는 것이다. 세 번째는 읽은 것을 좀 다른 형태로 각색하거나 수정해 보는 것이다. 예컨대 이야기의 '해결'(엔딩, ending)을 다르게 하여 작문을 하는 것, 등장 인물을 좀 다른 성격의 사람으로 바꾸고 그에 따라서 다른 것들은 어떻게 달라지는지를 말해 본다. 마지막의 방법은 읽은 것을 언어를 사용하지 아니하고 그림을 그리거나 신체동작을 사용하여 행위연출로 자세하게 표현해 보게 하는 것이다. 정교화 활동은 개인적으로 할 수도 있지만 소집단에서 같이 하는 것도 효과적이다.

(3) 읽은 것을 변형시키고 재배치하기

'로미오와 줄리엣' 등 불멸의 희곡을 발표한 Shakespeare의 창의성은 '변형/재배치'의 창의라 말한다. 그는 자신이 줄거리나 등장 인물을 새롭게 발명해야 할 필요는 없다고 말한다. 그의 말대로 역사, 과학, 문학, 우화 등의 이야기 속에 있는 너무 많은 것들이 드라마, 노래, 그림, 소설, 시 등을 통하여 창의적인 형태로 새롭게 태어나기를 기다리고 있는 것은 아닐까? 물론 이러한 다양한 인물과 줄거리를 읽고 그것을 창의적으로 변형시키거나 재배치하려면 저자 자신의 창의적인 능력과 상상이 필요할 것이다.

(4) 읽은 것 이상으로 나아가기

창의적인 사고과정에서는 한 가지 일에서 다른 어떤 일로 연결되어 넘어가는 것이 자연스럽게 허용되어야 한다. 창의성이 창의성을 낳는다. 훌륭한 글은 독자로 하여금 포함되어 있는 내용을 넘어 더 많은 아이디어와 질문을 자아내게 할 수 있다. 어떤 텍스트(글)를 독서할 때는 독서한 내용을 넘어서 토론하고 생각해 보게 하는 것은 필요할 뿐만 아니라 자연스러운 일이다.

보다 구체적으로 보면, 책 속의 일이 정말로 일어난 것처럼 느껴보기, 책 속에서 일어난 일들을 말해 보기, 책 속에서 일어난 일들을 신체나 소리로 표현해 보기 및 실제로 공상적인 이야기를 써 보기 등의 활동이 중요하다. 이야기 글은 비교적 이해하기 쉽고 재미도 있기 때문에, 이러한 활동의 초기일수록 서사문을 사용하는 것이 효과적이다.

Ⅷ. 독서이해와 속독

대부분의 사람들은 현재 자신이 읽고 있는 독서의 속도보다는 좀더 빨리 읽을

수 있어야 한다고 생각하고 있다. 어떠한 이유에서든 간에 일반적으로 보아 많은 사람들은 독서를 효율적으로 하지 못하고 있는 것 같이 보인다. 예컨대 읽을 가치가 없는 것을 많은 시간을 소비하며 읽을 때도 있다. 이와는 달리 이해는 제대로 못하면서 글을 너무 빠르게 읽는 사람도 적지 않아 보인다. 이들은 모두가 독서에서 시간과 정력을 낭비하고 있다.

일반적으로 속독(speed reading)의 훈련이라 하면 안구 운동(eye movement)의 훈련을 의미한다. 많은 사람들은 눈동자를 빠르게 굴리도록 훈련하면 독서를 더 빨리, 더 낫게 할 수 있는 것처럼 믿고 있다. 사실 시중에는 그렇게 안구 운동을 하기 위한 여러 가지 방법들이 알려져 있다.

결론부터 말하면, 과학적 실험의 결과는 이러한 믿음이 오류임을 보여주고 있다. 독서할 때의 좋은 안구 운동 또는 나쁜 안구 운동은 좋은 독서 또는 나쁜 독서 습관의 결과일 뿐이지 안구 운동 자체가 효과적인 독서습관의 원인은 아니다.

1. 안구 운동과 시각 범위

[그림 7-3]에 있는 "A"는 속도가 '느린' 독자의 안구 운동이고, "B"는 빠른 독자의 안구 운동을 보여주고 있다. 안구 고착(eye fixation)은 점으로 표시되어 있다.

우리는 독서를 할 때 안구 고착의 각 지점을 중심으로 양쪽에 있는 단어들을 한꺼번에 같이 읽는데 우리는 이들의 범위를 시각 범위(visual span)라 부른다. 다음

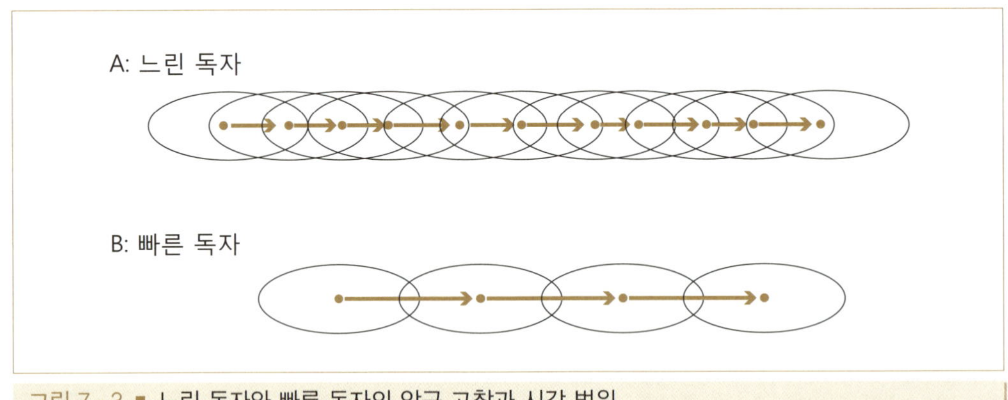

그림 7-3 ■ 느린 독자와 빠른 독자의 안구 고착과 시각 범위

의 [그림 7-3]에서는 시각 범위는 타원형으로 표시되어 있다. 눈은 인쇄물의 한 줄 한 줄을 몇 개의 부분으로 나누어 카메라가 스냅사진 찍듯이 정지해 가며 읽는다. 안구가 어떻게 정지하여 고착하는지에 대하여서는 알려진 것이 별로 없다. 어떻든 눈(안구)은 무비 카메라(movie camera)처럼 인쇄물을 스냅사진처럼 찍는다. 그럼에도 불구하고 우리의 마음은 마치 의미가 계속하여 흘러가는 것처럼 글의 내용을 처리하고 해석한다.

일반적인 독자에게 단어들을 1/100초 동안 스크린에 짧게 순간적으로 제시하면 관련 있는 것은 대개 4개 단어(철자로는 24개의 공간)를 '볼 수가' 있다고 한다. 이것은 분당 24,000단어를 읽을 수 있다는 말이 된다. 그러나 한 개 시각 범위의 단어들을 '읽을' 때는 어떤 맥락 속에서 의미가 통하게 서로 '연결'시켜야 하기 때문에 1/5초 정도 걸린다. 이러한 이유로 '읽는 것'과 '보는 것'은 다르다.

그리고 안구 고착에서 걸리는 시간은 거의 고정적이며 성인 독자의 경우 약 1/4초 정도 걸린다. 이 시간은 독서 속도가 빠르거나 느린 것과는 관계가 없고 다만 독서 재료가 어려우면 시간이 좀더 걸릴 뿐이다. 이것은 아마도 우리의 머리가 어려운 내용을 처리하는 데 시간이 더 걸리기 때문일 것이다.

이유가 어디에 있든 간에 속독을 하더라도 안구 고착의 평균시간은 별로 감소하지 아니한다. 다만 독서가 느린 사람은 빠른 사람보다 안구 고착의 수가 많을 뿐이다. 독서에 걸리는 시간은 안구 고착할 때마다 1/4초 걸리기 때문에 여기에다 안구 고착의 수를 곱하기하여 계산해 볼 수 있다.

타원형으로 되어 있는 각 시각 범위에서의 수직의 거리는 수평 거리의 1/2 내지 1/3이다. 그러므로 인쇄의 적어도 5개 줄은 한꺼번에 볼 수가 있다. 이러한 '수평적' 시각은 읽기에서 중요한 역할을 한다.

그리고 시각 범위는 서로 많이 중첩하고 있다. 특히 느린 독자의 경우 중첩이 아주 심하다. 그러나 보는 것을 멈출 수는 없기 때문에 이런 독자는 단어들을 몇 번씩 되풀이해서 보게 된다. 독서 속도가 빠른 독자는 시각 범위의 중복이 적고, 아주 필요할 때만 중복하기 때문에 시각 범위를 보다 충분히 활용하고 있다. 그러나 의미의 이해가 어려우면, 빠른 독자도 안구 고착을 더 많이 하고, 속도를 줄인다. 이런 이유로 시각 범위도 많이 중복하게 된다.

2. 속독 훈련의 가정과 오류

안구 운동이라는 차원에서 보면 독서이해를 잘하는 독자는 다음과 같은 특징을 가지고 있다.

- 안구 고착의 수가 적다.
- 안구 운동이 보다 규칙적이고 율동적이다.
- 안구가 회귀하는 경우가 적다.

독서이해를 잘하는 효과적인 독자일수록 안구 고착을 적게 하고, 눈을 규칙적이고 리드미컬하게 움직이며, 그리고 읽었던 부분에 되돌아 가서 안구 고착하는 회귀(regression)를 적게 한다. 그리고 '시각 범위'를 넓게 하여 읽는다.

속독 학원 같은 데서 하고 있는 '속독 훈련'은 거의 모두가 눈동자를 빠르게 움직이는 훈련이다. 좀더 자세히 말하면 눈이 머무는 '안구 고착'의 수를 줄이고, 그리고 한 번에 볼 수 있는 '시각 범위'를 넓혀서 독서의 속도를 빠르게 하는 연습을 한다.

그러나 안구 고착의 수를 줄이고, 시각 범위를 넓히는 훈련을 해도 독서 속도가 효과적으로 빨라지는 것이 아니다. 빠르게 읽을지는 몰라도 독서이해가 제대로 되지 않는 독서 속도는 전혀 무의미하다. 사실은 전통적인 속독 훈련의 가정과는 달리, 독서이해를 잘하면 그에 따라 자연적으로 안구 고착의 수는 줄고, 시각 범위는 늘어날 뿐이다. 서로 상관은 있지만 속독 훈련에서 전제하고 있는 인과관계적인 해석이 잘못된 셈이다. 다시 말하면 안구 고착의 수를 줄이거나 시각 범위를 넓힌다고 독서이해의 속도가 향상되는 것이 아니다.

3. 효율적인 독서 속도

독서의 속도는 독서를 하는 독자의 목적과 흥미, 주제에 대한 배경지식, 이해의 요령과 전략 및 독서 재료의 성질을 떠나 말하는 것은 의미가 없다. 만약에 재료에 몰입하고 목적이 강력하다면, 재료가 이해하기 쉽고 짜임새 있게 쓰여져 있다면, 그리고 주제와 관련하여 독자 자신이 가지고 있는 배경지식이 충분하다면, 독서이해하기는 훨씬 더 쉬울 것이고, 그리고 독서의 속도는 더 빨라질 것이다.

독서의 효율성(efficiency)이란 내용을 이해할 수 있는 범위 내에서 가능한 대로 빠른 속도로 읽는 것을 말한다. 독서에서도 독서 목적을 성취하는 것이 중요하고, 가능하다면 그러한 목적을 빨리(그리고 쉽게) 성취해야 한다. 그러면 어떻게 하면 우리는 독서 속도의 효율성을 높일 수 있을까?

(1) 독서를 잘할 수 있는 태도와 전략을 배우고 익히는 것이다. 독서의 기능/전략을 사용하는 목적은 우리의 머리가 글/교재를 더욱 빠르게 이해할 수 있게 만드는 것이다.

(2) 독서의 속도에서 다양성과 융통성을 가진다. 모든 글/교재를 같은 한 가지의 속도로 읽을 것이 아니라 목적과 독서 재료에 따라 다양한 빠르기로 읽는 것을 연습하는 것이다.

(3) 독서 속도를 향상시킬 수 있는 방법을 익힌다.

아래에서는 독서 속도를 향상시키기 위하여 우리가 노력할 수 있는 두 가지의 방법을 제시해 본다.

(i) 글을 읽을 때 몸통 전체나 머리를 움직여서 읽지 않고 글줄 따라 안구(눈알)를 이동하면서 읽는다. 몸 전체나 머리를 이동시키는 것보다는 안구를 움직이는 것이 훨씬 더 빠르다. 따라서 머리는 고정시키고 눈동자만을 움직이면서 독서하는 습관을 연습하는 것이 필요하다.

(ii) 다른 한 가지 방법은 안구 고착하는 것을 교정하는 방법이다. 엄지 손가락 다음에 있는 '검지 손가락'부터 3개의 손가락을 같이 모아 오므린다. 그리고 이들 손가락을 당신의 눈동자가 일반적으로 이동해 가는 것보다 약간 더 빠른 속도로 활자의 한 줄씩을 따라 이동시킨다. 그러면서 손가락이 움직여 가는 데 따라 빠르게 읽으려고 애를 쓴다. 손가락은 평소 읽던 속도보다는 조금 더 빠르게 움직이고, 이렇게 연습을 하면서 속도를 점차로 높여 간다. 손가락을 처음부터 너무 빠르게 움직이고 거기에 따라 인쇄를 읽기하면 내용의 '이해'가 안 되거나 희생되기 쉽다.

이런 방식으로 계속하여 연습하라. 당신의 손가락이 움직여 가는 속도를 점차 높여라. 그러면 얼마되지 않아 당신은 독서이해를 희생시키지 않으면서 이전보다 훨씬 더 빠른 속도로 글을 읽을 수 있을 것이다.

8장

비판적 사고(Ⅰ)

Ⅰ. 목적과 특징
Ⅱ. 비판적 사고의 이론과 성질
Ⅲ. 논증과 논증문
Ⅳ. 비판적 사고의 과정
Ⅴ. 추리의 요소와 지적인 수행
Ⅵ. 논리, 논증분석 그리고 비판적 사고

이 장에서는 비판적 사고의 목적과 기능에 대한 논의와 함께 관련의 이론들을 먼저 음미해 볼 것이다. 그런 다음 비판적 사고의 대상이 될 수 있는 논증의 형태를 주장과 이유 등으로 나누어 자세히 알아본다. 또한 비판적 사고의 단계를 깊은 이해, 좋은 이유, 논리적 추리, 적극적인 판단 및 주장의 기각 및 이유 등으로 나누어 살펴본다. 그리고 모든 비판적 사고에 포함되어 있는 추리의 요소와 지적인 수행의 준거를 제시하면서 그것이 구체적인 교과내용에서 어떻게 적용될 수 있는지를 알아본다. 마지막으로 비판적 사고와 논증분석이 어떻게 관계되며 어떻게 차이가 날 수 있는지를 음미해 볼 것이다.

Ⅰ. 목적과 특징

1. 비판적 사고의 목적

비판적 사고(critical thinking)는 '더 낫게', '더 합리적으로', 그리고 '이유들을 생각하고 그리고 따져 보고' 판단(결정)하기 위한 사고이다. 다시 말하면 얼른 떠오르는 생각에 휩쓸리지 아니하고 일단 그것을 스톱시키고 그러한 생각들을 조심스럽게 사고(추리)해 본 다음 결정 내리는 사고를 말한다('三思一言'이라는 것과 같은 의미일 것이다). 그래서 비판적 사고는 충동적(즉흥적)인 사고나 부정적인 사고와 대비가 된다. 충동적인 사고는 '얼른 퍼뜩 떠오르는' 생각에 따라 가는 사고이고, 그리고 부정적인 사고는 남의 결점을 잡아 '물고 늘어지는' 사고이며 또한 결점이나 어두운 면만을 들여다 보는 사고이기 때문이다.

우리는 "생각(을) 해 봐라"거나 또는 이와 비슷한 말을 흔히 한다. 이 말은 듣는 사람이 "생각을 하지 않는다"라는 전제를 내포하고 있기 때문에, 이 말을 듣는 사람은 "무슨 말을 하는거야! 세상에 생각 안 하는 사람도 있나?"라는 식의 반응을 할 수도 있다. 사실, 대부분의 사람들은 이러한 반응을 보일 가능성이 크다. 또는 이 말의 전제를 "자신의 생각이 잘못되었다"라는 엉뚱한 의미로 해석하고, 다른 생각을 하려고 할 수도 있다. 따라서 이 말을 듣는 사람들은 "알았습니다"라는 대답만 하고, 아무 것도 하지 않거나, 못하게 되거나, 또는 별로 소득도 없는 엉뚱한 생각에 매달릴 가능성도 있다. 그러나 이 말에 내포된 진정한 전제는 듣는 사람이 "비판적으로 생각하지 않는다"는 것이다. 다시 말하면 "비판적으로 생각해 보라"는 것이다.

그러면 비판적 사고란 무엇인가? 사고에 대한 정의가 다양하듯이 비판적 사고에 대한 정의도 학자들에 따라 다소 간 다르게 내려지고 있다. 그러나 "무엇을 믿고, 행할 것인지에 대해 현명한 결정을 내리는 것을 목적으로 하는 의도적인 정신적 과정" 혹은 "어떤 주장(claim)을 수용할 것인지, 기각할 것인지, 아니면 그에 대한 판단을 보류할 것인지를 주의깊게, 의도적으로 결정하는 정신과정"(Moore & Parker, 1986)이라는 정의가 무난해 보인다.

이 정의에 따르면, 비판적 사고는 어떤 주장(자신이 세운 것이든, 타인이 세운 것이든 간에)에 대한 수용 여부의 결정을 '보다 낫게' 하는 것을 목적으로 한다. 합리적으로 생각하는 사람은 어떤 주장에 대한 수용 여부의 결정을 먼저 주장의 타당성, 신뢰성, 그리고 중요성에 대한 사정을 하고 난 다음에 한다. 결국 비판적 사고는 주장의 근거를 사정평가하고, 그러한 추리의 결과를 기초로 주장의 수용 여부를 결정하는 사고라 말할 수 있다.

사실 일상생활에서뿐 아니라 포털 사이트에는 엉터리 지식이 넘쳐나고 있다. 예컨대 "청년 지식인 포럼 스토리 K가 한국 현대사 주요 사건 18개와 역대 대통령 3인과 관련해 상위 10개 질문에 대한 모든 답변을 분석했더니 네이버는 41%, 다음은 37%가 사실관계의 오류, 불확실한 정보, 이념적 편향성 등 문제점이 있는 것으로 드러났다. … 이런 사이트에 떠 있는 '지식' 10개 중 4개가 잘못돼 있다"(동아일보, 2012년 1월 17일자 A31면).

2. 비판적 사고의 기능

앞에서는 비판적 사고의 목적 내지 중요성을 알아보았다. 그런데 이러한 비판적 사고의 기능은 다음과 같은 세 가지로 정리해 볼 수 있다.

첫째는 글이나 기타 학습의 재료, 그리고 커뮤니케이션하고 있는 대화(대담)의 내용을 보다 깊게 이해하는 것이다. 비판적 사고는 텍스트의 주장에 '이유'를 연결하여 평가하는 것에 머물지 않는다. 비판적 사고는 '이유'를 넘어 주장(결론)의 의도나 시사해 주는 '함의'까지도 살펴보기 때문이다.

둘째는 내용을 깊게 따져보고 그것이 수용할 만한 것인지를 사정(査定)해 보고 판단하는 것이다. 비판적 사고의 중심은 바로 이러한 기능에 있다. 내용을 깊게 이해하는 것과 그것이 무조건 옳다고 믿고 받아들이는 것은 다르다. 수용하여 믿게 되는 지식은 최대로 타당해야 하며 개인적인 편견에서 자유로운 것이어야 한다. 그것은 이유에 근거한 올바른 추리를 통하여 비로소 가능할 수 있다.

마지막은 이해하고 수용한 지식을 '확대하고 적용해' 보도록 하는 것이다. 다시 말하면 비판적 사고는 창의적 사고의 출발점 기능을 한다. 물론 창의적 사고의 소산은 다시 비판적 사고의 대상이 된다. 즉, 자기의 것으로 습득한 지식을 새로운 장면에 적용해 보며 그리하여 새로운 아이디어 · 지식을 창조하기 위한 확대적이고 생성적인 사고를 할 수 있게 한다.

3. 약한 의미와 강한 의미의 비판적 사고

비판적 사고를 어떻게 사용하느냐가 매우 중요하다. 사용하는 목적에 따라 그것을 두 가지로 나누어 볼 수 있다. 어떤 사람은 자신의 이익이나 욕망을 변호하고 정당화시키는 목적으로 비판적 사고를 사용할 수도 있다. Paul(1990)은 이러한 비판적 사고를 '약한 의미의' 비판적 사고라 하고, 이러한 사람을 '이기적으로 비판적인 사람'(the self-serving critical person)이라 부른다. 다른 하나는 '강한 의미의' 비판적 사고이다. 강한 의미의 비판적 사고를 하는 사람은 '공평하게 비판적인' 사람(the fair-minded critical person)이다. 이들은 비판적 사고를 진리, 합리성, 자율과 자기 통찰을 공평하고 균형 있게 사용한다. 그는 문제를 자기 자신의 입장뿐만 아니라 타인들의 입장에서 볼 줄 알며, 자신의 편견과 민족중심적인 사고에서 벗어나 공평하고 열린 마음으로 사고한다.

전통적으로 비판적 사고는 주로 '약한 의미로' 사용되었다. 이러한 협의의 비판적 사고에서는 두 가지가 핵심이 된다. 첫째는 결론과 '이유' 간의 논리적 관계를 분석하는 것이고, 다른 하나는 '이유' 자체가 얼마나 '진실'하고 강한 것인지를 따져보는 것이다. 그러나 Paul(1990)은 '강한 의미의' 비판적 사고가 우리가 진정으로 추구해야 할 사고임을 강조한다. 이것은 이기적인 것이 아니라 합리적이면서도 열려 있고 그래서 공명정대한 판단을 하는 것이 중요하다는 말이 된다.

이 장에서는 주로 '약한 의미의' 협의의 비판적 사고를 다루지만, '강한 의미의' 적극적인(또는 광의의) 비판적 사고도 언급해 볼 것이다. 광의의 비판적 사고는 논증분석과 뒷받침하는 '이유'를 체크하는 데 그치지 아니한다. 여기서는 논증분석과 '이유'의 체크에 추가하여 사고(추리)의 요소들을 체계적으로 음미해 보며, 그런 다음 '더 나은' 판단에 이르려고 한다. 협의의 비판적 사고는 몇 개의 미시적인 개별적인 사고기능들로 이루어져 있다.

Ⅱ. 비판적 사고의 이론과 성질

비판적 사고(critical thinking)란 우리가 무엇을 하거나 어떻게 행위할 것인지를 결정하는 데 초점이 있는 정신적 과정이다. 또는 추론을 통한 판단이라 말할 수도 있다. 어떻든 비판적 사고의 성질과 기능에 대하여서는 상당히 많은 이론가들이 관심을 보이고 있다. 아래에서는 이들 가운데 Dewey, Glaser, Paul 및 Sternberg의 이론들을 간단히 정리해 보고, 그런 다음 Ennis의 이론에 따라 비판적 사고의 내용을 좀더 자세하게 알아본다.

1. 비판적 사고의 이론

John Dewey가 비판적 사고에 대하여 내린 개념적 정의는 기념비적인 것이다. Dewey의 『우리는 어떻게 사고하는가?』(*How we think*, 1933)는 비판적 사고를 다루는 문헌에서는 거의 예외 없이 등장한다. 그는 비판적 사고의 핵심에는 '판단유보'와 '건강한 회의주의'(healthy scepticism)의 두 가지가 있다고 말한다. 우리는 기억 저장고에 여러 가지의 지식들을 저장하고 있지만 어떤 장면에서 이들 가운데 어떤 것을 선택하거나 조정하여 사용하려면 '판단'을 해야 한다. 그러나 이러한 판단을 할 때는 그러한 지식을 수용할 만한 충분한 증거가 있어야 한다. 이러한 이유로 Dewey의 비판적 사고에 대한 정의에는 '반성적 사고'(reflective thinking)란 개념이 나타난다. 반성적인 사고를 하려면 '적극적인 지적 참여'가 필요하며, 그러면 학습과 경험을 지적으로 통합하는 데 도움이 된다. 그에 따르면 비판적 사고에는 어떤 신념이나 지식을 그것을 뒷받침하는 근거와 거기에서 따라오는 결론을 적극적으로, 집착하여 그리고 조심스럽게 고려해야 한다. 또한 비판적 사고는 열린 마음과 사고자의 책임감 같은 태도를 요구하고 있다.

Dewey는 반성적 사고에 포함되어 있는 과정을 5개 단계로 나누고 있다. 이들은 문제의 확인, 문제의 분석, 가능한 해결책의 제시, 결과의 검증 및 선택한 해결의 판단 등이다. 이러한 비판적 사고의 활동은 바로 문제해결의 과정과 별로 다르지 아니하다. Dewey는 비판적 사고는 문제가 존재한다는 것을 의식하고 그리고 거기에 대한 해결 대안이 불확실하다는 것을 의식할 때만 일어날 수 있음을 반복하여 강조하고 있다. 이러한 의미에서 보면 Dewey의 문제해결은 학제적(interdisciplinary)이다. 왜냐하면 실제 세계를 다루고 있기 때문인데, 여기에서는 단일의 확정적인 해결 대안을 쉽게 얻을 수 있는 것이 아니며, 그리고 적절한 정보라 하더라도 얻은 해결 대안을 확실하게 장담할 수는 없다. 이렇게 보면 Dewey가 말하는 비판적 사고는 경험을 활용하는 창의적 문제해결의 조작 과정이라 말할 수 있다. Dewey는 이처럼 비판적 사고를 의도적이고 연속적인 문제해결의 단계로 정리함으로써 학습에 대한 탐구모형(inquiry model of learning)과 과학적 방법의 가능성을 제시하고 있는 것처럼 보인다.

Glaser(1941)는 *Watson–Glaser Critical Thinking Appraisal Test*(1980)의 저자로 보다 널리 알려져 있다. 그는 비판적 사고는 태도, 지식 및 기능 등의 세 개의 측면을 가지고 있다고 말한다. '태도'는 신념이나 지식 및 그것을 뒷받침하는 증거와 거기에서 따라오는 결론을 끈질기게 음미해 보게 하기 때문에 중요하다. 그리고 논리적인 탐색과 추리해 가는 방법에 대한 지식, 그리고 그러한 방법을 적용하는 기능도(예컨대 문제해결 기능, 정보수집 기능, 과학적 방법 기능 일반화 기능 등) 비판적 사고 기능을 개발하는 데 마찬가지로 필요하다.

McPeck(1990)은 모든 사고는 구체적인 주제 영역 속에서(subject areas) 일어나고 발달하기 때문에 비판적 사고는 '여러 가지 신념에 대한 좋은 이유'를 확보하기 위하여 '반성적 사고를 적합하게 사용하는 것'이라 정의한다. 그는 사고란 항시 "X에 대한" 사고이기 때문에(X는 현재 다루고 있는 특정한 토픽임) 영역 특수적인 지식과 기능을 개발하는 것이 비판적 사고기능의 개발에 결정적이라 본다. 다시 말하면 비판적 사고기능이 영역 보편적인(domain-general) 것이 아니라 영역 특수적인(domain-specific) 것이라 본다. 이러한 주장은 Ennis(1962)나 D'Angelo(1971)의 주장과는 정반대이다. D'Angelo는 비판적 사고란 '진술, 주장 및 경험들을 평가하는 과정'이라 정의한다. 그리고 이러한 판단은 객관적 규칙과 증거 그리고 평가과정에서 사용하는 모든 태도와 기능들로 이루어져 있다고 믿는다. 여기서 중요한 것은 이러한 비판적 사고과정을 수행해 갈 때 '지식과 정보'의 역할은 무시하고 있다는 것이다.

Paul(1982)은 사람들은 자기 자신의 자아(ego)와 민족중심주의(ethnocentricity) 때문에 '공평한 마음의'(fair-minded) 비판적 사고활동이 언제나 방해를 받고 있다고 주장한다. 따라서 우리는 '자아 중립적'이 되려고 노력해야 하며, 자신의 편견을 자각하고 극복하려고 노력해야 한다. 그렇지 않으면 자신이 이미 가지고 있는 신념을 합리화하고 정당화하는 데 '비판적 사고'를 사용하게 된다. 그는 이것을 '약한 의미의 비판적 사고'라 부른다. 반대로 '강한 의미의 비판적 사고'는 어떤 이슈에 대하여 추리를 거친 판단에 이를 때까지 겸손한 마음으로 공평하게, 이성적으로, 그리고 논리적으로 추리해 가는 사고이다.

Sternberg(1981)는 개인의 성격이나 장면이 다르면 요구되는 비판적 사고기능이 다르다고 말한다. 그는 '맥락'을 대단히 강조하며 비판적 사고는 실제 세계와의 관계 속에서만 측정할 수 있다고 주장한다. 그가 비판적 사고분야에서 특히 기여한 것은 비판적 사고를 3개의 기본적인 문제해결 범주로 나누고 있다는 것이다. 3개의 기본 범주란 상위 요소(meta-components), 수행 요소(performance) 및 지식 습득 요소(knowledge-acquistition) 등이다.

상위 요소는 달리 말하면 '초인지' 요소로서 일을 계획하고, 수행해 가면서 점검하고, 그리고 과제를 마친 다음은 수행을 평가하는 고차적 사고과정을 말한다. Sternberg의 상위 요소는 Dewey의 반성적 문제해결의 5단계 과정과 비슷하며 그것을 계획, 점검, 사정하는 것이라 볼 수 있다. '수행' 요소는 상위 요소의 지시를 수행하고 피드백을 제공해 주는 데 사용되는 보다 낮은 차원의 과정이다. 이것은 수행하는 영역에 따라 다를 수 있으며, 예컨대 귀납적 · 연역적 추리, 독서, 공간 지각 등이 포함될 수 있다. 그리고 '지식 습득' 요소는 개념이나 절차 같은 것을 학습할 때 사용되는 과정들이다. Sternberg의 비판적 사고이론은 다음에서 다루려는 Ennis의 것과 매우 비슷하다.

2. 비판적 사고의 내용

Ennis(1962)는 비판적 사고의 여러 이론들 가운데 가장 광범위하며 포괄적이다. 그리고 그것을 평가하는 데도 매우 구체적인 준거를 제공해 주고 있다. 그는 원래는 비판적 사고는 12개의 기본적인 문제해결 능력으로 구성되어 있다고 주장하였다. 그러나 그 이후 '능력'만으로는 충분하지 아니하며, 이러한 능력을 행사할 수 있는 '경향성'(나중에는 이를 '기질', disposition이라 하였다)이 있어야 한다고 이론을 수정하였다. 다시 말하면 비판적 사고자는 사고기능(능력)을 가져야 할 뿐 아니라 그러한 능력을 사용하려는 '의지'(기질)를 가지고 있어야 한다고 그는 믿고 있다. 그는 비판적 사고에는 '이유(reason), 반성(reflection) 및 초점(focus)' 등의 세 가지의 개념이 핵심적이다. "훌륭한 사고란 임의적인 것이 아니다. 왜냐하면 훌륭한 사고는 아무런 결론에 아무렇게나 이르게 하는 것이 아니기 때문이다. 최선의 결론은 최선의 이유로 뒷받침되어 있는 것이다. 그러므로 훌륭한 사고는 훌륭한 이유에 따라 결론에 도달해야 한다"(Norris & Ennis, 1989, p. 3). 이들 세 가지의 개념들을 조합하면 바로 그의 정의에 이르게 된다.

(i) 이유: 비판적 사고는 '이유'를 근거로 하는 합리적인(reasonable) 사고이며 그리고 '이유'에 따라 결론에 이르는 추리(reasoning)의 사고과정에 크게 의존하고 있다. 비판적 사고는 목적적이고, 합리적인 사고이기 때문에 비판적 사고의 사람은 신중하고 계획적으로 목표를 사정하고 그리고 필요하면(증거와 이유에 따라) 그러한 목표를 수정할 수 있어야 한다.

비판적 사고에는 이유, 반성적 사고 및 초점이라는 세 가지 개념들이 있으며 이들 개념들을 조합하면 "비판적 사고란 무엇을 믿거나 행위할 것인지를 결정하는 데 초점이 있는 합리적인(reasonable) 반성적 사고"(Ennis, 1980, p. 17)라는 그의 정의에 이를 수 있다. 보다 간단히 말하면 비판적 사고는 지시적이고(directive) 목적지향적인 활동이라 말할 수 있다.

(ii) 반성적 사고: 비판적 사고에는 '반성적 사고'가 포함된다. 반성적 사고는 자기 자신의 사고뿐만 아니라 다른 사람의 사고도 마찬가지로 자세히 음미해 보는 것을 말한다. 반성적 사고는 이전까지 추리해 왔던 생각뿐 아니라 후속의 행위들을 뒤돌아 보면서 음미해 보는 것까지도 포함한다.

(iii) 초점: 비판적 사고는 무엇을 믿으며 무엇을 행위할 것인지를 의사결정하는 데 초점을 두고 있는 사고이다. 따라서 비판적으로 사고하는 사람은 자신의 마음이 의사결정의 사고과정에 초점을 두고 있어야 한다. 따라서 무엇에 대하여 왜 생각하는지가 분명하지 않으면, 다시 말하면 사고의 목적/목표가 없으면 비판적 사고는 제대로 수행할 수가 없다.

비판적 사고는 무엇을 믿거나 행위할 것인지를 결정하는 정신적 활동이다. 이러한 의사결정을 하려면 정보와 배경지식뿐 아니라 이전에 경험했던 결론에 의존하게 된다. 이러한 요소는 비판적 사고를 뒷받침하는 '기초'가 된다. 이러한 의사결정의 '기초'와 의사결정 자체를 연결시키고 있는 것은 '추론'(inference)이라 부르는 정신과정이다. 이러한 논리적인 관계를 보여주고 있는 것이 [그림 8-1]이다. 그림에서는 사고의 방향이 '하부 상향식'으로 '질서 있게' 진행되는 것으로 그려져 있다. 그러나 사고란 반드시 기초적인 정보에서 결론에 이르는 하부 상향적인(bottom up) 것만이 아니고, 그리고 반드시 질서정연하게 직선적으로 이루어지는 것도 아니다. 비판적 사고는 상부 하향식으로(top down) 진행될 수도 있고, 중단되었다가 다시 시작할 수도 있고, 또는 거꾸로 돌아갈 수도 있을 것이다. [그림 8-1]에 나타나 있는 비판적 사고의 내용들을 네 가지로 나누어 다시 정리해 보면 다음과 같다.

(1) 뒷받침하는 기초: 비판적 사고는 무엇을 믿거나 무엇을 행위할 것인지를 의

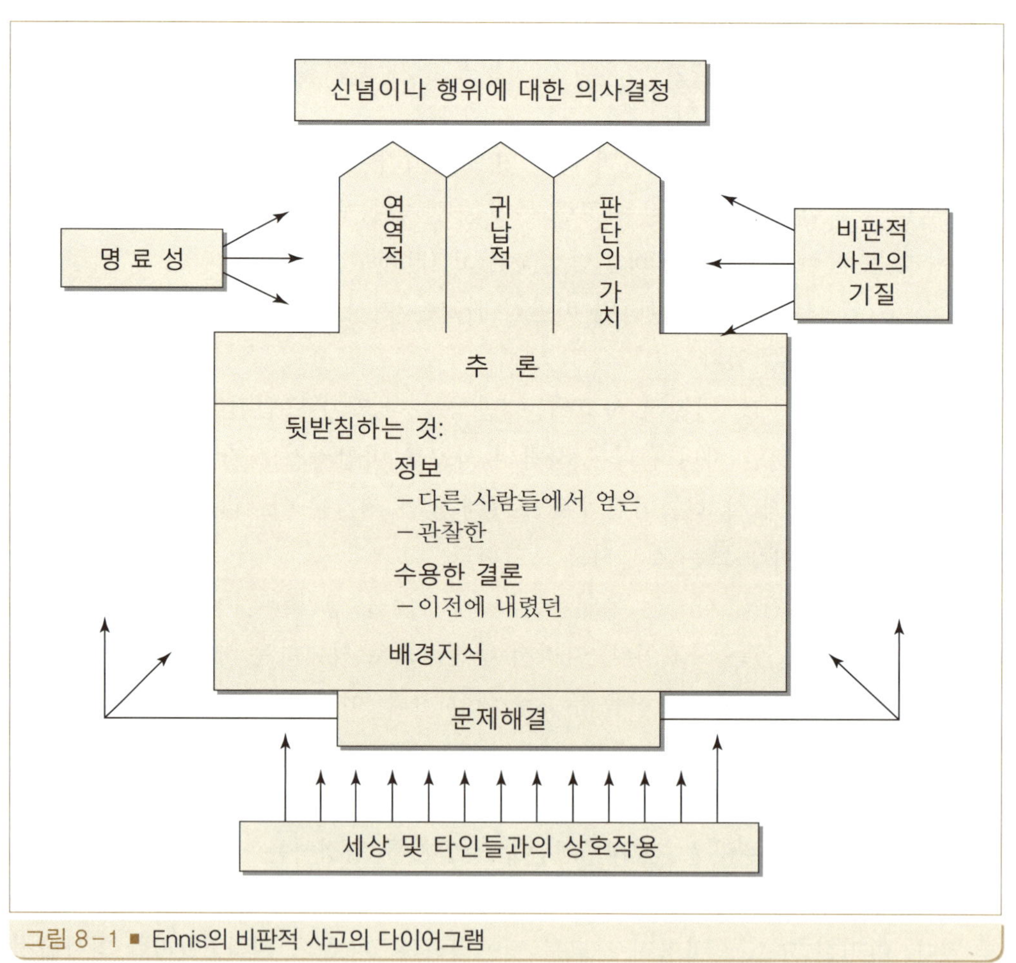

그림 8-1 ■ Ennis의 비판적 사고의 다이어그램

사결정하는 데 초점을 두고 있는 정신과정이다. 이러한 의사결정을 할 때 사람들은 정보(다른 사람들로부터 받거나 배운, 그리고 스스로 관찰한), 이전에 내렸던 결론 및 배경지식(사전지식, 이전까지의 지식)에 의존한다. 이들은 의사결정을 '뒷받침하는 것'들이다.

(2) 추론: 의사결정을 뒷받침하는 '기초'와 의사결정 자체 사이를 링크시키고 있는 것이 '추론'이다. 거기에는 연역적인(deductive) 것, 귀납적인(inductive) 것 및 가치판단적인(judging value) 것 등이 있다. 그림에서의 의사결정은 '하부 상향식'으로 되어 있지만, 실제의 결정은 여러 가지 방향으로 진행될 수 있고, 도중에 중단할 수도 있고 그리고 다른데서 다시 출발할 수도 있고, 또는 이전의 것으로 되돌아 갈 수도 있다.

(3) 문제해결과의 상호작용: 비판적 사고의 과정은 창의적 문제해결의 과정이라 말할 수도 있다. 그것은 세상의 여러 복합적인 문제나 다른 사람들과 상호작용하는 데서 문제를 발견하거나 의식하는 데서 출발하여 뒷받침하는 정보와 배경지식을 활용하여 최종적인 '의사결정'에까지 도달하는 문제해결의 과정이기 때문이다.

(4) 비판적 사고의 기질과 명료성: 비판적 사고에는 과제수행을 위한 능력뿐 아니라 적합한 기질/성격이 요구된다. 거기에는 열린 마음, 자신감, 인지적 성숙성(필요하면 자신의 견해를 기꺼히 수정할 수 있는), 탐구심 및 반성적 판단 등이 포함될 것이다. 마지막으로 비판적 사고는 '명료'해야 함을 그림은 보여주고 있다. 이것은 문제, 이슈 또는 장면에 대한 사고의 질을 체크할 수 있는 지적 준거이다. 여기에는 명료성뿐 아니라 정확성, 엄밀성, 적절성, 깊이와 폭, 논리 및 유의성(significance) 등도 포함될 수 있을 것이다.

Ⅲ. 논증과 논증문

1. 주장과 논증문/주장문

비판적 사고의 대상은 무엇인가? 비판적 사고란 '추리의 과정을 통하여 더 나은 판단'에 이르는 것 또는 '다른 사람이나 자신의 사고에 대한 사고'라 말할 수 있다. 그러므로 비판적 사고의 대상은 당연히 '다른 사람이나 자신의 사고에 대한 것이다. 그러나 다른 사람이나 나 자신의 모든 사고를 대상으로 하는 것은 아니다(그런데 '사고'는 대담이나 대화와 같이 '말(언어)'로 존재할 수도 있고, 이와는 달리 문자로 존재할 수도 있다. 이들은 존재 양식의 차이일 뿐 같은 것이기 때문에 여기서는 '진술'만을 다루고자 한다). 진술은 크게 보아 사실(facts), 의견(opinions) 및 주장의 세 가지로 나누어 볼 수 있다. 비판적 사고의 대상은 타인이나 나 자신이 내걸고 있는 '주장'이며, 사실이나 의견은 그 대상이 아니다.

이미 앞장에서 언급해 두었지만, 글은 여러 정보들이 연결되어 전체가 통일적이며(unified), 구조적이고 응집적인(coherent) 것이다. 그래서 '글'을 '텍스트'(text)라 부르기도 한다. 글/텍스트는 크게 보아 논설문(정보문)과 서사문(이야기 글)으로 나눌 수 있다. 그리고 논설문은 다시 '논증문'(주장문)과 '서사문'(expositive)으로 나눌 수 있다. 서사문은 이야기 글이며 재미, 스릴 또는 개인적인 감동을 주는 데 목적이 있고, 그리고 '설명문'은 자신이 관찰하고 느낀 바를 서술하거나 독자에게 자신이 가지고 있는 정보를 제공해 주기 위한 것이다. 따라서 서사문(이야기 글)은 얼마나 재미있느냐가 중요하고, 설명문은 담고 있는 정보가 얼마나 유용한 것인지가 중요하다. 뒤집어 말하면 서사문(이야기 글)과 설명문은 비판적 사고의 대상이 되지 않으며, 다만 논증문(주장문)만이 그 대상이 된다.

논증문(argumentative)은 '주장문'이라 부르기도 하며 대개의 경우 이것이 바로 비판적 사고의 대상이 된다. 사실 '비판적 사고'는 대개의 경우 논리적인 규칙으로 이루어진 논증문을 대상으로 하지만, 논증이 아닌 주장의 글에도 비판적 사고는 마찬가지로 필요하다.

주장문(논증문)은 자신의 견해(주장)를 남에게 설득하기 위한 것이다. 다시 말하면 주장문은 독자로 하여금 자신의 주장에 동조하도록 '설득'하기 위한 것이다. 독자를 설득하려면 저자가 자신의 주장을 뒷받침하는 그럴 듯한 근거(논거, 증거, 이유)를 제시해야 한다. '주장'은 그 글/텍스트의 주제(theme, main idea, 중심내용)이며 달리 말하면 글의 '결론'이기도 하다.

논증문(주장문) = 중심내용(주장) + 뒷받침하는/설명하는 세부내용(근거)

(1) 주장(결론)이 근거와 함께 제시될 때 우리는 이를 '논증'이라 하고, 그러한 글을 논증문이라 부른다.

(2) 논증은 반드시 어떤 '쟁점'(이슈, issue)에 관한 것이며, 그래서 논증은 신념이나 아이디어에서 갈등이나 견해의 차이가 있음을 전제한다.

(3) 주장을 뒷받침하는 세부내용을 '근거'라 한다. '근거'는 강한 것일 수도, 약한 것일 수도 있으며, 이에 따라 '주장'에 대한 독자의 판단은 달라질 수 있다. 논리학에서는 주장을 대전제, 그리고 근거를 소전제라 부른다. 주장을 뒷받침하는 이러한 '근거'를 '논거'라 부르기도 한다. 저자는 '근거'(논리, 증거, 이유)에 있는 것들을 바탕한 추리의 과정을 거쳐 자신의 '주장'(결론)이 맞다고 '판단'하는 셈이다.

그림 8-2 ■ 결론에 이르는 길

(4) 뒷받침하는 근거들은(논거) 보기, 이유, 재진술, 논리 및 기타로 나누어 볼 수 있다. 그리고 근거의 내용은 사실(facts), 논리 및 가정(假定)의 세 가지로 나눌 수 있다.

그러나 넓게 보면 서사문이나 영화 같은 것들도 독자와 감상자의 시각에서 보아 재미있고 감동적인지, 그리고 설명문도 그것이 사실이거나 중요한 것인지 등을 기준하여 비판적 사고를 하는 것이 중요할 수는 있다. 그러나 이때의 비판적 사고는 '주장'을 판단하기 위한 것은 아니다. 왜냐하면 서사문, 영화 또는 설명문의 어느 경우도 저자가 어떤 '주장'을 하고 있는 것은 아니기 때문이다.

2. 사실, 의견 그리고 추리를 통한 판단/주장

대부분의 글은 '주장'을 가지고 논증하기 위한 것이다. 그러나 모든 글이 '논증적'이라 말할 수는 없다. 글을 논설문(정보문)과 서사문(이야기 글)의 두 가지로 나눈 바 있는데, 서사문은 비판적 사고의 대상이 되지 않는다. 서사문은 어떤 것을 '기술'(묘사, description)하기 위한 글로써 시, 소설, 수필, 서간, 일기 등이 보기가 된다.

비판적 사고는 어떤 '주장'에 대하여 '더 나은' 판단에 이르기 위한 것이다. 주장이란 '이유'로 뒷받침하면서 내린 판단이기 때문이다. 반면에 어떤 '사실'(facts)에 관한 진술, 즉 사실적 진술은 그것의 진위 여부를 판단하면 되고, 어떤 개인이 가지고 있는 '의견'은 개인적인 선호(preference)를 말하는 것이기 때문에 사람에 따라 얼마든지 다를 수 있다.

다음에 있는 세 개 문장들을 비교해 보라.

- 삼성 컴퓨터는 최고의 PC야. 나는 그것을 좋아해.
- 삼성 컴퓨터는 200만원 이하로 살 수 있는 PC로는 최고야. 쓰기도 쉽고 호환성도 있고.
- 삼성 PC 컴퓨터에는 큰 하드디스크 드라이브와 프린터기가 달려 있고 다른 컴퓨터와 호환성도 있다.

첫 번째의 진술은 '의견'(opinion)을 나타낸다. 그것은 "나는 그것을 좋아한다.

최고라 생각한다" 등과 같이 단순히 개인적인 선호를 나타낸다. 이것도 '주장'이라 할 수 있겠지만 왜 그렇게 선호하는지에 대한 '뒷받침하는' 이유가 제시되어 있지 않기 때문에 그것은 주장이라 부르지는 않는다. 의견은 어떤 개인이나 집단이 어떤 입장 또는 제품을 어떻게 생각하고 평가하고 좋아하는지를 반영한다. 사람에 따라 '의견'은 얼마든지 다를 수 있다. 그리고 지지하는 이유가 제시되지 아니한 이러한 의견들은 어느 것이 더 좋은 것인지를 서로 비교해 볼 수는 없다. 의견은 인간의 선호만큼이나 다양할 수 있으며, 그래서 의견은 '주관적인 진실'일 뿐이다. 보기를 더 들어보면 "김후보에 투표하세요. 가장 적임자입니다", "나는 아이스크림을 좋아한다" 또는 "산아 제한은 하지 않아야 합니다" 등의 진술과 같은 것들은 모두가 '의견'을 진술하고 있다.

두 번째 진술은 역시 선호를 표현하고 있지만 이 보기에서는 그러한 주장을 뒷받침하는 이유가 같이 제시되어 있다. "y이기 때문에 x를 선호한다(좋아한다)"의 형태를 취하고 있다. 이것은 바로 '이유를 따져보고 결론에 이르는 것, 즉 추리를 통한 판단'의 보기이다. 여기서는 전제(이유)가 결론을 뒷받침하고 있다. 이러한 주장(결론)에는 대개의 경우 하나의 정답은 없고 다만 더 나은 대답 또는 더 못한 대답만이 있을 수 있다. 다시 말하면 대답이 '하나의 것으로' 수렴되지 아니하고 여러 가지의 대답이 있을 수 있다.

마지막 문장의 진술은 '사실적 주장'(factual claim)이다. 우리 말의 '사실'은 fact라는 의미와 'truth'의 진실을 의미하는 두 가지가 있어 좀 혼돈스럽다. 사실(fact)은 확인 가능한 진리값(truth value)을 가지고 있다. 다시 말하면, 사실적 주장은 확인해 볼 수 있는 어떤 것에 대한 것이며, 실제로 확인을 해 보면 진(眞)이거나 위(僞)로 밝혀질 것이다. 내가 직접 확인할 수 없을 수도 있지만 신뢰할 수 있는 다른 사람들이 대신 확인할 수도 있을 것이다. '사실'에 관한 진술(주장, 질문)에는 하나의 정답만이 있을 수 있으며, 그래서 대답이 수렴된다.

그러나 의견에 따라 채색되지 아니한 '순수한' 사실을 표현하기란 어려울 때도 있다. 예컨대, 계엄선포의 사실을 신문에 보도하는 기자가 헤드라인을 '계엄군 진입' 또는 '시가지 평온' 등으로 하여 보도할 수도 있을 것이다. 어느 것이나 사실이긴 하지만 전달하는 내용은 상당히 다르다. 기자의 의견에 따라 '무슨 사실'을 어떻게 보도하느냐가 달라짐을 알 수 있다. 다시 말하면 사실의 표현에는 진술자의 편견이 작용한다. 뿐만 아니라 컴퓨터의 '가상 현실'과 '실제 현실'의 구분이 애매해짐에

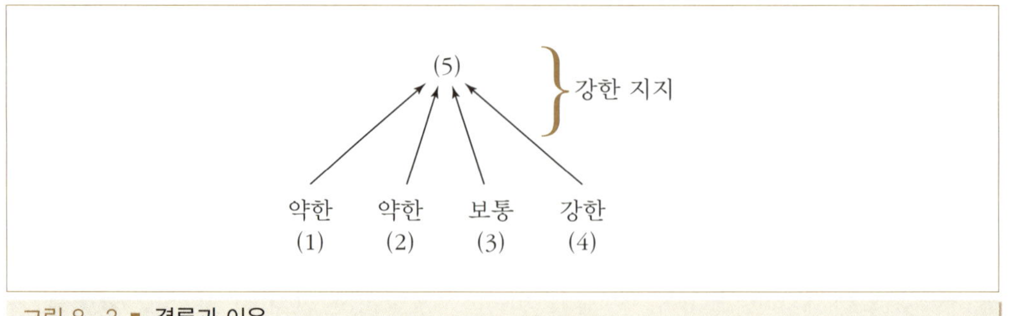

그림 8-3 ■ 결론과 이유

따라 사실과 의견의 구분은 더욱 어려워질 수 있다.

많은 광고들은 '사실'처럼 옷을 입혀 자신의 '의견'을 표현하고 있다. 예컨대 "A 판콜은 감기에 잘 듣습니다." 또는 "A 소주면 아침이 거뜬합니다." 등은 모두 사실 같이 보이지만 이들은 모두가 의견이다. '잘 듣습니다'나 '거뜬합니다'란 용어들은 모두가 애매하다. 그리고 이들은 우리가 그것을 어떻게 정의하고 어떠한 검증을 하느냐에 따라 달라질 수 있는 평가적인 용어들이다. 다시 말하면 이들은 모두가 판단의 문제이며, 따라서 사실이 아니라 의견을 진술하고 있다고 보아야 할 것이다.

3. 주장과 이유의 확인

주장(결론)과 이를 뒷받침하고 있는 이유(전제)를 확인하기는 쉽지 아니할 수도 있다. 그러나 다음과 같은 핵심 단어들을 알아두면 도움이 된다. 다음은 아마도 결론이 나타날 것임을 신호해 주는 핵심 단어들이다.

<u>결론을 신호해 주는 핵심 단어들</u>

그러므로 …
그래서(그리하여) …
따라서 …
요약하면 …
… 결과로
… 이유로 인하여

… 분명하다.

… 말할 수 있다(추리할 수, 결론 내릴 수 있다).

… 보여주고 있다.

주장을 뒷받침하고 있는 '이유'를 전제(또는 소전제)라 부르기도 한다. 그러므로 전제는 논증의 '왜'를 나타내는 부분이다. 그러나 전제들을 확인해 내기가 어려울 때도 있다. 다음은 흔히 이유(소전제)들이 따라 온다는 것을 신호해 주는 핵심 단어들이다.

<u>전제를 신호해 주는 핵심 단어들</u>

왜냐하면 …

… 때문에

… 이므로,

만약 …

… 이라면,

…에서 알 수 있는 바와 같이

이유는 …

증거로는 …

첫째 -, 둘째-…

…을 볼 때(추리해 볼 때)

… 가정한다면

반면에 …

Ⅳ. 비판적 사고의 과정

1. 비판적 사고의 단계

비판적 사고는 '더 나은' 판단을 하기 위한 것이다. 여기서 말하는 판단에는 제시되어 있는 주장을 수용하거나 기각하는 것 또는 보류하거나 다른 대안을 찾는 것 등이 모두 포함될 것이다. 그런데 더 나은 판단에 이르려는 비판적 사고는 몇 개의 단계적인 과정들을 거친다고 볼 수 있다. 사실로 비판적 사고는 글(논증)을 이해하는 데서 시작한다. 깊은 이해, 즉 비판적 이해가 선행되어야 비로소 비판적 사고가 가능해진다.

그리고 비판적 사고는 다음과 같은 두 가지의 질문을 해야 한다. 첫째의 질문은 '좋은 이유인가?'이다. 그리고 둘째의 질문은 '논리적인가?'이다. 첫째로 이유(전제)들은 진실하고 충분한 것인지 등을 질문해야 한다. 그리고 결론은 전제에서 논리적으로 타당하게 도출되고 있는지를 질문한다.

마지막으로 적극적으로 판단을 내려야 한다. 아래에서는 비판적 사고의 과정 단계를 '깊은 이해', '좋은 이유', '논리적 추리' 및 '적극적 판단' 등으로 나누어 간단하게 정리해 보기로 한다.

(1) 깊은 이해

깊은 이해는 비판적 사고의 시작이다. 깊은 이해란 글을 자구적(축어적, 피상적)으로 이해하거나 결론만을 알아보는 것이 아니라 'R, R, R/C'라는 논증의 표준형으로 글을 분석할 수 있어야 한다. 다시 말하면 주제글을 결론과 이유로 분석해 내어야 하며 글의 전체를 구조적으로 파악할 수 있어야 한다. 이를 비판적 이해라 부른다(R은 '이유'이고 C는 '결론'이다). 이미 7장에서 독서이해의 한 가지 모형으로 제시한 바 있는 SSTAR-M 독서법을 이용하면 도움될 것이다.

a. '제재'(토픽)와 '이슈'(issue)는 무엇이며 '결론'은 무엇인가? 즉 주제글의 제

재(토픽)와 핵심 아이디어를 발견해 내는 것이다.

(i) 글이란 어떤 '제재(subject, 토픽)'의 어떤 '이슈'에 대하여 어떤 '결론'을 내리고 있는 것이다. 다음과 같은 질문에 대답하는 것이 바로 '깊은 이해'이다.

- 제재(토픽)는?
- 이슈(논쟁점, issue)는?
- 결론(중심내용, 주제)은?
- 뒷받침하는 이유는?

(ii) 이슈란 논쟁점(논점)이며 사람들이 서로 의견을 달리하고 있는 사항이다. 이러한 이슈에는 기술적(descriptive)인 것과 처방적(prescriptive)인 것이 있다. 또한 이슈는 외현적으로 진술되어 있지 않아 추리해서 알아내어야 할 때도 있다.

(iii) 결론은 저자가 증명하려는 것이며, 'A이면 B이다'라는 기본 구조를 가지고 있다.

b. '이유'는 무엇인가?

(i) 결론을 뒷받침하고 있는 설명이나 근거이다. 대부분의 이유는 증거(evidence, 사실, 보기, 통계, 유추, 비유, 실험)이지만 다른 주장이나 진술을 이유로 사용할 수도 있다.

(ii) 비판적 사고의 목적은 논증(주장)의 알맹이(가치, 진실)를 밝히고 그래서 더 나은 판단에 이르는 데 있다.

c. 애매한 단어나 구는 없는가?

(i) 특히 핵심 용어들을 체크해 본다.

(ii) 몇 가지의 다른 의미로 사용되거나 막연하지는 않는가?

(2) 좋은 이유

결론을 뒷받침하는 '이유'(증거)들은 대부분이 증거들이고 기타의 기술적 또는 처방적인 진술 등이 포함될 수도 있다고 하였다. 그런데 '이유'에는 '가정'도 들어가야 한다. 왜냐하면 가정은 진술되지 아니했지만 그래도 결론을 설득시키기 위한 것으로 사용될 수 있기 때문이다. 여기서는 제시되어 있는 전제(이유)가 적절한지, 신뢰롭고 타당한지, 또는 유의하고 강한 것인지를 체크해야 한다. 또한 더 나아가 빠져있는 것은 없는지도 확인해 보아야 한다. 이 단계에서의 비판적 질문들은 다음과 같다.

a. 증거는 무엇인가?

사실적 주장에 대하여서는 대개 경험적 증거가 요구된다. 증거는 '일반화'를 뒷받침하는 데 사용된다.

(i) 좋은 증거인가? 제시된 증거는 대표적이며 타당한가? 결론에 일치하고 매우 적절한 이유만이 강한 이유가 된다.

(ii) 유추는 적절한가('유추'는 증거의 한 가지 보기)? 친근하지 아니한(잘 모르는) 어떤 것에 대한 결론을 증명하기 위하여 친근한(잘 아는) 어떤 것과의 유사성을 사용하는 것을 유추(analogy)라 부른다. 유추에 의한 논증을 평가할 때는 A와 B 사이의 유사성의 적절성과 차이의 적절성을 주목해야 한다. 두 가지가 적절한 유사성은 많이 가지고 있지만 반대로 적절한 차이가 없을수록 유추는 강력하다.

(iii) 빠진 증거는? 제시되지 아니한 정보는?

당신이 옳다는 것을 완벽하게 보여줄 수 있는 완벽한 정보는 절대로 없다고 말할 수 있다.

(iv) 증거에 맞는 다른 대립 가설은 없는가?

어떤 가설의 가치는 가능한 대립 가설의 수와는 역의 관계에 있다. 다르게 해석해 볼 수 있는 대안적인 가설이 많을수록 지금의 '결론'은 믿기가 어려울 수 있다.

b. 유추적 추리의 구조와 보기

> 기업체에서 손님을 접대하는 접대비를 없애 버리면 유흥 음식점은 절단이 날거야. 이러한 효과보다 더 중요한 것은 그로 인하여 일자리가 없어진다는 것이다. 우스개 박사는 이러한 사실을 다음과 같이 적절하게 지적한 바 있다. "기업체의 접대와 기업체의 관계는 비료가 농업에 대한 것과 같다. 비료는 수확을 증대시킨다." 그는 참으로 현명한 사람이야.

위의 보기를 가지고 유추적 추리의 구조를 한 번 간추려 보자. 여기서 A는 우리가 이미 친근하게 알고 있는 어떤 것이며, B는 우리가 더 잘 이해해 보려고 하는 어떤 것이다.

(i) A와 B는 W, X 등의 적절한 면에서 서로가 비슷하다(비료와 기업체 접대는 둘 다 성장을 자극시키는 데 쓸 수 있다).

(ii) 우리는 A가 Z라는 사실을 안다(비료가 없으면, 수확은 아마도 감소할 것이다).

(iii) 그러므로 아마도 B에게도 Z가 사실일 것이다(기업체 접대가 없으면, 판매가 감소할 것이다).

c. 무엇을 '가정'하고 있는가?

(i) 가정(assumption)이란 외현적으로 진술되지 않고 숨겨져 있는 것이지만 결론을 판단하는 데 영향을 미친다. 그것을 당연한 것으로 받아들이면 현혹되기 쉽다.

(ii) '이유'에서 '결론'으로 이동해 가는 데 영향을 크게 미치는 가정만 찾아본다.

(iii) '가정'을 '가치 가정'과 '기술적 가정'으로 나눌 수 있다. 가치 가정이란 저자의 가치의 우선 순위를 말하며(진술되지는 않았지만), 기술적 가정이란 '이유'와 '결론'을 논리적으로 연결시켜 주는 아이디어로서 간격을 이어주는 연결 고리의 역할을 한다.

(3) 논리적 추리

좋은 사고(추리)에는 '좋은 이유'만으로는 불충분하고 좋은 이유 못지 아니하게 '좋은 추리(논리)'가 필요하다. 형식논리를 따진다. 그러나 전제가 사실이고 강한 것인지는 '좋은 이유의 단계'에서 다루어지고 논리적 추리의 문제는 아니다.

논리의 오류에는 구문론적 오류(전건 부정의 오류, 후건 긍정의 오류 등), 의미론적 오류 및 활용론적 오류 등이 있다. 논리학에서는 특히 활용론적 오류로서 매력적인 여러 가지 이름의 오류들을 나열하고 있다. 예컨대 논점 일탈의 오류, 잘못된 권위의 이용 오류, 피장 파장의 오류, 사랑에의 호소 오류, 완전 해답 추구의 오류, 순환론적 설명 오류 등이다.

(4) 적극적인 판단

비판적 사고는 결국 더 나은 판단에 이르기 위한 것이다. 그렇기 때문에 비판적 사고는 계속적인 자기 향상과 적응과 변화의 도구로 사용된다. 다음과 같은 질문을 해 보아야 한다.

a. '잠정적' 결정인가?

대부분의 이슈에는 '완벽한 해답'이 없다. 그럼에도 불구하고 현실은 대부분 즉시적으로 결론을 내릴 것을 요구한다. 그래서 대부분의 결론은 '잠정적'일 수밖에 없으며 더 많이 알면 다른 더 합리적인 결론을 얻게 될 수도 있을 것이다. 모든 지식(학문)이란 열린 체제(open system)여야 한다는 주장이 여기에 관계된다. 그러므로 모든 '지식 주장'(어떤 것이 믿을 수 있는 지식이라 주장되고 있는 것, knowledge claim)이란 항시 도전과 비판의 대상이 되어야 하며, 그리하여 계속하여 발전해 가야 한다.

논증을 구성하기보다는 논증의 결점을 찾기가 훨씬 더 쉽다. 저자의 목적과 이슈의 복합성을 인식하고 최선의 논증을 찾아야 할 것이다. 100% 완벽한 지식은 거의 없다. 이런 점에서 비판적 사고는 남의 주장의 단점(결점) 찾기에 바쁜 부정적 사고와는 전혀 다르다.

b. 적극적 판단의 준거는 만족되고 있는가?

적극적 판단(훌륭한 논증)은 전제(이유나 증거)가 수용 가능하고, 적절하고, 충분하고, 그리고 그럴 듯한 도전(다른 '대립적인 가설'의 도전)에 효과적으로 대답할 수 있어야 한다.

(i) 수용성 기준: 합리적인 사람(보통 사람)이 수용할 수 있는 이유인가?
'참' 또는 '진실'이라고 말할 수 있는 것이어야 한다.

(ii) 적절성 기준: 주장에 대하여 관계가 있는 이유인가?
수용해 놓은 결론에 관계가 없으면 부적절한 전제이다.

(iii) 충분성 기준: 종류, 개수 및 무게에서 충분한 근거가 있는가?
그래야 '강한' 결론이 될 수 있다.

(iv) 논박 기준: 반대 주장에 효과적으로 대답할 수 있는가?

이러한 네 가지의 기준 가운데서 어느 것이라도 위반하면(비수용성, 부적절성, 불충분성, 논박실패) 우리의 결정은 오류일 수 있다.

2. 주장의 기각과 기각의 이유

진술의 내용을 이해하는 것은 독서나 대화의 끝이 아니라 또 다른 시작이라 말할 수 있다. 진술을 충분히 이해하고 나면 이제 그 속에 있는 메시지(message)를 평가하고 판단하는 일을 해야 한다.

그냥 판단하는 것이 아니라 그렇게 판단하는 '이유'도 같이 제시할 수 있어야 한다. 다시 말하면 비판적 사고자는 최종적으로 '수용'–'거부'–'판단유보'의 어느 하나로 결정해야 하며, 동시에 그러한 결정을 하게 된 이유를 말할 수 있어야 한다(수용–거부–판단유보 대신에 찬성–반대–판단유보, 예–아니요–판단유보, 동의–반대–판단유보 등의 용어를 사용할 수도 있다).

비판한다는 것은 항시 '기각'('반대')을 의미하는 것으로 잘못 생각하지 말아야 한다. 비판은 반대뿐 아니라 얼마든지 '찬성'(수용, 동의)을 의미할 수도 있다. 이러한 경우는 더 이상 비판하는 일을 할 필요가 없다. 이와는 달리 독자는 저자의 주장(견해)에 동의하지 아니할 수도 있다. 그러나 저자의 주장(견해)에 반대(기각)할 때는 반드시 반대하는 그럴 듯한 '이유'를 제시할 수 있어야 한다.

이성적인 사람이란 합리적인 사람을 말한다. 합리적인 사람은 증거/이유에 따라 자신의 주장(견해)을 바꿀 수 있어야 한다. Paul(1990)은 자신이 가지고 있는 생각을 합리화하고 변호하기 위하여 사용하는 것을 '약한 의미의 비판적 사고' 그리고 정말로 더 나은 판단에 이르기 위한 것을 '강한 의미의 비판적 사고'라 하여 이들을 구분하고 있다.

저자의 주장에 동의하지 아니하는 데는('기각') 다음과 같은 네 가지 경우의 어느 하나이거나 몇 개가 합쳐진 경우이다.

(1) 정보가 부족하다. 해결하려는 문제에('주장'을 하는데) 중요한 어떤 정보/지식이 없거나 부족할 수 있다. 이때 당신은 어떤 정보/지식이 부족 또는 결손하고 있는지, 그러한 것이 왜 중요하며, 그리고 그것이 결론에 어떻게 영향을 미치는지를 말할 수 있어야 한다.

(2) 정보가 오류이다. 사용하고 있는 정보 가운데 '사실'(진실)이 아닌 것이 있

다는 말이다. 이러한 오류는 그러한 정보가 결론에 영향을 미칠 때만 중요하다. 그리고 비판적 독자로서의 당신이 이러한 오류를 지적하는 경우 당신은 다른 '진실한' 정보나 아이디어 또는 확률이 더 높은 것을 말할 수 있어야 한다.

(3) 추리가 오류이거나 설득력이 없다. 결론을 내리고 있는 '추리'(reasoning)가 설득력이 없다는 것은 추리가 오류라고 말하는 것이다. 이러한 오류에는 두 가지가 있다. 하나는 제시하고 있는 이유에서 저자가 내리고 있는 그러한 결론을 내릴 수 없다는 것이고, 다른 하나는 하고 있는 두 가지의 진술이 서로 상반된다는 것이다. 이들 두 가지 종류의 오류의 어느 것이든 간에 비판적인 독자는 오류가 어떤 것인지를 분명하게 지적할 수 있어야 한다.

(4) 추리가 불완전하다. 추리가 불완전하다는 말은 분석이 완전하지 않다는 말이다. 그것은 다음과 같은 경우이다. (ⅰ) 제시한 문제 가운데 해결하지 못한 것이 있다. (ⅱ) 가지고 있는 재료들을 잘 사용하지 못하고 있다. (ⅲ) 어떤 재료의 중요성을 인식하지 못하고 있다. 그리고 (ⅳ) 중요한 차이점을 주목하지 못하고 있다.

그러나 추리가 불완전한 것은 그것이 결론이 치명적이지 않으면 '기각'(반대)의 이유가 되지 않는다. 이때는 '판단유보'의 결정을 내려야 한다. 그리고 텍스트가 불완전하다고 말하는 것으로 충분하지 않고 당신은 왜 그것이 불완전한지를 정확하게 말할 수 있어야 한다. 그것은 좋아하거나 싫어하는 당신 자신의 '정서'를 표현하고 있을 뿐, 그것은 당신이 저자의 주장에 '반대'하는 것이 아니다. 이유가 충분하면 당신은 저자의 결론을 수용해야 한다.

그러면 당신이 '결론에 동의'하는 것과 '좋아하는 것' 간에는 차이가 있을까? 논증에 나타나 있는 증거/이유가 충분한 데도 불구하고 그럴 수 있는 데는 두 가지의 가능성이 있을 것이다. 첫째는, 합리적인 사람은 강한 이유가 있는 결론은 수용해야 함에도 불구하고, 이러한 사고에 익숙하지 못하기 때문일 수 있다. 둘째는, 당신이 가지고 있는 '가치 가정'이 저자의 것과는 많이 다름에도 불구하고, 그의 결론을 비판/평가하는 데 이것을 제대로 고려하지 못했을 수도 있다. 예컨대, 논증을 시작하는 가치 가정이 다르면 도달하는 결론은 전혀 다를 수 있다.

Ⅴ. 추리의 요소와 지적인 수행

사고(그리고 지식)는 원래가 구조적이며 체계적이다. 사고(지식)는 논리이며 체제(system)이다. 다시 말하면, 사고(지식)는 몇 가지의 측면 요소들로 이루어지며 이들은 전체적인 관계를 이루고 있다. 그래서 비판적 사고자는 무엇 무엇을 어떤 순서(구조, 논리)로 음미해 보아야 한다. 이때 우리는 '추리를 통한' 판단에 이르게 된다.

추리를 통한 판단이란 추리(사고)의 과정을 거쳐서 내린 주장, 결론, 결정 또는 행위들을 말한다. 이러한 사고는 더 낫게 만들 수 있으며 그래서 더 나은 것인지를 사정해 볼 수 있는 것이다. 요약하면 비판적 사고는 추리를 통한 판단을 대상으로 하며, 또한 추리를 통하여 판단에 이르고자 하는 사고이다. Paul(1990)은 추리의 차원과 요소 그리고 지적인 수행의 증거들을 매우 자세하게 설명하고 있다.

1. 추리의 요소

그러면 '추리를 통한' 판단에서 '추리를 통한'이란 말은 보다 구체적으로는 무슨 의미인가? 이는 사고가 가지고 있는 여러 가지 요소들을 체계적으로 음미하고 사정해 보는 것을 말한다. 추리(사고)란 이유를 기초로 하여 결론을 내리는 것을 말한다. 비판적으로 사고하는 사람은 어떤 판단을 내리기 전에 추리의 요소들을 음미하여 사정해 본다. 그럼으로써 충동적인 사고에서 벗어날 수 있다. Paul(1990)은 추리의 요소를 8가지로 제시한다.

(1) 목표: 사고를 하고 있는 '이유'를 분명히 해야 한다. 목표는 현실적이고 분명해야 하며, 그리고 주기적으로 체크해야 한다.

(2) 과제(질문, 문제, 이슈): 목표를 달성하기 위하여 우리가 해야 하는 문제, 대답해야 하는 질문 또는 이슈(쟁점)를 확인하고 정의할 수 있어야 한다.

(3) 증거(정보, 자료, 사실): 우리는 사고를 할 때는 언제나 자료, 정보, 사실 또는 경험 등과 같은 '어떤 것'을 가지고 한다. 이들을 바르게 이해하고, 정확성 등을 체크하고, 그리고 적절하게 사용하는 것이 중요하다.

(4) 개념(이론, 정의, 모형): 모든 사고(추리)는 어떤 개념, 또는 아이디어들을 사용하고, 다른 어떤 것은 사용하지 않는다. 이들을 잘 이해해야 추리는 보다 효과적인 것이 될 수 있다.

(5) 가정(假定): 모든 사고(추리)는 '어디에서'부터 시작해야 한다. 우리는 언제나 많은 것을 가정하고 있지만 그것을 제대로 의식하지 못할 때가 많다. 더욱이 그것을 수용할 수 있는지를 체크하는 경우는 많지 않다.

(6) 해석과 추론: 모든 사고에는 추론(inference)이 포함되며, 그를 통하여 의미를 부여하고 결론을 내린다. 추론과 해석은 논리적이라서 그럴 듯해야 한다.

(7) 견해(관점): 사고할 때는 언제나 어떤 견해(관점, 시각)을 가지고 한다. 그러나 자신과는 다른 견해가 있을 수 있음을 인정해야 한다. 자신의 견해가 너무 편협하거나, 잘못된 유추에 근거한 것인지, 또는 모순적인 것이 내포되어 있는지 등을 사정해 보아야 한다.

2. 추리의 요소와 지적인 수행의 준거

추리의 준거(기준)는 무엇인가? 어떤 사람이 사고(추리)를 잘하고 있는지를 평가할 때는 먼저 '추리의 요소'들을 사용하고 있는지를 평가해야 한다. 그러나 평가는 그 이상이어야 한다. 우리는 추리의 요소들을 적절한 '지적인 수행 준거'에 따라 어느 정도로 비판적으로 사용하고 있는지를 평가해야 한다.

보편적인 지적 준거에는 분명한가(명료), 정확한가(정확성), 엄밀한가(엄밀성), 적절한가(적절성), 사고에 깊이가 있는가(깊이), 사고의 폭이 넓은가(폭) 등이 포함된다. 결국 비판적 사고는 적절한 지적 준거에 따라 그리고 추리의 요소마다에 대하여 관련의 사고과정을 적용해 가는 것이다. 그리하여 더 나은 판단에 이르고자 하는 사고이다. 물론 이러한 사고의 과정은 사고에 대한 태도에 따라 크게 구속받게 될 것이다.

이러한 비판적 사고는 어떤 질문·대답이나 토론 또는 어떤 과제물을 평가할 때도 마찬가지로 적용되어야 한다. 어떤 결론(대답, 토론, 과제 수행)이 자기 자신의 입장을 얼마나 분명하고 완전하게 진술하고 있는지, 자기의 결론이 어떤지를 평가할 때는 '추리의 요소'들을 사용하고 있는지 아닌지만을 평가하는 것이 아니다. 그

보다는 그러한 추리의 요소를 적절한 '지적 기준'에 따라 어느 정도 비판적으로 잘 사용하고 있는지에 따라 평가해야 한다.

소크라테스식 질문에 대한 대답뿐 아니라 토론이나 과제물 내용을 평가할 때는 입장을 얼마나 분명하게 또는 완전하게 진술하고 있는가, 입장을 얼마나 논리적으로 그리고 일관성 있게 변호하고 있는가, 다른 견해를 얼마나 융통성 있게 그리고 공정하게 다루고 있는가, 성취하고자 하는 목적이 얼마나 유의하고 현실적인가, 그리고 문제가 되는 이슈를 얼마나 정확하고 깊게 다루고 있는지를 평가해야 한다.

3. 추리의 요소와 교과내용

그러므로 비판적 사고란 사고의 요소를 탐색하고 발견하기 위한 질문을 하고 그에 대하여 대답해 가는 과정이라 말할 수도 있다. 그래서 우리는 이러한 사고의 요소를 '사고의 보편적인 도구'라 부른다. 이제 아래에서는 '음악'과 '역사' 교과내용을 살펴보면서 좀더 구체적인 설명을 추가해 본다. 국어, 수학, 과학 등 뿐 아니라 음악, 미술, 체육 또는 영어과목과 같은 모든 교과에서 사고력 수업을 할 때 참고할 수 있을 것이다. 아래와 같은 질문을 받는 경우가 많다. 아래의 예시는 사고의 요소란 모든 내용(활동)에서 적용된다는 것을 보여줄 것이다. 이러한 추리의 각 요소에 대하여 대답할 수 있을 때 비로소 우리는 진정한 이해와 판단을 했다고 말할 수 있을 것이다.

(1) 음악 교과내용과 추리의 요소

"미뉴에트 I. J. S. Bach"

Bach의 Minuet 1 악보를 제시한다. 그리고 음악을 잘 아는 사람에게 "이 악보에는 당신이 연주를 하는 데 필요한 모든 것이 들어 있습니까?"라고 물어 볼 수 있다.

악보에는 여러 '정보'들이 들어 있다. 온갖 음표, 기호들이 그 속에 포함되어 있다. 위에서 "이 악보에는 … 들어 있습니까?"라고 질문한 것을 바꾸어 말해 보면 "이 악보만 있으면, 다시 말하면, 이 악보 속에 있는 '음악의 정보'만 있으면 작곡가 Bach가 의도한 대로 연주를 할 수 있습니까? 이 악보 종이 위에는 연주에 필요한 모든 것이 들어 있습니까?"라고 질문하는 것이 된다. 아마도 질문을 받은 음악가의 대답은 "이 악보를 가지고 바로 연주하기는 매우 어렵습니다. 음표, 기호 등 정보가 들어 있습니다만, 그러나 …"

그가 "그러나 …" 다음에 말하고자 하는 것은 무엇일까? 그것은 바로 이 악보를 보고 그것을 제대로 이해하고 연주할 수 있으려면 이 악보의 '음악의 논리'를 묻고 탐색해 보아야 한다는 것이어야 한다. 악보는 단순한 '정보'일 뿐이다. 그러므로 우리는 음악의 논리를 발견함으로써 이 정보를 깊게 그리고 총체적으로 이해해야 한다.

이 악보가 가지는 '음악의 논리'는 물론이지만 사고의 요소에 따라 질문을 해 봄으로써 발견할 수 있다. 그리고 이것이 바로 추리요 비판적 사고이다. 예컨대, 미뉴에트(Minuet)란 어떤 의미인가? 이 곡은 무슨 목적으로, 어디서, 어떤 시대에 작곡되었는가? 그 시대의 특징은 무엇인가? Bach는 어떤 음악을 지향했으며 우리는 그를 어떻게 분류할 수 있는가? 당시에 연주에 사용하던 악기는? 등등. 우리가 이러한 이 악보의 논리를 충분히 이해할 때 비로소 이 악보를 제대로 안다고 말할 수 있을 것이며 그리하여 그것을 사용하여 제대로 연주할 수 있게 될 것이다.

(2) 역사 교과내용과 추리의 요소

다음은 '실학'에 대한 것으로 고등학교 국사 교과서에서 인용한 역사 교과내용의 한 부분이다.

> 실학은 조선 후기 사회 체제의 모순을 극복하고, 새로운 사회를 이루려는 일련의 사상 체계를 말한다. 즉, 실학은 조선 후기의 사회·경제적 변동에 따른 여러 가지 사회적 모순에 직면하여, 그 해결책을 구상하는 과정에서 나타난 사회 개혁 사상이었다. 그러므로 그 사상이나 개혁의 논리는 종래의 성리학과 같을 수 없었다. 실학 사상은 18세기를 전후하여 재양의 진보적 지식인들에 의해 연구되었다.

전형적으로 역사 교과서에는 많은 '정보'들이 포함되어 있는데, 위의 보기에서도 마찬가지이다. 그리고 많은 역사과목 시험은 연대, 사람, 장소 등의 정보를 암기할 것을 요구한다. 위의 내용을 다루는 시험에는 '실학은 언제 일어났는가?', '어떤 인물들이 여기에 속하는가?', '실학과 반대되는 것은?' 등과 같은 단편적인 정보의 암기를 요구하는 시험 문항들이 포함되어 있을 가능성을 배제하기는 어려워 보인다.

여기서 인용해 본 문단에는 적지 아니한 정보들이 포함되어 있다. 그러나 이러한 정보들을 단순히 기억하는 것은 별로 중요하지 아니하다. 이러한 정보들이 가지고 있는 '역사의 논리'를 묻고 발견하지 아니하는 한 우리는 이 정보를 충분하게 이해하지 못하며, 산 지식으로 사용할 수 없으며, 그리고 역사 학자가 그렇게 하는 것과 같은 역사 학자의 시각에서 역사적으로 사고할 수가 없다.

이제 다시 우리는 정보의 '논리'를 발견해야 한다. 그것은 다른 어떠한 개념이나 아이디어를 공부할 때와 마찬가지로 사고의 요소에 따라 질문을 해 봄으로써 가능해진다. 예컨대, '실학의 목적은?', '실학이 대두하게 된 사회적 배경은?', '실학은 계급제도와 어떻게 관계되는가?'. '실학과 조선 후기의 사회·경제적 변동의 관계는?', '실학의 기본 개념은?', '진보적 지식이란?', '실학이 미친 영향은?', '실학을 오늘의 시대에 적용한다면 시사해 주는 것은?' 등등.

마지막으로, 사고의 요소에 따라 질문하고 그리하여 정보가 포함하고 있는 논리를 발견하는 것, 그것이 비판적 사고라는 것과 그러한 과정을 통하여 비로소 깊고 총체적인 이해와 비판적 판단이 가능함을 다시 주목해 본다.

Ⅵ. 논리, 논증분석 그리고 비판적 사고

1. 논 리

논리적으로 사고한다는 것은 무엇인가? 논리적 사고란 달리 말하면 '논리적인 추리'(logical reasoning)이다. 이 말은 뒷받침하고 있는 '이유'들을 사정(체크)해 보고 결론(주장)에 이르는 것을 말한다. 물론이지만 자신이 그러한 결론에 이르는 경우도 있고 다른 사람이 그러한 주장(결론)에 이르러 진술하고 있는 것을 평가해 보는 경우도 있다. 이와 같은 추리의 올바른 규칙을 설명하려는 학문이 논리학이다.

이 과정이 논리학에서 명시하는 규칙에 따라서 전개되면, 그 정신과정은 논리적이고 그렇지 않으면 비논리적인 것이 된다. 따라서 논리적 사고란 논리학에서 명시하는 규칙에 다라 전개되는 정신과정이라 말할 수 있다. 그런데 중요한 것은 이러한 추리의 규칙은 전제(이유, 증거)와 결론 간의 관계만을 고려할 뿐 전제나 결론의 실질적 진실성(truth, 진실)이 어떤지에 대하여서는 고려하지 않는다는 것이다. 이런 점에서 논리적 사고와 비판적 사고는 차이가 있다. 비판적 사고는 논리적 사고와는 달리 제시하고 있는 전제(증거, 이유)가 진실한 것인지를 중요하게 여긴다. 예를 들어 보자.

(R) 모든 학생은 거짓말쟁이다.
(R) 철수는 학생이다.

(C) 그러므로 철수는 거짓말쟁이다.

이 논증은 세 개의 주장(R, R, C)으로 구성되어 있다(두 개의 '이유' R과 하나의 '주장' C). 그 중 주된 주장, 즉 결론(C)은 철수는 거짓말쟁이라 한다. 그 이유로 모든 학생은 거짓말쟁이고, 철수는 학생이기 때문이라 한다. 논리적 규칙에 의하면, 이 논증에는 아무런 하자가 없다. 다시 말해 이 논증은 논리적 규칙에 따라 전개된 것이며, 따라서 그 결론은 타당한 것이다.

그럼에도 불구하고 이 결론의 진위 여부는 두 전제의 진위 여부에 달려 있다. 두 개의 R이 모두 진이어야만 결론인 C도 진(眞)이 된다. 그러나 논리적 사고에서는 이들 R들의 진위 여부에는 관심이 없다. 단지 이들이 진이라 했을 때만 결론도 진이 된다고만 말할 뿐이다. 이러한 것을 우리는 '형식논리'(formal logic)라 부른다.

지금까지의 설명들을 기초로 논리(logic)의 특징들을 정리해 보면 다음과 같다.

(i) 논리란 훌륭한 추리(이유를 따지는 것, 이유를 가지고 결론을 내리는 것, reason + ing)이다.

(ii) 두 개 또는 그 이상의 진술로 구성되어 있다. 논리란 '관계'를 다룬다. 따라서 진술이 하나만 있으면 논리가 아니다.

(iii) 진실 여부(이유의 건전성)와는 독립적이다(이런 점에서 비판적 사고와는 다르다).

(보기) • 모든 소는 달에 뛰어 갈 수 있다.
• 삐삐는 소이다.
∴ 삐삐는 달에 뛰어 갈 수 있다.

→ 이것은 논리적(전제에서 결론이 따라오기 때문)이다.
그러나 반드시 진실은 아니다.

(ⅳ) 전체가 질서 있게 조직화되어 있다. (계열적, 직선적, …)

(ⅴ) 거기에는 따르지 않을 수 없는 강력한 방향이 있다.

(보기) 0, 2, 4, 6, 8, …

(ⅵ) 필연적인 결론으로 이끌어 간다(새로운 어떤 곳으로). 그래서 새로운 지식이 만들어질 수 있다.

(보기) • 모든 A는 B이다
• 모든 B는 C이다.
∴ 모든 A는 C이다(그러나 반드시 'A=C'인 것은 아니다).

2. 논증분석과 비판적 사고, 그리고 형식논리와 비형식논리

(1) 논증분석과 비판적 사고

논증분석(argument analysis)이란 무엇인가? 그리고 비판적 사고와는 어떤 관계가 있는가? 이러한 질문에 대한 대답은 이미 간단히 앞에서 알아보았지만 여기서 다시 언급해 본다. 논증분석은 '주장'이 있고 이유가 제시되어 있는 논증의 것에 한하여 적용됨은 물론이다. 진술문에 있는 일련의 진술은 '결론(주장)+이유(전제)'로 이루어져 있다. 다시 말하면 논증의 표준형은 '논증=주장(결론)+뒷받침하는 이유'이다. 이유는 여러 개일 수가 있으며 또한 적절하고 강한 이유와 부적절하거나 약한 이유 등이 있을 수 있다. 아래와 같이 요약해 볼 수 있다. 그리고 결론과 전제의 관계를 테이블과 다리에 유추하여 그림으로 보여주고 있는 것이 [그림 8-4]이다.

그리고 앞에서 이유가 제시되지 아니한 '주장'을 '의견'이라 하였는데, 논리적 사고에서는 이러한 주장의 타당성은 따질 수가 없다. 왜냐하면 논리적 규칙은 전제와 결론 간의 관계에 관한 규칙이기 때문이다. 그러나 논증이 아닌 주장의 글에도 비판적 사고는 역시 필요하다. 비판적 사고는 논리적 사고보다는 더 큰 개념이기 때문에 비판적 사고를 잘하기 위해서는 논리적 사고력 함양은 필수적이지만 충분하지는 않다.

그리고 논증분석은 논증에 있는 이유(전제)와 결론 간의 논리적인 관계를 분석

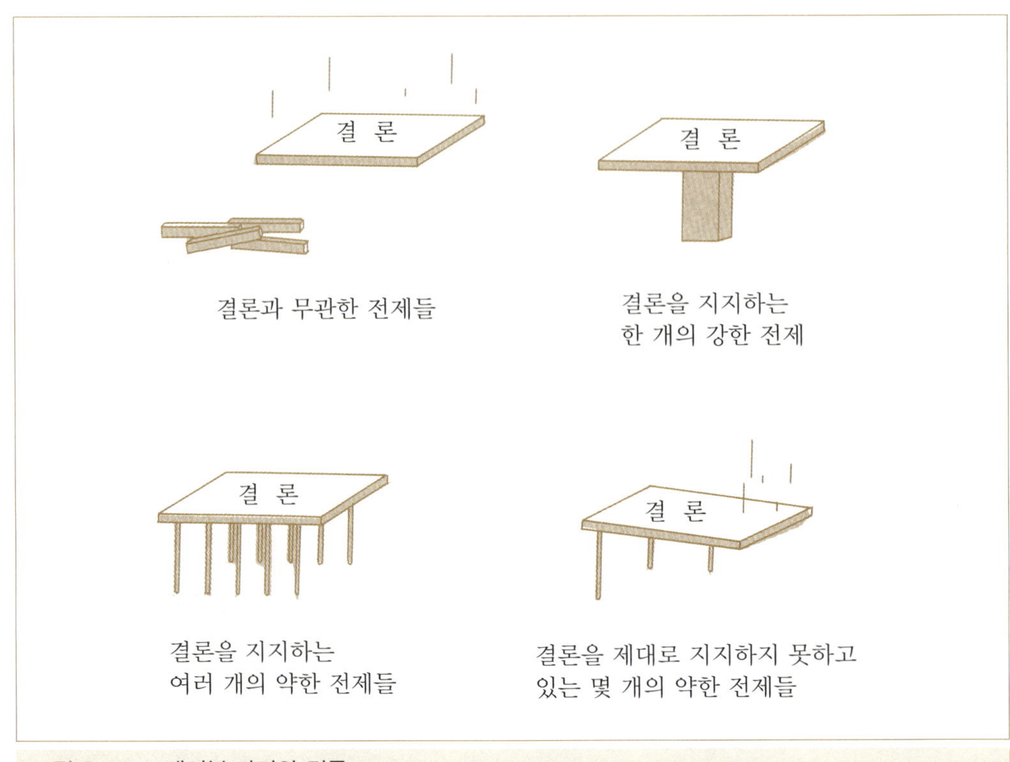

그림 8-4 ■ **테이블 다리와 결론**

전제: 테이블은 결론이고 다리는 전제이다.
강한 다리를 가지고 있는 결론이 강한 결론이다.

하는 것이다. 논증분석은 이유와 결론 간의 관계만을 다루지 사용하고 있는 이유들이 '진'인지(진실, 건전한가) 아닌지는 개의하지 아니한다는 점을 특히 주목해야 한다. 바꿔 말하면 논증분석은 논증이 타당한지를 따질 뿐 결론을 뒷받침하는 이유 자체가 '진실'하고 '건강'한지를 따지지는 않는다. 많은 사람들은 비판적 사고를 더 넓은 개념으로 다루어 논증분석을 내포하고 있는 것으로 사용한다. 다시 말하면 비판적 사고는 논증분석뿐 아니라 '이유'가 얼마나 신뢰롭고 충분한지 등도 같이 따진다. 다시 말하면 비판적 사고에는 논증을 분석하고 추리의 논리적인 오류를 체크할 뿐 아니라 더 나아가 이유로 사용하고 있는 '사실'(facts)과 '가정'을 확인하며 또한 이유(전제, 증거)가 신뢰로운지, 충분한지 또는 빠진 것은 무엇인지 등을 사정하는 것 등이 포함될 것이다.

예를 들어 보자. "모든 소는 달에 뛰어갈 수 있고, 삐삐는 소이고, 그러므로 삐삐는 달에 뛰어갈 수 있다"고 결론 내린다면 아무도 그것을 수용하지 아니할 것이다. 그러한 결론은 분명하게 논리규칙에 따르고 있지만, 그것은 결코 우리가 수용할 수 있는 '건전한' 결론이 아니기 때문이다.

우리가 말하는 비판적 사고에는 논리규칙뿐 아니라 'R이 진인지 위인지'도 평가해 보고 주장에 대한 판단을 내린다. 다시 말하면 '이유(R)'로 사용되는 사실적 정보에 대하여서는 그것이 정확한가, 적절하고 중요한가, 대표적인가 및 공평하게 해석하고 있는지 능을 분석한다. 진술하지 않고 있는 '가정'(假定)이 어떠한지도 사정한다. 그리고 물론이지만, R(이유)에서 C(결론)에 이르는 논리도 분석한다. 이러한 비판적 사고과정을 거쳐 수용하는 지식을 비로소 우리는 타당하고 건전한 지식이라 부를 수 있다. 요약하면 논리적 사고인 '논증분석'과 비판적 사고는 구분되어야 한다. 그리고 비판사고는 '추리'를 통한 판단이다.

논리적 사고와 비판적 사고를 구분하는 보기 하나를 들어 보기로 한다. 논증분석은 논리적 사고이지만, 비판적 사고는 논증분석에 추가하여 결론(주장)을 뒷받침하고 있는 이유까지도 사징해 본다고 하였다. 예컨내, 갑이라는 사람이 "을이 시상선거에 당선되어서는 안 된다. 을은 일찍이 많은 뇌물을 받은 적이 있고, 뇌물을 받은 사람은 시장이 되어서는 안 되기 때문이다"라고 말했다 하자. 물론 갑은 시장 후보 '을'에 대한 유권자들의 태도를 바꾸어 놓기 위한 목적으로 이러한 주장을 하고 있다. 이 진술을 따져 보면, 뇌물을 받은 사람은 시장이 되어서는 안 된다(대전제). '을'은 뇌물을 받은 적이 있다(소전제). 그러므로 '을'은 시장이 되어서는 안 된다(결론)로 나누어진다. 논리적 사고에서는 대전제와 소전제가 진이라고 전제했을 때, 결론이 진이 되는지 안 되는지만을 따진다. 사실 이 논증에서 대전제와 소전제가 진(true)이라면 이 결론은 진이 되는 것이므로, 논리적 규칙에 따르면 이 결론은 타당한 것이다.

논증의 타당성이 결정되었으므로, 논리적 사고의 과제는 여기에서 끝이 난다. 그러나 비판적 사고의 과제는 이 같은 논증분석만으로 끝나는 것이 아니다. 비판적 사고에서는 전제들이 실제로 진실인지 아닌지까지를 따져 봐야 하기 때문이다. 예컨대, '과연 뇌물을 받은 사람은 시장이 되면 안 되는가?' 그리고 '실제로 '을'이 뇌물을 받은 적이 있는가?' '받았다면 왜, 얼마나 받았는가?' 등등의 문제까지 세밀하게 따져 봐야 한다. 그러므로 논리적으로는 타당한 결론이라도, 비판적 사고로는 거짓(믿을 수 없는) 주장이 될 수도 있다. 예컨대, 위의 예에서 '을'이 뇌물을 받은 적이 없다면, 갑의 주장은 거짓이 되는 것이다.

(2) 형식논리와 비형식논리

비판적 사고는 오래 전부터 여러 가지로 정의하고 있지만, 인간의 마음을 연구하는 대부분의 철학자, 논리학자 또는 심리학자들은 '추리'는 논리를 지배하는 법칙에 따라 일어난다고 믿고 있다. 이러한 전통은 Aristotle에서 시작하여 Piaget와 그 이후까지도 이어지고 있다. 그럼에도 불구하고 현재까지 개발하여 사용하고 있는 대부분의 비판적 사고 교육 프로그램은 '형식논리'(형식논리학, formal logic)를 포함하고 있지 않다(McCarthy-Tucker, 1998). 그러면서 이들 프로그램들은 오히려 '이유'로 사용되고 있는 정보를 평가하고, 비판하고, 그리고 분석하는 것을 강조하고 있다. 이러한 '비형식적인'(informal) 비판적 사고 운동은 형식논리를 다루는 '추상적인 교과목'에 대한 반작용으로 시작된 셈이다. 논리학과에서 주로 다루고 있는 추상적인 형식논리는 일상생활에서의 의사결정과는 관계가 없어 공허한 것 같이 보이기 때문이다.

마지막으로, 논증분석을 포함한 비판적 사고력을 개발하기 위하여 학교에서 강조하고 있는 '논술교육'이 현실에서 어떻게 이루어지고 있는지를 확인해 보기 위하여 아래의 글을 좀 길게 인용해 본다.

"학생들의 지적인 자극을 충분히 제공해 줄 수 있는 교수·학습방법으로 많은 사고 개발학자들은 토론과 논술교육을 들고 있다. 하지만 학교에서의 사고교육은 학생들이 실제 사용하는 언어의 사고의 과정을 무시한 채 토론의 외적인 형태나 모형 위주로 발전해 왔으며, 그 결과 실제 수업시간에 이루어지는 학생들의 토론과정은 자기주장을 단순히 반복하고 주장에 대한 이유를 나열하는 데 그치거나 상대방의 주장에 대해 반박과 재반박의 과정이 미숙하여 정당한 근거를 대고 올바른 논증을 하는 학생이 드문 결과를 초래했다. 학교에서의 논술교육 또한 단순히 시험 점수를 얻기 위한 암기식으로 변질되어 논술이 또 하나의 입시과목으로 전락됨으로써 논술시험과 관계된 지식 암기 요령만을 터득시키는 방법론에 치우치고 있으며, 도덕적 문제 상황을 해결하는 과정에서 학생들이 추론하는 구체적인 사고의 과정을 무시한 채 기계적으로 '서론-본론-결론'과 같은 형식적 완결성만을 강조하는 글쓰기와 연역적, 귀납적 구성 등의 고전 논리학을 바탕으로 거시적인 내용

조직 방법에만 그치고 있는 실정이다(윤정진, 2009, p. 47). 이런 교육의 결과 학생들이 작성한 논술문의 논증구조를 분석해 보면, 논증과정이 유기적 연결 없이 자신의 생각을 구체화하여 타당한 근거에 의해 뒷받침하는 정당화가 부족하다는 점을 발견할 수 있다"(윤영진, 2012, p. 24).

9장

비판적 사고(Ⅱ)

Ⅰ. 비판적 사고의 개별적인 사고기능

Ⅱ. 사고의 태도

Ⅲ. 진실판단과 비판적 사고

Ⅳ. 비판적 사고의 '전쟁' 이미지와 건전한 판단

Ⅴ. 소크라테스식 대화법

Ⅵ. WRAITEC 질문기법

이 장에서는 비판적 사고를 이루고 있는 10가지의 개별적 사고기능들을 다룬 다음 비판적 사고의 태도를 살펴본다. 그리고 진실판단의 기준으로서 합의 등의 6가지를 논의하면서 경험적인 검증을 통하여 '진실'을 결정하는 과학적 사고로서의 비판적 사고에 대하여 자세하게 알아볼 것이다. 그런 다음 논쟁이나 토론을 마치 '전쟁'하듯이 하는 것으로 잘못 생각하는 비판적 사고의 부정적인 이미지에 대하여 살펴본다. 그리고 나아가 이러한 이미지를 극복하기 위한 강한 의미의 비판적 사고와 소크라테스식 대화법에 대하여 음미해 볼 것이다. 마지막으로 비판적 사고의 능력을 개발하기 위한 하나의 개발 프로그램으로 WRAITEC 질문 기법을 다루고자 한다.

Ⅰ. 비판적 사고의 개별적인 사고기능

비판적 사고를 제대로 수행하려면 갖추어야 할 몇 가지의 '사고기능'들이 있다. 이러한 비판적 사고기능은 '관찰'이나 추리 등과 같은 미시적 사고기능보다는 더 복합적이지만, 문제해결이나 의사결정과 같은 '복합적 사고전략'보다는 덜 복합적이다.

Beyer(1988)는 비판적 사고를 Bloom의 교육목표 분류학에 있는 것과 같은 '미시적 사고기능' 그리고 논리나 철학에서 주로 가르치고 있는 '추리'(연역적, 귀납적, 유추적 추리)와 구분하고 있다. 또한 그는 비판적 사고를 '문제해결'이나 '의사결정'과 같은 고차적이고 복합적인 '사고전략'과도 구분하고 있다. Beyer는 비판적 사고를 '구체적 조작들의 목록'(즉, 구체적인 사고기능의 레퍼토리)이라 보며, 그것은 미시적 사고기능과 고차적인 복합적 사고전략들 '사이에' 자리잡고 있다고 본다. 이러한 '비판적 사고기능'들은 독립적으로 사용할 수도 있고 몇 개를 조합하여 사용할 수도 있다.

Beyer가 제시하는 '비판적 사고기능'의 리스트에는 다음의 것들이 포함되어 있다. 확인 가능한 사실들과 가치관련 주장 구분하기, 적절한 정보와 부적절한 것을 구분하기, 진술의 사실이 정확한지 결정하기, 소스(출처)의 신뢰성을 결정하기, 애매모호한 주장이나 논증 확인해 내기, 진술하지 아니한 가정 찾아내기, 편견 탐지해 내기, 논리적 오류 확인해 내기, 추리과정에서의 논리적 비일관성 인식해 내기 및 논증이나 주장의 장점 결정해 내기 등이다. 이리하여 Beyer는 사고기능에는 미시적 사고기능, 비판적 사고조작(기능) 및 복합적 사고전략 등으로(문제해결과 의사결정을 포함하는) 이루어지는 위계적인 순서가 있다고 주장한다. 이렇게 보면 비판적 사고를 하려면 반드시 미시적 사고기능을 할 수 있어야 한다. 마찬가지로 문제해결과 같은 복합적 사고과제를 수행하려면 비판적 사고기능은 필요한 조건이 된다.

다음에서는 비판적 사고의 개별 기능들을 10가지로 나누어 살펴본다.

(1) 주장의 의미 명확히 하기

어떤 주장의 수용 여부를 결정할 수 있기 전에 우리는 그 주장을 명확히 이해할 수 있어야 한다. 그런데 주장의 의미를 명확히 이해할 수 없게 만드는 이유로 다음과 같은 것들을 들 수 있다.

(ⅰ) 주장이 애매한 경우(두 가지 의미를 갖는 경우)

예) 눈물을 마시며 갈증을 해소하였다.

그 부인은 남편보다 자동차를 더 좋아한다.

(ⅱ) 주장이 모호한 경우(엄밀성이 부족한 경우)

예) 모 백화점 붕괴는 200여 명의 사상자를 냈다.

서울에만도 굶주리는 사람이 수백 명에 달할 것이다.

(ⅲ) 주장 속에 의미를 잘 모르는 단어나 구가 있을 경우

(ⅳ) 위의 세 가지 중 두 가지 이상의 경우가 함께 나타날 경우

(2) 평가준거 명확히 하기

주장의 수용 여부에 앞서 우리는 그 주장의 신뢰성, 중요성 등을 우선적으로 평가하게 된다. 평가는 물론 이러한 준거(표준)를 기초로 이루어진다. 그리고 이러한 준거는 평가대상과 평가의 목적에 따라 달라질 수 있다. 평가대상인 주장의 목적과 평가를 하는 목적에 맞추어 적절한 준거를 설정하는 능력은 기본적인 비판적 사고 기능이다.

예) "오늘부터 청소는 지각생이 하기로 한다."

이 주장의 목적은 지각하는 학생의 수를 줄이는 데 있다. 그러므로 이 주장을 평가한다는 것은 '지각생들에게 청소를 시키면 지각하는 학생이 줄어들까?'라는 문제에서 답을 구하는 것과 같다. 그러므로 이 주장의 평가준거는 '앞으로의 지각생의 증감 여부'가 된다.

그러면 예컨대, "대원군의 쇄국정책"의 평가준거로서 적절한 것은 무엇일까? 대원군이 쇄국정책을 고집한 이유를 1) 조선 전통문화의 보존 및 2) 외세침입 방지라 하고 이 정책평가의 목적이 그 정책의 성패를 따지는 것이었다고 하자. 그러면 평가의 준거는 그러한 정책을 고집한 두 가지의 목적이 제대로 달성되었느냐에 맞추어 설정해야 한다. 그러나 평가의 목적이 대원군의 업적평가라면, 쇄국정책 때문에 야기된 국가적 손익 계산서가 평가의 준거가 될 것이다. 평가대상의 목적과 평가를 하는 목적을 구분하는 것이 중요하다.

(3) 정보원(출처)의 신뢰성 평가하기

정보의 출처(source)에는 여러 가지가 있을 수 있다. 이러한 사실을 알고 정보의 신뢰성을 평가할 줄 아는 능력은 비판적 사고를 위한 중요한 기능이다.

예) • 정보원의 종류: 사람, 서적, TV, 라디오, 신문 등등

－사람의 경우 전문가일 때, 그리고 서적의 경우 전문서적일 때보다 신뢰로운 정보원이 된다.

• 정보의 성격: 1차적 정보, 2차적 정보, 3차적 정보 …

－3차적 정보보다는 2차적 정보가, 2차적 정보보다는 1차적 정보가 더 신뢰롭다(왜곡 가능성이 있기 때문).

• 문제의 성격: 정보원의 신뢰성은 문제의 성격에 따라 달라질 수 있다.

예) • 교내 흡연학생의 수: 교장보다 학생회장

• 특정 지역 교통사고의 원인: 마을 사람들, 교통 공학자, 운전자

• 정보원의 중첩: 다양한 정보원에서 일관성 있게 발견되는 정보

(4) 사실, 의견과 판단 구분하기

'사실'(facts)은 객관적 증거에 의해 그 진실이 뒷받침되며 그래서 진위를 밝힐 수 있다. '의견'은 개인적인 선호이며 거기에는 이유가 제시되지 않고 있다. 그러나 판단, 즉 '추리를 통한 판단'(reasoned judgment)은 이유가 뒷받침되어 있는 주장이다. 따라서 어떤 판단은 더 나은 것일 수도 더 못한 것일 수도 있다. 그래서 우리가 그것을 수용할 수 있는 것인지를 사정해 보아야 한다. 다음의 각기는 사실, 의견, 판단의 어느 것일까?

예) 영수는 키가 153㎝이다.

영수는 부지런한 학생이다.

영수는 잘 생겨서 틀림없이 공부도 잘 할꺼야.

영수는 신문배달을 한다.

영수는 커피를 좋아한다.

영수는 부지런해서 장래성이 있다.

(5) 가정의 확인과 평가

어떤 주장에 대한 올바른 평가를 하기 위해서는 주장의 배후에 감추어져 있는 가정(假定)을 확인하고 평가하는 것이 매우 중요하다. 주장에서 어떤 가정이 생략되는(숨겨진) 이유는 그렇게 생략해도 오해의 여지가 없기 때문일 수도 있지만, 독자를 멋대로 오도하려는 목적으로 의도적으로 생략했을 가능성도 있다. 따라서 비판적 사고자는 숨겨져 있어 나타나 있지 아니한 가정이 무엇인지를 확인해 내고 그 가정의 타당성을 체크할 수 있어야 한다.

예) 부자가 천국에 가기는 낙타가 바늘구멍 통과하기만큼이나 어렵다.

(6) 적절한 정보와 부적절한 정보 구분하기

정보는 결론에 '적절한' 것이어야 한다. 정보의 적절성은 문제, 주장, 결론에 따라 달라질 수 있다. 다시 말해 동일한 정보일지라도 그 정보가 어떠한 주장이나 어떠한 문제를 해결하고자 하는가에 따라 적절하기도 하고 그렇지 못하기도 하다. 강력한 결론은 적절한 증거를 기초로 성립된다. 아래에 있는 7개의 여러 가지 전제들은 밑에 있는 두 가지의 결론 중 어느 것에 보다 더 적절한 것일까요?

예) 서로 돕고 산다는 것은 아름다운 일입니다.
인간은 어려운 일이 있을 때마다 서로 돕고 살아 왔습니다.
산다는 것은 매우 중요합니다.
인간은 남과 같이 있고 싶어하는 욕구가 매우 강합니다.
인간이 살아남기 위해서는 여러 가지가 필요합니다.
인간은 이 모든 필요한 것을 혼자서 충족시킬 수가 없는 동물입니다.
하등 동물도 서로 도우며 살아갑니다.

그러므로 인간은 사회적 동물입니다.
그러므로 인간은 서로 도우며 살아야 합니다.

(7) 증거의 신뢰성, 적합성 및 충분성 평가하기

증거를 평가할 때는 증거의 신뢰성뿐만 아니라 그것이 주장을 지지하는 데 적합한지 그리고 충분한지까지도 따지게 된다.

예) • 인숙이는 얼굴도 예쁘고, 집도 부자이다(신뢰성 · 적절성).
그러므로 인숙이는 착한 학생이다.
• 이 약은 간장 치료에 특효약이다.
내가 아는 간장 질환자가 이 약을 한 달간 복용한 후 완치되었다(신뢰성 · 충분성).

(8) 다양한 관점에서 따져 보기

"제 눈에 안경이다"라는 말이 있다. 이는 보는 시각에 따라 보이는 것의 가치가 달라진다는 말이다. 다시 말해 이 말은 여러 가지 관점에서 따져 봐야만 어떤 주장의 진정한 가치를 제대로 평가할 수 있다는 교훈을 가진다. 진정한 가치를 안 후에야 합리적인 판단을 할 수 있다는 상식을 인정한다면, 이 기능 역시 중요한 비판적 사고기능이라 할 것이다.

예) 학교 주변의 음식점은 모조리 없애야 한다.

이 주장의 수용 여부를 결정하기 위해서는 다음과 같은 여러 사람들의 관점에서 고려해 볼 필요가 있다.

• 학생: 재미, 교우관계의 장, 맛 있는 음식, 용돈, 교사나 부모의 걱정, …
• 교사 · 부모: 건강, 영양, 편식습관, 사회문제, 공부시간, 범죄 유혹, …
• 식당주인: 고객, 매상고, 생활고, …
• 교장: 학교 내의 환경, 각종 사고, …
• 식품업계: 사업기회, 유통문제, …

(9) 상치 사항 인식하기

일관성은 비판적 사고의 결정적인 요인이라 할 만큼 중요한 개념이다. 일관성은 상치(상반)성이 없는 상태를 말하는 것이므로, 비판적 사고자는 자신이나 남의 주장에서 상치점이 있는지를 주목하고 이를 제거하려고 노력해야 한다. 두 개의 주장이 상치된다는 것은 두 개가 동시에 '진'일 수 없음을 말한다. 주장에는 일관성이 있어야 한다.

예) • 모든 사람의 인권이 존중되는 사회를 만들기 위해서는 저런 흉악범들을 우리 사회에서 영원히 추방해야만 한다.

- 낙태는 살인행위이기 때문에 금지되어야 한다. 낙태행위가 다시는 벌어지지 않게 하기 위해서는 낙태시술을 하는 의사는 사형으로 다스려야 한다.
- 일본의 역사책은 식민정책을 개화정책이라고 하고, 한국의 역사책은 일제의 식민정책을 약탈정책이라 한다.

(10) 함의 및 결말 탐색하기

주장을 수용한다는 것은 그 주장의 함의(시사점)를 받아들이며, 그것이 행위로 구현되었을 때 나타날 그 결말(효과, 영향)까지도 수용한다는 의미를 갖는다. 그러므로 비판적 사고자는 어떤 주장의 함의 및 그 결말까지를 고려할 수 있어야 한다.

예) 흑인은 백인보다 선천적으로 지능이 낮다.

- 이 주장의 함의는? (이 주장이 진실이라면, 그에 따라서 진실이 되는 것은 어떤 것인가?)
- 이 주장에 기초한 교육정책은 어떠해야 하며, 그 결과는 어떻게 나타날까?

Ⅱ. 사고의 태도

1. 비판적 사고와 사고태도

성공적인 사고에는 적어도 세 가지의 구성요소들이 있는 것 같이 보인다. 이들은 인지조작(사고의 기능과 전략), 사고태도(스타일, 기질), 그리고 지식 등이다. 어떠한 사고를 하더라도 이들 세 가지 요소의 어떤 내용들이 각기 관여하게 된다. 그리고 이러한 세 가지 구성요소들을 둘러싸고 있는 것이 사고의 풍토(문화, 분위기)이다. 사고의 중요성과 개발 노력을 지지하고 격려하는 사고·학습풍토가 제대로 일궈져 있느냐 하는 것은 사고력 개발의 또 다른 한 가지의 전제조건이다.

사고력(사고능력)이란 흔히 '사고의 기능과 전략'을 말한다. 그러나 훌륭하고 효과적인 사고를 하는 데는 사고력만으로는 충분하지 아니하다. '사고력'은 훌륭한 사고의 태도(기질)와 어울려져야 하며, 그래야 사고의 각 요소들은 시너지 효과(synergy)를 거두어 서로를 더하기한 것보다 더 큰 전체로 사고해 갈 수 있다.

Ennis(1962)는 '사고의 태도'를 개인이 어떤 방식으로 행동하려는 습관적 경향성이라 부르고 있다. 예컨대, 자동차의 구조와 기능에 대하여 알고, 그리고 운전의 기술(기능)을 익히는 것만으로 효과적인 운전이 보증되지는 아니한다. 왜냐하면 효과적인 운전의 또 다른 중요한 한 구성요소는 운전을 어떤 식으로 하느냐는 운전의 태도이기 때문이다. 사고의 태도는 사고의 동기와 방식으로서 사고의 과정과 사고의 결과에 결정적인 역할을 미친다. 바람직한 사고의 태도가 가지는 특징들을 다섯 가지로 정리해 보면 다음과 같다.

(1) 호기심을 가지고 질문을 한다.

여기에는 질문하고, 탐색(탐구)하고, 경외할 줄 알며, 더 찾아보고, 그리고 주어진 것을 넘어서 생각해 보는 적극적인 사고의 자세 등이 포함된다. 반대는 '게으른' 사고이다.

(2) 넓게 그리고 모험적으로 사고한다.

여기에는 대안적인 견해를 탐색하고 열린 마음과 융통성을 가지며, 새로운 계획이나 새로운 아이디어를 시도해 보며, 그리고 관련의 개념들을 가지고 장난하듯이 관련시켜 보는 것 등이 포함된다. 반대는 '속 좁은' 사고이다.

(3) 분명하게 그리고 조심스럽게 추리해 간다.

여기에는 분명하려고 하고, 이해를 깊게 하고, 정확하고 철저하며, 그리고 가능한 오류를 범하지 않으려고 조심하는 것 등이 포함된다. 반대는 '장황하고', '지저분한' 사고이다.

(4) 자신의 사고를 조직화한다.

여기에는 스스로의 사고에 질서가 있고 논리적이고, 계획적이고, 미리 생각하고, 과제를 사전에 계획하고, 그리고 전체적으로 접근하는 것 등이 포함된다. 반대는 '산만한' 사고이다.

(5) 생각하는 시간을 가지려고 노력한다.

여기에는 사고에 시간과 노력을 투자하려는 것을 가치롭게 여길 줄 아는 자세 등이 포함된다. 반대는 '성급한' 사고이다.

2. 사고태도의 개발

앞에서 제시한 다섯 가지의 사고태도는 반대되는 사고태도와 비교해서 이해하면 도움이 된다. 바람직한 사고의 태도는 자신의 사고를 자각하고, 적극적으로 실행해 가며, 훌륭한 사고가 어떤 것인지를 더 깊게 이해하려고 하며, 그리고 좋은 사고 습관을 계속하여 개발해 가려고 노력하는 것이다.

훌륭한 사고의 태도는 그러한 풍토 속에서만 자랄 수 있다. 가정과 친구와 조직과 사회 전체가 탐구적인 사고, 열린 사고, 분명한 사고, 조직적인 사고를 가치롭게 여기고 격려하느냐가 바람직한 사고태도의 개발에 매우 중요할 것이다. 그러나 아래에서는 수업과 관련하여 사고태도를 개발하기 위한 제안 몇 가지를 제시해 본다.

(1) 훌륭한 사고태도의 보기, 즉 모델(modelling)을 보여준다. 역사적으로 유명한 사람들의 사례를 사용할 수 있다. 그리고 당신 자신이 학생이나 자식에게 훌륭한 사고의 본보기가 되도록 노력해야 할 것이다. 예컨대 '다윈'이 진화론을 발견한 단락을 정리한 다음 다음과 같은 질문을 하고 훌륭한 사고태도를 논의한다. 즉, "다윈의 사고에서 좋은 점은?" 오랜 시간 연구하면서 포기하지 아니했으며, 많은 아이디어들을 가졌지만 확신이 설 때까지 어느 하나에 고정되지 않았다는 점 등을 부각시킨다.

(2) 훌륭한 사고태도가 어떤 것이며 그것이 어떻게 도움이 되는지를 설명하고 소집단 협의한다. 학생 각자에게 '당신은 훌륭한 사고자인가?'라 묻고 평가해 보게 한다.

(3) 팀원들이 서로 상호작용해 보게 한다. 자신의 사고가 탐구적이고, 모험적이고, 융통성을 가지도록 실험해 볼 기회를 가지게 한다. 예컨대 어떤 학생이 어떤 과제를 발표케 한 다음 '발표자의 사고 중에서 가장 좋은 점은 어떤 것인가, 더 잘할 수 있는 것은 무엇인가, 어떻게 하면 더 잘할 수 있게 될까' 등의 질문을 제시한다. 그리고 이러한 질문을 가지고 학생들이 서로 협의하게 하며 자신의 경험을 서로 나누거나 자기 비판해 보게 한다.

(4) 훌륭한 사고가 드러나 보일 때 그것을 격려해 주는 피드백을 준다. 가능하면 어떤 점이 어떻게 해서 좋은지, 또는 더 낫게 할 수 있는 점은 어떤 것인지를 할 수 있는 대로 구체적이고 자세하게 피드백해 준다.

Ⅲ. 진실판단과 비판적 사고

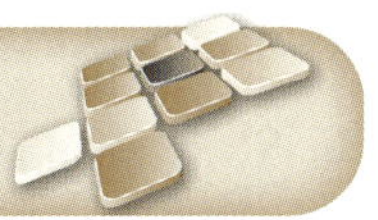

1. 진실판단의 기준

우리가 듣거나, 읽거나 또는 알고 있는 것들 중 어느 정도가 믿을 수 있을까? 어떤 것이 진실하며, 또 어떤 것이 무의미하거나 허망한 것일까? 이러한 질문은 단순한 호기심을 넘어 매우 중요한 실제적인 의미를 가질 때가 많다.

다만 한 가지 분명한 것은 단순한 논리나 비판적 사고만으로 이들 질문의 모두에 대답하기란 어렵거나 불가능하다는 것이다. Toffler & Toffler(2006)는 사업, 부, 돈에 대한 우리의 지식이나 기타 우리가 알고 있는 여러 가지 사실, 정보들 가운데 '진실'을 가려주는 6가지의 상호 경쟁적인 기준(준거)을 이야기하고 있다. 물론 어떤 것이 진실인지를 판단하는 방법과 기준은 사람과 문화와 시대와 과제에 따라 다를 수 있다. 그리고 그러한 기준에는 여러 가지가 있겠지만 그러나 그는 이들 6가지가 가장 보편적이라 보고 있다. 이들 가운데 비판적 사고는 어디에 있는지를 살펴보면서 이들 6가지의 기준들을 정리해 본다.

(1) 합의(consensus): 가족, 친구 또는 주변 문화에서 합의하여 받아들이고 있는 것은 우리는 대개 의심 없이 진실이라 수용한다. 이것은 인습적 지혜이다. 무리를 쫓으면 생각할 필요도 없고, 집단이 믿는 진실은 논란의 여지도 없다. 이러한 믿음이 시대정신(zeitgeist)을 형성한다.

(2) 일관성(consistency): 어떤 사실이 이미 진실이라 여겨지는 다른 사실들과 모순되지 않고 부합할 때, 이 사실 또한 진실하다고 받아들인다.

(3) 권위(authority): 종교뿐 아니라 일상생활에서도 진실이라 받아들이는 것의 상당부분은 권위에 기반하고 있다. 권위를 지닌 사람에는 교황이나 스님들의 종교 지도자나 유명 인사뿐 아니라 뉴스 매체들도 포함될 수 있다. 학위나 직함이 권위를 가질 수도 있다. 현명한 의사결정을 하려면 너무나 많은 지식이 필요하다 보니 자신이 무엇을 모르는지도 알기가 어렵다. 그래서 우리는 권위를 공유하고 권위자가 진실이라 말하는 것을 수용하는 경우가 많다.

(4) 계시(revelation): 진실이라 믿는 것이 불가사의한 계시에 근거하는 경우도 있다. 계시를 믿으면 의문을 가질 수 없으며, 그저 계시가 그렇다고 믿어야 한다. 이것은 종교에서 보편적이다.

(5) 내구성(durability): 여러 세대를 거치면서 전해져 온 것, 즉 '시간의 검증'을 견대온 것을 진실이라 믿는다. 할머니의 할머니로부터 그렇다고 믿어온 것은 진실이라 믿는다.

(6) 과학(science): 마지막으로 과학은 경험적인 검증을 통하여 '진실'을 결정한다. 그런 의미에서 다른 5가지의 기준과는 다르다. 그러나 이 기준은 다른 기준들보다 일상생활에서는 가장 적게 의존하는 기준이 아닌가 싶은 생각도 가지게 된다. 과학만이 검증이 가능하며, 그래서 자체 수정이 가능하다. 과학은 단순한 사실의 집합이 아니며, 그것은 단편적이거나 개별적인 아이디어들을 시험하고 검증하는 과정이다. 아이디어들은 원칙적으로 경험적인 검증이 가능해야 한다. 검증은 관찰과 실험으로 이루어지고, 결과는 재현하는 것이 가능해야 한다. 이런 검증과정을 충족시키지 못하는 지식은 '과학적'이라 말할 수 없다. 과학적 발견은 어떠한 것이라도 불완전하고 모호할 수 있으며, 따라서 새롭게 과학적으로 검증된 발견 앞에서 항상 체크되고, 수정되며, 또는 폐기될 수 있다.

그러나 이러한 6가지의 기준은 상호경쟁적이기는 하지만 우리 모두는 현실에서 진실을 증명하는 데 있어서 한 가지 이상의 기준을 사용한다. 의학적인 도움을 위해서는 과학에 의지하고, 도덕적인 조언을 위해서는 계시적인 종교에 의지하고, 다른 많은 문제를 해결하기 위해서는 어떤 타당한 권위를 찾는다. 우리는 이러한 기준을 변환하거나 또는 여러 가지의 기준을 한꺼번에 사용하기도 한다.

2. 과학적 사고로서의 비판적 사고

비판적 사고는 '더 나은' 주장(결론)을 생각해 내거나 '더 나은' 판단을 위한 것이다. 그를 위하여 '이유'로 사용되는 사실적 정보나 다른 진술이나 가정(假定)을 확인하고 논증분석의 논리를 사용한다. 이런 의미에서 보면 비판적 사고는 당연히 '과학'에 근거한 '과학적 사고'이며 경험에 기초한 합리적 사고이다.

그러면 과학이란 무엇인가? 그리고 과학한다는 것은 어떤 것일까? 과학의 경험적인 검증은 관찰과 실험으로 이루어지며 타당한 결론은 여러 번의 검증에서도 반복, 재현될 수 있어야 한다(replicability). 이런 검증과정을 충족시키지 못하는 진실은 과학적인 것이 아니며, 따라서 진실이라 말하기 어렵다. 다른 기준과는 달리 과학적인 발견은 또 다른 검증을 통하여 개선되고, 자체적으로 수정될 수 있으며, 변화에 활짝 열려 있다는 특징을 가지고 있다. 과학(학문, 학술)이란 '문제의식' 내지 '문제'에서 시작하는데, 그런 의미에서 과학은 당연히 문제해결적 사고를 요구한다. 그리고 여기서는 과학의 핵심은 '비판적 사고'에 있으며 비판적 사고의 소산이 바로 '과학적 지식'임을 특별하게 주목해 보고자 한다.

'과학＝논리＋경험주의'

과학한다는 것(sciencing, 과학적 방법을 적용한다는 것)은 '논리'와 '경험주의'의 두 가지 부분으로 이루어진다고 볼 수 있다.

(1) 이들 중 '논리'가 작용되는 첫 번째 부분은 이론적 가설을 형성할 때이다. 어떤 과학의 문제가 주어지면 우리는 우선 관련의 이론(설명, 모형)들을 찾아 보아야 한다. 이때 '이론', 즉 지식은 사고의 '도구'이며, 쉽게 도구가 될 수 있어야 한다. 그리고 그 이론이 맞다고 잠정적으로 수용하고, 그러면 이러한 조건에서는 어떻게 될 것이라 추리한다. 다시 말하면 "IF … (A) … then … (B) …"라는 논리를 통하여 가설을 형성한다. 여기서는 연역적 추리가 이루어진다.

(2) 다음으로 여러 가지의 과학적 방법들은 '경험주의'에 따라 경험적 증거를 수집 · 정리 · 분석한다. 다시 말하면 가설에 있는 A조건에서 일어나는 '사실'을 경험적으로 확인하는 것이며 논문에서는 이를 연구의 '결과'라 부른다.

(3) 논리가 작용하는 두 번째 부분은 경험적 증거(사실, 결과)를 해석하는 것이다. 경험적 증거가 가설과 일치하는가 또는 다른 대안적인 가설로 더 잘 설명될 수는 없는지 등을 따져 보는 것이다. 여기서는 귀납적 추리가 이루어진다.

(4) 이러한 과학의 절차에 따라 가설을 수용하고 그래서 그 이론을 타당화할 수도 있고, 반대로 가설이 기각되어 다른 새로운 이론(가설)을 탐색할 수도 있을 것이다.

주입하고 그리고 기계적으로 암기하는 공부는 '과학하는 데' 별로 도움되지 아니한다. 위에서 살펴본 바와 같이 과학(학문, 학술)을 하는 데는 '유의미한 지식'(배경지식)과 '사고력'이란 두 개의 축이 필요하다. 이에 따라 주입과 암기의 공부가 비효과적인 이유도 두 가지로 정리해 볼 수 있다. 첫째로 주입하고 기계적으로 암기한 지식은 사고의 도구로서 유용하게 기능적으로 사용되지 못하며, 그리고 둘째로 그러한 공부(학습)에서는 사고력, 사고의 기능과 전략을 제대로 개발시키지 못한다. 사고력 수업의 논리가 여기서 도출된다고 볼 수도 있다.

Ⅳ. 비판적 사고의 '전쟁' 이미지와 건전한 판단

1. 비판적 사고의 부정적 이미지

비판적 사고는 여러 가지의 유용한 기능을 가지고 있다. 특히 비판적 사고를 하면 자신의 추론(사고)에 대하여 다시 생각해 보게 되며, 상대방의 태도와 입장을 의식하도록 만들며, 더 나은 판단에 이를 수 있으며, 그리고 새로운 영감을 떠 올려 볼 수 있는 기초가 될 수 있다. 그러나 이러한 장점에도 불구하고 만약에 이러한 논증의 과정을 일상의 생활에서 적용하여 실천하지 않으면 장점들은 결국 립 서비스(lip service)에 지나지 아니할지도 모른다.

비판적 사고와 관련한 부정적 이미지는 잘 드러나지 않으면서도 매우 강력한 경우가 많이 있다. 특히 TV에서 볼 수 있는 '대담'이나 '토론', 또는 어떤 이슈를 둘러싸고 정치권에서 흔히 벌어지고 있는 대변인의 성명전이나 정치인들의 논쟁 같은 것들을 보면 특히 그러하다. 여기서는 '더 나은 진실'을 위한다는 비판적 사고의 본래의 모습은 찾아보기 어려울 때가 많다. 대담이나 토론 또는 이슈 공방의 유일한 목적은 수단 방법 가리지 않고 싸울 때마다 승리하는 데 있는 것 같이 보인다. 상대방은 모두가 '적'이고 그래서 대화의 진행은 매우 적대적이다. 뿐만 아니라 일상생활에서도 '비판적 사고의 사람' 가운데는 따지기 좋아하며 그래서 불편하고 대화를 싸움하듯이 하는 사람도 적지 않게 있다. 그래서 학생들뿐 아니라 성인들도 논쟁의 기능과 태도를 열심히 배우더라도 그것을 일상에서 사용하는 것은 주저될 때가 적지 않다. 다른 사람과 공개적으로 논쟁을 해도 될까? 그러면 남들은 어떻게 반응하고 나를 어떻게 볼까? 이러한 질문이나 의문은 누구에게나 더러는 떠오를 수 있다.

사실 이론들을 자세히 들여다 보아도 비판적 사고의 어두운 그림자는 쉽게 발견할 수 있다. 예컨대 Gilbert(1979)는 "… 묘책과 속임수를 계속적으로 익혀봄으로써 당신은 자신의 목적을 위하여 이들을 어떻게 사용할 수 있는지를 배우게 될 것이다"(p. 11)라고 주장한다. 그가 말하는 목적으로 비판적 사고를 사용하는 것은 이기적이고 잠재적으로 보면 속임수의 조작일 것이다. 그리고 Spence(1995)의 저서 『논쟁하고 매번 이기는 방법』(*How to argue and win every time*)은 독자에게 "가정에서, 직장에서, 법정에서, 어디서든 그리고 언제나" 이길 수 있는 논증의 구조를 제시하고 있다. 그의 논리는 비판적 사고는 언제나 '승리'로 끝나야 한다는 것을 말해주고 있다. 또한 Tannen(1998)은 "남들에게 당신이 정말로 똑똑한 사람이란 것을 보여줄 수 있는 최선의 방법은 제대로 비판하고 공격하는 것이다"라 말하기도 한다.

비판적 사고와 논증에는 이러한 어두운 그림자가 없지 아니하다. 이들은 모두가 비판적 사고를 '전쟁'하는 것과 같은 것으로 보는데, 이것을 비판적 사고의 '전쟁 비유'(war metaphor)라 부른다. 사실 비판적 사고를 전쟁에 관련시켜 비유하는 설명은 이외에도 많이 있다. 이렇게 보면 성공적인 수사론자(rhetorics)는 끊임없이 승리를 추구하며 그리고 자신의 이야기를 듣고 있는 '청자'는 정복해야 하는 '적군'이란 메시지를 던져주고 있다.

그러나 비판적 사고를 전쟁에 비유하는 것은 몇 가지 점에서 비생산적이고 파괴적임을 주목해 보아야 한다. 첫째, 만약에 비판적 사고가 전쟁을 수행해 가는 한 가지의 도구라면, 그러면 사고의 표적인 청중은 '적'이 된다. 청중/청자를 적으로 간주한다는 것은 황당해 보인다. 그리고 친구나 가족과 같이 가까운 사이의 사람들이 청자가 될 때도 있으니까 이것은 더욱 이치에 맞지 않는다. 전쟁 비유에서는 어떤 수를 써서라도 자기 자신을 주장하고(그것이 비록 엉터리이더라도) 보다 더 강력하게 논증토록 가르친다. 둘째, 만약에 비판적 사고를 전쟁하는 것에 비유한다면, 학생들에게 비판적 사고를 가르치는 것은 속임수적인 조작과 강압의 수단을 가르치는 것이 된다. 그리고 마지막으로, 논의와 토론에 참가하는 사람들 사이의 인간관계가 손상될 수 있다. 만약에 서로 자신의 주장을 고집하고 그리고 만약에 서로의 주장이 상당한 차이를 보인다면 대화/토론은 감정 싸움으로 치닫기 마련일 것이다. 그러면 비판적 사고는 인간관계의 손상과 적대감을 조장하는 도구에 지나지 않게 된다.

2. '의도' 그리고 '강한 의미'의 비판적 사고

판단하고 설득하는 일은 일상에서 누구나 수시로 직면하는 불가피한 활동이다. 그것은 선거 입후보자들끼리 벌리는 대담이나 TV 토론과 같은 의식적인 활동일 수도 있고, 또는 일상의 대화나 언쟁에서처럼 부지불식간에 일어날 수도 있다. 그래서 Nathanon(1965)은 "사람은 다른 어떠한 것일 수 있다고 하더라도 역시 사람은 논쟁하는 존재이다"(p. 10)라고 말한다.

경우에 따라서는 논쟁이 '전투' 비슷한 것이 되는 것은 불가피해 보이기도 한다. 선거 입후보자 사이뿐 아니라 조직, 비즈니스, 국가 또는 개인은 논쟁적인 모든 도구를 동원하여 승리해야 하고, 그래서 패배에 따른 좌절과 모멸감을 겪지 않아야 할 때도 있어 보인다. 법적인 투쟁의 경우는 전투해서 이겨야 하는 필요성은 더욱 분명하게 그렇다. 이러한 경우는 자신이 펼치는 주장/결론의 타당성을 재확인해 보는 것은 말할 것도 없고 상대방의 반대 의견이 가질 수 있는 장점을 재음미하는 일은 거의 일어나지 아니한다. 서로의 감정이 격해지고 인간관계가 손상될 가능성은 더불어 배가할 것이다.

그럼에도 불구하고 Browne & Hausmann(1998)은 논쟁은 전쟁이 아니라 '발달의 기회'이며 좋은 선물을 주고 받을 수 있는 기회여야 함을 강조한다. Fulkerson (1996)은 논증은 '전투가 아니라 협동자 관계'(partnership rather than a battle)로 보아야 한다고 말한다. 그리고 Brown, Hausman & Ostrowshi(2002)는 논증을 '우정'의 최고의 행위로 보고 있다. 깊은 우정은 흥미나 가치가 비슷하고 서로 자발적으로 선택한 것이며, 서로는 권위적인 관계가 아니며(부모－자식의 관계와 같은), 그리고 상호 신뢰가 쌓여 있어서 서로의 사적인 것들을 털어 놓을 수 있는 관계이다. 서로 털어 놓는 양이 대등하면 그 만큼 신뢰가 쌓이고 서로의 우정의 관계는 더욱 굳건해진다. 만약에 논증과 비판적 사고가 마음 속에서 우정과 연결된다면 서로가 비판적 사고를 더 많이 배우고 사용하게 될 것이다. 친구의 마음 속에 들어가서(감정이입하여, empathy) 들을 수 있을 것이고 진심으로 배려하는 마음으로 대화할 수 있을 것이다. 거기에는 적과의 대화에선 찾아볼 수 없는 통합적인 하나의 목표를 가지게 될 것이다. 때로는 의견의 차이가 있을 수 있지만 의견의 차이나 갈등이 반드시 나쁜 것도 아니다. 그리고 사회 심리학자들은 인간발달에서 갈등의 중요성을 주목하고 있다. 갈등이나 논쟁은 새로운 아이디어를 창의하는 것을 촉진하는 데도 도움될 수도 있다. 그러면 어떻게 할 것인가?

첫째로 중요한 것은 비판적 사고의 논쟁을 하는 '의도'(intention) 내지 '동기'인 것 같이 보인다. 비판적으로 사고하고 논쟁을 하는 기본적인 목적은 더 나은 판단, 더 나은 아이디어, 더 나은 대안 또는 보다 더 현명한 결정에 이르기 위한 것이다. Paul(1989)은 이것을 '약한 의미의 비판적 사고'와 대비시켜 '강한 의미의' 비판적 사고라 부른다. 약한 의미에서의 비판적 사고는 어떻게든 자신의 주장, 결론 또는 선입견을 합리화하고 정당화하는 도구로 사용한다. 이러한 비판적 사고는 거의 모두가 '후진적 합리화'이다. 그래서 자신의 주장/결론을 먼저 가지고 있고 거기에 맞추어 거꾸로/후진적으로 증거/논증을 이것 저것 가져온다.

둘째로, 자신의 편견이나 선입견에서 벗어나 더 크게 보려고 애써야 한다. 아집의 상자에서 벗어날 수 있을 때 우리는 비로소 더 크게 달라질 수 있다. 더 나은 발달을 위한 비판적 논쟁에서는 다른 사람을 배려할 수 있어야 하며 또한 다른 사람의 감정과 사고의 세계에 들어가 볼 수도 있어야 한다. 정말로 배려한다면 치열한 설득이라도 인간관계의 손상은 최소화할 수 있다. Paul(1990)은 이렇게 말한다.

> "만약에 우리가 자신이 두려워하거나 적대적인 견해에 감정 이입하여 들어가 보는 연습은 하지 않고 단편적인 기능만을 가르친다면, 우리는 자신의 편견과 선입견을 합리화하고 자신의 견해만이 옳다고 정당화하는 일에 몰두하게 될 것이다. 이런 사람은 똑똑해 보일지는 몰라도 진정한 비판적 사고자로 거듭 태어나지는 못한다" (p. 140).

V. 소크라테스식 대화법

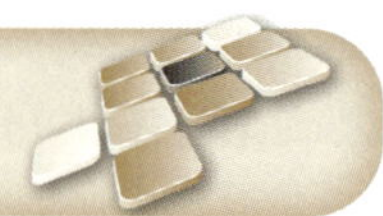

1. 내 용

비판적 사고의 과정을 자극하고 리드해 가는 핵심적인 방법의 하나는 소크라테스식 대화법(Socratic dialogue)이다. 여기에는 두 가지의 요소가 포함되는데, 하나는 비판적 질문이고 다른 하나는 적극적 경청(active listening)이다.

소크라테스식 대화법(질문법)은 학생들이 하고 있는 사고를 외현적으로 드러내 보이며 그리하여 스스로의 사고를 보다 더 의식하고, 정교화하고, 발전시키며 그리고 평가해 가도록 가이드하는 데 목적이 있다. 그래서 소크라테스식 대화법을 '산파술적 대화법'이라 부르기도 한다. 교사(대담자, 부모)는 산파이고 학생은 임산부인 셈이다.

애기는 임산부가 가지고 있으며 애기는 임산부가 자기 힘으로 성장해 가도록 도와주어야 하는 대상이다. 산파가 애기를 대신 낳을 수는 없다. 산파는 임산부를 수용하고 지지적이고 공감적이어야 하며 또한 호기심과 경이에 찬 마음으로 임산부를 자극하고 따뜻한 마음으로 반응해야 한다.

보다 직접적으로 말하면, 소크라테스식 질문법은 학생이 말하거나 생각하는 것을 호기심을 가지고 받아들이며 그것에 대하여 질문하는 데서 시작한다. 그가 말하는 것의 정확한 의미는 무엇일까, 중요한가, 왜 그럴까, 다른 것(신념)과의 관계는 무엇일까, 어떻게 검증해 볼 수 있는가, 어느 정도 그리고 어떤 점에서 그럴 듯한가 등을 질문해 볼 수 있다.

이처럼 학생의 질문(말)의 의미와 진실에 대하여 관심을 가지는 교사는 그러한 호기심을 쉽게 탐구의 질문으로 번역할 수 있을 것이다. 이렇게 소리내어 의문해 봄으로써(질문을 통하여) 교사는 학생들에게 분석적 사고를 경험하게 할 뿐 아니라 그들의 말과 사고에 대하여 깊은 관심과 존경을 가지고 있음도 전달하게 된다. 소크라테스식 질문은 학생들에게 자신이 사고하고, 듣고, 그리고 읽는 것의 의미와 진실에 대하여 자기 자신도 마찬가지로 호기심을 가지고 의문하게 하며(탐구와 사정을 위하여) 그래서 비판적 사고를 훈련시켜 갈 수 있다.

소크라테스식 대화법은 모든 사고에는 논리, 즉 구조가 있다는 아이디어에 기초하고 있다. 사고란 여러 요소들이 서로 연결되어 전체적인 체제(system)을 이루고 있다. 논리란 '관계'를 말하며, 부분(아이디어)들 간의 관계에 따라 사고의 전체는 하나의 체제를 이룬다. 따라서 어떤 하나의 '진술'이 있다면 그것은 그 밑바탕에서 일어나고 있는 어떤 전체적인 사고의 한 부분이며, 전체 중에서 작은 한 부분만을 나타내 보여주는 것이라고 이해해야 한다. 그런데 사고의 밑바탕에 있는 사고체제가 불분명하거나, 피상적이거나, 편협하거나, 무비판적이거나 또는 제대로 개발되어 있지 못할 수도 있다. 이미 앞에서 우리는 Paul이 산술하고 있는 비판적 사고의 요소에 대하여 알아본 바 있다.

소크라테스식 대화법은 수업이나 기타의 학습 장면에서 손쉽게 적용할 수 있다. 왜냐하면 이들의 대부분은 질문하고 대답하는 변증법적인 대화의 과정으로 이루어지기 때문이다. 물론 일대일의 질문법과 다인수를 상대로 하는 수업에서의 질문법은 다소간 독특한 차이가 있을 수 있지만 기본적인 속성은 마찬가지이다.

어떻든 소크라테스식 대화법은 아무렇게나 생각나는 대로 떠돌아 다니는 대화라 오해해서는 안 된다. 이 대화법은 분명한 목적을 가지고 있으며 또한 그러한 목적을 성취하기 위한 독특한 방법을 가지고 있다. 대화법에는 학생에게 물어 보아야 할 최소한의 '일정한 질문'이 있는데, 그것은 바로 우리가 이미 앞에서 알아본 사고의 요소들이다. 여기에서 Paul의 비판적 사고의 요소에 대한 논의를 다시 참고해 보면 도움될 것이다.

2. 대화의 요령

소크라테스식 질문을 어떻게 사용할 것인가? 다시 말하면, 어떤 질문을 얼마만큼 많이, 그리고 얼마나 깊게 해야 하는가? 우리는 학생들이 말하고, 생각하고, 읽고, 토론하고 있는 것을 호기심을 가지고 끈질기게 의문해 볼 수 있지만 이들을 모두 '질문'으로 번역할 수는 없다. 학생이 질문에 압도당하거나, 혼돈을 일으키거나 또는 한꺼번에 너무 많은 방향으로 몰아 가서는 안 되기 때문이다. 세상의 일이 모두 그러하지만, 질문에도 정말로 중요한 것도 있지만 그렇지 아니한 것도 많이 있다.

질문의 사용을 어떻게 시작하라는 공식은 없지만 그래도 몇 개의 원리는 있으니 다음과 같다.

(1) 시험삼아 해 보고 찾아내라. 질문 몇 개를 잘못한다고 해서 큰일 날 일은 없다. 어떠한 질문을 하면 학습자의 사고가 자극되며 흥미로워 할지를 쉽게 예측하기는 어렵다. 그러므로 다소간 시행착오적인 질문을 먼저 해 볼 수밖에 없다.

(2) 학습자의 경험이나 요구와 관련시켜라. 학생들이 학습한 것을 적용해 보게 하는 보기들은 쉽게 생각해 볼 수 있다. 또한 공부내용을 생활에 관련시켜 보는 질문을 만들기란 어렵지 않다. 질문은 사법부, 입법부 및 행정부식 질문으로 나누어 볼 수도 있다. 사법부식 질문은 주로 따져보는 것, 입법부식 질문은 주로 다른 대안을 생성해 내는 것, 그리고 행정부식 질문은 주로 서로 관련시키며 실천해 가는 것과 관련된 것을 말한다.

(3) 성급하게 포기하지 말라. 질문을 했는 데도 반응이 없다면 기다려라. 그래도 대꾸가 없으면 문제를 의역하여 쉽게 말해 보거나 보다 단순한 문제로 나누어 보라. 그리고 격려하라.

(4) 질문의 수준을 학습자의 사고의 수준에 맞게 해야 한다. 그래서 적절히만 사용하면 소크라테스식 질문법은 거의 모든 학습자에게 사용할 수 있다. 인내심도 필요하다. 소크라테스식 대화에 익숙해지고 이를 성공적으로 사용할 수 있으려면 시간이 걸린다. 대화의 요령, 즉 대화의 '어떻게'를 간추려 보면 다음과 같다.

- (말, 즉 사고에서) 의문 나거나 미심쩍은 부분을 확인하고 분명하게 한다.
- 표면의 뒤에 있는 밑바탕을(기저에 놓여 있는 내용과 감정을) 탐색한다.
- 관련되어 있는 기본적인 이슈를 제기한다.
- 학생 자신이 현재 관여하고 있는 사고의 구조를 발견케 한다.
- 지적 수행의 준거에 따라 사고가 명료한지, 정확한지, 적절한지 또는 깊이가 있는지를 의식하고 거기에 민감해지도록 질문한다.
- 추리과정을 통하여 판단에 이르게 한다. 이러한 추리를 통한 판단은 느리지만 사려 깊고 반성적이다.
- 주장, 결론, 증거, 이슈(문제, 과제), 가정, 결말, 함의, 개념, 해석, 견해(시각) 등을 — 사고의 요소들 — 주목하게 한다.

이러한 개요를 바탕으로 하여 대화법의 일반적인 가이드를 보다 구체적으로 정리해 보면 다음과 같다.

- 대화는 아는 것에서 시작한다.
- 분명한 의미가 무엇인지를 물으며, 주장(결론)의 이유를 따져 본다.
- 해석이나 추론을 할 때는 중간 과정의 내용을 찾아본다(그래서 논리가 비약되지 않게 한다).
- 추론(해석)이 부적절하거나 불충분하게 진행될 때는 반대되는 증거를 든다.
- 구체적인 사례에서 일반적 법칙을 만들어 보게 한다. 그리고 일반적 진술의 보기와 비보기를 들어 보게 하며 또한 언제, 어떻게 적용될 수 있는지를 묻는다.
- 일반화(추상화)가 잘못될 때는 극단적인 보기를 들어 그것을 예시한다. 그리고 이를 설명해 보게 한다.
- 사례들 간 또는 일반적 법칙 간에 있을 수 있는 공통점이나 차이점을 찾아본다.
- 'A이면 B는 어떻게 될까?'라는 식으로 예측을 요청한다. A(원인)를 바꾸어 보고 B(결말)를 예측해 보게 한다.

Ⅵ. WRAITEC 질문기법

비판적 사고는 질문을 제기하고, 경청하고, 그리고 음미 · 사정하는 변증법적인 과정이다. 마찬가지로 수업의 많은 부분은 교과내용을 사고의 과정으로 번역하는 질문과 과제로 이루어진다고 볼 수 있다. 그렇다면 어떤 질문을 어떤 구조로 제기할 것인가?

비판적 사고는 '깊은 이해'에서 시작하여 '판단'(결론)에 이르며, 이는 다시 창의적 사고의 시작이 된다. WRAITEC 기법은 The Philosophy for Children Program이라는 Lipman의 사고개발 프로그램에 있는 "훌륭한 사고자의 도구함"(Good Thinker Tool Kit)에 있는 7가지의 사고기능을 나타내는 약성어이다. '훌륭한 사고자의 도구함'은 '훌륭한 사고자의 7가지 습관'이라 부르기도 한다. 이 기법은 Hawaii 대학의 T. E. Jackson이 학생들이 교실 내에서 고차적 사고기능을 개발하도록 도와주는 데 교사가 사용할 수 있게 만든 자세하고 구체적인 방법이다.

이 기법을 수업에 적용하면 교사는 구체적인 사고기능을 수업하면서(외현적으로), 동시에 그를 통하여 교과의 내용을 유의미하게 학습하게 할 수 있다. 다시 말하면 WRAITEC 질문기법은 비판적 사고의 능력을 개발하기 위한 훌륭한 방법일 수 있다. 특징은 다음과 같다.

1. WRAITEC 질문의 내용

'WRAITEC' 기법은 비판적 사고의 요소를 기초로 한 것인데, 이들 8가지 요소별 구체적인 질문의 예시는 다음과 같다.

(1) W: 무엇인가?(What)

- 이슈(쟁점, issue)는 무엇인가?
- 무엇에(누구에) 대한 것인가?
- 무엇이 주제(중심내용)인가?

결론이나 이유뿐 아니라 논의하고 있는 이슈나 문제 속에 숨겨져 있는 다른 의미, 애매함, 복합성 등을 주목하도록 요구한다. 깊은 이해를 요구한다.

(2) R: 목적은 무엇인가?(reasons)

- 그렇게 말하는 '목적'은?
- 그렇게 말하는 '이유'는 무엇인가?
- '왜' 그런 말을 할까?

우리가 사고를 할 때는 언제나 그러한 사고를 하는 '목적'이 있고 '이유'가 있다. 그것을 시작하는 '이유'가 있으며 그래서 어떤 '목적'을 달성코자 한다. 예컨대 다음과 같은 질문을 해 볼 수 있다. 왜 이 일을 하는가? 저자의 목적은 무엇인가? 이 프로그램을 만든 이유는 무엇인가? 그가 그렇게 하는 목적은 무엇인가? 등등 후속의 모든 노력들은 이러한 '목적'과 '이유'를 위한 것이며, 그러므로 그러한 이유에 적절해야 할 것이다. 우리는 이러한 목적과 이유를 질문해야 한다.

(3) A: 가정은 무엇인가?(assumptions)

- 중요한 가정(假定)은 어떤 것인가?
- 그것은 결론에 중요한가?
- 그러한 가정은 그럴 듯한가? 당신은 동의하는가?

주장을 뒷받침하는/설명하는 '이유'에는 사실(facts), 논리 및 가정 등이 있다. 가정은 글 속에 나타나 있지 않고 숨겨져 있다. 이러한 가정들 가운데 거기에 따라 결론이 달라질 수 있는 가정은 중요한 가정이다. 이러한 가정들을 찾아서 음미해 보고, 그것에 동의하는지를 살펴보아야 한다.

(4) I: 추론은 어떤가?(inference)

함의는 무엇인가?(implication)

- (이유에서 주장/결론에 이르고 있는) 논리(추론)는 어떤가? 그럴 듯한가?
- 논리적인 오류는 없는가?
- 사고의 흐름은 그럴 듯한가?

추론·해석은 논리적으로 타당한가? 주장(결론)이 함의하거나 시사하고 있는 것은 무엇인가? 주장을 인과관계적으로 해석해 보면 "만약 그것이 그렇다면 이러한 경우는 어떻게 될까(IF…then…)란 질문도 해 볼 수 있다. 이것이 함의(시사)이며 이를 통하여 주장을 보다 깊게 평가해 볼 수 있다.

(5) T: 진실한가?(true)

- '이유'의 내용은 정확한가?
- 증거(이유)들은 진실한가?
- 내용은 어떤가?

진술에서 사용하고 있는 '이유'나 개념들은 진실하고 정확한 것인지를 체크해 본다. 또한 판단의 기준도 분명히 해 볼 필요가 있다.

(6) E: 증거는 무엇인가?(evidence), 보기는 무엇인가?(example)

- 뒷받침하는 증거는?
- 보기는 무엇인가?
- 그렇게 말할 수 있는 '이유'는 무엇인가?

주장을 뒷받침하는/설명하는 '이유'에는 사실적 정보, 논리(논거) 및 가정 등이 있는데, 가정과 논리(추론)에 대하여서는 앞에서 이미 알아보았기 때문에 나머지는 '사실적 증거'이다. 그것이 무엇인지, 그리고 그것의 내용은 정확하고 그럴 듯한지를 사정해 보아야 한다.

(7) C: 반대 증거는 무엇인가?(counter-evidence), 반대 보기는 무엇인가?(counter-example)

- (제시하고 있는 증거에) 반대되는 증거?
- 반대되는 보기는?
- (제시하고 있는 증거에) 맞지 아니한 보기/경우는?

우리는 진술에 있는 '주장'이 맞다고 수용할 수 있으려면, 그것을 뒷받침하고 있는 또는 그것을 설명하고 있는 증거(이유)가 정확하고 진실해야 한다. 다시 말하면 '반대되는 증거'가 있을수록 진술에 있는 주장을 받아들이기 어렵다. 반대되는 증거 또는 반대되는 보기(반례, 反例)를 조심스럽게 체크해 볼수록 성급한 판단을 피할 수 있다. 이것을 반성적 사고라 할 수 있다.

2. 질문의 요령

다음과 같은 질문의 요령은 학생들이 비판적이고 창의적인 사고를 격려하고 즐기게 하는 데 유용할 수 있다.

(ⅰ) 학생들에게 생각을 해 볼 수 있는 충분한 시간을 준다. 적어도 5－15초 정도는 기다린다. 그래도 대답이 없는 경우라도 대신 대답해 버리지 아니한다. 오히려 단서나 힌트를 주거나, 문제를 쉽게 설명해 주거나, 또는 비슷한 문제를 예시해 줌으로써 어떻게든 반응을 해 보게 유도한다.

(ⅱ) 반응(대답)이 어떠한 내용의 것이라도 적어도 잠정적으로는 그것을 수용하고 받아들인다. 따라서 '맞아', '틀렸어'와 같은 반응은 하지 아니한다. 학생의 어떠한 반응도 더 나은 것이 발견될 때까지는 수용하고 '그렇군', '그렇게 생각할 수도 있겠군', '재미있는 생각이야' 등과 같은 말로 받아들인다. 그러므로 기를 꺾는 말씨보다는 긍정적인 반응을 많이 한다.

(ⅲ) 너무 빨리 너무 많은 질문을 하지 아니하며 초점이 없거나 추측해서 대답해야 하는 질문은 하지 아니한다.

(ⅳ) 학생들 자신이 질문을 제기할 수 있는 기회를 주고 그래서 토론이 이루어지는 것을 격려한다. 하루에 적어도 한 개 이상의 유의미한 질문을 해 보도록 한다.

(ⅴ) 질문을 하고 난 다음 학생들의 반응을 귀기울여 경청한다. 교사는 자기 이야기는 해도 남의 이야기에는 귀를 기울이지 아니하는 경향이 적지 않게 있다. 특히 학생의 이야기에 대해서는 더욱 더 그러하다.

(ⅵ) 질문은 가능한 대로 끝이 열려 있어 비판적이고 창의적인 사고를 자극할 수 있어야 한다.

(ⅶ) 기타: 기다림의 시간이 있어야 하며, 적절한 보조로 진행되어야 하며, 다양한 아이디어를 자극하는 것이어야 하며, 그리고 아이디어를 더욱 명료화 및 확대를 할 수 있어야 한다.

3. 적용의 요령

그러면 이러한 질문들은 어떤 식으로 제시해야 하는가? 우선 다음의 두 가지를 생각해 볼 수 있다.

(ⅰ) W-R-A-I-T-E-C는 학생들이 교과내용에 있는 이슈와 문제를 명료화하고 탐색해 가는 데 필요한 질문을 선택적으로 할 수 있게 가이드한다. 따라서 그러한 사고기능을 습관적으로 질문할 수 있어야 한다.

(ⅱ) 모든 논의(사고)에서 이들 사고요소의 기능들을 모두 포함해야 하는 것은 아니다. 그리고 어떤 특별한 순서에 따라 사용해야 하는 것도 아니다. 사용하려는

맥락에 따라 필요한 요소 및 그것을 사용하는 순서는 얼마든지 달라질 수 있다.

중요한 것은 이때의 '질문'은 밑에서 대들거나 거꾸로 위에서 겁주기 위한 것이 아니라 더 나은 결론(의견, 아이디어, 해결책)을 얻기 위한 것이어야 한다는 것이다. 이러한 질문은 일대일로 논증하는 소크라테스식 대화일 수가 있으며, 이러한 질문은 성질상 변증법적이다.

10장

창의적 사고(Ⅰ)

Ⅰ. 창의력의 개념적 이해

Ⅱ. 창의력의 요소, 발산적 사고도구와 가이드라인

Ⅲ. 수렴적 사고와 행위계획의 개발

Ⅳ. 창의적인 아이디어 생성의 정신적 과정

Ⅴ. 창의적 문제해결

이 장에서는 창의력(성)의 개념적 이해를 위하여 창의력의 수준적 정의, 창의력의 4P 및 창의력의 3C 등을 먼저 다룬다. 그리고 창의력의 하위요소들을 알아본 다음 발산적 사고와 이를 위한 사고도구들 그리고 이러한 발산적 사고과정에서 지켜야 할 가이드라인들을 살펴본다. 이어서 생성해 낸 아이디어들을 수렴(정리)하는 수렴적 사고의 도구와 이에 따른 가이드라인, 그리고 선택한 아이디어를 행위의 계획으로 번역하는 행위계획의 개발을 위한 사고도구들도 계속하여 다룰 것이다. 그리고 우리의 머리 속에서 창의적인 아이디어를 생성해 가는 정신적 과정들을 다섯 개의 단계에 따라 알아볼 것이다. 마지막으로 창의적 문제해결의 과정을 CPS 모형과 이것에 포함되어 있는 단계에 따라 음미해 볼 것이다.

Ⅰ. 창의력의 개념적 이해

1. 창의력의 수준적 접근

'창의력'이란 용어와 비슷한 것에는 창의성(창조성), 혁신(innovation), 창발력(창조개발능력) 등이 있다. 혁신은 제품 등의 생산과 관련이 있고 창발력은 국내에서는 별로 사용되지 않고 있다. 창의력과 창의성이라는 용어가 주로 사용되고 있지만 이들은 용어가 지니는 뉘앙스가 다소간 다른 것 같이 보이는 정도다. 어떻든 '창의력'은 창의적인 능력을, 그리고 '창의성'은 창의적인 성격(성질) 등을 먼저 떠 올리게 한다. 그러나 이들은 모두가 영어의 'creativity'에 해당되는 것이며, 따라서 거기에는 능력적인 측면과 성격적인 것이 모두 다 포함된다고 볼 수 있다. 이렇게 보면 창의력과 창의성이란 용어는 상호교환적인 것으로 사용할 수 있다.

'창의력'이 무엇인가에 대한 정의는 주로 '개인'의 시각에서 그리고 그러한 개인의 창의적인 능력이라는 시각에서 다루고 있다. 이러한 시각에서 보면 '창의력'은 다시 세 가지 수준에서 정의해 볼 수 있다.

(1) 협의의 창의력

창의력(creativity)을 가장 간단하게 정의하면 그것은 '발산적 사고'이다. 다시 말하면 '새로운'(new, novel) 것을 생성해 내는 사고를 창의력이라 정의한다. 여기서 말하는 '것'에는 아이디어, 대상(제품), 또는 서비스 등이 포함된다. 창의라면 반드시 새로운 것이어야 하기 때문에 협의의 정의는 창의력에 대한 가장 기본적인 정의라 말할 수 있다.

대부분의 창의력 교육 프로그램뿐만 아니라 객관적인 창의력 척도를 개발코자 하는 사람들은 대개가 창의력을 협의로 정의한다. 이렇게 정의한 창의력 교육이나 검사에서는 주어진 시간 내에 가능한 한 많은 아이디어들을 생성해 낼 것을 요구한다.

(2) 광의의 창의력

광의에서는 '새로울' 뿐만 아니라 동시에 '유용한' 어떤 것을 생산해 내는 행동 또는 정신과정을 창의력이라 부른다. 따라서 여기서는 '새롭고' 그러면서 또한 '유용한'(가치 있는) 것이라는 두 가지 기준에 따라 창의력을 정의한다.

다시 말하면 광의의 창의력에는 '새로움'(신기성, new, novelty)과 '유용성'(usefulness)이라는 두 가지 준거가 적용된다. 그런데 유용성이란 아이디어를 생산해 내는 본인이 판단하는 것이 아니다. 어떤 것이 '유용한' 것인지는 소비자나 기타의 전문가들이 그리고 논문의 경우는 해당 학계의 기성의 전문가들이 적절하고 가치 있다고 인정해야 한다. 다시 말하면 어떤 아이디어에 대한 가치 부여는 아이디어의 소비자에 의하여 결정된다.

(3) '창의적 문제해결'로서의 창의력

여기서는 창의력은 '창의적 문제해결'을 의미한다. 다시 말하면 '새롭고 유용한' 문제를 확인/발견하고, 새롭고 유용한 해결대안을 생성해 내고, 그리고 과제의 수행을 혁신적으로 수행해 갈 줄 아는 능력을 가리킨다. 일반적인 '문제해결'이 아니라 '새롭고 유용한' 것이어야 하며, 그러므로 창의력에 대한 광의의 정의가 문제해결 과정에 적용되고 있는 셈이다. 창의적 문제해결은 일상생활 문제에 대한 것일 수도 있고 학문(학술)적인 것에 대한 것일 수도 있다. 전자의 경우는 해결책, 설계, 발명, 제품 또는 계획 등을 창의적으로 만들어 내는 것을 의미한다. 후자인 학문(학술)의 경우에는 새로운 사실을 발견하거나, 실험방법이나 설계를 새롭게 하거나, 새로운 물질이나 현상을 발견하거나 또는 개념이나 이론 혹은 모형을 새롭게 개발하는 것 등이 포함된다.

2. 창의력의 4P

보다 최근에는 창의력의 네 가지 측면, 즉 4P에 따라 창의성 내지 창의적 과정을 기술하는 경향이 있다(Rhodes, 1961; Richards, 1999). 4P는 창의력에 대한 정의를 네 개의 'P'로 묶음한 것인데, 달리 말하면 창의적인 산출(product)은 창의적인 사람

(person)이 창의적인 환경(press) 속에서 창의적인 사고과정(process)을 거쳐 가능하다고 말할 수 있다. 물론이지만 이들 측면들은 서로 상호작용할 것이다. 우리가 창의적 문제해결 과정을 제대로 이해하려면 개인의 특성이나 환경뿐 아니라 바라는 산출의 성질도 고려해야 할 것이다([그림 10-1] 참고).

사실 대부분의 정의는 창의적 문제해결의 '과정'에 따라 창의력을 정의하고 있다. 이를 '과정적 정의'라 하며 가장 대표적인 사람은 Torrance(1995)이다. 그는 창의적 사고는 다음과 같은 과정(process) 속에서 일어난다고 말한다. "창의적 사고는 어려움, 문제, 지식상의 괴리, 또는 빠져 있는 요소들을 지각하고, 그러한 결손에 대하여 추측을 하거나 가설을 형성하며, 그리고 그러한 추측을 검증하고, 필요하면 수정하거나 재검증하며, 그리고 마지막으로는 그러한 결과를 커뮤니케이션하는 것"이라 정의한다. 이러한 정의는 인간의 자연스러운 과정을 기술하고 있으며 일반적인 인간의 요구에 기초하고 있다. 우리는 어떤 것이 불완전하거나 또는 어떤 것이 빠져 있다는 것을 지각하면 불안하고 긴장감을 느낀다. 그러면 불안이나 긴장을 완화시킬 수 있기 위하여 무엇인가를 하기를 원한다. 그러한 결과로 우리는 탐색하고, 질문하고, 어떤 것을 조작해 보고, 추측하는 등등의 사고를 하기 시작한다. 또한 목표가 성취되었을 때도 발견한 것을 남에게 말할 때까지 긴장감은 대개가 완화되지 아니한다(창의성 연구의 전통에 대한 〈Box 10-1〉 참고).

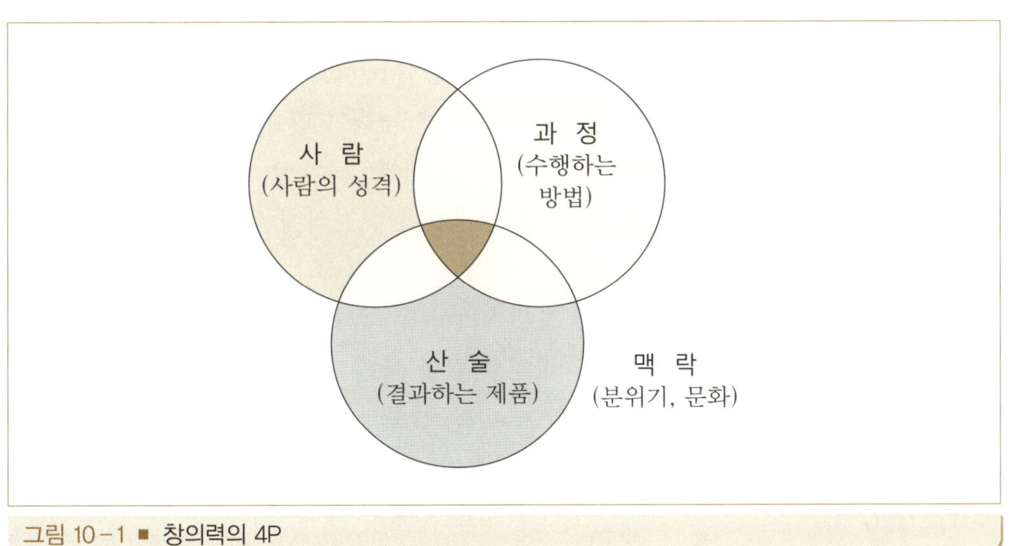

그림 10-1 ■ 창의력의 4P

3. 창의력의 3C

과제를 창의적으로 수행해 가는 전체의 과정을 창의적 문제해결의 과정 또는 단계라 말할 수 있다. 이러한 창의적 문제해결에서 모든 단계는 발산적 사고(확산적, creative) – 수렴적 사고(비판적 사고, critical) – 커뮤니케이션(communication)의 세 가지 국면이 교행적으로 그리고 상보적으로 이루어진다. 이들을 창의력의 3C's라 부른다. 창의적 문제해결의 각 단계에서는 모두가 발산적 사고, 수렴적 사고 및 커뮤니케이션의 세 가지 국면을 차례대로 사용해야 한다. 다시 말하면 먼저 가능한 대로 많은 아이디어들을 생성한 다음, 이들 가운데서 최선의 것을 선택(수렴)해 내어야 한다(수렴적, 비판적 사고), 마지막으로 선택/판단한 아이디어를 다른 사람들이 이해하고 수용할 수 있게 자세하고 분명하게 커뮤니케이션할 수 있어야 한다(말로, 또는 글을 통하여).

4. 창의력의 합류이론

창의력에 관한 많은 연구들은 '창의'가 일어나려면 적어도 몇 가지 요소들이 합류하여 수렴되어야 한다고 가설한다. 이를 창의력의 합류이론 또는 수렴이론(convergence, confluence theory)이라 부른다. 예컨대, Amabile(1983)은 창의력은 내재적 동기, 영역관련의 지식, 능력 및 창의력 관련의 기능들이 합류하는 것으로 본다. 그리고 Csikszentmihalyi(1988, 1999)는 개인, 전문영역(domain) 및 분야(field)의 상호작용을 강조한다. 개인은 전문영역 내 및 영역관련의 지식에 의존하며 그리고 인지과정, 성격특성 및 동기부여 등을 통하여 그것을 변형 또는 확대시킨다고 말한다. 그러나 합류이론 가운데도 대표적인 것은 Sternberg & Lubart(1995)의 창의력의 '투자이론'(investment)이다. 이들은 창의적인 사람은 아이디어를 '싸게 사서 비싸게 파는'(buy low and sell high) 증권 투자가에 비유될 수 있다고 말한다. 이처럼 아이디어의 세계를 증권의 세계에 비유하여 창의적인 사람을 설명하는 것이 창의력의 투자이론이다.

대부분의 증권 투자가들은 주가가 비싸지면 서로 몰려와서 사고 반대로 내려가면 얼른 팔아 버리는 경향이 있다. 그러나 아이디어를 싸게 사서 비싸게 파는 사람(창의적인 사람)은 이들과는 거꾸로 움직이기 때문에 큰 물줄기를 거슬러 헤엄치는 것 같이 보일 수 있다.

'싸게 산다는 것'은 알려져 있지 않거나 인정을 받지 못하고 있지만 성장 잠재력을 지니고 있는 아이디어를 추구해 가는 것을 말한다. 그러나 창의적인 사람은 새롭고 가치 있는 아이디어를 생성하는 것만으로는 충분하지 아니하다. 그는 그것의 가치를 남에게 설득할 줄 알아야 한다. 창의적인 아이디어가 처음 제시되면 사람들은 흔히 그것을 해괴하고, 소용 없고 또는 어리석은 것으로 간주해 버리며, 그러한 아이디어를 말하는 사람을 의심하거나 조소할 수도 있다. 그러므로 창의적인 사람은 그 아이디어가 가치 있다는 것을 남들에게 설득하여 투자의 가치를 높여야 한다. 창의적인 사람은 다른 사람에게 아이디어를 제때에 비싸게 팔고 다시 다른 아이디어로 옮겨간다. 그러므로 창의적 사고는 능력의 문제 못지 않게 삶에 대한 태도의 문제라 말할 수도 있다. Sternberg & Lubart의 '투자이론'에 의하면, 창의력은 여섯 가지의 서로 특유하지만 그러나 관련되어 있는 '자원(resources) 요소'들이 합류되는 것을 요구한다. 여섯 가지는 지적능력(지능), 지식, 사고양식(사고 스타일), 성격, 동기 및 환경 등이다(〈Box 10-2〉 참조).

Ⅱ. 창의력의 요소, 발산적 사고도구와 가이드라인

1. 창의력의 요소

'창의적인' 것은 무엇보다도 '새로운(new, novel)' 것이어야 한다. 그런데 '새로운' 것을 좀더 자세하게 나누어 설명해 볼 수도 있는데, 이를 창의력(창의성)의 요소라 부른다.

새로운 것을 생성해 내는 것을 Guilford(1967)는 발산적 생성(divergent production)이라 부른다. 오늘날은 이것을 '발산적 사고'(확산적 사고)라 부르고 그리고 '발산적 사고=창의력'이라 정의하는 것이 일반적이다(이미 언급하였듯이 창의력을 '협의'로 정의했을 때). Guilford의 지능의 SOI(Structure Of Intellect)에는 120개의 요소능력들이 포함되어 있다. 이들 가운데 16개 요소가 발산적 사고에 대한 것이며, 그는 이를 4개 범주로 묶음하여 '창의력의 하위요소'라 부르고 있다. 거기에는 유창성, 융통성, 독창성 및 정교성 등이 포함되어 있다. 이러한 전통은 현재까지도 계속되고 있다. 그럼에도 불구하고 과제의 성질에 따라 창의력의 하위 요소는 다소간에 다를 수 있다. 예컨대 Torrance의 TTCT 검사에 있는 창의력의 하위 요소는 전통적인 것과는 상당히 다르다. 그리고 영재 창의력 교육 프로그램인 FPSP에서는 '미래지향성'이 추가되어 있다(김영채, 2012).

어떻든 창의적 사고의 핵심은 '아이디어를 생산'하는 발산적 사고에 있다(그래서 창의력의 협의의 정의는 발산적 사고이다). 다시 말하면, 아이디어를 많이(many), 다양하게(varied), 독특하게(unique, original), 그리고 정교한(깊게, elaborative) 것을 생산(생성)해 낼 수 있을수록 창의적이다. 그래서 사고의 유창성, 융통성, 독창성 및 정교성은 창의적 사고의 핵심적인 요소들이다.

(1) 유 창 성

유창성(fluency)은 많은 수의 아이디어를 생성해 내는 사고능력이며, 여기에는 단어 유창성 및 표현적 유창성 등이 포함된다. 유창성(fluency)은 생성해 내는 아이디어의 개수로 평가한다. 제한적인 시간 안에 많은 수의 아이디어들을 만들어 내는 것이 필요하다. 아이디어 생성이 보다 유창할수록 생성된 아이디어 속에 사용 가능하고 그럴 듯하고, 효과적인 아이디어가 포함될 가능성은 커진다. 창의력의 첫 출발은 '유창성'에 있다.

보기 활동

(a) 빨간 물건의 보기를 할 수 있는 대로 많이 나열해 보라.
(b) 3개 글자로 된 단어들을 가능한 대로 많이 적어 보라.
(c) '방학'이라는 단어를 듣고 떠오르는 생각을 할 수 있는 대로 적어 보라.
(d) 두 사람이 짝을 짓게 한다. 먼저 한 사람이 어떤 주제(예컨대 '방학')에 대하여 이야기를 한다. 다음은 다른 사람이 이야기를 계속한다. 각기의 시간은 2분이다.

(2) 융 통 성

융통성(fexibility)은 다양한 종류의 아이디어를 생성해 내는 사고능력이다. 따라서 과제를 다양한 시각에서 볼 수 있어야 한다. 아이디어가 다양할수록 여러 가지의 시각에서 문제를 폭넓게 이해할 수 있다.

융통성은 생성해 낸 아이디어들의 종류로 평가한다. 어떤 토픽을 깊게, 공평하게 그리고 보다 완전하게 다룰 수 있으려면 그것을 여러 가지의 시각(입장, 견해)에서 볼 수 있어야 한다. 그렇게 해야 다양한 범주에 속하는 아이디어들을 광범위하게 생성해 낼 수 있기 때문이다. 사고의 융통성이 클수록 당신의 아이디어는 많은 사람들에게 보다 더 큰 영향을 미칠 수 있다.

융통성 점수는 생성해 낸 아이디어에 담겨져 있는 반복되지 아니한 범주의 수이다. 예컨대 벽돌의 용도로 25가지를 생각해 내었고 어느 것도 비슷하거나 같은 것이 아니라면 25이다. 가령 반대로 거기에 포함되어 있는 반응들이 '집 짓는 데', '아파트 짓는 데', '가게 짓는 데', '백화점 짓는 데' 사용한다는 등의 것뿐이라면 이들 반응은 같은 '건축'이란 범주의 것이므로 융통성 점수는 1점밖에 되지 않는다.

보기 활동

(a) '손수건'으로 할 수 있는 것들을 많이 생각해 보라(5분).
(b) 둥근 것에는 어떤 것들이 있을까? 할 수 있는 대로 많이 생각해 보라.
  – 시간이 끝나면 (a)와 (b) 각기에 대하여 비슷한 것끼리 몇 가지로 묶음해 보라.
  – 묶음의 수(즉, 범주의 수)가 바로 융통성의 수준을 나타낸다.

(3) 독 창 성

독창성(originality)은 당신이 생성해 내는 아이디어가 남들이 흔히 생각하는 것이 아니고 보다 기발하고 독특한 것인지를 말한다. 독창성은 다른 사람들에게도 똑같은 과제를 해 보게 한 다음 다른 이들의 반응에는 없는 아이디어의 수로 계산한다. 다시 말하면 자기 혼자만이 생각해 낸 특별한 아이디어일수록 그것은 독창적이다. 독창적인 것은 '새로운' 것 가운데서도 특히 새로운 것이라 말할 수도 있다.

보기 활동

(a) 유창성의 한 가지 보기 활동은 '수송'의 보기를 가능한 대로 많이 적어 보는 것이었다. 얻은 아이디어들을 친구들의 것과 비교해 보라. 당신의 리스트에는 어떤 친구들도 말하지 아니한 것이 몇 개나 들어 있는가?
(b) 앞에서 연습해 본 '둥근 것'들 중에 다른 아무도 생각해 보지 못한 것이 몇 개나 있는가?

(4) 정 교 성

정교성(elaboration)이란 당신이 생성해 낸 아이디어가 얼마나 자세하고, 세부적이며, 구체적인 수준의 것인지를 말한다. 사고가 피상적인 수준에 머물지 아니하고 보다 깊게 세부적으로 나아갈 수 있으면, 아이디어가 창의적일 가능성은 그 만큼 더 커진다. 기본적인 아이디어를 보다 재미있고 완전한 것으로 다듬고 확대시켜 가는 것을 말한다.

보기 활동

(a) 당신의 키가 3m라 가정해 보자. 첫째, 그에 따라 오는 결과들을 나열해 보라. '침대가 더 커야 하고', '더 많이 먹어야 하고', …. 둘째, 이들 가운데서 '침대가 더 커야' 하는 것을 선택하여, 그렇게 되면(즉, 침대가 더 커지면) 다시 어떤 결과가 따라 올 것 같은지를 나열해 보라. 이런 활동이 계속 될수록 사고는 자세해지며 그래서 '정교해'진다고 말한다.
(b) 좀 큰 종이 위에 반지름 5cm의 원을 그려 보라. 이제 이 원에다 무엇을 더 그려 넣어 더욱 재미있는 그림이 되게 해 보라.

2. 발산적 사고도구

우리는 발산적 사고의 과정을 통하여 여러 개의 새로운 아이디어들을 생성해 낸다. 이러한 과정에서 도움되게 사용할 수 있는 '방법'을 사고도구 또는 사고기법이라 부른다(발산적 사고도구). 아이디어를 생각해 내는 데 사고도구에는 몇 가지가 있기 때문에 각기의 사고도구를 사용하는 방법/절차를 알아야 할 뿐 아니라, 자신이 다루고 있는 '자료'와 '목적'에 맞는 도구를 골라 사용하는 것이 중요하다. 이처럼 발산적 사고도구를 익히고 그것을 적용하여 창의력을 향상시키려는 것을 창의력의 '기능적 접근법'이라 부르기도 한다. 왜냐하면 어떤 과제를 수행하는 '과정'이란 바로 절차적 방법을 아는 것이며, 이러한 방법을 체계화한 것이 바로 사고도구이고 사고기법이기 때문이다.

아래에서는 대표적인 몇 가지의 발산적 사고도구들을 다룬다. 그러면서 '발산적 사고의 가이드라인'도 함께 알아볼 것이다. 이러한 가이드라인(guideline)은 우리가 발산적 사고를 할 때 지켜야 할 자세이고 태도이다. 우리는 이미 창의적인 수행을 효과적으로 하려면 과정/방법을 알아야 할 뿐 아니라(기능, 인지적 측면) 그와 함께 창의적인 성격(창의적인 사람)도 매우 중요하다는 것을 알고 있다.

그러면 몇 가지의 발산적 사고기법들 가운데 어떤 것을 골라 사용하는 기준은

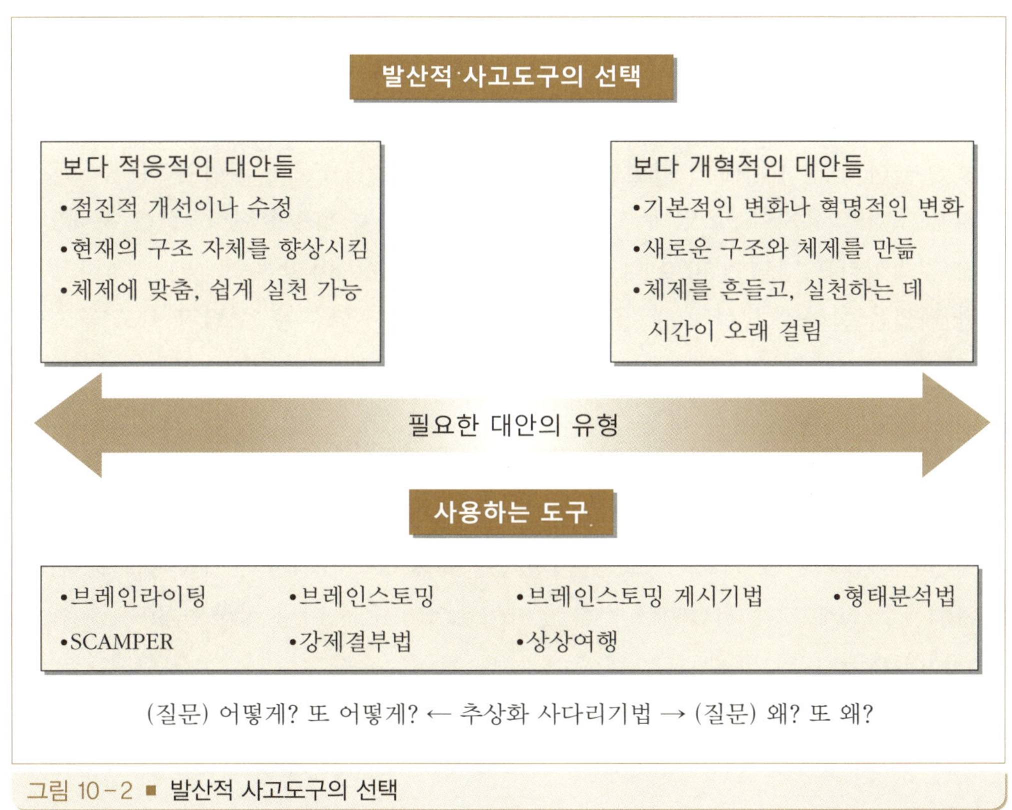

그림 10-2 ■ 발산적 사고도구의 선택

무엇인가? 그것은 자신이 찾고 있는 대안/아이디어가 얼마나 혁신적인 것인가, 반대로 얼마나 적응적이고 보수적인 것인가에 달려 있다. [그림 10-2]는 필요한 대안의 유형에 따라 발산적 사고기법들의 위치를 그려놓은 것이다. 다음에서는 브레인스토밍과 그의 변형들, 강제결부법, SCAMPER 및 형태분석법의 네 가지만 알아보기로 한다.

(1) 브레인스토밍 기법

이 기법은 1939년 실업가였던 Alex Osborn이 개발한 것으로, 몇 가지 창의력 사고기법 가운데 가장 오래 된 것이며 또한 현재까지 가장 광범위하게 사용되고 있다. 집단의 성원들이 하나의 구체적인 문제에 초점을 두고 가능한 대로 많은 수의 아이디어들을 생성해 내기 위한 기법이다. 원래는 주로 집단이 문제해결하는 데 사용하기 위하여 개발한 것이지만 개인적으로 사용할 수도 있다. 이 기법에는 브레인라이팅이나 브레인라이팅 게시 기법 등의 변형도 있다.

브레인스토밍은 아이디어를 많이 생성해 내는 데 목적이 있기 때문에 여러 가지 의견이나 아이디어가 있을 수 있는 장면이면 어디서든 사용할 수 있다. 그러나 다소간 혁신적인 아이디어를 원할 때 훨씬 더 적합하다. 그러나 브레인스토밍을 제대로 이용하려면 사전에 이 기법에 대한 이해와 준비가 충분히 되어야 하며, 그리고 토의가 초점을 유지할 수 있게 진행이 효과적으로 이루어져야 한다. 같은 브레인스토밍 기법이라도 장면에 따라 다소간 변형·수정하여 사용할 수도 있다. 그리고 이러한 기법을 통하여 생성해 낸 아이디어들은 다음에서 다루는 '수렴적 사고'를 통하여 정리하고, 분류하고, 평가하고 또는 선택하게 된다.

(i) 집단 브레인스토밍

각자는 떠오르는 아이디어(생각)를 소리 내어 말한다. 그러면 기록자는 이것들을 빠트리지 않고 한두 개의 단어나 구(句)로 '요점의 형태'로 기록한다.

집단의 크기는 5－12명 정도가 이상적이고 별도로 사회자와 기록자를 둔다. 아이디어를 생성해 내는 시간이나 원하는 아이디어의 수를 미리 정하는 것이 좋다.

(ii) 브레인라이팅

집단 브레인스토밍의 변형인 브레인라이팅(brain-writing) 기법은 집단 성원들이 다소간 내성적이거나 또는 분위기 때문에 남들 앞에서 자신의 생각을 말하는 것을 주저할 때 유용하게 사용할 수 있다.

집단성원마다 소정 양식의 용지를 한 장씩 가지고 시작한다. 그리고 가운데 테이블에는 필요한 수만큼의 빈 용지를 놓아둔다. 이 용지에는 가로 4칸×세로 3칸 =12칸의 공란이 마련되어 있다. 각자는 먼저 자기가 가지고 있는 용지의 첫 번째 가로 칸 3개란에 문제(과제, 도전)에 대한 자신의 아이디어를 적어 넣는다. 그런 다음 그것을 테이블 가운데에 가져다 두고 다른 사람이 사용했던 용지를 가져와서 그 다음에 있는 가로 칸 3개란에 자신의 아이디어를 적어 넣는 식으로 진행한다. 충분한 수의 용지가 채워지면 이제 가장 좋은 대안을 찾는 수렴적 사고를 시작할 수 있다.

(iii) 브레인라이팅 게시 기법

이 기법(brainstorming with post-it)은 집단 성원들이 아이디어 생성을 아주 왕성하게 할 때 이러한 아이디어 생성의 흐름을 방해하지 않게 하기 위하여 주로 사용한다. 이 기법을 사용하면 집단의 열기가 높으며 서로 힌트를 주고 받으면서 새로운 아이디어를 더 많이 생성할 수도 있다.

먼저 충분한 수의 포스트잇 용지(postit)를 준비한다. 한 개의 용지에 반드시 한 개의 아이디어만 적는다. 그리고 다른 사람들이 모두 알아들을 수 있게 큰 소리로 읽고, 그것을 앞자리에 준비해 둔 게시판에 붙인다. 이렇게 포스트잇 용지를 사용하면 다음에서 수렴적 사고를 할 때 분류, 조직화 또는 판단하기가 쉬워지는 장점이 있다.

(2) 강제결부법

이 기법(forced connection method)은 다루려는 문제에다 그것과는 별 관계가 없어 보이는 어떤 대상을 강제로 연결시켜 봄으로써 아이디어를 얻고자 한다. 발명품들 가운데는 무관한 것 같이 보이는 두 가지를 강제로 연결시켜 만든 것들이 많이 있다. 몇 가지의 보기를 들면, 시계－라디오, 손목－시계, 자동차－스테레오, 집－자동차(모빌 하우스), 모터－자전거(오토바이) 등과 같다. 사용의 보기는 [그림 10-3]과 같다.

집단에서 아이디어를 생각해 내다가 더 이상 생각이 나지 않고 막히는 경우 사회자는 회의장 주변을 둘러보게 하고 거기에 있는 어떤 것이라도 선택하여 문제와 결부시켜 보게 할 수도 있을 것이다.

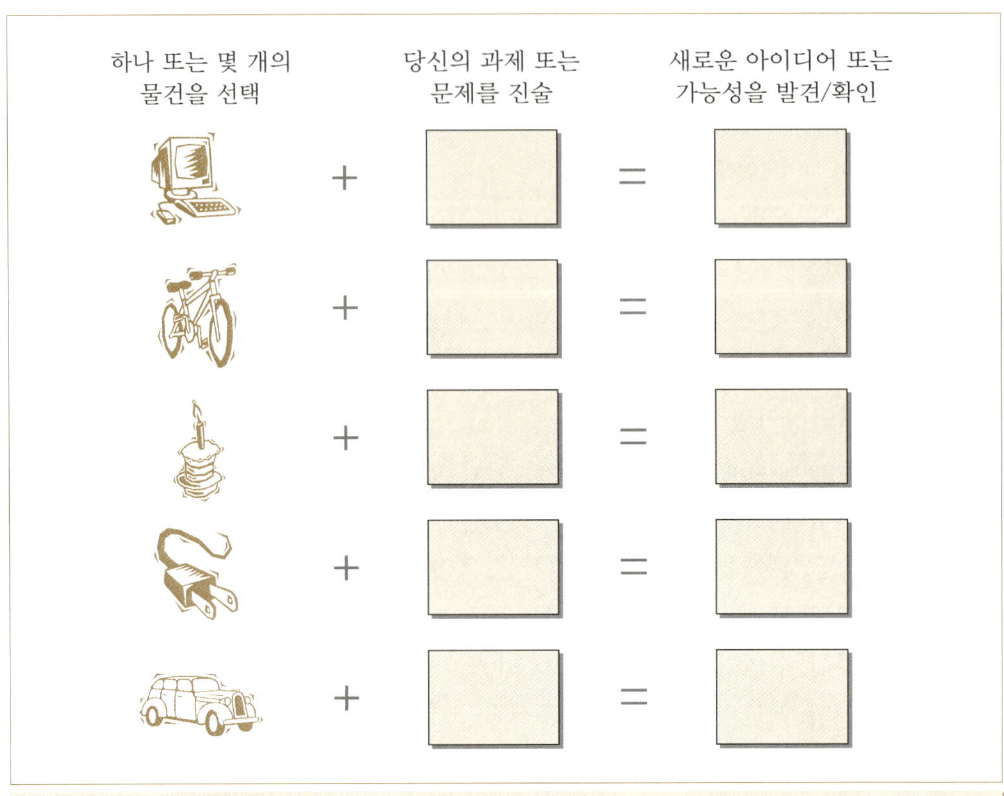

그림 10-3 ■ 강제결부법 사용의 보기

보 기

목욕탕 구조를 바꾸고 싶다. 어떠한 개선방안이 있을 수 있을까?
(이제 더 이상의 생각이 나지 않으면 사회자는 참가자들에게 주위를 둘러보고 아무 것이라도 관계없이 무선적으로 3개의 물건을 고르게 한다.)

(1) 당신이 3가지를 골라 보라.
(2) 이들 각기를 욕조에다 강제로 결부시켜 보고 욕조를 개선할 수 있는 아이디어를 적어 보라. 예컨대, '시계'가 선택되었다면 욕조에 타이머 부착 등, 또는 '쓰레기통'이 선택되었다면 찌꺼기가 막히지 않게 하는 거름장치를 설치하는 등등의 아이디어를 생각해 볼 수 있을 것이다.

(3) SCAMPER

Osborn(1963)은 새로운 아이디어를 자극할 수 있는 약 75가지의 질문들을 9개의 범주로 나누어 제시하고 있다. 이러한 질문은 개인 또는 집단으로 브레인스토밍을 할 때 사회자가 멤버들이 상상력을 발휘하도록 방향이나 힌트를 주기 위하여 사용할 수 있다.

그런데 Eberle(1971)는 이러한 Osborn의 지문 리스트를 재조직하여 SCAMPER를 만들었다. SCAMPER란 7가지 질문에 있는 핵심 단어들의 첫 철자를 따서 기억하기 좋게 만든 약성어이다. 그러므로 이들 각 철자를 보면 아이디어를 자극할 수 있는 질문을 쉽게 떠올릴 수 있다. SCAMPER의 질문은 약성어의 철자 순서대로 할 필요는 없고 어떤 순서든 관계없이 할 수 있다. 이들 리스트를 질문의 '메뉴'로 사용하여 아이디어의 흐름을 자극할 필요가 있을 때 선택하여 사용한다.

S(substitute? 대치시키면?)
다른 누구? 다른 무엇? 다른 성분? 다른 재료? 다른 과정? 다른 에너지? 다른 장소? 다른 접근법? 다른 음성?

C(combine? 조합하면?)
혼합하면? 합금? 구색을 갖추면? 앙상블? 단원을 조합하면? 목적을 합하면? 아이디어를 조합시키면?

A(adapt? 맞도록 고치면?)
번안하면? 각색을 하면? 이것과 비슷한 것은? 이것은 어떤 아이디어를 시사하는가? 과거의 것과 비슷한 것은? 베낄 수 있는 것은? 내가 흉내낼 수 있는 것은?

M(modify-magnify-minify? 수정－확대－축소하면?)
확대시키면? 빼면? 변형시키면? 의미, 색깔, 소리, 향기, 형태 등을 바꾸면? 빈도를 높이면? 더 강하게 하면? 더 길면? 생략하면? 간소화? 분리하면? 작게(가볍게, 쉽게, 짧게) 하면?

P(put to other use? 타용도는?)
다른 사용 용도는? 수정하면 다른데 사용가능? 맥락을 바꾸면? 모양, 무게 또는 형태로 보아 다른 용도는?

E(eliminate? 제거하면?)
이것을 없애 버리면? 부품수를 줄이면? 압축시키면? 낮추면? 더 가볍게 하면? 없어도 될 수 있는 것은?

R(rearrange – reverse? 재배치 – 거꾸로 하면?)
거꾸로 하면? 반대로 하면? 역할을 바꾸면? 위치를 바꾸면? 다른 시퀀스는? 보조를 바꿔? 스케줄을 바꾸면? 원인과 결과를 바꾸어 보면?

(4) 형태분석법

어떤 복합적인 문제나 체제를 요소나 형태에 따라 체계적으로 분류하는 기법은 모두 형태분석법이라 말할 수 있다. 이 기법은 탐색적인 성질의 아이디어들을 많이 생성해 내는 데 아주 이상적이다. 다음과 같은 것에 대하여 아이디어를 생성해 내는 데 특히 유용하다.

이 기법을 적용하는 단계는 다음과 같이 예시해 볼 수가 있다.

(i) 먼저 다루려는 문제/과제를 진술한 다음 이 문제/과제를 기술해 주고 있는 가능한 주요 차원들을 나열한다. 예컨대 신제품에 대한 아이디어를 얻고자 한다면 제품의 '모양'과 사용하는 '재료'라는 두 개 차원을 생각해 볼 수 있다. 차원의 수는 임의적으로 할 수 있지만 대개는 4개 정도의 차원을 사용한다.

(ii) 이제 확인해 낸 각 차원별로 그 속에 있을 수 있는 여러 가지의 속성들을 나열한다. 앞의 보기에서 고려해 보려는 신제품이 만약 '자동차'라면 '모양' 차원에는 방탄형, 상자형, 유선형, 모서리마다 각을 살린 고전형 등등을 나열할 수 있을 것이다. 그리고 '재료' 차원에서는 나무, 철, 파이버 글라스, 플라스틱, 알루미늄 등의 속성을 나열해 볼 수가 있을 것이다.

(iii) 이렇게 하여 각 차원에 속하는 속성들을 나열하는 것이 끝나면 가능한 대로 많은 수의 속성들의 조합을 음미해 보고 그런 다음 그럴 듯하고 유망해 보이는 아이디어를 뽑아낸다.

끝에 가서는 이러한 유망한 아이디어들을 평가하여 적합한지를 따져 보아야 한다. 예컨대 다루는 것이 '자동차'라면 '모양' 차원에서는 방탄형, 상자형, 유선형, 각을 살린 고전형… 등을, 그리고 '재료' 차원에는 철, 나무, 플라스틱, 유리… 등으로 속성을 나열해 볼 수도 있다. 마지막으로 각 측면(차원)에 있는 속성을 하나씩 골라

1				
2				
3				
4				
5				
6				
7				
8				
9				
0				

그림 10-4 ■ **형태분석법의 양식**

서로 조합해 보고 그럴 듯하고 유망해 보이는 아이디어들을 생각해 낸다.

대개의 경우는, 물론 반드시 그런 것은 아니지만, 4개의 세로 란과 10개의 가로 란이 있는 '도표'를 사용한다. 4개의 세로 란에는 측면(차원)을 적고, 그리고 10개의 가로 란에는 각기의 측면에 있을 것 같은 속성들을 임의로 선택한다. 그리고 이들을 여러 가지로 조합해 봄으로써 여러 가지의 새로운 대안(가능성)을 탐색한다. [그림 10-4]와 같은 양식을 사용할 수 있다.

3. 발산적 사고의 가이드라인

발산적 사고는 가능한 대로 마음을 열고 자유롭게 새로운 아이디어들을 생성해 낼 수 있어야 한다. 이를 위하여 우리가 지켜야 할 자세 내지 태도를 발산적 사고의 가이드라인이라 부를 수 있다.

Osborn은 그의 저서 『당신의 창의력』(*Your creative power*, 1953)에서 브레인스토밍의 두 개의 원리와 거기에서 도출해 낸 네 가지의 규칙들을 나열하고 있다. 이들 규칙들은 오늘날까지 그대로 적용되고 있다.

● 원 리

(i) 판단을 유보한다.

(ii) 양(量)이 질(質)을 낳는다.

● 규 칙: 브레인스토밍 기법의 진행은 다음과 같은 네 가지의 규칙을 지켜야 한다(4S).

(1) 제시한 아이디어에 대한 평가(판단)는 나중까지 유보한다. 판단은 충분한 아이디어를 생성해 낸 다음에 비로소 한다. 그러므로 어떠한 아이디어가 제시되더라도 이를 비판하지 아니한다(Support).

- 비판이나 칭찬을 하지 않는다. 또한 아이디어에 대하여 '예' 또는 '아니오'란 말을 하지 않는다. 판단하지 말라!

(2) 아이디어는 거칠고 자유분방한 것일수록 더 좋다(무모해 보이고 엉뚱한 것일수록 결국에는 보다 참신한 아이디어를 생성해 내게 할 수도 있다(Silly).

- 아이디어가 거친 것일수록 더 좋다. 엉뚱하고 우스운 아이디어일수록 다른 방법으로는 생성해 내기 어려운 새로운 아이디어나 발견을 가져올 가능성이 크다. 자유분방하게 상상하라!

(3) 아이디어의 수가 많을수록 좋다. 질(質)에는 관계없이 가능한 대로 많은 아이디어들을 생성해 내도록 격려한다('量이 質을 낳는다'는 원리이다). 많은 아이디어들을 생성해 낼 때 그 속에 질적 수준이 높은 유용한 아이디어가 들어 있을 가능성이 더 커진다(Speed).

- 아이디어의 개수가 많을수록 그 속에 좋은 아이디어가 포함될 가능성이 커진다. 많이 만들어라!

(4) 남이 제안한 아이디어들을 조합해 보거나 거기에 편승하여 또 다른 아이디어를 만들 수 있다(남들이 이미 생성해 낸 아이디어들을 조합시켜 새로운 다른 아이디어를 만들어 낸다)(Synergy).

- 이런 저런 아이디어들을 조합(연결)하거나 다른 아이디어에 살짝 올라타서 새로운 아이디어를 만든다. 다른 아이디어에 편승하라!

Osborn은 창의적 문제해결은 일상의 분석적인 문제해결과는 다르다고 주장한다. 그는 질에 대한 판단은 나중까지 유보하고 가능한 한 많은 대안들을 생성해 내면 결국은 훨씬 더 창의적인 결과를 얻는다고 말한다. 다시 말하면 브레인스토밍과 같은 발산적 사고의 기법들은 일단 아이디어를 많이 생성해 내면 그 속에는 적어도 몇 개의 좋은 아이디어가 포함되어 있을 것이라는 가설에 기초하고 있다. 그러나 이 가설을 단정적으로 증명하기는 어렵다.

Ⅲ. 수렴적 사고와 행위계획의 개발

1. 수렴적 사고도구

발산적 사고를 통하여 아이디어들을 충분히 많이 생성해 내고 나면 이들을 정리하거나, 평가하거나, 또는 판단하고 선택해야 한다. 이것을 우리는 수렴적(초점화) 사고라 부른다.

생성해 낸 아이디어(대안, 해결책)들을 정리하거나, 또는 이들 가운데서 가장 그럴 듯하고 '유용한' 것을 평가하고 판단하는 데 도움될 수 있는 사고도구에도 몇 가지가 있다. 몇 가지의 수렴적 사고도구들 가운데 어느 것을 골라 사용할 것인지는 주로 수렴을 하는 '목적'과 다루는 '대안(해결책, 아이디어)의 수'가 얼마나 되느냐에 따라 결정할 수 있다. 그럼에도 불구하고 크게 묶음하여 보면 수렴적 사고를 하는 목적은 조직화하기, 평가하기, 우선순위매기기 및 다듬고 개발하기의 4가지가 있다. 그리고 거기에 [그림 10-5]와 같이 몇 가지의 수렴적 사고들을 정리해 볼 수 있다.

(1) 조직화하기

생성해 낸 대안들을 이해하고 다루기 쉽게 정리하거나 분류할 때 사용한다. 대안의 수가 많고 복잡한 경우 특히 유용하다.

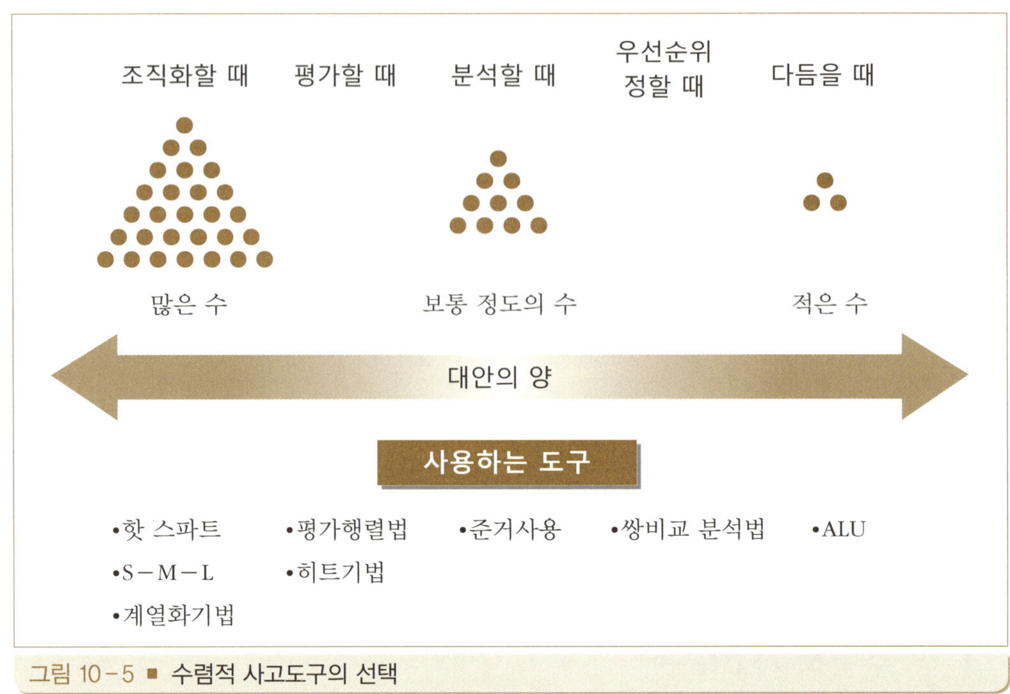

그림 10-5 ■ 수렴적 사고도구의 선택

(i) 히트 기법

이 기법은 아주 많은 대안들 중에서 우선 그럴 듯한 것들을 일차적으로 선택할 때 특히 유용하게 사용할 수 있다. 새롭고, 적절하고, 재미있고, 그리고 그럴 듯해 보이는 대안들을 찾아 이들을 히트(Hits)로 체크(∨)한다. 선택하여 체크 표시하는 대안과 이들의 수는 과제의 목적에 적절해야 한다.

(ii) 핫 스파트 기법

어떤 공통적인 측면이나 요소에 따라 아이디어들을 묶음한 것을 '핫 스파트'(hot spot)라 부른다. 핫 스파트에 따라 분류하면 밑바탕에 깔려 있어 쉽게 드러나지 아니하는 핵심문제를 확인해 내는 데 매우 유용하다.

(iii) 하이라이팅 기법

공통적인 측면이나 요소에 다라 집단화한 핫 스파트를 적절한 형태로 재진술하는 것을 하이라이팅(highlighting)이라 부른다. 핫 스파트와 하이라이팅 기법은 아이디어의 개수가 많을 때 이들을 조직화하여 의미 있는 것으로 만들 때 주로 쓰인다.

(iv) 계열화 기법

아이디어들을 어떤 순서에 따라 조직화할 때 시퀀스 만들기(sequencing), 즉 계열화 기법을 사용한다. 단기(S) – 중기(M) – 장기(L) 등으로 할 수도 있고 첫째, 둘째, 셋째 … 등과 같은 범주를 사용하여 만들 수도 있다.

(2) 평가하기

'평가하기'는 생성해 낸 대안들을 판단하거나, 의사결정하거나, 무게(비중)를 달아 보거나 또는 가장 좋은 것을 선택하기 위한 것이다.

(i) 평가 행렬법

평가 행렬법(Evaluation Matrix)은 대안의 수가 제법 되지만 그래도 너무 많지는 않을 때 사용할 수 있다. 여기서는 대안들을 준거(기준)에 비추어 보고 순위(순서)를 매긴다. 우선 적절한 준거를 발견하여 표의 윗부분에 가로로 차례대로 적고, 평가하고자 하는 대안들은 왼쪽에 세로로 차례대로 기입한다.

한 번에 한 개만의 준거를 가지고 모든 대안들의 순위를 매긴다. 예컨대, 8개의 대안이 있다면 8, 7, 6, … 2, 1 식으로 순위를 매긴다. 각기의 준거들을 사용하여 모든 대안들의 점수를 매기고, 그런 다음 표의 오른쪽에서 합계하여 최고 점수를 받은 것이 '최선의' 대안이 된다.

점수가 비슷한 대안이 있으면 다시 ALU 등을 사용할 수도 있고, 동점이 있으면 또 다른 준거를 이용하거나 보다 더 중요한 준거에다 가중치를 주어 다시 계산하여

표 10-1 ■ 평가 행렬법의 적용 보기

해결 아이디어		판단준거					합계
		1	2	3	4	5	
1.	#10 지역사회 교육 교실	6	6	7	5	6	30
2.	#8 카드에 음성 비트 장치	7	2	2	1	8	20
3.	#4 구매 장소 설치	8	8	8	6	2	32 V
4.	#16 방송에 TV	2	7	6	3	7	25
5.	#1 실험 실시를 연기	4	4	3	2	1	14
6.	#6 비디오 테이프	1	5	5	8	5	24
7.	#12 노인을 위한 프로그램	3	1	4	4	4	16
8.	#11 카드 실시를 단계적으로	5	3	1	7	3	19

※ #4. '구매장소 설치'가 최고 점수를 받아 최선의 해결 아이디어로 선정됨.

동점을 깨트린다. 그리고 '최선'의 대안을 중심으로 그것과 모순되지 아니하는 '높은' 점수의 대안을 같이 사용할 수도 있다. 보기는 앞의 〈표 10-1〉과 같다.

(3) 우선순위 매기기

(ⅰ) 쌍비교 분석법

대안들을 어떤 준거(기준)에 따라 우선순위 또는 등위를 매기는 것을 우선순위 매기기(prioritizing)라 부른다. 이 기법(PCA, Paired Comparison Analysis)은 여러 대안들을 우선순위, 또는 등급을 매겨 봄으로써 가장 유망한 대안을 찾아 낼 때 쓰인다. 한 번에 하나씩 어떤 한 개의 대안(아이디어)과 다른 대안을 서로 비교하여 모든 대안들을 일대일로 비교한다. 그런데 이 기법은 비교적 적은 수의 대안들을(대개 보아 10개 이내) 비교할 때 가장 쉽게 사용할 수 있다. 대안의 수가 많으면 비교해 보아야 할 쌍의 수가 크게 늘어나서 힘이 들 뿐만 아니라 쉽게 혼돈을 일으킬 수 있다. 아래의 〈표 10-2〉에서처럼 격자(grid)를 만들어 거기에다 세로 란과 가로 란에 비교해 보려는 대안들을 나열한다(동일한 대안이 세로 란과 가로 란에 모두 나타난다). 각 교차 부분에 있는 각 철자 쌍은(A－B, A－C, B－C, B－D, C－D, C－E, D－E 등) 비교하고 있는 구체적인 아이디어의 쌍을 나타내 주고 있다. 〈표 10-2〉에서는 5개 대안이 있으며 따라서 10개의 구체적인 쌍비교를 하게 된다. 이제 당신이 선정한 어떤 '준거'에 따라 각 쌍 가운데 어느 것이 더 중요한 것인지를 판단하고 하나를 선택하여 동그라미 친다. 예컨대 A－B 쌍비교에서 만약 그것이 A이면 A에, 만약 B이면 B에 동그라미 친다. 쌍비교를 모두 하고 나면 마지막으로 당신이 각기의 아이디어를 몇 번 선택했는지를 계산할 수 있으며, 선택한 개수에 따라 대안(선택)들의 우선순위를 매길 수 있다. 가장 많이 선택받은 대안이 최선의 대안이라 생각할 수 있다.

표 10-2 ▪ 쌍비교 분석법

	대안 A	대안 B	대안 C	대안 D	대안 E
대안 A	×	A－B	A－C	A－D	A－E
대안 B		×	B－C	B－D	B－E
대안 C			×	C－D	C－E
대안 D				×	D－E
대안 E					×

(4) 다듬고 개발하기

(i) ALU

대안들을 다듬고 정제하거나, 또는 더 나은 것으로 향상/개발해야 할 때도 있다. 이때는 ALU 기법이 주로 쓰인다. ALU는 ALoU(Advantages, Limitations (to overcome), Unique potentials)로도 표기한다. 먼저 대안(또는 대안들의 '결집')의 장점을 생각해 보고, 다음으로 단점('제한점')을 찾아 그것을 어떻게 극복할 수 있는지를 생각하며, 마지막으로 재미있고 매력 있어 보이는 '독특한 잠재력'을 찾아봄으로써 대안을 보다 철저히 그리고 건설적으로 재검토해 본다. '독특한 잠재력'이란 현재의 대안은 상당한 문제가 있지만 그래도 그것을 어떻게 바꾸거나 응용하면 매우 독창적일 수 있는 '가능성'을 말한다. 이렇게 함으로써 최선의 대안을 선택하거나 또는 현재의 것을 고치거나 다듬어서 보다 향상된 다른 대안을 만들어 낼 수도 있다(마찬가지 기법이지만 이름을 달리하고 있는 것으로 De Bono의 'PMI'가 있으며, 대화 기법으로는 'PPC'가 있다. PMI는 Plus-Minus-Interesting의 약성어 임.).

- ALU 기법은 다루는 아이디어의 수가 3－4개 이하로 소수일 때 사용한다.
- 먼저 "A"(장점)를, 다음으로 "L"(단점, 제한점)을 발산해 본다. 그리고 마지막으로 지금의 아이디어를 다루다 보니 조금 수정할 수 있거나, 다르게 생각해 볼 수 있는 재미있고 흥미로운 아이디어를 "U"에서 발산해 본다.
- ALU를 적용하고 나면 다루는 아이디어를 '수용'하거나, 또는 '기각'한다. 또는 'U'의 내용이 그럴 듯하면 거기에 따라 원래의 아이디어를 수정하여 새로운 아이디어를 '개선'할 수 있다.

2. 수렴적 사고의 가이드라인

가능한 대안들을 평가하고 수렴하여 의사결정할 때는 다음과 같은 마음 자세가 중요하다. 우리는 이를 의사결정을 위한(아이디어 수렴을 위한) 가이드라인(guideline)이라 부를 수 있다. 그리고 〈표 10-3〉은 발산적 사고와 수렴적 사고를 비교하고 있다.

(i) 긍정적으로 판단하라. 대안을 평가 또는 선택할 때 장점을 먼저 생각하라. 그리고 완벽한 것보다는 '더 나은 것'이 어느 것인지를 주목하라. 세상에 완벽한 대

표 10-3 ■ 발산적 사고와 수렴적 사고의 비교

발산적 사고	수렴적 사고
유의미한 연결이나 아이디어를 만들고 표현하기	새로운 대안들을 분석하고, 정제하고, 개발하고 그리고 선택하기
이 과정에서 우리는 • 괴리, 역설(자기 모순적인 것), 도전, 우려사항 또는 기회들을 지각하고 찾아낸다.	이 과정에서 우리는 • 가능성들을 사정하고, 정리하고, 그리고 선택한다.
그런 다음, 다음과 같이 하여 아이디어들을 생성해 낸다. • 여러 가지의 가능성들을 생각해 내고 • 상이한 견해를 가지고 다양한 방법으로 사고하고 경험해 보며, • 새롭고 독창적인 가능성들을 생각하고, 그리고 • 대안들을 확대하고 정교하게 정제 한다.	그런 다음, 다음에 따라 수렴(초점화) 한다. • 추론하고 연역하며 • 대안들을 비교하고 대조하고, • 대안들을 범주화하고 계열화하며, • 그럴듯해 보이는 대안을 다듬고 정제하며, 그리고 • 효과적으로 판단하고 의사 결정한다.
창의적 사고를 할 때는 • 판단 유보의 원리, 즉 가능성들을 생성해 낼 대는 좋거나 나쁘다고 판단하는 것을 유보하는 원리를 지킨다.	수렴적(비판적) 사고를 할 때는 • 긍정적 판단의 원리, 즉 가능성들은 건설적으로 음미함으로서 더욱 향상시키고 강하게 만드는 원리를 지킨다. 잘라내는 것이 아니라 더 나은 가능성(대안)을 찾는데 목적을 둔다.

안은 거의 없다는 것을 기억하라. 어느 것이 더 나은가?

(ii) 계획을 따르라. 전체의 계획에 따라 단계별로 가장 효과적인 사고도구를 사용하라. 전체에서 어디에 있는가?

(iii) 눈을 목표에 두라. 성취하고 싶어하는 목표에 초점을 두고 판단하라. 목표에 부적절한 것은 어떠한 것이라도 유용하지 아니하다. 모든 것은 목표에 적절해야 한다. 목표는 무엇인가?

(iv) 열린 마음을 가지고 대안을 보라. 모든 아이디어에 마음을 열고 더 좋은 것이 어떤 것인지를 찾는 데만 충실하라. 편견을 가지지 말라. 열린 마음인가?

(v) 새롭고 독특한 대안을 찾으려고 노력하라. 의도적으로 특별하고 독창적인 아이디어를 찾아보라. 이들은 처음보면 엉뚱한 것 같이 보이고 그래서 내버려지기 쉽다. 특별하거나 독창적인 것은?

3. 행위계획 개발을 위한 사고도구

아무리 훌륭한 아이디어라도 현실에 번역되어 실천되고 그래서 팔리지 아니하면(수용되지 아니하면) 아무런 쓸모가 없다. 아마도 세상에는 너무 일찍 팔려고 하거나, 너무 늦게 팔려고 하거나 또는 파는 방법이 잘못되어 사라져 간 좋은 아이디어들도 많이 있을 것이다.

(1) 시퀀스 만들기

시퀀스 만들기(sequencing) 기법은 수렴적 사고도구로 사용할 수도 있고 필요하면 행위계획(action plan)을 위한 한 가지 방법으로 사용할 수도 있다. 이 기법은 아이디어들을 어떤 순서에 따라 조직화할 때 사용한다. 순서로 조직화할 때 단기(S)－중기(M)－장기(L) 등으로 시간 순서로 할 수도 있다. 또는 첫째, 둘째, 셋째, … 등과 같이 범주를 사용하여 시퀀스(계열)를 만들 수도 있다. 다음과 같은 단계를 거친다.

(i) 조직화할 필요가 있는 대안들을 전체적으로 확인해 본다.

(ii) 과제에 가장 적절한 '시퀀스 만들기'의 방법을 결정한다. 예컨대 S－M－L 시퀀스를 사용한다면 각기의 내용을 분명하게 진술한다. 단기, 중기 및 장기가 구체적으로 얼마만큼의 시간 간격을 말하는지를 분명히 해야 한다.

(iii) 각 대안들을 범주들 가운데 하나에 집어넣는다.

(iv) 각 대안이 가장 적합한 시퀀스로 놓여 있는지를 검토하여 다시 시퀀스(계열)를 확인한다.

(2) 잠재적 문제 분석법

잠재적 문제 분석법(Potential Problem Analysis)은 Kepner & Tregoe(1976)가 아이디어를 실천할 때 문제가 일어나는 것을 방지하고, 만약 문제가 실제로 생기는 경우 이들이 미치는 효과를 최소화하기 위하여 개발한 것이다.

(i) 첫 번째 단계는 실천시키려는 해결책, 즉 해결 아이디어가 성공적으로 진행된다면 어떤 것들이 일어나야 하는지를 정확하게 파악해 낸다. 일어나야 할 것이 일어나지 아니하면 그것은 바로 '잠재적 문제'라 볼 수가 있다.

(ii) 해결책을 실천할 때 잘못될 수 있는 것들을 확인해 내기 위하여 '역브레인 스토밍' 기법을 이용한다. 이렇게 하면 '잠재적 문제'의 리스트를 만들 수 있다.

(iii) 확인해 낸 각기의 잠재적 문제에 대하여 그것의 구체적인 성질을 상세히 분석한다.

(iv) 확인해 낸 각기의 잠재적 문제의 결정적인 성질을 그것이 전체 프로젝트의 성패에 미치는 영향에 따라 평가하고 판단한다. 전체 프로젝트에 결정적인 영향을 미칠 것 같이 보이는 잠재적 문제는 프로젝트를 실천해 갈 때 특별히 관리하며, 혹시 그러한 문제가 일어나면 그것을 효과적으로 다룰 수 있어야 한다.

(v) 앞에서 평가한 자료는 물론이고 이전의 경험에 비추어 보고 각 잠재적 문제의 원인이 될 수 있는 것들을(잠재적 원인) 탐색해 낸다.

(vi) 또한 평가/판단 자료와 경험을 사용하여 이들 잠재적 원인이 일어날 수 있는 가능성을 추정한다.

(vii) 이러한 원인을 막을 수 있는 방지대책과 그들이 일어날 경우 미치는 효과를 최소화할 수 있는 방안을 마련한다.

(viii) 가장 중요한 문제에 대해서는 우발적인 사고에 대비한 계획까지도 세운다.

Ⅳ. 창의적인 아이디어 생성의 정신적 과정

새로운 아이디어는 어떻게 해서 만들어지는 것일까? 아이디어 생성의 과정은 무엇인가? 이것은 창의적 사고에서 제기되는 가장 중요한 질문 가운데 하나이다. 그런데 아이디어를 창의하는 것은 우연이 아니며, 유전적으로 결정된 것도 아니다. 창의란 쉽게 배우거나 눈속임할 수 있는 요술이나 신비한 작업의 결과도 아니다. 그것은 새로운 생각을 해 내려는 당신의 의도와 창의적 사고의 방법과 전략을 배우고 사용하려는 당신의 결심과 노력에 달려 있다. 매우 중요한 사실은 새로운 아이디어를 생성해 낼 때 우리의 마음(사고)은 반드시 일정한 과정, 절차를 거친다는 것이다. 아래에서는 우리의 마음에서 창의적인 아이디어가 생성되어 가는 과정들을 대개 보아 5단계로 나누어 정리해 보고 있다(Young, 2003).

1. 단계 1: 자료의 수집과 분석

첫 번째 단계는 정보를 수집하여 분석하는 것이다. 달리 말하면 아이디어 생성을 위한 원재료를 수집하는 것이다. 이것은 간단하고 분명한 진리이지만 현실에서는 무시되거나 가볍게 다루는 경향이 적지 않다. 관련 정보를 지루하게 수집하기보다는 앉아서 영감이 떠오르기를 희망하는 경우가 많다.

아이디어를 생성해 내기 위하여 수집해야 할 자료에는 크게 보아 두 가지가 있다. 이들 가운데 하나는 '구체적인' 것이다. 구체적인(specific) 정보란 다루고 있는 과제 또는 그와 직접적으로 관련 있는 사람에 관련한 것이다. 과제에 관한 재료를 충분히, 샅샅이 그리고 모조리 수집한다. "일단은 정보를 충분히 수집해야 한다. 이때 시간이 허락하는 한도 내에서 충분한, 그리고 정확한 정보를 수집해야 한다. 그러려면 여러 사람이 여러 채널을 가지고 각기 다른 정보를 수집하는 것이 정보의 왜곡을 막을 수 있다. 어쩔 수 없이 대개는 시간적인 제약이 따를 테지만, 일단 주어진 시간 내에 최대한 정확한 정보를 풍부하게 수집하는 것이 좋다. 그래서 평소에 자신의 비즈니스와 관련된 정보를 미리 수집해 놓는 것이 중요하다"(전옥표, 2007, p. 150). 한마디로 말하면 다루는 과제가 손에 잡힐 수 있고, 눈에 보일 수 있어야 한다. 이러한 지식을 '친근한' 지식이라 부를 수 있다. 우리들 대부분은 정보수집을 너무 서둘고, 너무 쉽게 중단해 버린다. 표면적으로 보아 차이가 별로 없으면 차이가 없다고 가정해 버리기 쉽다. 그러나 만약 우리가 충분히 깊게, 충분히 멀리까지 나아가 볼 수 있다면, 어떤 과제에서든, 그것이 아이디어든 제품이든 서비스이든 간에, 거기에는 독특한 측면, 다른 것과는 다른 어떤 새로운 형태를 발견할 수 있을 것이다. 새로운 아이디어란 여기에서 시작한다.

수집할 필요가 있는 또 다른 정보는 '일반적인'(general) 것이다. 새로운 아이디어란 이전에 있던 요소들을 새롭게 조합하는 것이다. 그리고 그것이 창의적인 것일수록 그것은 과제 관련의 구체적인 지식과 인접한 전문분야나 일상생활에 관한 보다 일반적인 지식이 새롭게 조합된 것이다. 여러 분야에 걸친 지식을 요구하는 문제나 직장이 늘어나고 있고 그래서 학제적 지식이나 STEM(STEAM) 등 융합·통섭적 지식의 필요성이 강조되고 있다.

2. 단계 2: 관련 자료의 반추와 이해

두 번째 단계는 수집한 재료를 반추하여 소화하는 것이다. 그리고 필요하면 계속하여 관련 있는 정보를 추가 수집한다. 이 단계에서 당신이 하는 일은 수집한 정보조각들을 들고 나와 마음의 촉각으로 전체적으로 느껴보는 것이다. 하나의 사실을 끄집어 내어 이렇게 저렇게 돌려보고, 여러 모습으로 들여다 보고, 그리고 거기에서 어떤 의미를 찾고 느껴 본다. 또한 두 개 이상의 사실들을 같이 끄집어 내서 서로 어떻게 들어 맞아 들어가는지를 살펴본다. 여기에서 지금 당신이 찾고 있는 것은 '관계'이다. 새로운 관계는 모든 것들이 산뜻한 조합으로 맞아 들어가는 하나의 '종합'이며, 그것은 조각들을 맞추는 장난감의 게임과 같다.

이러한 정보의 소화과정에는 대개 두 가지의 일이 일어날 수 있다. 첫째로 부분적이거나 잠정적인 아이디어가 떠오를 수 있다. 그런데 그것이 아무리 허황해 보이거나 불완전해 보여도 상관이 없어야 한다. 중요한 것은 그러한 아이디어가 떠오르면 포스트잇이나 카드 같은 데 바로 기록하는 것이다. 떠 오르는 생각을 단어로 표현해 보면 사라지는 것을 막을 수 있을 뿐 아니라 적었던 아이디어가 보다 더 분명해질 수도 있다.

둘째로 일어나는 생각들은 여러 가지가 제대로 맞춰지지 아니하고 그래서 당신은 정신적으로 피로하고 지칠 수 있다. 모든 것이 혼돈스럽고 갑갑해질 수 있다. 만약에 당신이 정말로 열심히 재료를 수집하고 그들을 뒤적이면서 아이디어 찾기에 고민했다면 당신은 이제 이러한 노력을 얼마간 접어두고 마음의 여유를 가지고 다음의 단계로 넘어 가는 것이 바람직하다.

3. 단계 3: 부화의 시간

세 번째 단계는 아이디어를 생각해 내려는 직접적인 노력은 절대로 하지 않는 것이다. 다루는 토픽에 대한 생각을 가능한 대로 완전하게 접어 버린다. 그래서 이 단계에서는 문제를 당신의 마음 속에 있는 '무의식'의 세계로 던져 버린다. 이것을 심리학에서는 부화기(incubation)라 부르고 있다.

다루는 과제/문제를 의식에서 무의식으로 집어 넣고, 그러면서 거기에서 무의식적이지만 창의적인 과정이 일어나도록 도움줄 수 있게 우리가 할 수 있는 한 가지가 있다. 그것은 문제를 완전히 마음에서 손놓아 버리지만 당신의 상상력과 감성을 자극할 수 있는 그러한 일을 하는 것이다. 음악을 듣거나, 극장에 가거나, 만화나 탐정소설을 읽거나, 또는 허허로이 산책이나 여행을 떠나는 것과 같은 것을 하면 도움될 수 있다.

4. 단계 4: 아이디어의 출현

네 번째 단계는 아이디어가 갑자기 드러나는 단계이다. 세 번째까지의 단계를 정말로 처절하게 노력했다면 대부분의 경우 어디선가 아이디어가 불쑥 나타날 수 있다. 그것은 당신이 별로 기대하고 있지 아니한 시간에 일어날 수 있다. 예컨대, 면도나 목욕을 하거나 또는 잠이 덜 깬 아침 시간 같은 데서 떠오를 수 있다. 잠을 자다가 불쑥 생각이 떠오를 수도 있다. 그럼에도 불구하고 첫 번째에서 네 번째 단계까지의 전체는 과제에 대하여 의식적 및 무의식적으로 끊임없이 생각함으로써만 가능할 것이다.

5. 단계 5: 아이디어의 개발

그러나 아이디어 생성에는 마지막의 단계가 하나 더 있다. 대부분의 경우 처음 머리 속에서 떠 오르는 아이디어는 아주 완전하거나 실제적인 것이 아닐 가능성이 크다. 이제 마지막 단계에서는 이러한 시초의 아이디어를 문제 장면의 조건에 맞는 실제적인 것으로 다듬고 조정해 가야 한다. 불행히도 이 과정에서 좋은 아이디어인데도 끝까지 살아남지 못하고 사라지는 경우가 많이 있을 것이다. 많은 사람들은 이러한 조정과 개발의 과정을 충분히 인내하지 못하거나 또는 실제적이지 못하다. 불완전한 아이디어에 무엇을 빼거나 더하기하고 다른 요인과 조합해 가는 과정에서 그리고 현실에 있는 방해요소 같은 것을 충분히 감안하는 과정 속에서 거칠고 불완전한 아이디어는 이제 드디어 실제적으로 유용한 것으로 개발될 수 있을 것이다.

V. 창의적 문제해결

1. Osborn-Parnes의 CPS

이미 문제해결의 단계를 알아본 바 있지만 여기서는 Osborn-Parnes의 CPS를 중심으로 창의적 문제해결에 대하여 살펴본다. '창의적' 문제해결은 전통적이고 관습적인 문제해결 방법이 먹혀들지 아니하는 장면에서 필요해진다. '문제해결' 앞에 '창의적'이란 관형사가 붙은 것은 우리가 단순히 이전에 잘 검증된 해답(방법)이나 통상적인 생각을 기억해 내어 문제가 해결되지 않는다는 것을 의미한다.

일반적으로 '창의적 문제해결'이라 하면 개인이나 집단이 문제를 해결하기 위하여 창의적으로 사고하는 노력을 통칭할 수 있다. 가장 대표적인 것은 Osborn-Parnes의 CPS이다. 그런데 CPS(Creative Problem Solving, 단어의 철자는 반드시 대문자로 표기한다)는 단순한 '창의적 문제해결'만을 의미하지 아니한다. 그것은 고유명사이며 독특한 창의적 문제해결 접근법이다. 전 세계 창의력 교육 프로그램의 95% 이상이 CPS를 사용하거나 또는 이것을 수정하거나 일부를 편집하여 사용하고 있다(Nickerson, Perkins, & Smith, 1985). 오랜 세월의 시간과 실제적 활용면에서 검증을 거친 CPS는 현재까지도 창의력 개발에 가장 많이 활용되고 있어 엄청난 영향을 미치고 있다. CPS 모형을 영재 교육에 적용한 것이 Torrance(1972)의 FPSP(Future Problem Solving Program)이다.

CPS는 Alex F. Osborn(Applied imagination, 1953)의 문제해결 7단계를 제시한 데서 시작한다. CPS는 과정(process)에 대한 프레임(frame)이며, 그러한 문제해결의 전체 과정을 단계적으로 접근한다. 그러나 CPS는 엄격하고 고정적인 체제가 아니라 보다 쉽고 설명적인 버전으로 지난 40여 년 동안 계속하여 진화해 오고 있다. 그래서 CPS는 Osborn과 Osborn-Parnes를 거쳐 현재는 Treffinger, Isaksen & Dorval (2000) 및 Isaksen, Dorval & Treffinger(2000) 등에 이르고 있다.

Osborn-Parnes의 CPS는 1970년대와 1980년대 이후 학교 교육용 프로그램으로 그리고 기업이나 각종 조직의 워크숍에서 광범위하게 보급되었다. 특히 Parnes는 CPS를 보급하면서 '상상'과 '시각화' 등과 같은 개념들을 강조하여 사용하였지만, Treffinger, Isaksen & Dorval(1994)은 CPS접근이 보다 성공하려면 발산적 사고도구와 수렴적 사고도구를 균형 있게 사용할 것을 강조하기 시작하였다. CPS에서 사용하고 있는 대부분의 사고도구들은 '발산적 사고'에 초점을 두고 있다.

2. CPS의 구조와 내용

현재의 CPS는 3개의 '과정 요소'(process components)로 이루어져 있고, 이를 좀더 자세히 나누어 보면 6개의 단계가 된다(CPS 모형에 포함되어 있는 단계들은 Osborn으로부터 진화하는 과정에서 단계의 수는 몇 가지로 수정되곤 했지만 현재는 일반적으로 6단계 모형을 사용하고 있다. 3개의 과정요소가 있다는 말은 창의적 문제해결의 과정은 크게 보면 3개의 '과정'들로 이루어진다는 것이다. 그리고 이러한 과정은 6개의 단계로 세분해 볼 수 있는데, 이를 정리한 것이 〈표 10-4〉에 있는 CPS의 과정 모형이다.

문제에 따라서는 '기회의 구성'에서 '수용토대의 구축'까지의 모든 단계가 필요할 수도 있고 그 중의 한두 단계만으로 충분할 수도 있다. 어떻든 '행위를 위한 계획'이 완성되면 실제에서 구체적으로 수행을 해야 한다. 그런데 수행이 계획대로 진행될 수도 있지만 계획이 수정되어야 할 경우도 얼마든지 있을 수 있다. 구체적인 방법이, 추구하는 목표의 설정이, 또는 현실에 대한 이해가 수정되어야 할 수도 있

표 10-4 ▪ CPS의 과정 모형

[3가지 과정 요소와 6단계]

도전의 이해
- 단계 1: 도전의 발견
- 단계 2: 자료의 탐색
- 단계 3: 문제의 진술

해결 아이디어 생성
- 단계 4: 해결 아이디어의 발견

행위를 위한 계획
- 단계 5: 해결책의 개발
- 단계 6: 수용토대의 구축

다. 계획과 현실 수행이 완벽하게 일치하기란 쉽지 아니하다.

〈표 10-4〉에서 보듯이 창의적 문제해결의 전체 과정은 3개의 과정 요소로 나눌 수 있고, 이것을 좀더 자세히 나누어 본 것이 문제해결의 단계이다.

3개의 과정 요소에는 도전의 이해, 해결 아이디어 생성 및 행위를 위한 계획 등이 있다. '도전의 이해'는 문제의 발견, 문제의 확인 또는 문제의 정의/재정의 등으로 표현할 수도 있다. 여기서는 무엇이 다루어 볼 만한 새롭고 가치 있는 문제(과제, 이슈)인지를 찾아내는 데 목적이 있다. 이렇게 문제를 발견/확인하여 진술하였으면, 그것을 해결할 수 있는 대안을 발견하는 것이 '해결 아이디어 생성' 요소이다. 그리고 마지막 과정 요소인 '행위를 위한 계획'에서는 앞에서 발견한 해결대안이 실제 세계에 적용되어 현실에서 이루어지도록 계획을 세우는 것이다. 물론이지만 이러한 '행위계획'을 개발하고 나면 그것을 실제에서 실천해 가야 한다. 이상적인 계획도 실제에로 번역되지 않으면 결국은 하나의 아이디어로 끝나고 만다. 그리고 계획과 실제는 반드시 차질 없이 이루어진다고 보기가 어렵다. 따라서 원래의 계획을 수정하고 조정하는 일이 다르게 되며, 또한 강한 실천력에 중요해지게 될 것이다.

3. 창의적 문제해결의 단계

다음에서는 창의적 문제해결의 전체 과정인 6개의 단계에 대하여 간단하게 음미해 본다. 그런데 이에 앞서 CPS를 포함한 모든 모형에서 창의적 문제해결의 접근법을 활용할 때 고려할 필요가 있는 몇 가지를 정리해 본다.

(i) 모든 문제/과제에서 언제나 모든 단계를 사용해야 하는 것은 아니다. 우선 CPS를 사용하는 것이 적절한지를 판단해야 한다. 창의적인 해결이 필요한 경우가 아니면 CPS를 사용할 필요가 없다. 그리고 CPS를 사용해야 하는 문제/과제에서도 항시 6개의 단계 모두를 사용해야 하는 것은 아니다. '문제의 이해'는 해야 할 일이 무엇인지를 모를 때 사용한다(단계 1-3). 그러나 해결해야 할 문제/과제가 이미 주어져 있으면 바로 '해결 아이디어 생성'에 들어갈 수 있다(단계 4). 그리고 문제가 이미 주어져 있고 거기에 대한 해결대안도 만들어져 있다면 필요한 것은 '행위계획의 계획'이란 과정 요소(단계 5-6)일 것이다.

(ii) 발산적 사고와 수렴적 사고를 균형 있게 사용한다. 일단 발산적 사고를 통

하여 할 수 있는 대로 많은 아이디어를 생성해 낸다. 그런 다음 이들을 대상으로 수렴적 사고를 해서 정리하거나 선택한다. 마지막으로 선택(판단)한 대안을 설득력 있게 진술한다.

(iii) CPS는 필요에 따라 개인적으로 또는 집단에서 사용하여 문제를 창의적으로 해결해 갈 수 있다.

(1) 단계 1 : 도전의 발견

무엇이 우리가 도전해 볼 만한 가치 있고 창의적인 것인지를 발견하기 위해서는 우선 장면(상황)을 좀 넓게 들여다 보고 다소간 일반적인 것 같이 보이는 기회(과제, 문제, 이슈)들을 발견(확인)하고 이들을 건설적으로 진술한다. 여기서의 '도전'은 '기회' 또는 '우려 사항'이라고도 하는데, 구체적인 문제를 발견하기 위하여 일차적으로 다소간 넓고 일반적인 '과제' 내지 '문제'를 말한다. 어떻든 CPS에서는 '도전/기회'와 '문제'를 아주 분명하게 구분한다.

(i) 이 단계에서 발산적 사고를 할 때는 다음과 같은 두 가지의 어간을 사용할 수 있다. 하나는 '걱정하는 형태'의 것으로 '만약에 …, 큰일이 아닐까?'와 같은 어간이고 다른 하나는 '소망하는 형태'의 것으로 '만약에 …, 좋지 않을까?'와 같은 어간을 사용하는 것이다.

* '…이면 좋지 않을까?'(Wouldn't it be nice if …, WIBNI …).
  - 만약 내 마음대로 할 수 있다면 …
  - …이었으면 좋겠다.
  - 왜 …을 하지 않는가?
  - …을 할 수 있을지 모르겠다.
  - …을 할 수 있으면 좋겠다.
* '…이면 황당(불쾌)하지 않을까?'(Wouldn't it be awful if …, WIBAI …).
  - …은 회피할 수 있으면 좋겠다.
  - …은 당하지 않을 수 있으면 좋겠다.
  - …을 중지시킬 수 있으면 좋겠다.
  - 만약 …이면, 비극일거야.
  - 만약 …이면, 회사는(나는, 하루는 …) 망할 것이다.
  - 만약 …이면, 큰일일 것이다.

(ii) 이제 발산한 도전/과제들을 자세히 들여다 보고 수렴적 사고를 통하여 중요하고 성공 가능성이 높아 보이는 몇 개를 선택한다. 이때 얼마나 중요한가, 마음에 드는가, 시간이나 자원은 제대로 가지고 있는가 등의 판단 준거를 사용한다.

(iii) 가장 그럴 듯해 보이는 몇 개의 도전/과제를 선택하여 간단히, 유익하게 그리고 다소간 넓고 일반적인 것으로 진술한다.

(2) 단계 2: 자료의 탐색

발견해 낸 도전/과제에 관련한 구체적인 자료를 가능한 대로 많이, 깊게 수집하여 분석한다. 이를 통하여 '단계 1'에서 발견한 몇 개의 도전/과제들을 구체적으로 이해할 수 있기를 기대한다.

자료를 탐색할 때는 [그림 10-6]에서처럼 '현재의 실제'와 '바라는 미래 상태'를 비교해 보아야 한다. 현재에서 출발하여 바라는 목표 상태로 이동해 가는 것이 바로 문제해결의 과정이다.

자료에는 5가지 종류가 있는데, 이들은 정보, 인상, 관찰, 감정 및 질문 등이다. 그리고 질문은 '6하 질문 기법'에 따르며, 여기에는 누가/그외 누가, 무엇이/그외 무엇이, 어디에/그외 어디에, 언제/그외 언제, 왜/그외 왜 및 어떻게/그외 어떻게 등에 따라 질문하고 자료를 수집하는 것들이 포함된다. 수집한 자료를 수렴할 때는 우선

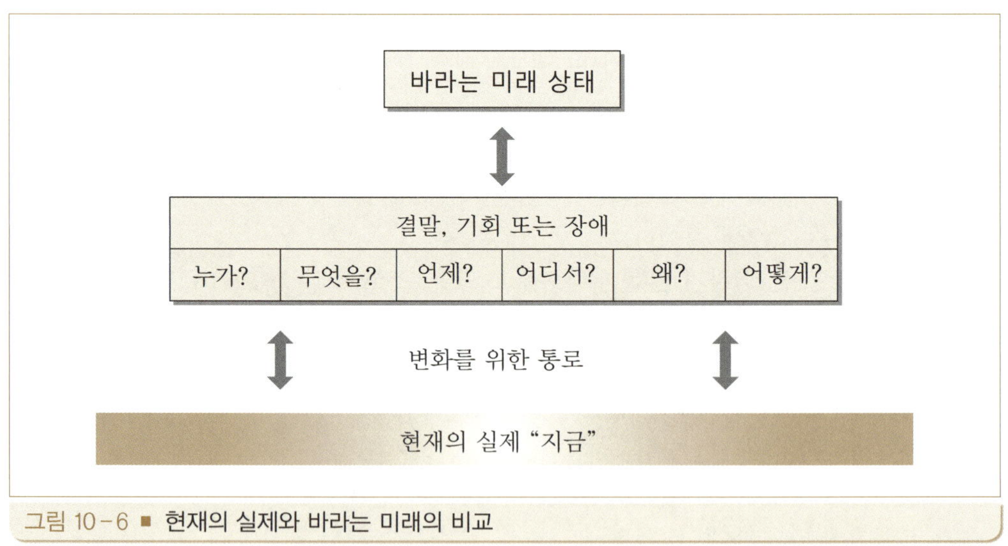

그림 10-6 ■ 현재의 실제와 바라는 미래의 비교

히트 기법 등을 사용하여 보다 중요한 것을 확인해 낸다. 그리고 그러한 작업을 통하여 핵심적인 자료들 사이에 흐르고 있는 어떤 '형태', 또는 '상호관련' 같은 것을 확인해 낼 수 있어야 한다(보다 창의적인 사람일수록 다른 사람의 눈에는 잘 보이지 아니하는 어떤 형태, 상호관련 또는 의미구조 같은 것을 볼 줄 안다).

(3) 단계 3: 문제의 진술

이미 언급한 바 있지만 여기에서 말하는 '문제'(problem)는 지금까지 사용했던 '도전'이나 '기회'와는 다르다. 여기서 말하는 '문제'는 '현재'의 장면과 앞으로 이동해 나아가고 싶은 '목표상태' 사이의 간격을 말하며, 그리고 '문제의 진술'은 이러한 간격을 연결하는 '통로'와 같은 것이다. '문제'는 도전/기회들 가운데서도 가장 핵심적인 것이어야 하며, 그것은 구체적이고 그리고 생산적인 아이디어를 자극할 수 있게 진술해야 한다. 그러한 진술은 현재 장면과 바라는 장면 간의 간격을 구체적으로 지시해 줄 수 있는 핵심적인 '동사'로 표현해야 한다. 문제 진술의 요령은 다음과 같다.

(1) 아이디어를 끄집어 내게 하는 어간을 사용한다.

- 어떻게 하면 … (있는가?) (How to …, H2)
- 어떻게 하면 … (할 수 있는가?) (How might, …, HM)
- 어떻게 … (할 수 있을까?) (In What way might …, (WWM… ?)

(2) 문제의 '주인'이 누구인지를 분명히 한다. 그는 주인이기 때문에 책임과 결정권이 있다.

(3) 행위 동사를 사용하여 목적/목표를 말해야 한다. 문제의 진술에는 반드시 당신이 행위하고 싶어하는 '구체적인 행위 동사'가 포함되어야 한다. 또한 그러한 행위 동사는 단정적이기보다는 융통성이 있어야 한다. 예컨대, '중단하다', '회피하다', '없애다' 등의 절대 동사보다는 '감소시키다', '찾아내다', '완화하다' 등의 동사를 사용하면 여러 가지의 대안들을 생각해 내기 쉽다. 그리고 구체적인 행위 동사에 추가하여 아이디어 생성을 위한 활동에 방향을 제시해 줄 수 있게 간략한 목적/목표도 포함시킬 것을 강조한다.

(4) 문제가 너무 구체적이거나 반대로 너무 추상적이면 '왜' 또는 '어떻게'라는 질문을 사용하여 조정한다(사다리 기법).

처음에 만든 '문제의 진술'이 너무 넓으면 '어떻게'라는 질문을 하고 거기에서 나온 대답을 사용하여 문제 진술을 하면 보다 좁아진다. 반대로 문제의 진술이 너무 좁고 구체적이면 '왜'라는 질문을 하고 거기에서 나온 대답을 문제 진술하면 문제의 폭이 좀더 좁아진다.

(4) 단계 4 : 해결 아이디어의 발견

'해결 아이디어 생성'이란 과정 요소에는 '해결 아이디어의 발견'이라는 단계 4 밖에 없다. 이 단계에서는 해결해야 할 문제를 발견했거나 또는 어떤 문제가 이미 제시되어 있을 때 그것을 해결할 수 있는 많은, 다양한, 그리고 독특한 아이디어들을 발견해 낸다.

a. 해결 아이디어를 생성해 내는 발산적 사고

(i) 적절한 발산적 사고도구를 선택하여 사용한다. 사고도구는 한 개가 아니라 필요에 따라 몇 개를 사용할 수도 있다. 이들 발산적 사고도구를 사용하여 해결 아이디어를 생성해 낼 때는 발산적 사고의 가이드라인을 주목하고 지킨다.

- '쉬운' 몇 개의 아이디어에 스톱하지 않는다.
- 필요하면 뜸을 들이는 '부화시간'을 가진다.

(ii) 자명하고 통상적인 아이디어를 넘어설 수 있게 사고를 진짜로 스트레칭하려고 애쓴다.

- 어떤 다른 대안, 옵션, 방법이 있을까?
- 새롭거나 독특한 방법은?
- 장애(방해)를 받지 않는다면 나는 무엇을 할 수 있을까?
- 새로운 방법(방식)으로 해 볼 수 있는 것은?
- 반대가 사실이라면?
- 멋대로 꿈꾸거나 희망해도 된다면 나는 어떤 것들을 소망할 수 있을까?

b. 해결 아이디어를 선택하는 수렴적 사고

많은, 다양한, 그리고 독특한 해결 아이디어들을 충분히 생성해 내었으면 이제 수렴적 사고를 통하여 정말로 그럴 듯해 보이는 몇 개로 좁혀가야 한다. 아직은 1개의 해결 아이디어를 최종적으로 선택할 필요는 없다.

적절한 수렴적 사고도구를 선택하여 사용하라. 여기서도 반드시 한 개의 사고도구만을 사용해야 하는 것은 아니다. 그리고 '긍정적 판단' 등과 같은 수렴적 사고의 가이드라인을 지키는 것이 중요하다.

- (어떤 해결 아이디어가) 가장 좋은가?
- 문제해결을 위한 새롭고 유망한 방법을 보여주는가?
- 같이 조합하거나 시퀀스로 만들 수 있는가?
- 지금 하고 있는 것을 개선하거나 바꾸는 데 도움이 될까?

(5) 단계 5: 해결책의 개발

마지막의 과정 요소인 '행위를 위한 계획'(Preparing for action)에서는 정말로 유망해 보이는 해결 아이디어를 선택하고, 그리고 그것을 실제에서 행위(실천)할 수 있는 것으로 더욱 개발하여 계획을 세운다. 그리고 이것을 토대로 실천을 위한 행위계획을 만든다.

여기에는 두 개 단계가 있는데, 하나는 '해결책의 발견'(Developing solutions)과 '수용토대의 구축'(Building acceptance)이다. '해결책의 개발' 단계에서는 새롭고 흥미로운 아이디어를 최종적으로 선택한다.

- 대안을 분석하기 위한 준거(criteria)를 만든다. 당신이 선택한 준거는 적절하고 중요한 것이어야 한다. 그리고 이를 이용하여 비교/평가하고 선택하며, 그리고, 필요하면 더욱 다듬는다. 초점은 문제를 가장 창의적으로, 가장 잘 해결하는 데 있기 때문이다.
- ALU 기법, PCA 기법 또는 평가행렬법들을 사용할 수 있다.
- 가장 그럴 듯한 해결대안을 요약·정리한다.

(6) 단계 6: 수용토대의 구축

이 단계에서는 생성해 낸 해결 아이디어가 성공하는 데 도움되는 것과 방해가 될 수 있는 것들을 확인해 내고, 이를 토대로 구체적인 행위계획을 만든다.

'좋은' 아이디어와 '유용한' 아이디어 사이에는 커다란 차이가 있을 수 있다. 새로운 변화는 저항과 거부에 직면하기 쉽다. 그래서 현재 상태에서 바라는 미래 상태로 성공적으로 움직여 갈 수 있게 계획을 세운다. 그러므로 '해결책'을 다른 사람의 눈으로도 들여다 보고 현실에 먹혀들게 계획해야 한다. 결국 수용토대의 구축 단계는 저항을 극복하고 가능한 조력을 얻어 해결책을 실천하기 위한 효과적인 행위계획을 수립하는 데 목적이 있다. 아무리 좋은 해결 아이디어라도 어떻게 하면 그것을 구체적으로 실행할 수 있는지를 알 수 없으면 그 아이디어는 여전히 불완전하다.

(ⅰ) 조력자와 저항자 찾기

해결대안을 실천하는 데 도움될 수 있는 모든 것을 통칭하여 '조력자'라 부른다. 거기에는 도움되는 사람뿐 아니라 유리한 장소, 기간, 사물 또는 행위 등이 모두 포함된다. 그리고 '저항자'란 당신의 계획에 반대하거나 부정적인 사람뿐 아니라 시기 등 불리한 모든 것들이 포함된다.

(ⅱ) 잠재적인 행위계획의 생성: 이제 조력자와 저항자들을 고려하여 '어떤 행위들을 취할 것인지를' 발산적으로 사고한다.

(ⅲ) 가능한 행위들을 선택하고 전체적으로 조직화하기: 이제 생성해 낸 행위들을 선택하여 상세한 행위계획을 만들어야 한다. '나는 어떤 차례(단계)로 진행해야 할까? 그러한 단계는 언제, 어디서, 어떻게 그리고 왜 해야 하는가 등의 질문을 던지면서 진행한다.

(ⅳ) 적어도 몇 개의 구체적인 단계를 포함시키는 것이 바람직하다. 여기에는 단기적인 계획, 중기적인 단계 및 장기적인 단계에 추가하여 바로 실천해야 하는 '24시간 단계'도 포함시키는 것이 좋다. 그러면 과제를 수행하는 일에 발을 담그게 된다.

이러한 6단계의 전체를 〈표 10-5〉로 예시하였는데, 이것은 CPS를 '발명'의 경우에 적용한 것이다.

표 10-5 ■ CPS와 '발명': 3개의 과정 요소와 6개의 단계

	요소 Ⅰ: '문제의 이해'
기회의 발견	D(발산적 사고): 일을 시작하려면 무엇보다도 먼저 무엇이 도전해 볼 만한 중요한 것(영역)인지, 또는 바른 방향의 것인지를 알아야 한다. 이것을 도전 또는 기회의 발견이라 부른다. 장면과 경험을 음미해 보고 도전/기회를 찾는다. 예컨대, '발명'의 경우 더 쉽게, 더 값싸게, 더 빠르게, 더 좋게 할 수 있는 것 또는 변화나 개선의 가능성이 보이는 영역을 발견하고자 한다. C(수렴적 사고): 문제해결을 위한 광범위하고 일반적인 어떤 목표를 설정하고, 계속하여 고려하고자 하는 한 개 또는 몇 개의 도전이나 기회를 선택한다(그러나 이 도전이나 기회는 아직도 좀 '애매한' … 광범위하고 일반적인 목표이다).
자료의 탐색	D: 자료수집. 선택한 도전/기회를 여러 가지 시각에서 자세하게 음미해 보고 가능한 대로 많은 자료를 수집한다(알고 있는 것은 무엇인가? 더 알아야 할 것은? 도전이나 기회 가운데 어떤 부분들이 정말로 중요한 기회의 영역, 또는 요구의 영역인가?) C: 중요한 자료를 선택하며 그러한 자료는 문제해결 노력을 가이드하게 될 것이다. 예컨대, 발명의 경우, 새로운 발명이나 개선이 가장 필요하고 유망한 것 같이 보이는 영역이 있는가?
문제의 진술	D: 가장 유망해 보이는 도전/기회를 가지고 문제진술을 여러 가지로 해 본다. 예컨대, 발명의 경우 문제진술은 발명을 위한 아이디어를 많이 초대할 수 있는 방향으로 표현해야 한다. C: 문제를 가장 잘 제기하고 있는 한 개의 문제진술을 선택한다. 이렇게 진술한 문제에 대하여 다음 단계에서 '새로운 아이디어'를 생성해 낼 것이다.
	요소 Ⅱ : 아이디어 생성
아이디어의 생성	D: 많은, 다양한, 그리고 독특한 아이디어들을 생성해 낸다(여러 가지의 아이디어 생성 기법들 가운데 우리가 진술한 문제에 가장 적절한 것을 골라 사용한다). C: 가장 유망하고 그럴 듯해 보이는 아이디어를 한 개 또는 몇 개를 선택한다. 그것은 가능한 발명 또는 해결책으로 당신이 계속하여 발전시켜 보고 싶어하는 아이디어이다.
	요소 Ⅲ : 행위를 위한 계획
해결책의 개발	D: 유망해 보이는 아이디어를 선택하고, 평가하고, 개발하는 데 사용할 수 있는 여러 가지의 가능한 '준거'들을 만들어 낸다. C: 만들어 낸 준거들 가운데 중요한 몇 가지를 선택하여 그럴 듯하고 유망해 보이는 아이디어들을 평가하고, 선택하거나 그리고 더 나은 것으로 만들어 가는 데 사용한다.

수용
토대의
구축

D: 새로운 발명 또는 새로운 아이디어를 도와줄 수 있는 것(사람, 장소, 여건 …)과, 그리고 반대되거나 저항할 것 같은 것(사람이나 상황 등)을 확인해 낸다. 그리고 성공적인 실천과 마케팅을 위한 가능한 행동단계들을 제안해 낸다.

C: 구체적인 행동계획을 수립한다. 선택해 낸 아이디어를 현실에서 실천하고 그리고 당신의 새로운 발명을 발전시키고, 보호하고, 그리고 판촉하기 위한 구체적인 계획을 세운다.

Box 10-1 창의성 연구의 전통

창의성 연구는 다학문적이다. 그래서 심리학, 교육학, 경영학, 역사, 과학사 및 사회학이나 정치학 분야에서도 창의성을 다루는 연구를 찾아볼 수 있다. 분야가 다르면 사용하는 용어가 다르며 따라서 같은 현상처럼 보이는 것인 데도 초점을 두고 있는 측면은 다를 수 있다. 예컨대, 심리학 · 교육학에서는 창의성(창조성)이란 용어를 주로 사용하고 개인 수준에 초점을 두고 있는 데 대하여, 경영학에서는 '혁신'(innovation)이란 용어를 주로 사용하며 조직의 수준에 중심을 맞추는 경향이 있다.

어떻든 창의성 연구는 '천재'란 개념과 더불어 시작했으며, '어떻게 하면 창의적인 능력을 개발할 수 있는가?'라는 현실적 요구에서 발달하였다. 그러나 오랫동안 심리학 연구에서는 무시되거나 큰 흐름에서 소외되어 온 것 또한 사실이다. 다음에서는 창의력에 대한 과학적 연구의 시작 그리고 인지적 접근법과 사회-성격적 접근법 등에 대하여 알아본다.

1. Guilford의 발산적 사고

Guilford(1950)는 그의 미국 심리학회장 취임연설에서 창의성 연구가 중요함에도 불구하고 지나치게 무시되고 있음을 지적하였다. 그리고 천재란 드물기도 하거니와 연구하기도 어렵기 때문에, 일반 사람들을 대상으로 지필과제를 사용하는 심리측정적 접근법을 사용하여 창의성을 연구할 수 있다고 제안하였다. 그의 취임연설은 창의력에 대한 과학적 연구의 시작이라 말한다.

이러한 지필검사법 중의 하나가 '특별한 용도검사'(Unusual Uses Test)인데, 여기서는 '벽돌'과 같이 흔히 볼 수 있는 물건의 용도를 가능한 대로 많이 나열해 보게 한다. 이후 Guilford의 '발산적 사고'(divergent thinking) 과제는 창의적 사고를 측정하는 핵심도구로 이용된다. 그리고 창의적 사고는 바로 발산적 사고를 의미하게 되었다. 그는 사고를 발산적 사고와 수렴적 사고(convergent)로 나누며, 후자는 하나의 결론으로 모아지는 것인 데 대하여 전자는 보다 많은 대안들을 생성해 내는 것이라 정의한다.

2. 인지적 접근법

창의성에 대한 심리학적 접근법은 크게 보면 두 가지인데, 인지심리학의 한 영역으로 보는 것과 사회-성격 심리학의 한 영역으로 보는 것 등이다.

인지적 접근법에서는 창의적 사고의 밑바탕에 있는 정신적 표상과 과정들을 이해코자 한다. 인간을 대상으로 한 연구도 있고 컴퓨터 시뮬레이션 연구도 있다. 전자의 대표적인 것으로는 아마도 Finke, Ward & Smith(1992)의 '생성-탐색 모형'을 들 수가 있을 것이다.

이 모형에 의하면, 창의적 사고에는 '생성' 국면(generative phase)과 '탐색' 국면(explore)의 두 국면이 있다. 생성국면에서 '발명 전 구조'(preinventive)라 부르는 정신적 표상을 구성하는데, 이것은 창의적 발견을 증진시키는 속성을 가지고 있다. 그리고 탐색 국면에서는 이러한 속성들을 사용하여 창의적 아이디어에 이르게 된다. 이러한 창의적 발명의 국면에는 인출, 결합, 종합, 변형, 유추적 전이 및 범주 축소(대상들을 보다 기본적인 적은 수의 범주로 정신적으로 줄임) 등과 같은 여러 가지의 정신적 과정이 관여할 것이다. 대표적인 실험과제로는 피험자들에게 원, 입방체, 평행사변형 등과 같은 대상들의 부분들을 보여준다. 각 시행에서는 이러한 부분들을 세 개 보여 준 다음 이들을 조합하여 어떤 실제의 물건을 만들 수 있는지를 상상해 보게 한다. 그리고 만들어 낸 물건의 독창성과 실용성을 평정한다.

3. 사회 · 성격 접근법

이들 연구들도 연구의 초점이 성격 변인에 있는 것과 동기 변인에 있는 것 그리고 사회 문화적 환경에 있는 것 등으로 다시 나누어 볼 수 있다.

많은 연구들은 창의성이 높은 사람과 낮은 사람을 특징지우는 여러 가지의 성격 특성을 확인해 내고 있다. 이러한 성격 특성에는 독립적인 판단, 자신감, 복합적인 것에 매력을 느낌, 심미적 성향 및 모험하기 등이 포함된다. Maslow(1968)는 대담성, 용기, 자유, 자발성 및 자기 수용성 등을 자기 잠재력을 실현하는 특성으로 제시하고 있다.

창의성에 대한 동기 변인을 다루는 많은 이론가들은 내재적 동기형성(밖으로부터 보상을 받는 외재적 동기와는 달리 일 자체가 재미있고 보상적인 것), 성취욕구 및 기타의 동기들의 중요성을 지적하고 있다. 동기훈련에 관한 연구들은 동기수준을 조작했을 때 작문이나 조각 만들기 등의 과제를 보다 창의적으로 수행함을 보여주고 있다.

마지막으로 사회 문화적 환경이 창의성과 관계가 있는지도 여러 연구들의 대상 영역이 되었다. 환경적 변인에는 문화적 다양성, 전쟁, 역할 모델이 가용했는지(모범적인 역할을 해 주는 사람), 자원이 가용했는지(예컨대 재정적 지원), 그리고 경쟁자의 숫자 등이 포함된다. 이들은 문화에 따라 창의성을 표현할 수 있는 정도나 창의성에 부여하는 가치가 다양함을 보여주고 있다.

Box 10-2 창의성에 대한 투자이론

창의성에 대한 최근의 연구들은 창의적 사고를 할 수 있으려면 중다적인 요소가 합류해야 한다고 가설한다. 예컨대 Amabile (1983)은 창의성을 과제동기, 지식과 능력 및 창의적 기능의 합류로 설명한다. Gruber와 그의 동료들은(1988) 창의성을 목적, 지식 및 정서(감정)가 진화적으로 발달하는 체제로 설명한다. Sternberg(1985)는 일반인들이 창의적인 사람을 특징지우는 진술 속에는 '아이디어를 연결하고', '유사점과 차이점을 보고', '융통성이 있으며', '심미감이 있고', 그리고 '사회적 규범을 의문하는' 등의 것이 중요하게 포함되어 있음을 발견하였다. 그리고 이들을 인지적 요소와 사회, 성격적 요소가 합류하고 있는 증거로 해석하고 있다.

1. 투자이론의 의미

그러나 합류이론 가운데도 대표적인 것은 Sternberg & Lubart(1995)의 '투자이론'(investment)이다. 이들은 창의적인 사람은 '싸게 사서 비싸게 파는'(buy low and sell high) 증권 투자자에 비유할 수 있다고 말한다. 대부분의 증권 투자자들은 주가가 비싸지면 사고 반대로 값이 내리면 파는 경향이 있다.

그러나 싸게 사서 비싸게 파는 사람은 이들과는 거꾸로 움직이기 때문에 큰 물줄기를 거슬러 헤엄치는 것 같이 보일 수 있다. 그래서 그를 보면서 사람들은 '왜 그래?' 또는 '돌았어'라고 말할 수도 있을 것이다. 그러나 그는 남들이 눈여겨 보지 않아 값이 낮은(그러나 값이 치솟을 가능성을 가지고 있는 것을 주목하면서) 주식을 사서 그것이 사회적 가치를 얻고 사람들의 인정을 받을 때 비싼 값으로 판다. 물론이지만 가능성을 주목했던 주식이 예상과는 달리 계속하여 바닥에 머물러 투자가 실패할 수도 있을 것이다. 또는 주식을 너무 성급하게 팔거나 너무 오래 붙잡고 있어 제대로 비싼 값을 못 받는 경우도 있을 것이다.

증권의 세계를 아이디어의 세계에 비유하여 창의적인 사람을 설명하는 것이 투자이론이다. '투자이론'에 의하면, 창의적인 사람은 아이디어의 세계에서 '싸게 사서 비싸게 팔 수 있는' 능력과 의지가 있는 사람이다. '싸게 산다는 것'은 알려져 있지 아니하거나 인정을 받지 못하고 있지만 성장 잠재력을 지니고 있는 아이디어를 추구해 가는 것을 말한다. 이런 창의적 아이디어가 처음 세상에 제시되면 흔히 저항을 받는다. 그러나 창의적인 사람은 이러한 저항 속에서도 끈질기게 버티며 결국에는 아이디어를 '비싸게 판다.' 그러나 증권 투자자와 마찬가지로 창의적인 사람도 실패의 위험은 가지고 있다.

2. 여섯 가지 자원요소

이들의 '투자이론'에 의하면, 창의성은 여섯 가지의 특유하지만 서로 관련되어 있는 '자원(resources) 요소'들이 합류할 것을 요구한다. 여섯 가지는 지적 능력(지능), 지식, 사고 스타일, 성격, 동기 및 환경 등이다.

(1) 지적 능력(지능)

지능은 창의성에 핵심적인 세 가지의 역할을 하는데 이들은 종합력, 분석력 및 실천력 등이다.

종합력(synthetic ability)은 '형성력'(formative)이라 부를 수도 있다. 종합력은 문제를 새로운 시각에서 보거나 문제를 새롭게 정의하며 또한 기존의 사고의 한계를 넘어설 수 있게 한다. '이전의 정보나 이론들을 전혀 새로운 눈으로 보는 것', '주위에 흔히 있던 것에서 독특한 어떤 것을 만들어 내는 것', 또는 '방향을 바꿔서 다른 절차를 사용하는' 능력이라 말하는 것이다. 투자에 비유하면 남들이 아직도 가치롭게 여기지 않고 있는 주식과 같은 아이디어를 형성하거나 인식하는 것과 같다. 이러한 종합력은 바로 창의적 사고기능임을 알 수 있다.

분석력(analytic)은 새로운 아이디어들 가운데서 계속하여 추구해 볼 만한 가치가 있는 것과 그렇지 못한 것을 구분해 낸다. 새로운 아이디어라고 모두 좋은 것이 아니다.

세 번째의 실천력(practical)은 남들의 피드백에 효과적으로 반응하면서 자기의 아이디어를 남들에게 설득할 수 있는 능력을 말한다.

이들 세 가지 능력이 합류하는 것이 역시 중요하다. 다른 두 가지 능력이 없는데 분석력만 있으면 비판적 사고는 할 수 있지만 창의적 사고가 안 된다. 다른 두 가지 능력이 없는데 종합력만 있으면 새로운 아이디어를 생성해 낼 수는 있어도 그의 가능성을 평가하거나 먹혀들게 만들지 못한다. 그리고 실천력이 없으면 아이디어를 효과적으로 팔아 먹지를 못한다.

(2) 지　　식

지식은 창의적 수행에 필수적이다. 어떤 영역에 대하여 아는 것이 충분하지 아니하면 그 영역을 한 단계 앞으로 밀고 갈 수는 없다. 어떤 영역이 지금 어디에 있는지를 알지 못하면 현재의 수준을 넘어설 수가 없다. 반면에 어떤 영역에 대한 지식 때문에 거꾸로 보는 시각이 폐쇄되고 스스로의 상자 속에 갇혀 버릴 수도 있다.

(3) 사고 스타일

사고 스타일(thinking styles)은 능력이 아니라 자신의 지적 능력을 이용하는 방법이다. 사고 스타일을 입법부적, 행정부적 및 사법부적 스타일로 나눈다면 창의성에는 '입법부적' 사고 스타일이 특히 중요하다. 이는 새로운 방식으로 사고하기를 선호하는 것을 말한다. 그러나 이러한 선호는 사고할 줄 아는 능력과는 구분되어야 한다. 왜냐하면 '새로운' 방식으로 사고하기를 좋아해도 '잘' 사고하지 못하는 사람도 있고, 반대로 사고는 '잘'하는 데도 새로운 방식이 아닌 사람도 있기 때문이다. 창의적인 사람은 또한 논리적으로 사고할 수 있어야 하지만 동시에 문제를 전체적으로 사고할 수도 있어야 한다.

(4) 성격, 동기 및 환경

여러 연구들은 창의적 사고에 중요한 성격 특성들을 보고하고 있는데, 이들 가운데는 기꺼이 장애를 극복하고, 상당한 위험을 감수하며, 또한 애매한 것을 인내하려는 것이나 자기 효율감 같은 것들이 포함된다. 싸게 사서 비싸게 팔려는 사람에게는 일반 사람들의 흐름에 맞서 견딜 수 있는 의지가 요구된다.

창의성에는 또한 내재적 및 과제 중심적 동기형성이 중요하다. 이들은 하고 있는 일을 사랑하며 외적인 보상보다는 하는 일 자체에 몰두하는 경향이 있다.

마지막으로 창의적인 아이디어를 지지하고 보상해 주는 환경이 필요하다. 창의적으로 사고하는 데 필요한 내적인 자원요소를 모두 가지고 있다 하더라도 환경적인 지지가 없다면 그 사람의 잠재력은 표현되지 못하고 말 것이다.

3. 자원 요소 합류의 방법

앞에서 창의성에 필요한 여섯 가지의 자원 요소들을 알아보았다. 그러나 창의성은 이들 각 자원 요소들이 가지고 있는 기능 수준들을 단순히 더 하기만 한 것이 아니라고 본다.

첫째, 식역이 있을 수 있다. 어떤 자원 요소에는 식역 수준이 있어서, 다른 자원 요소에서의 수준이 어떠한 것이든 관계없이 그 이하에서는 창의적 사고가 불가능할 수도 있다. 예컨대 '지식'이 그러한데 얼마만큼의 지식이 없으면 창의적 사고는 일어나지 못한다.

둘째, 부분적인 보상관계가 있을 수 있다. 어떤 한 자원 요소가 매우 강하여(예컨대, 동기) 다른 자원 요소가 약한 것을(예컨대, 환경) 부분적으로 보상해 줄 수도 있을 것이다.

셋째, 승법관계가 있을 수도 있다. 자원 요소들 간에 상호작용이 일어날 수 있다. 예컨대, 지능과 동기는 승법적으로 창의성을 증진시킬 수 있을 것이다.

11장

창의적 사고(Ⅱ)

Ⅰ. 창의력의 개발과 수업
Ⅱ. 창의력 교수－학습의 일반적 요령
Ⅲ. 창의력 교육의 자세

이 장에서는 창의력 개발을 위한 교수 – 학습의 요령을 주로 다룬다. 창의력 개발은 교과 내용의 수업과 통합하여 하나의 큰 바퀴처럼 이루어져야 하며, 우리는 이를 통합적 사고력 수업이라 부른다. 먼저 발산적 사고의 창의력 수업을 다루고 이어서 수렴적 사고, 창의적 문제해결 및 창의력의 하위요소별로 창의력 수업의 요령을 실제의 사례를 가지고 살펴볼 것이다. 그리고 창의적 사고력 수업의 방법과 일반적 요령을 사고기능, 사고태도 및 초인지(상위인지) 등으로 나누어 자세하게 음미해 알아볼 것이다. 마지막으로 창의적인 사고태도의 개발을 적극적인 사고, 새로운 방식을 추구하는 사고 및 폭넓은 사고 등으로 나누어 좀더 자세히 알아볼 것이다.

Ⅰ. 창의력의 개발과 수업

1. 창의력과 교과수업

'창의력 교과수업'이란 창의력을 수업하는 교과수업이다. 다시 말하면 교과수업이 교과내용을 가르치는 데 그치지 아니하고 창의력(성), 즉 '창의적으로 사고하는 방법'도 함께 수업코자 하는 것이다. 그래서 교과내용의 수업이 가능한 대로 학생들의 '사고의 과정'을 통하여 이루어지기를 기대한다. 그리고 우리는 이러한 수업을 통하여 습득하는 지식/내용이 창의적이고 기능적일 뿐 아니라 '사고하는 방법과 태도'도 더불어(통합적으로) 신장시킬 수 있기를 기대한다. 그래서 창의력 교과수업에서는 내용 목표와 사고기능 목표의 두 가지를 가지고 있으며, 그리하여 내용의 수업과 사고기능(창의력)의 신장이 통합적으로 같이 이루어지기를 기대하고 있다. 그렇려면 학생들은 사고기능을 익히고 이를 교과내용의 수업에 적용하여 활용할 수 있어야 한다. 사고기능이란 바로 '사고하는 방법'이며 달리 말하면 바로 '창의력(성)'이다.

그리고 창의력 교과수업도 창의력을 '협의의 창의력' 등 3가지로 나누는 것에 준하여 이것도 3가지 수준으로 나누어 논의해 볼 수 있다. '수준'이란 개념은 '단계'와는 달리 이전까지의 발달을 토대로 그 위에서 보다 더 나은 발달이 이루어지는 계속적인 것임을 주목해야 한다.

(1) 발산적 사고의 창의력 수업

가장 기초적인 수준에서의 창의력 교육은 '발산적 사고기능'을 교육하는 것이다. 다시 말하면 단원의 어떤 제재(토픽)에 대하여 생각을 스트레칭하고 그래서 새로운 아이디어를 많이, 다양하게 그리고 독특하게 생성해 내는 능력을 교육하는 것이다.

(i) 열린 질문을 많이 하여 많은 생각을 발산하게 한다.

(ii) 발산적 사고를 하는 데 도움될 수 있는 발산적 사고의 사고도구들을 가르

친다. 여기에는 브레인스토밍, SCAMPER 등의 몇 가지의 사고도구들이 있다.

(iii) 이러한 발산적 사고기능과 관련하여 창의력의 기본 요소들을 가르친다. 창의력의 기본요소에는 유창성, 융통성, 독창성, 정교성 및 민감성 등이 포함된다.

(iv) 발산적 사고의 가이드라인을 강조하여 습성화되게 한다. 여기에는 비판이나 판단을 유보하며, 양(量)이 중요하며, 이것 저것을 조합하는 것을 격려하며 그리고 자유분방한 것을 격려하는 것 등이 포함된다. 습성화되고 자동화되면 가끔씩 '되새겨' 보게 주의를 환기시키는 것으로 충분할 수 있다.

열린 질문이나 브레인스토밍 기법과 같은 발산적 사고도구를 자주 사용하여 교과내용을 수업/학습하면 발산적 사고능력이 개발될 뿐 아니라 다루는 교과내용도 보다 깊게 이해하게 될 것이다. 또한 즐겁고 그리고 쉽게 사용할 수 있는 지식을 습득하게 될 것이다. 발산적 사고를 격려할 수 있는 질문을 하거나 과제를 내는 것은 필요하기도 하고 아주 쉽기 때문에 이 수준의 창의력 교육은 각과 교과의 거의 모든 수업에서 쉽게 가능하다. 시간이 없다고? 정말로 발산적 창의력 교육을 해야 한다고 느낀다면 1분이나 몇 분간 또는 몇 초 간이라도 브레인스토밍하거나, 상상의 날개를 달아보게 하는 것으로도 충분할 수 있다.

(2) 발산적-수렴적 사고의 창의력 수업

이 수준에서는 발산적 사고와 수렴적 사고를 포괄하여 창의력으로 정의한다. 다시 말하면 발산적 사고 국면과 수렴적 사고 국면의 두 개의 국면으로 이루어진 창의력 교육을 말한다. 먼저 발산적 사고의 방법에 따라 새로운 아이디어나 산출을 충분히 생성해 낸다. 그런 다음 이들을 수렴하여 가장 적절하고 유용한 것을 선택해야 한다.

수렴적 사고는 평가의 준거를 외현적으로 드러내 놓고 할 수도 있지만 마음 속에서 묵시적으로 사용할 수도 있다. 대개의 경우 우리는 '새로운' 것을 생성해 내는 것만으로는 불충분하고 이들을 정리하거나 이들 가운데 가장 유용하거나 가치 있는 것을 평가하고 선택해야 한다.

(i) 발산적 사고를 충분히 한다. 시간제한을 주거나 몇 개의 아이디어를 생성해 낼 것을 요구한다. 다시 말하면 먼저 수준 1을 활동한다.

(ii) 수렴적 사고를 하는 데 도움될 수 있는 사고도구들을 가르친다. 여기에는

하이라이팅기법, 평가행렬법 및 ALU 등이 포함된다.

(iii) 수렴적 사고의 가이드라인을 지키는 것을 강조하며 습성화되게 한다. 여기에는 긍정적으로 판단하기, 목표에 초점두기, 열린 마음으로 더 나은 대안 찾기 등이 포함된다. 가이드라인을 지키면서 수렴적 사고하기를 자주 연습하면 결국은 그것이 자동화(습성화)된다. 이 지점에 이르면 수렴적 사고를 할 때 가이드라인을 지키는 것을 단순히 환기시켜 주는 것으로도 충분할 수 있다.

어떤 교과내용을 다루는 수업이든 또는 어떤 시간의 수업이든 간에 학생들이 나름대로의 생각을 발표해 보게 하고 그런 다음 그것들을 정리하거나(분류 등), 순서를 매기거나, 우선순위를 매기거나 또는 평가하고 선택하는 활동을 하는 것은 필요할 것이다. 이러한 수업은 창의적 사고기능을 개발할 뿐 아니라, 동시에 교과내용을 깊게, 그리고 구조적으로 이해하는 데 크게 도움될 것이다. 여기서 우리는 창의적 사고기능의 수업과 교과내용의 수업의 통합을 다시 주목하게 된다.

(3) 칭의직 문제해결의 창의력 수업

이 수준의 창의력 수업은 수준 2의 창의력 수업의 수준을 창의적 문제해결의 요소 내지 단계를 고려하는 것으로 업그레이딩한 것이다. 이미 10장에서 CPS를 다루면서 알아보았듯이 창의적 문제해결의 3개 과정 요소에는 '도전의 이해'(여기에는 도전의 발견, 자료의 탐색 및 문제의 진술 단계가 있다), '해결 아이디어 생성'(여기에는 아이디어의 발견 단계가 있다) 및 '행위를 위한 계획'(여기에 해결책의 개발과 수용토대의 구축 단계가 있다) 등이 있다. 따라서 이 수준 3에서의 창의력 수업은 도전해 볼 만한 문제(과제, 할 일)를 창의적으로 발견하기 위하여, 주어진/발견한 문제를 창의적으로 해결하기 위하여, 또는 해결대안을 가장 생산적으로 실천하기 위한 계획을 세우거나 실천하면서 수정하는 것 등을 위하여 '발산적 사고-수렴적 사고'하는 수업 등이 포함된다.

그러나 창의력 수업의 수준 3이 너무 방대하다고 압도될 필요는 없다. 어떤 차시의 수업에서, 어떤 한 단원의 수업에서, 또는 모든 교과 교육장면에서 창의적 문제해결의 3가지 과정 요소들을 모두 다루어야 하는 것은 아니다. 그것은 또한 실제적으로 거의 불가능하다.

실제의 창의력 수업은 이들 중의 어느 한 부분을 다룰 것이다. 어떤 한 가지 과정 요소만을 다룰 수도 있고, 또는 그 요소에서 발산적 사고 또는 수렴적 사고만을 요구하는 수업을 할 수도 있다. 그러나 한 학기에 한두 번 정도는 같은 교과내용을 가지고 창의적 문제해결의 과정 요소 또는 단계들을 전체적으로 활동해 보면 효과적이다. 그렇게 하면 창의적 문제해결의 전체에 대한 감(感)을 가지게 될 것이다.

2. 창의적 문제해결의 과정 요소별 수업

(1) 문제의 확인/발견

"문제를 발견하는 것은 문제를 반 이상 해결한 것이다"(Dewey, 1980)란 말은 훌륭한 문제를 확인/발견하는 것이 중요함을 지적할 것이다. 걱정거리, 더 낫게 할 수 있는 것, 그리고 값진 결과를 가져올 수 있을 것 같은 '거리'(할 일, 과제, 이슈, 가설)를 발견하는 것은 일상이나 전문적인 직무나 과학에서 성공을 담보할 수 있는 제일의 능력이다. 그러나 불행히도 학교교육에서는 이 측면을 간과하는 경우가 많다. 대부분의 문제는 교사가 제시하거나 교과서에 적혀 있고 학생은 풀기만 하면 된다. 하던 대로 또는 외워서 '해결'되는 문제도 있다. 그러나 그렇지 않은 문제는 우리들 자신이 창의적으로 해결해야 한다. 물론 창의적 해결 노력은 대개의 경우 충분한 보상이 따르기 마련이다.

효과적인 '문제진술'을 하려면 우선 발산적 사고를 통하여 가능한 많은 '도전'들을 생성해 내어야 하고, 그런 다음에는 수렴적 사고를 통하여 가장 그럴 듯해 보이는 '도전'을 평가하여 선택해야 하며 그리고 마지막으로 선택한 도전을 '문제로 진술'해야 한다. 좋은 문제진술일수록 창의적인 사고를 자극할 수 있다. 아래에서는 '보호해야 할 인권'이란 단원을 가지고 '문제의 확인/발견'이라는 과정 요소를 수업하는 예시를 다루었다. 거기에는 발산적 사고, 수렴적 사고 및 진술(커뮤니케이션) 등의 3C가 모두 포함되어 있다. 한 가지 다시 주목해 두지만 이들 모두를 반드시 한 번에 모두 수업해야 하는 것은 아님은 물론이다.

(i) 발산적 사고: 6학년 2학기에 나오는 "3-(2) 보호해야 할 인권" 단원을 이용하였다. 아래에 있는 "인권을 지키기 위해 도움이 필요한 사람들"이라는 교과서 내용을 읽어주고 '인권을 지키기 위해 도움이 필요한 사람들에는 어떤 사람들이 있

는가?'를 브레인스토밍하였다. 브레인스토밍의 원리를 다시 환기시킨 다음 5분의 시간을 주었다. 교과서 내용과 얻은 결과는 다음과 같다.

모든 사람들은 인간답게 살아갈 권리를 가지고 있다. 이러한 권리를 인권이라고 한다. 그런데 인권을 누리지 못하는 사람들도 있다. 그들이 당연히 누려야 할 인권을 누릴 수 있도록 하려면, 사회 전체가 관심을 가지고 도와주어야 한다.			
외국인 노동자 지체 장애인 청각 장애인 노숙자	죄수 환자 소년 · 소녀 가장 기아	노인 가난한 사람 거지 식물인간	어린이 여성 근로자 고아 정신병자

(ii) 수렴적 사고: 이들 가운데서 1개의 도전을 선택토록 하였다. 먼저 '히트' 기법을 사용하여 10개를 골라낸 다음 이들 각기에 대하여 '왜' 그것이 도전이며 현재의 장면에 '어떻게' 관련 있는지를 서로 논의해 본 다음 완전 문장으로 적어보게 하였다. 얻은 결과는 다음과 같다.

1. 만약 외국인 노동자들이 많아지면, 시민들이 이들을 싫어할 것이다.
2. 만약 장애인들을 배려하지 않는 시설이 많아진다면 장애인들이 불편을 겪게 될 것이다.
3. 만약 기업들이 기계화되어서 인력이 필요없게 되면 노숙자들이 늘어날 것이다.
4. 만약 죄수들이 많아진다면, 죄수들은 사람 취급을 받지 못할 것이다.
5. 만약 환자들에 대한 배려가 없다면, 환자들이 고통받을 것이다.
6. 만약 소년 · 소녀 가장들을 도와주지 않는다면, 이들이 방황할 것이다.
7. 만약 독거 노인에 대한 배려가 없다면, 자살할 확률이 높아질 것이다.
8. 만약 가난한 사람들이 많아진다면, 사회가 불안해질 것이다.
9. 만약 어린이들이 무시당한다면, 보호받지 못하는 어린이들이 늘어날 것이다.
10. 만약 남녀 차별이 더욱 심해진다면 취업을 못하는 여성 근로자들이 늘어날 것이다.

그런 다음 이들 가운데서 '도움이 정말로 필요한 사람'으로 1명를 선택하였다. 선택된 '핵심 도전'은 '여성 근로자'였다.

(iii) 진술(커뮤니케이션): 마지막으로 '여성 근로자'를 '현재'와 바라는 '미래'를 연결시키는 형태로 '문제진술'을 하였다. 특히 '목적'과 '행위 동사'를 몇 가지로 바꾸어 봄으로써 문제가 창의적인 사고를 최대로 격려할 수 있는 것이 되게 하였다. 얻은 결과는 다음과 같다.

> 요즘 남녀 차별이 심해져서 여성들이 차별 대우를 받는 피해를 입는 경우가 있는데, 만약 그러한 상황이 계속된다면 단순히 여성이라서 하지 못하는 일이 많이 생겨나게 될 것이다. 어떻게 하면 우리가 이러한 문제를 해결하기 위해 여성들이 차별을 받지 않는 시민사회를 만들 수 있을까?

(2) 해결 아이디어의 생성

앞에서처럼 당신이 스스로 다루어야 할 문제를 확인하거나 발견해야 될 때도 있다. 그러나 누군가에 의하여 '문제'가 주어지고 당신은 그것을 해결해야 할 때도 많이 있다. 어떤 경우든 간에 '문제'가 주어져 있다면 그것을 해결할 수 있는 아이디어를 생성해 내어야 하고, 그러한 창의적 사고과정의 교수－학습을 해야 한다. 여기서도 발산적 사고 → 수렴적 사고 → 진술(커뮤니케이션)의 과정을 따라갈 것이다.

(i) 발산적 사고: 다음은 고교 2학년 '지구과학 1'의 "단원 3. 지구환경의 변화"에서 사용한 문제 장면이다. 이렇게 '문제'가 주어져 있으면 '해결 아이디어 생성'을 위한 수업활동을 하게 될 것이다.

> 대구의 무태 부근에서 경부고속도로 8차선 확장공사를 하던 중 퇴적암의 경사층에서 공룡발자국으로 추정되는 화석이 많이 발견되었습니다. 도로의 확장공사측 사장이 완공일을 맞추기 위해 계속 공사를 진행하려고 한다면 공룡발자국으로 추정되는 암석은 곧 파괴될 것이다.
>
> 공사 중 문화재가 발견될 경우를 제외하고는 공사를 계속 진행하여도 법의 저촉을 받지 않는 답니다. 이 발자국을 보존하기 위해 도로공사 사장을 어떻게 설득할 수 있을까요?

우선 도로공사로 훼손되어 가는 공룡발자국을 보존하기 위해 도로공사 사장을 설득하는 방법을 자유롭게 브레인스토밍해 보았다. 허용 시간은 5분이며 얻은 결과는 다음과 같다.

- 문화재 보호 단체를 찾아가서 현재의 상황을 얘기
- 도로공사 사장 묶어두기
- 인터넷의 가상의 "화석의 가치" 사이트를 만들기
- 화석 떼어가기
- TV로 중계 방송하기
- 라디오의 방송 매체에 활용
- 환경보존을 위한 대대적인 시위
- 내가 아는 사람들에게 하소연의 편지 보내기
- 우리나라 경제에 별 영향을 미치지 않으므로 눈치보기
- 해결될 때까지 그 앞에서 지키기
- 문화공보부 장관에게 항의 인터넷 글 올리기

(ⅱ) 수렴적 사고: 앞 단계에서 생성해 낸 아이디어들을 살펴보고, 우리 생활에서 별로 가능성이 없거나 실용성이 없거나, 역효과가 날 것 같거나 또는 별 도움이 되지 않는 것들은 제외하게 하였다. 이제 남은 것들 중에서 만약 활용하면 환경보존에 유용하게 도움이 될 수 있는 5개를 선택하였다.

- 문화재 보호 단체를 찾아가서 현재의 상황을 얘기
- 인터넷의 가상의 "화석의 가치" 사이트를 만들기
- TV로 중계 방송하기
- 환경보존을 위한 대대적인 시위
- 내가 아는 사람들에게 하소연의 편지 보내기

이들 가운데 가장 훌륭한 것 같은 해결책을 선정하기 위하여 '판단준거'를 생성하여 평가행렬표를 만들어 결정할 수도 있을 것이지만 예시에는 이러한 과정은 생략하였다.

(ⅲ) 진술(커뮤니케이션): 지금까지 간단한 요점으로 적어 작업한 해결 아이디어를 읽는 사람이 이해하고 알아 들을 수 있게 상세하고 구체적으로 진술/설명하게 하였다. 해결 아이디어에 누가, 무엇을, 어떻게, 왜 등이 잘 포함되게 정교화시켜서

분명한 제안의 형태로 설명하게 하였다.

① 우리는 문화재 보호 단체를 찾아가서 현재의 상황을 얘기한 내용을 비디오로 촬영한 후 보여줄 것이다.
② 우리는 인터넷의 가상의 "화석의 가치" 사이트를 만들어서 홍보한 후 그 사이트를 보여줄 것이다.
③ 우리는 TV나 라디오의 방송 매체를 활용하여 중계 방송을 한 결과를 시청하게 한다.
④ 우리는 공룡발자국 훼손 현장에서 환경보존을 위한 대대적인 시위를 할 것이다.
⑤ 우리가 아는 사람들에게 하소연의 편지를 보내어 긴박한 상황을 알릴 것이다.

(3) 행위계획의 개발

어떤 경우(또는 교과내용)에는 문제가 주어져 있고 그리고 거기에 대한 '해결 아이디어'(해결대안, 해결책)까지도 이미 마련되어 있지만 그러나 그것을 효과적으로 실천할 수 있는 '계획'은 마련되어 있지 않을 수도 있다. 이럴 때는 '행위계획의 개발'을 해 가는 수업을 하게 될 것이다.

(ⅰ) 발산적 사고: 창의/선택해 낸 해결 아이디어가 효과적으로 실천되기 위해서는 여러 가지의 실천방법을 발산해 보아야 한다. ALU를 통하여 해결 아이디어의 장단점도 분석해 보고 '6하 질문'에 따라 가장 효과적인 '누가, 무엇을, 언제, 어디서, 어떻게, 왜' 등을 자세하게 나열해 본다. 또한 불리할 수 있는 상황도 가능한 여러 가지로 생각해 본다.

다음은 '청소년의 인터넷 게임 중독을 어떻게 해결할까?'에 대한 해결대안으로 제시되어 있는 '정부에서 부모를 예방 교육시킨다'(도덕(2) 현대 사회의 청소년 문제)를 ALU하고 있다.

A(장점)	• 부모들의 참여 욕구가 높을 것이다. • 지속적인 관리를 부모가 할 것이다. • 효과가 빠르게 나타난다. • 부작용이 거의 없다.
L(제한점)	• 비용이 많이 들 것이다. • 관심 없는 부모가 있을 수 있다. • 정부 부처에서 서로 다른 부처로 떠넘길 것이다.

U(독특한 잠재력)	• 정부에서 이 일을 추진할 경우 예산의 확보 문제 때문에 실행이 힘들지도 모른다. 그러나 이는 국민에 대한 투자이고, 다음 세대를 위한 교육적 차원에서는 국가가 당연히 감당해야 할 것이라고 생각된다. 그리고 기업의 도움도 받을 수 있는 방법이 있다면 더욱 좋을 것 같다. • 효과가 가장 높다는 측면과 효과가 지속될 것이라는 측면에서 매우 바람직하고 장기적으로 국가 전체의 정보화 소양도 높일 수 있는 방안이다. • 다른 대안들과 병행하면 효과가 더욱 증가할 것이다.

(ii) 수렴적 사고: 해결책이 가지고 있는 장점을 살리고 단점을 최대로 극복할 수 있는 해결계획을 만드는 데 초점을 둔다. 도움이 될 수 있는 것은 물론 저항(방해)이 될 수 있는 '6하 질문'(누가, 무엇을, 언제, 어디서, 어떻게, 왜)에 따른 내용을 '단기－중기－장기' 등에 따라 계열(시퀀스)을 만들어 조직화한다. 그러면 전체의 계획이 골격을 가지고 정리될 수 있을 것이다.

(iii) 진술(커뮤니케이션): 이제 정리한 '행위계획'을 필요에 따라 여러 가지 형태로 커뮤니케이션할 수 있을 것이다. 예컨대, 간단하게 행위로 연출해 볼 수도 있고, 좀 자세하게 역할극으로 발표해 볼 수도 있을 것이다. 뿐만 아니라 당신의 '행위계획'의 내용이 무엇이며, 다루고 있는 문제에 '왜' 중요하며, 그리고 '어떻게' 효과적으로 문제해결할 수 있는지를 설득력 있는 계획서나 시나리오의 글을 쓸 수도 있을 것이다.

앞에서 ALU한 해결대안을 가지고 이 학반의 어느 소집단이 만들어 낸 '행위계획'의 내용을 예시해 보면 다음과 같다.

정보통신부, 문화관광부, 체육청소년부가 합심하여 컴퓨터 업계와 청소년 상담, 시민단체 등의 전문가를 위원으로 국가정보위원회를 만들어 학부모들에 대한 교육을 실시한다. 이 교육에 참가한 사람들에게 컴퓨터 사용 제한 프로그램을 배포하고 그 사용법도 알려준다.

교육 참가를 보다 손쉽게 하기 위해 교육은 출석 수업보다는 인터넷을 통한 동영상 강의를 하고 언론 매체를 통해 대대적인 캠페인도 벌인다. 기업에도 협조 공문을 보내어 교육에 참가하기 위해 휴가를 쓸 수 있게 해 준다.

예산확보는 이 일이 국민에 대한 투자이고, 다음 세대를 위한 교육적 차원에서는 국가가 당연히 감당해야 할 것이기 때문에 사회교육 관련 예산이나 청소년 관련 예산 정보화 교육 관련 예산에서 확보해 나가고, 운영 자금은 정부에서 제공하되 운영은 민간 전문가에게 맡기는 방식이 좋을 것 같다. 만일 기업이 자체 직원들을 대상으로 이러한 일을 할 때는 세금을 감면해 주는 것도 좋은 방안이다.

특히 청소년들의 게임 중독으로 많은 돈을 버는 게임 회사에, 게임 이용에 누진 예금 제도를 시행하게 하여 온라인 게임을 많이 할수록 시간당 이용료를 증가시키게 하고 그 이익을 국가에서 환수하게 하면 비용의 일부를 감당할 수 있을 것이다.

3. 창의적 사고력 수업의 방법

창의적 문제해결의 수업은 다음과 같은 세 가지의 방법적인 특징을 살릴 수 있어야 한다.

(1) 불완전성과 개방성

자료(정보)는 완전하지 아니하고 열려져 있기 때문에 학생들은 오히려 거기에 대하여 호기심(흥미, 동기)을 가진다. 이때 비로소 탐구가 시작될 수 있다. 학생은 불완전성(개방성)을 교실 내에서뿐만 아니라 교실 밖에서도 쉽게 발견하고 그래서 창의적인 의문이 시작되게 해야 된다. 민감하기만 하면 그림, 이야기, 수업내용, 교사나 부모나 친구들이 하는 질문, 행동장면, 또는 수업활동이 진행되는 과정 등등에서 불완전한 것들을 쉽게 발견할 수 있다. 모든 정보를 불완전한 것으로 생각하고 그 이상에서 더 알고 싶은 것을 질문하고 상상해 볼 수 있기를 우리는 기대한다.

(2) 어떤 것을 생산하고 그것을 사용하는 것

창의적 활동에는 학습자가 나름대로 어떤 것을 만들어 보고, 다시 그것을 가지고 무엇을 해 보게 한다. 생산(산출)해 보는 것에는 그림 그리기나 음악을 만드는 것, 이미지를 만들어 보는 것, 이야기나 작문하는 것 또는 조각이나 설계를 만들거나, 또는 발표를 하는 것 등이 다양하게 포함된다.

(3) 학습자의 질문을 사용하는 것

학습자가 주어진 것을 넘어서 더 알려고 하는 호기심 내지 탐구심은 그가 어떤 종류의 질문을 얼마나 많이 하느냐에 반영되어 나타난다. 교사가 질문을 독점해 버려서 학습자가 자유롭게 그리고 지적으로 흥분하여 질문할 수 있는 기회가 적어질수록 창의력 교육은 비효과적이다. 교사는 학생의 질문을 존중하며 질문에 대한 해답을 계속하여 탐구해 갈 수 있게 반응해 주어야 한다. 뿐만 아니라 그렇게 하는 데 필요한 기능을 가르쳐 주어야 한다. 그리고 Guilford(1977)가 창의적 사고력 수업의 방법으로 제시하고 있는 다음과 같은 몇 가지도 음미해 볼 만한 가치가 있어 보인다.

- 문제를 확대시켜라. 많은 사람들은 문제의 범위를 좁히는 경향이 많이 있다. 문제의 진술을 보다 추상적으로 하면, 창의적인 문제해결의 가능성은 그 만큼 커진다.
- 문제를 하위 문제로 나누어라. 너무 애매하고 광범위한 문제는 관리 가능하고 그래서 제대로 다룰 수 있게 범위를 좁히는 것이 효과적이다.
- 질문을 하라. 질문은 호기심에서 시작한다.
- 판난을 유보하라. 먼저 떠오르는 아이디어에 만족하면 더 나은 해결대안이 떠오르기 어렵다. 그러므로 우선은 어떤 아이디어라도 많을수록 좋다. 그것이 얼마나 가치 있고 유용한지는 아이디어를 충분히 생성해 내고 난 다음에 판단하라.
- 계속적이고 확장적인 노력을 하라. 아이디어는 순간의 통찰이 아니다. 처음은 조잡해 보이는 것도 계속 발전시키면 아이디어는 진화하고 그래서 보다 더 완전해질 수 있다. 그래서 창의력에는 끈질긴 계속적인 노력이 필요하다.

Ⅱ. 창의력 교수-학습의 일반적 요령

여기서는 창의력의 교수–학습을 창의적 사고기능, 창의적 사고태도 및 창의적인 초인지 기능 등으로 나누어 각기의 일반적인 요령들을 정리해 본다. Sternberg (1996)는 창의적 사고에는 종합력(synthesis), 분석력(analysis) 및 실천력(practical)의 세 가지 능력이 요구된다고 말한다. 종합력이란, 흔히 우리가 창의력이라 부르거나 발산적 사고라 부르는 것이다. 이것은 주어진 것을 넘어서 새롭고 재미있는 아이디어를 생성해 내는 능력이다. 분석력은 흔히 '비판적 사고'라 부르는 것이며, 앞에서처럼 수렴적 사고라 부르기도 하였다. 이것은 주어진 아이디어들을 분석하고 평가하며 더 나은 것을 검증, 확인, 선택하고 그리고 함의를 찾아내는 것이다. 실천력은 아이디어를 현실에 적용하고 실현하는 능력이다. 아래에서는 이러한 능력을 '기능' 적인 것과 '태도'적인 것으로 나누어 살펴볼 것이다.

1. 창의적 사고기능의 교수-학습

(1) 창의적 문제해결의 단계와 여러 가지의 사고기법들을 직접적으로(외현적으로) 가르치고, 연습하며, 나아가 교과학습에 적용한다. 창의적 사고의 단계, 기법, 그리고 구체적인 능력들은 우리가 의도적으로 도입하여 설명하고 사용방법을 가르쳐야 하며, 충분히 연습해야 하며, 그리고 드디어는, 교과내용을 수업하거나 일상생활에 적용할 수 있어야 한다. 그래야 깊은 이해와 더불어 창의적 학습이 가능해질 수 있다. 예컨대 브레인스토밍 기법은 여러 가지의 교과학습에서 효과적으로 사용할 수 있다.

(2) 수업이나 평가의 내용과 활동이 창의적 사고를 요구해야 한다.

수업과 평가의 내용이나 전개가 창의적인 사고를 요구하는 것이어야 한다. 발산적 사고와 수렴적 사고의 균형적인 발전에 도움이 될 수 있도록 한다. 어느 학년의 어떠한 교과목의 수업전개나 평가활동에서도 '유창성, 융통성, 독창성 및 정교성'과 같은 창의적인 사고과정이 어느 정도는 포함되어야 하며 또한 '호기심과 민감성, 모험하기, 상상하기, 복잡성과 애매성 인내'와 같은 성격적·감성적인 과정도 다소간은 포함시켜야 한다.

질문도 사실의 재생이나 분석적 사고를 요구하는 것뿐만 아니라 창의적 사고를 요구하는 것을 포함해야 한다. 수업, 과제, 평가, 또는 질문에서, 가능한 대로, 상상하고, 가정하고, 창의하고, 발명하고, 그리고 가설을 만들어 볼 것을 요구함으로써 학생들이 창의적으로 사고하도록 격려해야 한다.

(3) 창의적 사고를 위한 시간을 허용해야 한다.

우리는 '빨리'와 '얼른 퍼뜩'을 유난히 강조한다. 빠른 사람 또는 일을 빠르게 하는 것이 매우 중요한 가치가 되고 있다. 지능검사나 학력검사 등 각종 검사들도 시간이 제한되어 빨리 풀어야 하는 선다형이 대부분이다. 그러나 대부분의 창의적 통찰은 번쩍하며 어느 순간에 일어나는 것이 아니다. 문제를 이해하고 그것을 이렇게 저렇게 굴려 보는 데는 시간이 필요하다. 교사도 학생도 생각을 해 볼 수 있는 자유로운 시간을 가져야 한다. 특히 학생들에게 과제를 내거나 질문을 하고 난 다음에는 그것에 대하여 조심스럽게, 개방적으로 그리고 창의적으로 생각해 볼 수 있는 시간을 허용해야 한다. 질문을 하면 적어도 10초 이상은 기다려 주어야 한다.

(4) 창의적인 활동과 아이디어를 격려한다.

창의적 사고가 중요하다고 말하는 것만으로는 불충분하다. 그보다 훨씬 더 중요한 것은 '어떠한 활동'에서든 간에 학습자가 창의적인 사고의 노력을 하거나 창의적인 수행이나 아이디어를 보일 때 그것을 진솔하게 격려해 주는 것이다. '어떠한 활동'이라고 한 것에는 일반적인 수업활동, 구술 또는 서면의 발표, 글쓰기, 예술이나 체육활동, 또는 학급회의 등이 다양하게 포함된다. 학생들이 비교적 자유롭게 자기의 생각을 말하고 아이디어를 낼 수 있는 분위기가 유지되어야 한다.

마지막으로 교과 통합적인 아이디어를 강조할 필요가 있다. 학교에서는 국어, 수학, 과학 등 여러 가지 교과목들을 가르치고 있지만 이들은 서로 벽을 쌓고 있어 서로 연결되어 통합되지 못하는 것이 대부분의 현실이다. 창의적 아이디어는 여러 교과목들의 재료가 통합될 때 훨씬 더 용이하다. 교과 통합적인 아이디어를 격려하는 것은 깊은 이해와 기능적인 지식을 위해서도 필요하다.

(5) 창의적 인물재료를 이용한다.

사람들은 다른 사람과 다른 장면에 일어났던 보기를 통하여 많은 것을 배울 수 있다. 특히 위대한 사람, 또는 창의적 사람이 직면했던 상황, 실패와 성공에 대하여 읽었던 내용(예컨대, 위인전)은 생생하며 오랫동안 영향을 미칠 때가 많다.

(6) 창의적 협동활동을 격려한다.

사고는 혼자의 머리 속에서 일어나며 그래서 개인이 독립적으로 문제해결을 창의적으로 할 때가 많다. 그러나 직업 세계의 일은 대부분 팀(team)으로 하며, 그래서 팀 멤버들의 협동적인 공동 사고를 요구한다. 그리고 많은 학생들을 언제나 일대일로 도와줄 수도 없다. 학생들은 협동적인 논의를 선호하며, 집단 대화를 통하여 교과내용을 더 깊게 이해하게 되고 그리고 이렇게 팀 활동을 하는 것은 인지발달에도 영향을 미친다.

학생 각자에게 어떤 과제에 대한 어떤 아이디어를 생성해 내게 하고 그것을 소집단 앞에서 간단하게 설명해 보게 한다. 그리고 다시 일정기간 동안 계속하여 아이디어를 생성해 보게 한다. 소집단에서는 이러한 아이디어들을 비판하지 않고 허용적인 분위기에서 논의한다.

(7) '바른' 질문과 좋은 대답을 격려한다.

질문은 이해와 창의의 전제 조건이다. 질문이 없으면 탐색이나 문제해결은 시작되지 아니한다. 그러나 모든 것을 질문하려고 해서는 안 된다. 질문을 하고 그래서 주변을 변화시켜야 할 때도 있지만, 환경에 순응해야 할 때도 있다. 우리는 누구나 질문해 볼 만한 가치 있는 것이 어떤 것이며, 그리고 어떤 싸움이 싸워볼 만한 가치 있는 것인지를 배워야 한다. 별로 중요하지 아니한 것은 뒤로 미루거나 내버려두고 더 가치 있는 데 노력을 집중시켜 볼 필요도 있다. 이것은 성공하는 사람의 비결 가운데 하나일 것이다. 비효과적인 사람들은 급해 보이지만 실제로는 별로 중요하지 않는 일에 시간과 노력을 우선하여 지불하는 경향이 있다.

(8) 문제를 분석하고 재정의할 줄 알게 한다.

문제나 프로젝트를 정의하고, 필요하면 재정의(redefinition)해 보게 한다. 예컨대 학생이 발표 토픽을 자기가 알아서 선택한 다음 거기에 대하여 발표(또는 레포트)를 한다. 교사가 토픽이 부적절하다고 판정하면(발표 토픽이 발표 목적에 너무 벗어나거나, 너무 방대하거나, 너무 전문적인 것 등) 자신의 과오를 발견하고 다시 선택해 보게 한다. 창의력의 중요한 한 부분은 논리적 사고이며 분석력이다.

2. 창의적 사고태도의 교수-학습

창의적인 사고태도는 '직접적으로' 가르치기가 어렵다. 그래서 사고기능을 가르치고 활동하는 속에서 통합하여 가르치기를 격려하고 있다. 다음에서 제시하는 몇 가지의 요령들도 대부분은 창의적인 사고기능의 활동을 수행하는 가운데서 이루어질 수 있다.

(1) 창의적 사고의 모범을 보인다.

학생들의 창의성을 개발하기 위한 가장 강력한 방법은 자신이 창의적인 모델, 즉 '역할 모델'(role model)이 되는 것이다. 창의적 사고를 개발하라고 말할 때가 아니라 당신 자신이 창의적 사고의 과정과 태도를 보여줄 때 비로소 학생들은 창의력에 관심을 가지고 개발해 가기 시작할 것이다.

창의적인 사고의 모델(모범)이 되기 위해서는 가능한 대로 학생들 앞에서 '소리내어 생각'해 보여줄 수 있어야 한다. '소리내어 생각하기'란 문제를 해결해 가면서 당신의 머리 속 생각을 천천히 그리고 큰 소리로 말하면서 사고해 가는 것을 말한다. 이때의 사고의 내용은 반드시 완벽하거나 꼭 정확할 필요는 없다. 얼마든지 틀릴 수도 있고 그 보다 더 나은 것이 있을 수도 있다. 다만 당신 자신의 사고에 대하여 '열려' 있는 것이 중요하다. 그러므로 저지르는 오류나 긍정적인 비판에 대하여서는 솔직하고 호쾌하게 그것을 인정하고 바로잡을 수 있어야 한다.

(2) 자신감을 가지게 한다.

'할 수 없다'고 생각하면 대개는 실제로도 할 수가 없다. 비록 천재적인 것은 아닐지라도 누구나 얼마만큼은 창의적인 사람이 될 수가 있다. 그리고 새로운 어떤 것을 만들어 낼 때의 즐거움을 경험할 수도 있다. 그러기 위해서는 먼저 창의력에 대한 자신감부터 길러야 한다. 불필요한 충고는 창의와 자신감을 기죽게 할 수 있다.

Bandura(1977)는 자기가 무엇을 할 수 있고 무엇을 할 수 없느냐에 대하여 자기 스스로가 가지고 있는 인식을 자기 효능감(self-efficacy)이라 부른다. 그것은 자신감(self-confidence)과 거의 같은 것이다. 자기 효능감의 발달에 가장 많이 영향을 미치는 것은 자기 자신이 성공하거나 실패하는 경험을 직접적 또는 대리적으로 가져 보게 하는 것이다. 성공하리란 '기대'만으로도 상당한 창의를 가져올 수가 있다.

기대가 미치는 이러한 효과를 '피그말리온 효과'(Pygmalion effect)라 부른다. 이러한 효과는 '나는 창의적인 것은 못 한다'고 말하면 결국에 그는 '창의적인 일을 못하게' 된다는 것을 보여준다. 이러한 효과를 '자기 성취적 예언'(self-fulfilling prophecy)이라 부르기도 한다.

(3) 분별 있는 모험을 격려한다.

창의적인 사람은 상당한 정도의 위험부담을 지면서 모험을 감수한다. 그래서 남들이 결국에 가서는 부러워하고 존경하는 아이디어를 생성해 내려고 노력한다. 모험을 하면 때로는 실수하고 실패할 수도 있고 그래서 넘어질 수도 있다. 그러나 실패할 수 있는 모험 없이 창의적인 산출을 만들어 내기란 거의 불가능하다.

그러나 아무렇게나 모험하게 할 수는 없다. 모험은 분별 있고 견딜 수 있는 정도의 것이어야 한다. 다시 말하면 상당히 그럴 듯한 모험이어야 하며, 또한 실패해도 완전하게 망하지는 않고 버틸 수 있는 정도의 것이라야 한다.

(4) 애매한 상황을 인내하도록 격려한다.

사람들은 어떤 것을 '좋다－나쁘다', '맞다－틀린다'와 같이 흑백의 양단으로 생각하기를 좋아한다. 그러나 창의적인 과정에는 회색이 진하게 있을 수밖에 없다는 데 문제가 있다. 그림을 그리는 예술가나 책을 집필하는 저자는 흔히 작업을 해 가는 과정에서 생각이 어지럽고 감정이 우울해진다고 말한다.

창의적인 아이디어는 조금씩 시간이 걸려 나타나고 진화한다는 것도 주목할 필요가 있다. 아이디어를 발전해 가는 동안은 생각이 애매하며 불안해지기 쉽다. 시간을 내어 애매함을 견딜 수 있는 능력이 없으면 덜 좋은 아이디어에서 일을 끝내버리기 쉽다.

(5) 실수를 허용한다.

창의적인 아이디어라 믿었던 것이 오류이거나 실패할 수 있는 가능성은 얼마든지 있다. 그래서 그것은 안전 제일과는 상당히 다른 모험일 수 있다. 창의적 사고에는 언제나 실수나 실패를 수반할 수 있다는 말이다. 그러므로 새로운 아이디어를 만들다가 저지르는 실수에 관대하지 아니하면 창의적 사고는 질식할 수 있다. 그래서 우리는 창의적인 분위기와 여건을 강조하게 된다. 다행히도 사회는 창의적인 사람의 업적에 초점을 두고 실수나 과오는 잊어버리거나 용서하는 경향이 있다.

(6) 장애를 확인하고 극복한다.

창의적인 일을 하는 사람은 불가피하게 저항과 반대에 직면한다. 새로운 것, 특히 너무 새로운 것은 사람들이 가지고 있는 기존의 생각의 틀이나 이해 관계와 상치할 수 있기 때문이다. 그래서 창의적인 사고자는 끈질기게 버틸 수 있는 용기가 있어야 한다.

위인 전기를 통하여 창의적인 사람들이 경험했던 실패와 고난을 음미하고 토론하고 창의적 행위에 대한 경외감을 기르는 것은 좋은 방법이다. 또한 학급에서 창의적인 일을 할 때 직면할 수 있는 어려움에 어떻게 대처할 수 있는지를 브레인스토밍해 보는 것도 좋은 방법일 것이다.

(7) 다른 사람의 입장에서 생각해 보는 것을 격려한다.

남들과 더불어 살고 협동하여 창의적 활동을 할 수 있으려면 다른 사람의 입장에 들어가 스스로를 상상해 볼 수 있어야 한다. 다른 사람의 시각(견해)에서 보면 우리 자신의 시각이 넓어지며 그리고 그러한 경험은 창의력을 향상시킨다. 학생들에게 다른 사람의 견해를 이해하고, 존중하고 그리고 거기에 대하여 열린 마음으로 반응하는 것이 중요하다는 것을 알도록 격려하라. 그래야 시야를 넓게 생각하며 학교나 사회의 요구에 보다 쉽게 적응할 수 있다.

3. 창의적 초인지기능의 교수-학습

초인지(상위인지, metacognition)는 여러 가지 사고에 대한 오케스트라의 지휘자와 같으며 그래서 초인지는 자신의 사고과정을 계획, 점검 및 반성해 보게 한다.

(1) 자기 책임을 가르친다.

창의적인 사람이 되도록 가르치는 한 가지 측면은 자신의 성공과 실패에 대하여 책임지는 것을 가르치는 것이다. 책임질 줄 안다는 말은 (i) 자신의 창의적 사고 과정을 이해하고, (ii) 자기 자신을 비판할 줄 알며, 그리고 (iii) 창의적으로 잘한 것에 대해서는 자부심을 가지는 것을 의미한다. 그러나 우리들은 실패의 책임을 밖에서 찾는 경우가 많다. "잘 되면 자기 덕, 못 되면 조상 탓"이라는 속담처럼….

Rotter(1996)는 사람의 성격형태를 '내부 통제자'(internals)와 '외부 통제자'(externals)의 두 가지로 크게 나눈다. 내부 통제자는 자기의 삶에 대하여 스스로 책임을 진다. 그래서 일이 잘 되어 가면 자기의 공이라 생각할 뿐만 아니라 반대로 못 되어도 거기에 대하여 책임을 지며 더 잘 하려고 노력한다(일의 성패는 자신의 노력과 능력에 달려 있다고 본다). 반면에 외부 통제자는 책임을 자기 이외의 외부에 두는데, 일이 잘 안 돌아갈 때 특히 그러하다. 이들은 실패나 성공의 원인을 '운명'이나 '우연'과 같은 외적 환경에 쉽게 귀인시킨다. 그러나 우리가 좀 현실적으로 생각해 보면 인생사의 성패에는 자기 '원인'과 남의 '원인'이 상호작용적으로 기능한다고 보아야 할 것이다. 그럼에도 불구하고 기회를 만들려고 노력하고 그리고 자기 자신에 대하여 기꺼이 책임을 지는 사람이 성공할 가능성이 높다.

(2) 자기 점검하는 능력을 격려한다.

대부분의 경우 창의적인 사고의 과정을 자기가 규제하고 점검해 가야지 남이 모든 것을 도와주기는 어렵다. 기본적으로 보아 창의적 사고는 자기 주도적인 것이며, 그래서 그러한 과정을 점검하고 조절해 가는 능력을 본인 당사자가 가지고 있어야 한다.

Ann Brown과 그의 동료들은(Brown, Bransford, Ferrara & Campione, 1983) 학생들에게 '자기조절 기능'(self-regulation skills)을 어떻게 하여 가르칠 수 있는지를 연구하였다. 이들은 세 가지 단계를 강조하고 있는데, 이들은 (i) 전략을 가르치고 분명하게 설명하며, 그것을 언제 그리고 어떻게 사용하는지를 보여주는 보기를 연습하며, (ii) 그 전략을 사용할 때 생기는 분명한 장점을 평가해 보게 하며, 그리고 (iii) 그 전략을 사용하도록 스스로에게 주의를 환기시킬 것을 가르치는 것 등이다.

(3) 즉시적인 만족을 지연시킬 줄 알게 한다.

창의적인 일은 시간이 걸리며, 그래서 즉시적이고 충동적인 만족을 가져다 주기는 어렵다. 학생들은 보상이란 즉시적인 것이 아니며 즉시적인 만족을 지연할 줄 알아야 참다운 만족을 얻을 수 있다는 것을 배워야 한다. 많은 사람들은 아동이 훌륭한 수행을 하면 즉시로 보상해 주어야 한다고 믿고 있다. 교사나 부모가 이런 식으로 가르치면 '여기 그리고 지금'(here and now)을 강조하게 되며, 그래서 시간이 지나고 결국에 가서는 최선일 수 있는 것을 희생해 버릴 수도 있다. 만족을 지연시킬 수 있는 능력은 학업 성적과도 관계가 있다. 위대한 업적을 성취하는 데는 한 가지 일에 대하여 대개는 10년 정도의 열정적인 노력이 필요하다고 Gruber(1986)는 말한다. 우리는 이를 위대한 성취를 위한 '10년설'이라 부르고 있다.

(4) 환경과 기회를 찾고 선택하기를 격려한다.

창의력이란 완전히 객관적인 것이라 말하기는 어렵다. 왜냐하면 어떤 것이 창의적인지 어떤지는 그 사람과 환경이 상호작용하여 판단되기 때문이다. 예컨대 어떤 작품이 창의적인지를 결정하는 객관적인 기준은 없다. 매우 창의적인 수업이 무능한 수업으로 평가받는 장면도 있을 수 있다. 창의적인 재능이 보상받아 꽃필 수 있는 환경을 찾거나, 현재의 환경을 고쳐야 할 필요가 있는 경우도 많이 있다.

Ⅲ. 창의력 교육의 자세

우리가 사고를 해 갈 때는 사고에는 인지조작(사고의 기능과 전략), 지식 및 태도의 세 가지 구성요소가 중요하다는 것을 알고 있다. 이를 창의력의 개발과 관련하여 정리해 보면 다음과 같은 세 가지의 시사를 얻을 수 있다.

첫째는 사고의 기능과 전략으로 우리는 창의적 사고를 할 줄 아는 기능과 전략을 교수-학습하는 것이다. 그것은 사고력의 '근육'을 개발하는 것이며 사고과정의 방법 내지 요령을 익히는 것이다. 보다 구체적으로 보면, 창의력 개발을 위해서는 발산적 사고도구와 수렴적 사고도구 그리고 창의적 문제해결의 과정을 익히는 것이다.

둘째는 지식이다. 성공적 사고에는 사용할 수 있는 지식이 충분해야 한다. 과제에 대한 깊은 이해는 비판적 사고 및 창의적 사고의 필수적인 필요조건이다.

마지막은 사고의 태도이다. 사고에는 사고태도 개발이 중요하다. '태도'란 말은 매우 포괄적이다. 그래서 Sternberg 등(1995)이 말하고 있는 창의성의 여섯 가지 자원 요소에서 보면 지능(지적 능력)과 지식을 제외한 나머지의 전부, 즉 사고 스타일, 성격, 동기 및 문화적 환경 등은 모두 '태도'에 포함시킬 수 있을 것이다.

다음에서는 창의적인 사고태도를 적극적으로 사고하는 태도, 새로운 방식을 추구하는 사고의 태도 및 폭넓은 사고의 태도의 세 가지로 나누어 설명을 추가해 보기로 한다.

1. 적극적인 사고

적극적 사고(positive thinking, 긍정적 사고)에는 '하면 된다'는 강한 열정과 위험·저항·반대에 직면하여 지칠 줄 모르는 집념을 말한다. 창의적 사고에는 이러한 태도가 필요하다. 많은 경우 '하면 된다'고 생각한 것은 '되고' 그리고 '하면 되어야' 한다. 다시 말하면 적절한 자극과 보상을 받아 의욕적이어야 하며 또한 하는 일이 즐겁고 재미있어야 한다. '해 봐야 되지도 않다'는 무력감 속에서는 머리가 창의적으로 움직이지 아니한다.

(i) 적극적 사고를 하지 못하는 주된 이유는 쓸데없이 바보가 안 되려는 두려움 때문이기도 하고, 반대로 항시 똑똑해야 한다는 '지능함정' 때문일 수도 있다.

또한 실수나 실패에 대하여 두려움을 느끼는 것과는 달리 자기는 항시 똑똑하고, 맞고, 예리하게 보여야 자존심이 유지된다고 생각하는 사람도 있다. 이는 IQ가 높은 사람에게서 더 쉽게 발견할 수 있는데, 이들은 남의 아이디어가 오류임을 증명하고, 반대로 자신의 견해에 집착하여 자기 생각이 맞다고 변호하는 데 집중한다. 따라서 이러한 사람은 자신의 견해를 넘어서 더 넓게 탐색하지 못하고, 오히려 자신의 함정을 깊게 파기에만 열중하기 쉽다. 이를 '지능함정'(intelligence trap)이라 부른다.

(ii) 그러나 아무 때나 '하면 된다'고 생각하면 오류를 범하거나 실수하기 쉽

다. 판단하기 전에 일단 멈추어 생각해 볼 수 있어야 한다. 그리고 중요한 것은 적극적 사고가 소망을 비는 '소망적 사고'(wishful thinking)는 아니란 것이다. 문제가 있는 데도 없다고 주장하거나, 없는 데 있다고 믿는다면 우리는 현실을 사보타지(sabotage)하는 것이 된다. 적극적 사고가 소망적 사고가 되어 현실적인 사고를 대신해서는 안 된다.

2. 새로운 방식을 추구하는 사고

'하던 대로'는 편리하고 대개는 충분하다. '하던 대로'란 어떤 대상, 방식 또는 요령은 어떤 장면에 주로 사용된다는 것이 머리 속에 이미 잘 형성되어 습관화되어 있음을 의미한다. 이를 관행적 사고라 부를 수 있다. 그러나 창의적 사고는 어떤 것이든 가능한 대로 새로운 방식으로 사고하기를 선호한다. '새로운' 것은 지금 것과는 '다른' 어떤 것이며, 있던 대로 또는 하던 대로의 것이 아니다.

사실 우리의 사고는 틀리지 않는 것만으로는 충분하지 않다. 우리는 서술적 사고 못지 않게 무엇인가를 행위하고 만들어 내는 생산적 사고가 필요하다. 세상 일이란 가만히 앉아 내려다 보면서 우리가 바라는 일이 일어날 때까지 그냥 기다릴 수만은 없다. 우리는 제한적인 조건 속에서도 그런 대로 일을 처리하고 결정해야 하기 때문이다. 비유로 운전을 들어보면 '교통사고를 내지 아니하는 운전'이 전부일 수는 없다. 만약 그것이 전부이면 계속해서 자동차를 붙잡아 매어 두는 것이 가장 확실한 방법이 아닐까?

3. 폭넓은 사고

해야 할 일(문제)을 어떻게 '보느냐'에 따라 문제해결의 방법은 당연히 달라진다. 어떤 것을 어떻게 보느냐, 어떻게 지각하느냐, 어떻게 이해하느냐, 또는 어떻게 받아들이느냐 등의 말은 모두 의미하는 바가 같다.

넓은 시각에서(자기의 시각뿐만 아니라 남의 시각까지 포함하여, 易地思之) 문제를 바르게 지각한다면 문제해결은 이미 반 이상 해결된 것이라 말하기도 한다. 만약 더 넓게 이해하면 달리 보일 수 있었던 경우라 한다면 그렇게 하지 않고 찾아 낸 최선의 대안은 이미 최선이 아닐 수 있다. 자기가 사는 동네 이상을 모르는 사람은 동네의 미녀가 세상에서 최고가는 미녀이지만, 더 넓은 세계에서 보면 그녀는 이미 최고의 미녀가 아닐지도 모른다. 이를 '동네 미녀 효과'라 부른다.

12장

의사결정과 문제해결

이 장에서는 문제의 정의 그리고 문제해결과 의사결정의 공통점과 차이점을 논의하는 데서 시작한다. 그리고 문제해결의 단계는 일상의 일반적 문제해결과 과학적 문제해결로 나누어 자세하게 알아본다. 그런 다음 문제를 확인하고 이를 표상하는 방법 그리고 문제해결하는 전략들을 몇 가지로 나누어 살펴볼 것이다. 마지막으로 문제해결 전략의 수업을 탐구학습의 수업모형에 따라 분석해 보면서 수업의 예시도 함께 제시해 보려고 한다.

Ⅰ. 문제와 문제해결

먼저 '문제해결'과 '창의적 문제해결'의 관계부터 생각해 보기로 한다. 다시 말하면 이 장에서 다루는 '문제해결'과 10－11장에서 다루었던 '창의적 문제해결'은 같은 것인가, 아니면 다른 것인가라고 물어볼 수 있다. 결론적인 대답은 이들은 서로 다를 수 있다는 것이다.

'문제해결'이란 단어는 현재의 연구와 이론에서는, 특히 심리학에서는, 특별한 의미를 가지고 있으며 그리고 창의력(창의성) 연구와는 독립적인 자신의 연구전통을 가지고 있다. 이들은 문제해결을 인지 용어들을 사용하여 논의하며, 컴퓨터의 정보처리에 비유하는 인간 정보처리(human information processing)의 특수한 한 가지의 형태로 문제해결을 다루고 있다. 이러한 전통적인 '문제해결' 연구에서는, 문제를 해결하고 있는 사람은 '문제'가 존재하고 그것이 어떤 성질의 것인지를 알며, 그것을 해결하려고 의도하고 그리고 해결을 위한 방법들을 가지고 있으며, 적절하고 특수한 지식을 가지고 있으며 그리고 문제를 해결하면 그것이 어떠한 형태일 것인지를 이미 알 수 있다.

그러나 창의력 연구자들은 '문제해결'과 '창의적 문제해결'을 구분한다. 창의적 문제해결에서는 방금 언급한 요소들 가운데 하나 또는 몇 개가 빠져 있거나 모른다(문제에 대한 지식/정의, 해결방법, 해결의 성질 등에서). 창의적인 문제해결에서는 애매한 장면이나 열린 질문을 가지고 창의적으로 문제를 발견/확인하거나, 해결방법을 찾아야 하며 그리하여 해결/해결대안을 창의적으로 생성해 낼 수 있어야 한다. 다시 말하면 '창의'에는 문제해결이 포함될 수 있지만 그러나 문제해결에 항시 창의가 필요한 것은 아니다. 다시 말하면 문제해결은 창의적일 수 있지만 그러나 모든 문제해결이 창의적인 것은 아니다.

1. 문　제

문제란 기본적으로 보면 출구가 제대로 보이지 아니하는 딜레마(dilemma)이며,

해결책을 찾아야 하는 답답한 장면이며, 또는 현재로서는 대답을 알 수가 없는 어떤 질문이요 과제이다. 그러나 어떤 것이 당신이 이상적으로 바라는 것이 아니라고 하여 그것이 반드시 문제라 말할 수는 없다.

대개의 문제란 당신이 이렇게 저렇게 해도 쉽게 답이 나오지 아니하는 어떤 것이다. 그러나 '목표상태'와 '현재상태' 사이에 간격이 있다고 하여 반드시 문제인 것은 아니다. 그 사이에 반대로 작용하는 장애가 있어 목표도달을 어렵게 할 때 비로소 우리는 그것을 '문제'라 말할 수 있다.

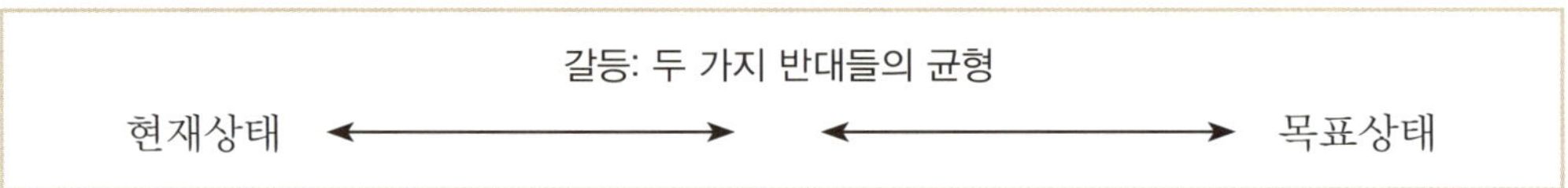

다시 말하면, 문제란 어떤 아이디어, 힘 또는 목적이 역의 아이디어, 힘 또는 목적의 반대를 받아 갈등을 일으키고 있는 것이다. 예컨대 다음과 같은 것이다.

- 나는 쇼핑을 가고 싶다. 그러나 나는 돈을 절약하고도 싶다.
- 나는 철수와 같이 일해야 한다. 그러나 나는 그 사람을 보기도 싫다.
- 우리 부서 사람들은 모든 것이 잘되고 있다고 생각한다. 그러나 어떤 거래처에서는 제품의 질을 높일 것을 요구하고 있다.

어떤 아이디어(힘, 목적)가 다른 아이디어(힘, 목적)의 반대에 직면하면 갈등이 생기고 우리는 스트레스와 혼돈을 경험하게 된다. 반대되는 두 가지 아이디어(힘, 목적)에서 생기는 반대가 계속하여 팽팽하게 맞서면 문제는 계속되는 것이고, 어느 한 쪽이 더 강해지거나 이기면 문제는 사라진다. 예컨대, '나는 산에 올라가보고 싶다'와 '나는 산에 가 보고 싶은데 등산화가 떨어졌어'라는 두 가지 진술 중 후자는 문제이지만 전자는 문제가 아니다.

2. 문제해결

'문제'의 내용이나 형태는 매우 다양할 것이다. 산다는 것은 바로 문제해결의

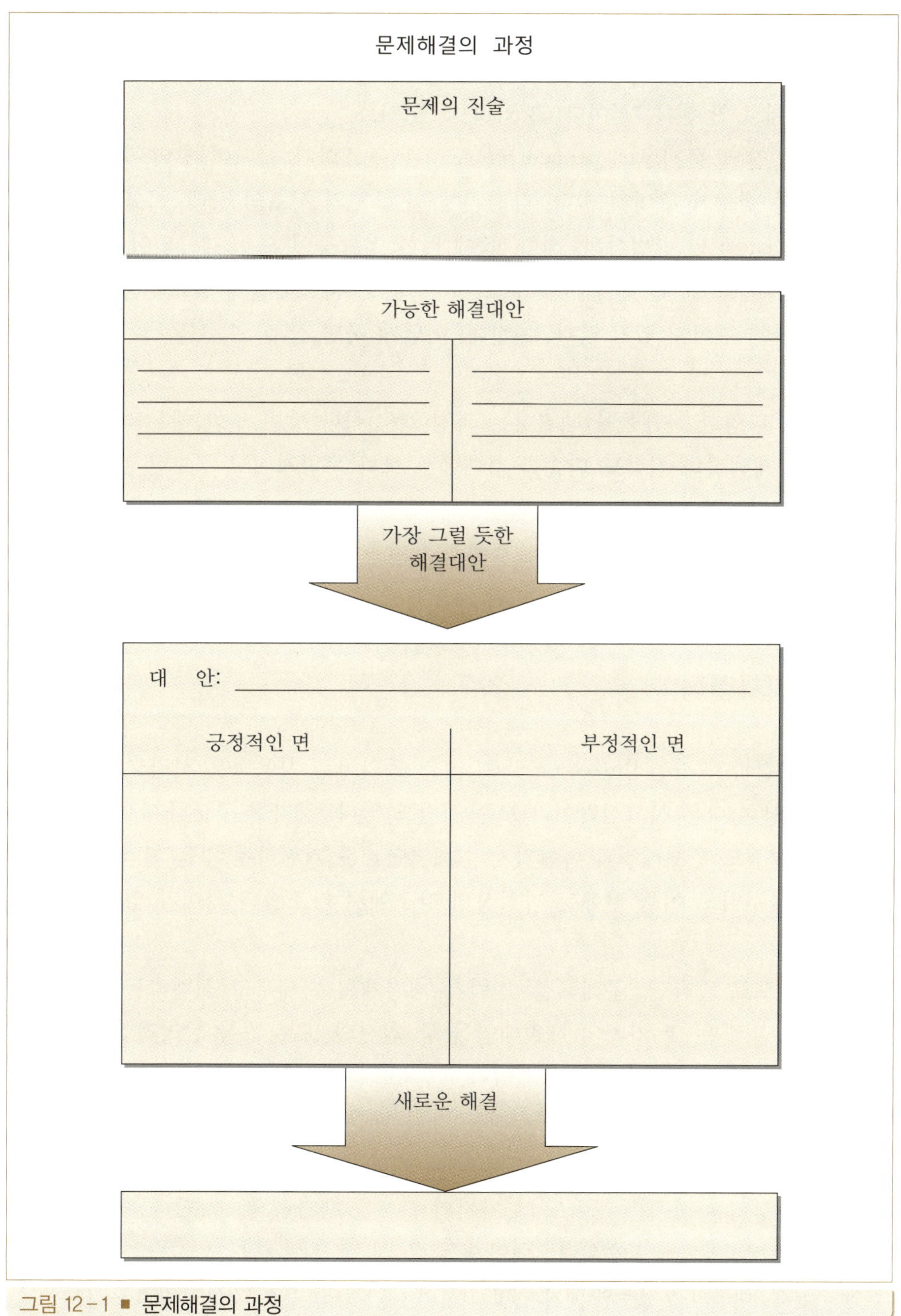

그림 12-1 ■ 문제해결의 과정

과정이라 말할 수도 있으니까 당연히 그럴 것이다. 이들 문제들을 몇 가지로 분류해 볼 수 있지만, 그래도 가장 간단하게 이분법적으로 나눈 것은 '정의가 잘된 문제'와 '정의가 제대로 안 된 문제'이다(〈Box 12-1〉 참고).

정의가 잘된 문제(well-defined problem)는 구조화가 잘되어 있어 해결하는 데 필요한 모든 정보가 주어져 있다. 다시 말하면 문제의 시초의 상태, 목표상태, 방법(조작자, operator) 및 방법상의 '제한' 등에 대한 정보들이 모두 제공되어 있다. 반면에 정의가 제대로 안 된 문제(ill-defined problem)는 문제해결에 필요한 정보가 불충분하거나 아예 주어져 있지 않다. 예컨대 '어떻게 하면 잘 살 수 있을까?'와 같은 문제이다.

이러한 다양한 문제들을 해결하는 과정(過程)이나 방법 또한 매우 다양할 것이다. 또한 문제해결의 전략도 단순한 형태에서 보다 복합적이고 정교한 것으로 시퀀스적으로 발달하기 때문에 이에 따라서도 문제해결의 모습은 다를 수 있다.

문제해결의 과정을 시각적으로 제시해 보면 [그림 12-1]과 같다.

3. 의사결정

문제해결과 의사결정(decision making)을 동의어로 사용하는 사람도 있고 이들은 서로 상당히 다른 사고전략이라 보는 사람도 있다. 양자를 구분하지 아니하는 사람은 의사결정도 문제해결과 마찬가지의 해결단계를 거친다는 것을 지적하고 있다. 그럼에도 불구하고 이들 간에는 과정상의 강조에서 다소간의 차이가 있다고 볼 수는 있다.

일반적으로 말하면 '문제해결' 전략은 해결계획을 세우고 실행하는 데 초점이 있고, '의사결정'은 몇 가지의 해결대안들 중 최선의 또는 가장 합리적인 해결책을 판단하여 결정을 내리는 데 초점이 있다. 그리고 문제해결은 대개가 가치 관련적이 아닌 장면의 것인 데 대하여 의사결정은 가치 판단적인 장면과 관련하여 논의되는 경향이 있다.

의사결정의 과정에는 적어도 세 가지의 단계를 생각해 볼 수 있다. 이들은 장면분석(목표의 정의와 장애물의 확인), 대안생성(대안의 생성과 준거설정) 그리고 선택분석(대안의 분석, 대안의 우선순위 매기기 및 최선의 대안선택) 등이다. [그림 12-2]는 이들 단계들이 서로 어떻게 상관되어 있는지를 보여주고 있다. 그리고 [그림 12-3]은 의사결정의 전개과정을 시각적으로 보여주고 있다.

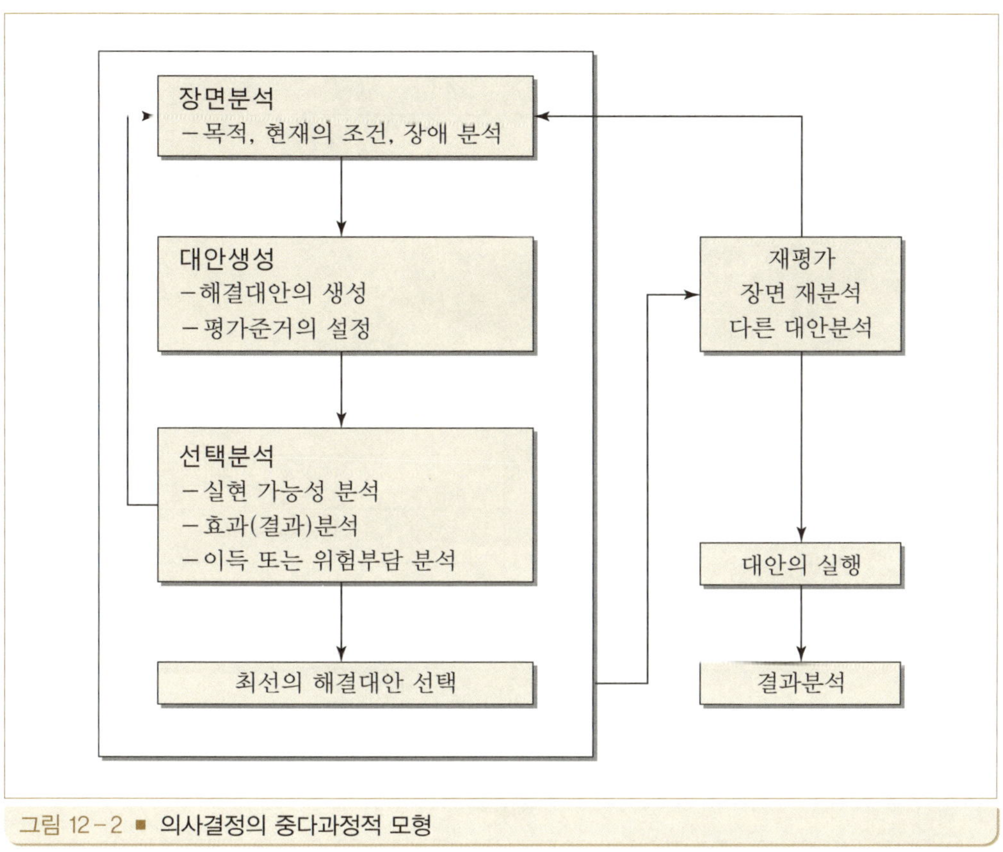

그림 12-2 ■ 의사결정의 중다과정적 모형

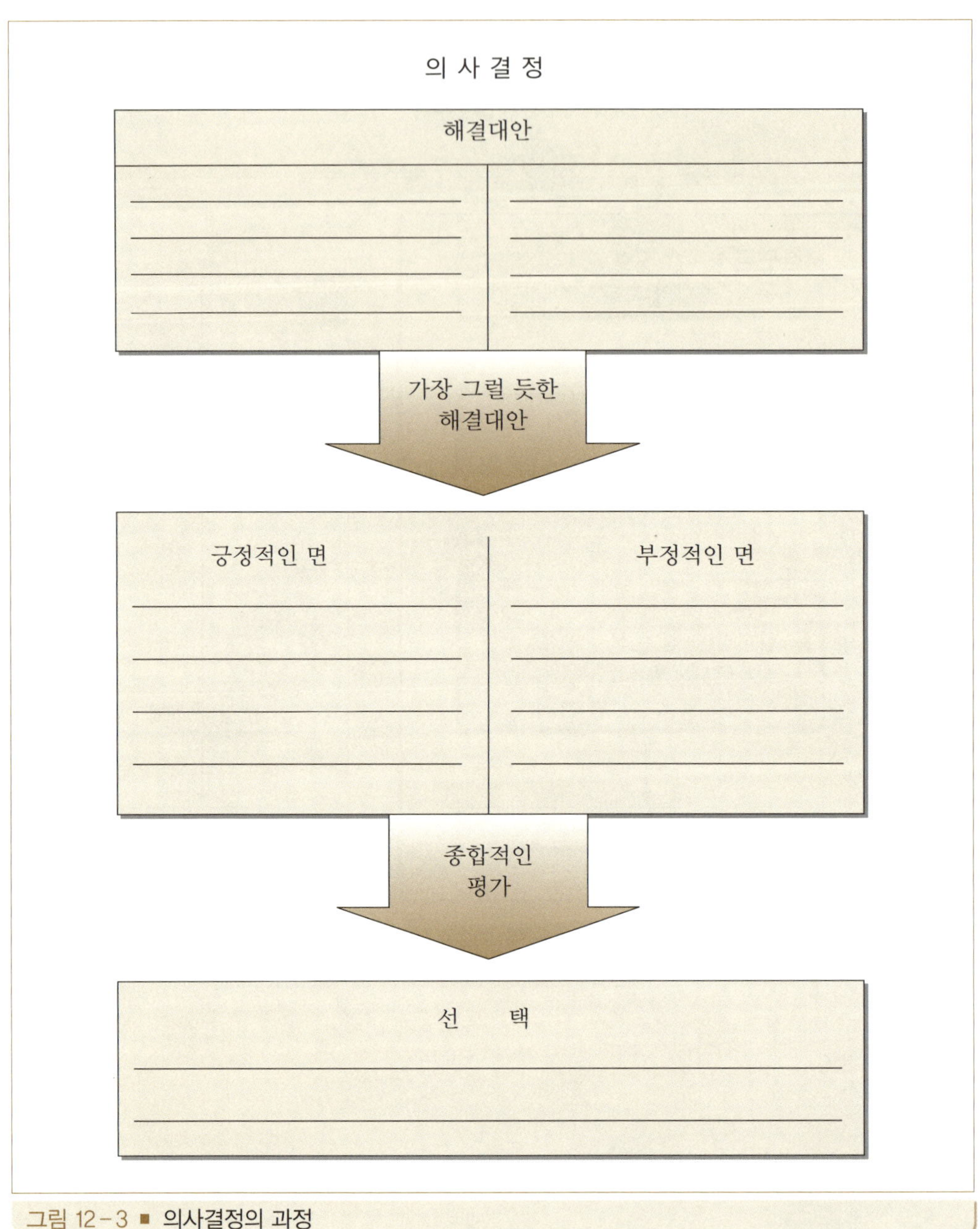

그림 12-3 ■ 의사결정의 과정

Ⅱ. 문제해결의 단계

여기서는 문제해결의 주요 단계들을 내용 설명과 함께 제시해 본다. 그러나 이해의 편리를 위하여, 문제해결의 주요 단계들을 일상생활의 문제해결에 주로 적용되는 '일반적 문제해결'과 학문영역에서 특히 강조하고 있는 '과학적 문제해결'의 두 가지로 나누어 알아볼 것이다.

1. 일반적 문제해결의 단계

일반적인 문제해결 전략의 성질이나 모형에 대한 논의는 결코 적지 않지만, 그러나 이들은 거의 공통적으로 문제해결의 단계를 설명하고 있다. 여기서는 '일반적' 문제해결(general problem solving)의 단계를 설명해 보고자 한다. 여기서 '일반적' 또는 '일반적 전략'이라 함은 '일상생활'의 문제에 쉽게 적용되는 것을 말한다. 이것은 다음에서 다루려고 하는 과학적 문제해결과 다소간 차이가 있다. 후자는 자연과학이나 사회과학의 문제해결에 보다 가까운 문제해결 단계 모형이다.

Hayes(1989) 및 Bransford & Stein(1984)의 *IDEAL* 등을 비롯한 많은 문헌들은 일반적 문제해결의 전략을 다음과 같은 다섯 단계로 나누어 설명하고 있다.

(1) 문제의 확인(identifying problems)

문제가 있음을 아는 것이며 문제를 발견하고 찾아내는 것을 말한다. 물론 문제에는 '잘 정의되어 있는 것'에서 '제대로 정의가 안 된 것'까지 여러 유형의 것이 있을 수 있다. 학교에서는 주로 분명한 문제들을 다루고 있지만 일상생활의 문제는 목표나 자료나 방법이 모두 애매한 것이 대부분이다.

문제가 있음을 알 때, 특히 그것을 분명하게 의식할 때, 그것을 끄집어 내어 해결하려는 노력이 적극적으로 이루어질 수 있다. 문제가 있음을 발견한다는 것은 모든 발전의 기본이다.

우리들이 문제를 제대로 찾아 내지 못하는 주된 이유는 잠시 동안이라도 멈추어 여러 가지의 장면들을 향상시킬 수 있는 가능성을 생각해 보지 않기 때문이다. 어떤 장면이 불편하거나 불쾌하더라도, 그것을 당연한 것으로 받아들이거나 또는 그렇고 그런 '인생살이'로 치부해 버리는 경향이 있다. 어떤 일이나 어떤 장면을 있는 그대로 받아들이고 넘겨 버리기보다는 '문제가 없는가', '무엇이 문제인가?', '더 낫게 할 수는 없는가'라고 질문하는 문제제기의 태도를 가지는 것이 중요하다.

(2) 문제의 정의(표상, defining problem)

제기된 문제를 어떤 내용의 것으로 이해하느냐를 말한다. 다시 말하면, 문제를 어떻게 정의하고 표상(表象, representation)하느냐는 것이다. 문제해결의 각 단계를 명료하게 구분짓기 어려울 때도 많지만 그래도 '문제의 확인'과 '문제의 정의' 간에는 중요한 차이가 있다. 예컨대, 사람들은 일반적인 형태로 문제가 있다는 데 동의하면서도 그것이 정확하게 무엇인지, 그것을 어떻게 정의(이해, 표상)할 것인지에 대하여서는 의견을 달리할 수가 있다.

문제에 대한 정의를 달리하면 거기에 적용하는 해결전략은 당연히 달라진다. 예컨대, 의사들이 어떤 환자의 심한 고혈압 증상을 보고 그것이 '문제'라는 생각은 같이 한다 해도 그것이 동맥경화 때문에 생긴 것인가, 아니면 스트레스 때문에 생긴 것인가, 이것도 아니면 또 다른 이유 때문으로 생긴 것으로 보느냐에 따라 처치 방법이 다를 것이다. 또한, '학교교육이 이대로 가면 안 되고 문제'라는 생각은 같이 해도 무엇이 문제이며 그래서 어떻게 해야 하는지에 대하여서는 견해가 아주 다를 수 있을 것이다.

표상은 머리 속에서 할 수도 있고(내적 표상) 종이 같은 데서 외적으로 할 수도 있다. 내용을 시각적으로 나타내 보거나 개념도를 만들어 보는 방법 등은 문제를 정의하는 데 매우 효과적이어서 특히 강조되고 있다.

(3) 해결대안의 탐색(explaining alternative approach)

문제해결을 위한 대안(계획)을 탐색하는 것이다. 여기에는 단순한 시행착오적 방법에서 브레인스토밍(brain－storming)이나 수단－목적 분석법 등에 이르기까지 다양한 해결기법들이 포함된다. 그리고 여기에는 문제에 대하여 현재 당신이 어떻게 반응하고 있는지를 분석하는 것과 대안적인 방안이나 전략들을 탐색해 보는 것 등이 모두 포함된다.

문제에 대하여 반응하는 모습도 다양할 수 있다. 문제장면을 버젓이 느끼면서도 당신은 신체적으로 또는 정신적으로 회피하고 있을지도 모른다. 문제를 해결하려고 노력은 하고 있지만 해결전략이 적절하지 못할 수도 있다. 그리고 전략 사용의 중요성은 알지만 현재의 문제에 맞는 구체적인 전략을 생각해 내지 못하거나 배우지 못했을 수도 있을 것이다.

(4) 계획의 실행(acting on a plan)

생성해 낸 대안들을 실제로 현실에 적용하는 것을 말한다. 대안을 생성해 내고 의사결정한 대안을 실행하기 위하여 상세한 '행위계획'을 사전에 세워야 할 때도 있다. 어떻든 계획을 실행할 때는 전략을 적용하고 거기서 얻게 되는 여러 가지의 피드백을 사용하여 진행을 '점검'할 수 있어야 한다. 거기에 따라 계획을 조정하거나 새로운 해결대안을 생각해 봐야 할 수도 있을 것이다.

(5) 효과의 확인(looking at the effects)

대안을 실행하고 거기서 얻게 되는 효과를 확인하는 것이다. 문제를 의식하고, 정의하고, 해결대안을 탐색하고, 그리고 생성해 낸 실행계획을 선택하여 수행해 보았으면, 거기에서 얻게 되는 효과를 확인하고 분석해야 한다. 효과의 분석에는 목표의 달성 정도뿐 아니라 해결의 정확성이나 효율성 등도 포함될 것이다. 다시 말하면 문제가 제대로 해결이 되고 있는지를 확인하는 것이다. 분석해 보니 문제가 성공적으로 해결되었음을 확인하게 되면 여기에서 해결과정은 종결될 것이다. 그러나 결과가 불만족스럽거나 실패하면, 문제의 확인, 문제의 정의, 대안의 탐색 또는 이들 단계들의 전체 또는 필요한 어떤 단계로 되돌아 가서 문제해결 과정을 다시 계속해야 할 것이다.

2. 과학적 문제해결의 단계

이는 사회과나 자연과에서 특히 강조하고 있는 전형적인 문제해결의 단계이며,

일반적 문제해결의 전략과는 다소간에 차이가 있다. 여기서는 '일반적' 모형에 있는 '해결대안의 탐색'이 '가설의 생성－검증－평가'로 좀더 정교화된다고 볼 수 있다. [그림 12-4]는 주요 단계뿐만 아니라 거기에 작용하는 '인지적 조작'들도 같이 제시

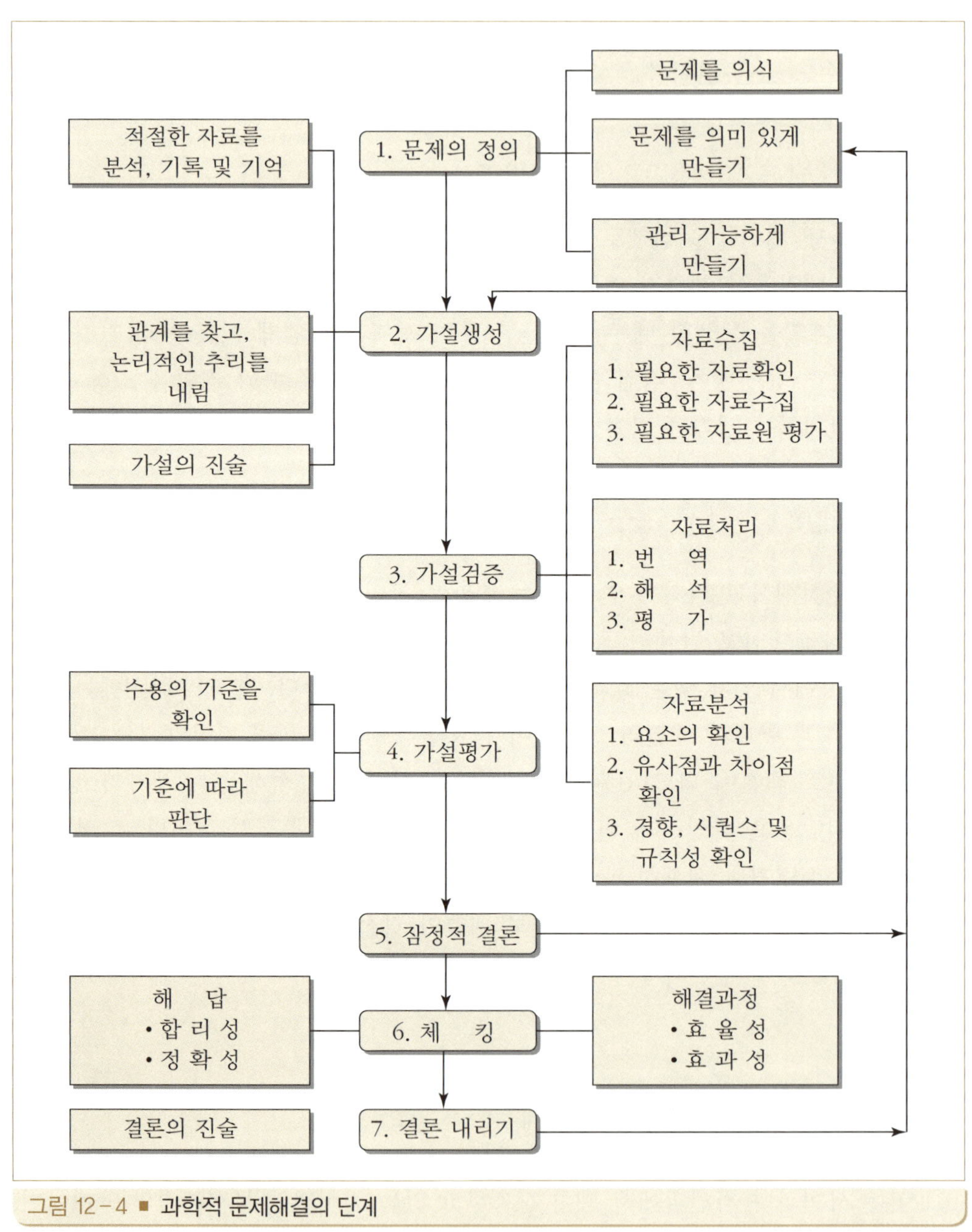

그림 12-4 ■ 과학적 문제해결의 단계

하고 있다(Beyer, 1988).

(ⅰ) '문제의 정의'는 세 가지의 조작을 통하여 이루어지는데, 이들은 문제가 있음을 의식하는 것, 진짜의 문제를 확인해 내는 것 및 문제를 관리 가능하게 진술(문제의 진술)하는 것 등이다. 관리 가능하게 하는 한 가지 방법은 더 작은 하위 문제로 나누어 보는 것이다.

(ⅱ) '가설생성'이란 잠재적인 해결책을 만들어 내는 것이다. 이를 위하여 가용한 자료를 고찰하여 살펴보고, 자료들 사이의 관계를 찾아보며, 추론을 해 보며, 그래서 그 속에서 어떤 '형태'나 '규칙' 같은 것을 찾아보아야 한다. 그리고 여기에서 브레인스토밍이나 수단-목표 분석법 등의 사고기법도 사용할 수 있을 것이다.

(ⅲ) '가설의 검증'을 하기 위해서는 우선 가설이 수용될 수 있는지를 알아볼 수 있는 자료를 수집해야 한다. 보다 엄밀하게 말하면 "만약 가설이 맞다면 이러 이러한 사실(증거)이 일어날 것이다"에 따라 자료를 수집하는 것이다. 다음으로는 수집한 자료를 분석하고, 해석하고, 그리고 의미를 분석해야 한다.

(ⅳ) '가설의 평가'에서는 가설에 대한 판단기준을 구체화해야 한다. 그리고 가설을 수용하든 기각하든 간에 최종의 결론을 내리기 전에 내용이나 절차상 오류가 없는지를 체크하는 것이 포함된다.

마지막으로 주목해 둘 것은 일반적인 것이든 과학하는 경우의 것이든 간에 문제해결의 단계는 직선적인 것이 아니라 앞뒤를 왔다 갔다 하는 순환적이라는 것이다. 어떤 단계에서 새로운 통찰이 생기면 그것은 바로 다른 단계에도 관계되기 때문이다.

Ⅲ. 문제의 표상과 해결전략

여기서는 문제를 표상/이해하는 방법과 문제에 대한 해결대안을 탐색하는 데 사용할 수 있는 몇 가지 전략들을 알아본다.

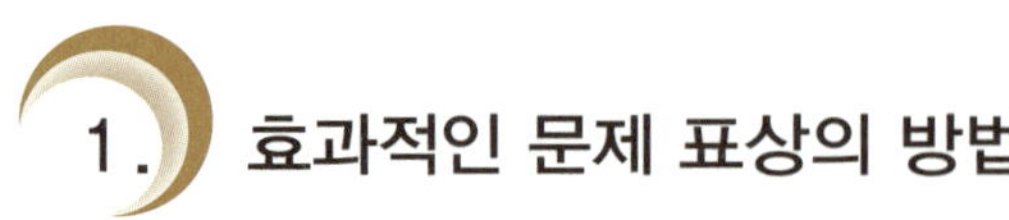

1. 효과적인 문제 표상의 방법

이제 우리는 문제를 효과적으로 표상하는 몇 가지 방법들을 알아볼 것이다. 그런데 이들은 자료의 내용에 따라 몇 가지로 묶음하고 그리하여 시각적인 형태로 표현하는 공통점을 가지고 있다. 이들 방법은 당신이 문제를 얼마나 잘 이해했는지를 체크해 보게 하는 기능도 가지고 있다.

(1) 적어 보기

어떠한 문제라도 처음은 머리 속에서 표상한다. 그런데 이들을 종이 위에다 적어 보거나 그림을 그려 보면 기억 부담을 줄일 수 있을 뿐 아니라 문제를 '시각적으로' 전체적으로 내려다 볼 수가 있다. 매우 분명해 보이는 보기 하나는 곱하기 계산이다. 예컨대, 326×273을 쓰기하지 않고 계산하기란 매우 어렵다. 그러나 연필로 적어가면서 계산하면 어렵지 않다. 몇 가지 사실이나 대안들을 같이 생각해 봐야 하는 문제이면 언제나 종이와 연필을 사용하는 것이 좋다.

(2) 그래프나 다이어그램 만들기

다음의 문제를 풀어보라. "어떤 스님이 정확하게 오전 6:00에 산 정상을 향해 절에서 출발하여 정확하게 오후 4:00에 정상에 도달하였다. 그날 밤을 정상에서 보낸 스님은 이튿날 정확하게 오전 6:00에 산 정상을 출발하여 오후 4:00에 절에 도착하였다. 중간에 몇 번 휴식하기도 하였다. 스님이 올라 가던 날과 내려오던 날 정확하게 같은 시간에 통과했던 어떤 지점이 있을까?"

이 문제는 그래프를 그리지 않고는 해결이 어렵다. 어떤 모양의 것이든 첫 날과 둘째 날의 등산 그래프를 각기 그린 다음 이들 두 그림을 포개보면 마주치는 지점이 반드시 있다. 그러면 해답은 자명해진다.

그래프(graph)나 다이어그램(diagram)을 그리는 것은 문제를 이해하고 해결하는 데 매우 효과적인 방법이다. 특히 수학이나 과학문제를 해결하는 데 유용하다. 그림의 구체적인 형태는 과제에 따라 다양할 수 있다.

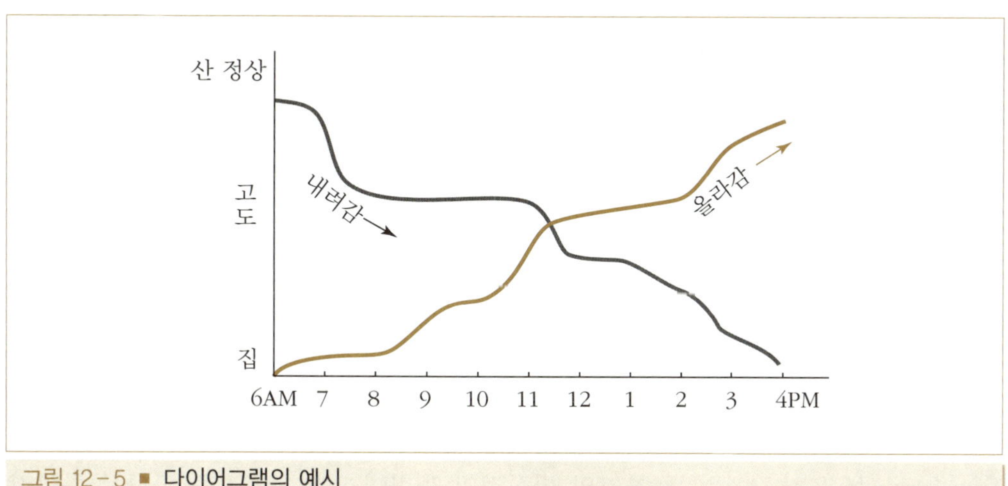

그림 12-5 ■ 다이어그램의 예시

(3) 기타의 방법

기타의 표상 방법으로는 위계도(hierarchical tree) 만들기, 행렬 만들기 및 모형 만들어 보기 등을 들 수가 있다. 위계도는 나무 모양으로 가지를 만들어 가는 다이어그램인데, 이는 특히 문제해결이나 의사결정에 유용한 방법이다. 행렬(matrix)은 사실들을 가로와 세로의 사각형 모양으로 배치해 보는 것인데, 특히 문제에서 주어져 있는 것을 범주로 나누어 보려고 할 때 유용한 표상방법이다. 모형 만들기는 추상적인 문제를 구체적으로 나타내 보는 방법이다. 특히 사실이 여러 가지로 절차가 복잡한 문제에서 유용하다.

앞에서 설명한 몇 가지의 표상 방법들은 각기 보다 적절하게 사용할 수 있는 곳이 있다. 가능한 대로 적어 보고 기억 부담을 줄이고 시각적으로 이해할 필요도 있다. 실험 결과는 대부분 그래프로 그려보는 것이 좋다. 다이어그램은 복잡한 관계를 알기 쉽게 보여주며 행렬은 문제에서 주어져 있는 것을 범주로 묶음하여 비교할 때 유용하다. 어떻든 문제의 성질에 맞게 가장 적절한 표상 방법을 선택해야 한다. 문제를 어떻게 표상하느냐에 따라 문제를 풀 수 있느냐 없느냐가 결정될 수도 있다. 어떤 표상 방법이 유용하지 아니한 것 같으면 다른 방법을 써 보라.

2. 문제해결의 전략

여기서는 문제해결을 위한 몇 가지의 체계적인 전략들을 살펴본다. 어느 하나의 전략이 언제나 모든 문제의 해결을 보증하지는 아니한다. 그러나 몇 가지 전략들의 성질과 이들의 사용방법을 익혀 두면 새로운 문제에 봉착했을 때 방향과 자신감을 가질 수 있을 것이다. 그래서 과제에 적절한 방법을 떠 올려 사용할 수 있다.

(1) 수단-목표 분석

수단-목표 분석에는 두 가지의 핵심적인 측면이 있는데, 그 중 하나는 차이감소(difference reduction)이고, 다른 하나는 하위목표 설정(subgoaling)이다. 수단-목표 분석에는 현재의 문제상태와 바라는 목표상태 간의 차이 — 지금 현재 가지고 있는 것과 결국에 가서 가지고 싶어하는 것 사이의 차이 — 를 결정하고 이러한 차이를 감소시킬 수 있는 유용한 방법을 선택한다. 결국 목표상태에 더 가깝게 갈 수 있게 하는 방법을 선택한다(그래서 이를 '산 오르기' 방법이라고도 한다, hill climbing). 사람들은 잠시라도 목표와 덜 유사한 상태의 방향으로 가는 통로를 택하기를 대단히 주저한다. 그러나 전문적인 지식을 쌓아갈수록 문제의 표면적 측면을 넘어 깊은 측면(즉, 해결의 원리나 구조)에 주목하여 문제가 어떻게 유사한지를 고려한다. 표면에 나타나 있는 것은 진짜 문제의 '증상'에 지나지 않은 경우가 많다.

두 번째 측면은 하위목표 설정이다. 이는 문제의 목표를 하위목표로 분석하고 어떤 수단이 하위목표를 달성케 할 수 있느냐에 따라 진행한다. 수단-목표 분석법은 여러 가지 장면에서 사용할 수 있는 문제해결 방법이다. 그러나 바로 옆에 열려져 있는 창문을 마다하고 계속하여 유리창에 코를 박으면서 밖으로 나가려고 애쓰는 꿀벌처럼 경우에 따라서는 비효과적인 방법일 수도 있다.

(2) 후진적 작업법

전진적 작업법(working forward)은 현재의 상태에서 목표에 보다 가깝게 갈 수 있기 위하여 현재에서 가능한 행위들을 고려해 보고 최선의 것을 선택하고, 그리고 선택한 것을 적용했을 때 무엇이 일어났는지를 살펴보며 이러한 과정을 반복한다.

'무엇이 일어났는지를' 살펴본다는 것은 목표와의 거리가 감소되었는지를 알아보는 것을 말한다. 전진적 작업법의 대표적인 보기는 앞에서 알아본 '수단—목표 분석법'이다.

그러나 후진적 접근법(working backward)은 거꾸로 목표상태에서 시작하여 시초의(현재의) 상태로 향하여 문제의 해결을 계획한다. 여기서는 어떤 큰 문제를 더 작은 문제들로 쪼갠다. 예컨대, 수사관이 범행동기를 알고 그리고 얼마의 지문을 가지고 있다면, 누가 살인자인지에 대하여 얼마간은 짐작해 볼 수 있을 것이다. 그러므로 '범행동기에 관한 정보와 지문에 관한 것을 찾아보고' 그리하여 결국에는 범인을 찾아내는 것과 같다.

(3) 기타의 해결방법

우선 '생성하라, 그리고 검사해 보라'라는 방법을 생각해 볼 수 있다. 이 전략에서는 어떤 진략을 특별히 선택하지 아니하고 다만 진척이 분명할 때까지 하나씩 차례대로 수행해 보며 그리고 다시 문제장면을 재평가한다. 만약 당신이 동굴에 갇혀 있고 사용할 수 있는 도구는 몇 개뿐이라 해 보자. 당신은 도구를 하나씩 차례대로 사용해 보고 빠져나가는 데 사용할 수 있는 것을 발견하기를 원할 것이다. 예컨대, 어떤 서류철이 어느 서랍에 있는지를 모른다면 찾을 때까지 서랍을 하나씩 체계적으로 뒤져 볼 수밖에 없다. 결국 이 방법은 선택의 수가 적고 하나씩을 확실하게 체계적으로 적용해 볼 수 있는 장면에서 가장 적절하다.

또한 문제를 '단순화'시켜 보는 방법, 일반적인 경우(일반화)나 특수한 경우(구체화)의 보기를 생각해 보는 방법, 문제의 형태를 보고 '법칙'을 찾아보는 방법 또는 브레인스토밍 기법 등을 사용할 수도 있을 것이다.

Ⅳ. 문제해결 전략의 수업

'문제해결'을 가르칠 때는 두 가지의 서로 다른 초점이 있을 수 있다. 하나는 문제해결의 전체적인 절차를 수업하는 것이고, 다른 하나는 어떤 해결단계에 적합

한 구체적인 사고기능과 전략을 선택하여 수업하는 것이다. 다음에서 다루는 '탐구적 수업'은 전자에 초점이 있다. 그러나 이들 두 가지의 초점은 떨어져 독립적인 것이기보다는 서로 교환적이고 보충적인 것으로 이해할 필요가 있다.

1. 문제해결 수업의 전제

문제해결을 어떻게 가르칠 것인가? 물론 이 물음은 다른 사고기능을 가르치는 경우와 같은 선상의 것이지만 그러나 다소간 특수한 측면도 있다.

그런데 이미 오래 전부터 문제해결력을 가르치고 있다고 믿고 있는 사람에게는 앞서의 질문은 좀 황당하게 들릴 수도 있을 것이다. 이들 중에는 칠판에 수학문제를 적어놓고 학생들과 같이 문제풀이를 하거나, 연습문제를 숙제로 내거나 또는 참고서에 있는 차례에 따라 실험을 해 보게 요구하면서 이미 자기는 문제해결을 가르치고 있다고 믿는 사람도 있을 것이다. 이러한 보기에서처럼 '문제해결을 수업'한다는 것의 의미를 잘못 이해하고 있는 경우도 적지 않게 있다. 아래에서는 바른 이해를 위한 전제들을 세 가지로 정리해 본다.

(i) 문제를 해결하는 절차를 기억해 낼 수 있다는 것과 문제해결할 줄 아는 것은 같은 것이 아니다. 전자는 어디까지나 '암기'일 뿐이다. 그러나 '문제'란 정의상 이전에 겪어 본 적이 없는 것이다. 따라서 비슷한 경험은 있을 수 있지만 과거 경험에서 바로 해답을 기억해 낼 수 있다고 하여 반드시 문제해결 능력이 있다고 말하기는 어렵다.

(ii) 문제의 수를 늘려 연습을 많이 한다고 하여 문제해결 기능이 반드시 그리고 자동적으로 개발되는 것은 아니다. 교육이 되려면 연습을 위하여 사용하는 문제의 유형이 다양하고 적절해야 하며 또한 적절한 해결의 절차를 의식적으로 주목할 수 있어야 한다. 맹목적인 연습은 아무리 많아도 문제해결 기능을 개발하는 데 별로 효과가 없다.

(iii) 문제해결 기능을 효과적으로 개발하고 다양한 맥락에 전이(轉移, transfer)될 수 있게 하기 위해서는 해결절차를 드러내서 외현적으로 가르쳐야 한다. 그리고 문제해결을 훈련하는 것과 교과내용의 수업을 하나의 과정 속에 통합시켜 가르치면 더욱 효과적이다. 그리고 전이효과를 최대화하기 위해서는 다양한 장르(genre)의 자

료를 사용하는 것이 중요하다.

문제해결을 가르치는 교수법을 굳이 두 가지로 나눈다면 '전통적' 접근법과 '사고력 중심의 통합적' 접근법으로 나눌 수 있다. 과거에는 전통적 접근법을 많이 사용하였지만 현재는 사고력 중심의 통합적 접근법을 강조하고 있다(보다 자세한 것은 13–14장 참조).

2. 문제해결 탐구학습의 수업모형

문제해결을 수업에 적용한 것이 수업의 탐구적 모형(탐구학습적 모형, inquiry model)이다. 탐구적 수업은 문제해결이라는 과정중심(過程中心)의 수업전략으로서 여러 가지의 교과내용에서 문제(의문, 과제)를 발견하고 이를 체계적으로 해결해 가는 방법을 가르친다. 원래는 과학과에서 시작하였지만(과학과에서는 다른 교과목에서 보다 '절차적 지식'이 특히 중요하다) 탐구모형의 수업은 다른 교과의 여러 장면에서도 쉽게 적용할 수 있다.

수업에서 말하는 '탐구'는 문제해결의 과정을 '탐구해' 가는 것을 말한다. 여기서의 '탐구'란 사실과 관찰을 기초로 하여 질문에 대답하고 문제를 해결해 가는 과정으로 본다. 그래서 탐구적 수업에서는 학생들에게 여러 가지 내용영역에서 만나는 질문과 문제들을 어떻게 해결해 갈 것인지를 가르치려고 한다. 탐구적 수업 모형은 대개 다음과 같은 다섯 단계로 진행된다(Eggen & Kauchak, 1988).

- 질문 또는 문제의 확인/발견
- 가설생성
- 자료수집
- 자료분석을 통한 가설의 사정
- 일반화

그러나 '탐구'란 말은 보다 포괄적인 의미로 사용될 때도 있고, 문제해결의 어떤 구체적인 사고기능을 가르치려고 할 때 쓰이기도 한다. 가장 넓은 의미의 '탐구'란 문제를 규명하는 체계적인 방법을 말한다. 과학자들은 지식을 생성하고 타당화하는 데 탐구과정을 이용한다. 예컨대 질병의 원인조사나 사건의 진상조사 등과 같은 것이다. 어떤 현상에 대한 '왜'를 탐구할 때 우리는 '탐구'란 말을 사용한다. 이와는 달리 좁은 의미의 탐구는 구체적인 어떤 사고기능을 개발하기 위한 것이다. 처음은 일반적 문제해결 수준에서 시작하여 가설설정이나 자료분석 같은 특정의 사고기능을 가르칠 때 '탐구' 또는 '탐구기능'을 가르친다고 말한다. 탐구적 수업의 절차는 다음과 같다.

(1) 계　　획

먼저 수업하려는 교과내용이 어떤 것이며 그리고 어떤 사고기능을 개발코자 하는지를 분명히 해야 한다. 물론 이들은 수업의 사고기능 목표가 된다.

(i) 탐구적 수업을 보다 적절하게 적용할 수 있는 교과내용은 다음과 같은 두 가지 유형의 것이다.

첫째는 원인－효과(결과)의 관계를 다루는 내용(토픽)이다. 뒤에서 예시한 수업에 있는 '반죽하는 시간량－빵의 향기와 맛'의 관계가 보기가 된다. 모든 교과에는 원인과 효과(결과)를 포함하는 내용들이 많이 있다.

둘째는 상관관계의 내용들이다. 이러한 내용은 개념들 사이에 인과적인 것뿐 아니라 반드시 인과적으로 연결된 것은 아니지만 일반적인 관계가 있는지를 다루는 것이다. 상관관계는 인과관계적인 것일 수도 있지만 반드시 인과의 관계는 아닐 수도 있다. 예컨대, 광고유형과 판매량, 훈련량과 만족도 등이 보기가 된다. 여기서 얻어지는 일반적 법칙은 인과관계의 것과는 다를 수 있다.

(ii) 탐구수업에서는 교과의 내용보다는 사고기능을 가르치는 데 더 초점을 두고 있다. 문제를 인식하고, 잠정적 해답(가설)을 만들고, 적절한 증거를 수집하고, 그리고 가설을 비판적으로 사정하는 능력 등을 개발하는 것을 주된 목적으로 한다. 이것이 바로 수업의 사고기능 목표가 된다. 그러나 탐구의 과정을 효과적으로 촉진시키기 위해서는 특히 다음에서 논의하는 두 가지 계획을 잘 세워야 한다.

(가) 문제 또는 질문의 확인/발견: 앞에서 수업하려는 교과내용들을 분석하였는데, 이제는 거기에 관련된 질문 또는 문제(과제)를 준비해야 한다. 다시 말하면 교과내용을 '사고의 형태'로 번역할 수 있는 질문이나 문제를 미리 계획한다. 질문/문제가 수업 중 자발적으로 나올 수도 있지만 대개는 교사가 미리 준비해야 한다. 탐

구적 수업에 적절한 교과내용은 원인-효과 관계의 것이나 일반적인 상관관계를 다루는 것임은 이미 지적하였다.

(나) 자료수집을 위한 계획: 문제를 해결하는 데 필요한 자료를 수집하는 절차를 미리 예상해야 한다. 가능한 대로 학생의 아이디어에 따르지만 어떻든 문제해결을 위한 자료수집의 전체 과정을 가이드하고 촉진할 수 있어야 한다. 또한 시간계획도 만들어야 한다.

자료의 출처(자료원)에는 일차적인 것과 이차적인 것이 있다. '일차적' 자료는 직접 관찰 또는 실험하거나 면담하여 수집한 것이다. 이차적 자료는 다른 사람이 이미 분석하고 해석해 둔 정보를 말하는 것으로 이들은 논문이나 서적 등에 실려져 있을 것이다.

(2) 수업의 실행

탐구적 모형은 문제해결의 다섯 단계를 가지고 있는데, 이제 이들 각기에 따라 수업의 전개를 정리해 본다. 실제의 수업이 이들 5개 단계들을 한꺼번에 모두 다루어야 하는 것은 물론 아니다. 교과내용에 적합한 것 하나 또는 몇 개만을 골라 사용할 수 있다.

(i) 질문 또는 문제의 확인: 칠판에 또는 OHP로 문제진술을 제시하고 학생들이 거기에 들어 있는 언어나 개념들을 이해하고 있는지를 확실하게 하는 데서 시작한다. 질문에는 여러 가지가 있을 수 있지만, 예컨대 "꽃을 더 잘 가꾸려면 어떤 것을 생각해 보아야 할까요?"와 같은 것이다. 가능한 문제들을 학생들이 발산적 사고한 다음 이들 가운데서 가장 중요하고 재미있어 보이는 것을 선택하여 사용할 수도 있다.

(ii) 가설생성: '가설'은 잠정적인 대답 또는 '그럴 듯한 추측'이라 말해 준다. 생산적인 가설생성의 한 가지 방법은 '브레인스토밍' 방법이다. 여러 가지 아이디어를 만들어 낸 다음 이들을 분석하고 우선순위 등을 정하거나 최선의 것을 선택한다.

가설생성 후 탐구의 과정은 '개방적'으로 진행할 수도 있고 반대로 '폐쇄적'으로 할 수도 있다. 개방적 탐구수업에서는 교사는 어떤 구체적인 일반적 법칙(내용)을 가르치려는 생각을 가지지 않고 일반적 영역에 대하여 학습하기를 기대한다. 따라서 이때는 내용은 덜 중요하고 탐구기능의 연습이 더 중요하다. 반면에 폐쇄적 탐구수업에서는 교과의 내용목표가 더 중요하며 그에 따라 교사는 가르치려는 일반적 법칙을 가르친다.

(iii) 자료수집: 자료수집이 얼마나 복잡한지는 대개 문제가 어떤 것인가에 달려 있다. 그러나 교사는 일차적–이차적 정보원의 선택 및 자료수집의 요령을(전체 학반, 소집단, 개별 등) 미리 결정해야 한다. 그런데 〈Box 12-2〉에서는 직접 자료수집을 하는 대신 질문을 이용하여 자료수집의 과정을 경험할 수 있는 '탐구적 질문법'을 제시해 두고 있다. 직접 자료수집의 한 가지 방법은 실제로 실험 설계하여 실험을 수행하여 결과를 정리해 보는 것이다.

(iv) 자료분석: 수집한 자료를 기초로 하여 가설을 평가하고 해석하는 책임을 학생들 스스로가 지게 하는 것이 중요하다. 첫째, 학생들이 가설이란 잠정적인 것이지만 그래도 그것이 조사(연구)의 가이드가 된다는 것을 배워야 한다. 가설에 맞추기 위하여 자료를 왜곡되게 해석해서는 안 된다. 둘째는, '맞다'나 '틀린다'라는 말의 사용에 대해서이다. 자료가 가설을 지지하지 아니하면 그 가설은 기각될 뿐이다. 지지를 받지 못하니까 "틀렸고" 따라서 그런 가설을 제안한 사람은 오류를 범했다고 말해서는 안 된다. 가설은 '맞다'–'틀린다'의 문제가 아니라 다만, '수용'–'기각'의 문제일 뿐이다.

(v) 일 반 화: 수업은 가설을 수용, 기각 또는 수정하고, 거기에서 얻은 결론을 기초로 '잠정적인' 일반적 법칙을 말하는 데서 끝이 난다. 이러한 일반적 법칙에서 새로운 문제가 제기되고 그리하여 탐구과정은 또 다시 계속될 것이다. 이 속에서 '애매함을 인내'하는 것도 학습해야 할 것이다. '잠정적'인 일반적 법칙이란 그러한 법칙은 확정적인 것이 아니고 반복적인 추가의 검증을 통하여 더욱 확인해 보아야 한다는 의미이다.

3. 탐구적 수업의 예시

어떠한 수업도 마찬가지지만 문제해결의 과정을 수업하는 탐구적 수업도 크게 보면 '준비단계'와 '실행의 단계'로 이루어진다.

(i) 준비단계에서는 우선 수업에서 가르치려는 교과내용과 사고기능을 확인하여 '내용목표'와 '사고기능 목표'를 설정한다. 다음은 교과내용을 질문이나 과제

로 번역하는 것이다. 그런데 질문/과제는 대개는 교사가 미리 준비해야 하지만 학생들이 제기하게 되는 자발적인 것일 수도 있다. 그리고 마지막으로 자료수집의 방법을 미리 계획해야 한다.

그런데 질문/과제에 대하여 한 가지만 더 언급해 두기로 한다. 질문/과제가 교사가 만든 것인가 아니면 학생이 만든 것인가에 따라 수업의 전개는 별로 다를 것이 없다. 그럼에도 불구하고 학생이 스스로 질문을 생성하고 그것의 대답을 탐구해 가는 과정을 경험해 보는 것은 특별한 중요성을 가질 수 있다. 학생들이 남의 질문에만 따라가면 지식이란 다른 사람이 이미 만들어 놓은 외적인 어떤 것이며 그리고 자기 자신과는 관계가 없는 비개인적인 것이란 인식을 가지기 쉽다. 그러나 학생 생성의 질문은 지식이란 스스로의 고뇌의 과정을 통하여 발견해 보는 자기 자신의 것이 된다. 그리고 그러한 지식은 자기가 가지고 있는 기존의 지식, 신념, 가치 등과 통합되어 쓸모 있는 지식구조를 이루는 데 도움이 될 것이다.

(ii) 탐구적 수업 모형도 크게 보면 두 가지가 있다. 하나는 관찰의 형태로 실제로 자료를 수집하고 이를 분석하여 실제의 문제를 조사(연구)해 가는 것인데, 이것이 일반적인 형태이다. 두 번째는 질문법을 통하여 자료수집을 시뮬레이션(simulation)한다는(실제로 자료를 수집하는 대신) 점에서 첫 번째와는 차이가 있다. 이를 R. Suchman 방법이라고도 하는데, 이에 대하여서는 〈Box 12-2〉를 참고하기 바란다. 아래의 수업의 예시는 실제로 자료를 수집하는 일반적인 형태의 것이다.

D교사는 빵굽기의 일반적인 절차를 설명하고 있는데, 한 학생이 손을 들고 "왜 반죽을 그렇게 오래 합니까?"라고 물었다.

"좋은 질문입니다. 누가 이 질문에 대하여 생각나는 어떤 아이디어가 있어요?" (이에 대하여, 성분들이 잘 섞이게…, 효모와 관계 있을지 … 등등의 대답이 나온다)

D교사는 칠판의 윗부분에다 '가설'이라 쓰고 학생들이 반응한 것을 적는다. "이러한 잠정적인 아이디어들을 가설이라 부릅시다. 그러면 이들 중 어느 것이 정확한지를 어떻게 알 수 있을까요? 모두 생각해 봐요?"(이에 대하여, 실험을 해 보고 가설들을 따져 보자는 제안이 나온다. 반죽을 반으로 나누어 반죽 시간을 달리하고, 예컨대 10분 대 5분간 등. 그런 다음 실제 하듯이 구어 보자는 제안 같은 것이 나왔다)

"좋아요. 그러면 비교를 제대로 해 보려면 고려해 보아야 할 다른 것들은 없을까요?"(여기에 대하여, 같은 반죽을 사용하고, 반죽의 종류도 같고, 같은 사람이 두 가지를 반죽해야 한다는 등의 반응이 나온다). "좋아요, 이들을 통제변수라 부릅시다. 통제변수들을 같게 해야 우리가 관심 가지는 변수, 즉 반죽하는 시간량이 빵의 맛이나 향기에 미치는 차이를 바르게 알 수 있을 것입니다."(논의해 온 것을 고려하여 실제로 빵 굽기를 함. 그리고 구어낸 빵을 맛보고 비교하여 분석하였다)

그리하여 가설을 검증하고, 왜 반죽을 오래 해야 하는지에 대하여 결론을 내린다.

(iii) D교사는 일련의 질문을 통하여 문제에서 가설설정으로, 다시 자료수집으로, 그리고 수집한 자료를 분석하는 단계로 나아가게 수업을 전개하고 있다. 그리고 탐구적 모형에 포함되어 있는 하위기능들을 연습시키고 있다. 이러한 탐구적 수업에서는 교사의 역할에도 특징이 있다.

첫째, D교사는 정보를 단순히 전달하는 것이 아니라 오히려 탐구의 과정을 촉진하고 있다. 다시 말하면, 그는 "반죽을 왜 오래 하는지를" 바로 답하여 주지 않고 학생들이 탐구과정을 경험하고 학습하는 기회를 가지게 해 주고 있다. 수동적 학습은 사고기능을 개발시키지 못할 뿐만 아니라 지식이 어디서 그리고 어떻게 얻어지는지를 오해하게 만들 수 있다.

둘째, 학생은 탐구활동을 통하여 탐구활동 자체의 구조를 배울 뿐만 아니라 하위요소의 사고기능들도 학습한다. 그리고 교사는 학생들이 자신들의 탐구과정에 대하여 가능한 대로 많은 책임을 지도록 활동을 구조화하며 그리고 그러한 활동 속에 잠입해 있는 개념과 기능을 외현적으로, 의도적으로 가르치려고 노력하고 있음을 주목해 볼 수 있다.

Box 12-1 문제의 분류와 문제해결의 단계

1. 문제의 분류

우리가 다루는 문제는 다양할 수 있지만 그래도 문제는 성질에 따라 몇 가지로 분류해 볼 수가 있다.

(ⅰ) 정의가 잘된 문제(well-defined)와 정의가 제대로 안 된 문제(ill-defined problem): 수학 문제와 같이 학교에서 다루는 대부분의 문제들은 전자에 속하지만 생활의 많은 문제들은 오히려 후자에 속하는 것 같이 보인다. 정의가 잘된 문제는 구조화가 잘되어 있는 문제이다. 이런 문제에서는 문제를 해결하는 데 필요한 정보가 모두 주어져 있다. 다시 말하면 문제의 시초의 상태, 목표상태, 조작자(방법, operator) 및 조작자 제한에 관한 정보들을 모두 제공한 다음 문제해결을 요구한다. 반면에 정의가 제대로 안 된 문제는 문제해결에 필요한 정보가 적게 주어져 있거나 또는 아예 주어져 있지 않다. 예컨대 취직시험에 어떻게 합격할 것인가의 문제와 같은 것이다(Newell & Simon, 1972).

(ⅱ) Greene(1987)은 구조를 찾아내는 문제, 변형하는 문제 및 배열하는 문제의 세 가지 문제 유형을 분류한다.

(ⅲ) 기타의 분류를 살펴본다. 첫째는 지식이 덜 요구되는 문제(knowledge-lean)와 지식이 많이 요구되는 문제(knowledge-rich problem)으로 나누는 것이다. 전자와 같은 것일수록 세상 지식으로 충분하고 후자의 문제는 선분석 시식이 요구되는 진문적인 문제이다. 다른 하나는 평가를 요구하는 문제와 계획을 요구하는 문제로 나누는 것이다.

2. 문제해결의 단계

많은 연구자들은 문제해결에는 단계가 있다는 데 동의하고 있다. 형태주의 심리학자들은 단계분석을 특히 좋아한 듯하다. 몇 가지를 보면 다음과 같다.

(ⅰ) Wallas(1926)는 『사고의 예술』에서 준비, 부화, 해결(illumination) 및 확인의 네 단계를 제시하였다.

(ⅱ) Polya(1957)는 『그것을 어떻게 해결할 것인가?』에서 문제의 이해, 계획의 궁리, 계획의 실행 및 되돌아보는 것의 네 가지 단계로 나누고 있다.

(ⅲ) Wessels(1982)는 문제의 정의, 전략의 궁리, 전략의 수행 및 목표를 향한 진도의 평가 등으로 나누고 있다.

(ⅳ) Bransford & Stein(1984)는 *IDEAL*을 제시하였다. 그것은 문제의 확인, 문제의 정의, 대안의 탐색, 계획의 실행 및 효과의 확인 등이다.

Box 12-2 탐구적 질문을 활용한 자료수집과 수업과정

탐구적 수업모형에서 필요로 하는 자료의 수집에 시간과 돈이 많이 들거나 또는 이런 저런 현실적인 제약으로 실행하기가 어려울 수도 있다. 그래서 자료를 실제로 수집하는 대신 학생이 교사에게 질문을 하여 자료를 수집하는 방법을 대신 사용하는 방법을 제안할 수 있다. 질문을 이용한 탐구방법은 일반적 탐구과정과 비교해 볼 때 정규수업에서 비교적 짧은 시간 동안에 탐구과정을 완전하게 경험해 볼 수 있게 하며, 그리고 거의 모든 교과영역에서 사용할 수 있다는 장점이 있다. 특히 학생의 발달수준이 높을수록 더 적절하게 사용할 수 있을 것이다.

학생이 자료수집을 위하여 교사에게 탐구적인 질문을 할 때는 다음과 같은 두 가지의 규칙을 지키게 한다.

(ⅰ) 질문은 '예' 또는 '아니오'로 대답할 수 있는 것이어야 한다.

(ⅱ) 질문에 대한 대답은 '관찰 가능한' 것이어야 한다.

1. 보기의 탐구적 수업과정

E교사는 '먹이-약탈자' 관계를 다루는 단원을 수업하기 위하여 먼저 OHP로 다음과 같은 내용을 학생들에게 보여주었다.

> "아프리카 어느 지방에는 사슴들이 많이 살고 있었다. 그리고 늑대도 많이 살고 있었다. 어느 날 주민 몇 사람은 늑대가 사슴을 잡아 먹는 장면을 목격하였다. 그래서 주민들은 늑대 소탕작전을 전개하였다. 그 이듬해에 보니까 늑대의 수는 아주 많이 줄었음을 확인할 수 있었다. 그런데 이상하게도 사슴의 수도 같이 크게 줄어들었다. 왜 이런 일이 일어났을까요?"

(여기에서 E교사는 탐구적 질문의 두 가지 규칙을 학생들에게 확인시킨다)

"그럼 이제 시작해 봅시다. 왜 이런 일이 일어났을까요? 필요한 정보를 찾아 봅시다."(여기에 대하여, 사슴을 죽이는 다른 동물이 있었는가 — 예컨대, 먹이-침략자 간의 균형과 어떤 관계가 있는가 — 무엇을 보면 이 문제에 대답할 수 있을까, 독수리 등 다른 동물들이 더 쉽게 사슴을 잡아 먹을 수 있어서 사슴의 수가 줄었을 것이다 등의 반응이 나오며, 또 다른 기타의 반응을 격려함)

"나는 다른 아이디어가 있는데요" 어떤 학생이 말했다. E교사는 "좋아요? 말해 보아요.", "침략자가 사라지더니 사슴 인구가 늘어나서 굶어 죽은 것이 아닐까요?", "좋아요, 그러한 아이디어를 '가설'이라 불러 봅시다. 그러한 가설의 아이디어를 지지할 수 있는 정보는 어떻게 수집할 수 있을까?"

"늑대가 소탕되고 살쾡이가 나타났습니

까?", "아니오", "이리는?" "아니오."(이후 "사슴 인구가 늘어나 굶어 죽었을 것이다"란 가설과 관련한 질문-대답들이 계속된다).

"그러면 지금까지 수집한 자료들이 가설과 어떻게 맞아 들어가는지를 살펴봅시다."(이후 자료가 가설을 지지하는지를 따지며 그리고 필요하면 다른 가설을 만들어 검토한다)

학반에서는 자기들이 만든 가설이 자료의 지지를 받을 때까지 계속하며 드디어 어떤 하나의 가설을 수용할 수 있게 된다. E 교사는 이 가설을 먹이-침략자 관계에 대한 일반적인 법칙에 관련시키면서 수업을 계속하였다.

2. 수업의 분석

교사의 수업은 문제를 제시하는 데서 시작하였다. 그리고 가설이 제시되면서 분석 과정이 시작되었다. 가설은 다른 침략자들이 늘어 났다는 것과 사슴의 수가 늘어 나서 결국 굶어 죽었다는 것 등이었다. 그리고 자료를 수집해서 가설이 수용-기각되는지를 분석하였다.

포함된 활동들을 단계별로 요약해 보면 다음과 같다.

(i) 교사가 문제 제시. 이때는 대개 어떤 현상이 '왜' 일어났는지를 설명해 보게 한다(문제 제시).

(ii) 학생은 문제에 대한 해답을 가설의 형태로 만들어 낸다(가설생성과 자료수집).

(iii) 학생은 교사에게 질문을 한다. 질문은 "예-아니오"로 대답할 수 있으며 또한 사실적 정보가 포함되는 대답이 나올 수 있는 것이어야 한다.

(iv) 처음의 가설이 수정되고 더 많은 자료를 수집하고, 이에 따라 다시 새로운 가설을 수정하는 등의 과정을 거쳐 결국은 모든 자료가 맞아 들어가는 해결책(대답)을 만들어 낸다(종결).

학생이 질문한 것을 차례대로 기록해 두었다가 단원의 수업이 끝난 다음 다시 이들을 재검토해 보는 것도 효과적이다. 자기가 제기한 질문에 대하여 소리 내어 생각해 보고 설명해 보게 하면 스스로에게는 물론 다른 학생들에게도 수업하는 '사고기능'의 모델이 되어 도움이 될 것이다. 그리고 시작부분에서 하는 탐구적 질문은 어렵지 않고 일반적인 것이 바람직하다. 따라서 처음은 가능한 대로 짜여져 있는 구조적인 문제를 이용하는 것이 좋다. 구조적인 질문이란, 예컨대 '왜 철수는 토마토를 좋아하는 데 영희는 싫어할까요'와 같은 것이다. 그리고 소집단을 이용하거나 다소간 숙련된 동료 학생들을 조수로 사용할 수도 있을 것이다.

13장

사고력 수업(Ⅰ)

Ⅰ. 사고력 개발과 수업
Ⅱ. 사고력 수업의 접근법
Ⅲ. 사고력 수업의 설계
Ⅳ. 통합적 사고력 수업의 모형
Ⅴ. 사고력 수업의 단계

이 장에서는 먼저 사고력 중심의 통합적 수업의 원리와 함께 '사고의 수업'과 '사고를 위한 수업'의 통합에 대한 의미를 다룬다. 그리고 사실 중심의 수업과 사고력 중심의 수업을 비교하면서 통합적 사고력 수업의 모형을 제시한다. 나아가 이러한 통합적 사고력 수업의 접근을 내용중심, 문제해결중심 및 과정중심 접근법으로 나누어 살펴본 다음 사고력 수업의 설계를 살펴볼 것이다. 사고력 수업의 설계에는 수업계획서에 나타나는 수업의 '구조'와 수업의 '전개 요령' 등이 포함되는데, 이들을 자세히 살펴볼 것이다. 마지막으로 이러한 수업 모형을 거국적으로 실시하고 있는 싱가포르(Singapore)의 사례를 실제적인 예시와 함께 음미해 볼 것이다.

Ⅰ. 사고력 개발과 수업

1. 사고력 중심의 수업

(1) 사실 중심의 수업과 사고력 중심의 수업

교과목의 수업방법에 대한 문헌에서 보면 교과중심 대 학생중심 접근법 등 몇 가지의 분류법을 쉽게 찾아볼 수 있다. 그러나 여기서는 수업 접근법을 '사실 중심의 주입식 수업'과 '사고력 중심의 통합적 수업'으로 대별해 간단히 살펴보고자 한다.

(ⅰ) 사실 중심의 주입식 수업은 훈화식 또는 설교식 수업이라 부를 수도 있다. 여기서는 첫째, 교과내용이란 많은 정보들로 이루어져 있다고 보며, 둘째, 교사는 수업내용을 가능한 대로 많이 제시하려고 한다. 그래서 학생은 비교적 수동적으로 그것을 흡수하듯이 받아들인다. 그리고 교사와 학생 간의 상호작용은 별로 없다. 마지막으로, 교사는 여러 가지의 질문을 하지만 그것들은 주로 가르친 사실들을 인출(기억)해 내기 위한 것이다. 따라서 학생이 하는 반응은 '맞다', '틀린다', 또는 '좋아' 등이며 질문에 대한 추수적인 논의는 거의 없다.

(ⅱ) 사고력 중심의 통합적 사고력 수업은 대화식 수업 또는 비판적 사고의 수업이라 말할 수 있다. 여기서는 교과내용은 사고의 한 가지 양식이며, 따라서 교과내용은 암기의 대상이 아니라 사고의 대상이라 전제한다. 교과내용을 자신의 것으로 생각하고 비판할 수 있어야 비로소 깊은 이해를 말할 수 있다는 것이다.

학습자가 학습의 과정(過程)에 관여할 때 비로소 의미 있는 학습이 된다. 지식과 진실은 말로서 사람에서 사람으로 제대로 전달되는 것이 아니다. 따라서 학생에게는 사고의 측면들을 질문해 가면서 대안들을 이해하고 탐색하는 기회가 주어져야 한다.

교사는 사고와 논의를 자극할 수 있는 질문을 한다. 그러한 질문 가운데는 정답이 하나뿐인 경우는 거의 없고 반응은 열려져 여러 가지로 다양할 수 있다. 교사는 학생이 말하는 것에 대하여 코멘트하거나 보충하며 추가의 사고를 자극하는 질문을 많이 한다. 그러나 사고력 중심의 수업도 '사고개발'을 얼마나 외현적으로 가르치느냐에 따라 차이가 있을 수 있다.

(iii) 수업에 대한 어떤 단일의 접근법이 모든 수업장면에 적절한 것은 물론 아닐 것이다. 수업의 전략은 가르치려는 내용이 어떤 것인가에 따라 그리고 수업의 목표에 따라 다르게 사용할 수 있어야 한다. 사실과 아이디어의 전달이나 교환이 중요하면 사실 중심의 수업이 적절할 것이다. 그러나 우리가 학생의 사고력을 개발코자 한다면 사고력 중심의 통합적 수업이 보다 더 적절할 것이다. 이를 뒤집어 말하면 대부분의 수업은 사고력 중심이어야 한다는 말이 된다.

우리는 이미 비판적 사고에서 진술을 사실, 의견(선호)과 주장/판단(추리를 통한 판단)의 세 가지로 나눈 바 있다. 이를 수업에 적용해 보면 앞의 결론을 이해하기가 쉽다. 어떤 진술, 즉 가르치려는 교과내용이 '사실'에 대한 것이면 진위를 가르쳐 주거나, 진위를 알려주거나 그것을 확인할 수 있는 방법을 가르쳐 주면 된다. 만약, 개인적인 '의견'이라면 견해·입장을 달리해 보거나 가능한 대로 '의견'을 이유가 뒷받침되어야 하는 주장, 즉 '판단'의 것으로 표현해 보게 격려할 수 있다. 그리고 내용이 만약 '주장'이라면 당연히 비판적이고 창의적인 사고력 중심의 수업의 대상이 되어야 할 것이다. 이러한 차이에 따라 수업의 형태는 달라질 수 있다.

(2) 주입식 수업의 문제점과 반성

현재의 많은 수업은 사실 중심의 주입식 수업 같이 보인다. 특히 초등학교를 넘어서 중고등학교나 대학의 수업이 더욱 그런 것 같이 보인다. 이러한 수업에는 적어도 세 가지의 문제점을 가지는 것 같이 보인다.

첫째는, '사고력 개발을 위한 수업'보다는 단원의 교과내용 수업에 치중하고 있고, 둘째는 내용을 수업하면 사고기능과 전략은 부수적으로 개발된다고 믿고 있다. 그리고 마지막으로, 사고기능/전략을 효과적으로 가르치는 방법을 잘 모르는 것 같이 보인다는 것이다.

그러면 왜 주입식 수업이 적지 아니한 비난에도 불구하고 여전히 광범위하게 사용되고 있는 것일까? 전통적인 사실 중심적 수업방식으로 내용 재료를 재미있게 잘 조직화하여 유머를 깃들여 제시하면 학생들은 재미있어 하고 귀 기울여 경청한다. 학생들은 이러한 수업에 익숙해져 있고 편안해 하며 또한 '맞다, 틀린다'란 어른들의 피드백에 너무나 익숙해져 있다.

반면에 사고 중심적인 질문을 하면 침묵이 따라 오는 경우가 많다. 그럴 때 불안하고 불편하기는 학생이나 교사는 모두가 마찬가지이다. 또한 사고 중심적인 활동에는 다소간의 충돌과 무질서와 애매함이 수반되기 쉽다. 그리고 생각해야 하니 힘이 들고 자기 책임도 게을리하기가 어려울 것이다.

사고력 수업에 적응하는 데는 시간이 걸릴 것이다. 어떤 학생은 아무리 해도 불편해 하며 사고과정을 연습하는 것은 시간낭비라 믿을지도 모른다. 그러나 교사나 학생이 기억해야 할 것은 수업의 결과/소산 못지 않게 사고하는 과정(過程) 자체가 중요하다는 것이다. 따라서 사고력 수업이 성공하려면 교수-학습의 과정에 대한 시각을 제대로 바꾸어야 한다. 그러나 시각을 바꾸기란 쉽지 아니할 것이다. 그래서 생각이 바뀔 때까지 진정한 의미의 사고력 수업은 아직은 이루어지는 것이 아닐 것이다.

이미 앞에서 우리는 사고력 중심의 수업을 대화식 수업 또는 비판적 사고의 수업이라 부를 수 있다고 하였다. 그리고 사고개발을 얼마나 '외현적으로' 가르치느냐에 따라 사고력 중심의 수업 접근들 사이에도 다소간 차이가 있을 수 있음도 지적하였고 그러한 내용을 간단하게 언급한 바 있다. 사고력 중심 수업의 특징을 사실 중심의 주입식 수업과 대비하여 그 특징들을 정리한 것이 〈Box 13-1〉 '사고력 수업과 사실 중심 수업의 특징'이다.

2. 사고력 중심 통합적 수업의 유형

어떻게 수업하면 학생들이 사고력을 효과적으로 개발할 수 있을까? 사고력 개발을 위한 운동은 1980년대 이래 활발하게 이루어졌고 여러 가지의 훈련 프로그램과 수업방법들이 제시되었다. 이러한 노력을 통하여 사고력 개발을 위한 수업에 적용할 수 있는 세 가지의 원리를 찾아낼 수 있었는데 이들은 다음과 같다.

(1) 사고의 수업을 외현적으로 드러내 놓고 가르칠수록 사고력 개발의 효과는 더 크다.

(2) 보다 많은 수업이 사고하는 분위기를 강조할수록 학생들이 사고를 훌륭하게 하는 것의 가치를 보다 더 존중한다.

(3) 사고기능의 수업을 내용수업에 더 많이 통합시킬수록 학생들은 자기가 학

습하고 있는 내용을 더 깊게 이해하며, 또한 사고하는 기능과 전략도 보다 더 효과적으로 개발할 수 있다.

다시 말하면 사고의 과정을 통하여 가르치려는 교과의 내용을 깊게(유의미하게) 학습하며, 또한 그러한 교과내용을 사용하여 사고의 과정을 가르칠수록 사고의 습관을 더욱 연습하게 되며, 그리하여 사고력 개발은 보다 효과적으로 이루어질 것으로 기대한다. 그리고 사고의 수업은 직접적이고 외현적으로 드러내서 가르쳐야 하며, 또한 사고의 문화가 학생들의 사고를 격려하고 지지해야 한다는 말이 된다.

이러한 원리는 바로 사고기능/전략을 교과내용의 수업에 통합시키는 통합적 사고력 수업의 이론적 근거가 된다.

학교에서 사고력을 외현적인 교육목표의 일부로 개발코자 할 때는 정규 교과목의 수업과의 관계가 문제가 된다. 교과수업과의 관계에서 볼 때, 학교 창의력(성) 교육은 교과수업과는 독립적으로 별도로 접근할 수도 있고, 또는 교과수업과 통합적으로 실시할 수도 있다. 다시 말하면, 크게 보아 두 가지의 접근법이 있는데, 하나는 독립적인 접근법(stand–alone, separate)이고, 다른 하나는 통합적인 접근법(embedded, infused)이다. 전자를 '사고에 대한 수업'(teaching of thinking)이라 하고, 후자는 '사고를 위한 수업'(teaching for thinking)이라 부르기도 한다.

(1) 독립적 접근법: 독립적 접근법에서는 교과수업과는 별도의 시간에, 별도의 과정/프로그램을 사용하여 학생들에게 사고의 기능/전략을 직접적으로 가르친다. 그리고 이러한 일반적 사고개발 과정/프로그램은 주로 친근한 일상생활의 내용을 소재로 하기 때문에 교과내용을 잘 모른다고 구박받지도 않고, 또한 사고기능을 직접적으로 보다 안전하게 가르칠 수 있다. 그래서 초보 수준에서 그리고 저학년 집단에서 특히 유용한 접근법이다.

그러나 이러한 접근법에는 두 가지의 약점이 있다. 첫째, 사고개발에는 계속적인 지도 훈련이 요구되는데, 이 접근법은 일회성이 되어 버리기 쉬우며, 그리고 둘째, 교과내용의 맥락 속에서 다양하게 개발되지 못하기 때문에 다른 다양한 장면에 적용(전이, 일반화)되기가 어려울 수 있다. 이러한 이유로 초기단계에서는 주로 이 접근법을 사용하지만 그 이후로는 대개는 아래의 통합적 접근법을 권장하고 있다.

(2) 통합적 접근법: 통합적 접근법은 문자 그대로 사고력의 수업과 교과내용의 수업을 통합시키고자 한다. 교사는 우선 교과내용의 성질로 보아 적합한 사고기능/전략을 선정하고, 그러한 사고기능/전략의 목적과 절차 등을 외현적으로 도입하여

연습하며, 그러한 사고의 과정을 사용하여 교과내용을 수업한다. 달리 말하며 교과내용을 사용하여 사고기능/전략을 연습하고, 그리고 그러한 사고의 과정을 통하여 교과내용을 깊게 이해코자 한다.

따라서 이러한 수업의 수업 계획서에는 '사고기능 목표'와 '교과내용 목표'의 두 개가 별도로 제시된다. 그러나 모든 수업이 사고력을 개발하기 위한 것이라 말할 필요는 없으며, 따라서 모든 수업이 반드시 통합적 사고력 수업일 필요는 없다.

(3) 몰입형 접근법: 독립형과 통합형 접근법 이외에 몰입형 접근법(immersed)을 제시하는 사람도 있다(Ennis, 1989). 앞의 두 가지 접근법에서는 어떻든 사고기능/전략을 외현적으로 드러내 놓고 가르친다. 그러나 몰입형 수업에서는 사고의 과정보다는 지식의 역할을 강조한다. 이 접근법에서는 교과내용을 깊게 이해하는 것이 바로 고차적 사고력 개발의 필요하고도 충분한 조건이라 본다. Ennis는 사고기능은 어떠한 것이든 간에 교과내용에 특수하다고(영역 특수적) 본다. 다시 말하면 교과내용마다 특수한 사고기능이 사용된다는 것이다. 따라서 구체적인 내용에 따라 그에 필요한 사고기능을 가르쳐야 하고 일반적인 사고기능을 가르치는 것은 부적절하다고 그는 말한다.

그러나 여기에 대한 반론도 결코 만만한 것이 아니다. 사실로 몰입형 접근법은 사이클링(cycling)을 하려면 사이클링용 자전거만 사용해서 사이클링 운동기능만을 개발해야 한다는 것과 같은 논리인 것 같이 보인다. 그래서 많은 사람들은 이것은 전적으로 타당한 주장이 아니라고 본다. 사이클링 선수가 되기 위해서는 초기에는 세발 자전거는 몰라도 적어도 보다 단순한 일반 자전거를 사용하여 연습해야 할 것이며, 점차 사이클링 자전거를 사용하여 더 많이 연습하는 것이 효과적이라 여겨진다.

Ⅱ. 사고력 수업의 접근법

1. 통합적 사고력 수업의 구조

사고력 중심의 통합적 사고력 수업(infusion lesson)이란 정규의 수업시간에서 교과내용을 수업하는 속에서 사고기능/전략의 개발을 통합시키는 수업을 말한다. 다시 말하면 교과내용을 다루면서 사고력을 연습하여 개발하고 또한 그러한 사고의 과정을 수행하는 속에서 내용학습을 유의미하게 깊게 습득하는 것이다. 이러한 수업은 사고력을 직접적으로 개발하고 동시에 교과내용의 학습도 향상시켜 줄 것으로 기대한다. 통합적 수업의 핵심은 다음과 같이 도시해 볼 수 있다. 여기에서 내용(product)은 교과내용(지식)이며, 과정(process)은 사고과정이다.

수업 = 내용(product) + 과정(process)

교사가 학생들의 사고력을 가르치고자 할 때는 [그림 13-1]과 같은 두 가지의 극단적인 방법이 있을 수 있다. 즉, 한 쪽의 극단은 '교과 맥락(내용)과는 별도로 사고력을 직접적으로 수업'하는 것이고, 다른 한 쪽의 극단은 '교과 맥락(내용) 속에서 사고하는' 것을 향상시킬 수 있는 방법을 사용하는 것이다. 통합적 사고력 수업은 이들 두 가지의 방법을 하나로 조합한 것이다. 통합적 사고력 수업은 이러한 두 가지의 극단적인 방법과 유사한 면도 있지만 다음과 같은 대비가 될 수도 있다.

첫째, 통합적 수업은 사고력을 직접적으로 그리고 외현적으로 가르치지만 교과수업과는 별개의 개발과정이나 프로그램을 사용하여 사고력을 가르치지는 아니한다. 이런 점에서 '사고의' 수업과는 다르다.

둘째, 통합적 수업은 교과내용을 유의미하고 사려 깊게 학습토록 하지만 이와 병행하여 사고력을 직접적으로 그리고 외현적으로 수업하려고 한다. 그래서 통합적 수업은 협력학습, 그래프 자료활용 수업(graphic organizers), 귀납적 수업 또는 소크라테스식 수업 등과 비슷하지만 이들만을 사용하는 '사고를 위한' 수업과는 차이가

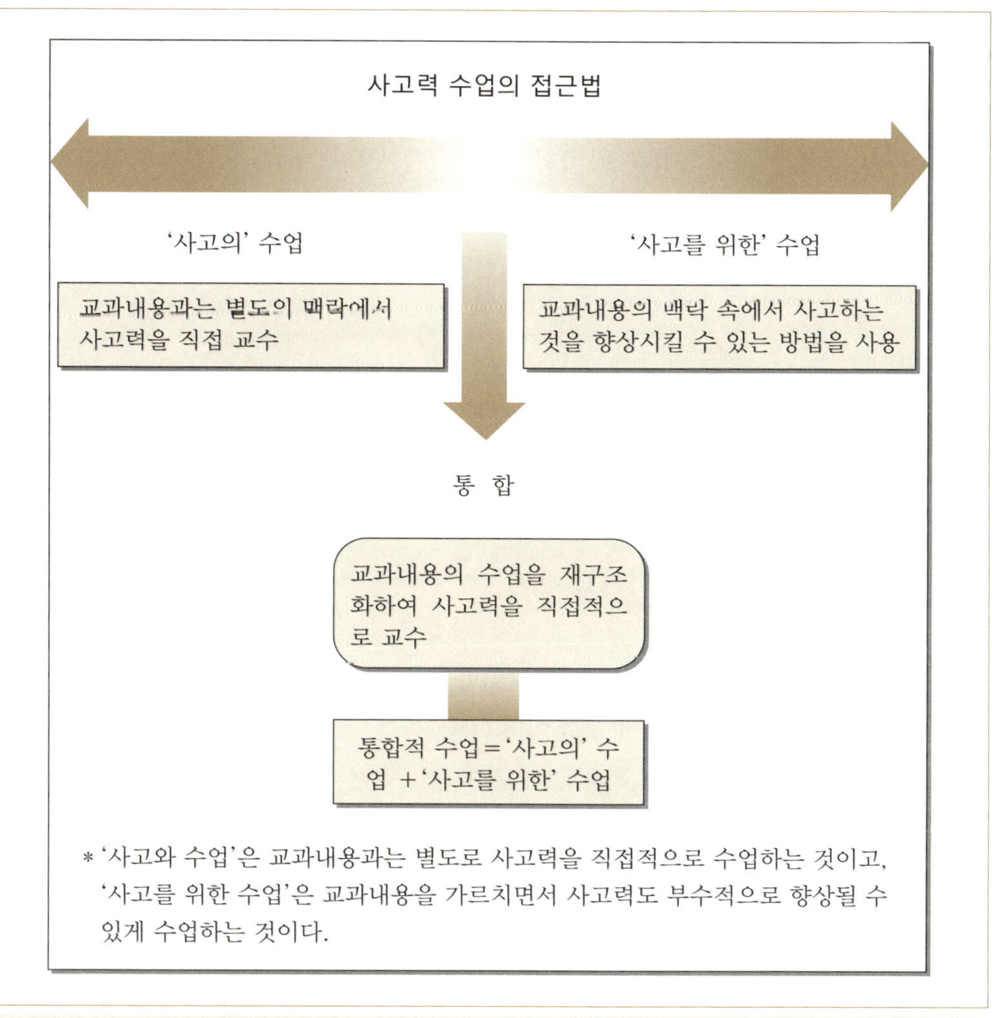

그림 13-1 ■ **사고력 수업의 접근법**

있다. 예컨대, '귀납적 수업'을 강조하는 수업에서는 교과내용을 깊게 학습하면 사고력은 '부수적으로'(저절로) 개발된다고 전제한다. 그러나 통합적 수업은 이러한 전제를 부인하며 이들 방법과 사고력의 직접적인 개발이라는 두 가지를 하나의 과정 속에 통합시킨다. 마치 자전거의 두 바퀴가 돌아가서 자전거 타기가 이루어지듯이.

2. 교과내용과 사고기능/전략의 통합 접근법

교과의 내용과 사고과정을 통합하기 위한 접근법에는 다시 다음과 같은 세 가지가 있는데, 이들은 내용 중심 접근법, 문제해결 중심 접근법 및 과정 중심(過程中心) 접근법 등이다.

(1) 내용 중심 접근법

이는 교과내용을 기초로 교과내용－사고과정의 통합적인 수업을 계획하는 것이다. 먼저 가르치려는 교과내용을 선정한다. 범위와 시퀀스를 확인하고 내용이 담고 있는 일반적 법칙이나 개념적 형태를 분명히 한다. 그런 다음 이들 내용을 이수하는 데 가장 적절하다고 믿어지는 사고기능/전략을 선정한다. 예컨대, '식물의 성장'을 다루는 단원이라면 식물을 화분에다 직접 가꾸어 보거나 시청각 자료를 관찰하게 한다. 그러면서 거기에서 얻는 정보들을 가지고 비교, 추리 및 결론 내리기 등의 사고기능/전략을 경험하도록 질문이나 토론 등을 통하여 지도한다.

이 접근법은 교사들이 비교적 쉽게 사용할 수 있다. 그러나 '사고기능/전략'을 다루는 요소는 어떠한 수업에도 있을 수 있지만, 그래도 그것을 외현적으로 주목하고, 진술하고, 그리고 개발을 의도적으로 노력하지 아니한다면 그것은 교과내용의 습득과 사고기능/전략의 개발을 위한 통합적 수업이라 말할 수 없다.

(2) 문제해결 중심 접근법

이 접근법에서는 학습자에게 먼저 문제를 제시하고 이를 해결해 가는 과정을 탐구해 간다. '탐구'란 문제해결의 과정을 말하며 '문제해결의 탐구적 수업'이 보기가 된다.

탐구과정에 대한 이 접근법은 사회과나 과학과 등에서 주로 사용되며 제시하는 문제는 학생이나 교사가 정확한 해결책을 모두 알고 있는 경우에서(이때는 단순한 기억과 인출이 요구됨) 시작하여 해결대안을 창의적으로 생성해 내어야 하는 것까지 여러 가지로 다양할 수 있다. 교사는 이러한 다양한 문제를 다양한 소스(출처)의 재료를 가지고 다루는 것이 바람직하다. 예컨대, Dewey는 문제해결의 탐구과정은 문제를 가지고, 문제를 분명하게 인식하고 정의하며, 가설을 세우고, 수집된 자료를 종합하고 추론하며, 그리고 설정한 가설을 검증하여 결론에 이르는 다섯 가지의 단계를 지적하고 있다.

(3) 과정 중심 접근법

이 접근법에서는 가르치려는 사고기능/전략이 무엇인지를 먼저 결정한다. 그런 다음 그러한 사고목표에 잘 맞는 교과내용을 선정하며 거기에 따라서 적절한 학습활동을 계획한다. 이러한 활동의 일환으로 문제해결 활동을 할 수도 있다. 이 접근법은 사고기능의 개발을 특히 강조할 때, 그리고 영재아들의 교육 같은 데 특히 유용하다. 내용 중심 접근법은 가르치려는 '교과내용'을 먼저 생각하고 거기에 맞는 통합적 수업을 계획하는 데 대하여, 과정 중심 접근법에서는 가르치려는 '사고의 기능/전략'에 따라 사용하는 교과내용이나 수업방법이 결정된다는 데 서로의 차이가 있다. 지금까지 논의한 세 가지의 통합적 수업의 접근법들은 수업계획의 출발점에서부터 서로 커다란 차이를 보일 것이다.

Ⅲ. 사고력 수업의 설계

그러면 사고력 개발을 위한 교과수업이란 무엇인가? 교과내용을 사고의 과정(사고의 기능과 전략)으로 번역하고 학습자가 그러한 사고의 과정을 경험하도록 계획하고 지도하는 수업이라 말할 수 있다. 다시 말하면 교과의 내용을 사고의 과정을 통하여 탐구하고, 맥락화하고, 정교화하며, 또한 그러한 사고과정을 통하여 사고의 기능 자체를 계획적으로 개발해야 한다. 이때 교사는 학생의 학습을 지지하고 격려하고, 필요하면 지도하고 자극해 준다. 다음에서는 우선 사고력 수업이 말하는 '사고'에 대하여 부연 설명해 본 다음 '수업의 구조와 요령'에 대하여 살펴본다.

1. 사고력 수업과 '사고'의 의미

'교과내용'은 '사고'의 한 가지 형태이며(사고가 글이나 말의 형태로 존재하는 것이 '교과내용'), 따라서 '내용=사고'라 본다면 내용을 가르친다는 말은 바로 '사고의 과정과 전략'을 가르치는 것이 된다. 수업과 관련하여 이러한 의미의 사고에 대하여 몇 가지를 부연해 본다.

(ⅰ) 학교의 교과목이 다양하다는 것은 사고의 '무엇'이 다양하다는 것이다. 사고는 반드시 '무엇에' 대한 것이기 때문이다. 우리가 관심을 가지고 사고하고, 이해하고, 해결하려는 '무엇'은 다양하고 다를 수 있다. 거기에 따라 국어, 수학, … 등의 교과목이나 단원이 달라지게 된다.

(ⅱ) '개념'이 포함되지 아니하는 '내용'은 없다. 여기서 말하는 개념에는 아이디어, 이론, 원리, 공리 또는 법칙 등이 포함되며 이들은 단어를 통하여 표현된다. 개념을 배우지 않고서는 내용을 배울 수 없다. 그리고 어떤 것을 '사고해 갈 때' 그러한 개념들을 사용할 수 있어야 그때 비로소 그 '개념'은 학습이 되었다고 말할 수 있다. 예컨대, '민주주의'란 개념을 완전히 배웠다면 민주주의적인 어떤 것을 사고할 때 그것을 적절하게 사용할 수 있어야 한다.

(ⅲ) 모든 교과내용들은 논리적으로 연결되어 있다. 이 말은 내용(지식)은 논리적이고 구조적임을 말한다. 그리고 '내용=사고'이기 때문에 '사고에는 논리가 있다'는 말이 당연히 성립된다. '논리적'이란 말은 하위의 '요소'들이 있고 이들 요소들이 서로 어떤 '관계'를 가지고 있다는 것을 의미한다. 이러한 '요소'(구조)와 '관계'를 가지지 아니한 지식은 단편적인, 고립적인, 캡슐화된(capsuled) 지식이다. 내용(지식)은 '논리적'이기 때문에 '유의미한 내용의 학습'이 비로소 가능해질 수 있다. 다시 말하면 교과내용들은 그물처럼 서로 네트워킹되어야 한다.

2. 사고력 수업의 설계

수업의 설계에는 교과내용을 가르치는 데 유용한 '구조'를 찾아내는 것과 그것이 제대로 움직여 가게 하는 수업의 '요령'을 계획하는 두 가지가 포함된다. 이러한 수업의 과정은 계획, 실행 및 평가의 세 가지 단계로 나누어 볼 수 있다.

(1) 수업의 구조

(ⅰ) 수업의 구조란 수업의 '무엇'을 말한다. 먼저 단원마다에 대하여 중심적인 조직개념(중심 주제)을 확인해 내고 이와 연결시켜 각 차시 수업의 조직개념을 확인해 낸다. 각 차시 수업의 조직개념은 단원 전체에 연결되고 또한 단원 전체가 각 차시 수업이라는 부분에 연결되게 한다. 사전에 여러 단원들로 이루어진 교과목 전체에 대한 중심적인 조직개념도 분명히 할 수 있어야 한다.

(ⅱ) 다음과 같은 두 가지 종류의 질문을 한다. 무엇을 가르치려고 하는가? 어떤 내용을 가르치려고 하는가? 중심되는 내용(질문, 문제, 이슈)은 무엇인가? 어떤 개념이 기본적인가? 이들은 모두 '교과내용'에 대한 질문들이다.

다음은 사고기능/전략에 대한 질문을 한다. 지금 가르치려는 교과내용에 적절한 사고기능/전략에는 어떤 것들이 있는가? 어떤 사고기능/전략을 가르치려고 하는가?

이러한 질문의 결과는 학습 지도안에 나타날 것이며 그래서 거기에는 '내용목표'와 '사고기능목표'가 구분되어 포함될 것이다. 그러나 모든 지도안에서 내용목표에 추가하여 사고기능목표를 포함해야 하는 것은 아닐 것이다. 왜냐하면 모든 수업이 사고력 수업인 것은 아니기 때문이다.

(ⅲ) 그러나 대부분 수업의 경우, 교사는 '내용목표'와 '사고기능목표'라는 두 개의 수업목표를 가지게 된다. 전자는 학생이 유의미한 내용(지식)을 습득하도록 하고 후자는 사고의 기능/전략을 외현적으로 가르치기 위한 것이다. 다시 말하면 교과목에서 알아야 할 내용을 가르치는 것만으로는 불충분하고, 이와 병행하여 내용을 생각(사고)할 줄 아는 방법도 가르쳐야 한다는 말이 된다.

그렇다고 지금까지 사고력이 학교에서 가르친 적이 전혀 없었다고 말할 수는 없다. 그러나 일반적으로 보아 사고력 교육은 체계적이지 못하였으며, 또한 학습활동의 중심적이고, 외현적인 목표가 되지 못하고 있음은 부인하기 어렵다.

(2) 수업의 요령

'수업의 요령'이란 수업의 '어떻게'를 말한다. 다음과 같은 질문을 할 수가 있다. 어떻게 하면 교과내용의 '구조'들이 움직여 갈 수 있을까? 어떻게 하면 학생들이 적극적으로 관여하며 스스로 탐구하고 내용을 발견해 가도록 할 수가 있을까? 일반적인 수업계획은 무엇인가(귀납적 수업 등)? 어떠한 질문을 하며 어떠한 과제를 제시할까? 개인 학습인가, 소집단 협력학습인가? 평가는 어떻게 할 것인가?

이러한 사고력 수업의 '요령'에 대한 일반적인 원리는 다음과 같다. 중심적인 조직개념에 초점을 두어 이를 습득하도록 계획하며, 학생들이 말을 더 많이 하고 교사는 가능한 한 적게 한다. 개념은 그것을 사용하는 맥락 중심으로 제시하고 그리하여 개념이 사고의 기능적인 도구가 되게 한다. 학생들 앞에서 소리내어 사고해 보이며, 규칙적으로 탐구적인 대화를 하며, 추상적인 것에는 구체적인 보기를 예시하며, 소집단 협의의 시간을 자주 가지며, 스스로 탐구적인 사고를 해 가게 하는 활동이나 과제를 계획하며, 언제나 기본적인 개념의 논리를 전면에 두고 새로운 개념들은 계속하여 그 속에다 엮어 넣고 구조화시키킨다. 엄밀성이나 객관성 등과 같은 지적 수행의 기준을 자주 언급하며(명료한가, 적절한가, 깊은가, 정확한가?), 그리고 가끔씩 자신들의 사고를 통한 학습이 왜 가치 있는지를 말해 주거나 토론한다.

사고력 수업의 요령은 〈Box 13-2〉에 자세히 제시해 두었다. 그러나 '교과내용'에 대한 사고를 적극적으로 해 가게 하기 위하여(적극적 학습) 일상적으로 사용할 수 있는 '요령'만을 별도로 제시해 보면 다음과 같다.

- 자신의 말로 요약한다.
- (듣거나 읽은 것을) 정교화하게 한다(의미를 자세하게, 또는 보다 더 풍부하게 만들게 한다).
- 이슈나 내용을 자신들이 알고 있거나 경험한 것에 연결시킨다.
- 말한 것을 명료화하거나 지지하는 보기를 든다.
- 관련된 개념들을 서로 연결시킨다.
- 수업내용이나 과제를 재진술해 본다.
- 이슈가 되는 문제를 말해 본다.
- 견해가 어떻게 비슷하거나 다른지를(교사, 학생, 저자 등의) 말해 본다.
- 학생 스스로 질문을 말해 보거나, 작문을 하거나 또는 소집단 협의해 본다.

Ⅳ. 통합적 사고력 수업의 모형

통합적 사고력 수업에 대한 이론을 가장 체계적이고 구체적인 모형으로 제시하고 있는 것은 Swartz & Parks(1994)가 아닌가 싶다. 그리고 이 모형은 가장 광범위하게 알려져 있고 적용되고 있는 것 같이 보인다. 예컨대 싱가포르에서는 학생들의 창의적이고 비판적인 사고를 증진시키기 위하여 광범위한 교육과정 변화를 추진하였다. 한국에서와 같이 인력 이외는 별다른 자원이 없고 아직은 신생 도시 국가인 Singapore에서는 사고와 혁신의 능력을 개발하는 것은 매우 절박할 것이다. 그리하여 고촉통 총리는 '제7차 국제 사고력 컨퍼런스'(International Conference on Thinking 1997)를 계기로 '생각하는 학교, 학습하는 민족'(Thinking Schools, Learning Nation)이라는 국가적인 비전을 선포하였고 이러한 결과로 이 나라에서는 교육목표와 함께 교육과정과 교육평가/사정에 대한 근본적인 재검토를 단행하고 있다(Choo, 2002).

아래에서는 이들이 제시하고 있는 통합적 사고력 수업 모형(infusion lessons)을 간략하게 정리해 본다. 이들이 제시하고 있는 수업 접근법에서는 가르치려는 사고기능들의 구체적인 유형들을(예컨대, 비교와 대비, 부분-전체 분석 등등) 분명하게 제시하고 있어 인지심리학 관련의 배경지식이 없는 교사와 학생들도 쉽게 이해할 수 있다. 특히 이 접근법에서는 구체적인 사고도구로서 '사고기능의 질문도구'와 '사고기능의 그래픽 조직자'(graphic organizaers)들을 사용하고 있어 누구나 쉽게 이해할 수 있고 사용할 수 있다. 이들이 말하는 통합적 사고력 수업이 갖고 있는 요소들은

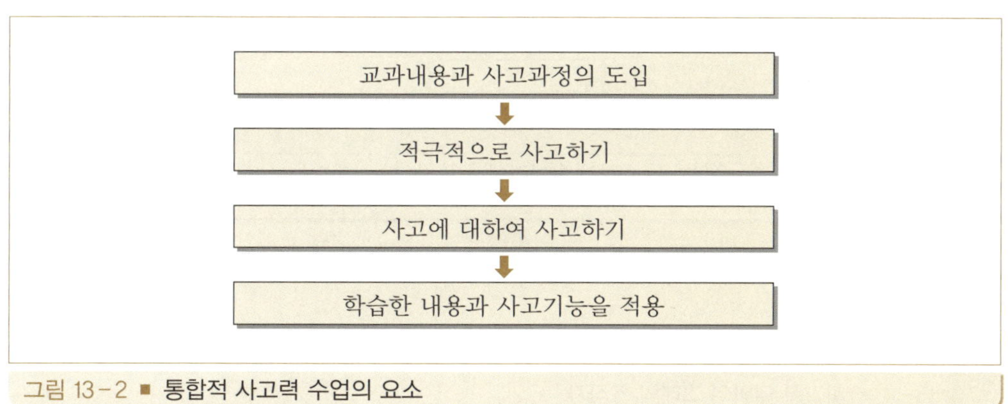

그림 13-2 ■ 통합적 사고력 수업의 요소

비교와 대비

- 어떤 항목을 비교하고 있는가?
- 어떤 특징들을 비교하기를 바라는가?
- 이러한 특징에서 볼 때 항목들은 어떻게 서로 비슷한가, 어떻게 서로 다른가?
- 이것이 보여주는 것은 무엇인가?

그림 13-3 ■ 사고기능의 질문도구: 비교와 대비

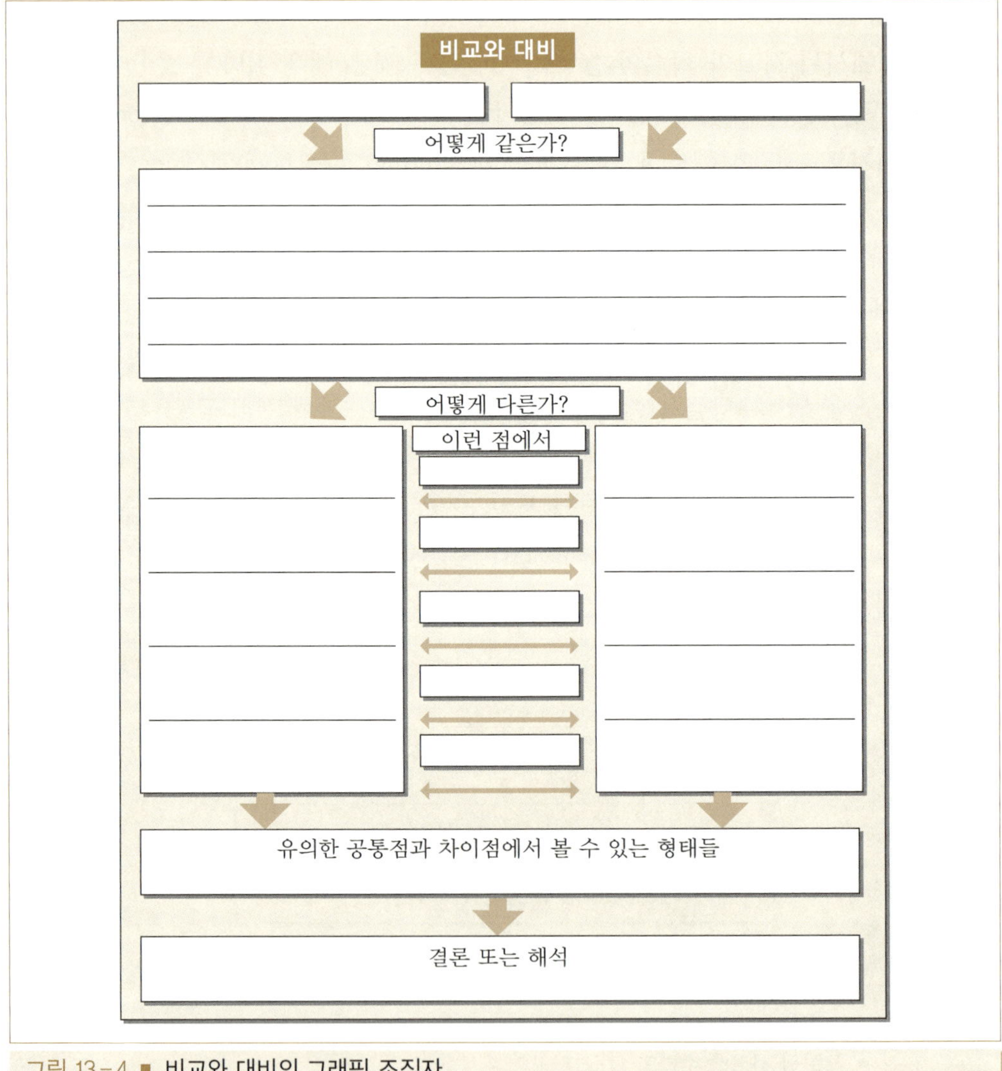

그림 13-4 ■ 비교와 대비의 그래픽 조직자

[그림 13-2]의 것과 같다.

'사고의 질문도구'는 [그림 13-3]에서와 같은 질문들로 이루어져 있다. 이것은 구체적인 사고기능, 즉 사고의 과정을 가이드하기 위하여 사용할 수 있도록 구조화시킨 '질문들'이다. 그리고 '그래픽 조직자'는 [그림 13-4]에 있는 것과 같으며, 이것은 시각적인 도구로서 학생들이 자신의 사고과정을 시각적으로 나타낼 때는 물론이고 정보를 유의미하게 조직화하는 데도 매우 유용할 수 있다.

1. 교과내용과 사고기능/전략의 도입

먼저 수업에서 다룰 사고기능과 내용목표를 학생들에게 도입한다. 수업계획서에는 '내용목표'와 '사고기능목표'가 모두 있어야 한다. 이것은 학생들이 가지고 있는 배경지식을 활성화하고 내용을 학습할 때 사고기능을 사용하는 것의 가치와 유용성을 강조하기 위한 것이다. 예컨대, '비교와 대비'의 사고기능을 도입할 때는, 학생들에게 이러한 사고기능이 일상생활에서 결정을 내리는 여러 경우에서(예컨대, 쇼핑을 하는 경우) 어떻게 유용할 수 있는지를 보여준다. 비교-대비의 목표는 서로 비교하는 대상, 사건, 또는 아이디어들에 대하여 더 깊은 이해와 통찰을 가지도록 촉진시키고, 그리하여 보다 더 현명한 의사결정을 내리도록 하는 데 있다.

2. 적극적으로 사고하기: 사고기능의 개발

가르치려는 사고기능(사고의 방법)을 잘 가르치려면 어떠한 질문을 할 것인지를 드러내어 외현적으로 가르쳐야 한다. 그리고 교과내용을 수업하면서 그러한 사고기능을 연습할 수 있는 기회를 제공해 주어야 한다. 학생들이 사실이나 개념들을 학습하면서 '사고의 질문도구'에 있는 것과 같은 언어적인 질문과 그래픽 조직자 같은 도구들을 사용하면 학생의 사고의 과정을 가이드하기가 쉽다. 특히 어떤 사고기능을 처음 도입하여 가르칠 때는 더욱 유용하게 사용할 수 있다. 처음에는 소집단으로 나누어 그래픽 조직자를 가지고 작업토록 하고 나중에는 완성한 것을 학반 전체에 보여주고 설명한다. 이런 식으로 적절한 사고도구를 사용하면 학습활동을 적극적·

능동적인 것으로 촉진시킬 수 있다.

3. 사고에 대하여 사고하기: 수업의 반성

이 부분의 수업에서는 학생들은 수업 전체에 대하여 그리고 목표한 사고기능의 활용에 대하여 되돌아 보고 반성해 보는 시간을 가진다. 이것은 사고기능을 가르치는 중요한 단계이다. 그리고 사고의 기능/과정에 대하여 직접적인 질문을 한다. 다시 말하면, 그것을 어떻게 사용했으며, 결과는 어떠했는지, 그리고 얼마나 효과적이었는지 등을 바로 질문한다. 예컨대, 사고의 지도에 있는 질문들을 사용하면 학생들이 자신이 수행했던 사고를 의식하고 반성해 보게 할 것이다.

4. 학습한 내용과 사고기능의 적용: 전이

마지막으로 통합적인 사고력 수업은 학습한 사고의 기능/전략을 다른 맥락(장면)에 전이(transfer)할 수 있게 하는 것으로 맺음을 한다. 추가의 연습을 위한 과제를 내거나 다음의 수업에서, 학생들에게 배운 사고기능/과정을 이미 다룬 것과 같은 영역/분야에 있는 다른 보기에 적용해 보는 기회를 가지게 하거나(이것을 '가까운 전이'라 부른다), 또는 다른 영역이나 다른 교과목 또는 일상생활의 경우에 적용해 보는 기회를 가지게 한다(이것은 '먼 전이'라 부른다). 이들은 모두가 배운 사고기능을 더 넓은 영역에로 적용할 수 있는 능력을 향상시키기 위한 것이다.

마지막으로 창의력의 전이(transfer)에 대하여 좀더 언급해 보기로 한다. 전이란 학문영역 간뿐 아니라 영역 내의 토픽이나 과제 간에도 쉽게 자동적으로 일어나는 것이 아니다. 다양한 장면으로 전이되지 아니하는 지식은 쓸모가 거의 없다. 그러므로 전이를 촉진할 수 있기 위해서는 다양한 재료를 사용하여 다양한 맥락에서 공부/연습해야 한다. 다시 말하면, 주어진 영역 내의 다양한 토픽, 각 토픽에 대한 다양한 장르(genre)의 자료, 그리고 가능하다면, 여러 영역 간의(학제적·통섭적인 자료) 다양한 자료들을 사용해야 한다. 학습자는 개념과 함의들을 한 개 이상의 맥락 속에서 이해해야 하고 그리고 반복하여 연습하는 것이 필요하다. 또한 학습의 전이를 의도적으로 그리고 외현적으로 드러내 놓고 직접적으로 강조하면서 연습해야 한다. 다양한 자료들을 사용하고 그리고 전이를 강조하는 연습히 충분히 이루어진다면 창의력의 전이는 비교적 쉽게 일어날 수 있을 것이다(김영채, 2012).

V. 사고력 수업의 단계

사고력 개발을 위한 수업의 전체는 다음과 같은 단계에 따라 이해해 볼 수가 있다. 첫째, 가르치려는 사고기능/전략을 선정한다. 이는 주로 교과내용에 적절하고 중요한 것인가에 따라 결정된다. 사고력 개발을 위한 총체적인 프로그램이 있는 경우는 물론 이것도 고려되어야 한다.

둘째, '도입과 지도 연습'의 수업을 한나. 이제 처음으로 복표하는 사고과정을 도입할 때는 그것의 내용을 직접적으로 그리고 외현적으로 설명한다. 그리고 연습해 보도록 지도한다. 처음일수록 내용과 절차를 자세하게 설명해야 하지만 이후의 수업에서는 그러한 사고기능/전략에 주목해 보도록 주의를 '환기'(reminding)시켜 주는 것으로도 충분할 수 있다.

그리고 셋째, 다른 내용과 맥락에 쉽게 전이하여 사용할 수 있도록 연습과 코칭의 수업을 한다. 이제는 가르치는 사고기능/전략이 다양한 장면에서 '거의 자동적으로' 적용될 수 있게 한다. 그러기 위하여 여러 가지 과목의 교과수업에서 사용해야 하며 일상의 과제를 가지고 연습할 필요도 있다. 그러면 자기 것이 되어 그것을 적절하게 사용할 수 있는 장면이 나타나면 저절로 사용할 수 있게 될 것이다. 이러한 단계의 수업에서 교사는 피드백을 주고 코칭(coaching)을 한다. 여기서는 앞서 말한 세 개의 단계들 가운데 두 번째인 '도입과 지도 연습'에 대하여 그리고 '피드백'에 대하여서만 좀더 설명을 부연해 본다.

1. 사고기능/전략의 도입

처음으로 어떤 사고과정을 도입시켜 연습을 지도해 가려고 할 때는 다음과 같은 네 개의 단계를 따르는 것이 좋다.

(1) 보기 문제 또는 모델의 제시

도입을 위한 보기 문제(사례, 모델, 형)를 교과내용 중에서 자연스럽게 찾아 사용할 수도 있다. 그러나 대부분의 경우는 교과내용 이외의 실제 세계의 친근한 보기를 사용하는 것이 효과적이다. 이러한 보기는 학생들에게 관련이 있고 적절해야 한다. 그러면 '공부란 세상 사는 것과는 관계가 없다'는 생각을 버리게 하는 데도 도움이 된다(학습의 외적 맥락화). 예컨대, 역사에서 추리를 하고 증거를 찾고 그리고 결론을 뒷받침하는 데 그것들을 사용하는 것의 보기로 신문에 등장하는 최근의 사건을 사용하는 것과 같다.

(2) 직접적 · 외현적인 설명

보기 문제를 해결할 때 사용한 정신적 과정(방법)들을 자세하게 그리고 분명하게 설명한다. 그리고 그것을 집단에서 분석해 본다. 예컨대 현재 다루고 있는 보기 내용에서 문제해결을 어떻게 해 가고 있는지, 설명이나 증거 제시를 어떤 식으로 하고 있는지, 또는 어떻게 새로운 탐구를 해 가고 있는지를 직접적으로 설명하고 논의한다. 그런 다음 비로소, 이러한 정신적 과정에 '이름'(명칭)을 붙이고 그러한 사고기능/전략을 공식적으로 정의한다.

(3) 추가의 보기 문제 제시

실제적인 보기 문제를 추가로 제시하고 이미 익힌 바 있는 사고기능/전략을 적용해 보고, 그리고 필요하면 내용과 절차를 다시 확인해 보거나 분석해 보게 한다. 특히 학생들이 소집단이나 짝을 이루어 협동하여 문제를 해결하고, 설명하고 증거를 제시하고, 또는 탐구해 가는 등의 사고과정을 경험하고 상호작용할 수 있게 하면 효과적이다.

아래에서는 '의사결정'이라는 사고전략을 이러한 단계에 따라 처음으로 수업에 도입하여 직접적으로 수업하는 모습을 한 가지의 보기로 제시해 본다. 그리고 이러한 사고전략을 넓게 전이 가능케 할 수 있는 방법도 언급해 본다.

이러한 활동을 통하여 익힌 의사결정 전략은 다른 교과목의 내용에 적용하여 추가로 연습해 볼 수도 있다. 교내외의 생활 장면에서 의사결정의 과제를 접할 때 익혔던 의사결정의 과정을 회상하여 적용해 볼 수 있다. 그리고 의사결정의 핵심을 보여주는 포스터를 게시판에 붙일 수도 있을 것이다.

그리고 그냥 '사고'라는 넓고 포괄적인 단어가 아니라 가능한 한 구체적인 형태의 사고를 지칭하는 단어를 사용하려고 노력한다. 예컨대, 대안 생성, 이론, 검증, 확인 등과 같은 사고 언어를 많이 사용하도록 한다. 그리고 사고하기를 기대하고, 가치롭게 여기고, 격려해야 한다. 그래야 사고력 개발은 보편적인 풍토 내지 문화를 이루어 갈 수가 있을 것이다.

(i) 먼저 학생들에게 '의사결정'의 중요성을 설명한다(설명). 이때의 설명이 생생한 것이 되도록 하기 위하여 '어떤 자동차를 살 것인가?'를 결정해야 했던 교사 자신의 보기를 든다(보기/모형). 이 보기는 실제 생활에서 일어났던 보기이다.

(ii) 간단한 의사결정 전략을 가르친다. 예컨대, 몇 개의 대안들을 찾아보고(대안 생성), 각 대안에 대한 찬성 이유와 반대 이유를 조심스럽게 생각해 보라고 말한다.

역시 자동차를 구입하는 장면의 보기를 이용한다. 교사는 의사결정 전략의 각 단계를 설명하고 이를 토대로 칠판에다 의사결정의 모형을 만든다(설명과 보기/모형)

(iii) 소집단으로 의사결정의 전략을 같이 연습해 보게 한다. 어떠한 교과목, 어떠한 내용에서도 의사결정의 장면은 쉽게 찾아볼 수 있는데, 이들 가운데서 한두 가지를 이용한다.

"어떤 대안이 있는가? 당신의 대안은 무엇인가? 왜?"라는 질문을 한다(상호작용). 학생이 활동을 하고 있는 동안 교사는 격려, 힌트, 수정, 충고 등을 해 줄 수 있을 것이다(피드백).

2. 피드백의 제공

교사는 학생이 바르게 이해하고 공부를 바르게 수행해 갈 때 격려의 피드백(feedback)을 제공한다. 그리고 이해가 부족한 것 같이 보이거나 무엇을 바르게 하고 있지 못하면 바로잡고 추가로 지도해 주는 교정적 피드백을 제공한다.

이러한 단계에 따라 도입한 어떤 사고기능/전략은 한 번의 연습으로 끝날 수 있는 일이 아니다. 이러한 사고기능/전략은 자동차 운전이나 다른 많은 신체적인 기능과 마찬가지로 계속하여 연습하고 사용을 의식할 수 있어야 한다. 다시 말하면 계속적으로 지도하고 코칭하여 저절로 써 먹을 수 있는 것이 되게 지도할 수 있어야 한다. 이를 전이를 위한 연습－코칭의 수업(transfer practice－coaching)이라 부른다. 이때 주목해 볼 필요가 있는 몇 가지의 참고 사항은 다음과 같다.

(ⅰ) 집단활동을 통하여 익혔던 보기 문제와 유사한 보기 문제를 만들어 보게 한다. 한 걸음 더 나아가서는 영역별로 보기 문제를 만들어 보게 할 수도 있을 것이다. 예컨대 교육, 정치, 경제별로, 그리고 교육을 다시 나누어 교육목표, 교육재정, 교사 등으로 하여 그 사고과정이 적용되는 보기 문제를 만들어 보는 것과 같다.

(ⅱ) 다른 사고과정(사고기능/전략)과 비교해 본다. 이전에 배웠던 사고과정과 어떻게 비슷하거나 차이가 나는지를 학생들이 찾아본다. 이렇게 하면 사고기능에 대한 보다 전체적인 인지구조를 발달시킬 수 있을 것이다.

(ⅲ) 같은 사고기능/전략이라도 교과목에 따라 어떻게 다를 수 있는지를 비교해 본다. 이러한 과정을 통하여 사고력뿐 아니라 고차적 지식도 가질 수 있게 된다.

예를 들어 보자. 마찬가지로 '이유(증거)를 제시'하는 것인 데도 문학, 역사 또는 과학에서 사용하는 '이유'들은 서로가 다를 수 있다. 어떻게 다를 수 있는지를('다르게 사고해야 하는지를') 느끼게 하기 위하여 다음에 있는 것과 같은 과제를 내거나 집단 협의해 보게 할 수 있을 것이다. 이러한 수업과제는 처음은 생소하고 어려워 보일 수 있지만 수준을 낮추면 초등학생에게도 쉽게 적용할 수 있다.

> 어떤 문학작품이든 간에 그에 대한 해석은 다를 수 있다. 그리고 해석에 따라 뒷받침하는 것으로 제시하는 이유(증거)도 다를 수 있다.

어떤 시(詩, 예컨대, 소월 시) 한 편을 골라 그 시의 해석에 대한 보고서를 만들어 보라. 그런데 그것을 다음과 같은 3부로 구성하라.

제1부에서는 그의 문학에 대한 어떤 한 가지의 해석을 택하여 거기에서 제시하고 있는 증거들을 찾아보고 거기에 따라 그 해석이 그럴 듯한지를 논의해 보라.

제2부에서는 당신이 그러한 해석을 다루고 있는 역사학자라 가정해 본다. 그리고 그 저자의 진짜의 의도를 밝히기 위하여 역사학도로서 당신은 무엇을 해야 할지에 대하여 말해 보라.

그리고 제3부에서는 당신은 심리학자로서 사람들이 이 시를 어떻게 다루고 있는지를 통계적으로 연구한다고 가정해 본다. 이제 이 시에 대하여 사람들이 어떠한 해석을 하고 있는지를 비교해 볼 수 있는 방법을 설계해 보라.

(ⅳ) 그리고 배운 사고기능/전략을 일상생활의 과제에도 적용하는 연습을 한다. 적용해 보는 과제가 다양할수록 사고과정은 탈맥락화하여 보다 광범위하게 사용될 수 있을 것이다.

Box 13-1 사고력 수업과 사실 중심 수업의 특징

사실 중심의 수업	사고력 중심의 수업
(1) 학생이 가장 필요로 하는 것은 '어떻게' 사고하느냐 보다는 '무엇을' 사고해야 하는지를 직접적으로 가르쳐 주는 것이다. 무엇을 할지를 알면 어떻게 사고할지는 저절로 배우게 된다(따라서 교사는 학생들에게 세부적인 내용, 정의, 설명, 법칙 및 학습의 이유 등을 자세하게 가르쳐야 한다).	(1) 학생이 가장 필요로 하는 것은 '무엇을' 사고해야 하느냐 보다는 '어떻게' 사고해야 하는지를 가르쳐 주는 것이다(따라서 교사는 생생한 이슈를 제기함으로써 학생들에게 유의미한 내용을 가르쳐야 한다. 그러한 이슈는 학생들로 하여금 유의미한 내용을 수집하고 분석하며 사정해 보게 한다).
(2) 지식은 그것을 생성시키고, 조직화하고 또한 적용하고 있는 사고와는 독립적이다(따라서 다루었던 것을 반복할 수 있으면 학생은 안다고 말할 수 있다. 그리고 학생은 다른 사람들이 만든 사고의 산물을 받아들이기만 하면 된다).	(2) 얻은 지식 · 내용은 사고에 의하여 생성되고, 조직화되고, 적용되고, 분석되고, 종합되고 그리고 사정된 것이다. 그러므로 이러한 사고에 관여하지 아니하고 획득한 지식은 쓸모 있는 것이 아니다(따라서 학생에게는 학습과정의 한 부분으로서 지식에 이르는 길을 더듬어 걸어가며 자신이 내릴 결론을 정당화해 보는 과정을 탐색해 볼 수 있는 기회가 주어져야 한다).
(3) 교육받은 사람이란 백과사전처럼 사실 내용을 많이 저장하고 있는 사람이며 그리고 그러한 기존의 지식을 진정으로 신봉한다(따라서, 교재, 수업, 숙제 등은 세부적인 내용에 관한 내용 중심적이다).	(3) 교육받은 사람은 분자적인 사실보다는 사고의 과정(過程) 속에 잠입해 있는 전략, 원리, 개념 및 통찰을 마스터하고 있는 사람이며, 또한 그는 기존의 지식을 단순히 신봉하기보다는 그것을 질문하고 탐색한다(따라서 수업은 학생들이 논의하고 발견해 가야 하는 질문과 문제(과제)로 이루어져야 하며, 교사는 모델을 보이고 그러한 과정을 촉진해야 한다).
(4) 지식, 진리 및 이해는 강의나 작문과	(4) 지식, 진리 및 통찰은 말로서 직접적

같은 형태의 언어적 진술을 통하여 한 사람에서 다른 사람으로 전달된다(따라서 교재는 원리나 설명을 제시하고 있으며, 그리고 장별로 끝에 있는 '풀어보기 문제'는 이미 익혔던 내용을 반복하면 대답할 수 있는 것이다).	으로 전달될 수 있는 것이 아니다. 교사는 학생이 스스로 사고해 봄으로써 스스로 배워갈 수 있도록 조건을 만들고 촉진해 주어야 한다(따라서 학생들이 자신의 아이디어를 말하며, 교재에 있는 아이디어들을 탐색해 보며, 추리를 통하여(역사적으로, 과학적으로, …) 결론에 이르게 한다).
(5) 읽기나 작문의 기능은 고차적인 비판적 사고기능을 강조하지 않고서도 가르칠 수 있다(따라서 자구적(축어적)인 독해를 강조하며 내용과 형식에 초점을 둔다).	(5) 읽기와 작문의 기능은 바로 추론의 기능이며, 거기에는 탐색을 위한 질문을 제기하고 대답하는 대화 과정이 포함된다(이슈는 무엇인가, 이유는? 증거는 적절한가? 이 권위자는 믿을 수 있는가? 증거는 정확하고 충분한가? 상호 모순은 없는가? 결론은 논리적인가? 다른 견해도 고려했는가? 등등) (따라서 교사는 학생들로 하여금 읽은 것을 설명하게 하고, 아이디어를 재구성하고 평가하게 해야 한다).
(6) 지식과 진리는 점차 작은 요소로 나누어 계열적으로 가르치면 가장 효과적이다. 또한 지식은 가법적(加法的)이다(따라서 교재는 기본적인 정의와 수많은 세부내용을 제시해 주고 있지만 서로 간에 관련되어 오고가는 일은 거의 없다. 또한 국어나 수학 등 교과목들로 서로 독립적이며 서로는 별 볼일 없다).	(6) 지식과 진리는 다분히 체계적이고 전체적이며, 따라서 전체와 부분이 서로 오고가는 계속적인 종합 속에서 학습은 가장 잘 된다. 전체는 부분과 관계를 가질 뿐만 아니라 다른 전체와도 중요한 관계를 가진다(따라서 교육은 이슈, 문제, 기본개념들을 중심하여 조직화되어야 하며, 이들은 모든 관련 교과에서 추구하고 탐색되어져야 한다).
(7) 지식을 획득하는 데 자기가 학습하고 있는 것의 깊은 논리를 이해하거나 이성적인 동의를 할 필요는 없다(따라서 설명만 하면 되지 학생이 새삼스럽게 생각을 하도록 해야 할 필요는 없다).	(7) 기본적인 개념과 원리들을 깊게 이해해야 하며, 이를 바탕으로 관련된 개념과 원리들을 조직화하고 이성적인 동의를 할 수 있어야 한다(따라서 학생들이 세부적인 내용은 기본적인 개념에 어떻게 관계되는지를 발견하도록 격려해야 한다).

<table>
<tr><td>(8) 적은 양의 지식을 깊게 다루기보다는 피상적이지만 많은 양을 다루는 것이 더 중요하다. 사실을 이해하고 난 다음 비로소 의미를 논의해 볼 수 있다. 결국 천재들만 사고를 자극하는 논의를 할 수가 있다.</td><td>(8) 많은 양의 지식을 피상적으로 다루기보다는 적은 양을 깊게 다루는 것이 더 중요하다. 거의 모든 학생들은 자기가 배우고 있는 것의 의의와 정당성을 탐색할 수 있고 또한 탐색해야 한다.</td></tr>
<tr><td>(9) 학생들은 훈화식으로 학습한 것을 적절한 실제 생활에 자동적으로 전이해 적용할 수 있다(따라서 교재나 교사는 무슨 기능을 언제, 어떻게, 왜 사용하는지를 말해 주어야 한다).</td><td>(9) 훈화식으로 학습하여 외운 것은 쉽게 망각되거나 쓸모 없는 지식이 된다. 효과적인 전이가 일어나 적용할 수 있으려면 학생들의 유의미한 경험에 초점을 두는 깊은 학습을 해야 한다.</td></tr>
<tr><td>(10) 내용을 암기하여 시험지에 정답을 할 줄 알면 지식이 습득되었다고 말할 수 있다.</td><td>(10) 자기 자신의 말로 설명할 수 있고, 보기를 들 수 있고, 그러한 지식이 왜 그러하며 의의와 중요성은 무엇인지를 말할 수 있고, 그리고 적절할 때 사용할 수 있어야 정말 이해하고 산 지식을 습득했다고 말할 수 있다.</td></tr>
<tr><td>(11) 학생의 개인적 경험은 교육에 중요한 역할을 하지 아니한다.</td><td>(11) 학생의 개인적 경험은 모든 학습, 모든 교과목에서 기본적이다. 다시 말하면, 학생들이 가지고 있는 개인적 경험은 스스로 적용, 분석, 종합 그리고 사정해 보아야 하는 학습의 중요한 한 부분이다.</td></tr>
<tr><td>(12) 교사는 학생들의 학습에 기본적인 책임을 가진다.</td><td>(12) 학습에 대한 책임을 점차 학생 자신이 떠맡게 한다. 학생들이 스스로 적극적으로 그리고 자발적으로 학습의 과정에 관여할 때 비로소 학습할 수 있음을 알게 해야 한다(따라서 학생 자신이 자기가 알아야 할 필요가 있는 것이 무엇이며 어떻게 학습할 것인지를 결정할 기회를 가지게 해야 한다).</td></tr>
</table>

Box 13-2 사고력 수업의 요령

다음에는 사고력 중심의 수업을 움직여 가게 하는 데 사용할 수 있는 수업 요령을 12가지로 나누어 정리해 본다.

(1) 말을 적게 하라. 그래서 학생들이 더 많이 생각할 수 있게 하라(강의는 전체 시간의 20% 이상 되지 않게 노력한다).

(2) 교재내용을 잘 씹어서 입안에 넣어 주는 수업을 강조하지 말라. 그 보다는 학생이 스스로 교재내용을 적극적으로 이해하고 분석적으로 사고하도록 가르치라. 내용에 대한 사고를 적극적으로 해 가게 하기 위한 몇 가지의 요령은 본문 '수업의 요령'에서 제시하였다.

(3) 일반화 가능성이 높은 기본적 · 핵심적인 개념에 초점을 두라. 계속하여 많은 개념들을 도입시키려 노력하기보다는 학생들이 문제해결이나 적용을 다루면서 기본적인 개념들을 분석하고 적용하는 데 시간을 더 많이 가지게 하라.

(4) 개념은 그것들이 사용되는 맥락 속에서 제시하라. 다시 말하면 실제의 문제를 해결하거나 중요한 이슈를 분석하기 위한 기능적인 도구로 개념들을 제시하라.

(5) 추상적인 개념이나 사고를 예시할 때는 가능한 한 '구체적인 보기'를 사용하라. 학생들의 생활에서 흔히 볼 수 있는(따라서 학생에게 적절하고, 가르치는 교과내용에 적절한) 경험을 보기로 들거나 학생들이 보기를 들어보게 한다.

(6) 학생들 앞에서 '소리내어 사고'해 본다. 문제를 해결해 가면서 당신의 머리 속 생각을 천천히 그리고 큰 소리로 말하면서 사고해 본다. 다른 학생들보다 좀 잘하는 학생의 수준으로 천천히 해야 한다.

(7) 규칙적으로 소크라테스식 대화를 한다. 다시 말하면 사고의 여러 측면(추리의 요소)들을 탐색해 보고, 또한 지적 기준들을 적용해 보도록 한다.

(8) 규칙적으로 '작문'(글쓰기)을 요구한다. 작문은 국어과의 전유물이 아니다. 글을 쓰려면 아이디어를 생성하고 자료를 수집해야 하며, 자신의 생각을 분명하게 해야 하며, 그리고 독자가 쉽게 이해하고 설득되게 표현해야 한다. 이들은 모두가 사고력 개발에 도움이 된다.

(9) 소집단 활동을 자주 한다. 구체적인 과제를 주고 소집단으로 나누어 활동케 하며 시간제한도 미리 정해 준다. 끝나면 어떤 한 집단이 완성한 내용, 경험했던 문제, 그리고 문제를 다루어 간 방법들을 보고하고 같이 협의한다.

(10) 가장 기본적인 개념들의 논리를 전

면에 내세운다. 다른 새로운 개념들은 기본적인 개념에 관련시키며 그 그물망 속으로 계속하여 엮어 넣는다. 그래서 전체를 부분들과 관련시켜 말하고 그리고 부분들을 전체와 관련시켜 논의하도록 지도한다.

(11) 첫 수업시간에 당신은 수업을 어떻게 전개하며 왜 그렇게 하는지를 학생들에게 말해 준다. 왜 강의식 수업, 암기식 학습이 비효과적인지도 언급한다.

(12) 많은 범위의 내용을 다루려고 애쓰지 아니한다. 많은 것을 수업할수록 배우는 것은 피상적이고 일시적인 것이 되기 쉬우며 결국에 가서 보면, 덜 배우는 것이 된다. 핵심적인 것을 깊게 다루어 넓게 일반화되게 한다. 수업에서 직접 다루지 아니한 나머지의 부분은 숙제로 하거나 학생들이 자율적으로 탐구하면 수업에서 다루었던 핵심내용에 쉽게 통합해 갈 수 있을 것이다.

14장

사고력 수업(Ⅱ)

이 장에서는 통합적 사고력 수업의 실제를 알아본다. 거기에는 일반적 추론이나 개념형성과 같은 개별적 사고기능을 가르치는 수업 그리고 비판적 사고전략이나 의사결정의 전략과 같은 복합적 사고전략을 가르치는 수업 등이 포함된다. 그리고 사고력 수업에서 사고의 기능/전략을 도입하고 지도하는 요령도 같이 다루어 볼 것이다. 다음으로 사고력의 평가를 지필검사, 표준화 검사 및 사고행동의 관찰 등으로 나누어 알아볼 것이다. 지필검사를 통한 평가는 다시 '내용목표'와 '사고기능목표'의 평가로 나누어 살펴본다. 마지막으로 본서를 마무리하면서 사고력 수업의 지향을 다섯 가지로 나누어 제시해 보고 있다. 거기에는 지식의 소비 대 지식의 창의, 전문지식 대 학제적 · 융합적 지식, 시행착오의 학습 대 위험감수의 학습, 언어적 · 추상적 학습 대 직접적 · 경험적 학습 및 개인적인 성취 대 팀워크의 성취 등이 포함된다. 이러한 지향이 사고력 교육이나 사고력 수업에 대하여 의미 있는 참고가 될 수 있기를 기대한다.

Ⅰ. 통합적 사고력 수업의 실제: 개별적 사고기능

여기서는 교과내용의 수업과 함께 '추리와 개념형성'이라는 사고기능을 가르치는 통합적 수업을 예시해 본다. 우리가 새로운 용어(단어)를 익히려면 그것이 다른 용어와 구분되는 내용도 습득해야 한다. 이러한 과정을 개념형성이라 하며, 이것은 관찰한 보기와 비보기에서 찾아 낸 특징들을 일반화해 가는 추리의 과정을 통하여 비로소 가능해진다. 결과적으로는 용어(개념)를 습득할 뿐 아니라 추리하고 요약하는 사고의 기능도 함께 개발할 수 있을 것으로 기대할 수 있다.

1. 일반화 추론과 개념형성의 사고기능(Ⅰ)

아래의 수업보기는 Eggen & Kauchak(1988)가 귀납적 수업모형의 보기로 제시한 것이다. 이들은 수업의 모형을 귀납적 모형, 개념형성적 모형, 통합적 모형(integrative), 탐구적 모형, 연역적 모형 및 상호작용적 모형의 여섯 가지로 나눈다.

이들 중에서도 귀납적 수업모형(inductive model)은 개념과 일반적 법칙 등을 가르치면서 동시에 관찰, 비교, 형태 발견 및 일반화 등과 같은 사고기능을 가르치는 데 가장 유용한 전략이라 여겨진다. 물론 다소간의 융통성이 있어야 하겠지만 Eggen 등은 귀납적 수업모형의 일반적인 절차를 다음과 같이 정리하고 있다.

단계 1: 시작 단계
(ⅰ) 개념이나 일반적 법칙의 보기(또는 비보기)를 보여주고,
(ⅱ) 보기를 관찰해 본 다음 기술해 보도록 요구하고,
(ⅲ) 두 번째의 보기(또는 비보기)를 보여주며, 그리고
(ⅳ) 보기를 관찰해 본 특징들을 기술해 보게 한다.
(ⅴ) 같은 식으로 준비한 보기(또는 비보기)들을 모두 사용하며, 그리하여
(ⅵ) 보기와 비보기를 비교해 보게 한다.

단계 2: 수렴적인 단계
(vii) 보기들 속에서 공통적인 특징을 이루는 것들을 찾아 어떤 '형태' 같은 것을 확인해 내게 한다.

단계 3: 종결의 단계
(viii) 찾아 낸 형태를 하나의 정의(定義, 개념, 일반적 법칙)로 진술해 보게 한다.

단계 4: 적용의 단계
(ix) 추가의 보기에 정의를 적용해 보도록 한다.

보기의 수업에서 A교사의 수업은 '질문'을 통하여 '절족동물'이라는 개념을 가르치고 있다. 보기(새우, 딱정벌레, 가재)와 비보기(조개, 자기 자신, 교장 선생님)를 비교해 보게 하며 그리하여 보기들 속에 공통적인 점 등을 찾아보고, 이것에서 비보기와 대비되는 어떤 '형태'(pattern)를 발견해 보게 하였다.

어떤 개념을 가르칠 때 A교사의 수업은 비보기(학생 자신의 다리)를 관찰하는 데서 시작했지만 대개는 가르치려는 개념의 '보기'를 제시하는 데서 시작한다. 아마도 A교사는 학생들이 흥미를 가지고 적극적으로 참여할 것을 기대했을 것이다.

보기 수업 #1

A선생님은 학생들에게 각자 정강이 뒷부분 다리를 잡고 눌러 보도록 한다. 어떤 느낌이 들어요?

(다음과 같은 여러 가지 대답이 나오며, 그때마다 교사는 웃거나 칭찬해 주면서 대답을 계속하게 한다. 물렁한데요…, 아래로 뼈가 있어요…, 무릎까지 붙어 있어요…, 따뜻해요…)

A교사는 다음으로 비닐통에서 살아 있는 '새우'를 꺼내 보이고 "그럼 지금부터는 이 새우에 대해서 이야기해 봅시다"라고 말한다.

(다음과 같은 대답들이 나오며 앞에서와 비슷한 요령으로 진행한다). '껍데기가 있어요…, 딱딱해요…, 매끄럽고…, 차겁고….)

다음으로 A교사는 가방에서 '딱정벌레' 한 마리를 내 보이고 같은 식의 질문을 해 간다. 다음으로 가재를 가지고 앞에서와 비슷하게 전체 과정을 반복한다.

이제 A교사는 이렇게 계속한다. "이제까지 세 가지 동물들을 관찰해 보았어요. 이들이 공통적으로 가지고 있는 것은 무엇일까요?"

(다음과 같은 대답들이 나온다)

뼈가 모두 밖에 있어요…, 차가워요….

(그리고 자신의 다리와는 어떻게 다른지도 질문한다)

이제 더 이상의 반응이 없자 A교사는 "이들 세 가지 동물들을 우리는 절족동물이라 불러요. 모두 '절족동물'이라 말해 봅시다."

그런 다음 A교사는 학생들에게 절족동물에 대하여 정의를 내려 보도록 요구한다(예컨대, "절족동물이란 뼈가 밖에 있고, 관절이 있고 냉혈동물이다" 등등).

그런 다음 '조개'를 보여주고 그것이 절족동물의 보기인지, 만약 보기가 아니면 왜 아닌지를 말해 보게 한다. 교장 선생님은 보기가 되는가? 왜 되지 아니하는가?

A교사는 마지막으로 학생들에게 절족동물의 보기를 가능한 대로 많이 들어 보게 하고 수업을 끝낸다.

그러나 A교사의 수업은 완전히 사고력 중심의 통합적 수업이 아니며 따라서 사고력 수업으로는 불충분하다는 비판을 받아야 한다. 왜냐하면 그는 '일반화'와 '개념형성'이라는 사고기능을 가르치려고 의도하고는 있지만, 그래도 그것을 외현적으로 드러내 놓고 직접적으로 가르치고 있지는 않기 때문이다.

그의 수업은 통합적 사고력 수업이라기보다는 오히려 '사고를 위한' 수업에 해당된다. 그는 귀납적 수업을 하면 사고력은 부수적으로 또는 내현적으로(implicitly) 자연스럽게 개발된다고 전제하고 있는 셈이다. 이러한 전제는 얼마든지 오류일 수 있다.

2. 일반화 추론과 개념형성의 사고기능(II)

B교사의 〈보기 수업 #2〉는 '이름씨'(명사)라는 개념을 가르치면서 동시에 보기에서 '형태'를 찾고 일반화하는 사고기능, 즉 개념형성의 사고기능을 수업한 것이다. 그리고 그는 수업의 전개로 방법 연습, 사고기능 훈련, 보기와 비보기의 제시, 관찰하기, 가설 설정하기, 분석하기, 개념 정하기, 명사의 뜻과 특성 및 적용하기 등의 차례를 제시하고 있다. 이는 비교적 성공적인 수업이지만 좀더 잘할 수 있는 여지는 여전히 남아 있는 것 같다. 이유는 다음과 같다.

(1) 일반화하고 '이름'을 붙이는(개념형성) 사고의 과정을 분명하게 외현적으로

직접 가르치지 않고 있다. 다시 말하면 관찰하고, 공통적인 특성을 찾고, 그러한 특성의 '형태'를 발견하고, 일반화해 보고, 그리고 거기에다 '이름'을 붙이는 개념형성의 절차들을 분명하게 드러내어 설명하고 연습하지 않고 있다.

(2) '이름씨'를 가르치는 수업 속에서도 이러한 사고의 과정이 분명하게 직접적으로 제시되지 않고 있고 또한 수업의 끝 부분에서 사고의 과정을 재정리하는 노력도 추가되면 더 좋을 것 같다.

보기 수업 #2

학습 목표	교과내용 목 표	1. 성질이 비슷한 단어들을 묶을 수 있다. 2. 단어들의 공통점에 근거하여 개념(이름)을 형성할 수 있다. 3. 명사의 개념과 특성을 말할 수 있다.
	사고기능 목 표	일반화와 개념형성의 사고기능을 익힌다.

교　사: 여러분은 어떤 운동을 좋아하죠?

학생들: 축구, 야구, 배구, 탁구, 테니스, 핸드볼, 수영, 하키, 달리기, 높이뛰기, 멀리뛰기…

교　사: 그 많은 운동들을 몇 종류로 묶을 수 있을까?

학생들: ?

교　사: 그럼, 축구와 묶어질 수 있는 운동엔 뭐가 있죠?

학생들: 농구, 배구, 야구, …

교　사: 달리기와 묶어질 수 있는 운동엔?

학생들: 높이뛰기, 멀리뛰기, …

교　사: 왜 그들을 하나로 묶을 수 있었죠? 다시 말하면, 축구, 야구, 농구를 하나로 묶은 이유가 뭐죠?

학생 1: 모두 공으로 해요.

교　사: 그래요. 이들은 모두 '운동'이란 공통점 이외에 '공으로 한다'는 공통점이 있기 때문이죠. 그럼 달리기, 높이뛰기, 멀리뛰기를 하나로 묶은 이유는? 그리고 이들을 하나로 묶어 뭐라고 말하죠?

학생들: 육상

교　사: 지금까지 알아본 '운동의 갈래'를 T.P. 자료를 보면서 정리해 보기로 해요. (T.P.자료 1 '운동의 종류'를 하위개념에서 상위개념으로 묶어 정리한 다음) 이것은 1학기 13단원 '단어들의 의미 관계'에서 다뤘던 건데, '운동'과 '수영'은 어떤 관계였죠?

학생들: 하위 관계

교　사: 그 단원에 이어서 이번 시간부터 다시 '단어'에 대한 공부를 하려고 해요. 그런데 혹 여러분은 우리가 사용하는 단어의 수가 얼마나 되는지 알아요?

학생들: 수천 개?

교　사: 수십만 개나 된대요. 그런데 그 많은 단어들도 아까 우리가 묶어 본 운동의 갈래처럼 몇 종류로 묶어질 수 있을까? 있다면, 몇 갈래로? 그리고 그렇게 묶어진 단어군들은 무어라 부를까? 이런 문제들을 이번 시간에 해결해 보았으면 해서 이 시간 학습목표를 이렇게 정해 봤어요. 같이 한 번 읽어 보아요.

〈전개 단계〉

교　사: 이 목표를 성취하기 위한 구체적인 과제를 다시 확인해 보죠. (T.P. 자료 2를 보인다) 이제부터 그 구체적 방안으로 '이것은 무엇일까요?'란 활동을 할 거예요. 이건 '스무고개 알죠? 그것과 비슷한 놀이예요.

선생님은 머리 속에 어떤 생각을 가지고 있어요. 이 생각은 단어의 갈래와 관련된 개념인데, 이 개념이 무엇인지 알아맞히는 거예요.

진행 요령은 이래요. 우선 '이것'의 '보기'와 '비보기'를 제시할 거예요. 그리고 이것의 적절한 예이면 '보기란'에, 그렇지 않으면 '비보기란'에 붙여 보일 거예요. 여러분은 보기란에 붙여진 단어들을 '관찰'하고, 비슷한 점이나 다른 점 혹은 특이한 점 등을 유심히 살펴본 뒤, 이것들이 어떻게 하나로 묶어질 수 있을까 생각하여 가설을 세워보고 그 가설들을 분석해 본 뒤 알맞은 이름을 정하는 거예요.

그럴려면 어떻게 해야 하죠? 그래요. 깊이 생각해야 하고, 세심히 살펴봐야 하고, 추측해 봐야 하며, 나의 추측이 맞나 틀리나 쪼개어 생각해 본 뒤, 추측한 가설들 속에서 하나의 근거를 찾아내야 하는 거예요. 할 수 있겠어요?

학생들: 네!

교　사: 먼저 연습 문제부터 풀어볼까요? (T.P. 자료 3을 보이며) 문제 한 번 읽어 볼까요?

학　생: 다음에서 '가나다'는 무엇인가?

교　사: 보기가 몇 개죠?

학생들: 세 개요.

교　사: 여기엔 보기와 비보기가 섞여 있조. 이 보기들 속에서 숨겨진 의미를 찾는 건데, 숨겨진 의미를 뭐라 했죠?

학생들: 가나다.

교　사: 우리가 첫째로 할 일은?
학생들: 관찰.
교　사: 보기 관찰 다음에 할 일은?
학생들: 추측하기.
교　사: 가설 설정하기라고도 하죠. 그 다음은?
학생들: ?
교　사: 분석해 본 결과 하나의 가설만 남겨지면 그것을 근거로 하여 한 단어로 나타내는 거죠. 그런데 혹시 이 '가나다'가 무엇인지 직감적으로 알 수 있는 사람?
학생들: ???
교　사: 그럼 함께 관찰부터 할까? 1번 보기는 뭐죠? 2번 보기는? 3번 보기는?
학생들: (각 도형의 형태를 원, 삼각형, 사각형이란 단어를 사용하여 대답함)
교　사: 얼핏 보기에 이들은 같아요? 달라요?
학생들: 달라요.
교　사: 그런데 이들 중 1과 3은 '가나다'라고 했죠? 여기서 '가나다'가 무엇인지 추측해 보기로 하죠. 먼저, 1에서 우리가 추측해 볼 수 있는 건 몇 가지죠? 그리고 그것은 무엇 무엇이죠?
학생들: 두 가지요. 원하고 삼각형.
교　사: 3에서 추측할 수 있는 것은?
학　생: 원하고 사각형, (여기서 크고 작은 사각형을 분리, 세 가지로 추측하는 학생도 있었음)
교　사: 이젠 분석해 보아야겠죠? 1은 원과 삼각형, 3은 원과 사각형인데 이들이 같다면? 이때 비보기도 활용하는 거예요. 2는 삼각형인데 이것이 비보기니까 결국 1에서 세운 가설 중에서 삼각형일거란 가설은 틀린 것이고, 1과 3의 공통점인 원만 남게 되죠. 결국 '가나다'란 뭐죠?
학생들: 원.
교　사: 자, 그럼 이제 '이것은 무엇일까요?' 게임을 해 볼까요? 이 줄에 앉은 사람들이 나와서 내게 단어 카드 한 장씩 뽑아 주세요.
학생들: (7명이 나와 각기 한 장씩의 단어 카드를 뽑아 건네 준다)
교　사: (학생들이 뽑아 준 단어 카드를 각각 비보기, 보기로 구별해 자석 칠판에 붙인 뒤 보기란에 붙여진 '춤'과 '영이'를 가리키며) 이 두 단어가 뜻하는 이것은 무엇일까요?
학생들: ???
교　사: (몇 개의 보기를 더 선정해 붙인 뒤) 이러면?

학생 2: (몇 개의 단어들이 뜻하는 의미를 연결해 이야기함)

교　사: (보기란에 붙여진 단어들의 위치를 재배열한 뒤, '토끼'와 '소' 두 단어만 우선 묶은 뒤) 이 두 단어의 공통점은?

학생들: 동물

교　사: 동물이 아니라 동물 이름이겠죠?('윤호', '영이', '철수' 세 단어를 묶은 뒤) 이들의 공통점은?

학생들: 사람 이름(사람이 아니라 '사람 이름'이라 대답함)

교　사: 그럼 이것은? 기념일 이름이죠? 그럼, 이제 가설을 세워 볼까요? (칠판에 1. 동물이름, 2. 사람이름, 3. 기념일 이름이라 쓴 뒤 공통점을 '이름'으로 찾아 낸다)

교　사: 이것은 모두 이름을 나타낸 단어란 걸 알았어요. 그럼, 마지막으로 이렇게 이름을 나타내는 단어들에게 알맞은 이름(개념)을 만들어 주는건데, 이때 어떤 점에 근거하면 좋을까?

학생들: 공통점.

교　사: 이름을 드러낸 말로 지으면 좋겠죠? 우리말로 '이름씨'라 그러면 되겠네. 아니면, 한자를 활용해 볼까? 이름을 나타낸 한자에 뭐가 있지? 말을 나타낸 한자엔? (名, 語, 言, 詞 등의 한자를 적어 두고) 명어? 명언? 명사? … 학자들은 이들을 '명사'라고 해요.

본시 수업의 핵심 아이디어를 질문을 통해 탐구하면서 정리하고 형성평가를 하고 있다.

Ⅱ. 통합적 사고력 수업의 실제: 복합적 사고전략

비판적 사고란 '바른 질문'을 제기하고 거기에 대하여 대답을 찾아가는 일련의 질문체제로 이해할 수도 있다. 대표적인 것으로는 Browne & Keeley(2000)의 '바른 질문하기'를 들 수 있다. 이러한 시각에서 보면 비판적 사고능력(비판적 사고기능)을 개발한다는 것은, 이러한 질문체제를 익히고 이들을 습관적으로 적용할 수 있게 연습하는 것이 된다. 사실 글이나 대화에 포함되어 있는 논증을 비판적으로 사고한다는 말에는 "흙과 모래와 자갈 속에서 채질하여 금을 찾듯이 재료 속에 포함되어 있는 핵심을 찾아 이해하고 논리를 추리하고, 논증을 평가하고, 그리고 결론을 합리적으로 판단하는 것 등이 포함된다"(김영채, 2000, p. 11). 이처럼 메시지를 구조적으로 이해하고 비판적으로 깊게 사고할 수 있으려면 우리는 일련의 기능과 태도를 배워야 한다. 이러한 기능과 태도는 일련의 비판적인 '바른 질문'을 하고 거기에 대하여 대답하는 과정으로 표현해 볼 수도 있다. 비판적 이해를 위한 바른 질문은 호기심이나 지적 모험뿐 아니라 적극적인 이해를 촉진시킨다.

1. 비판적 사고전략의 수업

(1) 비판적 사고의 수업과 Taylor의 다중재능모형

어떤 토픽이나 주제(또는 제재)를 다루면서 쟁점(이슈)을 확인하거나, 의견과 주장을 구분하거나, 또는 주장(결론)이 적절하게 뒷받침되어 있는지 등과 같은 비판적 사고의 개별 기능들을 다룰 수 있다. 또는 주장(결론)이 타당한지 기각할 것인지 등을 다루는 것은 모두가 비판적 사고력을 수업하는 것이다.

이러한 비판적 사고의 수업을 계획할 때 유용하게 사용할 수 있는 한 가지는 Taylor(1985)의 '다중재능모형'(Multiple Talents Model)이다. 그리고 이 모형은 모든 학교 수준에서 사용할 수 있다. 이 모형에 있는 6개의 요소 가운데 다음과 같은 4개는 모두가 비판적 사고와 반성적 사고를 격려하고 있다.

(i) 의사결정하기(Decision making): 대안들을 검토해 보기, 증거들을 평가하기 및 어떤 결정이나 어떤 이슈에 관한 입장을 정당화하기

(ii) 계획하기(Planning): 건전한 추론을 바탕하여 과제 수행의 절차와 경로를 정하기

(iii) 예상하기(Forecasting): 증거, 추리 그리고 논리를 사용하여 미래의 사건이나 시나리오를 짐작하기

(iv) 커뮤니케이션(Communication): 연구, 추리 및 증거를 바탕하여 조심스럽게 생각해 낸 아이디어를 명료하게 그리고 설득력 있게 표현하기. 표현은 언어로 할 수도 있고 글로써 할 수도 있다.

그리고 저자는 이들 4개 요소들은 다음에 있는 다른 2개 요소와 다소간 균형을

표 14-1 ■ Taylor의 다중재능모형과 예시의 질문

의사결정하기	• 대안들을 고려 • 대안의 평가 • 의사결정을 정당화하기	• 또래 친구들이 좋아하는 장난감을 5개 골라 보라. 이들을 크리스마스 선물로 적합한 순위에 따라 나열해 보라. 왜 이런 순위를 결정했는지를 말해 보라. • 명절 가운데는 '추석'이 제일 좋은가? 아닌가? 왜 그렇게 생각하는가? • 요사이는 친구에게 '의리'를 지키는 마음이 없어졌는가? 설명해 보라.
계획하기	• 구체적인 결과(결말)에 이르는 경로를 자세하게 나열하기	• '추석'에 어떤 사람들이 당신의 집에 찾아왔으면 좋겠는가? 그리고 이들이 일 주일 동안 당신의 집에 머문다고 상상해 보라. 일 주일 동안 모두가 즐길 수 있는 활동 리스트를 계획해 보라. • 당신의 생일날 파티를 한다면, 어떤 '메뉴'를 포함시키고 싶은가?
예상하기	• 일어날지도 모르는 사건들을 짐작하기 • 어떤 장면에 대한 원인과 효과를 살펴보기	다음에 대하여 생각해 보고 논의하기: • 100년 후의 추석은 어떤 모습일까? • 모든 사람들이 '점쟁이'의 말을 믿는다면 어떻게 될까? • 크리스마스가 휴일이 아니라면 어떻게 될까? • 내년 여름방학 동안에는 전국의 어디서든 산에 들어가지 못하게 한다는 보도가 있다고 해 보자. 그렇게 하는 가능한 이유 7가지를 말해 보라.
커뮤니케이션	• 언어적으로 의사표현 • 비언어적으로 글쓰기	• 읽어 보았던 책의 내용을 친구와 같이 토론해 보라. • 읽고 있는 책의 '저자'가 앞에 있다고 상상해 보라. 어떤 질문들을 할 수 있을까?
창 의 력	• 새로운 의미 만들기 • 새로운 관계 생성하기 • 새로운 산출이나 아이디어 만들기	• 음식 쓰레기를 재활용할 수 있는 새로운 방법을 생각해 보라. • 산타 할아버지가 굴뚝을 통하여 선물을 가져올 때 더 쉽게 가져올 수 있는 가방을 디자인해 보라. • 시내의 거리를 새롭게 장식하려면?
특수 재능	• 다양한 특수한 능력(학구적, 예술, 드라마, 음악 등)	• 읽어 보았던 책의 내용을 전부, 또는 일부를 연출해 보라. • 크리스마스 카드를 디자인하여 만들어 보라. • 생일날에 사용할 수 있는 춤, 노래 또는 무형극을 만들어 보라.

이루면서 사용할 것을 주문하고 있다. 〈표 14-1〉는 이들 6가지 요소에 대한 예시적인 질문들을 제시하고 있다.

(ⅴ) 창의력(성): 새로운 아이디어, 새로운 산출을 하거나 또는 새로운 시각을 가지는 것

－앞에서 알아본((ⅰ)－(ⅳ)) 요소들의 일부 또는 전부를 사용하기

(ⅵ) 특수 재능: 학생들이 가지고 있는 학구적인, 음악, 드라마 및 예술적인 능력과 같은 특수한 능력들을 포함시키기

(2) '주장'을 도입하는 수업

다음에서는 비판적 사고 수업의 예시로 '주장'을 도입하는 것을 다루어 본다.

비판적 사고에는 '주장'과 '이유'를 이해하는 것이 핵심적이며, 많은 개별적 기능들도 이를 중심으로 이루어져 있다. 예컨대, '주장의 의미 명확화하기', '사실, 의견과 판단을 구분하기' 또는 '정보원의 신뢰성 평가하기' 등과 같은 것이다. 아래는 '주장'을 직접적으로 도입하는 수업의 보기이다. 다른 개별적 기능들을 도입하는 수업도 이와 비슷하게 할 수가 있을 것이다.

예컨대, 교과서에서 "국립공원은 가장 위대한 국가 자원의 하나이다"라는 진술이 있다면 이를 '주장'이란 개념을 도입하여 설명하는 기회로 이용할 수 있다.

저자는 몇 가지의 이유를 들면서 "국립공원은 가장 위대한 국가 자원의 하나이다"라고 말한다. 이것은 그의 '주장'이다. 상당히 강한 주장이다. 교사는 학생들에게 '사전'에서 말하고 있는 '주장'의 정의를 찾아보게 한다.

그리고 주장이란 어떤 것이 진실한 것이라고 내세우는 진술이라 설명해 준다. 또한 어떤 사람이 어떤 것이 진실이라 주장한다고 하여 그것이 반드시 진실이라는 것을 의미하지는 아니한다. 우리는 어떤 '주장'이 우리가 믿을 수 있는 것인지 아닌지를 결정해야 한다는 것 등을 설명해 준다. 어떤 주장을 믿으려면 주장은 좋은 이유들로 뒷받침되어야 한다.

예컨대, 다음과 같은 질문을 하고 그에 따라 활동을 해 보게 할 수 있다. '국립공원은 가장 위대한 국가 자원의 하나이다'라는 주장을 뒷받침하여 저자가 제시하고 있는 이유는 무엇인가? 당신은 거기에 대하여 찬성인가? 반대인가? 다른 이유는 없는가? 최종적으로 우리는 그의 주장을 진실한 것이라 믿어야 할까? 당신의 판단은 무엇인가? 소집단 활동을 하는 것도 효과적일 것이다.

(3) 비판적 사고를 강조하는 수업방법

비판적 사고의 수업에서 유의해 볼 필요가 있는 사항 세 가지만을 제시해 보면 다음과 같다.

(i) 학습은 학습자에게 적절하고 중요해야 한다.

교사는 학생이 무엇을 학습하며, 어떻게 학습할 것인지를 할 수 있는 대로 학습자 스스로가 선택케 한다. 왜냐하면 수업의 내용이나 방법이 자기에게 적절하고 중요해야 학습은 재미있고 유의미해지기 때문이다. 학습은 생활에 관련되어야 하며 또한 생활 등의 실제에 적용할 수 있는 것이어야 한다. '열린 교육'은 중요한 한 가지 방법이 될 수 있을 것이다.

(ii) 추리의 측면과 보편적인 지적 기준의 적용을 강조한다.

수업의 논의나 대화가 어떠한 것이든 간에 그것은 추리의 한 부분이며 따라서 이들은 지적 기준에 따라 평가되어야 한다. 다시 말하면 사고의 논리를 강조해야 한다.

교사는 학생에게 그리고 학생은 교사에게 어떤 것을 '어떻게' 하면 되는지를 말하는 데 머물지 않고 '왜' 그렇게 하는지를 질문하는 것을 격려한다. 예컨대, "A라는 일을 하기로 결정했을 때 어떤 가정(假定)을 하고 있는지, 어떤 함의(효과)가 있으리라 짐작되는지, 그러한 결정에 어떤 정보들을 사용했는지, 어떤 이론(원리)이나 견해에 입각했는지, 무엇이 이슈라고 보았는지, …" 등의 질문을 한다(9장 비판적 사고(ii) 참조).

학생이 교사의 어떤 결정에 대하여 이런 질문을 한다면, 교사는 자기의 사고가 좋은 것이든 신통치 아니한 것이든 간에, 학생들에게 사고의 모델을 보이며 촉진하는 것이 될 것이다. 몇 가지의 질문들을 추가해 보면 다음과 같다.

- 그것은 어떤 입장(견해)의 것인가?
- 만약 그렇게 된다면 함의(효과, 영향)는 무엇일까?
- 입장/시각이 다른 사람이라면 어떤 결론을 내릴까?
- 어떻게 하면 그것이 보다 분명하게/정확하게 될 수 있을까?
- 어떤 입장에서 보면 그것이 유의미할까?

(iii) 대답 자체보다는 사고의 과정(過程)을 촉진한다.

교사는 학생으로부터 어떤 질문을 받으면 먼저 그것이 '사실'에 관한 질문인지('정보' 질문), 개인적 선호(기호)의 '의견'에 관한 질문인지, 아니면 '판단'(주장)에 관한 질문('사고'의 질문)인지를 결정한다.

사실에 대한 질문이면 교사는 거기에 대한 해답을 어디서 찾을 수 있는지를 이야기해 준다. 개인적 의견에 대한 질문이면 견해(입장)를 달리해 보고 그래서 거기서 한 걸음 더 나아가 판단(주장)의 질문을 해 보도록 격려한다. 만약 판단의 질문이라면 비판적 사고가 필요해진다.

교사는 가능한 한 학생을 평가하지 아니하고 스스로 평가해 보게 하며, 스스로 질문을 하거나 대안을 찾아보게 한다. 토론이 초점을 유지해 가도록 도와 준다. 무엇이든지 교사가 만들어 지시하기보다는 학습자 스스로 책임 있는 활동을 할 수 있게 격려한다. 사고하는 환경을 만들려고 노력한다. 그러한 과정 속에서 '생산적 혼돈' 같은 것이 생긴다면 그것은 바로 교사는 촉진자로서의 자기의 역할을 제대로 하고 있다는 표시일 것이다.

2. 의사결정 전략의 수업

아래에서는 의사결정을 다루는 수업의 한 가지 보기를 예시해 본다. 이를 참고할 때 적어도 두 가지 점을 특히 주목해 보는 것이 중요하다.

(i) 교과내용을 '의사결정'이라는 사고의 과정을 통하여 가르치며, 동시에 그러한 교과내용을 사용하여 '의사결정'이라는 사고의 전략을 외현적/직접적으로 가르쳐야 한다.

(ii) 그리고 가르치려는 내용에 적절한 사고전략으로 '의사결정'을 선택하였고, 의사결정 전략을 외현적으로 도입하여 설명하며, 소집단 학습을 통하여 그러한 사고전략을 사용하고 있으며, 그리고 학생들 자신들이 피드백하고 협의할 뿐 아니라 교사가 전체에 대하여 피드백해 주어야 한다.

보기 수업 #3

C교사는 '미성년자 보호법'과 '미성년자의 취업제한'에 관한 단원을 다루고 있다. 미성년자의 취업제한 조치는 합리적인 것인지, 미치는 효과는 어떤 것인지를 학생들이 깊게 그리고 비판적으로 이해하는 것은 중요하다고 판단하였다. 그래서 '의사결정을 가르치기로 하였다.

수업은 미성년자의 취업제한이 바람직한지에 대하여 논의하는 데서 시작하였다. '취업을 제한하는 것은 말이 안 됩니다' 또는 '하루 12시간 공장에서 일하도록 해서는 안 된다' 등의 찬반논의가 진행….

이때 C교사는 이런데서 '의사결정 전략'을 사용하는 것이 효과적임을 시사하면서 부연 설명. "미성년자 보호법은 내용이 … 18세 이하의 청소년의 취업을 제한하고 있다. 어떤 이는 이 법은 필요하다고 말하고, 다른 이는 취업을 허용하여 일하는 경험도 필요하다고 주장 … 우리는 성급하게 어떤 결론을 내리지 말아야 한다. 우리는 합리적으로 의사결정하는 사고의 전략을 배워서 사용해 봅시다."

의사결정의 핵심은 다음과 같다(칠판에 앞에 제시한 '의사결정의 전략'을 제시). … 그리고 각 단계의 내용을 설명 …

의사결정의 전략

단계 1: 대안의 탐색
단계 2: 대안의 평가－대안들 중 가장 그럴 듯한 대안을 2－3개 선정하여 찬반의 이유를 리스트로 만든다.
대안 3: 뒷받침하는 이유들을 종합하여 살펴보고 어떤 대안을 조심스럽게 선택하는 결정을 내린다.

먼저 의사결정 전략의 목적에 대하여 간단하게 설명한다. 그리고 단계 1은 비교적 분명하다. "만약 내가 단계 1을 한다면 분명한 대안에는 어떤 것들이 있는지를 찾아볼 것이다. 더 많은 대안들을 찾아보기 위하여 상상력을 보다 더 발휘하거나, 입장을 달리해서도 생각해 볼 것이다. 여러분은 어떤 대안들을 생각해 볼 수 있는가? 사장들은 어떻게 생각할까? 부모들은?"라는 식으로 설명할 수도 있을 것이다.

"단계 2에서는 그럴 듯한 대안을 2－3개 골라서 각기가 가지고 있는 '긍정적인 점'과 '부정적인 점'을 나열해 본다. 그리고 마지막으로 단계 3에서는 이유들을 종합해 보고 하나를 선택한다"라고 계속할 수도 있을 것이다.

C교사는 학생들을 3－4명의 소집단으로 나누어 의사결정의 전략에 따라 청소년 취업제한이라는 이슈를 다루어 보게 한다. C교사는 주위를 돌아보며 필요하면 조언을 한다. 한 분단에서 토의결과를 정리한 것은 〈표 14-2〉와 같을 수도 있다.

각 분단에서 선택을 모두 마치게 되면 전체에 보고하며 의사결정 전략을 잘 사용했는지, 무엇이 잘 되었고 무엇이 어려웠는지, 그리고 개선점은 어떤 것들인지를 같이 반성해 보게 한다. 그리고 수업 종료 전에 C교사는 수업 중 관찰하거나 느꼈던 것을 학생들에게 피드백해 주는 시간을 가졌다.

표 14-2 ▪ 의사결정 수업의 요약

해결대안

1. 미성년자도 취업할 수 있게 한다.
2. 미성년자의 취업을 금지한다.
3. 취업을 학교공부의 일부로 인정한다.
4. 취업은 허용하되 방과 후 일정시간만 할 수 있게 제한한다.

⋮

그럴 듯한 대안 #3(취업을 … 인정한다)

긍정적인 점	부정적인 점
1. 스스로 돈을 벌기 때문에 부모의 부담을 덜 수 있다.	1. 학교숙제를 할 시간이 없을 것이다.
2. …	2. …
⋮	⋮

그럴 듯한 대안 #4(취업은 … 제한한다)

긍정적인 점	부정적인 점
1. 미성년자나 부모에게 선택의 여지를 줄 수 있다.	1. 미성년 학생은 원해도 부모가 반대할 수도 있다.
2. …	2. …
⋮	⋮

Ⅲ. 사고력 수업의 도입과 지도

교사가 사고력 수업의 이론과 기법을 연수받거나 익혔다 하더라도 이를 수업에 실천하기 위해서는 이를 뒷받침하는 학교 풍토와 코칭(coaching)이 필요하다. 특히, 동료 교사나 교육 행정가들이 사고기능의 개발을 위한 수업에 계속적이고 외현적인 관심과 지지를 해 줄 수 있어야 한다. 동료 교사와 장학진이 팀을 이루어 서로 격려하고 피드백하는 것은 좋은 한 가지 방법이 될 것이다. 협동하여 수업 지도안을 계획하고, 관찰하고, 분석하고, 수정하는 경험을 가지면 새로운 전략을 보다 편안하게 익혀 갈 수 있을 것이다.

1. 사고기능/전략의 수업 도입

〈표 14-3〉은 "사고기능(전략)의 도입/정교화를 위한 수업 체크리스트"이다. 이것은 어떤 '사고기능과 전략'을 학생들에게 처음으로 도입하여 외현적으로 가르치려고 하거나 그러한 수업을 관찰할 때 사용할 수 있는 것이다. 보다 구체적으로 보면 이것은 다음과 같은 네 가지의 목적에 사용할 수 있다.

(i) 수업 지도안을 계획할 때 가이드라인으로,

(ii) 수업 지도안을 실제의 수업에 사용하기 전에 기본적인 요소들이 모두 들어 있는지를 체크해 보는데,

(iii) 실제의 수업을 관찰하고 거기에 대하여 적절한 피드백을 해 주기 위한 관찰 가이드로, 그리고

(iv) 수업에서 사용할 교재나 기타의 학습재료를 평가하는 데 참고용으로 사용할 수 있다.

이들의 어느 경우든 간에 이러한 체크리스트를 사용하면 사고력 수업이 가지고 있는 결정적인 측면들을 부각시켜 주목하는 데 도움이 된다. 이러한 결정적인 측면에 주의 집중시키는 것은 교사가 사고력 수업의 전략을 마스터하여 효과적으로 사용하는 데 필수적이다.

표 14-3 ■ 사고기능/전략의 도입을 위한 수업 체크리스트

교 사: ________________ 관찰자: ________________
과 목: ________________ 단 원: ________________ 일시: __________

	예	아니요
A. 수업의 '맥락'		
1. 가르치려는 사고기능은		
1.1 충분히 중요한 것인가?	____	____
1.2 학생의 능력수준에 적절한가?	____	____
1.3 교과내용 목표를 달성하는 데 적절한 것인가?	____	____
B. 수업의 '전개'		
2. 그러한 사고기능을 배우는 목적을 분명하게 진술하고 있는가?	____	____
3. 그러한 사고기능을 분명하게 도입시키기 위하여		
3.1 명칭(이름)을 말하고 있는가?	____	____
3.2 그것을 정의하고 있는가?	____	____
3.3 적절한 보기를 제시하고 있는가?		
• 일상생활의 보기	____	____
• 이전의 수업에서의 보기	____	____
4. 그러한 사고기능의 주요 요소들을 설명하고 복습하고 있는가?		
4.1 그러한 기능의 핵심적인 절차	____	____
4.2 그러한 기능의 법칙 · 원리	____	____
5. 학생들은 그러한 기능을 사용하면서 자신의 머리 속에서 이루어지고 있는 정신과정을 설명해야 한다.		
5.1 그러한 기능을 수행하고 있는 동안에 설명하고 있는가?	____	____
5.2 그러한 기능을 수행하고 난 다음에 설명하고 있는가?	____	____
6. 학생들은 그러한 사고기능의 요소를 말하거나 수정해 보는가?	____	____
7. 수업을 끝낼 때, 학생들은		
7.1 그러한 사고기능을 정의해 보는가?	____	____
7.2 언제 · 어디서 사용할 수 있는지를 말하는가?	____	____
7.3 핵심 요소들을 분명하게 정리해 보는가?	____	____
C. 수업의 '요소'		
8. 수업의 초점이		
8.1 분명히 사고기능에 있는가?	____	____
8.2 일관성 있게 사고기능에 있는가?	____	____
9. 사용한 수업전략은		
9.1 귀납적인가?	____	____
9.2 그리고 직접적인가?	____	____
10. 사용한 수업전략은		
10.1 사고기능에 적절한가?	____	____
10.2 학생의 경험과 능력수준에 적절한가?	____	____
10.3 주어진 시간에 적절한가?	____	____
10.4 그리고 교과내용 목표에 적절한가?	____	____

〈표 14-3〉의 체크리스트는 세 부분으로 되어 있다. 이들은 제1부 수업에서 가르치려는 사고기능 또는 전략에 관련한 '맥락' 부분, 제2부 실제의 수업 전개에 관련한 '전개' 부분 및 제3부 수업을 전체적으로 살펴보는 '요소' 부분 등이다. 제1부인 '맥락' 부분과 제3부인 '요소' 부분은 학습 지도안을 분석해 보고 체크할 수도 있고 실제의 수업을 관찰해 본 다음 할 수도 있다. 그러나 제2부인 '전개' 부분은 학습 지도안을 분석해 보고 그리고 실제의 수업을 관찰하면서 사용할 수 있다.

문항의 내용을 보면, 문항 1은 가르치려는 기능이 중요하고 핵심적인 것인가, 문항 2는 그 사고기능을 배우는 목적을 외현적으로 진술하고 있는가, 문항 3은 도입을, 문항 6과 7은 그 기능에 대하여 하고 있는 학생의 활동을, 그리고 문항 5는 초인지(상위인지)를 다루고 있다. 효과적인 도입/정교화 수업이라면 거의 모든 항목에서 '예' 반응을 받아야 한다.

2. 사고기능/전략의 지도

〈표 14-3〉은 '사고기능(전략)의 지도연습을 위한 수업 체크리스트'로도 사용할 수 있다. 〈표 14-2〉는 이미 앞에서 본 바와 같이, 학습하려는 사고기능이 어떤 것이며 어떤 절차로 하는지를 처음으로 도입하거나 좀 상세하게 설명하는 단계의 수업을 위한 것이었다. 그러나 〈표 14-3〉은 이들 사고기능을 다양하게 적용하고 더욱 확실하게 다듬어서 별다른 의식 없이도 필요한 장면에서 자동적으로 사용할 수 있게 '지도연습'하여 개발하는 수업을 위한 것이다. 그러나 체크리스트의 구성 형태는 두 가지가 서로 비슷하다.

이러한 사고력 수업 체크리스트는 수업을 관찰, 사정, 개선하며, 간접적으로는 사고력 개발 프로그램의 질적 수준을 판단하는 데 도움이 될 것이다. 그리고 관찰을 할 때 교사의 행동은 물론이고 학생의 행동을 선택적으로 관찰해 볼 수도 있다. 예컨대 관찰자는 학생들이 '주장'을 다루면서 이유와 증거를 찾거나 제시하는지, 어떤 종류의 질문을 하는지, 논의나 반응을 하면서 정보의 출처를 비판적으로 평가하는지 등을 주목해 볼 필요가 있다. 이러한 행동은 학생들이 단순히 암기를 하고 있는지 아니면 정말로 사고의 과정을 탐구 · 경험하고 있는지를 가르켜 줄 것이다.

전통적으로는 사고가 일어나고 있다고 보는 지수로서 '교사의 질문의 수준',

'반응시간', '학생들의 상호작용의 정도' 등을 사용하였다. 그러나 이들은 정말 '사고'(思考)가 일어나고 있는지를 충분하게 알려 주지는 못한다. 여기에 제시해 둔 수업 체크리스트는 사고기능의 수업을 사정해 볼 수 있는 유용한 정보를 제공해 줄 것이다.

Ⅳ. 사고력의 평가

1. 사고력 평가의 방향과 형식

평가를 어떻게 하느냐에 따라 학생의 공부는 직접적으로 영향을 받는다. 시험 준비를 완벽하게 하기란 누구든 사실상 불가능하기 때문이며, 또한 많은 경우 검사의 결과는 당사자에게 영향을 미치기 때문이다. 학생들은 교사가 제시하는 각종의 힌트를 살펴보고 그에 따라 어떤 내용이 중요한지를 판단하며 그래서 거기에 집중하는 경향이 있다. 그러므로 교사가 제시하는 시험, 과제 또는 질문 등은 사고과정의 개발을 격려할 수 있는 요소들을 포함하고 있어야 한다. 이러한 시각에서 사고력 평가(사정)의 방향을 두 가지로 제시해 볼 수 있다.

(1) 평가의 방향

(i) 학생들이 사고과정에 주목하고 사고하는 것을 자극하고 격려할 수 있는 그러한 사정전략(assessment)을 개발한다. 이러한 전략에서는 사정의 초점을 아이디어(product, 작품, 지식)뿐 아니라 과정(過程)에 둘 것이다. 여기서 '과정'이라 함은 학생이 과제를 수행할 때 관여하고 거쳐가는 인지적(정신적) 활동을 말한다. 예컨대, 어떤 과제에 대한 사정을 할 때 만들어 놓은 작품(아이디어, 보고서 등)만을 기준하여 사정하지 아니하고 대안에 대한 평가나 선택에 대한 정당화 등을 고려하며, 또한 작품을 만들어 가는 과정 자체를 사정에 포함시키는 것과 같은 것이다.

(ii) 기대하는 수행의 준거를 가능한 한 분명하게 그리고 공식적으로 제시한

다. 수행의 준거를 분명히 하는 것은 사고의 과정을 사정하는 데 특히 중요하다.

학생들은 과제나 숙제를 받고서 교사가 원하는 것이 무엇인지 모르겠다고 불평할 수 있다. 예컨대, 학습과제로 어떤 애매한 실험이나 문제장면을 제시하고 "이것을 해석해 보시오"라고 요구한다면 그것은 불충분하다. 대신에 거기에다, "행동을 정확하게 기술하고, 맥락을 고려하여 그러한 행동에 대하여 그럴 듯한 추론(해석)을 해 보고, 그리고 추론에 영향을 미칠 개인적인 요인들을 제시해 보시오"라는 식으로 수행 준거를 같이 제시하면 훨씬 더 효과적일 것이다.

이와 같이 수행의 준거를 제시하면 나중에 성적을 매기거나 피드백해 주기가 쉬울 뿐만 아니라 학생들의 학업 성공이나 자기 사정을 증진시키는 데도 도움될 것이다.

(2) 사고기능의 분류와 평가

사고기능을 효과적·효율적으로 측정하려면 우선 그것을 분명하고 유용하게 정의하고 분류할 수 있어야 한다. 사실 사고기능의 영역을 구체화하는 일은 많은 교과 전문가, 심리학자 및 철학자들의 관심사가 되어 왔다. 그러나 지금까지 가장 많이 사용되고 있는 것은 Benjamin Bloom 등(1956)이 인지조작을 여섯 가지 수준으로 위계화한 것이다.

그러나 최근에 Stiggine, Rubel & Quellmalz(1988)가 이전의 개념적 구조들을 분석하여 문제해결과 비판적 사고기능에 포함되어 있는 기본적인 인지조작들을 모두 참고하여 이들을 5가지로 요약하고 있다. 이들의 분류에는 재생(recall), 분석(analysis), 비교(comparison), 추론(inferezce) 및 평가 등이 포함된다. 이들 인지요소들은 학생이 문제 또는 이슈를 확인하고, 적절한 정보를 확인하거나 찾아내고, 적절한 정보들을 관계시키며, 그리고 해답이나 결론을 평정하는 것과 같은 문제해결과 비판적 사고과정의 여러 장면에서 유용하게 사용될 수 있다. Stiggine 등이 제시한 5가지 기본적 인지조작들의 정의, 핵심단어 그리고 이들을 Bloom 등의 교육목표 분류학의 인지기능 분류와 비교하여 정리해 본 것이 〈표 14-4〉이다.

(3) 평가/사정의 형식

그리고 학생의 성취는 다양한 형식으로 측정할 수 있다. 예컨대, 형식적·비형

표 14-4 ■ 기본적 사고기능의 분류와 내용

수 준	정 의	핵심 단어	Bloom 등의 분류학과의 관계
재 생	핵심적인 사실, 정의, 개념, 법칙 및 원리를 기억하기를 요구하며 축어적으로 반복하거나 의역하기를 질문한다. 정보를 재생하려면 학생들은 그것을 연습하고, 다른 관련 개념에 관계시킬 수 있어야 한다.	정의하다. 반복하다. 확인하다. 무엇-명명하다. 언제-나열하다. 누가-이름 붙이다.	지 식 이 해
분 석	전체를 요소 부분으로 나누는 인지조작이다. 부분-전체의 관계 및 원인-결과(효과)의 관계를 아는 것으로, 이러한 지식은 복합적인 과제의 기본요소이다. 요소 부분이란 대상, 아이디어 또는 행위절차의 고유한 특징들을 말한다.	세분하다. 범주화하다. 분할하다. 분류하다. 분리하다.	분 석
비 교	이 과제는 학생들이 유사점과 차이점을 재인(인식)하거나 설명할 것을 요구한다. 매우 분명한 속성이나 요소과정에 주목하면 되는 것도 있지만 여러 가지 속성이나 요소과정들을 확인하고 변별해야 하는 것도 있다. 전체를 부분들로 나눌 수 있어야 할 뿐 아니라 차이점과 유사점을 비교할 수도 있어야 한다.	비교하다. 변별하다. 대비하다. 구분하다.	분 석
추 론	연역적 및 귀납적 추리가 여기에 속한다. 연역적 추리에서는 일반법칙(일반적인 결론)을 제시하고 그것에 관련된 증거들을 찾아내거나 설명하도록 요구한다. 규칙이나 "만약 A이면, B이다"란 관계를 적용하려면 추리가 요구된다. 귀납적 과제에서는 증거나 세부 내용을 제시하고 어떤 일반 법칙(일반적인 결론)에 이를 것을 요구한다. 연역적 및 귀납적 추리는 Bloom 등의 분류학의 '적용과 종합'에 해당된다. 규칙의 적용은 연역적 추리의 한 종류이다. 종합은 부분들을 일반 법칙으로 맞추어 넣는 것인데, 이것은 연역적 추리와 귀납적 추리 모두에서 일어난다.	연역하다. 예상하다. 예측하다. 만약 …이라면, 추론하다. 적용하다. 음미하다. 결론내리다.	적 용 종 합
평 가	이들 과제는 학생들에게 질적 판단, 신뢰성, 가치 또는 실용성 등을 판단토록 요구한다. 일반적으로는 어떤 기준을 사용하여 그것이 충족되었는지를 말하게 한다. 기준은 어떤 규칙, 논리 또는 일반적으로 인정하고 있는 가치 등으로 이루어진다. 평가를 하기 위해서는 증거와 이유들을 수집하여 이들의 관계를 설명하고 그리하여 결론을 지지하는지를 따져 보아야 한다. 평가적 추리에서 특이한 것은 준거를 사용하여 결론에 이르는 것이다.	평가하다. 왜-논증하다. 판단하다. 토론하다. 사정하다. 평정하다. 비판하다. 변호하다.	종 합 평 가

식적 평가, 형성적·종국적 평가, 개인적·집단적 평가, 또는 표준화검사·교사자작 검사 평가 등의 방법들이 있을 것이다. 그러나 이러한 여러 가지 평가전략에서 사용할 수 있는 가장 일반적인 형식을 세 가지로 든다면 여기에는 구술질문법, 지필검사법 및 수행검사법(performance test) 등이 포함될 수 있을 것이다.

수행검사에서는 교사는 학생이 수행하는 활동이나 만든 작품(보고서, 논술문 등)을 관찰하고 사정한다. 근래에 이르러 활발하게 논의되고 있는 포트폴리오 평가(portfolio)도 여기에 포함시킬 수 있다.

2. 지필검사를 이용한 사고력 평가

사고력 중심의 통합적 수업에서는 '내용목표'와 '사고기능목표'가 구분되어 포함될 수 있음은 앞 장에서 이미 알아보았다. 전자는 가르치려는 교과내용이 무엇이냐를 말하고, 후자는 어떤 사고기능/전략을 개발시키고자 목표하는지를 말하였다. 이처럼 수업의 목표를 '내용목표'와 '사고기능목표'로 나눈다면 평가도 당연히 '내용평가'와 '사고기능평가'로 나뉘어져야 할 것이다. 그러나 평가영역에서 일반적으로 다루고 있는 것은 '내용평가'이다.

나음에서는 지식의 형식을 사실, 개념 및 일반적 법칙의 세 가지로 나눈 것에 준하여 (4장 참조) 지필검사법을 이용한 평가를 음미해 본다.

(1) 내용목표의 평가

내용목표는 지식(교과내용)의 습득과 이해를 평가/사정한다.

(i) 사실: '사실'(facts)의 습득은 S－R 학습의 형태이고, 사실의 학습은 본질적으로 보면 '외워야 하는' 과제이다. 따라서 평가는 재생 또는 재인의 형태를 취한다.

예컨대, "한국의 수도는 ( )이다"는 재생 문항(소위 주관식 문제)의 보기이고, "한국의 수도는 다음의 4가지 중 어느 것인가?"를 묻고 이에 대하여 4개의 선지를 제시한다면 이것은 재인 문항(소위 객관식 문제)의 보기이다.

(ii) 개념: 개념의 습득을 평가하는 데는 '사실'과 마찬가지로 기억 수준으로 할 수도 있고 이해 수준에서 할 수도 있다. 지식(기억) 수준의 평가는 개념의 정의나 특징들을 제시하고 그들 중 맞는 것을 재인해(확인해) 내게 하는 것이다. "다음 중

평행 사변형의 정의 중 맞는 것은?"과 같은 것이다. 그러나 일반화가 일어나고 추상화할 수 있는 능력이 없으면 진정한 개념 학습이 일어났다고 보기 어렵다.

이해 수준의 평가는 학습자가 일반화 가능한 추상화를 했는지를 질문한다. 측정 문항으로는 '보기'를 제시하고 그것이 어떤 개념에 속하는지 또는 속하지 아니하는지를 분류하게 하는 것이 많이 쓰인다. 이때는 재인 형태 또는 생성 형태를 취할 수 있다. 재인 형태에서는 여러 가지 항목 가운데서 '보기'인 것을 확인해 내게 하는 것이고, 생성 형태에서는 새로운 보기를 만들어 보게 한다. 더 나아가 어떤 '사례'가 왜 '보기'인지 또는 왜 보기가 아닌지를 설명하게 할 수도 있다. 또는 보기를 들어 정의를 설명해 보도록 요구할 수도 있다.

(iii) 일반적 법칙: 개념 습득의 평가와 마찬가지로 일반적 법칙의 평가도 지식 수준과 이해 수준에서 할 수 있으며, 또는 더 나아가, 적용 수준에서 할 수도 있다.

지식 수준의 평가는 재생이나 재인을 하도록 해서 평가한다. 일반적 지식 내용을 이해 수준에서 평가할 때는 일반적 지식이 적용되는 장면을 확인해 보게 한다. 그러나 이 수준의 평가에서는 실제로 예측을 해 보게 하지는 아니한다. 마지막의 적용 수준에서는 실제로 문제를 해결하며, 예측을 하며, 그리고 일반적 법칙 내용을 가지고 어떤 것을 설명해 보게 한다. 일반적 법칙의 세 가지 수준의 내용은 다음과 같이 요약해 볼 수 있다. 적용 수준의 문항은 생성 형태를 취한다.

지 식	• 학생은 어떤 일반적 법칙을 기억한다.
이 해	• 학생은 어떤 일반적 법칙을 이해한다. 그것을 의역할 수 있으며 적용되는 장면을 확인해 낼 줄 안다.
적 용	• 학생은 어떤 일반적 법칙을 사용하여 문제를 해결할 줄 안다.

(2) 사고기능목표의 평가

'사고기능'의 측정은 지식(교과 내용)의 습득과 이해를 측정하는 '내용목표'와는 달리 학습자가 글 속에 담겨져 있는 어떤 일반적인 '형태'를 발견하고 추론을 하거나, 이를 사정하고, 일반화할 수 있는 능력에 초점을 둔다. 다음과 같은 두 가지의 독특한 측면을 가지고 있다.

첫째, 사고기능을 측정하기 위한 타당하고 신뢰로운 문항을 만드는 것은 쉽지 아니하며, 전통적으로 강조되지 아니하였다.

둘째, 사고기능은 교과내용과 분리될 수 없기 때문에 사고기능을 측정하려면 내용 측정이 수반될 수밖에 없다(사고는 '지식내용'과 관계 없는 진공 속에서 이루어질 수가 없다). 그러나 사고기능을 측정할 때는 교과내용은 매개 수단일 뿐이며 초점은 '사고기능'에 있음을 유의해야 한다. 다시 말하면, 학습한 교과의 내용을 평가문항의 지문으로 사용하지만, 평가의 목적은 내용의 습득이 아니라 사고기능의 발달 정도를 사정하는 데 있다.

(i) 관찰: 학년이 올라가고 나이가 들수록 대상이나 사건을 변별할 수 있느냐는 것보다는 얼마만큼 주의를 기울이고 민감하게 전체적으로 볼 수 있느냐가 중요해진다. 그리고 관찰능력은 대개 비형식적으로 측정한다.

(ii) 발달적 사고기능과 비판적 및 창의적 사고기능: 이미 언급해 둔 바와 같이 발달적 사고기능으로는 비교하고, 요약하고, 형태를 확인해 내고, 일반화하고, 설명하고, 예측하고, 그리고 가설 설정하는 능력 등이 포함된다. 이러한 사고는 귀납적 또는 연역적으로 진행되기 때문에 결론에 이르는 능력과 내려놓은 결론이 타당한지를 사정하는 것과 같은 비판적 사고능력과 새로운 아이디어를 생성해 내는 창의적 사고능력의 두 가지 범주로 나누어 이루어질 수 있다.

사고기능은 생성문항 형태로 또는 재인문항 형태로 평가할 수가 있지만 이러한 평가에서 특히 유의해야 할 세 가지는 다음과 같다.

(i) 문항에서 사용하는 지문(재료, 제재, 소재)은 이전에 학습한 것이 아니어야 한다. 이미 익히 공부했던 것이거나 논의해 보았던 것이라면 그러한 평가는 내용을 지식수준에서 다루는 것이지 사고기능을 측정하는 것이 아닐 가능성이 크다.

(ii) 지문으로 읽을거리를 사용하고, 그래서 불가피하게 독해요인이 작용할 수밖에 없을 때는 가능한 한 쉽고 편안하게 읽을 수 있는 것을 사용하도록 한다. 왜냐하면 내용 자체보다는 사고기능의 평가가 목적이기 때문이다.

(iii) 다양한 형태의 문항을 만들어 사용할 수 있다. 문단을 제시한 다음 핵심 개념을 찾아 내게 하거나, 요약을 해 보게 하거나 또는 가장 정확한 일반적 법칙을 확인케 할 수도 있을 것이다. 가능한 한 그림, 도표, 사진 또는 그래프 등을 많이 이용하는 것이 좋다. 보기를 들면 다음과 같다.

- 다음에는 지문이 있고 그 아래에 일련의 요약문들이 있다. 가장 정확한 것은?
- 지문의 내용으로 볼 때 가장 정확한 원리(법칙)는?

• 지문의 내용을 가장 정확하게 설명하고 있는 것은?
• 지문에 있는 핵심적인 개념 세 가지를 찾아보라.

3. 표준화 비판적 사고력 검사

선진 외국에서는 비판적 사고력을 사정하기 위한 표준화 검사가 적지 않게 시판되어 있지만, 국내에서 개발된 상업용 검사도구는 찾아볼 수 없었다. 그리고 외국의 비판적 사고력 검사도 완전한 사고행동에서 사용되는 것을 측정하는 것이 아니라 떨어져 있는 개별적인 사고기능으로 측정하고 있다. 그리고 초인지(상위 인지)나 사고에 관한 태도를 검사하는 표준화 검사는 찾아보기가 어렵고 이들은 대개 체크리스트나 설문지 등을 통하여 사정하고 있다.

Follman(2002)은 비판적 사고의 넷위크를 구성하고 있는 150개의 경험적 연구와 검사 등을 분석하여 관련의 개념들 간의 상관을 보고하고 있다. 이어서 Follman (2003)은 미국에서 현재 사용되고 있는 비판적 사고력의 표준화 검사들을 9가지로 나누어 각기의 신뢰도 계수를 제시하고 있다. 여기서는 거기에 포함되어 있는 몇 개 검사들의 하위요인들만을 정리해 본다. 그리고 표준화 창의력 검사에 대하여서는 김영채(2007)를 참조할 수 있다.

(1) Cornell Critical Thinking Test, Level X(CCTT-X)

R. H. Ennis & Millman(1982)의 CCTT-X 검사는 3부로 구성되어 있다. 1부와 2부는 각기 25개 문항으로 그리고 3부는 26개 문항으로 되어 있다. 그리고 이들을 통하여 어문적 기능(verbal, 유사성 발견, 문장 의미, 분류와 유추), 수리기능(관계시키기, 계열화하기) 및 비어문적 기능(non-verbal, 그림 분류, 종합 및 유혹) 등을 측정하고 있다.

(2) Cornell Critical Thinking Test, Level Z(CCTT-Z)

R. H. Ennis & Millman(1982)는 7부로 구성되어 있고, 합계 25개 문항으로 되어 있으며, 고등학생, 대학생 및 성인용이 있다. 귀납, 연역, 관찰, 신뢰성 평가, 정의하기 및 가정확인 등을 측정하고 있다.

(3) Watson-Glaser Critical Thinking Appraisal(WGCT)

G. Watson & E. Glases(1982)의 WGCT에는 9학년-성인용이 있으며 80개 문항으로 이루어져 있다. 그리고 두 가지의 동형검사로 되어 있고, 추론, 가정, 확인, 연역, 해석 및 논증평가 등을 평가한다.

(4) Whimbey Analytical Skills Inventory(WASI)

B. Z. Presseisen(1979)는 4-12학년용이며 38개 문항으로 이루어져 있다. 수학적 유추, 문제해결, 유추적 추리, 경향과 형태, 차이와 유사성 및 분류 등을 측정하고 있다.

(5) The Ennis-Weir Critical Thinking Essay Test(Ennis-Weir)

R. H. Ennis & E. Weis(1983)의 Ennis-Weir에는 7학년-대학생용이 있으며 9개 문단을 읽은 다음 40분 동안 문단 하나 하나를 비판하고, 요약하는 문단을 만들고 그리고 원래 문단에 나타난 사고 수준을 평가하는 10개 단락의 작문을 요구한다.

4. 사고행동의 관찰

성공적인 사고자의 행동 특징을 제시하고 있는 문헌들은 적은 수가 아니며 본서에서도 이들을 여러 곳에서 이미 언급한 바 있다. 이러한 '사고'행동을 보여주는 체크리스트 내지 '관찰 설문지'를 만들어 교사나 부모가 체계적으로 사용하거나 학생이 '자기 보고'하는 도구로 사용한다면 도움이 될 수 있을 것이다.

여기에 제시되어 있는 〈표 14-5〉는 개인 학생의 일반적인 사고행동을 알아보기 위한 관찰용 설문지이다. 그러나 이를 참조하면 의사결정, 초인지 또는 기타의 어떤 구체적인 사고기능의 행동을 관찰하기 위한 설문지도 쉽게 만들 수 있다(Beyer, 1988).

어떤 학생의 행동을 적절하게 관찰한다는 것은 시간이 걸리는 지루한 작업이며 그리고 제대로 하지 않으면 얻은 결과의 신뢰성도 의심스러울 수 있다. 더욱이 많은

표 14-5 ■ 사고행동 관찰지

학생 이름: ______________ 관 찰 자: ______________

관찰일시: 20 년 월 일

다음은 비판적 사고가 얼마나 학습되고 행동화되고 있는지를 관찰해 보기 위한 체크리스트이다. 이러한 설문의 결과는 사고력의 발달 정도를 알아보고 더 나은 수준으로 향상시키는 데 참고가 될 수 있다.

사고의 행동 일반	일반 행동의 실제			
	거의 항시	대개	가끔	드물게
1. 목표/목적을 분명하게 정의한다.				
2. 목표를 생각하면서 계획을 세운다.				
3. 필요하면 대안적인 계획을 사용한다.				
4. 뒷받침하는 자료를 수집하고 추리를 한다.				
5. 정확한지를 체크하고 또 체크한다.				
6. 오류나 실수를 찾아내고 고친다.				
7. 과거의 지식/경험을 활용한다.				
8. 이전에 학습했던 것을 적용해 본다.				
9. 언어/용어를 정확하게 사용한다.				
10. 과제가 끝이 날 때까지 끈기 있게 버틴다.				
11. 처음 보기에 '좋은 것' 같은 것을 넘어 그 이상에서 대안을 찾는다.				
12. 어떤 장면이나 문제를 다른 입장이나 견해에서도 음미해 본다.				

학생들의 사고행동을 관찰하기란 더욱 더 어렵다. 그러나 이러한 자료는 학생들의 사고력 발달에 대하여 비공식적 내지 잠정적 통찰을 가지게 해 줄 수 있으며, 따라서 수업이나 기타에서 어떤 결정을 내리는 데 유용하게 사용할 수 있을 것이다.

Ⅴ. 사고력 수업의 지향

이제 사고력 수업에 대한 논의를 정리하면서 우리가 지향해야 할 사고력 교육의 오리엔테이션에 대한 질문을 다시 제기해 보게 된다. 사고력 교육의 주된 목표가 미래의 리더(leader)를 생산해 내는 것이라면 우리가 내일의 세계에서 기대하는 리더는 어떤 사람일까? 그러한 리더를 교육하는 사고력 교육의 지향은 어떻게 되어야 할까? 그러한 사고력 교육의 수업과 평가는 또 어떻게 되어야 할까? 이러한 질문에 대한 대답은 사고력 교육 일반뿐 아니라 사고력의 수업과 평가에도 오리엔테이션 역할을 하게 될 것이다. 목적과 수업과 평가는 다분히 상호작용적인 것이기 때문이다. 본서를 시작한 1장에서 우리는 시대발전과 사고력을 다루면서 시대발전이 요구하는 능력들을 상당히 구체적으로 분석해 본 바 있다. 아래에서는 이들을 바탕하여 사고력 교육 내지 사고력 수업의 지향을 다섯 가지로 나누어 정리해 본다.

(1) 지식의 소비 대 지식의 창의

교과서나 선생님의 머리 속에 있는 지식을 소비하는 것 못지 않게 지식을 생산하고 창의하는 기회와 경험을 가능한 대로 많이 제공해야 한다. 특히 중고등학교와 대학에서의 학교공부는 적지 아니한 부분이 수동적이다. 자리에 앉아 수업/강의를 경청하는 데 대부분의 시간을 보낸다. 많은 경우 학생들은 연결 없는 단편적인 정보들을 외우면서 지식을 소비하고 있다. 그리고 이렇게 축적한 지식을 회상해 내면서 시험을 치고 졸업을 하는 것이 이들 학교교육의 대부분이다. 배우는 지식을 서로 연결시켜 구조화하거나 이들을 깊게 이해하기 위하여 실제 세계의 맥락과 연결시키는 일은 거의 없다. 그리고 습득한 지식을 적용해 보거나 새로운 아이디어를 창의해 보는 기회는 별로 주어지지 않는다. 따라서 시험지 위에 배운 지식을 소비하고 나면 대개의 지식은 바로 망각되어 버리는 것은 필연적인 것 같이 보인다.

지식은 중요하지만 이것보다 더 중요한 것은 습득한 지식을 바탕하여 비판적으로 사고할 줄 아는 기능을 개발하는 것이다. 그리고 기존의 정보/지식들을 종합하고 자신의 통찰을 최대화하면서 새로운 지식을 창의해 내는 경험을 가지는 것이다. 다시 말하면 문제를 해결해 보고, 산출을 만들어 보고, 또는 새로운 이해를 생성해 보는 경험을 통하여 '사고하는 기능'을 습득하고 연습해 볼 수 있어야 한다. 이러한 사고기능을 사용하는 과정을 통하여 습득하는 지식은 기능적인 지식일 가능성이 커진다. 그리고 그러한 과정을 통하여 사고하는 능력도 기를 수 있어야 한다. 지식은 수단이지 그 자체가 결코 목적은 아니다.

학교는 학생들에게 지식의 단순한 소비자보다는 생산자로서의 경험을 더 많이 가질 수 있게 해야 한다. 이러한 목적을 위하여 각급 학교에서 할 수 있는 몇 가지를 생각해 볼 수 있다. 이들은 바로 수업이나 평가의 지침이 될 수 있을 것이다.

(i) 수업에서 실제적이고 직접적인 경험을 강조하며 스스로 탐구하고 생산해 보게 한다.

(ii) 어떤 수업에서 하고 있는 것이 다른 교과수업과 어떻게 관련되며 그리고 실제에는 어떻게 관련되고 어떻게 적용될 수 있는지를 적극적으로 생각할 것을 요구한다.

(iii) 수업은 가능한 대로 팀중심적으로 진행하며 학생들의 자기 반성과 자기 평가를 존중한다.

(iv) 기업체 등과 관련한 실제적인 문제를 다루는 창의적 체험활동의 프로젝트를 가능한 대로 많이 경험케 한다. 그리고 남들과 사회에 봉사하는 서비스 학습의 기회를 가지게 한다.

(2) 전문지식 대 학제적 · 융복합적 지식

오늘날은 전문가 시대라 부르기도 한다. 전문가가 가지고 있는 전문지식은 어떠한 종류의 과제나 직무수행에서도 결정적으로 중요한 역할을 한다. 가전 도구 하나를 수리해도 전문가가 필요하다. 보다 높은 수준의 전문가일수록 더 큰 존경을 받는다. 일반의(一般醫)보다는 수준 높은 전문의를 더 높게 보듯이 전문가를 가치롭게 여긴다. 어떠한 분야에서도 전문적인 지식이 필요하다. 그리고 한 걸음 더 나아가 새로운 것을 창의하고 혁신하려면 충분한 전문지식이 배경이 되어야 한다. 그러나 이것은 필요하지만 충분한 것은 아니다.

오늘날과 같은 복잡한 두뇌 중심의 지식경제에서는 한 분야의 지적 도구/지식만을 가지고 해결하기 어려운 복합적인 문제가 많다. 그리고 이러한 문제들은 더욱 증가할 것이다. 이러한 도전은 자연스럽게 다학문적, 학제적인 시각에서 분석하고 접근하는 것을 요구할 수밖에 없다.

> "21세기 경제사회와 학계의 핵심 화두는 '융합'(convergence)이다. 융합은 이질적인 요인들이 결합되어 강력한 에너지로 기존의 특성들과 다른 새로운 것을 창조하는 것이다. 지식융합과 학문융합은 21세기의 '새로운 가치창조의 원동력'으로 주목받고 있으며, 지식융합 시대의 지향점은 창의성으로 규정된다"(이무근 · 이찬, 2012, p. 191).
>
> "독창적인 아이디어를 생성해 내는 데는 자기 전공분야의 밖에 있는 또는 그 위에 있는 다른 영역의 지식도 매우 유용하다. 사실로 지식의 변경을 전진시켜 가는 것의 대부분은 자신과는 다른 전공분야에 있는 아이디어나 기술을 빌려와서 자신의 전공적인 문제에 적용하는 데서 얻은 것이다"(Torrance, 1995, P. 43).

요약컨대, 학교는 한 분야의 전문지식뿐 아니라 학제적이고 융복합적인 지식을 습득하고 경험하는 기회를 학생들에게 더 많이 제공할 수 있어야 한다.

(3) 시행착오의 학습 대 위험감수의 학습

우리는 조심성 있고, 자신의 일을 계획적이고 사려 깊게 접근하는 사람을 좋아한다. 그리고 대개 보아 학교도 그러한 사람을 격려하고 있다. 그럼에도 불구하고 이렇게만 하면 모두가 새로운 어떤 것을 모험하기보다는 그것을 회피하는 것을 가르치기 쉽다. 다시 말하면 '모험 제로'(risk-zero)의 사람을 교육하는 것이 된다. 교육은 기본적으로 어느 정도의 보수적인 기능을 수행하고 있고, 그리고 그러한 기능이 필요하다는 것을 우리는 쉽게 이해할 수가 있다.

그러나 오늘과 내일의 세계에서는 언제나 위험한 모험을 회피하기만 해서 일을 성공적으로 수행하기는 어려울 것이다. 그렇게 하면 혁신적인 성취를 이루어 내기란 더욱 더 어렵다. 창의적인 수행에는 얼마만큼의 위험을 감수하는 것이 불가피하다. 그렇다면 학교가 창의와 혁신에 필수적으로 요구되는 시행착오나 지적인 위험감수의 태도를 어떻게 격려해야 할지는 우리가 고민해 보아야 하는 하나의 도전 같이 보인다.

이미 앞에서 창의적 수행과 위험감수에 대하여 몇 번 언급한 적이 있지만, 창의나 혁신은 본질적으로 얼마간의 위험을 부담할 수밖에 없다. 불확실한 장면에서 언제나 새롭고 유용한 아이디어를 어김없이 생산해 내는 것은 불가능하기 때문이다. 사실 유용하고 가치 높은 아이디어일수록 성공의 가능성은 낮고 '벤처'(venture)의 공간이 그 만큼 커진다. 견딜 수 있을 정도의 위험감수? 그러한 모험적 태도를 기르는 것도 학교교육의 하나의 몫이어야 할 것이다. 예컨대, Sternberg(2002)는 그가 약성어로 사용한 WICS의 리더십을 말한다. WICS란, 지혜(Wisdom), 지능/지식(Intelligence), 창의력(Creativity) 그리고 이들의 종합(Synthesized)의 리더십이다. 변혁이나 카리스마 가운데도 좋은 것과 나쁜 것이 있는데, WICS 특성은 이들을 구분할 수 있게 해 준다. 이러한 리더는 자신의 조직이 어디로 가야 할 것인지를 결정하는 데 '창의력'을 사용하고, 그러한 방향이 바른 것인지를 분석하는 데 '지능/지식'을 사용하며, 그리고 자신들이 선택한 방향이 인간 공동선(共同善)에 부합하는 것인지를 확실히 하기 위하여 '지혜'를 사용한다.

(4) 언어적 · 추상적 학습 대 직접적 · 경험적 학습

학생들이 공부해 가는 '학습경험'은 매우 다양할 수 있다. 그래서 사용하는 미디어에 따라 학습 피라미드(learning pyramid)를 하나의 다이어그램(diagram)으로 표현해 볼 수도 있다(김영채, 2010). 여기에는 다음의 것들이 포함될 수 있을 것이다: 언어적 기호 → 시각적 기호 → 라디오와 그림 → TV → 전시나 진열 → 현장 견학 → 실물과 시범 → 현실적 경험 → 직접적이고 목적적인 경험의 순이다. 학교의 교수-학습은 주로 교실에서 교과서 듣고 설명하고, 학생은 그것을 듣고 필기하는 것으로 이루어지고 있다. 이러한 학습의 미디어는 거의 전부가 언어적이고 추상적인 것이라 말할 수 있다. 그러나 학교학습의 결과는 결국에는 실제 세계에서 적용될 수 있어야 하기 때문에 실제 세계의 것과 맥락화(contexting)되지 않으면 학습한 것을 전이시켜 적용하는 것은 어렵거나 불가능할지도 모른다. 독립적이고 창의적인 미래 리더의 교육을 위해서는 직접적 · 경험적이고, 그래서 실경험적인 학습활동의 기회를 목적적으로 더 많이 마련해 주는 것은 매우 필수적인 일이다. 예컨대 실세계와 관련하여 창의적 사고를 훈련하거나, 실제 세계의 장면에서 계획적으로 체험활동하거나 또는 자신의 설계에 따라 독립적인 스터디(independent study)를 하는 프로그램을 적극적으로 도입하는 것과 같은 것이다. 이러한 활동들은 실제적이고 반성적인 경험과 시청각적인 시각적 기호를 주로 사용하게 될 것이다.

(5) 개인적인 성취 대 팀워크의 성취

대부분의 학교에서는 개인적 성취를 중요하게 여긴다. 그래서 진정으로 서로 협동할 수 있는 의미 있는 기회는 별로 없다. 흔히 학교에서 볼 수 있는 집단활동에서는 한두 학생이 대부분의 작업을 하고 나머지는 매우 수동적이거나 빈둥거리며 논다. 집단협동은 진지하고 심각해야 하며 지속적인 것이어야 한다. 오늘날의 대부분의 과제나 프로젝트는 팀워크를 요구한다. 관찰하고, 경청하고, 적극적으로 질문하고, 더 낫게 하기 위하여 비판적으로 사고하고, 그리고 집단 창의할 수 있는 기능과 태도가 요구된다. 공동작업으로 협동하는 팀워크에 대한 요구는 앞으로 더 거세질 것이다. 학생들은 졸업 후의 직업 세계에서 그리고 일상의 개인 생활에서 직면하게 될 복합적인 문제들을 처리할 수 있는 전문지식과 사고의 능력을 개발할 수 있기를 우리는 기대한다.

참고문헌

과학기술정책연구원 (2007). 연구개발투자의 경제성장 기여도 국제비교.

김영채 (1995). 사고와 문제해결 심리학. 박영사.

김영채 (2000). 바른 질문하기 (M. N. Browne & S. M. Keeley, Asking the right question. Browne). 중앙적성출판사.

김영채 (2004). 사고력: 이론, 개발과 수업. 교육과학사.

김영채 (2007). 창의력의 이론과 개발. 교육과학사.

김영채 (2009). 창의성 교육 비판이 지닌 이분법적 잣대. 지식의 이중주. 한국과학창의재단 · 교수신문. 해나무.

김영채 (2010). 창의, 인성, 봉사, 그리고 창의적 체험활동. 사고개발. 대한사고개발학회, 6(2), 1-24.

김영채 (2011). 독서이해와 글쓰기. 교육과학사.

김영채 (2012). 창의력의 영역 보편성과 특수성: 쟁점과 TTCT 창의력 검사의 분석. 사고개발, 8(1), 1-30.

김종웅 (2006). 부의 미래(A. Toffler & H. Toffler, Revolutionary Wealth, NY: Curtis Brown). 청림출판.

송영혜 · 김영채 (1992). 사고와 문제해결 능력의 개발. 한국심리학회지. 일반, 11, 1, 41~64.

윤영진 (2012). R. M. Hare의 황금률 논증에 의한 도덕판단의 정당화 방법연구. 사고개발. 8(2), 23-46.

이무근 · 이찬 (2012). 대학생의 진로 멘토링. 교육과학사.

전옥표 (2007). 이기는 습관(1). 쌤앤파커스.

정범모 (2011). 내일의 한국인. 학지사.

LG경제연구원 (2011). 2020 새로운 미래가 온다. 한스미디어. pp. 150-172.

Amabile, T. (1998). How to kill creativity. Harvard Business Review. September-October.

Amabile, T. M. (1983). The social psychology of creativity. New York: Springer Press.

Bandura, A. (1977). Self-efficacy: Toward a unifying theory of behavioral change. Psychological Review, 84, 181-215.

Baron, J. B., & Sternberg, R. J. (1987). Teaching thinking skills: Theory and practice.

New York: Freeman.

Beyer, B. K. (1988). Developing a thinking skills program. Boston, MA: Allyn & Bacon.

Biggs, J. B., & Moore, P. A. (1993). The process of learning. Australia: Prentice Hall.

Bloom, B. S. et al. (1956). Taxonomy of educational objectives-Handbook 1: Cognitive domain. New York: Longman.

Bransford, J. D., & Stein, B. S. (1984). The IDEAL problem solver. New York: Freeman.

Brown, A. C., Bransford, J. D., Ferrara, R. A., & Campione, J. C. (1983). Learning, remembering and understanding. In P. H. Mussen (Ed.)., Handbook of child psychology, New York: John Wiley & Sons.

Brown, A. I. (1978). Knowing when, where, and how to remember: A problem of metacognition. In R. Glaser (Ed.), Advances in instructional psychology (pp. 367-406), Hillsdalle, NJ: Erlbaum.

Brown, A. L., Brandsford, J. D., Ferrara, R. A., & Campine, J. C. (1983). Learning, remembering and understanding. In P. H. Mussen (Ed.). Handbook of child psychology: Cognitive development. Vo. 3, New York: Wiley.

Brown, M. N., Hausmann, R. G., & Ostrowski, N. L. (2002). Reframing argument as an act of friendship: Overcoming student reluctance to apply critical thinking. Korean Journal of Thinking & Problem Solving, 12(2), 85-94.

Brown, T. (2008). Design thinking. Harvard Business Review, June, 3.

Browne, M. N., & Keeley, S. (1997). Striving for excellence in college. Uppr Saddle Ribver, NJ: Prentice-Hall.

Bruber, H. E. (1986). The self-construction of the extraordinary. In R. J. Sternberg & J. E. Davidson (Eds.). Conceptions of giftedness. New York: Cambridge University Press.

Bruner, J. S. (1960). The process of education. Cambridge, MA: Harvard University Press.

Buzan, T. (1993). The mind map book. London, England: BBC Books.

Cattell, R. B. (1963). Theory of fluid and crystalized intelligenace: A critiacal experiment. Journal of Educational Psychology, 18, 165-244.

Chance, P. (1987). Can thinking be taught? Contemporary Psychology, 32, 6, 548~549.

Chipman, S. F., Segal, J. W., & Glaser, R. (1985). Thinking and learning skills: Current research and open questions (vol. 2). Hillsdale, NJ: Erlbaum.

Choo, O. A. (2002). An educational innovation in teaching thinking. Korean Journal of Thinking & Problem Solving, 12(1). 47-58.

Clark, B. (2002). Growing up gifted. Upper Saddle River, NJ: Merrill prentice Hall.

Costa, A. L. (1991). The school as a home for the mind. Palatine, IL: Skylight publishing.

Costa, A. L., & Kallick, B. (2004). Launching self-directed learners. Educational Leadership, 62(1), 51-53.

Csikszenstmihalyi, M. (1988). Society, culture, and person: A systems view of creativity. In R. J. Sternberg (Ed.). The nature of creativity. New York: Cambridge University Press.

D'Angelo, E. (1971). The teaching of critical thinking. Amsterdam: BR Grubbier.

Damer, T. E. (1995). Attacking faculty reasoning: A practical guide to fallacy-free arguments, 3rd Ed, Belmont: Wadsworth.

Davidson, B. C. (2002). What kid of critical thinking best suits Japan? Korean Journal of Thinking & Problem Solving, 12(1), 39-46.

Dellarosa, D. (1988). A history of thinking. In R. J. Sternberg & E. E. Smith (Eds.). The psychology of human thought. Cambridge, MA: Cambridge University Press.

Dewey, J. (1933). How we think. Lexington, MA: D. C. Heath & Co.

Dewey, J. (1980). Theory of the moral life. New York: Irvington.

Dillon, J. T. (1982). Problem finding and solving. Journal of Creative Behavior, 16, 97-111.

Dyer, J. H., Gregersen, H. B., & Christensen, C. M. (2009). The innovator's DNA. Harvard Business Review, December, 62.

Eberle, B. (1971). Scamper. Buffalo, NY: DOK publishers.

Eggen, P. D., & Kauchak, D. P. (1988). Strategies for teachers. Englewood Cliffs, NJ: Prentice-Hall.

Ennis, R. S. (1980). A concept of rational thinking. In J. Coombs (ed.). Philosophy of education 19790: Proceeding of the Thirty-fifth Annual Meeting of the Philosophy of Education Society (pp. 303). Illinois: Philosophy of Education Society.

Ennis, E. W. (1987). Critical thinking: Some cognitive components. Teachers College Record, 66(7), 824-634.

Ennis, R. H. (1962). A concept of critical thinking. Harvard Educational Review, 32(1), 81-111.

Ennis, R. H. (1962). A concept of critical thinking: A proposed basis for research in the teaching and evaluation of critical thinking ability. Harvard Educational Review, 32, 1, 81~111.

Ennis, R. H. (1989). Critical thinking and subject specificity: Clarfication and needed research. Educational Researcher, 18, 3, 4~10.

Ennis, R. H., & Millman, J. (1971). The Cornell critical thinking test. Urbana, Ill: Critical Thinking Projects.

Eysenck, M. W. & Keane, M. T. (1990). Cognitive psychology. Hillsdale, NJ: Lawrence Erlbaum.

Feuerstein, R., Rand, Y., Hoffman, M. B., & Miller, R. (1980). Instrumental enrichment: An intervention program for cognitive modifability. Baltimore, MD: University Park Press.

Finke, R. A., Ward, T. B., & Smith, S. M. (1992). Creative cognition: Theory, research and applications. Cambridge, MA: MIT Press.

Flavell, J. H. (1977). Cognitive development. Englewood Cliffs, NJ: Prentice-Hill.

Flynn, J. R. (1987). Massive IQ gains in 14 nations: What IQ tests really measure. Psychological Bulletin, 101, 171-191.

Flynn, J. R. (2007). What is intelligence? Cambridge University Press.

Follman, J. (2002). Cornucopia of correlations X: Critical thinking. Korean Journal of Thinking & Problem Solving, 12(2), 103-123.

Follman, J. (2003). Reliability estimates of contemporary critical thinking instruments. Korean Journal of Thinking & Problem Solving, 13(1), 73-81.

Fulkerson, R. (1996). Transcending our conception of argument in light of feminist critiques. Argumentation and Advocacy, 199-217.

Gardner, H. (1983). Frames of mind. New York, NY: Basic Books.

Gardner, H. (1999). Intelligence reframed: Multiple intelligence for the 21st century. New York: Basic books.

Gilbert, M. P. (1979). How to win an argument. New York: McGraw-Hill.

Glaser, E. M. (1941). An experiment in the development of critical thinking. New York: Bureau of Publication Teachers College.

Glaser, R. (1984). Education and thinking: The role of knowledge. American Psychologist, 39, 2, 93~104.

Glaser, E. M. (1985). Critical thinking: Educating for responsible citizenship in a democracy. National Forum, 65(1), 24-27.

Gopnik, A. (2009). Your baby is more than you think. New York Time, August 16.

Gopnik, A. (2012). The philosophical baby (New York: Farrar, Straus and Giroux). http://us.meacmillan.com/BookCustomPage.aspx?isbn=9780312429843#Excerpt.

Greene, J. (1987). Memory, thinking and language. London, GB: Methuen.

Gruber, H. E. (1980). Darwin on man: A psychological study of scientific creativity. Chicago, Ill: University of Chicago Press.

Guilford, J. P. (1950). Creativity. American Psychologist, 5, 444-454.

Guilford, J. P. (1956). Structure of intellect. Psychological Bulletin, 53, 267-293.

Guilford, J. P. (1967). The nature of human intelligence. New York: McGraw-Hill.

Guilford, J. P. (1977). Way beyond the IQ. New York, NY: Creative Education Foundation.

Halpern, D. F. (1996). Thought & Knowledge. Mahwah, NJ: Lawrence Erlbaum.

Hayes, J. R. (1989). The complete problem solver. Hillsdale, NJ: Lawrence.

Heppner, P. P. (1988). The problem solving inventory. Palo Alto, CA: Consulting Psychologists Press.

Hermann, N. (1991). The creative brain. Journal of Creative Behavior, 25(4), 275-295.

Hoaglund, J. (1984). Critical thinking: An introduction to informal logic. Newport, VA: Vale Press.

Isaksen, S. G., Dorval, K. B., & Treffinger, D. J. (2000). Creative approaches to problem solving. Kendall/Hunt.

Kassem, C. L. (2000). Evolution of a school-wide approach to improved thinking skills-the CRTA model. Korean Journal of Thinking & Problem Solving, 10(2), 79-88.

Kintsch, W., & Dijk, T. A. (1978). Toward an model of text comprehension and production. Psychological Review, 85, 5, 363-394.

Kong, S. L., & Seng, A. S. H. (2004). Enhancing the critical thinking skills and dispositions of pre-service teachers. Korean Journal of Thinking & Problem Solving, 14(20), 41-56.

Kong, S. L. (2006). Using thinking skills to intrinsically motivate effective learning: An observation from a teacher education classroom. Korean Journal of Thinking & Problem Solving, 16(1), 75-90.

Lipman, M. (1982). Philosophy for children thinking. Journal of Philosophy for Children, 3, 35~44.

McCarthy-Tucker, S. N. (1998). Teaching logic to adolescents to improve thinking skills. Korean Journal of Thinking & Problem Solving, 8(1), 45-66.

McClelland, D. C. (1985). Human motivation. Glenview, IL: Scott, Foresman.

McPeck, J. E. (1990). Teaching critical thinking. New York: Routledge.

Mednick, S. A. (1962). The associative basis of the creative process. Psychological Review, 69, 220-232.

Neimark, E. D. (1987). Adventures in thinking. Horcourt Brace Jovanovich.

Newell, A., & Simon, H. A. (1972). Human problem solving. Englewood Cliffs, NJ: Prentiace-Hall.

Nickerson, R. S., Perkins, D. N., & Smith, E. E. (1985). The teaching of thinking. Hillsdale, NJ: Erlbaum.

Norris, S., & Ennis, R. H. (1989). Evaluation critical thinking: The practitioners' guide to teaching thinking. Pacific Grove, CA: Midwest Pub.

Osborn, A. F. (1953). Applied imagination. New York: Scribner.

Osborn, A. F. (1963). Applied imagination: Principles and procedures of creative problem solving. New York: Charles Scribners.

Osman, K. & Meerah, S. M. (2004). Critical thinking: A critical analysis and how it could be embedded within the Malaysian secondary science curriculum. Korean Journal of Thinking & Problem Solving, 14(2), 57-72.

Paris, S. G., Lipson, M. Y., & Witson K. K. (1983). Becoming a strategic reader. Contemporary Eduational Psychology, 8, 293~326.

Parnes, S. J. (1967). Creative behavior guidebook. New York, NY: Charles Scribner's Sons.

Paul, R. W. (1982). Teaching critical thinking in the "strong" sense: A focus on self-deception, world views and dialogical mode of analysis. Informal Logic

Newsletter, 4(2), 2-7.

Paul, R. W. (1990). Critical Thinking: What every person needs to survive in a rapidly changing world, Rohnert Park, CA: Center for Critical Thinking.

Paul, R. W. (1993). Critical thinking. Santa Rosa, CA: Foundation for Critical Thinking.

Paul, W. (1989). How to study in college. Boston, MA: Houghton MIfflin.

Paul. R. W. (1990). Critical thinking in the strong sense and the role of argument in everyday life. In R. W. Paul (Ed.). Critical thinking: what every person needs to survive in an rapidly changing world. Rohnert Park CA: Center for Critical Thinking.

Peat, D., Mulcahy, R., & Wilgosh, L. (1996). Promoting deep approaches to learning: Instructional implications. Korean Journal of Thinking & Problem Solving, 6(2), 9-40.

Perkins, D. N., & Simmons, R. (1988). Patterns of misunderstanding: an intergrative model of misconceptions in science, mathematics and programming. Review of Educational Research, 58, 3, 303~326.

Piaget, J. (1967). The children's conception fo the world. Totowa, NJ: Littlefield, Adams.

Pohl, M. (2000). Learning to think, Thinking to learn. Victoria Australia: Hawker Brownlow Education.

Pokras, S. (1995). Team problem solving. Menlo Park, CA: CRISP Publication, Inc.

Polya, G. (1957). How to solve it: A new aspect of mathematical method (2nd ed.). Princeton, NJ: Princeton University Press.

Polya, G. (1971). How to solve it. Princeton, NJ: Princeton University Press.

Reich, R. (1992). The work of nations: Preparing ourselves for 21st century capitalism. Vintage Books.

Restak, R. (2009). Think smart. Riverhead Books.

Rhodes, M. (1961). An analysis of creativity. Phi Delta Kappan, 42, 305-310.

Richards, T. (1999). Brainstorming. In M. A. Runco & S. R. Pritzker (Eds.). Encyclopedia of creativity, San Diego, CA: Academic Press.

Robinson, F. P. (1946). Effective study. New York, NY: Harper & Brothers.

Rotter, J. B. (1996). Generalized expectancies for internal versus external control of reinforcement. Psychological Monographs, No. 80. washington, DC: APA.

Rubenstein, M. F. (1975). Patterns of problem solving. Englewood Clitts, NJ: Prentice Hall.

Sakaiya, T. (1991). The knowledge-value revolution, a history of the future. New York: Kodansha America.

Sapir, E. (1968). Language and environment. In D. G. Mandelbaum (Ed.). Selected writings of Edward Sapir in language, culture and personality. Berkeley and Los Angeles: University of California Press.

Schiever, S. W. (1991). A comprehension approach to teaching thinking. Needham Heights, MA: Allyn and Bacon.

Schwartz, R., & Parks, S. (1994). Infusing the teaching of critical and creative thinking into content instruction. Pacific Grove, CA: Critical Thinking Press & Software.

Segal, T. W., Chipman. S. F., & Glaser, R. (Eds.). (1985). Thinking and learning skill: Relating instruction to research (Vol. 1). Hillsdale, NJ: Lawrence Erlbaum.

Shipman, V. (1983). New Jersey test of reasoning skills. Upper Montelair State College.

Simonton, D. K. (2004). Creativity in science. New York: Cambridge University Press.

Singer, H., & Donlan, D. (1989). Reading and learning from text. Hillsdale, NJ: Erlbaum.

Siu, K. W. M. (2001). What should be solved? Korean Journal of Thinking & Problem Solving, 11(2), 9-22.

Siu, M. (2002). Reception of users: Respecting the perspectives of users for creative thinking in design. Korean Journal of Thinking & Problem Solving.

Skinner, B. F. (1974). About behaviorism. New York: Knopf.

Spence, G. (1995). How to argue and win every time: At home, at work, in court, everywhere, everyday. New York: St. Martin's Press

Sternberg, R. G., & Zhang, L. (2005). Developing the leaders of tomorrow: The wrong direction is the wrong way to the right direction. Korean Journal of Thinking & Problem Solving, 15(2), 7-12.

Sternberg, R. J. (1981). Intelligence as thinking and learning skills. Educational leadership: ASCD, October, 18~20.

Sternberg, R. J. (1985a). Teaching critical thinking. Part Ⅰ: Are we making critical mistakes? Phi Delta Kappan, 67, 194~198.

Sternberg, R. J. (1985b). Critical thinking: Its nature, measuement, and improvement. In T. R. Link (Ed.). Essays on the Intellect. Alexandria, VA: ASCD.

Sternberg, R. J. (1985c). Beyond IQ: A triarchic theory of human intelligence. New York: Cambridge University Press.

Sternberg, R. J. (1988). A three-facet model of creativity. In R. J. Sternberg (Ed.). The nature of creativity. Cambridge University Press.

Sternberg, R. G. (1996). Successful intelligence. New York, NY: Simon & Schuster.

Sternberg, R. J., & Lubart, T. I. (1995). Defying the crowd: Cultivating creativity in a culture of conformity. New York, NY: Free Press.

Sternberg, R. J., & Martin M. (1988). When teaching thinking does not work. What goes wrong? Teachers College Record, 89, 4, 555~577.

Stiggins, R. J., Rubel, E. & Quellmalz, E. (1988). Measuring thinking skills in the classroom. National Education Association of the United States.

Swartz, R. J. (1989). Making good thinking stick: The role of metacognition, extended practice, and teacher modeling in the teaching of thinking. 3rd International Conference on Thinking.

Swartz, R. J. (1991). Infusing the teaching of thinking into content instruction. In A. L. Costa (Ed.). Developing minds: A resource book for teaching thinking. (Revised Edition), Vol. 1, Alexandria, VA: Association for Supervision and Curriculum, Development.

Swartz, R. J., Fisher, S. D., & Parks, S. (1998). Infusing the teaching of critical and creative thinking into secondary science 4: A lesson design handbook. Pacific Grove, CA: Critical Thinking Press & Software.

Swartz, R. J., Perkins, D. N. (1990). Teaching thinking: Issues and approaches.

Swartz, R. J., & Perkins, D. N. (1990). Teaching thinking: Issues and approaches, Cheltenham, Australia: Hawker Brownlow Education.

Tannen, D. (1998). The argument culture: Moving from debate to dialogue. New York: Random House.

Taylor, C. W. (1985). Multiple Talents. Journal for the Education of the Gifted, 8(3), 187-198.

Thurow, L. (1992). Head to head. New York: Wm, Tomorrow.

Tishman, S., Perkins, D. N., & Jay, E. (1995). The thinking classroom. New York: Allyn & Bacon.

Toffler, A. (1980). The third wave. New York: William Morrow.

Toffler, A., & Toffler, H. (2006). Revolutionary wealth. New York: Curtis Brown.

Torrance, E. P. (1972). Can we teach children to think creativity? Journal of Creative Behavior, 6, 114-143.

Torrance, E. P. (1974). Torrancet tests of creative thinking. Benesenvill, Il: Scholastic Testing Service.

Torrance, E. P. (1995). Why fly? Norwood, NJ: Ablex publishing.

Torrance, F. P. (1981). Thinking creatively in action and movement. Bensenville, Il: Scholastic Testing Service.

Trefffinger, D. J., Isaksen, S. G., & Dorval, K. B. (2000). Creative problem solving: An introduction. Profrock (한국판, 김영채(2004), CPS: 창의적 문제해결, 박영사).

Treffinger, D. J., Isaksen, S. G., & Dorval, K. B. (1994). Creative learning and problem solving: An overview. In M. Runco (Ed.), Problem finding, problem solving, and creativity (pp. 2123-226), Norwood, NJ: Ablex.

Van Dijk, T. A. (1980). Macrostructures. Hillsdale, NY: Erlbaum.

Vygotsky, L. (1978). Mind in society. Cambridge, MA: Harvard University Press.

Wagner, T. (2008). The global achievement gap: Why even our best schools don't teach the new survival skills our children need and what we can do about it. New York Basic Books.

Wagner, T. (2012). Creating innovators. New York, NY: Scribner.

Wallas, G. (1926). The art of thought. New York, NY: Harcourt Brace.

Watson, G., & Glaser, E. (1980). Problem solving and comprehension: A short course in analytical reasoning. Philadalphia: Franklin Institute Press.

Watson, G., & Glaser, E. M. (1980). Watson-Glaser Critical Thinking Appraisal: Manual. The Psychological Corporation.

Wessells, M. G. (1982). Cognitive psychology. New York: Harper & Row.

Whimbey, A., & Lochhead, J. (1986). Problem solving and comprehension. Hillsdale, NJ: Lawrence Erlbaum.

Whorf, B. L. (1956). Language and logic. In J. B. Carrell (Ed.). Language, thought and reality: Selected writings of Benjamin Lee Whorf. Cambridge, MA. MIT Press.

Young, J. W. (2003). A technique for producing ideas. McGraw-Hill.

Zajonc, R. B. (1968). Attitudinal effects of mere exposure. Journal of Personality and Social Psychology Monograph Supplement. 9, 1~27.

찾아보기

[ㄷ]

[ㅁ]

[ㅂ]

[ㅅ]

[ㅇ]

[ㅈ]

[ㅊ]

[ㅋ]

[ㅌ]

[ㅍ]

[ㅎ]

[저자 소개]

김영채(金濚埰)

경북대학교에서 학사와 석사, University of New Hampshire에서 석사, 그리고 Michigan State University에서 철학박사 학위를 받았고, 계명대 심리학과 교수, 교육개혁심의회 전문위원, 대학평가위원장, 그리고 대한사고개발학회장 등을 역임하였다.

주요 저술로는 인간학습 및 기억(중앙적성출판사), 사고와 문제해결 심리학(박영사), 창의력의 이론과 개발(교육과학사), 생각하는 독서(박영사) 및 독서이해와 글쓰기(교육과학사) 등 다수의 저술, 역서 및 논문들이 있다. 현재 'Gifted Child Quarterly'(미국 영재 아동학회, NAGC)와 '사고개발'(대한사고개발학회) 등 국내외 4개 학술지의 편집위원이고, '창의력 한국 FPSP'의 대표이며 그리고 계명대학교 심리학과 명예교수이다.

사고력 교육 – 이론과 실제

2013년 5월 20일 초판인쇄
2013년 5월 30일 초판1쇄발행

저 자 김 영 채
발행인 이 구 만
발행처 유원북스 도서출판

121-130 서울특별시 마포구 토정로 198, 204호
전화 (02)593-1800 Fax (02)593-1801
등록 2011. 9. 6. 제25100-2012-3호
www.uwonbooks.com uwbooks@daum.net

정가 28,000원 ISBN 978-89-97926-12-1

이 도서의 국립중앙도서관 출판시도서목록(CiP)은 e-CIP홈페이지(http://www.nl.go.kr.ecip)와 국가자료공동목록시스템(http://www.nl.go.kr/kolisnet)에서 이용하실 수 있습니다.
(CIP제어번호: CIP2013006015)